FUNDAMENTOS para uma compreensão HERMENÊUTICA do PROCESSO CIVIL

H768f   Hommerding, Adalberto Narciso
         Fundamentos para uma compreensão hermenêutica do processo
civil / Adalberto Narciso Hommerding. – Porto Alegre: Livraria do
Advogado Editora, 2007.
         327 p.; 23 cm.

         ISBN 978-85-7348-507-3

         1. Processo Civil. 2. Estado de direito. I. Título.

                              CDU – 347.91/.95

         Índices para o catálogo sistemático:

    Estado de direito
    Processo civil

    (Bibliotecária responsável: Marta Roberto, CRB-10/652)

Adalberto Narciso Hommerding

FUNDAMENTOS para uma compreensão HERMENÊUTICA do PROCESSO CIVIL

livraria
DO ADVOGADO
editora

Porto Alegre, 2007

© Adalberto Narciso Hommerding, 2007

Capa, projeto gráfico e diagramação
Livraria do Advogado Editora

Revisão
Rosane Marques Borba

Direitos desta edição reservados por
Livraria do Advogado Editora Ltda.
Rua Riachuelo, 1338
90010-273 Porto Alegre RS
Fone/fax: 0800-51-7522
editora@livrariadoadvogado.com.br
www.doadvogado.com.br

Impresso no Brasil / Printed in Brazil

Agradecimentos

Ao Professor Lenio Luiz Streck, pela paciência, orientação, acompanhamento e, sobretudo, pela confiança que depositou neste doutorando. Agradeço as lições transmitidas e, principalmente, a amizade e a constante interlocução.

À Renata Fim e à Eugênia Mazzardo, pelo auxílio que prestaram na correção do trabalho.

Ao Professor Odécio Ten Caten, que criticou e corrigiu minuciosamente a tese. Também pela troca de idéias, que muito contribuiu para o desenvolvimento do trabalho.

Ao Professor Doglas César Lucas, que emprestou valioso subsídio para a elaboração da tese, notadamente quanto à questão procedimentalismo/substancialismo.

Ao Professor Augusto Jaeger Júnior, em retribuição à acolhida em Heidelberg (Alemanha), pelo envio de material de pesquisa e, sobretudo, pela amizade.

Ao Desembargador Carlos Cini Marchionatti, à sua equipe e à Vera (Biblioteca do TJRS), pela constante atenção e envio de livros à distante Tucunduva.

Enfim, a todos os que, de alguma forma, contribuíram para esta obra. Muito obrigado!

*Dedico a Valdir Narciso Hommerding e
Vanir Hommerding, e a
Cleide Maria Krein, com amor.*

Prefácio

Processo civil em tempos de pós-positivismo

É inegável que a noção de constitucionalismo social (força normativa e textos com forte conteúdo diretivo) teve a função de trazer, para o âmbito das Constituições, temáticas que antes eram reservadas à esfera privada. Por isso é que parcela significativa dos textos constitucionais surgidos após a segunda guerra mundial publiciza os espaços antes "reservados aos interesses privados".

Se o constitucionalismo compromissório e diretivo altera (substancialmente) a teoria das fontes que sustentava o positivismo, e os princípios vêm a propiciar uma nova teoria da norma (atrás de cada regra há, agora, um princípio que não a deixa se "desvencilhar" do mundo prático), é porque também o modelo de conhecimento subsuntivo, próprio do esquema sujeito-objeto, tinha que ceder lugar a um novo paradigma interpretativo.

É nesse contexto que ocorre a invasão da filosofia pela linguagem (*linguistic turn*, que, no plano da hermenêutica filosófica, pode ser chamado de *ontologische Wendung* – giro ontológico), a partir de uma pós-metafísica de (re)inclusão da faticidade que, de forma inapelável, mormente a partir da década de 50 do século passado, atravessará o esquema sujeito-objeto (objetivista e subjetivista), estabelecendo uma circularidade virtuosa na compreensão.

Destarte, esse déficit de realidade produzido pelas posturas epistemo-metodológicas – ainda presas ao esquema sujeito-objeto (e o direito processual é um exemplo claro disso) – será preenchido pelas posturas interpretativas, especialmente as hermenêutico-ontológicas, que deixam de hipostasiar o método e o procedimento, colocando o *locus* da compreensão no modo-de-ser e na faticidade, bem na linha da viragem ocorrida a partir de Wittgenstein e Heidegger. Assim, salta-se do fundamentar para o compreender, onde o compreender não é mais um agir do sujeito, e, sim, um modo-de-ser que se dá em uma intersubjetividade.

Entretanto, é necessário ter em conta que o novo constitucionalismo e a revolução copernicana proporcionada pela invasão da filosofia pela linguagem (do esquema sujeito-objeto para sujeito-sujeito) não consegue superar a relevante circunstância de que ainda vivemos em um mundo jurídico que busca exorcizar os fatos e conflitos tratados pelo direito, isto é, vivemos em um mundo no qual a metodologia jurídica continua com a função de promover a desvinculação do caráter historicamente individualizado do caso que esteja na sua base, para atingir o "abstrato generalizável e comum", como de há muito denuncia Castanheira Neves. Para tanto, basta uma análise na operacionalidade do direito para constatar a resistência exegético-positivista, calcada muito mais em decisionismos e discricionariedades do que em discursos que procurem efetivamente colocar o direito como uma ciência prática, destinada a resolver problemas (sociais), mormente nesta fase da história.

Numa palavra: se o direito é um saber prático, a tarefa de qualquer teoria jurídica, hoje, é buscar as condições para a concretização de direitos. Afinal, a Constituição (ainda) constitui, isto é, a Constituição não perde sua principal característica: a de norma superior e com perfil que ultrapassa paradigmaticamente a noção de direito liberal e social. Ao mesmo tempo, a tarefa de qualquer teoria jurídica é a – ao mesmo tempo – , envidar todos os esforços para evitar decisionismos e arbitrariedades interpretativas. Sendo mais claro: é contraditória qualquer perspectiva jus-interpretativa calcada na possibilidade de múltiplas respostas, porque leva, ineroxavelmente, ao cometimento de discricionariedades, fonte autoritária dos decisionismos judiciais, temática que aprofundo em meu *Verdade e Consenso*: Constituição, Hermenêutica e Teorias Discursivas – da possibilidade à necessidade de respostas corretas em direito (Lumen Juris, 2007). Veja-se aqui a relevante preocupação de Dworkin, ao aproximar a discricionariedade da arbitrariedade. Com efeito, parece não restar dúvida de que a primeira leva à segunda.

Mas isso, a toda evidência, não pode comprometer os alicerces da democracia representativa. O grande dilema contemporâneo será, assim, o de construir as condições para evitar que a justiça constitucional (ou o poder dos juízes) se sobreponha ao próprio direito. Parece evidente lembrar que o direito não é – e não pode ser – aquilo que os tribunais dizem que é. E também parece evidente que o constitucionalismo não é incompatível com a democracia. Mas, se alguém deve dizer por último o sentido do direito no plano de sua aplicação cotidiana, e se isso assume contornos cada vez mais significativos em face do conteúdo principiológico e transformador da sociedade trazidos pelas Constituições, torna-se necessário atribuir um novo papel à teoria jurídica e, em especial, ao direito processual, mergulhado na filosofia da consciência desde Oscar Von Büllow, reproduzido por Liebman, Couture, Carnelutti e, no Brasil, por parte considerácel dos processualistas, em especial, a Escola Instrumentalista de São Paulo.

Sendo mais específico, a discussão em torno da efetividade do processo é de cunho paradigmático. Veja-se que as teses instrumentalistas do processo continuam apostando na "delegação" em favor do juiz da tarefa de "dar agilidade ao processo". Trata-se da afirmação do paradigma da filosofia da consciência, enfim, do solipsismo de um sujeito (juiz) que carrega sobre os ombros a "responsabilidade" de "bem conduzir" o processo. Isso, no fundo, nada mais é do que repristinar a discricionariedade positivista (lembremos do debate Dworkin-Hart). Em outras palavras, a interpretação (aplicação) do direito fica nitidamente dependente de um sujeito cognoscente, o julgador. É essa dependência do juiz que pode ser vista no campo da assim denominada instrumentalidade do processo. É nessa linha, por exemplo, que José Roberto dos Santos Bedaque (*Efetividade do Processo e Técnica Processual*. São Paulo, Malheiros, 2006), prestigiado processualista, procura resolver o problema da efetividade do processo a partir de uma espécie de "delegação" em favor do julgador, com poderes para reduzir as formalidades que impedem a realização do direito material em conflito. E isso é feito a partir de um novo princípio processual – decorrente do princípio da instrumentalidade das formas – denominado princípio da adequação ou adaptação do procedimento à correta aplicação da técnica processual. Por este princípio se reconhece "ao julgador a capacidade para, com sensibilidade e bom senso, adequar o mecanismo às especificidades da situação, que não é sempre a mesma" (p.45- grifei). Para o processualista, "deve ser o juiz investido de amplos poderes de direção, possibilitando-lhe adaptar a técnica aos escopos do processo em cada caso concreto, mesmo porque a previsão abstrata de todas as hipóteses é praticamente impossível" (Idem, ibidem, p. 64-65). E, na medida em que a previsão legislativa não comporta todas as hipóteses de aplicação, "observado o devido processo legal, deve ser reconhecido ao juiz o poder de adotar soluções não previstas pelo legislador, adaptando o processo às necessidades verificadas na situação concreta" (idem, ibidem, p. 571). Em sua, refira-se, sofisticada tese, embora demonstre preocupação em afastá-la da discricionariedade, Bedaque termina por sufragar (ainda que implicitamente) as teses (positivistas) hartianas e kelsenianas, quando admite que as fórmulas legislativas abertas favorecem essa atuação judicial, *verbis*: "Quanto mais o legislador valer-se de formas abertas, sem conteúdo jurídico definido, maior será a possibilidade de o juiz adaptá-la às necessidades do caso concreto. Esse poder não se confunde com a 'discricionariedade judicial', mas implica ampliação da margem de controle da técnica processual pelo legislador" (idem, ibidem, p. 109). Veja-se, portanto, que o problema possui um fundo paradigmático. O processualismo brasileiro, em especial a escola instrumentalista, continua a apostar no sujeito solipsista (Selbstsüchtiger). Assim tem ocorrido com as diversas reformas e minirreformas no processo civil no decorrer dos últimos anos. Qualquer genealogia que se faça nos suscessivos projetos de reformas processuais apontará nesse sentido.

Do mesmo modo, é possível dizer que, se o positivismo fracassou com a antidemocrática "delegação" em favor dos juízes para a decisão dos "casos difíceis", não parece apropriado concluir que o advento do constitucionalismo principiológico – que vem para superar o modelo de regras do positivismo – possa ser compreendido a partir daquilo que sustentou o velho modelo: o esquema sujeito-objeto, pelo qual casos simples eram solucionados por subsunção e casos difíceis por "escolhas discricionárias" do aplicador. Isso implica afirmar que o problema do processo civil, penal, etc., está umbilicalmente ligado ao problema da estrutura do pensamento.

Numa palavra: mundo é mundo pensado. E a filosofia é hermenêutica; não é lógica. As coisas só são na medida em que são compreendidas. Pois é nesse exato contexto que deve ser lido o livro de Adalberto Narciso Hommerding, que, no contexto destas reflexões preliminares, apresento à comunidade jurídica. A obra *Fundamentos para uma Compreensão Hermenêutica do Processo Civil* é uma prova de que é possível fazer aquilo que venho denominando de "filosofia no direito", superando uma (mera) filosofia do direito, que considera a filosofia um discurso adjudicador, corretivo das viscissitudes do direito, como se o direito fosse incapaz de abarcar a complexidade de um (novo) paradigma (Estado Democrático de Direito) que reintroduz o mundo prático expungido de há muito pelo positivismo jurídico.

Quando falo, em diversos textos (*Verdade e Consenso, Hermenêutica Jurídica em Crise, Jurisdição Constitucional e Hermenêutica – Uma Nova crítica do Direito*), de rupturas paradigmáticas do e no direito – e Adalberto compreendeu muito bem essa problemática – tenho procurado demonstrar as profundas alterações no modo de entender o mundo. Isto porque é preciso ter presente que o novo paradigma neoconstitucional consubstancia e proporciona um deslocamento do pólo de tensão do solipsismo das decisões do Judiciário em direção à esfera pública de controle dessas decisões. Conseqüentemente, a derrocada do esquema sujeito-objeto (ponto fulcral das reflexões das teorias democráticas que vão desde as teorias do discurso à hermenêutica, problemática bem presente na obra de Adalberto) tem repercussão no novo modelo de Estado e de Direito exsurgido a partir do segundo pós-guerra.

No interior dessa ruptura paradigmática – cujos efeitos são profundamente revolucionários para o direito – o sujeito solipsista (Selbstsüchtiger) dá lugar à intersubjetividade. Veja-se que a obra de Adalberto a todo momento reafirma, como que a (re)lembrar aos juristas, que é impossível fazer qualquer análise acerca do direito (processual) sem ter presente a revolução paradigmática exsurgente da viragem ligüístico-ontológica.

A aplicação (afinal, interpretar é aplicar) não pode ficar resumida à discussão de efetividades quantitativas, "solucionáveis" por reformas (ou minirreformas) que, longe de se preocupar com a qualidade das decisões, aposta em mecanismos impeditivos de recursos (o mais recente provém da alteração do art. 518 do CPC, por intermédio da Lei n. 11.276/06, pela qual o juiz não receberá o recurso de apelação quando a sentença estiver em conformidade com súmula do Superior Tribunal de Justiça ou do Supremo Tribunal Federal).

Parece que a comunidade jurídica esquece que, cada vez que se pretende "processualizar mais o sistema", ocorre uma diminuição do processo enquanto instrumento de garantia do devido processo legal. Na verdade, essa "processualização" – entendida como a construção de mecanismos que visam a desafogar os Tribunais e a "simplificar" o "procedimento" – acaba por não produzir maiores possibilidades de acesso à justiça, à participação das partes, etc., e, sim, tão-somente reforça o poder decisório do condutor do processo, que é transformado no único protagonista (para quem tem dúvidas, recomendo que freqüente seções de Turmas e Câmaras dos Tribunais, assista o julgamento dos agravos decorrentes das decisões monocráticas, etc.). No fundo, as reformas que buscam "efetividades quantitativas" – e todas têm buscado apenas isso – acabam funcionando como o direito do consumidor: sob pretexto de protegê-lo, coloca-se à sua disposição telefones 0800..., que, como se sabe, não funcionam. Numa palavra: se processo serve para preservar direitos, não é em nome dele que se pode fragilizar o próprio processo (e, com isso, o direito).

Por tudo isso, a obra de Adalberto Hommerding se insere nesse novo modo de compreender a crise de paradigmas que atravessa o direito processual. Em toda a sua extensão, a obra desnuda o estado d'arte do processo civil, demonstrando o seu papel ideológico, que oculta as relações de poder nele inscritas historicamente. Por isso é que dirá que "A Constituição e o processo civil podem ser (e devem) ser compreendidos autenticamente dentro da tradição do Estado Democrático de Direito". E a condição para alcançar esse desiderato é a hermenêutica. Por isso – e não poderia ser diferente –, ela está no título e no transcurso de toda a obra.

Das colinas de Morro Reuter, no frio inverno de 2007, para os Setes Povos das Missões.

Lenio Luiz Streck

Procurador de Justiça-RS;
Professor titular da Unisinos;
Doutor e Pós-Doutor em Direito

Sumário

Introdução 17

1. Constituição, hermenêutica e Estado Democrático de Direito 25

1.1. Considerações preliminares acerca da modernidade tardia no Brasil. A "fragilização" da Constituição "fragiliza" a democracia e os direitos e garantias fundamentais 25

1.2. A modernidade e os seus dois "pilares": o método e o "contrato" 42

1.3. O Direito Processual Civil, o método e a interpretação: o Direito Processual Civil brasileiro insere-se na tradição do método ou na tradição hermenêutica? .. 52

1.3.1. Os métodos tradicionais de interpretação do Direito Processual Civil 55

1.3.2. A impossibilidade da adoção de um "método dos métodos de interpretação" 63

1.4. A Constituição jurídica e a Constituição real: a transformação da realidade pela *applicatio* (ou: de como a Constituição só existe pela aplicação) 74

1.5. O "processo de formação" dos juristas tem contribuído para a situação de "baixa constitucionalidade" e para a inefetividade do processo civil 76

2. Direito Processual Civil e(m) crise: a necessidade de um desvelamento da crise do processo civil 91

2.1. A visão do processo civil na perspectiva do Estado Democrático de Direito: "estrutura de poder" ou "instrumento democrático"? 91

2.2. A dificuldade do Poder Judiciário em lidar com as novas realidades decorrentes do paradigma do Estado Democrático de Direito (ou: de como o Judiciário, por meio do processo, não consegue resolver as diversas espécies de conflito) 100

2.3. A tradição em que os processualistas estão inseridos é (um)a tradição "inautêntica" do direito 102

2.4. O Poder Judiciário tem-se (pre)ocupado com a realização dos direitos e garantias fundamentais? 108

2.4.1. Os prejuízos oriundos do dualismo kantiano e da filosofia da consciência . 110

2.5. Quais são os principais obstáculos à efetividade do processo civil? 115

2.6. A "(ir)responsabilidade" dos juízes como uma das causas da inefetividade do processo civil 121

2.7. Os Juizados Especiais e a prestação jurisdicional: como o Judiciário tem "selecionado" sua clientela por meio dos procedimentos especiais dos (falaciosos) Juizados 130

3. Fundamentos para uma compreensão hermenêutica da jurisdição e do Direito Processual Civil no Estado Democrático de Direito 135

3.1. Uma crítica às teorias da jurisdição do Estado Liberal frente ao paradigma do Estado Democrático de Direto: que tipo de jurisdição se quer no Brasil? 135

3.2. A jurisdição que o racionalismo metodológico produziu e a jurisdição que a hermenêutica filosófica possibilita: o método como obstáculo à compreensão autêntica e possível do sentido da jurisdição 157

3.3. Quanto a jurisdição acontece "como" jurisdição 166

3.4. A responsabilidade "ética" (constitucional) do juiz: a tomada de consciência da "história efeitual" e o questionamento da "coisa mesma" devem constituir o agir do juiz 178

4. Fundamentos para uma compreensão hermenêutica dos principais institutos do Processo Civil 185

4.1. A ação e as condições da ação: o "dualismo metafísico" que vela a ideologia liberal de esvaziamento dos poderes do juiz não se compatibiliza com o Estado Democrático de Direito 185

4.2. A (ampla) defesa do processo civil é condição de possibilidade para a efetividade do processo? (ou: de como é possível sumarizar ações e defesas sem prejuízo do Devido Processo Legal) 195

4.3. A tutela antecipada e o mito da verdade (ou: de como os juristas não compreendem que a verdade do processo é uma verdade hermenêutica que se dá também no momento da decisão que concede a antecipação da tutela) 201

4.4. O problema das eficácias sentenciais no Direito Processual Civil do Estado Democrático de Direito 221

4.5. A coisa julgada e o Estado Democrático de Direito: é possível relativizar a coisa julgada sem que se afronte o Estado Democrático de Direito? 226

4.6. Aspectos relevantes do sistema recursal no que diz respeito à "qualidade hermenêutica" das decisões dos tribunais: a instrumentalidade quantitativa (procedimental) *versus* a instrumentalidade qualitativa (hermenêutica) 249

4.6.1. A (in)constitucionalidade do § 3º do art. 515 do Código de Processo Civil . 250

4.6.2. A (in)constitucionalidade do art. 557 do Código de Processo Civil: a jurisprudência dominante não é lei e não tem força de lei 275

4.6.3. Conclusões sobre o duplo grau de jurisdição e a necessidade (também) de uma instrumentalidade qualitativa 278

Conclusão 281

Referências bibliográficas 315

Introdução

A presente tese visa a estabelecer os fundamentos para uma compreensão hermenêutica do Direito Processual Civil. Assim, intenta demonstrar como vêm sendo compreendidos os institutos do processo civil brasileiro à luz da doutrina tradicional, que sofre os influxos do liberal-individualismo-normativista típico do Estado Liberal e da filosofia da consciência, e como podem vir a ser compreendidos (autenticamente) no paradigma do Estado Democrático de Direito, considerado um *plus* normativo (Streck) agregado ao Estado Liberal de Direito, de faceta ordenadora, e ao Estado Social de Direito, de caráter promovedor. Nesse sentido, é possível afirmar que a compreensão do direito está imersa em uma crise que ainda não foi desvelada. Essa crise, pois, reflete-se no modo como os juristas têm compreendido a função do direito, notadamente da Constituição e dos institutos do Direito Processual Civil. Na medida em que os juristas ainda estão apegados às noções tradicionais (inautênticas) de jurisdição, ação, ampla defesa, tutela antecipada, coisa julgada etc., que ainda não sofreram a necessária (re)leitura constitucional, não é possível compreender adequadamente tais institutos, mesmo diante de um novo paradigma que se instaura(ou) no Estado brasileiro – o do Estado Democrático de Direito – com a promulgação da Constituição de 1988. A intenção do trabalho é demonstrar como a hermenêutica filosófica, como modo-de-ser-no-mundo do jurista, pode "contribuir" para o desvelamento do sentido da Constituição e, por sua vez, do Direito Processual Civil (da jurisdição e dos principais institutos processuais). Como suporte da análise, o texto vale-se da matriz teórica da Nova Crítica do Direito, elaborada de forma original por Lenio Luiz Streck, oriunda da hermenêutica filosófica (Gadamer) e da ontologia da faticidade (Heidegger), buscando identificar o que a hermenêutica, que agora deixa de ser uma mera técnica de interpretação passando à condição de modo-de-ser-no-mundo, tem para "dizer" ao Direito Processual Civil, naquilo que se entende por um "desvelar" do ser dos entes dos institutos processuais, que têm sido mal compreendidos, com vistas à realização dos direitos e garantias fundamentais. Nesse intuito, a pesquisa foi dividida em quatro momentos.

O primeiro capítulo (Constituição, hermenêutica e Estado Democrático de Direito) trata da fragilização da Constituição no Brasil como uma das causas da fragilização do Poder Judiciário e dos direitos e garantias fundamentais. O Poder Judiciário, nesse sentido, a partir da Constituição de 1988, instituidora do paradigma do Estado Democrático de Direito, polarizado pelos direitos e garantias fundamentais, passa(ou) a ser visto como um "instituição estratégica" que não mais se limita à declaração de direitos, tendo por finalidade, agora, a efetivação dos direitos e garantias fundamentais, individuais e sociais. Nesse aspecto, procede-se a um confronto das teorias procedimentalistas (Habermas, Garapon, Ely, Luhmann), que apenas vêem a Constituição como uma garantia procedimental no sentido de assegurar procedimentos para a realização do direito, com as teorias substancialistas (Miranda, Bonavides, Streck, Tribe), que vêem na Carta Fundamental a condição de possibilidade para a transformação social que se espera no país. Nesse sentido, a Constituição resgata as promessas da modernidade num país em que esta ainda não se iniciou (fala-se em "pré-modernidade" no caso brasileiro).

Para se entender, contudo, como as promessas modernas, não só no Brasil mas em outros países, sofrem de um déficit – notadamente no que dizem respeito à conquista da autonomia e felicidade do homem –, é necessário elaborar um apanhado do Direito da modernidade e de como ele se desenvolve a partir de Descartes e de todos os demais que lhe seguiram, tendo como fundamentos (pilares) a razão e o método, além do contratualismo (considerada a filosofia política da modernidade) e do individualismo, frutos da ideologia liberal, que passaram a governar todo o direito produzido pela mão estatal. A modernidade, assim, caracteriza-se pela idéia de que o método é o meio adequado para se chegar à verdade que está fundada na razão do homem. Com o processo cartesiano da subjetivação, a ciência moderna desenvolve-se no sentido de atribuir à razão humana toda a origem do conhecimento, o que é posteriormente sacramentado, principalmente, com Leibniz, Kant e Hegel, passando o mundo, então, à condição de um *cosmos* geométrico fragmentado", que é pensado pelo homem de forma a entronizar os fatos de modo geral. Como a ciência, no entanto, acaba por aumentar o mal-estar da cultura, passa-se a perceber que o conhecimento das ciências do espírito, dentre elas o Direito, está fundado em outra "verdade" que não a das ciências matemáticas, físicas ou biológicas. Assim, o Iluminismo e seu método, notadamente a partir de Hans-Georg Gadamer (calcado na filosofia de Martin Heidegger), passam a ser considerados limitados para a descoberta da verdade que, agora, passa a exigir um outro tipo de conhecimento, pois esta, a partir daqui, passa a ser entendida como compreensão das singularidades, e não mais como compreensão de fenômenos como casos particulares de regras gerais. A "verdade", portanto, deixa de ser o resultado de um método ou o ajuste entre coisa e inteligência, passando a ser o "encontro com as possibilidades" (Aldo G. Gargani).

Um dos problemas apontados no trabalho, portanto, diz respeito aos "métodos de interpretação" que ainda continuam "vigendo" no meio jurídico. A maioria dos juristas/processualistas, nesse sentido, ainda vê a hermenêutica como técnica, como instrumento, como método, e não como modo-de-ser-no-mundo. Nesse aspecto, a doutrina tradicional é a maior amostra de que o processo deve ser objeto de um "tratamento metódico", "adequado ao seu objeto", cujas técnicas de interpretação darão ao jurista o "sentido exato das leis" (Allorio, para citar um exemplo). Esse panorama, porém, começa a ser alterado a partir da idéia de que os métodos nada resolvem no sentido de oferecer uma orientação eficiente (ou suficiente) para a compreensão. Como interpretar é concretizar (Gadamer e Hesse), não há uma norma que esteja situada fora da existência histórica e espalhada no ordenamento jurídico à espera de ser acoplada a um fato (Streck). Entender o contrário, principalmente quanto aos "métodos de interpretação", significa afirmar que a palavra (linguagem) passa a ter um papel secundário, pelo esquecimento de que as possibilidades hermenêuticas são múltiplas, e, portanto, de que não há método, estando o intérprete sempre inserido na linguagem. Aposta-se, pois, na idéia de que o conteúdo da Constituição só pode ser desenvolvido se houver uma vontade de Constituição (Hesse). Dito de outro modo, a Constituição só poderá transformar a realidade se converter-se em força ativa pela atividade do jurista, pois ela só pode ser considerada Constituição na medida em que é aplicada. É, pois, nesse sentido que ela se converte em força determinante da realidade política e social. Os juristas, no entanto, inseridos num "sentido comum teórico", numa tradição inautêntica, têm escondido o ser do ente da Constituição, velando seu sentido ao não reconhecerem as condições de possibilidade que propiciam o acontecer do Estado Democrático de Direito. Como não há suspensão de seus pré-juízos, vivendo da repetição, na *imitatio*, os juristas deixam de elaborar as possibilidades projetadas da compreensão de um Estado Democrático de Direito, impedindo que o "novo" seja desvelado. O ensino jurídico e a tradição privatista contribuem para esse quadro, revelando que se "perde a realidade das coisas" porque os juristas ainda continuam presos às velhas tradições e concepções do Estado Liberal, tais como o individualismo-normativista e a codificação (de cunho metafísico-objetificante), que impedem a abertura interpretativa. Aqui é importante referir que a compreensão autêntica só é possível se o jurista participar da história no "cuidado" com as coisas e no "viver na angústia" (Heidegger) que lhe "abre as portas do mundo". O homem desde-já-sempre está no mundo. É lançado no mundo e se encontra com outras pessoas. Nesse encontrar-se acaba não sendo ele próprio. Isso acontece, por exemplo, quando deixa que alguém decida por ele o

Fundamentos para uma compreensão hermenêutica do Processo Civil

que deve(ria) decidir e o que deve(ria) fazer. No Direito, significa dizer que o juiz, que é ser-no-mundo, ao decidir conforme a "corrente majoritária" ou a "jurisprudência dominante", perde-se na repetição, deixando de ser autêntico e responsável, pois deixa de resguardar o cuidado (ser do ser-aí), fechando as portas do mundo para si. Isso faz ver que é a angústia que constitui a possibilidade para uma vida autêntica, sendo o compreender um compreender temporal, que, por meio do cuidado, possibilita a abertura para o mundo. A fenomenologia como via da hermenêutica da faticidade (Heidegger), que não constitui um método, mas um "deixar que a coisa seja", deixa ver que o fenômeno é importante para o desvelamento, isto é, para que a realidade possa ser "devolvida" ao jurista que a perdeu com a filosofia da consciência. O conhecimento passa aqui a ser entendido como finito, como físico, não havendo uma verdade ou compreensão para além do *Dasein* (ser-aí), que também é finito e está situado no mundo. Nesse sentido, a fenomenologia do ser-aí torna-se uma hermenêutica da faticidade, pois as coisas só podem ser apreendidas enquanto faticidade, isto é, enquanto fenômenos. Isso faz possível verificar que o jurista não é "puro", que está sempre-junto-ao-mundo, que é ser-no-mundo, ser-em, e que toda a compreensão desde-já-sempre tem uma carga ontológica que já vem antecipada na pré-compreensão. O método não salva a interpretação, uma vez que o jurista desde-já-sempre está contaminado pela experiência de mundo, por seus preconceitos. Desde-já-sempre está inserido numa tradição, sendo incapaz de chegar ao elemento último, ao "método do método". Isso é impossível num universo flutuante em que a consagração da finitude do homem consagra também a finitude de todo o conhecimento, fazendo da verdade algo que só se estabelece no discurso e na linguagem, isto é, dentro das condições humanas, e não fora delas. O método fenomenológico não se desliga, portanto, de uma existência concreta. No Direito, isso é a constatação de que o acesso ao ser dos entes só se dá na realização do texto, na aplicação, carecendo, pois, a Constituição e os textos jurídicos (leis) de constante atualização pela atividade do jurista, pois o conteúdo do texto só passa à realidade pela ação do operador do Direito. A palavra, assim, é que irá realizar o desvelamento, mas o homem será o pastor do ser, cuidando-o ao mesmo tempo em que por ele é (for) arrastado. A tarefa hermenêutica é um questionamento pautado na coisa. O jurista não pode perder o mundo. Deve estar consciente da historicidade do Direito e de que não é alheio à compreensão e ao ser, sendo que este é que possibilita suas conquistas. O jurista tem que ter consciência dos efeitos da história e de que pertence a essa história. Seus pré-conceitos (preconceitos) são a sua realidade histórica.

No segundo capítulo (Direito Processual Civil e(m) crise: a necessidade de um desvelamento da crise do processo civil), demonstra-se que, apesar de um novo paradigma, o do Estado Democrático de Direito, e da virada lingüística no campo da filosofia (*linguistic-ontological-turn*), que passa agora a invadir também o Direito, o Direito Processual Civil da modernidade, inserto em uma tradição liberal, cujos juristas mantêm-se fortemente apegados à filosofia da subjetividade, às práticas da filosofia da consciência, não consegue, embora se tenham mudado as visões de mundo, desapegar-se das suas origens e fundamentos que derivam da razão moderna. Assim, como estrutura de poder, e não como instrumento democrático, o processo passa (e segue) a consagrar a burocratização da Justiça e a formalidade como disciplina e garantia do cidadão. No caso do Brasil, isso pode ser demonstrado no fato de que o sistema jurídico escolheu o processo, instrumento formal, liberal e, em algumas vezes, antidemocrático, como o único meio para a resolução de conflitos, no que acabou por revelar a dificuldade extrema da jurisdição em resolver os litígios dos cidadãos. E isso em virtude das mais diversas razões, como o texto procura(rá) demonstrar. Surge daí a necessidade de se achar uma alternativa para o processo. Nesse aspecto, propõe-se uma "substancialização" do Direito Processual, no sentido de desvelar o ser do ente dos institutos processuais, que são "entes em seu ser". Isso é possível a partir da fenomenologia heideggeriana e da crítica da tradição gadameriana, num sentido de compreender a verdadeira dimensão do principal problema do Direito Processual Civil (efetividade) e dos institutos processuais, desvelando o sentido do mito do processo que, na perspectiva dos processualistas, não é (tem sido) descoberto/desvelado. Propõe-se, também, uma ética da responsabilidade do jurista (juiz) no sentido de questionar a tradição (inautêntica) do direito, que se mostra avessa aos problemas sociais e à idéia de que a Constituição tem um caráter transformador. Importa aqui revelar a não-neutralidade do jurista e o anonimato (Warat) em que ele se encontra em razão da recusa do seu campo de reflexão de promover um "direito vivificado". Como o jurista não vê que o processo não tem servido para realizar os direitos e garantias fundamentais, e já que isso não acontece mesmo que ele veja, o processo passa a viver em uma "situação precária", favorecendo apenas os interesses das classes que estão no poder e as conservando nessa posição. Fica clara, assim, a ideologia que debilita o processo, corrompendo seu sentido e ocultando os seus reais significados ao manter os juristas inseridos numa tradição liberal-individualista, típica do Estado Liberal (aliás, autêntica para esse tipo de Estado), e não do Estado Democrático de Direito, conservando o *status quo* e impedindo as mudanças sociais. Entendido como mito, o processo passa a ser tido como um "mito que atende a outros mitos", estabelecendo simplificações de complexidades que não podem ser simplificadas e idealizando situações irreais como a neutralidade do juiz e da lei. O processo cria, assim, uma noção de mundo que é desvinculada do real. O jurista, preso ao senso comum teórico, não consegue se libertar das verdades do processo, que passam a fazer

Fundamentos para uma compreensão hermenêutica do Processo Civil

parte do seu ser-no-mundo e do seu desde-já-sempre. O Direito, porém, deve ter uma referência necessária à democracia e aos direitos e garantias fundamentais. Para que se possa entender isso, no entanto, é necessário libertar-se da tradição inautêntica que aliena o jurista da historicidade do Direito e da palavra (hermenêutica) como condição de possibilidade da compreensão. Como a palavra coloca o jurista no mundo, e não o contrário, há uma necessidade de que o jurista agora entenda que ela tem um sentido coletivo, implicando numa relação social (Gadamer), que é apagada pelo método que obnubila a singularidade das coisas. Ao não compreender que a palavra não experimenta qualquer uso, o jurista acaba por "nada realizar", ou seja, pensando o mundo à distância e não sabendo afrontá-lo, entricheira-se em si mesmo, perdendo o contato com as coisas e se tornando "pobre de mundo" (Aldo G. Gargani). A Constituição e o Direito Processual, nesse sentido, têm um papel a ser cumprido, importando para isso que o jurista desvele a crise do direito e que tenha consciência de que é nesse seu desvelar que o ser do ente dos direitos e garantias fundamentais pode vir a lume. Procura-se demonstrar aqui que o Direito Processual Civil, que não tem sido compreendido autenticamente, a partir da Constituição de 1988 – que instaura(ou) o paradigma do Estado Democrático de Direito –, deve ser ontologizado (no sentido da ontologia fundamental de que fala Heidegger), tendo a Constituição como pauta axiológica-normativa e interpretativa de toda norma jurídica (no caso, norma jurídica processual). Importa salientar aqui o espaço que ainda há para a filosofia e como a hermenêutica filosófica, tematizando o problema da *applicatio*, passa, na qualidade de ontologia fundamental, a ser entendida como modo-de-ser-no-mundo do jurista. A partir da diferença ontológica que existe entre o ser e o ente, é possível afirmar que o jurista tem agora a tarefa de desvelar o ser dos entes que só podem vir ao encontro numa perspectiva fenomenológica em que a compreensão e a aplicação passam a coincidir. Isso faz com que não se tenha mais uma idéia de que o juiz não seja o criador do direito e de que este, o direito na sua compreensão/aplicação, não se preste à transformação da realidade. Como os juristas ainda estão presos ao paradigma da filosofia da consciência que separa o sujeito e o objeto, o ser e o ente, entificando, pois, o sentido das coisas e do Direito, a linguagem ainda não vem tendo o caráter de condição de existência, passando a predominar na comunidade jurídica um conhecimento metafísico que possibilita, por exemplo, pensar lei e Constituição, jurisdição ordinária e jurisdição constitucional, questão de direito e questão de fato como coisas distintas. Ou seja, esquece-se a diferença ontológica que resguarda o sentido de que todo ente só é em seu ser e que todo ser é sempre o ser de um ente. Isso significa que o jurista não pode cindir coisas incindíveis. Não é difícil afirmar que a tradição da doutrina processual brasileira, presa ao liberal, ao individual, ao normativo, ao dogmático, à filosofia da consciência, longe está de ser autêntica, pois não consegue compreender qual a finalidade do processo e dos institutos processuais. Para citar alguns exemplos, é possível dizer que, mesmo após diversas reformas na lei processual, institutos como a antecipação de tutela ainda não encontraram suficiente e adequada (autêntica) compreensão; as demandas plenárias continuam sendo regra, e os tribunais, cada vez mais, são ainda mais glorificados pelo menosprezo à jurisdição de primeiro grau. O discurso mítico do processo, assim, trabalha com "verdades" descontextualizadas, presas a paradigmas que já foram (deveriam ter sido) descartados, impedindo a transformação social e negando (veladamente) o caráter do Direito Processual de instrumento de justiça social. Nesse aspecto, a visão tradicional (inautêntica) dos institutos processuais demonstra o comprometimento do processo com práticas autoritárias (a maioria dos doutrinadores mais seguidos, influenciados pela filosofia da consciência, pela idéia de método e, alguns, pela ideologia não só liberal, mas, também, "fascista" e autoritária – como nos casos de Carnelutti e Chiovenda, ambos devidamente criticados nesse sentido por Vittorio Denti –, escreveram suas obras na primeira metade do século XX), desconhecedoras do sentido de Constituição, que, ideologicamente, molda institutos e categorias para a conservação da ordem ou para o esvaziamento dos poderes do juiz. Exemplo disso é o modo como os juristas tratam a idéia de jurisdição, o problema da verdade e as problemáticas e ideológicas condições da ação, que serão vistos no terceiro e no quarto capítulos.

Por fim, como dito, o terceiro e o quarto capítulos ("Fundamentos para uma compreensão hermenêutica da jurisdição e do Direito Processual Civil no Estado Democrático de Direito" e "Fundamentos para uma compreensão hermenêutica dos principais institutos do processo civil") têm a pretensão de fundamentar a compreensão hermenêutica do Direito Processual Civil, seja quanto à jurisdição, seja quanto aos institutos processuais. O processo aqui é visto como direito e garantia fundamental, cercado de outras garantias que também se constituem em direitos fundamentais. Assim, o Devido Processo Legal no Estado Democrático de Direito nada mais é do que uma síntese das garantias mínimas postas na Constituição em favor do cidadão. Os princípios processuais agora passam a ser tidos como princípios processuais constitucionalizados, isto é, acordes com o conteúdo material da Constituição, que se expressa nos direitos e garantias fundamentais. Assim é que o processo tem na principiologia constitucional o caminho para a efetividade da tutela jurisdicional que se compõe de segurança e celeridade. A jurisdição no Estado Democrático de Direito já não mais pode ser caracterizada por um elemento único (coisa julgada, substitutividade ou lide), mas por um amálgama desses e de outros tantos elementos, dentre eles a imparcialidade, a independência, o poder de criação da norma pelo juiz etc., que, sem sombra de

---

Fundamentos para uma compreensão hermenêutica do Processo Civil

dúvidas, compõem todo o "sentido" da jurisdição, vindo esta a encontrar fundamento na realização dos direitos e garantias fundamentais, que "arrastam o ser" do Poder Judiciário, determinando seus fins. Não é possível, pois, fazer da coisa julgada o critério diferenciador da jurisdição quando se sabe que hoje o mais importante é satisfazer o direito (efetividade), e não meramente declará-lo. Não é possível falar em jurisdição ordinária e jurisdição constitucional quando toda a jurisdição é constitucional, pois a lei não pode ser vista apartada do sentido de Constituição (Não há ser sem o ente, pois o ser é sempre o ser de um ente, e o ente só é em seu ser, como já dito). Não há como dizer, ainda, que a jurisdição voluntária é atividade meramente administrativa, sabendo-se que o juiz, também ali, é imparcial e "cria" a norma na aplicação. Também é impossível impedir que o juiz deixe de aplicar a lei inconstitucional ou deixe de se utilizar das técnicas mais recentes de controle da constitucionalidade, tais como a interpretação conforme e a declaração de nulidade parcial sem a redução do texto. Não é possível, pois, compreender inautenticamente toda uma série de princípios, institutos, "sentidos" que o Direito Processual Civil ganha (pode ganhar) a partir da Constituição de 1988 que constitucionalizou o processo. Nessa perspectiva, a ação, a ampla defesa, a coisa julgada, a antecipação de tutela etc. devem ser compreendidas num sentido diferente daquele estabelecido pelo Estado Liberal. A segurança jurídica ganha outra interpretação; a verdade que o processo diz buscar passa a ser agora uma verdade hermenêutica, deixando de atender à ideologia liberal; os mitos da verdade real e da verdade formal são desmascarados; a coisa julgada (modo excepcionalíssimo) rende-se à relativização, principalmente nos casos de direitos indisponíveis, como são os das investigatórias de paternidade transitadas em julgado antes do advento do exame pelo método de DNA, ou das hipóteses em que se confrontam os direitos sociais, coletivos e difusos, com os direitos de cunho individual. A instrumentalidade qualitativa também pede um maior "cuidado" do jurista que, ao mesmo tempo, não pode deixar de se preocupar com a instrumentalidade quantitativa; enfim, toda uma visão de mundo e do processo passa a ser estabelecida dentro das novas "condições de sentido" proporcionadas pela adequada compreensão da força normativa da Constituição e da sua implicação no processo interpretativo dos institutos do Direito Processual Civil. Uma fundamentação hermenêutica do Direito Processual Civil do Estado Democrático de Direito, assim, deve atender não só a esses aspectos, mas a tantos outros que não se esgotam no trabalho, mas que, ao menos parcialmente, sem ter a pretensão (nem de longe) de esgotar o tema, aqui se pretende sejam mostrados/(des)velados.

1. Constituição, hermenêutica e Estado Democrático de Direito

1.1. Considerações preliminares acerca da modernidade tardia no Brasil. A "fragilização" da Constituição "fragiliza" a democracia e os direitos e garantias fundamentais

A discussão acerca do suposto fim da modernidade ainda não chegou a um consenso. É possível dizer que a modernidade terminou, sendo cabível, portanto, a utilização do termo "pós-modernidade"[1] ou "trans-modernidade".[2] Também se pode considerar a modernidade como um projeto que se desloca,[3] inacabado[4] ou que, talvez, ainda nem tenha sido formulado.[5] Até mesmo é possível falar-se em uma modernidade tardia de "ambigüidades análogas".[6] No caso do Brasil, a modernidade ainda não começou, pois tem sido considerado um país de "modernidade tardia",

---

[1] A modernidade de que se fala, aproveitando o pensamento de Luís Alberto WARAT, "não tem nada a ver com o uso vulgar do termo, que o emprega como equivalente às coisas e às condutas que são atuais; tampouco o empregamos como uma das Idades da história (desde a Revolução Francesa, estamos na idade contemporânea). Pretendo referir-me à modernidade como condição cultural. Quando se trata de falar em modernidade como condição, está se fazendo referência a um fenômeno de organização cultural, um paradigma que surge para o ocidente desde o século XVI e persiste até o século XX, não tendo seu fim nada a ver com o emblemático ano 2000. O que dela perdura não é outra coisa que alguns de seus enclaves decadentes, por muitos conhecidos como pós-modernidade". WARAT, Luís Alberto. *O ofício do mediador*. I. Florianópolis: Habitus, 2001, p. 178. 279 p. A pós-modernidade, nesse sentido, é a "decadência" da modernidade sonhada pelo Iluminismo que se tornou impotente diante dos desafios que a história colocou para o homem. Pelo mito, a modernidade fez o homem acreditar que pudesse controlar a sua história, o que não passou de ilusão.

[2] Nesse sentido: COELHO, Luís Fernando. *Saudade do futuro*. Florianópolis: Boiteux, 2001. 175 p.

[3] HABERMAS, Jürgen. *Pensamento pós-metafísico*: estudos filosóficos. Rio de Janeiro: Tempo Brasileiro, 1990, p. 11. 271 p.

[4] HABERMAS, Jürgen. *O discurso filosófico da modernidade*. São Paulo: Martins Fontes, 2000, p. 1. 540 p.

[5] LUHMANN, Niklas, DE GEORGI, Raffaele. *Teoría de la sociedad*. Guadalajara: Instituto Tecnologico y de Estudios Superiores do Occidente, 1993, p. 444. 444 p.

[6] JAMESON, Fredric. *Una modernidad singular*: ensayo sobre la ontologia del presente. Traducción de Horacio Pons. Barcelona: Gedisa, 2004, p. 22. 204 p.

Fundamentos para uma compreensão hermenêutica do Processo Civil

em que o *welfare state* não passou de um simulacro.[7] Dito de outro modo, o país vive uma espécie de "pré-modernidade", situação da maioria dos brasileiros explorados e excluídos socialmente.[8] A experiência do Estado do Bem-estar Social, pois, ficou longe de ser concluída no Terceiro Mundo, em que se contam grande parte dos países da Ásia, África, Américas Central e do Sul, onde há uma nítida contradição entre o quadro social real e os textos das leis e da Constituição.[9]

Inseridas nesse contexto, as instituições fundamentais do Estado brasileiro continuam sendo as mesmas de há dois séculos. Nesse sentido, instituições como o Poder Judiciário vão perdendo sua legitimidade,[10] pois estão se tornando cada vez mais inócuas diante das transformações que se operaram na técnica, na ciência e na economia mundial. Essas transformações acabaram por construir um mundo cujas bases materiais se voltam tanto contra os valores da modernidade, representada por suas instituições, como contra a realização dos direitos fundamentais, que ficam cada vez mais distantes da quotidianeidade do homem comum. Nessa senda, não há mais crença na vida democrática e no sentido do público; as antigas fontes de regulação, identificadas anteriormente com o próprio Estado, alienaram-se da vida prática e passaram a ser pautadas não mais pela produção de legalidade por meio de instituições visíveis, mas pela "mão invisível do mercado", subordinada ao capital financeiro volatizado, pautando um "novo colonialismo" que legisla "de fora", exigindo, por meio de sucessivas imposições econômicas, o ajustamento do direito interno às necessidades do capital financeiro transnacional, sob pena de asfixia política e econômica do "país alvo".[11] O liberalismo, assim, tem conduzido a população dos países pobres à miserabilidade, minimizando a ação estatal e bloqueando a solidariedade humana pela lógica do mercado.[12]

---

[7] STRECK, Lenio Luiz. Quinze anos de Constituição – análise crítica da jurisdição constitucional e das possibilidades hermenêuticas de concretização dos direitos fundamentais-sociais. In: *Revista Ajuris*. Porto Alegre: Associação dos Juízes do Rio Grande do Sul, n. 92, ano XXX, p. 205, dez. 2003. 336 p.

[8] ARRUDA JÚNIOR, Edmundo Lima de. *Direito, marxismo e liberalismo*. Florianópolis: CESUSC, 2001, p. 55-56. 174 p.

[9] AZEVEDO, Plauto Faraco de. Direito, epistemologia e neoliberalismo. In: *Revista crítica jurídica; Revista Latinoamericana de política, filosofia y derecho*. Fundación iberoamericana de derechos humanos. Curitiba, n. 19, jul-dez/2001, p. 139-156. 338 p.

[10] Na Europa, a crise por que passam as instituições jurídicas também tem sido notada. Houve uma ruptura com a tradição, que acabou por torná-las questionáveis diante das novas formas de Estado. O futuro e a legitimidade dessas instituições depende, agora, de se tornarem novamente "dignas de crédito", no sentido de atenderem aos seus fins, para poderem ser aceitas. KEMPSKI, Jürgen von. Filosofia da política. In: HEINEMANN, Fritz. *A filosofia no século XX*. Tradução e prefácio de Alexandre F. Morujão. 5ª ed. Lisboa: Calouste Gulbenkian, 2004, p. 513. 576 p.

[11] GENRO, Tarso. Reflexão preliminar sobre a influência do neoliberalismo no direito. In: *Revista Ajuris*. Porto Alegre: Associação dos Juízes do Rio Grande do Sul, n. 70, ano XXIV, p. 38-39, jul. 1997. 429 p.

[12] AZEVEDO, Plauto Faraco. Direito, epistemologia e neoliberalismo. In: *Revista crítica jurídica; Revista Latinoamericana de política, filosofia y derecho*. Fundación iberoamericana de derechos humanos. Curitiba, n. 19, jul-dez/2001. 338 p. O que se tem vislumbrado na prática "é o reforço desta postura,

Isso tudo se reflete numa crise do Estado e numa crise jurídica. Essa crise jurídica é uma crise da cultura jurídica, que está imersa numa crise de autoridade, de valores éticos, políticos e culturais.[13] Nesse sentido, a crise do Judiciário, que integra, por conseqüência, a crise jurídica, não é independente de uma crise do Estado, que se apresenta nas suas mais diversas formas, notadamente em seu aspecto institucional. Em decorrência da globalização e da quebra da idéia de unidade, orientada pela idéia de Constituição, a "crise institucional" tem-se caracterizado por uma "fragilização" da Constituição como elemento constitutivo do Estado.[14] Em razão disso, a partir dessa crise institucional, surge uma necessidade de questionamento do caráter da Constituição como pacto fundante do Estado, ou seja, se ela ainda pode ser considerada um "contrato social". Em face da crise do Estado-Nação, pois, questiona-se: "como compatibilizar o assim denominado constitucionalismo do Estado Democrático de Direito com esse processo de desnacionalização, desinstitucionalização e desconstitucionalização?".[15] Este, pois, é um dos questionamentos que a polêmica "procedimentalismo *versus* substancialismo" tem procurado responder.

As posturas procedimentalistas (Habermas,[16] Luhmann,[17] Ely[18] e Garapon[19]) têm visto a Constituição apenas como uma "garantia para que

---

quando as Constituições dos Estados Nacionais e o próprio constitucionalismo moderno são revisitados, na medida em que o prevalecimento da lógica mercantil e a já mencionada contaminação de todas as esferas da vida social pelos imperativos categóricos do sistema econômico, a concepção de uma ordem constitucional subordinada a um padrão político e moral se esvanece, perdendo-se o que Dalmo Dallari chama de padrão objetivo do justo, muito embora tenha-se que relativizar esta objetividade, tratando-a como um referencial ético-jurídico que busca garantir conteúdos mínimos de convívio social". STRECK, Lenio Luiz, MORAIS, José Luis Bolzan de. *Ciência política e teoria geral do estado*. 2ª ed. rev. e atual. Porto Alegre: Livraria do Advogado, 2001, p. 146; STRECK, Lenio Luiz. *Jurisdição constitucional e hermenêutica*: uma nova crítica do direito. Porto Alegre: Livraria do Advogado, 2002, p. 73. 710 p.

[13] ARRUDA JÚNIOR, Edmundo Lima de. *Operadores jurídicos e mudança social*: sensos comuns, novo senso e outros consensos (Gramsci e o Direito Alternativo). In: *Revista Crítica Jurídica; Revista Latinoamericana de política, filosofia y derecho*. Fundación iberoamericana de derechos humanos. Curitiba, n. 20, jan-jul/2002. 282 p.

[14] STRECK, Lenio Luiz, MORAIS, José Luis Bolzan de. *Ciência política e teoria geral do Estado*. Porto Alegre: Livraria do Advogado, 2000, p. 142. 183 p.

[15] STRECK, Lenio Luiz. *Jurisdição constitucional e hermenêutica*: uma nova crítica do direito. Porto Alegre: Livraria do Advogado, 2002, p. 73. 710 p.

[16] HABERMAS, Jürgen. *Direito e democracia*: entre a facticidade e a validade. Tradução Flávio Beno Siebeneichler. 2 vols. Rio de Janeiro: Tempo Brasileiro. v. 1 – 1997, 354 p., e v. 2 – 1997, 352 p.

[17] LUHMANN, Niklas. *Legitimação pelo procedimento*. Tradução de Maria da Conceição Corte-Real. Brasília: Universidade de Brasília, 1980; LUHMANN, Niklas. *Sociologia do direito*. v. I. Tradução de Gustavo Bayer. Rio de Janeiro: Tempo Brasileiro, 1983. 252 p.; LUHMANN, Niklas, *Sociologia do direito*. v. II. Tradução de Gustavo Bayer. Rio de Janeiro: Tempo Brasileiro, 1985. 212 p.; LUHMANN, Niklas, DE GEORGI, Raffaele. *Teoria de la sociedad*. Guadalajara: Instituto Tecnologico y de Estudios Superiores de Occidente. 1993. 444 p.

[18] ELY, John Hart. *Democracia y desconfianza*: Una teoría del control constitucional. Traducción de Magdalena Holguín. Santafé de Bogotá: Siglo del Hombre: Universidad de los Andes, 1997. 292 p.

[19] GARAPON, Antoine. *O juiz e a democracia*: o guardião das promessas. 2ª ed. Tradução de Maria Luiza de Carvalho. Rio de Janeiro: Revan, 1999. 272 p.

o jogo político ocorra dentro da lei".[20] Nessa linha de pensamento, o papel dirigente da Constituição e a sua "força normativa" têm perdido força diante dos imperativos da globalização econômica. Segundo Habermas, os sistemas jurídicos surgidos no final do século XX, nas democracias de massas dos Estados sociais, denotam uma compreensão procedimentalista do Direito.[21] Nesse sentido, a Constituição não pode mais ser entendida como uma "ordem" que regula primariamente a relação entre o Estado e os cidadãos. O poder social, econômico e administrativo necessita de disciplinamento por parte do Estado de Direito. De outro lado, porém, a Constituição também não pode ser entendida como uma ordem jurídica global e concreta, destinada a impor *a priori* uma determinada forma de vida sobre a sociedade. A Constituição determina procedimentos políticos, segundo os quais os cidadãos, assumindo seu direito de autodeterminação, podem perseguir cooperativamente o projeto de produzir condições justas de vida. Somente as condições processuais da gênese democrática das leis asseguram a legitimidade do Direito.[22] Habermas defende os

---

[20] Ver a crítica de STRECK, Lenio Luiz. *Jurisdição constitucional e hermenêutica*: uma nova crítica do direito. Porto Alegre: Livraria do Advogado, 2002, p. 74. 710 p. Consultar, também, do mesmo autor: STRECK, Lenio Luiz. *Verdade e consenso*: Constituição, hermenêutica e teorias discursivas. Rio de Janeiro: Lumen Juris, 2006. 297 p. Ainda, no mesmo sentido da crítica ao procedimentalismo: LUCAS, Doglas Cesar. Hermenêutica filosófica e os limites do acontecer do direito numa cultura jurídica aprisionada pelo "procedimentalismo metodológico". In: LUCAS, Doglas Cesar; SPAREMBERGER, Raquel (org.). *Olhares hermenêuticos sobre o direito*: em busca de sentido para os caminhos do jurista. Ijuí: Unijuí, 2006. 400 p.

[21] HABERMAS, Jürgen. *Direito e democracia*: entre facticidade e validade. Tradução Flávio Beno Siebeneichler. v. I. Rio de Janeiro: Tempo Brasileiro, 1997, p. 242. 354 p.

[22] *Idem*, p. 326. Emmanuel Kant, um dos maiores expoentes da filosofia da consciência e da idéia liberal, reconhecia a necessidade da existência de uma Constituição que assegurasse determinados fins do Estado. A exigência de uma constituição republicana, que é a base para o Estado Democrático de Direito, é, assim, um elemento básico do direito público kantiano, detendo, pois, um caráter essencial. Para isso, deve contar com instituições que garantam continuamente a realização do direito. Sabe-se, porém, que Kant, em nenhuma hipótese, admitia a desobediência civil. Sendo um racionalista, acreditava que o direito positivo deveria realizar o direito natural que lhe dá fundamento, devendo a lei, mesmo em desacordo com o direito natural, ser obedecida. Isso significa que, num sentido kantiano, as Constituições, por mais que pudessem ser tidas como uma "necessidade", um "estado jurídico necessário que reunisse os homens sob uma influência única", ou mesmo como uma "expressão do direito natural", não tinham toda a força normativa que, numa postura substancialista, hoje se reconhece ter. A idéia do filósofo, pois, constitui-se numa manifestação plena e atual do pensamento liberal, que, não se nega, deixa ao cidadão um espaço de liberdade. Esse espaço, porém, já está previamente definido, limitado, traçado, ao final, pelas regras do liberalismo, isto é, pelas regras de mercado, e não pela Constituição. A Constituição, aqui, não tem a importância que lhe é dada pela tese substancialista. A modernidade, construída sob o império da lei, divorciou o direito da realidade histórica. O cidadão foi reduzido a mero "consumidor da lei" que, praticada pelos juristas, passou a ser uma lei opressiva, pois comprometida com práticas de governo e *lobbys*. Nesse aspecto, a lei, na concepção de Kant, nada mais é do que uma lei garantidora da liberdade contra o Estado, ou seja, garantidora e preservadora da autonomia privada. Nesse sentido, os três princípios da constituição republicana apresentados por Kant: liberdade para todos os membros da sociedade; a dependência de todos e de cada um de uma única legislação comum; e igualdade como cidadãos, perante a lei. Consultar: CAYGILL, Howard. *Dicionário Kant*. Tradução de Álvaro Cabral. Rio de Janeiro: Jorge Zahar, 2000, p. 129. 353 p. Consultar: KANT, Emmanuel. *Doutrina do direito*. 2ª ed. Tradução Edson Bini. São Paulo: Ícone, 1993, p. 149-161. 224 p.; também: TERRA, Ricardo. *Kant & o direito*. Rio de Janeiro: Jorge Zahar, 2004, p. 29-58. 65 p.;

procedimentos de criação democrática do Direito, protegendo o direito de todos participarem de forma igualitária da "discursividade produtora dos sentidos jurídicos". Assim, é indispensável a institucionalização de espaços imparciais, que viabilizem a "conversação das pluralidades" e a "produção de consensos", a partir de um procedimento que permita a inclusão de todos os cidadãos nos ambientes discursivos. Desse modo, numa sociedade pluralista, a fundamentação das normas jurídicas é resultado de um procedimento democrático que garanta a participação de todos na formulação do Direito. A democracia procedimental apresenta uma função normativa, pois elabora um modelo de Direito que "pode se desenvolver de forma a cumprir sua tarefa de permitir a coexistência de diferentes projetos de vida sem ferir as exigências de justiça e de segurança, necessárias à integração social".[23] Serão legítimas e válidas as leis que receberem a aprovação de todos os cidadãos em um procedimento legislativo constituído legalmente.[24]

O princípio democrático procedimentalista "revela que as normas jurídicas não se fundamentam apenas moralmente, mas também através de acordos negociados, ou barganhas, que se tornam 'permitidas e necessárias quando apenas interesses particulares e não generalizáveis estão em jogo'".[25] A "auto-identificação de um povo também resulta de negociações pragmáticas e políticas",[26] e não somente de argumentos morais. Assim, é importante garantir os procedimentos democráticos para que as diferenças, a pluralidade de interesses, as posições divergentes, consigam participar do diálogo e da tomada de decisões. A legitimidade do Direito moderno somente pode ser compreendida a partir da própria racionalidade democrática moderna, pois o sentido do ordenamento não advém de sua forma ou dos conteúdos morais estabelecidos de forma antecipada. Decorre dos procedimentos legislativos viabilizados pela própria estrutura da democracia. Nesse modelo procedimentalista, a participação cidadã e o diálogo são fundamentais para a formação e justificação do Direito, sendo intolerável um protagonismo judicial que interfira na livre construção da discursividade e que evoque para si a tarefa de legislador político, limitando, desse modo, as potencialidades da sociedade civil de fazer chegar as suas

---

ADOMEIT, Klaus. *Filosofia do direito e do Estado*: filósofos da idade moderna. v. II. Tradução de Elisete Antoniuk. Porto Alegre: Fabris, 2001, p. 153. 239 p.

[23] GALUPPO. Marcelo Campos. *Igualdade e diferença*: Estado democrático de direito a partir do pensamento de Habermas. Belo Horizonte: Mandamentos, 2002. p. 152. 232 p.

[24] Para HABERMAS, "legalidade pode gerar legitimidade, unicamente, na medida em que a ordem jurídica reage, de modo reflexivo, à necessidade de justificação, que nasce com um direito que se torna positivo, precisamente, na medida em que os procedimentos jurídicos de decisão, que facultam os discursos morais, são institucionalizados". HABERMAS, Jürgen. *Direito e moral*. Tradução Sandra Lippert. Lisboa: Piaget, 1992, p. 57. 123 p.

[25] GALUPPO. Marcelo Campos. *Igualdade e diferença*: Estado democrático de direito a partir do pensamento de Habermas. Belo Horizonte: Mandamentos, 2002. p. 155. 232 p.

[26] *Idem, ibidem.*

demandas ao sistema político.[27] Não se trata de submissão do Judiciário, mas de reconhecer que os discursos de justificação do Direito não se confundem e não podem ser usurpados pelos discursos de aplicação; razão pela qual a atividade jurisdicional deve manter-se imparcial para não perturbar os espaços de formação do Direito.[28] Os tribunais constitucionais não podem substituir os discursos políticos, engendrando uma rejustificação do Direito por meio de decisões que disponham dos argumentos legitimadores do Direito como se fossem legisladores indiretos. O tribunal constitucional, na perspectiva procedimentalista de Habermas, "deve ficar limitado à tarefa de compreensão procedimental da Constituição, isto é, limitando-se a proteger um processo de criação democrática do Direito. O Tribunal não deve ser o guardião de uma suposta ordem suprapositiva de valores substanciais. Deve, sim, zelar pela garantia de que a cidadania disponha de meios para estabelecer um entendimento sobre a natureza de seus problemas e a forma de sua solução".[29] Não interessa uma pauta de valores previamente estabelecidos, mas a existência de um conjunto de procedimentos democráticos que organize o debate e estimule a participação das pluralidades instituidoras da legitimação da política e do Direito, papel que jamais poderá ser exercitado pelo Poder Judiciário.[30]

As teorias sistêmicas, ao conferirem à Constituição um cunho meramente procedimental, têm resgatado e, de certa forma, sustentado essa idéia, pois pouco valor têm dado a ela como condição de possibilidade

---

[27] Conforme VIANNA, Luiz Werneck et al. *A judicialização da política e das relações sociais no Brasil*. Rio de Janeiro: Revan, 1999, p. 29. 272 p.

[28] HABERMAS, Jürgen. *Direito e democracia*: entre facticidade e validade. Tradução Flávio Beno Siebeneichler. v. I. Rio de Janeiro: Tempo Brasileiro, 1997. 354 p.

[29] Conforme STRECK, Lenio Luiz. *Jurisdição constitucional e hermenêutica*: uma nova crítica do direito. Porto Alegre: Livraria do Advogado, 2002, p. 73. 710 p.; VIANNA, Luiz Werneck et al. *A judicialização da política e das relações sociais no Brasil*. Rio de Janeiro: Revan, 1999, p. 29. 272 p. Para Cristina QUEIROZ, a posição dos tribunais no sistema jurídico "obedece a dois elementos basilares: positivação e democratização. Ambos desenvolvem efeitos recíprocos. A 'positivação do direito', operada primeiramente com os códigos, e, depois, com a promulgação das constituições escritas, não garante por si só a 'democratização da política'. Esta implica uma maior 'proteção jurídica' do indivíduo e dos seus direitos constitucionais'. Daqui decorre uma intrínseca 'processualização' do direito que chega também ao direito constitucional. É o que HABERMAS designa, de modo sugestivo, por 'paradigma da compreensão procedimental do direito' e do 'sistema jurídico'". QUEIROZ, Cristina M. M. *Direitos fundamentais*: teoria geral. Coimbra: Coimbra, 2002, p. 289. 349 p.

[30] Consultar: CITTADINO, Gisele. *Pluralismo, Direito e Justiça Distributiva*: Elementos da Filosofia Constitucional Contemporânea. 3ª ed. Lumen Júris: Rio de Janeiro, 2004. 246 p. Habermas acredita que nas sociedades multiculturais é impossível estabelecer um pacto em torno de valores éticos substantivos, razão pela qual ele defende a adoção de procedimentos que garantam a participação de todos os indivíduos na elaboração de uma cultura política comum, na qual os cidadãos respondam ativamente pela produção e interpretação de seu próprio direito. Sufragando a postura procedimentalista habermasiana acerca do papel do Supremo Tribunal Federal no modelo constitucional brasileiro e o caráter procedimental do Direito no paradigma do Estado Democrático de Direito: LAGES, Cíntia Garabini. Processo e jurisdição no marco do modelo constitucional do processo e o caráter jurisdicional democrático do processo de controle concentrado de constitucionalidade no Estado Democrático de Direito. In: OLIVEIRA, Marcelo Andrade Cattoni de. *Jurisdição e hermenêutica constitucional no Estado Democrático de Direito*. Belo Horizonte: Mandamentos, 2004, p. 469-515. 592 p.

para a transformação social. Nessa perspectiva procedimentalista, pois, não se consegue ver o Direito, e por conseqüência, a Constituição como suporte para uma transformação da realidade. Nega-se ao Direito a possibilidade de produzir mudanças sociais, pois desinteressam em sua análise eventuais condicionamentos políticos, morais ou econômicos.[31]

A teoria de Niklas Luhmann é um exemplo da independência entre a política e o Direito: o Direito, nessa linha, é um sistema que tem sua própria linguagem e que se auto-reproduz, independentemente do que se passa no sistema político ou nos demais sistemas.[32] Nessa idéia, pois, a hermenêutica jurídica é alheia também ao ambiente social,[33] político e econômico, uma vez que o conhecimento é internalizado. A teoria sistêmica de Luhmann vê o procedimento judicial como um subsistema social, em que a função da decisão é a de absorver a insegurança, sendo objetivo do procedimento proporcionar aceitabilidade às decisões, evitando resistências que ocasionariam uma desestabilização no sistema. A decisão, para gerar aceitação, deve resultar de um procedimento neutro ou alheio aos influxos do "meio ambiente", realizado com base em normas previamente conhecidas, que circunscrevem as atuações dos atores processuais.[34]

---

[31] Nesse sentido, é oportuna a análise de Osvaldo Ferreira de MELO, quando refere que há juristas preocupados com a exclusiva função de explorar o sistema positivo, negando o papel transformador e progressista do direito e seu vínculo com a política. MELO, Osvaldo Ferreira de. *Fundamentos da política jurídica*. Porto Alegre: Fabris, 1994, p. 45. 136 p.

[32] LUHMANN, Niklas. *Sociologia do direito*. v. I. Tradução de Gustavo Bayer. Rio de Janeiro: Tempo brasileiro, 1983. 252 p. Na teoria de Niklas Luhmann, "a função dos tribunais é a de 'desparadoxizar' o sistema jurídico. Na verdade, a 'interpretação judicial' e o 'poder judicial' exercem uma importante função de 'moderação' e de 'legitimação' das decisões tomadas pelo corpo legislativo. Esse efeito de 'moderação' não representa, porém, nenhuma distorção da vontade popular ou da democracia. Senão, veja-se: a) *primo*: porque essa interpretação é permitida pelo sistema jurídico; b) *secundo*: porque assenta numa noção de 'limitação' conatural ao constitucionalismo; c) *tertio*: porque resulta incoerente e absurdo estabelecer um corte entre o processo legislativo e o processo judicial. No limite, é incorreto afirmar que entre o legislador e o juiz não intercede nenhuma relação de 'cooperação' e 'diálogo' recíprocos". Nesse sentido, QUEIROZ, Cristina M. M. *Direitos fundamentais*: teoria geral. Coimbra: Coimbra, 2002, p. 290. 349 p.

[33] Ora, não pode haver uma hermenêutica desvinculada da sociedade, das pessoas, isto é, uma hermenêutica que seja alheia às condições de mundo e aos seres humanos. Não há hermenêutica alheia ao homem e não há homem alheio à hermenêutica. Esta é uma condição da humanidade da qual não se podem destacar os seres. BITTAR, Eduardo C. B. Hans-Georg Gadamer. Hermenêutica plural: a experiência hermenêutica e a experiência jurídica. In: BOUCAULT, Carlos E. de Abreu, RODRIGUEZ, José Rodrigo (Org.). *Hermenêutica plural*: possibilidades jusfilosóficas em contextos imperfeitos. São Paulo: Martins Fontes, 2002, p. 183. 481 p.

[34] MARINONI, Luiz Guilherme. *Curso de processo civil*. v. 1: Teoria geral do processo. São Paulo: Revista dos Tribunais, 2006, p. 435. 512 p. Consoante a crítica de Walber de Moura Agra, referida por Marinoni, "a concepção de Luhmann para a fundamentação da jurisdição constitucional passa ao largo de uma conexão com o regime democrático ou com valores axiológicos". A teoria procedimental luhmanniana tem alicerce em procedimentos judiciais autônomos em relação a outros subsistemas, buscando a aceitação dos cidadãos de forma autopoiética. Para Luhmann, o procedimento inerente às decisões judiciais, por si só, é condição suficiente para sua legitimação, mesmo que seus posicionamentos tragam grande repercussão social. Essa teoria, no entanto, "apresenta algumas deficiências que impedem sua aplicação em uma sociedade considerada pós-moderna. Orientar as decisões inerentes à jurisdição constitucional apenas por procedimentos judiciais, sem forte inter-relação entre a normatividade e a

John Hart Ely, também considerado um procedimentalista, apresenta posicionamento distinto do procedimentalismo "universalizante" de Habermas e da teoria sistêmica/autopoiética de Luhmann, focando sua idéia no contexto norte-americano, que é afetado por um ativismo judicial intenso, contra o qual se dirige. Para esse jurista, a função dos tribunais é a de garantir e proteger o direito dos cidadãos de participarem das decisões políticas e governamentais, independentemente do "mérito substancial" das opções políticas em jogo, pois a tarefa de definir os valores e os conteúdos de uma comunidade deve ficar a cargo dos órgãos de representação democrática.[35] Uma vez que a Constituição se preocupa em manter a liberdade, é compreensível que, para atingir esse objetivo, ela estabeleça "un conjunto bastante extenso de protecciones procedimentales y mediante un esquema, aún más complejo, diseñado para garantizar que, en lo referente a opciones sustantivas, los procesos de decisión estén abiertos a todos de una forma que se aproxime a una base de igualdad y que quienes toman las decisiones tengan deber de tomar en cuenta los intereses de todos los afectados".[36] Aqui se afasta a idéia de uma interpretação constitucional baseada em valores fundamentais, pois a tarefa de buscar valores externos que completem a "textura aberta" da Constituição é uma tarefa inócua. Nesse sentido, basta notar que os valores constitucionais não permanecem inalterados, sendo revogados pelas reformas constitucionais ou mesmo como resultado de pretensões interpretativas, indicando que "preservar valores fundamentales no es propriamente una función constitucional".[37]

---

facticidade, significa aumentar o *gap* jurídico e contribuir para o decréscimo da força normativa da Constituição. Outrossim, pela falta de canais eficientes com a realidade social, tende o ordenamento jurídico a se tornar auto-referencial, cerceando as tentativas de construção de uma sólida teoria de legitimidade de atuação extensiva da jurisdição constitucional".

[35] Para Ely, nas democracias representativas (como é o caso dos Estados Unidos da América), quem deve proceder às "determinações valorativas" são os eleitos (Executivo e Legislativo), ficando os magistrados alheios ao sistema governamental. ELY, John Hart. *Democracia y desconfianza*: Una teoría del control constitucional. Traducción de Magdalena Holguín. Santafé de Bogotá: Siglo del Hombre: Universidad de los Andes, 1997, p. 130. 292 p.

[36] ELY, John Hart. *Democracia y desconfianza*: Una teoría del control constitucional. Traducción de Magdalena Holguín. Santafé de Bogotá: Siglo del Hombre: Universidad de los Andes, 1997, p. 127. 292 p.

[37] *Idem*, p. 113. No mesmo sentido de que a interpretação do processo político não pode reduzir a Constituição a uma ordem concreta de valores e de que a Jurisdição Constitucional não deve ser uma guardiã republicana de "pretensos" valores ético-políticos tidos como homogêneos ou majoritários na sociedade, função que seria adequada à Jurisdição Constitucional do Estado Social, consultar: OLIVEIRA, Marcelo Andrade Cattoni de. Devido processo legislativo e Estado Democrático de Direito: uma justificação democrática do controle jurisdicional de constitucionalidade das leis e do processo legislativo. In: OLIVEIRA, Marcelo Andrade Cattoni de. *Jurisdição e hermenêutica constitucional no Estado Democrático de Direito*. Belo Horizonte: Mandamentos, 2004, p. 299. 592 p.; OLIVEIRA, Marcelo Andrade Cattoni de. Devido processo legislativo e controle jurisdicional de constitucionalidade no Brasil. In: OLIVEIRA, Marcelo Andrade Cattoni de. *Jurisdição e hermenêutica constitucional no Estado Democrático de Direito*. Belo Horizonte: Mandamentos, 2004, p. 366-367. 592 p. Há que se dizer, contudo, que, mesmo na visão procedimentalista, há o alerta de que não se pode ver a Constituição numa postura "derrotista" e nem jogá-la contra si mesma.OLIVEIRA, Marcelo Andrade Cattoni de. Jurisdição e hermenêutica constitucional no Estado Democrático de Direito: um ensaio de teoria da interpretação enquanto teoria discursiva da argumentação jurídica de aplicação. In: OLIVEIRA, Marcelo Andrade

Enquanto os substancialistas (como se verá a seguir) sustentam que as decisões judiciais auxiliam na afirmação dos direitos fundamentais e na realização de uma "agenda igualitária", especialmente por se tratar da realização, pelo Direito, de princípios jurídicos já admitidos socialmente,[38] os procedimentalistas acham que o Direito, em excesso, pode ser prejudicial ao regime democrático. Nesta postura, basta citar Habermas e Garapon, cada um ao seu modo, destacando que "o que há de patológico e de sombrio na vida social moderna, do que a crescente e invasora presença do direito na política seria apenas um indicador, deveria encontrar reparação a partir de uma política democrática que viesse a privilegiar a formação de uma cidadania ativa. (...) A invasão da política e da sociedade pelo direito, e o próprio gigantismo do Poder Judiciário, coincidiram com o desestímulo para um agir orientado para fins cívicos, o juiz e a lei tornando-se as derradeiras referências de esperança para indivíduos isolados, socialmente perdidos".[39] Assim, a invasão da política pelo Direito "entorpece" a capacidade democrática da sociedade e enclausura todos as possibilidades de emancipação dentro da racionalidade burocrática do Judiciário, aumentando o desprestígio da política e das alternativas democráticas na produção do direito e na condução do devir histórico. As instituições jurídicas e o Poder Judiciário ocuparam um vazio provocado pelo desmantelamento dos vínculos sociais nas sociedades contemporâneas e pela atuação do Estado social que, no seu apogeu, suprimiu as possibilidades de participação pública pela absorção total do jogo político, esgotando o papel de uma cidadania ativa, bem como quando, no seu declínio, abandonou o seu "cliente-cidadão" após acostumá-lo a uma existência fora da política, mas portadora de direitos. Nesse cenário, o indivíduo desenraizado aposta todas as suas esperanças na atuação jurisdicional, que

---

Cattoni de. *Jurisdição e hermenêutica constitucional no Estado Democrático de Direito*. Belo Horizonte: Mandamentos, 2004, p. 77-78. 592 p.

[38] VIANNA, Luiz Werneck *et al*. *A judicialização da política e das relações sociais no Brasil*. Rio de Janeiro: Revan, 1999, p. 24. 272 p.

[39] *Idem*, p. 25. Habermas parece temer uma "racionalidade ilimitada da decisão judicial", pressupondo uma racionalidade idêntica à do legislador. Na prática, isso acabaria por transformar a "teoria do discurso jurídico" numa "teoria da legislação". Essa "vitória política", no entanto, como aponta Ely, é hoje irreversível, representando "o sentido moderno do controle de constitucionalidade, 'aberto' a fundamentos éticos e políticos, numa palavra, uma teoria construtivista da interpretação em direito constitucional". QUEIROZ, Cristina M. M. *Direitos fundamentais*: teoria geral. Coimbra: Coimbra, 2002, p. 296. 349 p. Também Luis M. Cruz adota uma postura procedimentalista, ao acatar a tese de Robert Alexy quanto ao papel a ser desempenhado pelo Tribunal Constitucional. Nesse sentido, o autor teme que o Tribunal Constitucional resvale para um "paternalismo judicial" que possa resultar numa transição do Estado Legislativo para o Estado Jurisdicional do Tribunal Constitucional. Para evitar esse risco, diz Cruz, "es necesaria, a juicio de Alexy, 'una incorporación exitosa de la jurisdicción constitucional en el proceso democrático'. Esto supone que el Tribunal Constitucional se conciba como una instancia de reflexión del proceso político y que sea aceptada como tal. Para ello, no sólo debe exigir negativamente que el resultado del proceso político no contradiga con los parámetros de los derechos fundamentales, sino que además debe fundamentar positivamente su exigencia de tal manera que los ciudadanos puedan aprobar racionalmente los argumentos del Tribunal". CRUZ, Luis M. *La Constitución como orden de valores*: problemas jurídicos y políticos. Granada: Comares, 2005, p. 125-126. 147 p.

Fundamentos para uma compreensão hermenêutica do Processo Civil

funcionaria como uma última alternativa para a recomposição de um ideal democrático desiludido.[40]

Consoante a crítica procedimentalista, o ativismo judicial somente pode ser compreendido a partir das transformações da democracia e da crise das idéias e ações republicanas, que padecem de força política para promover as referências necessárias para a vida em comunidade. Para suprir as lacunas de identidade e de autoridade, os magistrados são chamados a se manifestar sobre os diversos campos da vida social, isto é, a vida política, a vida econômica, a vida privada, a vida internacional, a vida moral. Todas elas são afetadas pelo julgamento da jurisdição: "Essa exigência é absoluta. Tudo e todos devem, daí para a frente, ser julgados".[41] Estando o homem democrático derrotado e o Estado-providência incapacitado de gerir a igualdade prometida, resta depositar as esperanças no Poder Judiciário. Desse modo, o prestígio contemporâneo do juiz procede menos de uma escolha deliberada do que de uma reação de defesa em face de um quádruplo desabamento: político, simbólico, psíquico e normativo. Após a "embriaguez da liberação", diz Garapon, descobre-se que é nossa própria identidade que corre o risco de falhar: a do indivíduo, a da vida social e a do político. O juiz surge como um recurso contra a implosão das sociedades democráticas que não conseguem administrar de outra forma a complexidade e diversificação que elas mesmas geraram. O sujeito, privado das referências que lhe dão identidade e que estruturam sua personalidade, procura no contato com a justiça uma muralha contra o desabamento interior. Em face da decomposição do político, é ao juiz que se recorre para a salvação.[42]

Na perspectiva de Garapon, o aumento do ativismo judicial reflete as alterações profundas que afetam a própria democracia nas sociedades contemporâneas, caracterizadas pela afirmação de uma supervalorização simbólica do Direito e de suas instituições. O fim das imunidades políticas tradicionais, a desnacionalização do Direito e a exaustão da soberania parlamentar, obrigada a se adequar às regras de Direito Internacional, por exemplo, tendem a valorizar a atuação jurisdicional, interna ou externa, como um espaço de aplicação e de garantia das expectativas democráticas. Legislações "abertas" exigem que o magistrado complete o Direito, reduzindo o poder vinculatório do Legislativo e transformando o juiz em um "co-legislador permanente". Tudo pode ser levado ao Judiciário. Desaparecem as zonas imunes à prestação da justiça.

---

[40] VIANNA, Luiz Werneck et al. *A judicialização da política e das relações sociais no Brasil*. Rio de Janeiro: Revan, 1999, p. 25. 272 p.

[41] GARAPON, Antoine. *O juiz e a democracia*: o guardião das promessas. 2ª ed. Tradução Maria Luiza de Carvalho. Rio de Janeiro: Revan, 1999, p. 25. 272 p.

[42] *Idem*, p. 26-27.

Por essa razão, Garapon afirma que o "espaço simbólico da democracia emigra silenciosamente do Estado para a justiça. Em um sistema provedor, o Estado é todo-poderoso e pode tudo preencher, corrigir, tudo suprir. Por isso, diante de suas falhas, a esperança volta para a justiça. É então nela, e portanto fora do Estado, que se busca a consagração da ação política". O juiz seria o terceiro imparcial que compensaria o "déficit democrático", proporcionando à sociedade "a referência simbólica que a representação nacional lhe oferece cada vez menos".[43] Como modo praticamente normal de exercer a política, a jurisdição torna-se instituidora, reduto das esperanças de uma sociedade desencantada. Mas esse excesso de direito, lembra Garapon, é tão perigoso para a democracia como o pouco uso do direito. O deslocamento da política para a justiça pode viabilizar a instauração de uma tirania das minorias e, inclusive, uma crise de identidade social.[44] Assim, se pretende auxiliar na reconstrução do civismo e da cidadania ativa, a atividade jurisdicional precisa atuar na reestruturação do tecido da sociabilidade, especialmente nos "pontos quentes", como os do menor, das drogas e da exclusão social em todas as suas manifestações. Nesses lugares estratégicos o juiz procederia como "engenheiro" e "terapeuta social", comportando-se como "foco de irradiação da democracia deliberativa, e vindo a desempenhar uma função essencial na explicitação de um sentido do direito, que não se encontraria mais referido em uma ordem ideal de onde, por reflexo, deveria provir".[45] A atuação do magistrado, nesse aspecto, deveria auxiliar os indivíduos a encontrarem, a partir de suas relações sociais, os mecanismos para solucionar os problemas que os afetam.[46] Para Garapon, na sociedade contemporânea ocorre a multiplicação dos espaços decisórios que, paralelamente à jurisdição tradicional,

---

[43] GARAPON, Antoine. *Op. cit.*, p. 48.

[44] Além da acomodação das instituições políticas, a expansão substancial do individualismo moderno também contribuiu para a afirmação de um protagonismo do Poder Judiciário. Na ausência de identidade, de laços sociais e de um conflito central, os tribunais são transformados em "arena de perseguição" e "espetáculo de vinganças", fazendo, principalmente, do direito penal e de seus instrumentos punitivos um caminho sedutor para alimentar as individualidades sem referência social. Mesmo a singularidade da tragédia, do horror, da violência e do medo torna-se assunto público, a ponto de pautar as novas demandas políticas, conduzindo, não raras vezes, à produção de leis circunstanciais. O sofrimento sedutor, característica típica de uma sociedade que derruiu com o poder de identidade dos laços sociais, possibilita a formação de um consenso arcaico, emocional, que impede o aparecimento de um interesse comum e que permite a mobilização social apenas em situações de urgência. A jurisdição, neste contexto, constitui-se como gestora de emoções, de vinganças e de consensos firmados em razão do sofrimento dos cidadãos-vítimas, uma vez que, na ausência de um projeto democrático partilhado para a condução do futuro, a alternativa derradeira para a sociedade desarticulada é unir-se em torno da justiça dos tribunais, os verdadeiros guardiões das promessas da modernidade. *Idem*, p. 101.

[45] Para Garapon, do campo da democracia deliberativa "deve emergir um direito não-estatal, comunitário, com o que se estabelece uma fragmentação pluralista da vontade e da soberania, abandonando-se a arena da democracia representativa e a perspectiva de formação da vontade geral". Nesse sentido, VIANNA, Luiz Werneck et al. *A judicialização da política e das relações sociais no Brasil*. Rio de Janeiro: Revan, 1999, p. 27. 272 p.

[46] *Idem, ibidem.*

descentralizam os processos democráticos, possibilitando o surgimento de um Direito mais próximo da realidade social, pois oriundo dos próprios interessados. O juiz apresenta-se, portanto, como um agente controlador e zelador das formalidades e dos procedimentos adotados nos diferentes locais de produção do direito. Esta, pois, é, em síntese, a visão procedimentalista da jurisdição e da Constituição.

Por outro lado, as posturas substancialistas (Bonavides,[47] Streck,[48] Miranda,[49] Tribe e Dorf[50]) têm valorizado a Constituição como instrumento vinculante e programático, diretriz e argumento de conservação do Estado Democrático de Direito, que ainda resguarda, na medida do possível, a ordem e a liberdade nos Estados de periferia, não desconhecendo a politicização do Direito e a impossibilidade de se reduzi-lo a mero procedimento. Assim, enquanto carta prospectiva, "a Constituição acena para o futuro e é uma garantia formal ou, pelo menos, promessa da construção de um Estado social livre, robusto e independente".[51] Nesse sentido,

---

[47] BONAVIDES, Paulo. *A constituição aberta*. 2ª ed. São Paulo: Malheiros, 1996. 506 p.; BONAVIDES, Paulo. *Ciência política*. 10ª ed. São Paulo: Malheiros, 1999. 498 p.

[48] STRECK, Lenio Luiz. *Hermenêutica jurídica e(m) crise*: uma exploração hermenêutica da construção do direito. 3ª ed. rev. Porto Alegre: Livraria do Advogado, 2001. 319 p.

[49] MIRANDA, Jorge. *Manual de direito constitucional*. Tomo II. 3ª ed. Coimbra: Coimbra, 1996. 546 p. Salienta-se aqui a contribuição de J. J. Gomes Canotilho, em seus primeiros escritos sobre a Constituição dirigente, quando o autor defendia uma postura mais substancialista da Constituição, vendo nela um texto vinculativo. Nesse sentido, consultar: CANOTILHO, J. J. Gomes. *Direito constitucional*. 6ª ed. Coimbra: Almedina, 1993. A contribuição primeira de Canotilho "é o esforço de aprofundamento e de procura de efectividade da Constituição dirigente ao serviço do alargamento das tarefas do Estado e da incorporação de fins *económicos-sociais* positivamente vinculantes das instâncias de regulamentação jurídica. A política não é um domínio juridicamente livre e constitucionalmente desvinculado e a vinculação jurídico-constitucional dos actos de direção política não é apenas uma vinculação através de limites mas também uma verdadeira vinculação material que exige um fundamento constitucional para esses mesmos actos. E a Constituição não é só uma 'abertura para o futuro' mas também um projecto material vinculativo, cuja concretização se 'confia' aos órgãos constitucionalmente mandatados para o efeito. Há que distinguir uma direcção político-constitucional (direção política permanente) e uma direção política de governo (direção política contingente). O valor condicionante positivo da Constituição pressupõe a configuração normativa de 'actividade de direcção', cabendo a esta, por sua vez, um papel criativo, pelo menos na selecção e especificação dos fins constitucionais e na indicação dos meios ou instrumentos adequados para sua realização". Conforme MIRANDA, Jorge. *Manual de direito constitucional*: constituição e inconstitucionalidade. Tomo II. 3ª ed. Coimbra: Coimbra, 1996, p. 63. 546 p.

[50] TRIBE, Laurence; DORF, Michael. *Hermenêutica constitucional*. Tradução de Amarílis de Souza Birchal; coordenação e supervisão de Luiz Moreira. Belo Horizonte: Del Rey, 2007. 206 p.

[51] STRECK, Lenio Luiz. *Jurisdição constitucional e hermenêutica*: uma nova crítica do direito. Porto Alegre: Livraria do Advogado, 2002, p. 75. 710 p. Na doutrina espanhola, quanto à postura substancialista no sentido de que a jurisdição constitucional deve proteger a primazia da Constituição, sendo o meio do Estado contemporâneo para a realização dos valores superiores e fundamentais que os homens reconhecem como tais, *v.g.*, dignidade humana, liberdade, igualdade etc., consultar: RODRÍGUES-ARMAS, Magdalena Lorenzo. *Análisis del contenido esencial de los derechos fundamentales*: enunciados en el art. 53.1. de la Constitución española. Granada: Comares, 1996. 252 p. Também Luis PRIETO SANCHÍS, para quem a justiça constitucional não pode abdicar de sua competência de "configuração" sobre os direitos sociais. Essa competência é naturalmente compartilhada com o legislador. Seus limites, porém, são impossíveis de serem traçados com precisão. PRIETO SANCHÍS, Luis. *Ley, principios, derechos*. Madrid: Dykinson, 1998, p. 116. 128 p.

a Constituição é a explicitação do contrato social, assumindo um caráter discursivo, enquanto produto de um processo constituinte. As noções de Constituição, Estado Democrático de Direito e jurisdição constitucional, esta como garantidora da força normativa substancial do texto constitucional, estão umbilicalmente ligadas à noção de contrato social. O Direito é "o global, o que respeita a todos, o que abrange, coordena e sintetiza a pluralidade de grupos, interesses e situações. E terá assim de ser também o Direito constitucional, enquanto se lhe refere constantemente para o fundamentar, reflectir e conter nas suas normas".[52]

Daí a necessidade de a Constituição, tida como explicitação do contrato social, não poder ser entendida apenas como um "contrato" que se estabelece como uma "terceira coisa" entre o Estado, o Poder, o Governo, com os destinatários. A linguagem constituinte é a "condição de possibilidade do novo", na medida em que, na tradição do Estado Democrático de Direito, o constitucionalismo não é mais o do modelo liberal, passando por uma "revolução copernicana" (Jorge Miranda) mediante o "constituir da sociedade".[53] Parcela do ordenamento jurídico do Estado, a Constituição é um "elemento conformado" e "elemento conformador" de relações sociais. É o resultado e fator de integração política, expressão imediata dos valores jurídicos básicos acolhidos ou dominantes na comunidade política, e a sede da idéia de direito nela triunfante; o quadro de referência do poder político que se pretende ao serviço dessa idéia. A Constituição é o instrumento último de reivindicação de segurança dos cidadãos frente ao poder.[54]

A Constituição da República Federativa do Brasil de 1988 inaugurou o paradigma[55] do Estado Democrático de Direito, que veio agregar um *plus* normativo às facetas ordenadora (Estado Liberal de Direito) e promovedora (Estado Social de Direito), fazendo com que o Direito passasse a ser transformador. Significa dizer que o texto constitucional passou a deter as condições de possibilidade para o resgate das promessas da modernidade.[56] Nesse sentido, é preciso entender a Constituição do Brasil como algo

---

[52] MIRANDA, Jorge. *Manual de direito constitucional*. Tomo I. Preliminares: o Estado e os sistemas constitucionais. 6ª ed. rev. e actual. Coimbra: Coimbra, 1997, p. 16. 435 p.

[53] STRECK, Lenio Luiz. Quinze anos de Constituição – análise crítica da jurisdição constitucional e das possibilidades hermenêuticas de concretização dos direitos fundamentais-sociais. In: *Revista Ajuris*. Porto Alegre: Associação dos Juízes do Rio Grande do Sul, n. 92, ano XXX, p. 223, dez. 2003. 336 p.

[54] MIRANDA, Jorge. *Manual de direito constitucional*. Tomo II. 3ª ed. Coimbra: Coimbra, 1996, p. 67-68. 546 p.

[55] A expressão "paradigma do Estado Democrático de Direito" é tomada aqui como um novo "modelo" de Estado que, necessariamente, deve ser reconhecido pela comunidade jurídica. Aproxima-se da idéia de Thomas Kuhn para quem um paradigma é um modelo ou concepção, calcado em certos pressupostos, que são aceitos pela comunidade científica como "verdades" indiscutíveis. KUHN, Thomas S. *A estrutura das revoluções científicas*. São Paulo: Perspectivas, 1998. 257 p.

[56] Nesse sentido, por todos: STRECK, Lenio Luiz. *Hermenêutica jurídica e(m) crise*: uma exploração hermenêutica da construcão do direito. 3ª ed. rev. Porto Alegre: Livraria do Advogado, 2001. 319 p.

substantivo, uma vez que contém valores (direitos sociais, fundamentais, coletivos *lato sensu*) que o pacto constituinte estabeleceu como passíveis de realização. Por isso é de se deixar assentado que o "constitucionalismo dirigente-compromissário" não está esgotado.[57] A Constituição ainda deve "constituir-a-ação" no Brasil, onde nunca constituiu. Em seu texto, há um "núcleo essencial", não-cumprido, contendo um conjunto de promessas da modernidade, que necessita ser resgatado.[58]

Ambas as teses, substancialistas e procedimentalistas, apesar de guardarem diferenças "substanciais", compartilham, no entanto, da idéia de que o Poder Judiciário se consubstancia como uma "instituição estratégica nas democracias contemporâneas, não limitada às funções mera-

---

[57] Ao contrário da posição substancialista que defendia, Canotilho apresenta hoje um posicionamento diferenciado do que adotava, dando a entender que se esgotou o constitucionalismo dirigente. Para o jurista, as constituições dirigentes (ou textos constitucionais dotados de programaticidade) – como é o caso da Constituição brasileira de 1988 – estão sob o olhar de "escárneos" e mal-dizeres, sendo que o pensamento liberal e vários olhares políticos, doutrinários e teoréticos, proclamam a falência dos "códigos dirigentes", pois o mundo é caracterizado pela conjuntura, riscos e particularismos. Assim, a Constituição programática, além de ser o "rosto normativo da utopia", tem ao seu lado uma filosofia e um voluntarismo desmedido que fatalmente conduz a querer fixar tudo. Essas Constituições "conduzirão à arrogância de fixar a própria órbita das estrelas e dos planetas". Assim, a idéia de diretividade constitucional tem sentido se inserida no chamado "constitucionalismo moralmente reflexivo". As constituições dirigentes (constituições programático-estatais) ergueram o Estado a "homem de direção" exclusivo da sociedade, convertendo o direito em instrumento funcional dessa direção. Na maioria das vezes, a constituição dirigente-programática traz consigo a idéia de conformação do mundo político-econômico por meio do direito estatal sob a forma de pirâmide. Além disso, há outras fragilidades nos textos constitucionais dirigentes. Uma delas é o seu autismo nacionalista e patriótico. A fragilidade da programaticidade constitucional não está apenas na "conversão irrealista de uma folha de papel em instrumento dirigente da sociedade", mas no fato de que se arroga ao papel de transformadora do mundo, sem que se dê conta de que está cercada por outros mundos. Como exemplo, reportando-se ao texto originário da Constituição portuguesa, Canotilho refere que não há como programar normativamente a transição para o socialismo num país só quando os contextos envolventes apontam para uma interdependência e cooperação crescentes entre os Estados. O caso português e o caso brasileiro (internacionalização e "marcosualização" neste) mostram que as ordens jurídicas nacionais transformaram-se em ordens jurídicas parciais; as constituições são relegadas para um plano "mais modesto" de "leis fundamentais regionais". "Mesmo que as constituições continuem a ser simbolicamente a magna carta da identidade nacional, a sua força normativa terá parcialmente de ceder perante novos fenótipos político-organizatórios, e adequar-se, no plano político e no plano normativo, aos esquemas regulativos das novas 'associações abertas de estados nacionais abertos'". CANOTILHO, J. J. Gomes. Rever ou romper com a Constituição Dirigente? Defesa de um constitucionalismo moralmente reflexivo. In: *Cadernos de Direito Constitucional e Ciência Política*. São Paulo: Revista dos Tribunais/Instituto Brasileiro de Direito Constitucional, n. 15, abr. jun. 1996, p. 7-17. A tomada de posição quanto ao abandono da Teoria da Constituição dirigente fica visível, ainda, num ensaio posterior e mais recente de Canotilho, quando refere que a "Constituição dirigente" não é a melhor teoria da Constituição de uma comunidade assente numa imposição de valores, mais ou menos comunitariamente partilhados. É "uma proposta de conformação normativa da política; não é um código moral do 'bem' e do 'mal' de uma comunidade. Dirigismo constitucional e demonologia constitucional não se casam bem". Canotilho acusa aqueles que o criticam pelo abandono da Teoria da Constituição dirigente, vislumbrando neles "alguns laivos de nacionalismo republicano de esquerda e de patriotismo constitucional". CANOTILHO, J. J. Gomes. O Estado adjetivado e a teoria da Constituição. In: *Revista da Procuradoria-Geral do Estado*. v. 25, n. 56, 2002, p. 25-40.

[58] STRECK, Lenio Luiz. Constitucionalismo, jurisdição constitucional e estado democrático de direito. In: *Anuário do programa de pós-graduação em direito*. Mestrado e doutorado 2001. Centro de ciências jurídicas. São Leopoldo: Unisinos, 2001, p. 115. 344 p.

mente declarativas do direito, impondo-se, entre os demais poderes, como uma agência indutora de um efetivo *checks and balances* e da garantia da autonomia individual e cidadã".[59]

No caso do Brasil, é particularmente necessário apostar no debate entre procedimentalistas e substancialistas, mas, sobretudo, defender a força normativa e condicionante da Constituição, sem o que restarão desprotegidos os direitos e garantias fundamentais do cidadão. Se o texto constitucional é condição de possibilidade para transformação social, a ele não pode ser dado valor meramente procedimental. A postura substancialista leva em consideração a mudança de visão que se deve ter em relação à Constituição, ao Poder Judiciário e, nessa perspectiva, ao processo como instrumento para exercício da jurisdição. A crise do Poder Judiciário, da Constituição e, por conseqüência, do processo, não é uma crise autônoma e com características exclusivas das suas próprias cultura e estrutura. É uma crise ligada às condicionantes culturais, históricas, políticas e econômicas que imperam no Brasil e no mundo. A crise do Judiciário traduz a crise de expansão e do crescimento da sociedade, e a desestabilização dos Poderes entre si, decorrente da expansão da ação do Estado, especificamente do Poder Executivo, nas esferas econômicas tradicionalmente reservadas à iniciativa e à atuação dos monopólios e grupos econômicos organizados.[60] O Judiciário, assim, não está fora dos dilemas em que está inserido o Estado brasileiro.[61]

---

[59] VIANNA, Luiz Werneck *et al. A judicialização da política e das relações sociais no Brasil*. Rio de Janeiro: Revan, 1999, p. 24. 272 p. Embora não manifestando aquiescência explícita quanto ao cunho procedimental da jurisdição constitucional, mas, de certa forma, acatando a tese luhmanniana procedimentalista acerca do Direito, sem excluir, contudo, a postura substancialista, Menelick de Carvalho Neto parece apresentar uma postura intermediária, isto é, conciliatória (se assim se pode nomeá-la) entre as posições procedimentalistas e substancialistas, afirmando que os direitos fundamentais adquiriram uma conotação de forte cunho procedimental que cobra de imediato a cidadania, o direito de participação no debate público constitutivo e conformador da soberania democrática do paradigma constitucional do Estado Democrático de Direito e de seu Direito participativo, pluralista e aberto, mas lembrando que "uma concepção distinta e respectivamente adequada acerca da atividade hermenêutica ou interpretativa do juiz integra cada um desses paradigmas, a configurar distintos entendimentos, por exemplo, do princípio da separação dos poderes, o que nos permite detectar, também aqui, uma grande e significativa transformação na visão dessa atividade, bem como um incremento correspondente de exigências quanto à postura do juiz não somente em face dos textos jurídicos dos quais este hauriria a norma, mas inclusive diante do caso concreto, dos elementos fáticos que são igualmente interpretados e que, na realidade, integram necessariamente o processo de densificação normativa ou de aplicação do Direito, tal como ressaltado na atual doutrina constitucional e na teoria geral do Direito por seus teóricos centrais como Konrad Hesse, Robert Alexy, Friedrich Muller, Klaus Günther, Laurence Tribe, Ronald Dworkin, Gomes Canotilho, Paulo Bonavides e Oliveira Baracho, entre tantos outros". CARVALHO NETO, Menelick de. A hermenêutica constitucional sob o paradigma do Estado Democrático de Direito. In: OLIVEIRA, Marcelo Andrade Cattoni de. *Jurisdição e hermenêutica constitucional no Estado Democrático de Direito*. Belo Horizonte: Mandamentos, 2004, p.37-38. 592 p.

[60] CASTRO JÚNIOR, Osvaldo Agripino de. *A democratização do Poder Judiciário*. Porto Alegre: Fabris, 1998, p. 19. 189 p.

[61] LOPES, José Reinaldo de Lima. Crise da norma jurídica e a reforma do judiciário. In: FARIA, José Eduardo (org.). *Direitos humanos, direitos sociais e justiça*. 1ª ed. 2. tir. São Paulo: Malheiros, 1998, p. 70. 155 p.

Com a Constituição do Brasil de 1988 houve uma mudança fundamental no Estado brasileiro, que foi a "constitucionalização" de inúmeros direitos sociais e coletivos. Assim, de uma ordem em que o acesso ao Judiciário se restringia a pedir proteção para o que já se tinha, passa-se agora, a partir da Constituição, a uma "ordem promocional", em que se pode recorrer ao Judiciário para obter o auxílio que ainda não se tem, mas que se deseja por força das promessas constitucionais.[62] O Poder Judiciário do Brasil, no entanto, pensado na modernidade, cujas promessas ainda não foram efetivadas no país, juntamente com o Estado, está em crise,[63] pois vem perdendo legitimação como Poder. Essa perda de legitimidade do Judiciário decorre diretamente de sua ineficácia[64] como instância de resolução de conflitos, principalmente daquelas demandas sociais, coletivas, que surgem com o Estado Social, e da incapacidade de seus juízes de compreender adequadamente o que significa o Estado Democrático de Direito e quais as implicações da Constituição no processo de aplicação do direito, que, no Estado Democrático de Direito, tende a ser uma conduta pautada em critérios adequados ao conteúdo material da Constituição, isto é, aos direitos e garantias fundamentais. Os direitos e garantias fundamentais, assim, estão ligados diretamente à noção de Constituição, Estado Democrático de Direito e democracia. Ao se fragilizar a Constituição, ao não se aplicá-la, fragilizam-se os demais.

---

[62] LOPES, José Reinaldo de Lima. *Op. cit.*, p. 70.

[63] Nesse aspecto, desponta a "crise funcional". Os poderes estatais têm perdido sua "exclusividade". A discussão da crise funcional retoma outro elemento que identifica a experiência estatal: a especialização das funções, isto é, a produção legislativa (Hobbes), a idéia de jurisdição (Locke) e a função executiva em razão do conjunto de prestações públicas às quais o Estado se vê condicionado. No Estado Liberal, a "ação administrativa" era quase uma "ação de polícia". No Estado Social, em que a Constituição assume um feitio social, o Executivo deve "prestar" no sentido de atuar positivamente para a realização dos direitos fundamentais. Assim, há "uma garantia cidadã ao bem-estar pela ação positiva do Estado como afiançador da qualidade de vida do indivíduo". Nesse sentido, não se pode pensar em uma volta às bases do "Estado Mínimo", caminho que está fechado e diante do qual se pode dizer que a sociedade está num "ponto de não-retorno". Essas funções do Estado apropriam-se da idéia de soberania, da idéia de que só o Estado "pode" e que, portanto, só há um direito estatal. Essa exclusividade, porém, tem perdido sentido. É necessário "que se analise (...) a transformação que se observa nas relações mesmas entre as funções estatais tradicionais quando, ao que parece, cada uma delas, como reflexo de sua perda de importância própria, se projeta por sobre aquilo que tradicionalmente seria atribuição característica de outra. Neste ponto, teríamos que retomar o histórico caracterizador da teoria da especialização de funções do Estado para percebermos que autofagicamente, hoje, uma pretende/busca sobreviver 'à custa' da(s) outra(s)". STRECK, Lenio Luiz, MORAIS, José Luis Bolzan de. *Ciência política e teoria geral do estado*. Porto Alegre: Livraria do Advogado, 2000, p. 148. 183 p. Não há mais exclusividade legislativa, pois há outros setores e ordens, diversos dos do Estado, que produzem sua própria normatividade, independentemente do Estado. O Estado contemporâneo, assim, não mais tem o monopólio da produção e distribuição do direito. Embora o direito estatal seja o modo de juridicidade dominante, há outros modos de juridicidade que com ele convivem na sociedade e outros direitos que com ele se articulam de modos diversos. No âmbito da jurisdição, significa dizer que sua "exclusividade" também perdeu muito do "sentido original". Há mecanismos próprios de resolução de conflitos (*v.g.* mediação), independentes do Estado, que podem contribuir para a pacificação social (se é que isso existe) com muito mais eficiência do que o Judiciário.

[64] WOLKMER, Antonio Carlos. *Pluralismo jurídico*: fundamentos de uma nova cultura no direito. 2ª ed. São Paulo: Alfa Omega, 1997, p. 87-92. 349 p.

O sentido da democracia é uma "decorrência de conteúdos em disputa". Assim, a "luta democrática" não ocorre, obrigatoriamente, entre "democratas" e "não-democratas", mas entre diferentes entendimentos da democracia; entendimentos que pressupõem pertencimento de classe, de grupos identitários, ideologia etc.[65] Não se pode falar em democracia, contudo, sem falar em determinadas categorias, tais como os direitos humanos e fundamentais. Há um grau de "incompletude" na democracia no âmbito do Estado Democrático de Direito. O ponto de partida, contudo, não havendo um teto limite, deve ser o dos direitos e garantias fundamentais. O Estado é permeado por instâncias de mobilização e desmobilização política permanentes; tem uma estrutura volátil, informada por determinadas balizas que são seus marcos substanciais. Essas balizas são os direitos e garantias fundamentais protegidos pela Constituição da República. A força do Estado está no seu poder de intervir eficazmente no plano dos direitos e garantias fundamentais, ou seja, na força que tem para promover e prover os direitos e garantias fundamentais. Daí a necessidade de um Estado que se faça presente como "articulador e reordenador de espaços democráticos", presença essa que é inevitável em países periféricos como o Brasil.[66] O que delimita, portanto, o tamanho do Estado é o número de demandas que necessita atender e a força que precisa despender para tanto, isto é, a medida eficacial do exercício necessário da força para atender as prerrogativas e as demandas necessárias e reprimidas. A delimitação do tamanho do Estado, pois, não é dada pela relação "tamanho-força", mas pela relação "força-demanda". O Estado brasileiro é grande e fraco, pois não dá conta de modo eficaz das demandas que lhe são endereçadas. Também por isso se pode dizer que o Poder Judiciário, cujos procedimentos racionalizados não têm protegido os direitos sociais, pois projetados para resolução de lides individuais, é grande e fraco, uma vez que não dá conta eficazmente das demandas que tem de resolver. No plano hermenêutico, significa dizer que a interpretação do Direito desconforme ao conteúdo material da Constituição "anula-o" como Poder de Estado. Os direitos e garantias fundamentais, assim, passam a ser apenas objeto da retórica, sem que sejam efetivados, ocasionando uma "fragilização" do próprio regime democrático, que neles se fundamenta.

Os direitos e garantias fundamentais estão diretamente ligados à democracia, sendo que esta possui dois significados distintos, representados pelas expressões "democracia formal" e "democracia substancial".[67] A primeira diz respeito aos meios, que são precisamente as regras de compor-

---

[65] PINTO, Céli Regina Jardim. Democracia como significante vazio: a propósito das teses de Ernesto Laclau e Chantal Mouffe. In: *Sociologias*. Porto Alegre: IFHC/UFRGS, ano 1, n. 2, jul./dez. 1999, p. 77.

[66] WOLKMER, Antonio Carlos. *Elementos para uma crítica do Estado*. Porto Alegre: Fabris, 1990, p. 43. 64 p.

[67] Conforme BOBBIO, Norberto et al. *Dicionário de política*. Tradução de Carmen C. Varriale et al. 5ª ed. v. 1. São Paulo: Imprensa Oficial do Estado, 2000, p. 328-329. 666 p.

Fundamentos para uma compreensão hermenêutica do Processo Civil

tamentos universais, mediante o emprego dos quais podem ser tomadas decisões de conteúdo diverso, ou seja, independentes da consideração dos fins. A segunda indica um certo conjunto de fins, entre os quais sobressai o fim da igualdade jurídica, social e econômica, independentemente dos meios adotados para alcançá-los. Uma vez que, na história da teoria democrática, entrecruzam-se motivos de métodos e motivos ideais, que se encontram fundidos na teoria de Rousseau, segundo a qual o ideal igualitário que a inspira (democracia como valor) se realiza somente na formação da vontade geral (democracia como método), ambos os significados de democracia são legítimos historicamente.[68] No plano do Direito, a "democracia substancial" dá-se pela realização dos direitos e garantias fundamentais por meio do processo judicial, que é o instrumento do Poder Judiciário (condição de possibilidade para o exercício da jurisdição) para a efetivação desses direitos, sendo ele mesmo um direito e uma garantia fundamental. Mesmo na visão procedimentalista de Robert Alexy[69] isso é notado, uma vez que as normas de procedimento devem ser de forma a que, com suficientes probabilidade e medida, seu resultado responda aos direitos fundamentais.[70] É neste sentido, pois, que a "ação" do Poder Judiciário deve ser compreendida: todas as suas decisões devem adequar-se aos valores plasmados na Constituição da República, que é a carta dos direitos e garantias fundamentais.[71]

1.2. A modernidade e os seus dois "pilares": o método e o "contrato"

Dentre as promessas da modernidade que restaram frustradas está a de que o homem, pela razão,[72] conseguiria sua autonomia, sendo o construtor de sua história e de sua felicidade. O século XX, assim, aumentou o déficit da promessa moderna se considerada sob o ângulo ingênuo da

---

[68] Conforme BOBBIO, Norberto et al. *Dicionário de política*. Tradução de Carmen C. Varriale *et al*. 5ª ed. v. 1. São Paulo: Imprensa Oficial do Estado, 2000, p. 328-329. 666 p.

[69] ALEXY, Robert. *Teoria da argumentação jurídica*: a teoria do discurso racional como teoria da justificação jurídica. Tradução de Zilda Hutchinson Schild Silva. São Paulo: Landy, 2001. 355 p. Também: ATIENZA, Manuel. *As razões do direito*: teorias da argumentação jurídica. Tradução de Maria Cristina Guimarães Cupertino. São Paulo: Landy, 2000. 352 p.

[70] ALEXY, Robert. *Teoría de los derechos fundamentales*. Versión castellana: Ernesto Garzón Valdés. Madrid: Centro de Estúdios Políticos y constitucionales, 2001, p. 458. 607 p.

[71] Os tribunais constitucionais, na verdade, decidem sobre questões do poder político, reformulando questões atinentes aos direitos fundamentais e do Estado Democrático e Social de Direito. LUCAS VERDÚ, Pablo. *La Constitución abierta y sus "enemigos"*. Madrid: Beramar S.A., 1993, p. 74. 93 p.

[72] A fé na razão e no seu poder triunfante é a convicção fundamental de todo o Iluminismo. GADAMER, Hans-Georg. *Elogio da teoria*. Tradução João Tiago Proença. Lisboa: Edições 70, 2001, p. 41. 141 p.

utopia fundada na crença do progresso da razão e da ciência.[73] Na modernidade, a fé no progresso foi acompanhada pela fé na razão, que seria o instrumento apropriado para o conhecimento certo da realidade. Valendo-se da razão, o homem poderia aperfeiçoar-se como "artífice de seu próprio destino". Poderia conquistar sua autonomia.[74] No âmbito jurídico da modernidade, pois, o progresso consistiu em deixar de lado os costumes e leis do acontecer histórico das diversas sociedades, para elaborar um direito que tinha base em critérios estritamente racionais: o direito produzido pelo espírito da ilustração deveria atender unicamente às leis próprias da razão, pela qual se poderiam alcançar princípios fixos e imutáveis, cuja validade não estivesse sujeita às contingências espaço-temporais próprias do acontecer histórico.[75]

No final do século XIX, a fé na razão entrou em crise, pois os limites do conhecimento racional passaram a se tornar evidentes. O irracional foi, assim, cobrando maior "protagonismo" nas teorias que intentaram explicar o desenvolvimento da vida psíquica do homem. Com Freud, a "vida psíquica" passou a se dividir em duas partes: o preconsciente, que contém todas as idéias e lembranças as quais se podem tornar conscientes; e o inconsciente, composto dos desejos, anseios ou impulsos de índole sexual, que muito determinam o homem.[76] Isso significa que, antes da "Revolução Freudiana", o homem acreditava que por suas mãos passava toda a linha da história, pois protagonista de um processo que alcançaria sua plenitude graças aos seus esforços. Pensava-se, assim, que os fenômenos da natureza e os fatos históricos estavam sujeitos a um progresso constante no qual cada etapa da evolução representava um avanço acerca das demais que havia precedido.[77]

A história demonstra, portanto, que as origens da modernidade (cultural e histórica) estão ligadas a um pensamento comum: o de que a razão iria libertar o homem. O Direito, assim, participaria desse processo de "libertação" do homem com a codificação, com as Constituições escritas, enfim, com os planos racionalistas de organização da vida coletiva.[78] A

---

[73] ARRUDA JÚNIOR, Edmundo Lima de. Operadores jurídicos e mudança social: sensos comuns, novo senso e outros consensos (Gramsci e o Direito Alternativo). In: *Revista Crítica Jurídica; Revista Latinoamericana de política, filosofia y derecho. Fundación iberoamericana de derechos humanos.* Curitiba, n. 20, jan-jul/2002, p. 55-77. 282 p.

[74] LACLAU, Martín. Las bases filosóficas de la ciencia jurídica. In: *Anuario de filosofía jurídica y social.* Asociacion Argentina de Derecho Comparado. Sección teoría general. 13. Buenos Aires: Abeledo-Perrot, 1993 p. 12. 287 p.

[75] *Idem, ibidem.*

[76] Consultar também: FREUD, Sigmund. *Pequena coleção das obras de Freud*: extraída da edição *standard* brasileira das obras psicológicas completas de Sigmund Freud. Livro 7. Tradução de José Octávio de Aguiar Abreu. Rio de Janeiro: Imago, 1974. 85 p.

[77] *Idem,* p. 13.

[78] Conforme GILISSEN, John. *Introdução histórica ao direito.* 3ª ed. Tradução de A. M. Hespanha e L. M. Macaísta Malheiros. Lisboa: Fundação Calouste Gulbenkian, 2001, p. 16. 813 p. São dessa época as

lei, no Direito da modernidade, dispunha acerca de uma relação justa e boa. O Direito moderno devia prover o cumprimento das leis naturais do mundo. As leis humanas, escritas ou não, encontravam-se determinadas em seu conteúdo pela adequação ao Direito natural que, na realidade, lhes outorgava o verdadeiro sentido de juridicidade.[79]

Com a modernidade, surgiu o liberalismo e, com este, a necessidade de que o homem pudesse ter autonomia nos negócios, liberdade para contratar,[80] segurança jurídica e, sobretudo, um "método" que lhe pudesse

---

declarações tendentes a reconhecer os direitos subjetivos dos cidadãos, tais como o *Bill of Rights* de 1689 (Inglaterra) e a Declaração dos Direitos do Homem e do Cidadão de 1789 (França).

[79] ANGEL RUSSO, Eduardo. *Teoría general del derecho en la modernidad y en la posmodernidad*. Buenos Aires: Abeledo-Perrot, 1996, p. 45. 373 p.

[80] Na concepção liberal, o fim do Estado é a liberdade individual. Para essa concepção, "o Estado é tanto mais perfeito quanto mais permite e garante a todos o desenvolvimento da liberdade individual. Dizer que o Estado tem como fim o desenvolvimento da liberdade individual significa também dizer que o Estado não tem um fim próprio, mas que o seu fim coincide com os fins múltiplos dos indivíduos. Portanto, sua tarefa não é prescrever fins para cada indivíduo, mas atuar de maneira que cada indivíduo possa alcançar livremente, ou seja, numa situação de liberdade externa garantida, os próprios fins. Ele então deve preocupar-se não tanto em estabelecer o que devem fazer os seus cidadãos, mas garantir para cada um uma esfera de liberdade de maneira que, dentro dela, cada um possa, segundo as suas próprias capacidades e talento, perseguir os fins que livremente se propõe. O estado liberal não se preocupa nem com a salvação da alma, como faria o estado confessional, nem com a virtude, como faria o estado ético, nem com o bem estar econômico, como faria o estado assistencial, nem em geral com a felicidade dos seus súditos, como faria o estado inspirado no eudemonismo. O estado liberal preocupa-se somente com uma coisa: de colocar seus próprios cidadãos em condições, através da garantia da liberdade externa, de perseguir, segundo seu próprio pensamento os fins religiosos, éticos, econômicos, eudemonísticos de que melhor correspondem aos seus desejos". Nesse aspecto é que a doutrina de Kant foi muito clara e pode ser considerada como uma das melhores formulações, válidas ainda hoje, para a concepção liberal do Estado. E é exatamente pela clareza com a qual Kant expressa este conceito da liberdade como fim do Estado que o seu pensamento político e jurídico merece ainda ser estudado. Colocando como fim do Estado a liberdade, Kant opõe-se à concepção, prevalecente na sua época, que atribuía ao Estado, e por isso ao príncipe, o fim principal de dirigir os súditos para a felicidade; concepção que correspondia ao regime chamado de "despotismo (ou absolutismo) iluminado". Fazendo coincidir a distinção entre moral e direito como é feita entre moralidade e legalidade, entre interioridade e exterioridade, Kant se inseria na tradição do jusnaturalismo e iluminismo alemão, que havia expressado, na separação entre moral e direito, entre âmbito da interioridade e âmbito da exterioridade, ou entre *fórum internum* e *fórum externum*, a exigência dos limites do poder do estado. A tendência a limitar o poder do estado "se exprimia também na distinção entre moralidade e legalidade. De fato, dizer-se que o direito devia contentar-se com adesão exterior, significava dizer que o estado de cuja vontade a lei era manifestação principal, não devia intrometer-se em questões de consciência, e portanto devia reconhecer para o indivíduo um âmbito da própria personalidade destinado a permanecer livre de qualquer intervenção de um poder externo como o Estado". Isso significava "o reconhecimento de que o poder do Estado tinha limites enquanto podia, sim, ampliar a sua jurisdição sobre fatos externos do indivíduo, mas não também sobre fatos internos, e existia ainda algo no indivíduo, a consciência, que estava completamente excluída desta jurisdição". Na doutrina kantiana, até que os conceitos de moral e direito não recebessem uma boa distinção, o Estado exigia a sujeição não somente dos comportamentos externos do indivíduo, mas, também, da sua consciência. E, de fato, segundo uma tradição bem longa, havia-se pensado que as leis jurídicas (ou pelo menos a maior parte delas) obrigassem os súditos na consciência, ou seja, de maneira não diferente das leis morais e religiosas, como se não existisse diferença alguma entre as regras do Estado ou de Deus. Somente, pois, por meio de uma distinção clara entre leis que obrigam em consciência e leis que não obrigam em consciência, e atribuindo ao Estado o poder de exigir a obediência somente das segundas, chegou-se a distinguir o Estado, como legislação externa, da Igreja ou da razão como sistemas de legislação internos. Admitiu-se como legítimo para o Estado um âmbito mais restrito e mais delimitado de eficácia

garantir tudo isso, tendo como "pano de fundo" a busca da verdade. O "significado semântico satisfatório da modernidade" está na sua associação com o capitalismo.[81] Assim é que os códigos modernos, atendendo às necessidades do capital, passaram a responder às reivindicações de uma classe média confiante e empreendedora, como as de liberdade e responsabilidade individual, abolição de barreiras e restrições à alienação da terra, corporativismo e privilégios de determinadas "ordens".[82] O Direito da modernidade, portanto, é apresentado como um projeto sistematizado, de exatidão e confiabilidade. Atende a uma "calculabilidade", uma vez que tem a pretensão de livrar o tráfego das mercadorias de motivos de incerteza.[83] Assim, institutos jurídicos forjados na tradição liberal-individualista, como a coisa julgada, o direito adquirido e o ato jurídico perfeito, frutos do "contrato" entre indivíduos "livres" e "iguais", passaram a se tornar inquestionáveis, mesmo diante do surgimento de direitos de maior relevância, de que são exemplo os direitos sociais.[84]

A idéia de contrato, pois, preside toda a construção da modernidade e do Direito moderno. O modelo contratualista passa a apresentar a sociedade/Estado como uma criação artificial da razão humana por meio do consenso entre os indivíduos, marcando o fim do Estado natural e o início do Estado Social e Político. O Direito, nessa perspectiva, surge como decorrência da construção do ser artificial Estado, e só existe como "ente estatal". Isso irá apresentar um problema relativo à construção da ordem jurídica, isto é, de uma normatividade própria ao Estado Civil, seja pelo resguardo dos direitos naturais preexistentes e mantidos pelos cidadãos na saída pactuada do Estado da Natureza (Locke), seja pela imposição de

---

que coincidia com o âmbito da legalidade distinta da moralidade. BOBBIO Norberto. *Estado e direito no pensamento de Emanuel Kant*. Tradução de Alfredo Fait. 4ª ed. Brasília: Universidade de Brasília, 1997, p. 57-134. 168 p. A lei kantiana, assim, passou a ser a expressão do ideal do liberal que não quer que alguém interfira na possibilidade de o maior "engolir" o menor. A doutrina liberal econômico-política tem como característica uma concepção negativa do Estado, reduzido a puro instrumento de realização dos fins individuais. BOBBIO, Norberto. *O futuro da democracia*. Tradução de Marco Aurélio Nogueira. São Paulo: Paz e Terra, 2000, p. 130. 207 p. Não é novidade que tais ideais estão presentes nas classes dominantes que se encontram no poder e que, portanto, fazem as leis.

[81] JAMESON, Fredric. *Una modernidad singular*: ensayo sobre la ontologia del presente. Traducción de Horacio Pons. Barcelona: Gedisa, 2004, p. 21-22. 204 p.

[82] CAENEGEN, R. C. van. *Uma introdução histórica ao direito privado*. Tradução Carlos Eduardo Lima Machado. São Paulo: Martins Fontes, 2000, p. 176-177. 288 p.

[83] CAPELLA, Juan Ramón. *Fruto proibido*: uma aproximação histórico-teórica ao estudo do direito e do Estado. Porto Alegre: Livraria do Advogado, 2002, p. 130. 288 p.

[84] Nesse sentido, agora, num paradigma diverso daquele do Estado Liberal (hoje, portanto, no Estado Democrático de Direito), contrariando, pois, o pensamento tradicional, o Supremo Tribunal Federal, em nome dos direitos sociais e da manutenção da Previdência Social do país, afastou o chamado direito adquirido, cujo conceito é nitidamente de índole liberal-individualista, na decisão acerca da contribuição dos inativos, de 18.08.2004, que, nas ADIn 3105 e 3128, onde é questionada a contribuição previdenciária de inativos e pensionistas, instituída pela Emenda Constitucional n. 41/2003, considerou, por sete votos a quatro, constitucional a cobrança do percentual previsto na Emenda e inconstitucional o estabelecimento de faixas diferenciadas de contribuição.

Fundamentos para uma compreensão hermenêutica do Processo Civil

uma ordenação construída pelo Soberano de Hobbes.[85] O contrato, na escola natural, foi o fundamento de todo o Direito, fornecendo a solução do problema básico da filosofia jurídica individualista, ou seja, o problema de saber como é possível que o Direito, que foi inventado para servir exclusivamente aos indivíduos, pode também obrigá-los e vinculá-los ao mesmo tempo. É a idéia de que fundar o Estado com todo o seu poder jurídico soberano sobre um contrato celebrado entre seus membros é suficiente para poder apresentar toda a obrigação como uma "auto-obrigação".[86]

O contratualismo, pois, corresponde à "filosofia política da modernidade". Seus laços com o individualismo moderno são estreitos, sendo que dois traços principais caracterizam-no: a) o individualismo, constitutivo de sociedades em que o indivíduo é concebido como um termo primeiro e independente face ao todo a que pertence, que se traduz, em primeiro lugar, por uma revolta dos indivíduos contra a hierarquia em nome da igualdade;[87] b) a "denúncia" das tradições em nome da liberdade.[88]

---

[85] MORAIS, José Luís Bolzan de. *Do direito social aos interesses transindividuais*: o Estado e o direito na ordem contemporânea. Porto Alegre: Livraria do Advogado, 1996, p. 30-39. 247 p.

[86] RADBRUCH, Gustav. *Filosofia do direito*. Tradução e prefácios de L. Cabral de Moncada. 6ª ed. Coimbra: Arménio Amado, 1997, p. 283. 430 p.

[87] Nessa vertente, o individualismo confunde-se com o progresso de igualização das condições, no sentido jurídico do termo, que Tocqueville designa pelo nome de democracia. Ele encontra seu símbolo na Declaração dos Direitos do Homem e na noite de 4 de agosto de 1789 no decurso da qual são abolidos os privilégios que fundamentavam a estrutura hierárquica do Antigo Regime. O que liga desde aí, por meio desse princípio de igualdade, a era do indivíduo e a promoção da noção de contrato é transparente: nas sociedades em que as hierarquias naturais que conferiam aos seres humanos direitos desiguais se dissolvem, desaparece a possibilidade de que possam ser legais as relações inter-humanas que resultassem daquilo que Aristóteles chamava de "transações involuntárias". Na realidade, "tais relações vão continuar a existir, e os exemplos de Aristóteles ('o roubo, o adultério, o envenenamento, a prostituição, etc'.) permanecem válidos, mas pelo menos fica excluído em direito (entenda-se: pelo direito) que todas as transações obrigatórias não pertençam à mesma categoria que se seguirá a 1789, é certo que difícil e escandalosamente lenta, inscreveu-se pois directamente na lógica de uma cultura jurídica e política renovada ao ponto de já só poder admitir, entre homens vistos como iguais em direito a partir de então, relações construídas segundo o modelo do contrato". RENAUT, Alain. O contratualismo como filosofia política. In: RENAUT, Alain. *História da filosofia política/2*: nascimentos da modernidade. Lisboa: Piaget, 1999, p. 263-264. 367 p.

[88] O segundo componente do individualismo moderno implica, ainda mais, uma promoção da idéia contratualista. Faz parte da dinâmica da modernidade que os indivíduos denunciem incessantemente as tradições em nome da liberdade. Sobre esse aspecto, Alain RENAUT utiliza-se das análises feitas por Louis Dumont: "as sociedades tradicionais, das sociedades primitivas à sociedade medieval, eram caracterizadas por um princípio de heteronomia; a tradição impunha-se ao indivíduo sem que ele a tivesse escolhido nem, conseqüentemente, fundado na sua própria vontade, ou seja, impunha-se do exterior, sob a forma de uma transcendência radical a que os homens obedeciam como obedecem às leis da natureza, ao ponto de ser sob a dependência constante e não negociável dessa tradição que se encontrava posta a existência das pessoas. A dinâmica da modernidade vai, pelo contrário, ser a erosão progressiva desses conteúdos tradicionais, minados pouco a pouco por uma idéia posta em acção com um vigor muito particular pela Revolução – a saber, a idéia de auto-instituição, que não é mais do que a versão propriamente política do princípio de subjectividade, e que as transposições políticas da idéia de contrato realizadas, do Renascimento ao século XVIII, pelos grandes teóricos do contrato social exprimiram directamente". RENAUT, Alain. O contratualismo como filosofia política. In: RENAUT, Alain. *História da filosofia política/2*: nascimentos da modernidade. Lisboa: Piaget, 1999, p. 264-265. 367 p.

Nessa perspectiva, a modernidade apresenta-se como um misto de razão e de individualismo, tendo como pilares o método e o contrato. O individualismo, marca do capitalismo, assegurado pelo contrato, dá os contornos da sociedade moderna e impulsiona o homem liberal rumo à sua autonomia, segurança e progresso. O mundo moderno é o mundo dessacralizado que depende exclusivamente do homem para avançar. Esse avanço, por sua vez, depende do método, que, no entanto, termina por "desontologizar" a verdade.

No final da Idade Média, quando a modernidade foi desencadeada, ocorreu, portanto, uma substancial mudança de visão do mundo. Ao acreditar na existência de Deus e de um mundo que por ele foi criado, o homem medieval, que se autopresumia dotado de inteligência e vontade para conhecer o mundo em sua "verdade íntima", tinha a realidade como acessível tal como ela era em si, em sua "essência inteligível" e em seu aspecto sensível. Assim, o homem medieval inscrevia-se numa realidade já conformada pela vontade divina e cuja estrutura resultaria não-modificada pela obra de seu arbítrio. Ao homem só era dado corrigir os abusos, canalizando as coisas dentro dos trilhos de uma ordem de que ele não era o autor.[89] O homem, crendo em sua aptidão para conhecer a realidade, trabalhava, pois, para fazer a "vontade de Deus"; tarefa que lhe fora encomendada e que seria feita por meio da fé e de suas obras.[90]

O nominalismo de Guilherme de Occam veio trazer a primeira ruptura dessa crença de que seria acessível ao homem o aspecto externo e a estrutura essencial da realidade íntima. Para Occam, o homem só conhece os seres em sua individualidade singular colhida pelos sentidos, mas não na essência íntima intuída pela razão, que os agruparia em espécies, gêneros etc. Nesse sentido é que a experiência teria força para mostrar outros caminhos que poderiam ser tomados na investigação.[91] Esse foi o primeiro passo para o início da ciência experimental moderna. O acontecimento, porém, que marcou o início da modernidade foi a Reforma Protestante levada a cabo por Lutero no século XVI, quando houve a ruptura da Igreja e, mesmo, da Idade Média. A Reforma Protestante, assim, desfruta de uma certa prioridade na tradição (notadamente na tradição alemã) quanto a ser considerada o marco inicial da modernidade.[92] Essa ruptura deu-se com base em dois postulados: primeiro, o de que o justo vive e se salva individualmente somente pela fé; segundo, o de que as obras não estão

---

[89] LACLAU, Martín. Las bases filosóficas de la ciencia jurídica. In: *Anuario de filosofía jurídica y social*. Asociacion Argentina de Derecho Comparado. Sección teoría general. 13. Buenos Aires: Abeledo-Perrot, 1993, p. 10-11. 287 p.

[90] ROA, Armando. *Modernidad y posmodernidad*: coincidencias y diferencias fundamentales. Santiago de Chile: Andres Bello, 1995, p. 13-14. 80 p.

[91] *Idem*, p. 14-15.

[92] JAMESON, Fredric. *Una modernidad singular*: ensayo sobre la ontologia del presente. Traducción de Horacio Pons. Barcelona: Gedisa, 2004, p. 37. 204 p.

à altura da "majestade de Cristo" como para redimir o pecado. Como as obras devem estar a serviço do bem-estar do homem, a partir de Lutero ficam separados o reino de Deus, cuja conquista é alcançada pela fé pura guardada no íntimo da consciência, e o mundo, a cujo serviço devem estar as ações e as obras humanas. Lutero apoiou-se em Occam, pois, tal como para captar o mundo bastava o conhecimento sensorial, comprovável pela experiência, para o conhecimento do divino só servia o concreto. A consciência do indivíduo, assim, dispunha-se no íntimo a receber a palavra escrita nos livros santos, sem aceitar, contudo, autoridade alguma, nem do Papa nem dos Concílios, que interpretasse verdades que sua consciência não visse de forma clara.[93] Para Lutero, pois, somente o que fosse comprovável por meio dos sentidos (Occam) ou pela "voz íntima da consciência" em contato direto com a verdade da Bíblia é que poderia ser obedecido. Aqui, portanto, ocorreu a separação entre mundo religioso e mundo secular, nascendo aquilo que se designa por "modernidade" num sentido histórico. Enquanto na Idade Média vigoravam as concepções sacrais e teológicas, na Idade Moderna, todas as teorias formuladas passaram a se basear na racionalidade, na lei natural e na liberdade do homem.[94] A razão humana, assim, com suas possibilidades, não estaria de forma alguma esgotada.[95] A modernidade nasceu, pois, com a pretensão de ser "sempre nova", não reconhecendo para a verdade mais autoridade que a do homem mesmo, capaz de se autoconferir métodos estritos para consegui-la. Para o homem moderno, não há, a partir de então, outra autoridade que não seja a de sua consciência autônoma, capaz de olhar para dentro de si e refletir para saber como se conduzir. O homem teria, assim, chegado à idade adulta, ao "fim da história".[96]

Com a modernidade, surgiu a ciência moderna. Essa ciência dita "moderna" tem seu desenvolvimento cunhado pelo desenvolvimento da ciência da natureza do século XVII.[97] Nessa época, pretendeu-se dar às ciências do espírito o mesmo tratamento das ciências da natureza. A modernidade, nesse aspecto, é inaugurada com Descartes e sua filosofia do sujeito.[98] O modelo do processo de "subjetivação" fez a "crítica política da tradição" por meio do método, que possui três momentos significativos:

---

[93] ROA, Armando. *Modernidad y posmodernidad*: coincidencias y diferencias fundamentales. Santiago de Chile: Andres Bello, 1995, p. 15-16. 80 p.

[94] LEAL, Rogério Gesta. *Teoria do Estado*: cidadania e poder político na modernidade. 2ª ed. rev. e ampl. Porto Alegre: Livraria do Advogado, 2001, p. 51. 247 p.

[95] ADOMEIT, Klaus. *Filosofia do direito e do Estado*: filósofos da idade moderna. v. II. Tradução de Elisete Antoniuk. Porto Alegre: Fabris, 2001, p. 65. 239 p.

[96] ROA, Armando. *Modernidad y posmodernidad*: coincidencias y diferencias fundamentales. Santiago de Chile: Andres Bello, 1995, p. 17. 80 p.

[97] Nesse sentido, GADAMER, Hans-Georg. *Verdade e método II*: complementos e índice. Tradução de Ênio Paulo Giachini. Petrópolis: Vozes, 2002. p. 49. 621 p.

[98] RENAUT, Alain. Representação moderna do mundo e humanismo. In: RENAUT, Alain. *História da filosofia política/2*: nascimentos da modernidade. Lisboa: Piaget, 1999, p. 163-168. 367 p.

num primeiro momento, põe em dúvida todas as opiniões já feitas, todos os preconceitos herdados, de tal forma que se faça radicalmente *tabula rasa* da tradição. Nesse sentido, Descartes rompe com a Antiguidade. A partir dessa ruptura, o segundo momento do processo consiste em procurar um novo ponto de apoio para reconstruir o edifício do conhecimento científico e filosófico de que o processo dubitativo minou as bases. Na medida em que é a subjetividade que conduz esta investigação, não pode ser senão por meio das suas próprias certezas e graças à construção delas que ela poderá ou não ter sucesso: resumindo, apenas o *cogito* pode encontrar em si os recursos necessários para sair da dúvida que ele próprio decidiu ao generalizá-la. Assim, é numa terceira etapa, sobre a própria subjetividade, e mais precisamente sobre a certeza absoluta que o sujeito tem de se apreender a si próprio pela sua reflexão, que é construído o conjunto articulado de conhecimentos ao qual, depois de Descartes, Leibniz dará o nome de "sistema". A prática da "tábula rasa" relativamente aos preconceitos herdados, a apreensão do sujeito por si mesmo como primeiro princípio absolutamente certo, e o percurso resolutamente "construtivista" filosoficamente, inauguram a modernidade. Esses são os três gestos constitutivos do "método" de Descartes, que é o único capaz de permitir ao homem "ficar seguro de utilizar em tudo a sua razão".[99]

A ruptura de Descartes com o passado constitui não só a inauguração da modernidade, mas uma teoria autoconsciente e reflexiva daquela, sendo que o próprio *cogito* apresenta desde logo a reflexividade como uma das características centrais da modernidade. Para Descartes, segundo o qual todos os homens podem diferenciar o verdadeiro do falso, isto é, todos têm um bom-senso,[100] o conhecimento começa pela razão. Todo o jusnaturalismo moderno (Rousseau, Kant, Hegel, Locke), a partir daí, baseia-se, assim, na idéia de que o Direito é governado pela razão.

Após Descartes ter encetado o caminho do conhecimento pela razão por meio de seu "método", Leibniz foi um dos precursores da "cientificização" ou "matematização" das ciências do espírito, dentre elas o Direito.[101]

---

[99] RENAUT, Alain. *Op. cit.*, p. 163-168. 367 p.

[100] DESCARTES, René. *Discurso sobre o método*. Tradução Marcio Pugliesi e Norberto de Paula Lima. 9ª ed. Curitiba: Hemus, 2000, p. 13. 136 p.

[101] A matematização do direito remonta a Leibniz, que teria sido um obcecado pela idéia da certeza no direito. Com isso, Leibniz definiu um estilo que passou a ser na modernidade cada vez mais o determinante dos juristas que se seguiram. Desde sua tese *De casis perplexi in iuri* (1666), passando por *Nova Methodus discendae docendaeque jurisprudentiae* (1667) e pelos *Elementa iuris naturalis* (1669-1672), escritos todos em sua juventude, Leibniz pretende fazer um direito *more geometrico*. Seu direito natural é "uma análise combinatória de elementos simples que definem o direito. Sua influência no século XIX é ainda sentida, bastando ver que os codificadores farão diversas referências a sua obra. Os códigos desempenhariam o papel de garantidores da certeza e da segurança jurídica que de outra forma os norte-americanos pensavam encontrar na sua Constituição. Segundo Tarello, até a pandectística alemã lhe é devedora. E de fato sua influência aparece mesmo no maior jurista do império no Brasil: Teixeira de Freitas atribui a Leibniz, na teoria do direito, 'brilhante esforço que encerra uma verdade eterna, embora mal aplicada'". A idéia de LEIBNIZ acerca da matematização das ciências do espírito pode ser vista no diálogo

O pensamento teórico moderno, pois, desenvolveu-se no sentido de "entronizar" os fatos em quadros de elevada generalidade. O mundo, tomado em "totalidade", passou, então, a ser pensado como um sistema de relações hierarquicamente ordenadas: um *cosmos* geral que se mantém unido, sem margens ou exclusões. Na modernidade, portanto, o mundo não é a realidade.[102] É um "*cosmos* geométrico", e não uma realidade. A realidade, pois, "vem" ao homem somente em "pedaços".

O domínio da natureza pela ciência, porém, ao invés de diminuir o mal-estar da cultura, acabou aumentando-o. Isso porque os métodos das ciências da natureza "não apreendem tudo que é digno de se saber, nem sequer o que é mais digno de se saber, ou seja, os fins últimos aos quais deve estar subordinado todo domínio dos recursos da natureza e do homem".[103] As ciências do espírito, assim, exigem um outro tipo de conhecimento, que não o científico. Não deixa de fazer parte do trabalho das ciências do espírito a utilização de métodos. Isso fica claro em Gadamer, para quem o desenvolvimento das ciências do espírito teve no modelo das ciências da natureza um constante ponto de referência. Mas seus impulsos mais decisivos e essenciais provieram não do *pathos* das ciências experimentais, mas do espírito do romantismo e do idealismo alemão. Daí a consciência que se tem dos limites do Iluminismo e do método da ciência.[104] Aquilo que no pensamento moderno motiva a preeminência da consciência de si mesmo frente ao dado é a primazia da certeza frente à verdade, que fundamentou a noção metodológica da ciência moderna.[105] Ou seja, a partir de Descartes, a "verdade" só pode ser alcançada se utilizado um método adequado para tal. Descartes acredita firmemente que, por intermédio do método, haverá a segurança de que o homem está se

---

entre Teófilo e Filaleto: "Será bom colocar em destaque sempre maior esta doutrina. Todavia, ao falar das coisas que mais nos importam, pensei na moral, para a qual reconheço que a vossa metafísica fornece fundamentos maravilhosos: todavia, sem aprofundar tanto, a moral possui já fundamentos bastante sólidos, embora não se estendam talvez tão longe (como me recordo que vós mesmos já observastes) no caso de não aceitar como base uma teologia natural como vossa. Contudo, a simples consideração dos bens da vida presente já serve para estabelecer conseqüências importantes para governar as sociedades humanas. Pode-se julgar do justo e do injusto de maneira tão incontestável como na matemática: por exemplo, esta proposição – não pode existir injustiça onde não existe propriedade – é tão certa como qualquer demonstração dada por Euclides; sendo que a propriedade consiste no direito a uma certa coisa, e a injustiça, a violação de um direito". Nesse sentido, consultar: SILVA, Ovídio A. Baptista da. *Processo e ideologia*: o paradigma racionalista. Rio de Janeiro: Forense, 2004, p. 24-25. 342 p.; LOPES, José Reinaldo de Lima. *O direito na história*: lições introdutórias. 2ª ed. rev. São Paulo: Max Limonad, 2002, p. 202. 487 p.; LEIBNIZ, Gottfried Wilhelm. *Novos ensaios sobre o entendimento humano*. Tradução de Luiz João Baraúna. In: *Os pensadores*. São Paulo: Nova Cultural, 2000, p. 380. 543 p.

[102] GARGANI, Aldo G. La fricción del pensamiento. In: VATTIMO, Gianni. *La secularización de la filosofía*: hermenéutica y posmodernidad. Barcelona: Gedisa, 2001, p. 18-19. 296 p.

[103] GADAMER, Hans-Georg. *Verdade e método II*: complementos e índice. Tradução de Ênio Paulo Giachini. Petrópolis: Vozes, 2002. p. 49. 621 p.

[104] *Idem*, p. 50.

[105] GADAMER, Hans-Georg. *El giro hermenéutico*. Traducción de Arturo Parada. Madrid: Catedra, 1998, p. 15. 238 p.

utilizando de sua razão do modo mais perfeito possível.[106] O método, na idéia cartesiana, pois, vem a ser uma "via de confirmação" e, nesse sentido, apesar de todas as possíveis variedades de métodos, apesar de toda a variedade apresentada nas diversas ciências, é um "conceito unitário" que, segundo a concepção moderna, é o que satisfaz o ideal de certeza.[107] Ao se reconhecer, portanto, nas ciências humanas um modo de saber autônomo, ao se acordar acerca da impossibilidade de serem reduzidas ao ideal do conhecimento das ciências naturais, o que implica que se qualifique de absurda a pretensão de lhes conferir uma similitude tão perfeita como possível com os métodos e o grau de certeza válidos nas ciências naturais, a própria filosofia, na totalidade de suas pretensões, começa a se colocar em questionamento.[108]

Por isso, a partir daí, não é mais novidade o fato de que limitar o esclarecimento da natureza das ciências humanas a uma pura questão de método é inútil.[109] Não se trata, aqui, apenas de definir simplesmente um método específico, mas de reconhecer uma idéia muito diferente de conhecimento e verdade. Nesse aspecto, a idéia de se utilizar um "método" nas ciências humanas não tem sentido. Não se pode fazer uma analogia com o método das ciências naturais matematizadas. Não há um método autônomo e próprio para as ciências humanas, que permaneça constante nos domínios de sua aplicação. A idéia cartesiana, assim, no domínio das ciências humanas, não se mostra adequada,[110] pois, para Descartes, todas as coisas podem ser submetidas ao conhecimento dos "geômetras".[111]

---

[106] DESCARTES, René. *Discurso sobre o método*. Tradução Marcio Pugliesi e Norberto de Paula Lima. 9ª ed. Curitiba: Hemus, 2000, p. 44. 136 p.

[107] GADAMER, Hans-Georg. *Verdade e método II*: complementos e índice. Tradução de Ênio Paulo Giachini. Petrópolis: Vozes, 2002. p. 61. 621 p.

[108] GADAMER, Hans-Georg. *El problema de la conciencia historica*. Traducción e introducción de Agustín Domingo Moratalla. 2ª ed. Madrid: Tecnos, 2000, p. 46. 116 p.

[109] A experiência hermenêutica é assumida por Gadamer como um intento de remover o prejuízo iluminista segundo o qual a ciência pressupõe o "distanciamento" com o mundo, a anulação das premissas culturais, subjetivas, da compreensão. A compreensão tem lugar a partir de determinadas premissas, prejuízos ou "pré-compreensões" que antecipam a realidade observada a partir de um ponto de vista particular. Não há, pois, compreensão que não esteja de algum modo orientada por uma compreensão prévia, por uma antecipação de sentido do que se compreende, uma expectativa de sentido determinada pela relação circular do intérprete com a coisa, no contexto de uma determinada situação. FERNANDÉZ, Atahualpa. *Direito, evolução, racionalidade e discurso jurídico*: a "realização do direito" sob a perspectiva das dinâmicas evolucionárias. Porto Alegre: Fabris, 2002, p. 191. 335 p. Gadamer "dessacraliza" a hermenêutica, retirando-a de seu pedestal purista (típico procedimento da ciência positivista do século XIX), assim como de seu *status* de tarefa mediativa e contemplativa (típico procedimento da teologia e da exegese dos textos sagrados), para fazê-la cair na condição existencial em que se encontra o homem. Nesse sentido, BITTAR, Eduardo C. B. Hans-Georg Gadamer: a experiência hermenêutica e a experiência jurídica. In: BOUCAULT, Carlos E. de Abreu, RODRIGUEZ, José Rodrigo (Org.). *Hermenêutica plural*. São Paulo: Martins Fontes, 2002, p. 182. 481 p.

[110] GADAMER, Hans-Georg. *El problema de la conciencia historica*. Traducción e introducción de Agustín Domingo Moratalla. 2ª ed. Madrid: Tecnos, 2000, p. 46-47. 116 p.

[111] DESCARTES, René. *Discurso sobre o método*. Tradução Marcio Pugliesi e Norberto de Paula Lima. 9ª ed. Curitiba: Hemus, 2000, p. 40-41 136 p. O direito, "por não escapar aos pressupostos míticos

1.3. O Direito Processual Civil, o método e a interpretação: o Direito Processual Civil brasileiro insere-se na tradição do método ou na tradição hermenêutica?

Na tradição lógico-semântica e cartesiana, na qual se insere o Direito brasileiro – e, mais especificamente, no caso deste trabalho, o Direito Processual Civil –, a verdade está ligada ao método, *v.g.*, o método dedutivo e o método indutivo, fundamentalmente. Em Gadamer, porém, essa tradição pode começar a ser questionada. A partir de sua obra "Verdade e método", fica-se na dúvida se é verdade "e" método, verdade "ou" método ou verdade "contra" método. Isso porque Gadamer tenta mostrar que existem, no nível da experiência da arte, no nível do conhecimento histórico e no nível da linguagem, três verdades que não são verdades produzidas pelo método lógico-analítico. Portanto, ao nível da arte, ao nível da história e ao nível da linguagem, há um tipo de experiência que produz uma verdade que não é de caráter lógico-semântico. E é um tipo de verdade à qual se tem acesso por caminhos totalmente diferentes dos que estão estabelecidos pelo conhecimento científico em geral.[112] No Direito isso não é diferente.

Gadamer combate a idéia cartesiana de método, ou seja, "a premissa fundamental do *Aufklärung*, segundo a qual um uso metódico e disciplinado da razão é suficiente para nos proteger de qualquer erro".[113] Isso porque o método não assegura que o pré-conceito será eliminado. Ao contrário, a historicidade, inerente ao homem, traz consigo os pré-conceitos.[114]

---

da modernidade, nos fez crer que os juristas possuíam fórmulas mágicas para realizar o direito na sociedade. Como se fosse possível fazer de conta que não existem conflitos existenciais concretos que transbordam permanentemente da magia sonhada. Uma magia que no lugar de ensinar que a riqueza estava na imprevisibilidade, na diversidade, nos fez crer, de modo extremamente confiante, na uniformidade, no já dito desde sempre. O Direito da modernidade teve como meta relato fundador (sentido comum teórico) uma narrativa que nos fez crer na possibilidade de um sistema de Direito que poderia realizar o sonho de uma geometria racional (...) e de uma univocidade nos códigos". WARAT, Luís Alberto. *O ofício do mediador*. Florianópolis: Habitus, 2001, p. 191-192. 279 p. O Direito natural iluminista (Descartes, Locke e Hume) limitava-se ao experimentável, construindo-se *more geometrico*. KAUFMANN, Arthur. *Filosofia do direito*. Prefácio e tradução António Ulisses Cortês. Lisboa: Calouste Gulbenkian, 2004, p. 37. 536 p.

[112] Nesse sentido: STEIN, Ernildo. *Aproximações sobre hermenêutica*. Porto Alegre: Edipucrs, 1996, p. 44-45. 112 p.

[113] GADAMER, Hans-Georg. *Verdade e método*: traços fundamentais de uma hermenêutica filosófica. Tradução de Flávio Paulo Meurer. 3ª ed. Petrópolis: Vozes, 1999, p. 416. 731 p.

[114] O homem está imerso na história e não é possível situar-se fora dela. Por isso a pergunta fundamental que vai marcar o pensamento de Gadamer é: que significa para a compreensão e a autocompreensão do homem saber-se "carregado" por uma história, que se articula para nós como linguagem dada pela tradição? OLIVEIRA, Manfredo Araújo de. *Reviravolta lingüístico-pragmática na filosofia contemporânea*. São Paulo: Loyola, 1996, p. 226. 427 p. A historicidade participa da experiência humana na medida em que a determina e se assinala como latente por meio dela nos atos de conhecimento. A experiência em si é já uma mostra da finitude humana. Tornar-se plenamente maduro das coisas do mundo é "fazer-se plenamente consciente de sua finitude". BITTAR, Eduardo C. B. Hans-Georg Gadamer. Hermenêutica plural: a experiência hermenêutica e a experiência jurídica. In: BOUCAULT,

Nesse sentido, um pré-conceito básico do Iluminismo, assumido pelo historicismo, é o de que a subjetividade do conhecimento só é alcançável pela superação da situacionalidade própria à subjetividade que compreende. Portanto, para o Iluminismo, o ideal era eliminar os pré-conceitos por meio de um método seguro. Em contraponto a essa perspectiva, Gadamer vai elevar a historicidade da compreensão a princípio hermenêutico.[115] Sua postura, assim, colocando o conhecimento como algo condicionado às idéias de "pré-conceitos" e de experiência, atenta contra o postulado maior das ciências desde o positivismo científico e filosófico do século XIX: a neutralidade do método. Isso porque, para o filósofo, as ciências do espírito são "contaminadas" pela experiência de mundo, pela historicidade de seu engajamento, pela contextualidade de sua produção. A ciência, assim, é muito menos um procedimento rigoroso de constituição de seus objetos que um método de depuração dos preconceitos vividos e interpretados pelo agente do conhecimento, em que desponta a instância lingüística como fundamental. Dizer o contrário, portanto, é correr o risco de aceitar a inocência metodológica que reduz os fenômenos sociais a meras "fatias" do saber do mundo dispostas para análises laboratoriais.[116]

No Direito, porém, alheio à idéia gadameriana, há uma pretensão de busca de um "método ideal", que assegure, num primeiro momento, a "decisão correta"[117] ou a "verdade", por meio das diversas técnicas de

---

Carlos E. de Abreu, RODRIGUEZ, José Rodrigo (Org.). *Hermenêutica plural*: possibilidades jusfilosóficas em contextos imperfeitos. São Paulo: Martins Fontes, 2002, p. 185. 481 p. O que nos resta, diz GADAMER, é a consciência do processo histórico e a interpretação do que nos condiciona como seres no mundo. Podemos dizer, assim, que se trata da consciência de estar exposto à história e à sua ação, de tal forma que não podemos objetivar essa ação sobre nós, pois essa eficácia faz parte de seu sentido enquanto fenômeno histórico. Assim, não é a história que pertence a nós, mas nós é que a ela pertencemos. Muito antes de que nós compreendamos a nós mesmos na reflexão, já estamos nos compreendendo de uma maneira auto-evidente na família, na sociedade e no Estado em que vivemos. A lente da subjetividade é um espelho deformante. A auto-reflexão do indivíduo não é mais que uma centelha na corrente cerrada da vida histórica. Por isso, os preconceitos de um indivíduo são, muito mais que seus juízos, a "realidade histórica de seu ser". GADAMER, Hans-Georg. *Verdade e método*: traços fundamentais de uma hermenêutica filosófica. Tradução de Flávio Paulo Meurer. 3ª ed. Petrópolis: Vozes, 1999, p. 415-416. 731 p.

[115] Conforme OLIVEIRA, Manfredo Araújo de. *Reviravolta lingüístico-pragmática na filosofia contemporânea*. São Paulo: Loyola, 1996, p. 229. 427 p.

[116] Consultar BITTAR, Eduardo C. B. Hans-Georg Gadamer: a experiência hermenêutica e a experiência jurídica. In: BOUCAULT, Carlos E. de Abreu, RODRIGUEZ, José Rodrigo (Org.). *Hermenêutica plural*: possibilidades jusfilosóficas em contextos imperfeitos. São Paulo: Martins Fontes, 2002, p. 185. 481 p.

[117] Nesse sentido, Manuel ATIENZA é um dos juristas contemporâneos que tem-se preocupado em definir métodos e procedimentos que possam guiar o processo argumentativo rumo à revelação da "verdade" da norma. Para ele, "um dos maiores defeitos da teoria padrão da argumentação jurídica é precisamente o fato de ela não ter elaborado um procedimento capaz de representar adequadamente como os juristas fundamentam, de fato, as suas decisões". A argumentação, assim, tem por função oferecer uma "orientação útil nas tarefas de produzir, interpretar e aplicar o direito. Para que uma teoria da argumentação jurídica possa cumprir essa função instrumental (...) ela terá de poder oferecer um método que permita reconstruir o processo da real argumentação, além de uma série de critérios para fazer um julgamento sobre a sua correção". ATIENZA, Manuel. *As razões do direito*: teorias da argumentação jurí-

---

Fundamentos para uma compreensão hermenêutica do Processo Civil

interpretação, e, num segundo momento, que o processo se constitua no método ideal para o exercício da jurisdição e realização do Direito. Nessa perspectiva, os juristas, reféns de uma "metafísica objetificante", ainda estão mergulhados na idéia de que a lógica formal dá conta de todos os casos e de que, por meio das conceituações, fórmulas e métodos, podem chegar a uma "verdade absoluta".[118] A hermenêutica, assim, ainda não é entendida como um "modo-de-ser-no-mundo",[119] mas como um "inter-

dica. Tradução de Maria Cristina Guimarães Cupertino. São Paulo: Landy, 2000, p. 319-333. 352 p. Nessa linha de raciocínio, a interpretação e a aplicação do direito constituem um processo que se desdobra em momentos distintos, dependentes de uma argumentação bem conduzida metodologicamente. Nesse contexto, parece acertada a idéia de Kaufmann, ao referir que a teoria da argumentação provém, principalmente, da analítica, ou seja, dos principais "opositores" da hermenêutica. Essa origem é praticamente atestável em todas as teorias da argumentação, que não conseguiram escapar do esquema sujeito-objeto. A teoria da argumentação, diz Kaufmann, "é anti-hermenêutica, porque vê a hermenêutica como uma metafísica irracional. O que é (...) um erro". A teoria da argumentação é anti-ontológica (no sentido da diferença ontológica heideggeriana); não partilha com a hermenêutica "a superação do esquema cognitivo sujeito/objecto, mas insiste na objectividade, pretendendo até a possibilidade de exaustão dos argumentos e a exclusão de casualidades. Mas esta é apenas uma objectividade pretendida, e, neste ponto, a teoria da argumentação não consegue ainda ir além do direito natural e do positivismo, como aliás também a teoria analítica do direito não o conseguiu até hoje". KAUFMANN, Arthur. *Filosofia do direito*. Prefácio e tradução António Ulisses Cortês. Lisboa: Calouste Gulbenkian, 2004, p. 70-73. 536 p. No mesmo sentido, Lenio Luiz STRECK, para quem as teorias da interpretação, tidas como "superadoras da subsunção", não conseguem superar a relação sujeito-objeto, continuando, pois, atreladas a um positivismo ultrapassado e objetivista. STRECK, Lenio Luiz. A hermenêutica filosófica e as possibilidades de superação do positivismo pelo (neo)constitucionalismo. In: ROCHA, Leonel Severo, STRECK, Lenio Luiz *et al* (org.). *Constituição, sistemas sociais e hermenêutica*: programa de pós-graduação em Direito da UNISINOS: mestrado e doutorado. Porto Alegre: Livraria do Advogado, 2005, p. 157. 309 p.

[118] A metafísica tem como alguns de seus pressupostos a existência de uma realidade última, da qual todas as coisas derivam, e uma ordenação hierárquica, que desce de Deus até a matéria. A investigação metafísica, contudo, exige a crítica desses pressupostos, que não são regras para construções metafísicas dedutivas. Dentre elas é possível salientar: a) cautela com o preconceito da estruturação única. Não se pode crer que a uma determinada palavra abstrata (verdade, por exemplo) deva corresponder uma única natureza, que seja possível captar numa intuição de essências; b) cautela contra o preconceito que consiste em isolar. Nem o universal possui uma existência separada, como admitem os racionalistas, desde Platão, nem existe apenas o singular, como crêem nominalistas e empiristas. O geral e o particular só têm sentido e ser numa dependência recíproca; c) cuidado com o preconceito da simplicidade. O que nos parece simples é, na maior parte das vezes, extremamente complexo; d) o preconceito da pseudo-identificação deve ser impedido. Não se pode considerar idêntico o que, de fato, é diferente; e) a pretensão do absoluto e definitivo deve ser abandonada. Não se pode crer que se possam enunciar proposições necessárias, *a priori*, sobre a estrutura do mundo. O que se pode dizer é sempre provisório e sujeito à correção da experiência futura e ao progresso do saber; f) deve-se ter consciência, a todo o momento, de que apenas se pode realizar uma perspectiva, para a qual há, necessariamente, alternativas; g) não se pode imaginar que é possível compreender o incompreensível, como, por exemplo, a morte, o seu sentido absoluto, que não há; h) não se deve afirmar saber o que não se sabe. Não se pode cair em devaneios fantásticos, românticos ou absurdos; i) a missão do filósofo é cada vez mais difícil, pois tem de conciliar as demais ciências. HEINEMANN, Fritz. Metafísica. In: HEINEMANN, Fritz. *A filosofia no século XX*. Tradução e prefácio de Alexandre F. Morujão. 5ª ed. Lisboa: Calouste Gulbenkian, 2004, p. p. 351-352. 576 p.

[119] A visão da hermenêutica como técnica ou método é equivocada. "Por hermenêutica entende-se habitualmente, seguindo uma expressão de Friedrich Ernst Daniel Schleiermacher, a 'arte de compreender'. Ora se assim é, não está certa a opinião amplamente difundida de que a hermenêutica é um método entre outros métodos. É certo que ela tem também funções metodológicas, especialmente nas ciências da compreensão. Todavia, na sua essência, a hermenêutica não é um método, mas sim filosofia transcendental. Já o era em Schleiermacher e também o é nos posteriores genuínos hermenêuticos, como sejam Dilthey, Gadamer e Ricoeur. Ela é filosofia transcendental no sentido de que indica as

pretar de textos", como um processo de compreensão "calculável", sendo que o intérprete é alguém que deve sempre tentar "descobrir" o sentido do texto.[120] Isso faz com que ainda se continue atrelado aos métodos de interpretação, tais como o literal, histórico, gramatical e teleológico,[121] que, ao invés de propiciarem uma "abertura interpretativa", engessam a compreensão do direito nos seus mais diversos segmentos.

1.3.1. Os métodos tradicionais de interpretação do Direito Processual Civil

Historicamente, a idéia dos métodos de interpretação é a que tem predominado, apesar de a instrumentalidade e informalidade do processo também terem tido sua importância mesmo no paradigma da filosofia da

---

condições gerais de possibilidade da compreensão do sentido. Enquanto tal, não prescreve nenhum método". KAUFMANN, Arthur. *Filosofia do direito.* Prefácio e tradução António Ulisses Cortês. Lisboa: Calouste Gulbenkian, 2004, p. 67. 536 p. A hermenêutica confunde-se com a "ontologia fundamental", pois pressupõe a busca do "sentido do ser", resgatada por Martin Heidegger, podendo ser considerada a base de todo o projeto teórico da sua filosofia. Heidegger intentou "remontar ao fundamento impensado", sobre o qual se constrói a ontologia, ou seja, o sentido do ser. A metafísica pensa o ente enquanto tal, a partir da sua determinação fundamental, que é a entidade, mas não toma esta como objeto da questão. O ente só pode ser visado na sua entidade e, dessa maneira, interpretado como espírito, matéria, força, vida, à luz da pré-compreensão ontológica da existência onde originalmente se manifesta o sentido do ser, constituindo a "condição transcendental" da captação do ente a partir da sua entidade e, nessa medida, o fundamento do pensamento metafísico. A ontologia fundamental é o fundamento das demais ciências, em virtude do seu caráter fundante, podendo ser considerada a base última de todo o "edifício do saber". Retoma-se aqui a "imagem cartesiana do saber" como uma árvore, cujas raízes são a metafísica, o tronco é a física e os ramos são as demais ciências. O sentido do ser é comparado ao solo onde mergulham as raízes da árvore e de onde ela extrai todo o seu alimento e vigor. Mas, a própria estrutura da árvore aponta para a referida relação de fundamentação entre a filosofia e as ciências. A filosofia, enquanto ontologia, é uma "abordagem temática do ser dos entes". A intenção de fundamentação, que preside a posição da questão fundamental do sentido do ser, tem a sua expressão mais completa na idéias de ontologia fundamental. Nesse sentido, consultar: BLANC, Mafalda Faria. *O fundamento em Heidegger.* Lisboa: Piaget, [s.d.], p. 45-47. 271 p.

[120] Por todos, entendendo que hermenêutica é método, vale citar Maria Helena Diniz, que adota ensinamentos de Carlos Maximiliano e Miguel Reale, dentre outros, para explicar a interpretação das normas no campo do direito civil. Nesse aspecto, ensina que "Interpretar é descobrir o sentido e o alcance da norma jurídica. Devido à ambigüidade do texto, imperfeição e falta de terminologia técnica, má redação, o aplicador do direito, a todo instante, está interpretando a norma, pesquisando seu verdadeiro significado. Interpretar é, portanto, explicar, esclarecer; dar o sentido do vocábulo, atitude ou comportamento; reproduzir, por outras palavras, um pensamento exteriorizado; mostrar o verdadeiro significado de uma expressão, assinalando, como o disse Ennecerus, o que é decisivo para a vida jurídica; extrair da norma tudo o que nela se contém". É a hermenêutica que "contém regras bem ordenadas que fixam os critérios e princípios que deverão nortear a interpretação. A hermenêutica é a teoria científica da arte de interpretar. Para orientar a tarefa interpretativa do aplicador, várias técnicas existem: a gramatical, a lógica, a sistemática, a histórica e a sociológica ou teleológica". DINIZ, Maria Helena. *Curso de direito civil brasileiro.* v. 1. Teoria geral do direito civil. 9ª ed. São Paulo: Saraiva, 1993, p. 48. 300 p.

[121] Para uma crítica desses métodos, consultar: STRECK, Lenio Luiz. *Hermenêutica jurídica e(m) crise:* uma exploração hermenêutica da construção do direito. Porto Alegre: Livraria do Advogado, 1999. 264 p. Consultar também: TORRÉ, Abelardo. *Introducción al derecho.* Duodécima edición actualizada. Buenos Aires: Abeledo-Perrot, 1999. 1039 p.; NEVES, António Castanheira. *Curso de introdução ao estudo do direito.* Coimbra: Coimbra, 1976 (compilação); NEVES, António Castanheira. *Digesta:* escritos acerca do direito, do pensamento jurídico, da sua metodologia e outros. 1. v. Coimbra: Coimbra, 1995. 600 p.; NEVES, António Castanheira. *Digesta:* escritos acerca do direito, do pensamento jurídico, da sua metodologia e outros. 2. v. Coimbra: Coimbra, 1995. 471 p.; NEVES, António Castanheira. *O actual problema metodológico da interpretação jurídica – I.* Coimbra: Coimbra, 2003. 447 p.

consciência, que não as esqueceu. Em fins do século XIX, já havia uma preocupação quanto à interpretação do Direito Processual no sentido da busca de uma instrumentalidade. A noção de instrumentalidade, portanto, não é nova. Basta constatar que Adolfo SCHÖNKE, na primeira metade do século XX, já advertia acerca da interpretação das normas de Direito Processual Civil no sentido de que estas deviam atender à realização do direito material. Assim, com relação às normas processuais, "há que se ter em conta que são normas de conveniência e haverão de ser interpretadas tão livremente quanto for possível. As leis processuais não podem ser um obstáculo que frustre o direito material da parte. A inobservância das normas processuais que por si seriam necessárias pode não ser prejudicial se sua obediência no caso concreto só se manifesta em conseqüências de mero trâmite procedimental sem nenhuma significação".[122] Assim, o que interessa ao Direito Processual é a resolução justa, sendo que as normas procedimentais não devem ser um obstáculo no caminho da pronta realização do Direito.[123]

A idéia de método, contudo, apesar da necessidade de uma instrumentalidade, foi a que mais se alastrou, não sendo raro encontrá-la entre

---

[122] SCHÖNKE, Adolfo. *Derecho procesal civil*. Barcelona: Bosch, 1950, p. 21. 418 p.

[123] *Idem*, p. 21. Também a formalidade não pode ser óbice ao acesso à jurisdição. O ordenamento processual tem uma série de regras formais estabelecidas para alcançar a segurança jurídica por meio da legalidade. Mas nenhum requisito formal pode converter-se em um obstáculo que impeça injustificadamente um pronunciamento sobre a questão de fundo. Na perspectiva constitucional, pois, não são admissíveis aqueles obstáculos que sejam produto de um formalismo e que não se coadunem com o direito à justiça ou não apareçam como justificados e proporcionais conforme às finalidades para que se estabelecem, que, em todo caso, devem ser adequadas à Constituição. PICÓ I JUNOY, Joan. *Las garantías constitucionales del proceso*. Barcelona: Bosch, 1997, p. 49. 177 p. A instrumentalidade do processo "é condição de possibilidade para a realização dos direitos previstos na textualidade jurídica infra e supraconstitucional". Há, entretanto, no campo jurídico, "uma espécie de estética jurídico-processual, mormente no âmbito do Direito Processual Civil, onde o direito material sucumbe diante da forma. É o que Dallari chama de 'processualismo', vício que afeta gravemente a mentalidade jurídica brasileira e se reflete com muita clareza no desempenho do Judiciário. De modo geral, aduz o professor paulista, dão excessiva atenção às questões processuais, alongando-se freqüentemente no debate de teses acadêmicas sobre o processo, mesmo quando isso é evidentemente desnecessário para a solução das dúvidas e divergências sobre direitos que levaram as partes a pedir a intervenção do Judiciário". STRECK, Lenio Luiz. *Hermenêutica jurídica e(m) crise*: uma exploração hermenêutica na construção do direito. 3ª ed. rev. Porto Alegre: Livraria do Advogado, 2001, p. 246. 319 p. As disposições processuais, assim, devem passar a ser interpretadas vinculadas ao sentido de Constituição, isto é, no sentido mais favorável para a efetividade do direito à tutela judicial, pois, se as formas e requisitos do processo cumprem um papel de capital importância para sua ordenação, nem toda irregularidade formal pode converter-se em um obstáculo intransponível para seu prosseguimento. O julgador, assim, antes de rechaçar uma demanda, incidente ou recurso defeituoso, deve procurar sanar o defeito, sempre que não tenha sua origem em uma atividade contumaz ou negligente do interessado e que não prejudique a regularidade do procedimento nem a posição jurídica da outra parte. A inadmissão de demandas, incidentes ou recursos não deve ser considerada uma sanção, mas um meio de preservar a integridade objetiva do procedimento. Se o defeito é passível de ser sanado sem que haja dano ao processo, tal deverá ocorrer. O juiz deve efetuar, portanto, um juízo de proporcionalidade entre o defeito observado e seu significado real. Isso significa levar em consideração, de um lado, a finalidade que cumpre o requisito formal e, de outro, a impossibilidade de que seu descumprimento ou cumprimento defeituoso opere "à margem de sua transcendência real no processo". PICÓ I JUNOY, Joan. *Las garantías constitucionales del proceso*. Barcelona: Bosch, 1997, p. 50-52. 177 p.

os processualistas mais seguidos pelos lidadores do Direito. Na verdade, essa é a regra. A hermenêutica, portanto, ainda tem sido vista como um estudo com sistematização de procedimentos aplicáveis para determinar o sentido e o alcance das expressões do Direito. Ainda é considerada um "roteiro" para interpretação da norma à luz do fato concreto. Nessa linha de pensamento, também o raciocínio do juiz é um silogismo. Esse tipo de visão é corrente nos países em que o Direito provém da matriz romano-germânica, como é o caso do Brasil e dos países da Europa Continental. Neles, a lei é a fonte primordial do Direito. Todos esses países surgem como sendo países de direito escrito. Os juristas procuram, antes de tudo, descobrir as regras e soluções do direito, estribando-se nos textos legislativos ou regulamentares emanados do parlamento ou das autoridades governamentais ou administrativas. A função dos juristas, fundamentalmente, é a de descobrir, com o auxílio de vários processos de interpretação, a solução que em cada caso corresponda à vontade do legislador.[124]

Dentre os juristas que adotaram a idéia de que o operador do Direito tem por finalidade "descobrir" a vontade da lei (ou do legislador), preconizando, portanto, uma razão instrumental e metódica para o processo, podem ser citados Carnelutti e Chiovenda. Autor da clássica obra "Sistema de direito processual civil",[125] Francesco Carnelutti, de forma bri-

---

[124] DAVID, René. *Os grandes sistemas do direito contemporâneo*. Tradução de Hermínio A. Carvalho. São Paulo: Martins Fontes, 1998, p. 87. 556 p. As ideologias e paradigmas que sustentam o direito brasileiro fazem com que o juiz ainda seja visto como mero intérprete da "vontade do legislador" (como se o legislador tivesse uma "vontade"), e não como agente político, responsável e detentor do poder de mudança das estruturas de uma sociedade que se diz democrática. É a idéia de Montesquieu de que o Judiciário é um poder nulo, pois o juiz se limitaria a dizer as palavras da lei, ou seja, seria a "boca da lei". Nesse sentido, consultar: MONTESQUIEU, Charles de Secondat, Baron de. *O espírito das leis*: as formas de governo, a federação, a divisão dos poderes, presidencialismo *versus* parlamentarismo. Tradução de Pedro Vieira Mota. 5ª ed. São Paulo: Saraiva, 1998, p. 27. 235 p. Assim é que, sob a influência da filosofia da consciência, na qual os juristas estão inseridos, admite-se apenas a "justiça da vontade da lei". Nessa linha, o Direito é uma "ciência" que se interessa pela "verdade científica" e pelos conceitos, descuidando do real. Não é só no Brasil que isso acontece. Dita concepção também pode ser vista em toda a América Latina e na Europa Continental, uma vez que respeitar a "vontade" da lei parece ser um atributo próprio dos países cujos sistemas jurídicos são oriundos do direito romano-canônico. Exemplo disso é o que ocorre na cultura jurídica italiana, onde o direito tem sido visto como ciência, não se interessando pelo "caso prático", mas pela busca de uma "verdade científica". O direito, assim, passa a ter uma estrutura formal, sendo que sua pureza pode ser destruída se nele forem introduzidos elementos "não-jurídicos". O trabalho do juiz, portanto, é comparado ao de um engenheiro: raciocina cientificamente e não trabalha de forma criativa. O juiz aceita e aplica aquilo que os estudiosos dizem que é, pois o direito, na Itália, é o que os estudiosos dizem que é. Por todos: MERRYMAN, John H. Lo "stile italiano": la dottrina. In: *Rivista trimestrale di diritto e procedura civile*. Ano XX. Milano: Dott A. Giuffrè, 1966, p. 1169-1209; MERRYMAN, John H. Lo "stile italiano": l'interpretazione. In: *Rivista trimestrale di diritto e procedura civile*. Ano XXII. Milano: Dott A. Giuffrè, mar. 1968, p. 373-414.

[125] A obra de Carnelutti encontra-se dividida em quatro volumes devidamente traduzidos. Nesse sentido, consultar: CARNELUTTI, Francesco. *Sistema de direito processual civil*. v. I . Traduzido por Hiltomar Martins Oliveira. São Paulo: Classicbook, 2000. 787 p.; CARNELUTTI, Francesco. *Sistema de direito processual civil*. v. II. Traduzido por Hiltomar Martins Oliveira. São Paulo: Classicbook, 2000. 884 p.; CARNELUTTI, Francesco. *Sistema de direito processual civil*. v. III. Traduzido por Hiltomar Martins Oliveira. São Paulo: Classicbook, 2000. 948 p.; CARNELUTTI, Francesco. *Sistema de direito processual civil*. v. IV. Traduzido por Hiltomar Martins Oliveira. São Paulo: Classicbook, 2000. 839 p.

lhante para a época, teorizou todo o processo civil, sem levar em conta, porém, qualquer caso prático (num sentido metafísico, pois todo caso é prático). Enrico Allorio, outro processualista de prestígio, presta verdadeira "homenagem" à logicidade do "Sistema" proposto por Carnelutti.[126] Para ele, o sistema de Carnelutti é de uma lógica profunda e difusa, sendo o "melhor produto do método dogmático".[127] Em que pese considerar "excessiva" a tese dos que seguem uma "Doutrina Pura do Direito" – e, portanto, a cientificidade e a metodologia do pensamento kelseniano, por exemplo –, no plano hermenêutico, Allorio acaba-se voltando para a idéia de "método", ao afirmar que não se pode excluir do Direito a "interpretação teleológica", a "interpretação conceitual" e a "interpretação analógica", destacando, ainda, a necessidade de um "método sistemático".[128] A nota mais destacada desse "método sistemático" reside na atitude de "crítica formal", em que o intérprete se coloca ante o texto codificado. Assim, o intérprete parte do pressuposto de que na norma há uma "racionalidade oculta", que nem sempre se expressa no texto da norma, mas nem por isso menos "intimamente operante". Essa racionalidade, com todas as conseqüências práticas que dela derivam acerca dos casos que não são "claramente" regulados, o intérprete "esforça-se" em descobrir e explicar.[129] Nesse sentido, a atividade interpretativa é vista como a que normalmente se desenvolve segundo as linhas do raciocínio dedutivo. Mas não raramente haverá de ser integrada por procedimentos indutivos dirigidos a esclarecer os possíveis significados da proposição normativa. As duas técnicas indutivas de maior relevo, para o jurista, consistem em investigar sobre o particular estado de fato que assinala a origem da norma (interpretação histórica) e sobre o fim para cuja consecução foi formulada a proposição normativa (interpretação teleológica).[130]

Na verdade, as idéias de Allorio e Carnelutti estão enraizadas na Escola de Bolonha, muito antes do início da modernidade. Para essa escola, ligada à tradição do ensino trivial da época (período medieval), as figuras de explicação e de raciocínio são elaboradas originariamente pela lógica, gramática e retórica gregas, aplicadas inicialmente pelos eruditos alexandrinos à exegese dos textos filológicos. Desse raciocínio fazem parte a glosa gramatical ou semântica, a exegese ou interpretação do texto, e a concordância e a distinção,[131] que foram incorporadas pelo "procedimen-

---

[126] ALLORIO, Enrico. *Problemas de derecho procesal*. Tomo I. Traducción de Santiago Sentis Melendo. Buenos Aires: Ediciones Jurídicas Europa-America, p. 158-161. 437 p.

[127] *Idem, ibidem.*

[128] *Idem*, p. 31-33; 46-50.

[129] *Idem*, p. 46.

[130] *Idem*, p. 252.

[131] Consultar: WIEACKER, Franz. *História do direito privado moderno*. Tradução de A. M. Botelho Hespanha. 2ª ed. Lisboa: Calouste Gulbenkian, 1993, p. 47. 768 p.

talismo metodológico" que vê na hermenêutica um "método" do qual os operadores do Direito se utilizam para chegar a resultados satisfatórios.

Outro expoente dessa idéia é Giuseppe Chiovenda. Consoante observação crítica de Lino Enrique Palacio, Chiovenda figura entre os mais representativos juristas que, no plano hermenêutico, consideram que o Direito Processual deve ser objeto de um "tratamento metódico" adequado ao seu objeto, propugnando por uma "interpretação histórica, teleológica e lógica".[132] A obra de Chiovenda, assim, é uma obra de pura construção sistemática.[133] Para Vittorio Denti, tem, inclusive, um compromisso com o fascismo, sendo integrada, posteriormente, pela construção conceitual do sistema de Carnelutti.[134]

A idéia de que a hermenêutica jurídica é teoria ou técnica de interpretação da lei também está bem presente em Adolf Wach, um dos principais expoentes do Direito Processual alemão. Segundo ele, a interpretação da lei é uma "teoria da determinação do conteúdo da lei". É um trabalho de técnica, destreza, prática e também da doutrina científica. A interpretação da lei, assim, é regida por princípios derivados do direito positivo ou da "natureza das coisas", da "essência da lei" e da "tarefa interpretativa". A finalidade da interpretação da lei é científica, não-legislativa, dedutiva e não-produtiva. Deve fazer entender a lei, e não criá-la. Assim, não se pode falar em interpretação quando é o próprio legislador que estabelece seu conteúdo. Como se vê, é a idéia da chamada "interpretação legal", que somente pode ser pronunciada pelo legislador, pois o que aquele diz é lei e vincula por ser tal, e não porque seja a interpretação correta. Wach acredita em uma finalidade da interpretação e em uma espécie de "pensamento da lei". Segundo o processualista, decorre da finalidade da interpretação que a lei não tem apenas um objeto, mas seu limite. O que não chegou a ser lei não pode estabelecer-se como conteúdo dela. Mas a única coisa que

---

[132] PALACIO, Lino Enrique. *Derecho procesal civil*: Nociones generales. tomo I. Buenos Aires: Abeledo-Perrot, 1967, p. 66. 493 p.

[133] A abstração e o conceitualismo, inerentes à cultura jurídica italiana, e também brasileira, tornam o direito imune à introdução de juízos de valor, fazendo com que o jurista não se interesse pelo caso concreto. A doutrina, assim, é demasiadamente "conceitual", sendo que o problema da separação dos poderes tira o poder do juiz de participar do desenvolvimento criativo do direito. A sentença imita a doutrina, ou seja, predomina na sentença a abstração e o conceitualismo. A rígida separação entre Legislativo e Judiciário conduz à diminuição da importância deste, pois é extremamente simplificado o ato interpretativo. Há, assim, um pressuposto forte de que o código seja completo e de que as leis tenham claro significado e simplicidade. O juiz, então, não passa de um mero "funcionário experiente". MERRYMAN, John H. Lo "stile italiano": la dottrina. In: *Rivista trimestrale di diritto e procedura civile*. Ano XX. Milano: Dott. A. Giuffrè, 1966, p. 1169-1209; MERRYMAN, John H. Lo "stile italiano": l'interpretazione. In: *Rivista trimestrale di diritto e procedura civile*. Ano XXII. Milano: Dott. A. Giuffrè, mar. 1968, p. 373-414. A idéia de que o juiz é um funcionário, e não um agente político, pode ser vista em Giuseppe CHIOVENDA, um dos mais conhecidos e tradicionais processualistas, inspirador de muitos estudiosos do processo civil, não só italiano, mas também brasileiro. Na sua visão, "os juízes são funcionários e freqüentemente empregados do Estado". CHIOVENDA, Giuseppe. *Instituições de direito processual civil*. Tradução de J. Guimarães Menegale. v. II. São Paulo: Forense, 1995, p. 5. 398 p.

[134] DENTI, Vittorio. *Un progetto per la giustizia civile*. Bologna: Il Mulino, p. 47-48. 348 p.

Fundamentos para uma compreensão hermenêutica do Processo Civil

pode chegar a ser lei é o "conteúdo possível e real do pensamento das palavras da lei".[135]

A "cientificidade" da interpretação das leis processuais também está bem representada nas idéias de Adolf Wach quando afirma que as regras de interpretação do Direito devem ser buscadas por meio da via científica. Apesar de Wach entender que a "operação de interpretação" compreende o exame da constitucionalidade da lei, no que reflete um certo avanço com relação às demais posições da época, a interpretação da lei ainda é vista como uma "operação do espírito que permite aplicá-la", que há de ser precedida pela determinação do "objeto da interpretação", ou seja, o texto de lei. O jurista alemão alinha entre os "meios" para "conhecer a vontade da lei" as "leis que regem o pensamento", a "essência racional da lei", a "finalidade da lei (elemento racional)", a "sistemática" e a "lógica do ordenamento jurídico em sua estrutura global", dentro da qual "estão articuladas as distintas normas e pela qual se co-determina seu conteúdo (elemento sistemático)", o "idioma" e especialmente a "linguagem jurídica", a "terminologia efetiva da lei", de cuja forma parte a "disposição a ser interpretada (o elemento lingüístico: lexical, sintático e estilístico)", as "concepções jurídicas" e os "conceitos que governam efetivamente a força de uma lei e sua época (elemento histórico)".[136]

Ugo Rocco também acredita numa teoria especial sobre a interpretação das normas processuais. Para esse jurista, as normas de interpretação são fixas, imutáveis, independentes da organização política do Estado. Reconhece que não são, em verdade, normas jurídicas, mas um "meio" para reconhecer bem um fenômeno determinado.[137] Assim, admite que há uma teoria geral de interpretação, que aplica os cânones da lógica a todas as normas jurídicas, e teorias especiais de interpretação, relativas aos diversos ramos do Direito. Sua tarefa consiste em sacar da natureza das relações reguladas as características comuns a todas as normas pertencentes à parte do Direito de que se trata, obtendo, dessa sorte, "critérios de interpretação mais determinados".[138]

Quanto à "aplicação do direito", em especial, Pedro Aragoneses Alonso é partidário de uma "subsunção dos fatos nas normas". Para ele, determinados os fatos e as normas, dando a estas o alcance preciso, "o último momento na aplicação do direito é o chamado de subsunção, e que consiste na operação lógica do aplicador para determinar se o fato específico concreto coincide com o fato específico legal, assim como se a

---

[135] WACH, Adolf. *Manual de derecho procesal civil*. v. I. Traducción de Tomás A. Banzhaf. Buenos Aires: Ediciones Juridicas Europa-America, 1977, p. 354. 585 p.

[136] *Idem*, p. 368-373.

[137] ROCCO, Ugo. *Derecho procesal civil*. Traducción de Felipe de J. Tena. Segunda Edición. Mexico: Porrua Hnos. y Cia., 1944, p. 121-122. 417 p.

[138] *Idem*, p. 123.

conseqüência jurídica estabelecida pela norma coincide ou difere com o pretendido".[139] Porém, o mesmo jurista conclui que é impossível reduzir a um método claramente estabelecido as diversas operações necessárias para a aplicação do direito. Não obstante a dificuldade da distinção da questão de fato e da questão de direito, diz ele, a correta "aplicação" não pode descuidar-se dos elementos fáticos, reduzindo a uma pura interpretação o problema da aplicação do direito em geral. Os critérios para determinar a existência e interpretação das normas não podem ser estabelecidos rigidamente. E menos ainda com critérios normativos legais.[140]

Enrique Véscovi, apesar de reconhecer que não há regras de interpretação para a lei processual, mantém-se ainda atrelado à doutrina clássica sobre o que seja "interpretar a lei". Para ele, há, também, uma distinção entre "interpretação" e "integração". A interpretação seria a "busca do sentido da norma". À integração proceder-se-ia nos casos de vazio, ou seja, quando não existe a dita norma e a legislação não prevê o caso. A interpretação pode ser classificada, quanto ao autor, em legislativa, judicial e doutrinária; quanto ao meio, em gramatical, histórica ou lógica; e, quanto ao "sistema científico", em exegética, histórico-evolutiva e lógico-sistemática.[141]

Leo Rosenberg, em que pese dizer que os "materiais legislativos" não constituem um meio de interpretação obrigatório, ensina que toda interpretação deve partir de que o fim da lei somente pode ser dar uma "ordenação racional e teleológica às relações vitais".[142] Mesmo entre os filósofos do Direito que, a partir de Gadamer, intentam abordar o problema hermenêutico, a hermenêutica não tem sido tratada como um "modo-de-ser-no-mundo", mas, sim, como método ou doutrina. Esse é o caso de Helmut Coing, para quem a hermenêutica é a doutrina da correta interpretação de textos e de obras intelectuais fixadas lingüisticamente, e o objetivo da interpretação é a compreensão de seu significado intelectual.[143] Coing tra-

---

[139] ARAGONESES ALONSO, Pedro. *Proceso y derecho procesal*: introducción. Madrid: Aguilar, 1960, p. 810. 834 p.

[140] *Idem*, p. 811.

[141] VÉSCOVI, Enrique. *Teoría general del proceso*. Bogotá: Temis, 1984, p. 18-19. 352 p.

[142] ROSENBERG, Leo. *Tratado de derecho procesal civil*. Tomo I. Traducción de Ângela Romera Vera. Buenos Aires: Ediciones Jurídicas Europa-America, 1955, p. 37.

[143] COING, Helmut. *Elementos fundamentais da filosofia do direito*. Porto Alegre: Fabris, 2002, p. 326. 398 p. Na doutrina do Direito Constitucional, mesmo aqueles que entendem que a interpretação é uma atividade de concretização dos preceitos constitucionais e que, portanto, a atividade judicial não se constitui em uma subsunção, acabam por resvalar em direção à metafísica, separando interpretação de aplicação. É o caso de Cristina Queiroz, professora da Universidade do Porto (Portugal), defendendo a retórica e a teoria da argumentação (com base em Alexy) como "instrumentos" para interpretação. Consultar: QUEIROZ, Cristina M. M. *Direitos fundamentais*: teoria geral. Coimbra: Coimbra, 2002, p. 184-195. 349 p. Ora, não há como ligar a hermenêutica à procedimentalização própria da teoria da argumentação. Nesse aspecto, Richard RORTY é claro no sentido de que a hermenêutica não se liga à subjetividade presente na filosofia cartesiana e tampouco à noção de método para descobrir a verdade. A noção de que existe um conjunto especial de métodos apropriados para tal é idealista e metafí-

ta o Direito como uma "ciência interpretativa", e não como uma "ciência social", embora reconhecendo que, quanto a esta última, dela não pode se isolar, uma vez que o jurista deve conhecer as "relações reais" que presidem a realidade social.[144]

No Brasil, além dos diversos "hermeneutas" que consideram a atividade interpretativa como método,[145] há também os processualistas que aderiram a essa idéia. Nesse sentido, para Benedito Hespanha, interpretar significa descobrir o sentido da norma. A interpretação jurídica "é a alma da observância e da aplicação do direito. Quem observa e quem aplica o Direito deve descobrir o sentido e a compreensão e conhecer o conteúdo, o alcance e a extensão das normas jurídicas, dentro do sistema do ordenamento jurídico".[146] O trabalho do intérprete, pois, é um "trabalho racional" que visa a "ajustar o pensamento jurídico do Direito Positivo ao pensamento jurídico do caso concreto". A interpretação é espécie, e a hermenêutica é gênero. A interpretação, assim, é uma técnica formal de descobrir o sentido e o alcance das leis. Já a hermenêutica fundamenta, define e fixa os princípios científicos, os conceitos jurídicos e os fins lógicos dos quais faz uso a interpretação para chegar ao resultado querido pelo intérprete. Nesse sentido, a hermenêutica "é a teoria científica da arte e da técnica de interpretar a norma jurídica e o Direito a que se refere o caso individual de observância ou de aplicação. A interpretação se contenta em ser o instrumento prático e formal da arte e da técnica da hermenêutica, empregando, portanto, processos metodológicos que levem o pensamento do intérprete ao resultado da subsunção e de comparação da norma jurídica com o caso concreto".[147] Nessa mesma perspectiva, há uma "interpretação autêntica" que cria o direito. As demais interpretações, *v.g.*, mecanicista ou dogmática, não seriam "autênticas", pois não criam o direito.[148]

Também Clariá Olmedo, no Direito Processual argentino, trabalha com a questão de métodos para interpretação das normas processuais. Nesse sentido, faz defesa de um método sistemático, já que, em matéria processual, isso é importante, uma vez que se trata de um direito codificado.[149] Além disso, para o mesmo jurista, reproduzindo a idéia de unicidade do processo, o Direito Processual deve ser visto como um "ramo unitário". Assim, "a organização judicial, a jurisdição, a ação-exceção e

---

sica. Mas, mesmo os que gostam de falar de hermenêutica, diz Rorty, têm proposto um novo gênero de método "suspeitamente flexível" em substituição a outros métodos. RORTY, Richard. *A filosofia e o espelho da natureza*. 2ª ed. Tradução de Jorge Pires. Lisboa: Dom Quixote, 2004, p. 305. 357 p.

[144] COING, Helmut. *Elementos fundamentais da filosofia do direito*. Porto Alegre: Fabris, 2002, p. 369. 398 p.

[145] Representando todos eles: MAXIMILIANO, Carlos. *Hermenêutica e aplicação do direito*. 18ª ed. Rio de Janeiro: Forense, 1998. 426 p.

[146] HESPANHA, Benedito. *Tratado de teoria do processo*. v. II. Rio de Janeiro: Forense, 1986, p. 757. 1576 p.

[147] *Idem*, p. 757-768.

[148] *Idem*, p. 818.

[149] CLARIÁ OLMEDO, Jorge A. *Derecho procesal*: conceptos fundamentales. I. Buenos Aires: Depalma, 1982, p. 118-122. 359 p.

o processo em sua estrutura subjetivo-objetiva são concebíveis unitariamente, sem prejuízo de que em sua aplicação específica para cada tipo de procedimento surjam as correspondentes adequações causadoras de diferenças às vezes profundas".[150]

1.3.2. A impossibilidade da adoção de um "método dos métodos de interpretação"

Apesar de toda a doutrina que se formou acerca da metodificação da interpretação do Direito Processual, há alguns avanços no que diz respeito à questão hermenêutica, notadamente quanto à idéia de que o raciocínio judicial não constitui um silogismo.[151] Salvatore Satta, em que pese reconhecer que, do ponto de vista formal, é possível dizer que o juiz cumpre um silogismo ao "reconduzir o fato à norma", não deixa de afirmar que tal raciocínio contraria a realidade, pois restringe a função do juiz a um "rolo puramente mecânico", acerca do qual ele não participa senão extrinsecamente da "formação da experiência jurídica".[152]

A idéia de que não há método, ou de que não há o "método do método", também fica clara em Palacio, quando afirma que não é possível enunciar um "critério jurídico" que sirva de guia para a adequada escolha de algum dos métodos interpretativos propostos ao longo da história.[153] Em posição semelhante, não negando o "método", mas esclarecendo a impossibilidade (ou infinitude de possibilidades) desse mesmo método ou de uma unicidade de critérios, Eugen Ehrlich, para quem "o método é tão infinito quanto a própria ciência".[154]

O que se pode observar, pois, é que, na doutrina do Direito Processual Civil contemporâneo, especificamente, apesar de algumas (poucas) postu-

---

[150] CLARIÁ OLMEDO, Jorge A. *Derecho procesal*: conceptos fundamentales. I. Buenos Aires: Depalma, 1982, p. 11.

[151] O raciocínio judicial não tem uma "coerência" estabelecida prévia e logicamente. Isso porque o pensamento não é uma seqüência determinada entre uma premissa e uma conclusão, mas um "palco" que mira até o "telão de fundo" da vida e do tempo. A mente de todo homem é um "teatro ao ar livre" e um lugar de acidentes, de causalidades que se unem numa comunidade que se chama pensamento. Não existe uma coerência pré-estabelecida. Cada mente é a própria diversidade de conformação de signos, acidentes, causalidades e eventualidades. É essa a sua diversidade. Cada homem tem um rosto próprio, mas, mesmo assim, se chama "homem", como tantos outros milhões de homens com seus próprios rostos. O pensamento, portanto, não é uma "essência específica", autônoma e independente que interpreta, que toma idéias, versões ou concepções de mundo. GARGANI, Aldo G. La fricción del pensamiento. In: VATTIMO, Gianni. *La secularización de la filosofía*: hermenéutica y posmodernidad. Barcelona: Gedisa, 2001, p. 20-24. 296 p.

[152] SATTA, Salvatore. *Direito processual civil*. 7ª ed. Tradução e notas de Luiz Autuori. Rio de Janeiro: Borsoi, 1973, p. 207. 421 p.

[153] PALACIO, Lino Enrique. *Derecho procesal civil*: Nociones generales. tomo I. Buenos Aires: Abeledo-Perrot, 1967, p. 65. 493 p.

[154] EHRLICH, Eugen. *Fundamentos da sociologia do direito*. Tradução de René Ernani Gertz. Brasília: Universidade de Brasília, 1976, p. 388. 390 p.

Fundamentos para uma compreensão hermenêutica do Processo Civil

ras no sentido da impossibilidade de uma metodificação da interpretação, não há, notadamente no Brasil, quem preconize uma hermenêutica como modo-de-ser-no-mundo.[155] Já no campo do Direito Constitucional, porém, a situação tem sido um pouco diferente. Destaca-se aqui o posicionamento de Lenio Luiz Streck, para quem a Constituição do Brasil, que possui elevada "carga de valores", detém um "caráter compromissário, trazendo em seu bojo os mecanismos para implantação das políticas do *Welfare State*, compatíveis com o atendimento ao princípio da dignidade da pessoa humana".[156] Assim, a Constituição tem um "conteúdo de transformação da realidade" no Estado Democrático de Direito. E essa transformação da realidade, essa modificação da realidade do Direito a partir de novos sentidos produzidos só se dá se os operadores do Direito tiverem uma "atitude

---

[155] Mesmo entre os processualistas contemporâneos, de reconhecida contribuição teórica no ramo do Direito Processual Civil, há uma idéia de que a metodologia jurídica tem por fundamento "iluminar e resolver como o juiz aplica a lei ao caso que lhe é submetido". Essa é, por exemplo, a postura de Araken de Assis, para quem o "produto da atividade judicial interessa, sob o ângulo metodológico, em dois sentidos: tanto se quer compreender as formulações do juiz para explicar se constituem regras jurídicas, quanto se intenta desvendar o mecanismo pelo qual se atinge este resultado". Para Araken, adotando a teoria metodológica de Karl Popper, "o conhecimento se alcança pela tentativa e pela eliminação do erro. Ante uma teoria, que não passa de uma hipótese de trabalho, o progresso é obtido pela refutação, ou seja, submetendo-a a testes de crescente dificuldade, até que, finalmente, ela não corresponde a um problema e fica superada por outra mais abrangente". Assim, "quando se trata de comparar teorias, a preferibilidade de uma em detrimento de outra é determinada por uma maior aproximação com a verdade, ou seja, um grau intenso do verossímil naquela, e não nesta". ASSIS, Araken de. Sobre o método em processo civil. In: ASSIS, Araken de. *Doutrina e prática do processo civil contemporâneo*. São Paulo: Revista dos Tribunais, 2001, p. 42-45. 487 p.

[156] Em defesa do caráter compromissário da Constituição, correndo (certamente) o risco de cometer injustiças por não citar todos aqueles que defendem essa compromissoriedade, veja-se o rol abaixo, de caráter meramente enunciativo: STRECK, Lenio Luiz. *Jurisdição Constitucional e hermenêutica*: uma nova crítica do direito. Porto Alegre: Livraria do Advogado, 2002, p. 32. 710 p.; CANOTILHO, J. J. Gomes. *Direito constitucional e teoria da Constituição*. 4ª ed. Coimbra: Almedina, 2001; CANOTILHO, J. J. Gomes. *Direito constitucional*. 6ª ed. Coimbra: Almedina, 1993; BERCOVICI, Gilberto. Constituição e superação das desigualdades regionais. In: *Direito constitucional. Estudos em homenagem a Paulo Bonavides*. São Paulo: Malheiros, 2001; BERCOVICI, Gilberto. Dilemas da concretização da Constituição de 1988. In: *Revista do Instituto de Hermenêutica Jurídica*. v. 1, n. 2. Porto Alegre: Instituto de Hermenêutica Jurídica, 2004; LUCAS VERDÚ, Pablo. Problemática actual de la justicia constitucional y del examen de constitucionalidad de las leyes. In: *Boletin Informativo del Seminario de Derecho Político*, Universidade de Salamanca, mayo-octubre 1957. HESSE, Konrad. *A força normativa da constituição*. Tradução Gilmar Ferreira Mendes. Porto Alegre: Fabris, 1991. 34 p.; SARLET, Ingo Wolfgang (Org.). *O novo código civil e a constituição*. Porto Alegre: Livraria do Advogado, 2003. 271 p.; SARLET, Ingo Wolfgang. *A eficácia dos direitos fundamentais*. Porto Alegre: Livraria do Advogado, 1998. 386 p.; SARLET, Ingo Wolfgang (Org.). *Constituição, direitos fundamentais e direito privado*. Porto Alegre: Livraria do Advogado, 2003. 357 p.; SARLET, Ingo Wolfgang (Org.). *A constituição concretizada*: construindo pontes com o público e o privado. Porto Alegre: Livraria do Advogado, 2000. 319 p.; KRELL, Andreas J. *Direitos sociais e controle judiciário no Brasil e na Alemanha*: os (des)caminhos de um direito constitucional "comparado". Porto Alegre: Fabris, 2002. 120 p.; BARROSO, Luís Roberto. *Interpretação e aplicação da constituição*: fundamentos de uma dogmática constitucional transformadora. 5ª ed. rev., atual. e ampl. São Paulo: Saraiva, 2003. 379 p. Na defesa da força normativa da Constituição e do princípio da dignidade da pessoa humana como fundamento para conferir unidade de sentido explicativo ao sistema constitucional de direitos fundamentais, orientando a abertura e atualização deste catálogo, consultar: NOVAIS, Jorge Reis. *Os princípios constitucionais estruturantes da República Portuguesa*. Coimbra: Coimbra, 2004, p. 51-64. 344 p. Também Jorge MIRANDA, para quem o princípio da dignidade é á base dos direitos fundamentais. MIRANDA, Jorge. O artigo 1º e o artigo 2º da Constituição. In: LEAL, António da Silva et al. *Estudos sobre a Constituição*. v. 2. Lisboa: Petrony, 1978, p. 24. 494 p.

hermenêutica" positiva e concretizante dos conteúdos constitucionalizados. Essa "hermenêutica positiva", porém, não pode ser confundida com uma espécie de "disciplina autônoma" ou método. Nesse sentido, compreendendo que "interpretar é compreender e que somente pela compreensão é que é possível interpretar, não se pode falar na existência de uma hermenêutica constitucional *stricto sensu*, isto é, como uma disciplina autônoma". Admitir, pois, a existência de uma hermenêutica constitucional específica é admitir, também, a existência de uma hermenêutica do Direito Penal, do Direito Processual etc. O processo de interpretação da Constituição tem, sim, uma série de especificidades e peculiaridades, uma vez que a Constituição – entendida como espaço garantidor das relações democráticas entre o Estado e a Sociedade e como o espaço de mediação ético-política da sociedade – é o *topos* hermenêutico conformador de todo o processo interpretativo do restante do sistema jurídico. A especificidade de uma hermenêutica constitucional está contida tão-somente no fato de que o texto constitucional (compreendendo nele as regras e os princípios) deve se auto-sustentar, enquanto os demais textos normativos, de cunho infraconstitucional, devem ser interpretados em conformidade com aquele. A interpretação constitucional há de ser feita levando-se em conta o sentido exposto nos princípios fundamentais consagrados na Lei Maior. A interpretação constitucional tem princípios próprios do Direito Constitucional, mas não abandona "os fundamentos da interpretação da lei, utilizados pela Teoria Geral do Direito, pelos magistrados ou pela administração" (Baracho).[157]

Na mesma área, destaca-se, também, a posição de J. J. Gomes Canotilho. Apesar de se apegar ao método "tópico" (o que leva ao entendimento de que hermenêutica continua sendo método), o jurista português, com razão, lembra que, quando se trata do problema da concretização da constituição, verifica-se que o fim assinalado à interpretação continua obscurecido pela tradição dos esquemas subsuntivos e, desde logo, pelo "dogma da vontade". Assim, "procurar a vontade do legislador constituinte ou a vontade da lei constitucional para solucionar um problema concreto significa desviar os fins da interpretação da constituição no sentido de uma vontade hipotética para, dessa vontade, deduzir logicamente a solução para o caso concreto".[158]

Nessa mesma linha, porém agora atacando a idéia de "método", Konrad Hesse critica toda a doutrina tradicional que procura, em geral, averiguar a "vontade" (objetiva) da norma ou a vontade (subjetiva) do legislador. A idéia de que os métodos de interpretação não resolvem a

---

[157] Consoante STRECK, Lenio Luiz. *Hermenêutica jurídica e(m) crise*: uma exploração hermenêutica da construção do direito. Porto Alegre: Livraria do Advogado, 1999, p. 227-228. 264 p.

[158] CANOTILHO, J. J Gomes. *Direito constitucional*. 2ª ed. rev. e ampl. Coimbra: Almedina, 1980, p. 259. 602 p.

Fundamentos para uma compreensão hermenêutica do Processo Civil

maioria dos casos é, assim, desenvolvida no sentido de quem nenhum dos distintos métodos da interpretação oferece uma "orientação suficiente".[159] Para o jurista alemão, essa doutrina, formada na ciência pandectista do século XIX e assumida pela ciência do Direito estatal da época, não possibilita uma compreensão apropriada das Constituições contemporâneas, uma vez que encobre a realidade, pois a Constituição não contém critérios unívocos de interpretação: ela tem apenas "pontos de apoio" para a decisão. Buscando apoio em Gadamer, Hesse afirma que a interpretação constitucional é "concretização". A interpretação jurídica, assim, tem um "caráter criador": o conteúdo da norma interpretada conclui-se primeiro na interpretação, mas a atividade interpretativa permanece vinculada à norma. A concretização pressupõe um "entendimento" do conteúdo da norma a ser concretizada. Esse não se deixa desatar da "pré-compreensão" do intérprete[160] e do problema concreto a ser resolvido em cada vez. O intérprete não pode compreender o conteúdo da norma de um ponto situado fora da existência histórica, mas somente na situação histórica concreta na qual ele se encontra, cuja maturidade informou seus conteúdos de pensamento e determina seu saber e seu pré-juízo. O intérprete entende o conteúdo da norma a partir de uma pré-compreensão que, primeiramente, lhe torna possível "olhar a norma com certas esperanças, projetar-se um sentido do todo e chegar a um anteprojeto que, então, em penetração mais profunda, carece da confirmação, correção e revisão até que, como resultado de aproximação permanente dos projetos revisados, cada vez, ao 'objeto', determine-se univocamente a unidade do sentido".[161]

Por causa dessa capacidade de pré-juízo de todo entendimento, é importante não simplesmente efetuar as antecipações da (pré)-compreensão, senão torná-las conscientes e fundamentá-las mesmo para, assim, corresponder ao mandamento fundamental de toda interpretação: "proteger-se contra o arbítrio de idéias e a estreiteza de hábitos de pensar imperceptíveis e dirigir o olhar 'para as coisas mesmas'".[162] Não existe interpreta-

---

[159] HESSE, Konrad. *Escritos de derecho constitucional*. Madrid: Centro de Estudios Constitucionales, 1983, p. 40. 112 p.

[160] "A compreensão do sentido não é um processo puramente receptivo, sendo sempre também e antes de mais uma autocompreensão do sujeito interpretante (o juiz que pensa extrair a decisão 'apenas da lei' sem qualquer influência da sua pessoa, caracterizada de determinada forma, incorre num erro, e num erro particularmente funesto, pois fica, sem consciência disso, dependente de si próprio). Só quando o intérprete aborda o texto com uma 'pré-compreensão' (Josef Esser) ou 'pré-juízo' (Hans-Georg Gadamer) – 'isto parece ser um caso de culpa *in contrahendo*' – poderá começar a falar do texto; só quando ele – com toda a tradição de que é portador – entra no horizonte de compreensão, poderá fundamentar argumentativamente o que ele tinha previamente antecipado como resultado 'provisório' ('círculo' ou 'espiral hermenêutica'). A hermenêutica não é teoria da argumentação, mas exige-a". KAUFMANN, Arthur. *Filosofia do direito*. Prefácio e tradução António Ulisses Cortês. Lisboa: Calouste Gulbenkian, 2004, p. 69-70. 536 p.

[161] HESSE, Konrad. *Elementos de direito constitucional da República Federal da Alemanha*. Tradução de Luís Afonso Heck. Porto Alegre: Fabris, 1998, p. 56-62. 576 p.

[162] *Idem*, p. 62.

ção constitucional independente de problemas concretos. A compreensão do problema pressupõe que ela seja igualmente dependente da pré-compreensão do intérprete. A vinculação da interpretação à norma a ser concretizada, à pré-compreensão do intérprete e ao problema concreto a ser resolvido significa que não pode haver "método" de interpretação autônomo separado desses fatores.[163]

As lições de Hesse têm sido levadas em consideração na Nova Crítica do Direito (Streck), cuja matriz teórica, oriunda da hermenêutica filosófica (Gadamer e Heidegger),[164] promove um "salto qualitativo" na compreensão/interpretação do Direito. Segundo Lenio Luiz Streck, grande parcela das normas jurídicas, muitas delas de origem anterior à atual Constituição, "estão espalhadas no sistema jurídico feito andarilhos medievais, a vagar no interior de uma fragmentação dogmática, permeada por um sentido comum teórico ainda preso ao (superado) paradigma epistemológico da filosofia da consciência, onde a tarefa interpretativa é fetichizante/fetichizada, 'apta' a colocar à disposição do 'mercado jurídico' um 'discurso-produto' sem origens (sociais), descontextualizado e sem vinculações histórico-ideológicas". Esse produto, colocado à disposição dos operadores jurídicos, contém um "discurso-tipo", cuja "condição de verdade-validade é justamente a aparência de que os sentidos estão contidos nas palavras e que estas são constituídas de 'essências significativas', como se fosse possível alcançar um significante primordial/fundante, e o Direito permitisse verdades apofânticas, sendo a tarefa (fundamental-fundante) dos intérpretes apenas a de 'trazer' esse 'sentido-essencial' a lume". Em razão desse modo-de-fazer-Direito, passa-se a "'acreditar' em 'corretas

---

[163] HESSE, Konrad. *Elementos de direito constitucional da República Federal da Alemanha*. Tradução de Luís Afonso Heck. Porto Alegre: Fabris, 1998, p. 63.

[164] Para Ernildo STEIN há uma distinção entre hermenêutica técnica, hermenêutica filosófica e filosofia hermenêutica. Segundo o filósofo, a hermenêutica técnica é "o vasto campo onde se situam os instrumentos de caráter formal com que abordamos o universo de tudo aquilo que pode ser chamado texto". A hermenêutica filosófica "representa um campo com pretensões mais teóricas. Trata-se de atribuir a uma espécie de disciplina uma autonomia entre outros campos da Filosofia. Com a expressão hermenêutica filosófica, introduziu-se, na segunda metade do século XX, um novo âmbito que tem um alcance de caráter mais ligado ao problema do conhecimento. A hermenêutica filosófica apresenta-se com uma pretensão de universalidade semelhante ao conceito de dialética em outros tempos". A "Filosofia Hermenêutica", entretanto, é um produto típico do século XX. Não podemos pensar, diz STEIN, "que com essa expressão queiramos apresentar uma alternativa diante de outras filosofias que já existiam antes. A Filosofia Hermenêutica vai além dos aspectos técnicos da primeira, dos aspectos gnoseológicos da segunda e introduz um novo modo de conceber o próprio conceito de compreensão e interpretação. Assim, a Filosofia Hermenêutica apresenta-se com uma pretensão de radicalidade desconhecida das outras duas, na medida em que com ela se inaugura um novo ponto de partida para a Filosofia". STEIN, Ernildo. Interpretacionismo: a tradição hermenêutica diante de duas novas propostas. In: REIS, Róbson Ramos dos, ROCHA, Ronai Pires da. *Filosofia hermenêutica*. Santa Maria: UFSM, 2000, p. 56. 175 p. Independentemente dessa controvérsia, excluída tão-somente a idéia de hermenêutica como técnica, optou-se aqui pela expressão "hermenêutica filosófica" como "modo-de-ser-no-mundo", pois tanto esta quanto a filosofia hermenêutica têm um caráter de universalidade, ou seja, ao menos têm uma "pretensão" de universalidade, pois sempre se faz hermenêutica para qualquer coisa, uma vez que o homem só é na compreensão.

e/ou definitivas' interpretações, com o que ganham/mantêm terreno, em pleno século XX – em detrimento da moderna perspectiva hermenêutica e do pragmático *linguistic turn* – as posturas de cunho hermenêutico-reprodutivas, próprias de uma tradição metafísico-essencialista, que tornam 'possível' a (pré)fixação – ahistórica e atemporal – dos sentidos jurídicos no interior do campo jurídico".[165]

Ora, o intérprete não reproduz o sentido de um texto como se esse sentido estivesse contido intrinsecamente na norma. Os sentidos dos textos não são estáticos, fixos;[166] não estão à disposição do intérprete, como se fossem significantes primordiais fundantes, à espera de uma acoplagem subsuntiva.[167] Intérprete e texto estão no mesmo modo de ser da linguagem, isto é, na mesma lingüisticidade (*Sprächlichkeit*). Portanto, a partir de sua situação hermenêutica, e de um sentido que já vem antecipado pela pré-compreensão, o intérprete produzirá esse sentido. É evidente que ele não é livre para dizer o "sentido que melhor lhe aprouver", o que o lançaria no autoritário mundo da relativização sofística. O sentido necessariamente exsurgirá na conformidade do texto constitucional, entendido no seu todo principiológico, isto é, no seu "sentido ontológico-existencial", e não meramente "ôntico-existencial".[168]

Nesse mesmo sentido, a lei também não pode ser concebida como algo que foi produzido intencionalmente. O postulado da intenção é "confuso" e a referência a essa "intenção do legislador" não desempenha papel algum na interpretação das leis cujos textos deixam controvertido seu significado, propósito ou aplicação.[169] Fica, pois, extremamente dificultado o apelo à "intenção do legislador" ou à "vontade objetivada na norma", ou a

---

[165] STRECK, Lenio Luiz. Os meios de acesso do cidadão à jurisdição constitucional, a argüição de descumprimento de preceito fundamental e a crise de eficácia da Constituição. In: *Revista Ajuris*, ano XXVI, n. 81, tomo I, março de 2001, p. 116. 369 p.

[166] Nesse sentido, uma ontologia tradicional, que conceba o ser como atributo do ente, resulta impossível já que não há um atributo que convenha a todos os entes. Essa ontologia impõe ao ser os caracteres estáticos do pensamento e concebe o ser como essência fixa. Os entes, assim, aparecem como em um museu: um ao lado do outro, sem relações entre eles e com um ser fixo e imutável para sempre. VILANOVA, José. *Elementos de filosofia del derecho*. 2 ed. actual. Buenos Aires: Abeledo-Perrot, 1984, p. 95. 436 p.

[167] Ao buscar a elaboração de um "ser primordial fundante", apto a ser acoplado aos "entes-dispersos-no-mundo", o pensamento dogmático do direito não deixa que o ser seja, isto é, "metafisicamente" o pensamento dogmático do direito esconde a possibilidade da descoberta da coisa mesma, do ser, afastando, portanto, a teoria da *praxis* jurídica e ocultando o ser (sentido) do direito. Como não há essa "acoplagem" e como o ser é sempre um "ser-em", não se tem como separar teoria e prática. As coisas sempre se dão em sua singularidade. No direito, significa dizer que a Constituição só é na aplicação. A "verdade" da Constituição será sempre um desvelamento de seu ser, pois não se constrói a Constituição pela idéia. "Ela está aí e eu a descubro" (Streck)! STRECK, Lenio Luiz. *Jurisdição constitucional e hermenêutica*: uma nova crítica do direito. Porto Alegre: Livraria do Advogado, 2002, p. 214. 710 p.

[168] *Idem*, p. 452.

[169] WALDRON, Jeremy. As intenções dos legisladores e a legislação não-intencional. In: MARMOR, Andrei. *Direito e interpretação*: ensaios de filosofia do direito. Tradução de Luís Carlos Borges. São Paulo: Martins Fontes, 2000, p. 495-536. 694 p.

outros métodos de interpretação, que "perdem terreno em face dos novos rumos que assume a interpretação do Direito, a partir da superação do paradigma objetificante-metafísico sustentado na matriz clássica da metafísica (aristotélico-tomista) e da matriz moderna (filosofia da consciência)". É evidente, lembra o Professor Lenio, que o intérprete não poderá construir um novo texto, espécie de nova lei, que não guarde, nem de longe, relação com aquilo que se possa entender como desvelamento do sentido decorrente da síntese hermenêutica exsurgente da copertença Constituição-texto-infraconstitucional. O limite é a Constituição, "enquanto manifestação ontológico-existencial". Por isso é que "a interpretação conforme, assim como a nulidade parcial sem redução de texto e os diversos tipos de sentenças 'construtivas', por serem mecanismos de adaptação/correção da legislação, estarão sempre no limite da tensão da relação legislação-jurisdição".[170]

Nos "métodos" de interpretação, dos quais decorrem as idéias de "vontade da norma" ou "vontade do legislador", a linguagem tem um caráter secundário, pois se está diante da lógica do sujeito cognoscente. Isso faz com que se perca a idéia de que a linguagem tem um papel constitutivo da nossa relação com o mundo. Deixa-se, portanto, de compreender para interpretar, esquecendo que não há um único significado, uma vez que as possibilidades de interpretação são múltiplas, e que o intérprete está sempre "inserido" na linguagem. Não se desenvolvem a capacidade de suspender os pré-juízos, pré-conceitos, posições prévias e visões prévias, e nem a idéia de que o Direito é "aplicação" e de que essa aplicação depende da compreensão, que só é possível se forem suspensas essas concepções, juízos e visões prévias. Ao não conseguir efetuar a suspensão das visões, haveres e posições prévios, o jurista passa a repetir, a "revelar", e não "desvelar". Passa-se a "compreender mal", pois ocorre uma espécie de alienação do contexto histórico-efeitual. Assim é que os dispositivos legais e princípios constitucionais "são (...) (mal) compreendidos (sentido inautêntico) porque são vistos como objetos, como se tivessem uma existência própria, como se (os textos jurídico-normativos) fossem autônomos, desconectados da história-efeitual". Isso ocorre no plano do sentido comum teórico porque a interpretação toma um aspecto de quotidianeidade, no interior da qual somente se pergunta sobre algo que demanda uma pergunta. É como o ato de ir ao fórum, que não exige perguntas do tipo "por que ir ao fórum", "o que é o Poder Judiciário", "por que o juiz tem o poder de julgar", "qual o papel do advogado na sociedade", "por que o fórum está localizado naquela rua e não em outra" etc. Tais atos "fazem parte de nossa rede de sentido, sustentada pela nossa estrutura prévia de sentir. Fazemos esses atos, como tantos outros de nosso cotidiano, porque

---

[170] STRECK, Lenio Luiz. *Jurisdição constitucional e hermenêutica*: uma nova crítica do direito. Porto Alegre: Livraria do Advogado, 2002, p. 459. 710 p.

trazemos conosco um desde-já-sempre, que nada tem a ver com 'relações de causalidade'". Tais questões "fazem parte de nossa situação (prévia) de estarmos-situados-nesse-mundo". Já no Direito, se o agir do jurista toma foros de quotidianeidade/familiariedade, "a interpretação do texto jurídico-normativo se torna pré-moldada (*prêt-à-porter*), onde o *Dasein*[171] mergulha numa 'espécie de anonimato (jurídico), que anula a singularidade de sua existência' (J. Penha), passando a viver da repetição de sentidos postos, independentes do contexto histórico-efeitual e sem a necessária abertura para a compreensão, que é condição de possibilidade para a interpretação".[172]

A questão interpretativa do Direito, ao invés, não pode "naufragar" na repetição. Ela implica uma operação aditiva de tradição (Gadamer), criatividade e crítica, sem o que se acaba por "afundar" no senso comum teórico[173] que faz com que o ser se apague. O jurista, contudo, inserido no senso comum teórico, continua repetindo o direito por meio de "pré-conceitos" alienados da historicidade (Streck). O senso comum teórico, assim, proporciona uma "inércia reflexiva", isto é, uma falta de interesse na mudança, enfim, um "conformismo dos satisfeitos e a ausência de crítica por parte dos juristas".[174] Por isso é necessária a "crítica da crítica do

---

[171] O ser dá-se a partir da compreensão do *Dasein*, e o *Dasein* se dá à partir da compreensão do ser. O *Dasein* é o ente de caráter superior entre os entes que se constitui pela compreensão do ser (Stein). O *Dasein* é um plano em que se dão ente e ser, no nível do ente privilegiado. Aqui se introduz a diferença ontológica, que é sustentada pelo *Dasein*, ultrapassando-se o "caráter metafísico-objetivista" e o "espaço fenomenológico-transcendental". Nesse sentido: STEIN, Ernildo. *Nas proximidades da antropologia*: ensaios e conferências filosóficas. Ijuí: Unijuí, 2003, p.17. 296 p. A temática do *Dasein* é extremamente complexa. Nem mesmo Heidegger parece ter sido suficientemente claro ao explicá-lo. A compreensão do *Dasein*, assim, é equívoca. *Dasein* é o ser-aí. Mas, questiona-se: o "aí" (*Da*), que já sobressai no termo composto, embora este esteja impregnado do seu significado mais imediato e forte de "existência", "é o 'aí' do ser em geral – ou seja, o âmbito de Abertura ou mostração veritativa do ser de tudo quanto há – ou é ainda apenas o 'aí' da quotidianeidade e historicidade do ser à maneira do humano, tempo decaído do 'se' impessoal e tempo próprio do 'respectivamente-em-cada-momento' de cada um"? Como se pode observar, não há uma uniformidade. Assim, *Dasein* aparece tanto como "abertura do ser" como compreensão, homem, existência, vida humana (ente que, no seu ser, conhecemos como vida humana; ente respectivamente-em-cada-momento do seu ser; ente que cada um de nós é, que cada um de nós acerta a dizer no enunciado fundamental "eu sou" etc.). HEIDEGGER, Martin. *O conceito de tempo*. Prólogo, tradução e notas de Irene Borges-Duarte. Lisboa: Fim de Século, 2003, p. 12-33. 94 p.

[172] STRECK, Lenio Luiz. *Hermenêutica jurídica e(m) crise*: uma exploração hermenêutica da construção do direito. Porto Alegre: Livraria do Advogado, 1999, p. 251. 264 p.

[173] Não se nega o valor da lei e de sua dimensão simbólica como elemento constitutivo do sentido democrático da sociedade. Tampouco se nega o valor da lei como expressão autônoma do poder, pois o importante é perceber que não se pode "afundar" nesse sentido comum teórico, percebendo, ainda, o valor da lei como instância simbólica do político, isto é, "de um real que encontra seu sentido nas incertezas e nos conflitos e não nas instâncias de um saber tido como abstrato e objetivo, enquanto universal e absoluto. Não se trata de negar o valor do Direito como instância simbólica e espaço de interpretações políticas. O problema passa por não aceitar o 'senso comum' legalista-positivista dos juristas que articulam o saber com os poderes da dominação instituída, abrindo-se, assim, para um sentido totalitário do social". WARAT, Luís Alberto. *Introdução geral ao direito*. Interpretação da lei: temas para uma reformulação. I. Porto Alegre: Fabris, 1994, p. 24. 232 p.

[174] WARAT, Luís Alberto. O sentido comum teórico dos juristas. In: FARIA, José Eduardo (org.). *A crise do direito numa sociedade em mudança*. Brasília: Universidade de Brasília, 1988, p. 32. 121 p.

Direito",[175] pois "tanto a dogmática como a teoria crítica são pontos de vista epistemológicos, que ocultam, sob suas roupagens particulares de ciência, objetivos políticos específicos: conservadores, para a dogmática e contestadores, para a teoria crítica. É claro que este fato dá uma maior legitimidade política para esta última. Porém, isto não autoriza a teoria crítica a defender a superação da dogmática jurídica enquanto ciência, inserindo-se na velha oposição ciência/ideologia. Ou seja, o problema não é a construção de uma nova ciência do Direito, que admita problematizar também a sua função social, como se o problema do Direito fosse unicamente abordar a política. A questão é simultaneamente epistemológica. Sem a percepção desta complexidade, o que a crítica tem efetuado é somente a proposta de uma nova diretriz política, nunca científica, para o saber jurídico brasileiro. E uma proposta que não altere a especificidade da dogmática é incapaz de inserir mudanças políticas efetivas no Direito. A questão fundamental é o deslocamento da problemática saber superado (dogmática)/saber político (teoria crítica), para um novo saber jurídico apto a enfrentar a problemática político-social".[176]

O jurista, portanto, deve-se proteger contra o "hábito de pensar imperceptivelmente". Deve-se proteger contra o arbítrio das idéias, impedindo o "nadificar" da Constituição (Streck), pois o nada é o "véu" do ser e vela o sentido da Carta Fundamental. Não pode, portanto, absolutizar pontos de vista, uma vez que sempre pode rever suas posições. É o que ensina Ernildo Stein quando afirma que "a era da hermenêutica, da interpretação, da compreensão, que vivemos, desencadeia aspectos da condição humana que tomam relevo novo. O homem passa a ter outra perspectiva de seu lugar no universo. Não parte mais de um *a priori* para desvelar a verdade de sua natureza e de seu destino. A partir dos diversos pontos em que o situa sua história e cultura ele procura atingir a verdade". Assim, todos os pontos de partida são válidos, mas parciais, para compreender o homem. Sob certo aspecto, o homem rejeita as soluções definitivas, as afirmações intemporais, os absolutos abstratos. Ele prefere analisá-los temporalizados e relativos, mergulhados no movimento da própria história do homem. São antes "conceitos-limite" que determinam o campo de sua interpretação.[177] A hermenêutica "alimenta as muitas faces da mesma verdade e desenvolve a análise da multiplicidade das faces. O hermeneuta experimenta a verdade nas situações concretas, não absolutiza os pontos de vista. Ele busca uma universalidade itinerante para sua interpretação. Todo o universo humano deve ser explorado para que revele, ainda que parcialmente, seus horizontes. A universalidade da compreensão é frag-

---

[175] ROCHA, Leonel Severo. *Espistemologia jurídica e democracia*. São Leopoldo: Unisinos, 2001. 164 p.

[176] *Idem*, p. 60-61. 164 p.

[177] STEIN, Ernildo. *História e ideologia*. 3ª ed. Porto Alegre: Movimento, 1972, p. 20-21. 70 p.

Fundamentos para uma compreensão hermenêutica do Processo Civil

mentária. A hermenêutica abandona todo o fanatismo e exclusivismo e, por isso, sempre pode voltar-se sobre suas posições e corrigi-las".[178]

Saliente-se, outrossim, que a hermenêutica não detém um caráter relativista.[179] Significa dizer que ela não se confunde com um mero "ativismo" judicial, no sentido de que se possa dizer "qualquer coisa sobre qualquer coisa".[180] Não! Todas as formas de decisionismo e discricionariedade[181] devem ser afastadas. O fato de que não existe um método que possa dar garantia à "correção" do processo interpretativo não pode justificar que seja facultado ao intérprete interpretar de acordo com a sua vontade e o seu conhecimento. Ou seja, há limites no processo interpretativo. O processo hermenêutico não autoriza atribuições arbitrárias ou segundo a vontade e conhecimento do intérprete. Nesse sentido é que, no Direito, o (neo)constitucionalismo coloca freios à discricionariedade própria do positivismo-normativista. Não se pode, portanto, "dissolver" a aplicação do direito dentro de uma total imprevisibilidade. O texto deve dizer algo para que se possa dizer algo sobre ele (Gadamer). A hermenêutica, pois, não compactua com o mero ativismo judicial, com o "decisionismo", o "realismo" ou o "Direito alternativo". Ninguém pode atribuir sentidos desviantes do conteúdo material da Constituição.[182]

---

[178] STEIN, Ernildo. *História e ideologia*. 3ª ed. Porto Alegre: Movimento, p. 21. A hermenêutica tem um caráter universal. A compreensão não é método. Não se deve entender, contudo, a universalidade da hermenêutica como um "absoluto". A hermenêutica é "uma de muitas possibilidades para lidar com o mundo, e assim também com o direito, e, por isso, não se pode fechar em face de outras teorias, como sejam a teoria analítica ou a teoria da argumentação – de facto, ela demonstra precisamente a necessidade de tais teorias". KAUFMANN, Arthur. *Filosofia do direito*. Prefácio e tradução António Ulisses Cortês. Lisboa: Calouste Gulbenkian, 2004, p. 68. 536 p.

[179] A maioria dos teóricos da argumentação, dentro de um objetivismo reducionista, não se preocupa com o problema do relativismo. Esta pretensão de objectividade "reside essencialmente no facto de a maioria dos representantes da(s) teoria(s) da argumentação considerarem o pluralismo na ciência e na filosofia como um fenómeno a ajuizar negativamente, senão mesmo a rejeitar, posição esta que, não por acaso, partilham com a maioria dos teóricos do discurso. É uma posição anacrónica, pois como se sabe desde há muito, o pluralismo não é um obstáculo à descoberta da verdade, mas sim um importantíssimo pressuposto para chegar à verdade, certamente não a uma verdade 'objectiva' (...) mas a uma verdade 'intersubjectiva'". KAUFMANN, Arthur. *Filosofia do direito*. Prefácio e tradução António Ulisses Cortês. Lisboa: Calouste Gulbenkian, 2004, p. 73. 536 p.

[180] É necessário "alertar para o fato de que a afirmação 'a norma é (sempre) produto da interpretação do texto', ou que o 'intérprete sempre atribui sentido (*Sinngebung*) ao texto', nem de longe pode significar a possibilidade deste – o intérprete – poder 'dizer qualquer coisa sobre qualquer coisa', atribuindo sentidos de forma arbitrária aos textos, como se o texto e norma estivessem separados (e, portanto, tivessem 'existência' autônoma). O texto 'limita a concretização e não permite decidir em qualquer direção, como querem as diversas formas de decisionismo', alerta Adeodato". STRECK, Lenio Luiz. A hermenêutica filosófica e as possibilidades de superação do positivismo pelo (neo)constitucionalismo. In: ROCHA, Leonel Severo, STRECK, Lenio Luiz *et al* (org.). *Constituição, sistemas sociais e hermenêutica*: programa de pós-graduação em Direito da UNISINOS: mestrado e doutorado. Porto Alegre: Livraria do Advogado, 2005, p. 166. 309 p.

[181] Como adverte Lenio Luiz STRECK, não se pode resvalar "em direção àquilo que o positivismo visou evitar: a discricionariedade do juiz, que acaba se transformando em arbítrio judicial (ou decisionismos voluntaristas)". *Idem*, p. 160.

[182] *Idem, ibidem*. Parece correta, pois, a idéia de Pedro SERNA, ao acatar a tese de Arthur Kaufmann, no sentido de que a hermenêutica supera o relativismo. A tese de Kaufmann posiciona-se contrariamente às teorias da argumentação. Essas sim têm resvalado para um relativismo. Outrossim, nem mesmo

A tradição hermenêutica no Brasil,[183] contudo, tem acentuado uma hermenêutica normativa, isto é, uma hermenêutica que dá as regras para a interpretação, que dizem tanto ao objeto como ao sujeito da interpretação. Ora, "uma hermenêutica que ainda se calque em métodos ou técnicas (cânones) interpretativas fica, sobremodo, debilitada no universo da viragem lingüística. Daí ser possível exprimir a firme convicção da fragilidade dos assim denominados métodos ou técnicas de interpretação. Entre tantas críticas, vale lembrar a contundente observação de Dallari, para quem o juiz/intérprete, ao utilizar 'tantos modelos de interpretação da lei', considera-se exonerado de responsabilidade, atribuindo ao legislador as injustiças que decorrem de suas sentenças. Vê-se nessa assertiva de Dallari uma clara denúncia do alheamento provocado pela objetificação metodológica". Em razão desse alheamento, "os assim denominados métodos ou técnicas de interpretação tendem a objetivar o Direito, impedindo o questionar originário da pergunta pelo sentido do Direito em nossa sociedade".[184]

Falar em método é mero exercício de retórica. Não há o "método do método". Por isso é que "o fundamento é sem fundo" (Streck). Kelsen, por exemplo, utilizou-se de uma ficção útil para fundamentar a validade da norma: a norma fundamental. Ora, questiona Lenio Streck, e qual seria o fundamento a sustentar a norma fundamental? Não há como estabelecer, portanto, o método do método. A Constituição, assim, é um "fundamento sem fundo".[185] É um modo-de-ser do jurista. É uma ficção no sistema. Só se constrói na aplicação. A Constituição não é um ser que está flutuando sobre as coisas. Ela é um ente no seu ser e está com o jurista dentro da sua faticidade. Isso significa que o método dedutivo, por exemplo, é incompa-

---

encontram conciliação entre os seus autores, notadamente Atienza e Alexy, expoentes do procedimentalismo metodológico. Basta ver que o primeiro tem criticado o segundo, ao entender "insuficiente" a fundamentação das regras do discurso impostas na teoria de Alexy. A hermenêutica supera a(s) teoria(s) da argumentação; supera o condicionamento da tradição, dos pré-juízos; coloca os pré-juízos "entre parênteses", questionando a "validade" da tradição e a submetendo à crítica. A idéia de Kaufmann, apoiada em Gadamer, funda o discurso jurídico na compreensão, isto é, na interpretação. SERNA, Pedro. Hermenêutica y relativismo. Una aproximación desde el pensamiento de Arthur Kaufmann. In: SERNA, Pedro (dir.). *De la argumentación jurídica a la hermenêutica*: revisión crítica de algunas teorias contemporáneas. Segunda edición aumentada. Granada: Comares, 2005, p. 312. 316 p. Consultar também SEOANE, José Antonio. Un código ideal y procedimental de la razón práctica. La teoría de la argumentación jurídica de Robert Alexy. In: SERNA, Pedro (dir.). *De la argumentación jurídica a la hermenéutica*: revisión crítica de algunas teorias contemporáneas. Segunda edición aumentada. Granada: Comares, 2005, p. 163-169. 316 p.

[183] Essa tradição é inaugurada no Brasil por autores como Carlos Maximiliano e guarda similitude com a hermenêutica normativa de Emilio Betti.

[184] STRECK, Lenio Luiz. Quinze anos de constituição – análise crítica da jurisdição constitucional e das possibilidades hermenêuticas de concretização dos direitos fundamentais-sociais. In: *Revista Ajuris*. Porto Alegre: Associação dos Juízes do Rio Grande do Sul, n. 92, ano XXX, p. 208-209, dez. 2003. 336 p.

[185] Uma filosofia do direito que se queira "realista" deve abdicar da pretensão de uma "fundamentação última". KAUFMANN, Arthur. *Filosofia do direito*. Prefácio e tradução António Ulisses Cortês. Lisboa: Calouste Gulbenkian, 2004, p. 3. 536 p.

tível com o Direito (Streck). Aliás, o próprio Kelsen afirma que não há o melhor método.[186]

Nesse sentido, com o giro lingüístico, com a "guinada filosófica" da filosofia da consciência para a hermenêutica filosófica, há uma "reviravolta hermenêutica" (Manfredo A. de Oliveira), que funde compreensão, interpretação e aplicação. Na tradição inautêntica do método, o problema hermenêutico dividia-se em *subtilitas intelligendi* (compreensão), *subtilitas explicandi* (interpretação) e *subtilitas applicandi* (aplicação). No momento, porém, em que se reconhece a unidade interna entre o compreender e o interpretar, o problema hermenêutico recebe um significado sistemático. A interpretação deixa de ser um ato posterior e complementar à compreensão. Compreender é sempre interpretar, e, por conseguinte, a interpretação é a forma explícita da compreensão. A linguagem, que passa da posição marginal para o centro da filosofia, e a conceptualidade da interpretação são agora reconhecidas como um momento estrutural interno da compreensão. A fusão interna da compreensão e da interpretação, porém, não pode se desconectar da aplicação. Isso porque na compreensão sempre ocorre algo como uma aplicação do texto a ser compreendido na situação atual do intérprete. Assim, a aplicação é um momento do processo hermenêutico tão essencial e integrante como a compreensão e a interpretação.[187]

1.4. A Constituição jurídica e a Constituição real: a transformação da realidade pela *applicatio* (ou: de como a Constituição só existe pela aplicação)

No âmbito da interpretação constitucional,[188] é possível afirmar que a "vontade de Constituição" é fundamental. Nesse sentido, Konrad

---

[186] Nesse sentido, "de um ponto de vista orientado para o Direito positivo, não há qualquer critério com base no qual uma das possibilidades inscritas na moldura do Direito a aplicar possa ser preferida à outra. Não há absolutamente qualquer método – capaz de ser classificado como de Direito positivo – segundo o qual, das várias significações verbais de uma norma, apenas uma possa ser destacada como 'correta' – desde que, naturalmente, se trate de várias significações possíveis: possíveis no confronto de todas as outras normas da lei ou da ordem jurídica. Apesar de todos os esforços da jurisprudência tradicional, não se conseguiu até hoje decidir o conflito entre vontade e expressão a favor de uma ou de outra, por uma forma objetivamente válida. Todos os métodos de interpretação até o presente elaborados conduzem sempre a um resultado apenas possível, nunca a um resultado que seja o único correto. Fixar-se na vontade presumida do legislador desprezando o teor verbal ou observar estritamente o teor verbal sem se importar com a vontade – quase sempre problemática – do legislador tem – do ponto de vista do Direito positivo – valor absolutamente igual. Se é o caso de duas normas da mesma lei se contradizerem, então as possibilidades lógicas de aplicação jurídica já referidas encontram-se, do ponto de vista do Direito positivo, sobre um e o mesmo plano. É um esforço inútil querer fundamentar 'juridicamente' uma, com exclusão da outra". KELSEN, Hans. *Teoria pura do direito*. Tradução de João Baptista Machado. 6ª ed. São Paulo: Martins Fontes, 1998, p. 391-392. 427 p.

[187] GADAMER, Hans-Georg. *Verdade e método*: traços fundamentais de uma hermenêutica filosófica. 3ª ed. Tradução de Flávio Paulo Meurer. Petrópolis: Vozes, 1999, p. 459-460. 731 p.

[188] Toda a interpretação do direito é (ou deveria ser) uma interpretação constitucional.

Hesse refere à existência de duas constituições em um determinado país: a "Constituição real" e a "Constituição jurídica". A primeira é composta pelas forças políticas e sociais vigentes em um determinado país, e que devem ser levadas em consideração na aplicação da segunda, sob pena de total ineficácia desta. A Constituição jurídica, entretanto, detém um caráter normativo, ou seja, deve (dever ser) transformar o mundo dos fatos. A força que constitui a essência e a eficácia da Constituição reside, então, na natureza das coisas, impulsionando-a, conduzindo-a e transformando-se, assim, em força ativa. Um "ótimo desenvolvimento da Constituição" depende, portanto,. não apenas do seu conteúdo, mas da sua *praxis*. A vontade de Constituição, pois, é fundamental, considerada global ou singularmente.[189] A Constituição, portanto, só transformará a sociedade se aplicada. Não há uma Constituição "solta" no ar. Ela se dá, como dito, na aplicação, que é a síntese de universalidade e singularidade. Constituição, assim, só existe na prática, na *applicatio*.

A Constituição compõe-se de normas que contêm requerimentos dirigidos à conduta humana. As normas não são mais que letra morta sem eficácia alguma quando o conteúdo de tais requerimentos não se incorpora à conduta humana.[190] A realização da Constituição depende da medida em que ela efetivamente motive e determine a conduta humana, da medida em que se faça viger não apenas hipoteticamente, mas na realidade. Sua força normativa está condicionada à possibilidade de realização de seus conteúdos e à vontade constante dos implicados no processo de realização de seus conteúdos.[191]

A Constituição jurídica está condicionada pela realidade histórica, ou seja, ela não pode ser separada da realidade concreta de seu tempo. A Constituição jurídica não configura apenas a expressão de uma dada realidade, mas ordena e conforma a realidade política e social. Converte-se, assim, em força ativa que influi e determina a realidade política e social.[192] A Constituição, como ordem de valores, pede "cumprimento". Isso porque o valor nada mais é do que cumprimento.[193] Ele só se torna "real" se vivido, alerta que já era feito por Johannes Hessen em sua Filosofia dos Valores ao tratar da realização dos valores éticos.[194] O valor, assim, não consiste na "vontade do valor" ou em sua "desejabilidade", mas naquilo que resulta

---

[189] HESSE, Konrad. *A força normativa da Constituição*. Tradução de Gilmar Ferreira Mendes. Porto Alegre: Fabris, 1991, p. 9-21. 34 p.

[190] HESSE, Konrad. *Escritos de derecho constitucional*: selección. Madrid: Centro de Estudios Constitucionales, 1983, p. 26. 112 p.

[191] *Idem*, p. 26-28.

[192] HESSE, Konrad. *A força normativa da Constituição*. Tradução de Gilmar Ferreira Mendes. Porto Alegre: Fabris, 1991, p. 24. 34 p.

[193] GARGANI, Aldo G. La fricción del pensamiento. In: VATTIMO, Gianni. *La secularización de la filosofía*: hermenéutica y posmodernidad. Barcelona: Gedisa, 2001, p. 26. 296 p.

[194] HESSEN, Johannes. *Filosofia dos valores*. Tradução de L. Cabral de Moncada. 3ª ed. Coimbra: Armênio Amado, 1967. 347 p.

efetivamente querido, que se "inscreveu efetivamente", que chegou a ser uma "cena influente para ver e ouvir", que se traduziu em "necessidade" e que agora está entre nós como "natureza".[195] Nesse sentido, a Constituição "só se torna viva, só permanece viva, quando o empenhamento em conferir-lhe realização está em consonância (não só intelectual mas sobretudo afectiva e existencial) com o sentido essencial dos seus princípios e preceitos; quando a vontade da Constituição (Konrad Hesse) vem a par do sentimento constitucional (Lucas Verdu)".[196]

Assim também é o que afirma Hermann Heller, para quem a Constituição do Estado é o produto permanente do processo de formação da situação política total; persiste através das "vivências" e "atos concretos de sentido". A Constituição jurídica objetivada, na realidade social, existe enquanto for atualizada constantemente por homens. Através do "fluir" das vivências e dos atos concretos descobre-se uma estrutura de unidade e uma Constituição.[197]

As Constituições compromissórias somente logram garantir os direitos e garantias fundamentais, ou garantir direitos individuais e institucionais, sem fraturas, e modelar o futuro comunitário, sem rupturas, se satisfazem três requisitos primordiais: a) máximo rigor possível nos preceitos atinentes a direitos e liberdades fundamentais do homem, do cidadão, do trabalhador, e dos grupos em que se inserem, não cabendo ao legislador e ao aplicador senão uma tarefa de interpretação e de regulamentação; b) abertura, nos limites da sua força normativa, dos preceitos atinentes à vida econômica, social e cultural, sujeitos às sucessivas concretizações correspondentes às manifestações da vontade política constitucionalmente organizada; c) criação de mecanismos jurídicos e políticos de garantias das normas constitucionais.[198]

1.5. O "processo de formação" dos juristas tem contribuido para a situação de "baixa constitucionalidade" e para a inefetividade do processo civil

A crise do Direito[199] no país está bem presente no baixo interesse que os juristas têm na Constituição. Essa crise destaca-se sobretudo no modo

---

[195] GARGANI, Aldo G. La fricción del pensamiento. In: VATTIMO, Gianni. La secularización de la filosofía: hermenéutica y posmodernidad. Barcelona: Gedisa, 2001, p. 26. 296 p.

[196] MIRANDA, Jorge. Manual de direito constitucional. Tomo II. 3ª ed. Coimbra: Coimbra, 1996, p. 70. 546 p.

[197] HELLER, Hermann. Teoria do Estado. São Paulo: Mestre Jou, 1988.

[198] MIRANDA, Jorge. Manual de direito constitucional: constituição e inconstitucionalidade. Tomo II. 3ª ed. Coimbra: Coimbra, 1996, p. 70. 531 p.

[199] A crise da razão moderna culmina na crise das instituições que se forjaram na modernidade. Nesse aspecto, o "desvelar" da crise do direito, inserido nessa tradição moderna, é uma necessidade. Porém, toda crítica endereçada à tradição deve estar fundada em razões que historicamente possam demons-

como o Direito tem sido ensinado nas universidades do país. A tradição (inautêntica) tem encoberto o ser (sentido) da Constituição. O jurista, assim, fala o Direito e do Direito a partir desses pré-juízos, de sua pré-compreensão. Fala, enfim, de sua situação hermenêutica (o conceito de situação se caracteriza porque alguém não se encontra frente a ela e, portanto, não pode ter um saber objetivo dela; se está nela, este alguém se encontra sempre em uma situação cuja iluminação é uma tarefa que não pode ser desenvolvida por inteiro). Significa dizer que, quando o operador do Direito fala do Direito ou sobre o Direito, fala a partir do seu "desde-já-sempre", o "já sempre sabido sobre o direito", enfim, "como o direito sempre-tem-sido (é como ele 'é' e tem sido estudado nas faculdades, reproduzido nos manuais e aplicado quotidianamente). O mundo jurídico é, assim, pré-dado (e predado!) por esse sentido comum teórico, que é o véu do ser autêntico do direito".[200]

O sentido comum teórico é uma manifestação inautêntica do ser do Direito, uma vez que provoca o ocultamento/velamento das possibilidades das manifestações de um direito de índole transformadora, condizente com o novo modelo proporcionado pelo Estado Democrático de Direito. Esse velamento, lembra Streck, "pode (facilmente) ser detectado de vários modos em *terra brasilis*: a escandalosa inefetividade da Constituição (afinal, somos juristas para quê?), a crise da justiça, a morosidade e o problema do acesso à justiça, a não-implementação dos direitos sociais etc". Esse velamento expressa-se na absoluta falta de função social do Direito. Ou seja, "do cotejamento entre o texto constitucional e a 'realidade social', tem-se que houve um acontecer que os juristas não perceberam: o acontecer constituinte (o acontecer que Constitui-a-ação!), originário da Constituição".[201]

Esse "acontecer" não foi tornado visível porque, no prévio desvelamento, impregnado pelo sentido comum teórico (modo inautêntico de fazer/interpretar o Direito), não foram criadas as condições propiciadoras da abertura (clareira) necessária e suficiente para a manifestação do ser da Constituição (e de seus desdobramentos jurídico-políticos, como a igual-

---

trar a existência dessa crise e que ela se faz presente em seus diversos domínios. No campo jurídico, significa dizer que a crise do direito ainda não foi descoberta "como" crise, uma vez que o paradigma liberal-individualista-normativista não morreu e o modelo forjado a partir do Estado Democrático de Direito, entendido este como um *plus* normativo em relação aos paradigmas do Estado Liberal e Estado Social, ainda não nasceu. Há, pois, uma crise do Estado, do Direito e do processo, "método" para realização do direito material, que ainda não foi vista "como crise", pois não tem havido a "provocação hermenêutica" dos pré-juízos. A crise "só é crise quando se tem as condições de possibilidade de significá-la, enfim, de dizê-la/nomeá-la 'como' crise. (...) A descoberta de um pré-juízo não é possível enquanto ele permanecer (como). Por isso, a tarefa primordial da hermenêutica é provocar os pré-juízos". STRECK, Lenio Luiz. *Jurisdição constitucional e hermenêutica*: uma nova crítica do direito. Porto Alegre: Livraria do Advogado, 2002, p. 18-190. 710 p.

[200] *Idem*, p. 186.

[201] *Idem*, p. 186-187.

Fundamentos para uma compreensão hermenêutica do Processo Civil

dade, a redução da pobreza, a função social da propriedade, o direito à saúde, o respeito aos direitos humanos fundamentais etc.). Como conseqüência disso, o ente "Constituição" não vem à presença do "agir-quotidiano-dos-juristas" e nele não permanece. Para romper, no entanto, com essa tradição inautêntica, no interior da qual os textos jurídicos constitucionais são hierarquizados e tornados ineficazes, torna-se necessário compreender o sentido de Constituição, compreendendo que a especificidade do campo jurídico implica, necessariamente, entendê-la como mecanismo prático que provoca mudanças na realidade.[202] Como ainda olhamos o novo com os "olhos" do velho,[203] no âmbito da dogmática jurídica, em sendo esse ter-prévio (prévio desvelamento) o *locus* da tradição (jurídica), de onde exsurgem os pré-juízos que estabelecem o sentido do limite e o limite do sentido da interpretação jurídica, fica impedida/obstaculizada a dialética que deve existir entre a familiaridade e o estranho.[204] Assim, "em face do novo modelo de Direito (exsurgente do novo paradigma constitucional), o intérprete do Direito deve(ria) ter a angústia do estranhamento; a angústia do sinistro. Mas nós não vivemos constantemente na angústia, na relação com os entes disponíveis no nível existencial. Não! Normalmente estamos ocupados com os entes intramundanos, isto é, com o quotidiano das práticas jurídicas, dos manuais, das conceptualizações acerca do Direito, e, com isso, esquecemos as condições da existência ou da faticidade do próprio Direito".[205]

Por isso é que, na medida em que o processo de formação dos juristas tem permanecido associado a tais práticas, tem-se como conseqüência a objetificação dos textos jurídicos, circunstância que, para a interpretação constitucional, constitui forte elemento complicador/obstaculizador do acontecer (*Ereignen*) da Constituição.[206] Desse modo, "a dogmática jurí-

---

[202] STRECK, Lenio Luiz. *Jurisdição constitucional e hermenêutica*: uma nova crítica do direito. Porto Alegre: Livraria do Advogado, p. 187.

[203] Dentre os problemas que fazem com que a Constituição ainda não "constitua a ação" (Streck), está o de que ainda vigoram entre os juristas o paradigma da filosofia da consciência, "entificando" o sentido do direito e da Constituição, e o paradigma do Estado Liberal, com todas as suas conseqüências político-jurídicas, tais como o não-estabelecimento de uma jurisdição constitucional e o desmantelamento do Estado-Providência, que nem mesmo chegou a acontecer no Brasil, apontado, como dito, como um país de modernidade tardia. O direito, assim, tem sido visto à melhor moda de Hayek, isto é, sem condições de transformar socialmente, sendo a causa de todos os males econômicos o Estado intervencionista que suprime a liberdade dogmática de mercado, impedindo que a ordem possa nascer e ser mantida. Nesse sentido, consultar também: AZEVEDO, Plauto Faraco. Direito, epistemologia e neoliberalismo. In: *Revista crítica jurídica; Revista Latinoamericana de política, filosofia y derecho*. Fundación iberoamericana de derechos humanos. Curitiba, n. 19, jul-dez/2001. 338 p.

[204] STRECK, Lenio Luiz. *Jurisdição constitucional e hermenêutica*: uma nova crítica do direito. Porto Alegre: Livraria do Advogado, 2002, p. 188. 710 p.

[205] *Idem, ibidem.*

[206] STRECK, Lenio Luiz. Quinze anos de constituição – análise crítica da jurisdição constitucional e das possibilidades hermenêuticas de concretização dos direitos fundamentais-sociais. In: *Revista Ajuris*. Porto Alegre: Associação dos Juízes do Rio Grande do Sul, n. 92, ano XXX, p. 210-211, dez. 2003. 336 p.

dica, enquanto reprodutora de uma cultura estandardizada, torna-se refém de um pensamento metafísico, esquecendo-se de um dos teoremas fundamentais da hermenêutica, que é a diferença ontológica".[207] Esse esquecimento "torna 'possível' separar o Direito da sociedade, enfim, de sua função social. Dito de outro modo, o formalismo tecnicista que foi sendo construído ao longo de décadas 'esqueceu-se' do substrato social do Direito e do Estado. Transformado em uma mera instrumentalidade formal, o Direito deixou de representar uma possibilidade de transformação da realidade. À toda evidência, esta circunstância produzirá reflexos funestos no processo de compreensão que o jurista terá acerca do papel da Constituição, que perde, assim, a sua substancialidade".[208]

Concorda-se, pois, com a idéia de que "a condição de existência do Direito é a Constituição que o constitui". A Constituição, em face do fenômeno da "baixa constitucionalidade", facilmente se torna um "fenômeno encoberto". A relação com os entes intramundanos forma, pois, uma "camada protetora" contra o (esse) "estranho". Não é difícil, assim, perceber que, no Brasil, (essa) a angústia do estranhamento não está ocorrendo, o que se pode comprovar pela inefetividade do texto da Constituição. Por isso, cabe ao operador do Direito a tarefa de descobrir/suspender os pré-juízos que cegam, abrindo uma clareira no "território da tradição", onde dominam os pré-juízos advindos de uma "baixa constitucionalidade", de uma "constitucionalidade pequeno-gnoseológica", que segue os caminhos trilhados por um Direito construído infraconstitucionalmente em que a Constituição nem mesmo serve como *topos* limitador da liberdade de conformação do legislador.[209]

A dogmática jurídica brasileira, contudo, tem relegado a Constituição e o estudo da jurisdição constitucional a um plano secundário. Como os pré-juízos dos operadores do Direito estão calcados em uma cultura liberal-individualista, os Códigos Civil (1916 e, atualmente, o de 2002), Penal (1940), Processo Penal (1943) e Processual Civil (1973) têm-se mantido in-

---

[207] A hermenêutica pressupõe a "diferença ontológica" existente entre o ser e o ente. Chamam-se "ente" muitas coisas e em diversos sentidos. Ente é "tudo aquilo de que falamos, tudo o que visamos, aquilo para o que nos comportamos de tal e tal modo; ente é também o que e como nós mesmos somos". Ente, pois, é tudo aquilo com quem o homem mantém uma relação. Ente é aquilo sobre o que pode ser dito algo. O ser, ao contrário, diz respeito ao universo das condições do encontro com os entes. Mas diz respeito às condições a partir das quais se faz possível um tal encontro com entes "como" entes qualificados, entes que vêm ao encontro sempre submetidos a uma perspectiva. HEIDEGGER, Martin. *Ser e tempo*. Parte I. Tradução de Márcia de Sá Cavalcante. 9ª ed. Petrópolis: Vozes, 2000, p. 6-7. 325 p. O direito é o *locus* privilegiado para a "aplicação" da hermenêutica, pois hermenêutica é aplicação. Na aplicação é que o jurista "desvela o ser dos entes".

[208] STRECK, Lenio Luiz. Quinze anos de constituição – análise crítica da jurisdição constitucional e das possibilidades hermnêuticas de concretização dos direitos fundamentais-sociais. In: *Revista Ajuris*. Porto Alegre: Associação dos Juízes do Rio Grande do Sul, n. 92, ano XXX, p. 210-211, dez. 2003. 336 p.

[209] STRECK, Lenio Luiz. *Jurisdição constitucional e hermenêutica*: uma nova crítica do direito. Porto Alegre: Livraria do Advogado, 2002, p. 188-189. 710 p.

Fundamentos para uma compreensão hermenêutica do Processo Civil

tactos[210] (ilesos), sem "sofrer" a indispensável e necessária filtragem hermenêutico-constitucional, entendida enquanto processo de compreensão que ocorre no interior da espiral hermenêutica.[211] Os pré-juízos não esclarecidos estão se perdendo na quotidianeidade, no impessoal, na repetição continuada daquilo que "sempre-tem-sido".

Ora, se toda compreensão começa com o fato de que algo interpela o intérprete, para compreender, ele terá que colocar entre parênteses os pré-juízos, onde o "como" é condição de possibilidade para esse "pôr-entre-parênteses".[212] E isso não tem ocorrido, pois os juristas, em seu cotidiano, têm vivido do "já-falado", do repetir, da *imitatio*.[213] Por isso o alerta de que interpretar "não é (apenas) tomar conhecimento do que se compreendeu, mas elaborar as possibilidades projetadas na compreensão".[214] O Direito necessita do intérprete para ser o Direito, pois, enquanto fenômeno cultural, somente se constitui pela necessária mediação de um "ato produtivo e constitutivo do intérprete".[215] A tarefa do intérprete (jurista) é arrancar o ente do seu velamento.[216] A tarefa do intérprete é vigiar o ser, guardan-

---

[210] Apesar de este último – o Código de Processo Civil – estar sendo, constantemente, objeto de reformas, a situação parece não se alterar muito, já que muitas das chamadas "inovações" têm aspecto meramente "cosmético", não passando de "perfumarias", uma vez que não mexem nos "fundamentos" (Ovídio) do sistema processual.

[211] A filtragem não deve ser entendida, pois, como uma operação de contraposição de um texto infraconstitucional à Constituição. Não se pode esquecer que o jurista tem de lidar com existenciais. É no seu modo da compreensão enquanto ser no mundo que exsurgirá a norma produto da "síntese hermenêutica", que se dá a partir da faticidade e historicidade do intérprete. Na pré-compreensão já há um é. Por isso, é da adequada suspensão dos pré-juízos (pré-compreensão) o que o intérprete tem sobre o que significa a Constituição que dependerá o sucesso dessa "filtragem". Quando o intérprete realiza a filtragem, esta já se manifestou, no modo de manifestação do *Dasein*. O intérprete que realiza a "filtragem" já "está na filtragem". "No filtrado, está aquele que filtra. No filtro está o filtrado". STRECK, Lenio Luiz. *Jurisdição constitucional e hermenêutica*: uma nova crítica do direito. Porto Alegre: Livraria do Advogado, 2002, p. 189. 710 p.

[212] *Idem*, p. 191.

[213] O homem (o jurista), inevitavelmente, está ligado às leis da temporalidade (Gadamer). Os conceitos da doutrina e as leis "seqüestram" a temporalidade do direito (Streck). Assim é que os textos jurídicos, cuja interpretação é feita pela doutrina, representam o "congelamento" do tempo, prejudicando a compreensão. Decorre daí o problema da *"imitatio"*. A imitação é uma tentação para o artista. No caso do direito, a *imitação* é a tentação de seus operadores. A imitação e o seguimento fiel na forma da sucessão de professores e discípulos, e discípulos de discípulos, foi, sem dúvida, "a lei da vida", em constante movimento, de toda cultura. Mas, diz GADAMER, a *imitatio* (conotação pejorativa de imitação) está longe da verdade. GADAMER, Hans-Georg. *Arte y verdad de la palabra*. Tradução José Francisco Zúñiga García e Faustino Oncina. Barcelona: Paidós, 1998, p. 100-107. 157 p. No direito, o que se vê é a *imitatio* daqueles que doutrinam pelos juízes e advogados, pelos professores, pelos alunos dos professores e alunos dos alunos dos professores. O juiz imita o tribunal na sentença, e o tribunal julga de acordo com o Superior Tribunal que lhe é hierarquicamente superior ou com o Supremo Tribunal que está na cúpula do sistema.

[214] STRECK, Lenio Luiz. *Jurisdição constitucional e hermenêutica*: uma nova crítica do direito. Porto Alegre: Livraria do Advogado, 2002, p. 191. 710 p.

[215] FERNANDEZ, Atahualpa. *Direito, evolução, racionalidade e discurso jurídico*: a "realização do direito" sob a perspectiva das dinâmicas evolucionárias. Porto Alegre: Fabris, 2002, p. 14. 335 p.

[216] Para Heidegger, "'a descoberta deve ser sempre arrancada (...) primeiramente dos entes. O ente é retirado do velamento. A descoberta em sua faticidade é, ao mesmo tempo, um roubo (*Raub*)' onde

do-o com o devido cuidado (*Sorge*).[217] Daí a idéia de que o jurista, para vigiar o ser,[218] deve "permanecer no círculo hermenêutico", cuidando para não cair na arbitrariedade das idéias, pois é, concomitantemente, sujeito e objeto da compreensão.[219] É importante, portanto, ter em mente que a tradição tem influência sobre nós, mesmo que dela não nos demos conta. A partir dela é que se tornam possíveis nossos conhecimentos, valorizações e tomadas de posição no mundo. Daí a necessidade de se questionar os pré-conceitos que, muito mais que preconceitos de um determinado sujeito, são a própria "realidade histórica de seu ser" (Gadamer). O jurista só emerge como "sujeito (des)velador do Direito" ao cuidar de suspender os pré-conceitos e pré-juízos herdados do todo histórico de sentido que é proporcionado pela tradição.[220]

Apesar de um novo paradigma, o do Estado Democrático de Direito, instaurado com a (nem tão) nova Constituição, no Brasil, os juristas ainda não compreendem o sentido do Direito num "ambiente constitucional", pois não têm o "cuidado" e não conseguem "viver na angústia", porquanto "contam a história" como observadores, desinteressados pela "concretude", enfim, pela "faticidade". Uma das causas desse "não viver na angústia" remonta ao problema das pré-compreensões, pois nos bancos acadêmicos a compreensão já vem viciada. Assim é que, mesmo estando em vigor a nova Constituição, os cursos jurídicos no País sequer modificaram seus currículos visando à construção de um imaginário voltado à construção do Estado Democrático de Direito. Se, em outros tempos, ante-

---

essa *res furtivae*, isto é, o ente desvelado em seu ser (a coisa mesma) deve ficar sob a guarda do intérprete. O *Dasein*, acrescenta Heidegger, 'deve tomar posse do que descobriu'". STRECK, Lenio Luiz. *Jurisdição constitucional e hermenêutica*: uma nova crítica do direito. Porto Alegre: Livraria do Advogado, 2002, p. 191. 710 p.

[217] *Idem, ibidem.*

[218] O jurista é (deveria ser) o "pastor" do *Dasein* do "ser constitucional".

[219] No âmbito das ciências da história, o próprio homem que pesquisa está envolto. Quando estuda problemas das ciências humanas ou da história, ele continua homem e histórico. Isso significa que é ao mesmo tempo sujeito e objeto de sua ciência. No terreno das ciências do espírito onde o homem se estuda em sua obra, ele está diretamente envolto em seu estudo. O próprio estudo, a própria ciência que se estrutura é já obra do homem e, portanto, objeto de si mesma. Nessas áreas o homem jamais atinge a explicação positiva e autônoma das ciências naturais. Nas ciências do espírito o homem faz ciência compreendendo. Todo o progresso avança indefinidamente em círculo. É o círculo hermenêutico. Este círculo da compreensão, de um lado, pode apontar para o fato de que nós, ao analisarmos a obra humana, já a envolvemos no todo de um sentido, mas este todo somente é compreendido explicitamente pela compreensão progressiva das partes que se determinam a partir do todo ou pelas quais o todo é determinado. De outro lado, porém, o círculo da compreensão aponta para a necessidade de preservamos a análise de toda a interpretação arbitrária, fruto de modos de pensar, situação histórica etc., para que a coisa em si mesma comande o olhar na medida do avanço. STEIN, Ernildo. *História e ideologia*. 3ª ed. Porto Alegre: Movimento, 1972, p. 26-27. 70 p.

[220] O único modo de possuir uma compreensão o mais objetiva possível é ser consciente dos próprios prejuízos e refletir sobre eles. A pretensão de neutralidade é o fator principal que "cega" a visão da realidade. O prejuízo mais cegante é o "prejuízo da ausência de prejuízos" (Gadamer). FERNANDEZ, Atahualpa. *Direito, evolução, racionalidade e discurso jurídico*: a "realização do direito" sob a perspectiva das dinâmicas evolucionárias. Porto Alegre: Fabris, 2002, p. 192. 335 p.

riores aos da Constituição de 1988, as disciplinas de Direito Civil ocupavam duas, três e até quatro vezes o espaço destinado ao Direito Constitucional, após a entrada em vigor do novo texto constitucional a situação se manteve.[221] Não ocorreu a "angústia do estranhamento" (Streck). No lugar de onde deveria desvelar-se o novo, continuou-se com as velhas práticas ancoradas no sentido comum teórico.[222]

Assim é que, em pleno Estado Democrático de Direito, setores importantes da dogmática jurídica continuam (des)classificando as normas em programáticas,[223] de eficácia plena etc., com o que os dispositivos denominados como programáticos são destituídos de eficácia. O ensino jurídico, de caráter erudito, que não problematiza o caso (situação que não é exclusivamente brasileira[224]), continua privilegiando a ensinança do Direito "dito privado", ao ponto de, na expressiva maioria dos cursos jurídicos, como dito, o Direito Civil "merecer" o dobro ou o triplo da carga horária destinada ao Direito Constitucional. É assim, pois, que se formam os pré-juízos (a pré-compreensão) do operador do Direito, horizonte do qual falará "do" e "sobre" o Direito, horizonte esse que é uma espécie de "teto hermenêutico" do jurista.[225] Nas universidades e no ensino jurídico, atado

[221] É o que denuncia Lenio STRECK ao referir que "o mundo da infraconstitucionalidade supera a força normativa emergente da norma superior". STRECK, Lenio Luiz. *Verdade e consenso*: Constituição, hermenêutica e teorias discursivas. Rio de Janeiro: Lumen Juris, 2006, p. 47. 297 p.

[222] STRECK, Lenio Luiz. *Jurisdição constitucional e hermenêutica*: uma nova crítica do direito. Porto Alegre: Livraria do Advogado, 2002, p. 40. 710 p.

[223] Pela classificação, por todos, SILVA, José Afonso da. *Curso de direito constitucional positivo*. 6ª ed. São Paulo: Revista dos Tribunais, 1990. Contra a redução da Constituição a normas programáticas: LUCAS VERDÚ, Pablo. *Teoría general de las relaciones constitucionales*. Madrid: Dykinson, 2000, p. 165-166. 169 p. Também Jorge MIRANDA, para quem todas as normas constitucionais "têm de ser tomadas como normas da Constituição actual, da Constituição que temos, e não, eventualmente, duma feição prospectiva, como normas sujeitas a revisão ou como normas cuja execução escapa ao legislador ordinário. O sentido que se lhes deve procurar é o sentido da Constituição positiva, e não o sentido da Constituição desejada. Mesmo as normas programáticas participam desta idéia: para que sejam efectivas, não há de ser preciso alterar a Constituição, mas tão só dar-lhe realidade prática". MIRANDA, Jorge. Os princípios fundamentais. In: PEREIRA, André Gonçalves et al. *Estudos sobre a Constituição*. v. 1. Lisboa: Petrony, 1977, p. 33-34. 399 p.

[224] Como refere Arthur KAUFMANN, o jurista de hoje confronta-se com uma enorme e sempre crescente abundância de materiais, que tenta, com mais ou menos sucesso, por todos os meios dominar: através de edições de leis atualizáveis por fascículos, através de ficheiros de jurisprudência e doutrina (para poder por este meio diagnosticar rapidamente a "opinião dominante"), e naturalmente através do computador. Mesmo o estudante de Direito se vê, em face da erudição que lhe é exigida nos exames, na necessidade de aprender de cor soluções já dadas aos problemas e de invocar autoridades exteriores, ao invés de argumentar por si próprio. E isso leva a que o jurista – logo durante a formação e mais ainda no exercício da profissão – veja como um "luxo" a que não se pode prestar as disciplinas de base: História do Direito, Filosofia do Direito e Sociologia do Direito. Não se admira, portanto, que sejam cada vez mais raros os juristas cultos. KAUFMANN, Arthur. *Filosofia do direito*. Prefácio e tradução António Ulisses Cortês. Lisboa: Calouste Gulbenkian, 2004, p. 1. 536 p.

[225] STRECK, Lenio Luiz. *Jurisdição constitucional e hermenêutica*: uma nova crítica do direito. Porto Alegre: Livraria do Advogado, 2002, p. 190. 710 p. Daí a dificuldade de ocorrer a angústia do estranhamento com o novo, que é o texto constitucional que estabelece um novo modelo de Direito (e de sociedade). Como diz Gadamer, ter horizonte significa não estar limitado ao que está mais próximo de nós, mas, sim, poder ver além. *Idem, ibidem*. O jurista não tem conseguido "ver além", pois não con-

aos critérios dogmáticos, ao formalismo e à a-historicidade, há, portanto, uma visão parcializada[226] da realidade pela separação teórica entre o público e o privado, entre o normativo (mundo jurídico) e o real (mundo fático), entre o "ser" e o "dever ser", entre o Estado e a sociedade.[227]

Essa visão "parcializada" das coisas, essa fragmentação, enfim, essa "perda de mundo" são motivos de preocupação quando se fala em ensino jurídico, pois este tem-se convertido em uma "ordem simbólica totalitária", proporcionando uma "distância imobilizadora", que oscila entre a "paixão alienada" e "a indiferença".[228] Assim é que as faculdades de Direito, cujo ensino é alienado da realidade social, apenas transmitem um conhecimento jurídico institucional, sem propiciar condições para sua produção.[229] Não é novidade, pois, que o jurista perca a realidade, pois o

---

segue desvelar o sentido da Constituição, cuja compreensão está posta em aberto. O estabelecimento de critérios dogmáticos, alimentados pelo sentido comum teórico dos juristas, tem contribuído para o desenvolvimento de uma investigação (neo)formalista e a-histórica. A interpretação (constitucional), porém, deve ter como objetivo uma hermenêutica mais aberta, histórica. OHLWEILER, Leonel. *Direito administrativo em perspectiva*: os termos indeterminados à luz da hermenêutica. Porto Alegre: Livraria do Advogado, 2000, p. 134. 162 p.

[226] As arraigadas idéias propostas pela doutrina tradicional acerca do que seja e para que serve o Poder Judiciário constituem reflexo do ensino jurídico também na Itália – para citar um país estrangeiro –, pois lá, a exemplo do Brasil, os estudantes aprendem primeiramente os conceitos. O jurista, formado nos bancos dos cursos de direito, restringe-se ao estudo da norma, e não do fato em si. Por todos: MERRYMAN, John H. Lo "stile italiano": la dottrina. In: *Rivista trimestrale di diritto e procedura civile*. Ano XX. Milano: Dott. A. Giuffrè, 1966, p. 1169-1209; MERRYMAN, John H. Lo "stile italiano": l'interpretazione. In: *Rivista trimestrale di diritto e procedura civile*. Ano XXII. Milano: Dott. A. Giuffrè, mar. 1968, p. 373-414. Não é de se estranhar, portanto, que o caso não interesse ao jurista formado nessas universidades, pois, afinal de contas, o direito é uma ciência, com métodos de interpretação, cuja aspiração é a totalidade.

[227] Quanto ao último, a advertência de que o dualismo Estado/sociedade (ou a distinção hegeliana entre um Estado superior e um Estado inferior) está superado vem de Boaventura de Sousa SANTOS: a separação Estado e sociedade é fruto da idéia de Estado mínimo e Estado máximo. A ação estatal, na época, era simultaneamente considerada como um inimigo potencial da liberdade individual e como a condição de seu exercício. O Estado, enquanto "realidade construída", era a condição necessária da "realidade espontânea" da sociedade civil. O pensamento setecentista, assim, está totalmente imbuído dessa contradição, uma vez que, ao proclamar libertar a atividade econômica das regras corporativas do *ancien régime*, não pressupõe, de modo algum, que a economia moderna dispense uma ação estatal esclarecida. SANTOS, Boaventura de Sousa. Para uma sociologia da distinção Estado/Sociedade civil. In: LYRA, Doreodó Araújo (Org.). *Desordem e processo*: estudos sobre o direito em homenagem a Roberto Lyra Filho na ocasião do seu 60º aniversário com um posfácio explicativo do homenageado. Porto Alegre: Fabris, 1986, p. 69. 333 p. No mesmo sentido: BOBBIO, Norberto. *Estado, governo, sociedade*: para uma teoria geral da política. 8ª ed. Tradução Marco Aurélio Nogueira. São Paulo: Paz e Terra, 2000, p. 42. 173 p.

[228] WARAT, Luís Alberto. *Introdução geral ao direito*: o direito não estudado pela teoria jurídica moderna. III. Porto Alegre: Fabris, 1997, p. 12. 238 p.

[229] FARIA e CAMPILONGO reproduzem relatório do Conselho Nacional de Pesquisas Científicas e Tecnológicas (CNPq), que diagnostica a crise do ensino do direito e da pesquisa jurídica no país: "As faculdades de direito funcionam como meros centros de transmissão de conhecimento jurídico oficial e não, propriamente, como centros de produção do conhecimento jurídico. Neste sentido, a pesquisa das faculdades de direito está condicionada a reproduzir a 'sabedoria' codificada e a conviver 'respeitosamente' com as instituições que aplicam (e interpretam) o direito positivo. O professor fala de códigos e o aluno apreende (quando aprende) em códigos. Esta razão, somada ao despreparo metodológico dos docentes (o conhecimento jurídico tradicional é um conhecimento dogmático e as suas

---

Fundamentos para uma compreensão hermenêutica do Processo Civil

"mundo jurídico", diverso do "mundo real", desde-já-sempre está com ele na sua faticidade. É um existencial. Sua competência é abalada pela "terrível (de)formação acadêmica" que tem. Nas Faculdades de Direito, "aprendemos a ser repetidores de fórmulas antigas (quase que 'despachantes judiciais' (...) Trabalhamos com categorias fora do real (o descompasso entre o que se ensina sobre a finalidade dos presídios e o que realmente são os cárceres é exemplo palmar)".[230]

Exemplo típico da inadequada compreensão do que representam (deveriam representar) o Estado Democrático de Direito e a Constituição dirigente, decorrência, portanto, da ausência de um ensino jurídico comprometido com práticas democráticas, faz-se (fez-se) presente na necessidade de edição de um novo Código Civil, que representa nada mais nada menos do que o "triunfo do privado sobre a Constituição". Essa "necessidade" de editar um novo Código Civil dá a idéia de que "sem ele o jurista não sobrevive". Significa dizer que, em nosso país, os juristas e a sociedade "precisam" de um novo Código, mesmo diante da força normativa da Constituição do Brasil, que obriga legisladores,[231] administradores e juízes.

referências de verdade são ideológicas e não metodológicas), explicam porque a pesquisa jurídica nas faculdades de direito, na graduação (o que se poderia, inclusive, justificar pelo nível preliminar do aprendizado) e na pós-graduação é exclusivamente bibliográfica, como exclusivamente bibliográfica e legalista é a jurisprudência de nossos próprios tribunais. Os juízes mais citam a doutrina consagrada (existem tribunais que em Direito Administrativo trabalham com um único doutrinador e, em Direito Comercial, por exemplo, abalizam as suas decisões em autores (dois ou três) que, predominantemente, escreveram seus trabalhos imediatamente após a 2ª Guerra Mundial) do que sua própria jurisprudência. E os professores mais falam de sua prática forense do que das doutrinas e da jurisprudência dos tribunais. O casuísmo didático é a regra do expediente das salas de aula dos cursos de Direito e o pragmatismo positivista o carimbo do quotidiano das decisões. Os juízes decidem com os que doutrinam, os professores falam de sua convivência casuística com os que decidem, os que doutrinam não reconhecem as decisões. Este é o trágico e paradoxal círculo vicioso da 'pesquisa' jurídica tradicional: alienada dos processos legislativos, desconhece o fundamento de interesse das leis; alienada das decisões continuadas dos tribunais, desconhece os resíduos dos problemas e do desespero forense do homem; alienada da verificação empírica, desconhece as inclinações e tendências da sociedade brasileira moderna. Conseqüentemente, há que se reconhecer que, se a finalidade das faculdades de direito não tem sido a produção do conhecimento jurídico e a do Poder Judiciário a sua criação, o ambiente natural para o desenvolvimento da pesquisa científica está comprometido com a sua própria negação. Numa sociedade em que as Faculdades de Direito não produzem aquilo que elas transmitem, e o que se transmite não reflete o conhecimento produzido, sistematizado ou empiricamente identificado, a pesquisa jurídica 'científica', se não está inviabilizada, está comprometida. Para rompermos estas barreiras, preliminarmente, é necessário reconhecê-las (o que fizemos) e, em segundo lugar, entender que as Faculdades de Direito, especialmente os cursos de pós-graduação, devem, não apenas preparar profissionalmente o aluno e o professor, mas produzir conhecimento jurídico. Da mesma forma o Poder Judiciário não pode funcionar apenas como um agente de aplicação da lei (e interpretação), mas como órgão competente e com condições para provocar mudanças sociais, pelo menos consolidando a sua experiência no trato com o quotidiano do drama e do desespero do homem em sociedade em repositórios de informações para a transformação social". FARIA, José Eduardo, CAMPILONGO, Celso Fernandes. *A sociologia jurídica no Brasil*. Porto Alegre: Fabris, 1991, p. 28-29. 61 p.

[230] CARVALHO, Amilton Bueno de. Papel dos juízes na democracia. In: *Revista Ajuris*. Porto Alegre: Associação dos Juízes do Rio Grande do Sul, n. 70, ano XXIV, p. 356, jul. 1997. 429 p.

[231] O Legislativo encontra-se subordinado à Constituição e aos direitos fundamentais da mesma forma que o Judiciário. A ordem jurídica em que se concretiza o direito positivo tem como indicadores os

A tradição privatista do Código Civil brasileiro de 1916 sofreu "arranhões" com as transformações decorrentes da Constituição brasileira de 1934, influenciada pela Constituição de Weimar de 1919, e da Constituição do Brasil de 1988, que instaurou um novo paradigma, o do Estado Democrático de Direito. Hoje, porém, o neoliberalismo reacende a chama privatística, provocando uma "reabilitação do privado".[232] O novo Código Civil é a prova de que a tradição privatista está mais viva do que nunca. Claro que não se quer dizer com isso que a entrada em vigor de um novo Código Civil seja inútil. Até porque positiva e reforça certas expectativas da sociedade. Porém, "filosoficamente falando", é a vitória da "metafísica" sobre a hermenêutica (Streck). É o "velamento do ser" do Direito. Nesse aspecto é de se questionar: para que serve um novo Código Civil diante do que proporciona aos juristas em termos de compreensão/interpretação a principiologia da Constituição do Brasil? Para que um novo Código se existem tantos mecanismos para "aplicar" corretamente o direito, tais como a declaração de nulidade parcial sem redução de texto ou a interpretação conforme? Isso para dizer o mínimo, sem falar que vários assuntos tormentosos e atuais como banco de sêmen, comodato de útero, adoção de ovos, clonagem humana, transgenia, homossexualismo, transexualismo, Direito virtual (internet) etc., que deveriam (poderiam) ter sido tratados pelo Código, foram deixados de fora.

Alguns juristas, na defesa do novo Código Civil, assim o fazem afirmando que ele consagra três princípios básicos, quais sejam, Eticidade, Socialidade e Operabilidade.[233] Para Miguel Reale, a nova lei, atendendo ao Princípio da Socialidade, livrou-se do perfil individualista que marcava o Código Civil de 1916. E o exemplo citado para demonstrar o atendimento ao dito princípio é o de que foi substituída a expressão "pátrio poder" por "poder familiar".[234] Ora, além do fato de a própria Constituição de 1988 já ter disposto nesse sentido, ao explicitar em seu art. 226, § 5º, que os direitos e deveres referentes à sociedade conjugal – aí se incluindo o dever de cuidado com os filhos – são exercidos igualmente pelo homem e pela mulher, o Princípio da Socialidade, no Código Civil atual, ainda "apare-

---

direitos fundamentais. KEMPSKI, Jürgen von. Filosofia da política. In: HEINEMANN, Fritz. *A filosofia no século XX*. Tradução e prefácio de Alexandre F. Morujão. 5ª ed. Lisboa: Calouste Gulbenkian, 2004, p. 502. 576 p.

[232] O Direito brasileiro tem seus fundamentos no sistema de Direito romano-germânico, desenvolvido a partir dos séculos XII e XIII nas áreas de dominação dos romanos e dos germanos, e tomando corpo a partir do processo de codificação que começa com a Revolução Francesa, tendo a lei, norma geral e abstrata, como principal fonte do Direito. O Direito, nessa tradição, é pensado a partir dos princípios do Direito Privado, ou seja, como um conjunto de relações de indivíduos ou pessoas abstratamente considerados, que agem e concertam entre si, fora do pacto estatal e da estrita prescrição constitucional. Seus instrumentos têm, em geral, fins econômicos, traduzindo a "autonomia da vontade privada", tais como os contratos, testamentos etc.

[233] Por todos, REALE, Miguel. Visão geral do projeto de código civil. In: *Revista Cidadania e Justiça*. Rio de Janeiro: Associação dos Magistrados Brasileiros, n. 10, ano 5, p. 63, 1. sem. 2001. 251 p.

[234] *Idem, ibidem.*

ce" de forma um pouco "tímida", manifestando-se, assim, timidamente onde mais deveria se fazer presente, qual seja, na seara do Direito das Coisas, na posse e na propriedade. Persiste, ainda, pois, o individualismo característico do Código anterior, atenuado por algumas hipóteses novas de usucapião (ditas usucapiões com "posse socializante"[235]), com uma exigência de menor tempo de posse, sem que se tenha dado outros contornos relevantes à chamada "função social da propriedade".[236] Quanto ao Princípio da Eticidade, segundo Reale, teria sido abandonado o "rigor formal da lei", que pretende solucionar todas as questões por meio de normas expressas, conferindo o Código ao magistrado poderes para apelar a "princípios metajurídicos" a fim de encontrar a "solução mais justa".[237] Dita afirmação, contudo, resvala no fato de que não há por que se falar em princípios "metajurídicos". A Constituição da República é uma ordem de valores e princípios, dentre os quais os da proporcionalidade e da dignidade humana que, observados pelo juiz, podem conduzir a uma "decisão justa". Não existem "princípios metajurídicos". Isso é "metafísica"! O Código Civil, assim, não "dá" poder algum ao juiz para que possa se valer de "princípios metajurídicos". Por fim, quanto ao Princípio da Operabilidade, que teria sido incorporado ao código para torná-lo mais simples, facilitando aos operadores do Direito o reconhecimento do que seja prescrição ou decadência,[238] não parece passar de mera "perfumaria". Como se não fosse possível ao jurista reconhecer o que seja um prazo de decadência ou de prescrição pela simples análise e estudo do que sejam o direito subjetivo, a pretensão e a ação (em sentido material)! A própria

[235] Quanto às hipóteses de usucapião imobiliária, a Constituição atual e o Novo Código Civil contemplam as seguintes: usucapião extraordinária, prevista no art. 1.238, *caput*, do Código Civil; usucapião ordinária, prevista no art. 1.242, *caput*, do Código; usucapião urbana constitucional, prevista no art. 183 da Constituição da República e no art. 1.239 do Código; usucapião rural qüinqüenal, prevista no art. 191 da Constituição e no art. 1.240 do Código; usucapião extraordinária com posse sociabilizada, com previsão no art. 1.238, parágrafo único, do Código Civil; usucapião ordinária com posse sociabilizada, disposto no art. 1.242, parágrafo único, do Código, e a usucapião especial urbana da Lei nº 10.257, de 10 de julho de 2001 (Estatuto da cidade). Esta lei criou para o meio urbano a denominada usucapião especial urbana. É prescrição aquisitiva qüinqüenal que beneficia população de baixa renda, relativamente a áreas urbanas com mais de duzentos e cinqüenta metros quadrados. Esta lei tem em vista o cumprimento da política de desenvolvimento urbano, indicada no artigo 182 da Constituição da República. Espera-se que o tempo legal exigido para as diversas espécies de usucapião de bens imóveis seja reduzido ainda mais pelos legisladores, a fim de que se cumpra realmente a função social da propriedade.

[236] Por isso é possível dizer que, apesar das profundas mudanças vivenciadas pela sociedade brasileira, o direito privado continua comprometido com os interesses de uma oligarquia rural, reproduzindo até hoje, de um lado, os princípios do individualismo burguês advindos da moderna cultura jurídica européia, e, de outro, o legado colonial de práticas institucionais burocrático-patrimonialistas que apenas têm favorecido a garantia e a proteção de bens patrimoniais, deixando de contemplar e resolver os conflitos sociais de massa. Nesse sentido, WOLKMER, Antonio Carlos. *História do direito no Brasil*. 2ª ed. Rio de Janeiro: Forense, 1999, p. 125. 170 p.

[237] REALE, Miguel. Visão geral do projeto de código civil. In: *Revista Cidadania e Justiça*. Rio de Janeiro: Associação dos Magistrados Brasileiros, n. 10, ano 5, p. 63, 1. sem. 2001. 251 p.

[238] *Idem, ibidem*.

dogmática (e aqui não se está falando em "dogmatismos") dá saídas para uma adequada compreensão de tais institutos sem que seja necessário que a lei o faça. Ou seja: com o novo Código Civil "atira-se a coisa" para dentro dos conceitos (metafísica clássica), esquecendo-se a diferença ontológica (Streck) e o círculo hermenêutico.

No Estado Democrático de Direito, há uma transformação do *status quo*. Enquanto no Estado Liberal de Direito havia uma limitação da ação estatal, e no Estado Social de Direito havia as chamadas prestações positivas por parte do Estado, o Estado Democrático de Direito caracteriza-se pelo seu caráter transformador, sendo a lei (Constituição) instrumento dessa transformação.[239] Porém, ainda se trabalha com a concepção (do Estado Liberal de Direito) de que o Direito é ordenador, direção oposta a de um Direito "promovedor-transformador" do Estado Social e Democrático de Direito.[240] O Código Civil (e os demais estatutos) tem assim muito mais ênfase do que a Constituição e sua principiologia. Assim, por exemplo, é que o Supremo Tribunal Federal não conhece de recurso extraordinário fundado na violação de princípios que estejam colocados em lei ordinária, como é o caso do direito adquirido. Havendo invocação em sede de recurso extraordinário do aludido princípio, o STF não conhece do recurso sob o argumento de que se trata de "inconstitucionalidade reflexa", uma vez que violado, de fato, teria sido a Lei de Introdução ao Código Civil.[241] O que se pode dizer, pois, é que o novo Código Civil Brasileiro, "hermeneuticamente", representa um retrocesso,[242] sendo que, em certos

---

[239] MORAIS, José Luís Bolzan de. *Mediação e arbitragem*: alternativas à jurisdição. Porto Alegre: Livraria do Advogado, 1999, p. 63. 287 p.

[240] STRECK, Lenio Luiz. Os meios de acesso do cidadão à jurisdição constitucional, a argüição de descumprimento de preceito fundamental e a crise da eficácia da constituição. In: *Revista Ajuris*. Porto Alegre: Associação dos Juízes do Rio Grande do Sul, n. 81, XXVI, tomo I, p. 116, março. 2001. 369 p. É essa a idéia que se deve ter acerca do que é o direito e de qual a sua importância para a consolidação democrática. O direito "é uma instância simbólica do político. Isto nunca pode ser negado se nossos desejos se encaminham para a produção de uma forma social democrática. Não se podem materializar os sentidos de uma forma social democrática sem uma referência forçosa do Direito. Negando o papel simbólico do Direito produz-se um estado de despolitização generalizada. Uma situação de máxima anarquia do social que poderá levar ao totalitarismo (Tocqueville)". WARAT, Luís Alberto. *Introdução geral ao direito*. Interpretação da lei: temas para uma reformulação. I. Porto Alegre: Fabris, 1994, p. 29. 232 p.

[241] STRECK, Lenio Luiz. Os meios de acesso do cidadão à jurisdição constitucional, a argüição de descumprimento de preceito fundamental e a crise da eficácia da constituição. In: *Revista Ajuris*. Porto Alegre: Associação dos Juízes do Rio Grande do Sul, n. 81, XXVI, tomo I, p. 115, março. 2001. 369 p.

[242] Há carências hermenêutico-constitucionais, que podem ser encontradas no campo do Direito Processual. Assim, embora o conteúdo garantista da Constituição de 1988, o Código de Processo Penal, por exemplo, continua fazendo vítimas, pela falta de uma adequada interpretação que o conforme ao texto constitucional. Em pleno Estado Democrático de Direito o sistema jurídico convive com a quotidiana violação dos princípios da ampla defesa (interrogatórios que continuam sendo realizados sem a presença do defensor), do contraditório (exames periciais feitos à revelia do réu) e do devido processo legal (denúncias que são recebidas sem qualquer fundamentação), para citar apenas alguns dos problemas. Por outro lado, se os Códigos Penal e Processual Penal sofrem de profunda inadequação com o texto constitucional em face da distância temporal, um texto como o do Código Civil que entrou em vigor em 2003 deveria ingressar no ordenamento devidamente adequado à Constituição. Entretanto,

casos, contribui, inclusive, para o atravancamento do Poder Judiciário.[243] O novo Código Civil, portanto, é um dos resultados da inadequada compreensão do fenômeno Constituição e da ausência de um "dar-se conta" de que a história tem caminhado noutro rumo que não o da codificação. Aliás, rumo esse que se define como superação de fases. Essa superação de fases, essa evolução histórica, pode ser vista na forma das três revoluções (Streck) que marcam(aram) o século XX. A primeira delas, já referida, foi a "Revolução Freudiana". Aqui se descobriu que é o inconsciente que comanda as ações do homem,[244] ao contrário do apregoado pelo racionalismo instaurado pelo Iluminismo. Houve uma segunda revolução, que foi a recuperação do público de seu espaço perdido em decorrência da ascensão do privado. Se a Revolução Francesa foi o triunfo do privado, o século XX passou a ser a "era das Constituições", em que o "público" superou o "privado". A terceira revolução foi a da invasão da filosofia pela linguagem. E como o Direito é essencialmente linguagem,[245] sua compreensão passou a ser entendida neste sentido: será sempre hermenêutica, pois, se a linguagem coloca o intérprete no mundo, ele já sempre terá sua

---

não é isso que ocorre. Com efeito, em muitos aspectos, o Código Civil provoca retrocesso, com nítida violação da cláusula constitucional de proibição de retrocesso social, implícita na Constituição da República. Neste ponto, o novo Código Civil é retrógrado e demagógico. Retrógrado porque nasceu velho, principalmente por não levar em conta a história constitucional brasileira e a corajosa experiência jurisprudencial, que protegem a personalidade mais que a propriedade, o ser mais que o ter, os valores existenciais mais do que os patrimoniais; e demagógico porque, engenheiro de obras feitas, pretende consagrar direitos que, na verdade, estão tutelados em nossa cultura jurídica pelo menos desde o pacto de outubro de 1988. A edição do novo Código Civil representou a vitória da codificação sobre a hermenêutica e a abertura interpretativa. STRECK, Lenio Luiz. Quinze anos de constituição – análise crítica da jurisdição constitucional e das possibilidades hermenêuticas de concretização dos direito fundamentais-sociais. In: *Revista Ajuris*. Porto Alegre: Associação dos Juízes do Rio Grande do Sul, n. 92, XXX, p.228-229, dez. 2003. 336 p. Enquanto isso, o novo Código Civil, ao invés de se preocupar com o social, com o coletivo, retrocedeu em determinados casos a ponto de, em favor de uma só pessoa, prejudicar todas as demais. É o caso das multas por inadimplência nos condomínios, prevista no novo Código, que estabelece um percentual de 2%, ao invés de 20%, como constava da Lei nº 4.591/64. A multa, como é sabido, visa evitar que os condôminos adimplentes sofram com a inadimplência dos demais. O Código, consagrando multa nesse patamar, privilegia os maus pagadores em detrimento dos demais.

[243] Exemplo disso é o da habilitação para casamento que agora tem de ser homologada pelo juiz, conforme disciplina o art. 1.526 do Código. Como se já não houvesse um enorme volume de trabalho nas Comarcas do país.

[244] FREUD, Sigmund. *Pequena coleção das obras de Freud*: extraída da edição standard brasileira das obras psicológicas completas de Sigmund Freud. Livro 7. Tradução de José Octávio de Aguiar Abreu. Rio de Janeiro: Imago, 1974. 85 p.

[245] Savigny já havia percebido que a linguagem e o direito desenvolveram-se conjuntamente. Assim, o jurista alemão concebeu a linguagem como a forma pela qual cada povo expressa sua visão da realidade. Mas essa forma, longe de ser fixa, estável, acompanha a cada nação ao longo de seu devir temporal. A comparação entre o desenvolvimento do direito e o desenvolvimento da linguagem não é, pois, uma mera figura retórica ou acidental. Ela traduz uma concepção fundamental de Savigny, para quem a linguagem acompanha o direito por meio das diversas etapas pelas quais atravessa sua evolução. Assim, a realidade jurídica constitui-se, organiza-se mercê da linguagem em que se expressa, o que é privativo de cada povo e contribui para que se possa compreender seus elementos singularizadores e distintivos. LACLAU, Martín. *La historicidad del derecho*. Buenos Aires: Abeledo-Perrot. 1994. p. 118. 215 p.

pré-compreensão, uma vez que está inserido dentro de uma tradição.[246] Com o *linguistic turn*, a linguagem, entendida historicamente como uma terceira coisa interposta entre um sujeito e um objeto, passou ao *status* de condição de possibilidade de todo o processo compreensivo. Esse giro hermenêutico, denominado giro lingüístico-ontológico, proporciona um "novo olhar" sobre a interpretação e as condições sob as quais ocorre o processo compreensivo.

No Brasil, porém, num sentido contrário a essa "revolução paradigmática", o estudo da hermenêutica jurídica continuou atrelado aos cânones da hermenêutica clássica, no interior da qual a linguagem é relegada a uma terceira coisa que se interpõe entre um sujeito cognoscente e um objeto a ser conhecido. Nesse paradigma, a linguagem é algo que fica à "disposição" do sujeito-intérprete.[247] Dito de outro modo, em nosso país parece que se está traçando o caminho contrário ao da história: a linguagem ainda é vista como uma terceira coisa entre sujeito e objeto, como se fosse possível ao jurista apropriar-se dela e estabelecer os diversos métodos de interpretação da lei; o privado retorna com maior força, a partir da edição de um novo Código Civil, fazendo com que a aplicação do Direito volte-se para o que diz o estatuto civil, esquecendo-se (novamente) a Constituição, voltando-se a acreditar que a "razão" do legislador (figura "metafísica") tudo compreende e tudo prevê. Como afirma Ovídio Baptista da Silva, citando François Ewald, na França "o direito evolui tanto que os franceses viram a jurisprudência de seus tribunais modificar todo o direito civil, sem necessitar sequer mudar o Código".[248] Já, no Brasil, pode-se afirmar que o Direito tem "regredido" tanto a ponto de o Código ter força para mudar todo o Direito já "criado" (aplicado) pelos tribunais.

Nesse contexto, como se verá, é que se insere também o Direito Processual Civil "aplicado" no país. Sua "procedimentalidade" tem sido alheia ao universo hermenêutico e à historicidade do Direito. Sua interpretação está imersa na tradição do método, desconhecendo a riqueza das possibilidades do ser-no-mundo. Inserido na tradição liberal-individual-privatista e normativista, própria do Estado Liberal, o processo civil pátrio, em pleno Estado Democrático de Direito, não tem sido efetivo. Sua instrumentalidade ainda não foi desvelada. Apesar de tudo o que já

---

[246] Como a compreensão do direito é hermenêutica e, por conseguinte, hermenêutica é autocompreensão, é possível afirmar que o jurista está dentro de um círculo onde se pode constatar que o ser é sempre o ser de um ente. Se é sempre um ser de um ente, então, ele não é separado, pois do ente o ser difere apenas ontologicamente, mas não onticamente. E será sempre um "ser-em", pois não se poderá conceber, por exemplo, um texto ou uma lei "soltos no ar" à espera de uma "acoplagem" (Streck).

[247] STRECK, Lenio Luiz. Quinze anos de constituição – análise crítica da jurisdição constitucional e das possibilidades hermenêuticas de concretização dos direitos fundamentais-sociais. In: *Revista Ajuris*. Porto Alegre: Associação dos Juízes do Rio Grande do Sul, n. 92, XXX, p.206, dez. 2003. 336 p.

[248] SILVA, Ovídio A. Baptista da. Racionalismo e tutela preventiva em processo civil. In: SILVA, Ovídio A. Baptista da. *Sentença e coisa julgada*. 4ª ed. rev. e ampliada. Rio de Janeiro: Forense, 2003, p. 264. 385 p.

se produziu na doutrina e na jurisprudência dos tribunais em termos de Direito Processual Civil, o processo ainda não consegue atender à realização dos direitos fundamentais. Sua leitura não tem sido uma "leitura constitucional". A segurança que propicia é uma segurança voltada para o passado, sem qualquer compromisso com o presente ou com o futuro. O compromisso que deve(ria) ter com a efetividade, numa sociedade caracterizada pela rapidez das "trocas econômicas", pelo risco, pelas incertezas, não tem sido respeitado. Enfim, o "acontecer" do Direito Processual Civil ainda está "obnubilado" pelas práticas jurídicas calcadas no senso comum teórico dos juristas/filósofos da consciência, que não vêem e não conseguem ver o processo como direito/garantia fundamental,[249] instrumento de democracia e de realização dos demais direitos e garantias fundamentais, cuja instrumentalidade deve conciliar celeridade e segurança, enfim, efetividade.

---

[249] Jorge Miranda estabelece a distinção entre direitos e garantias: "Os direitos representam só por si certos bens, as garantias destinam-se a assegurar a fruição desses bens; os direitos são principais, as garantias são acessórias e, muitas delas, adjectivas (ainda que possam ser objecto de um regime constitucional substantivo); os direitos permitem a realização das pessoas e inserem-se directa e imediatamente, por isso, nas respectivas esferas, as garantias só nelas se projectam pelo nexo que possuem com os direitos; na acepção jusracionalista inicial, os direitos declaram-se, as garantias estabelecem-se". MIRANDA, Jorge. *Direitos fundamentais*: Introdução geral. Apontamentos das aulas. Lisboa: [s/n], 1999, p. 56. 196 p. No caso do processo, fica difícil discernir se ele constitui um direito ou uma garantia. Daí por que se opta em tratá-lo como verdadeiro "direito/garantia", uma vez que, ao mesmo tempo em que atende a uma necessidade do cidadão (a de deduzir uma pretensão em juízo), lhe é assegurado o devido processo legal com todos os seus corolários (garantia). No sentido de que o processo é uma "garantia constitucional", consultar: COUTURE, Eduardo J. *Fundamentos del derecho procesal civil*. Tercera edición. Buenos Aires: Depalma, 1997, p. 151-152. 525 p.

2. Direito Processual Civil e(m) crise:[250] a necessidade de um desvelamento da crise do processo civil

2.1. A visão do processo civil na perspectiva do estado democrático de direito: "estrutura de poder" ou "instrumento democrático"?

O Processo Civil desenvolvido no quotidiano dos foros do país deita raízes no Direito romano, notadamente no que diz respeito ao procedimento ordinário, herança da *cognitio extraordinem*. É possível afirmar, no entanto, que, historicamente, seus fundamentos podem ser encontrados na ideologia liberal, na filosofia da consciência (razão moderna), na busca da "verdade" e da "segurança jurídica" pelo método, e no respeito a institutos jurídicos protetores da individualidade e da autonomia da vontade, tais como o ato jurídico perfeito, o direito adquirido e a coisa julgada, elementos típicos do modelo de direito praticado no Estado Liberal. Como método que é, o processo pretende assegurar todos esses resultados, ou seja, a verdade, a segurança, e mesmo a sua condição de (quase o) único instrumento para realização do direito, uma vez que outras instâncias, tais como a arbitragem, a mediação ou a conciliação (estas "mais democráticas", em termos "procedimentais"), ainda estão em origem embrionária, ao menos no Brasil.[251]

---

[250] Parafraseando o livro do professor Lenio Luiz Streck, "Hermenêutica jurídica e(m) crise".

[251] Nem mesmo Habermas acha possível aplicar sua teoria da ação comunicativa em países subdesenvolvidos como no caso do Brasil. Para Lenio Streck, inclusive, não há como discordar de Habermas nesse ponto, pois o procedimentalismo "assume proporções fundamentais nas democracias onde os principais problemas de exclusão social e dos direitos fundamentais foram resolvidos. Sua teoria parte, implicitamente, do pressuposto de que a etapa do *Welfare State* foi realizada e, com isso, pressupõe sociedades com alto grau de emancipação social e autonomia dos indivíduos. Em Habermas, fica claro que uma comunicação sem constrangimento nem distorção pressupõe uma sociedade definitivamente emancipada, com indivíduos autônomos. Também, aqui, várias críticas podem ser dirigidas a Habermas, como a de que as condições ideais requeridas para as deliberações práticas parecem constituir o cenário próprio de uma utopia. Daí a indispensável indagação: como ter cidadãos plenamente autônomos, como Habermas propugna, se o problema da exclusão social não foi resolvido? Mais: como ter

Na visão contemporânea, o processo deve ser visto como um "instrumento democrático", pois nele o cidadão deve participar para a realização de seu direito e garantia fundamental. Essa visão do processo como instrumento da democracia – que leva em consideração as idéias de processo como "procedimento" (Fazzalari) ou como "relação jurídica" (Dinamarco e Marinoni), quaisquer delas sempre em contraditório – tem como escopo pôr um fim à idéia de processo como forma de alienação, pela recuperação da noção de que se trata de uma instituição democrática no sentido de uma "efetiva participação do povo na administração da justiça".[252]

Apesar disso, o processo, que é o método para exercício da jurisdição, não tem sido democrático. Ainda não se constituiu em um instrumento de liberdade e democracia. Não permite escolhas e "não permite o encontro do homem com a vida" (Warat). É, sim, uma estrutura de poder, uma organização de poder formalmente caracterizada, tendo por fim a atuação da ordem como bem objetivamente considerado.[253] Essa estrutura de poder, que tem por finalidade a atuação da ordem, nada mais é do que uma forma para a conservação do poder,[254] o que significa a manutenção dos privilégios que, em favor dos grupos dominantes, o ordenamento jurídico consagrou.[255] Fruto de uma sociedade capitalista,[256] para quem o lucro, a liberdade para contratar e a segurança jurídica são alguns dos valores mais caros, o processo, "método" de realização do direito, não permite opções ao cidadão: ou a ele se submete ou não tem outra escolha para buscar a realização do seu direito.

No Direito Processual Civil de cunho liberal, altamente técnico, o homem, cidadão, passa, no processo, a ser tão-somente "parte"; é trans-

---

cidadãos plenamente autônomos se suas relações estão colonizadas pela tradição que lhes conforma o mundo da vida?". Nesse sentido, consultar: HABERMAS, Jürgen. *O discurso filosófico da modernidade*. São Paulo: Martins Fontes, 2000. 540 p.; STRECK, Lenio Luiz. *Verdade e consenso*: Constituição, hermenêutica e teorias discursivas. Rio de Janeiro: Lumen Júris, 2006, p. 81-82. 297 p.

[252] DENTI, Vittorio. *Un progetto per la giustizia civile*. Bologna: Il Mulino, 1982, p. 129. 348 p.

[253] *Idem*, p. 119.

[254] É possível afirmar que existe um consenso nas reflexões em torno do processo e das práticas interpretativas do direito. Assim, parafraseando Warat, muitas "fantasias perfeitas" e poucas ousadias têm recoberto as teorias sobre a interpretação da lei e a finalidade do Direito Processual, que, segundo o senso comum teórico, visa alcançar a verdade e a segurança jurídica. "Métodos ilusórios, enobrecidas crenças, desapercebidos silêncios envolvem as práticas interpretativas dos juristas de ofício. Teorias e práticas encarregadas de garantir a institucionalização da produção judicial da normatividade e seus efeitos de poder na comunidade. Práticas, mitos e teorias refinadas que se ligam estreitamente aos processo de produção heterônoma da ordem simbólica da sociedade. Usos complacentes da lei que guardam, como em cofres de sete chaves, os princípios de controle da produção dos discursos jurídicos. Uma discursividade enganosamente cristalina que escamoteia, em nome da verdade, da segurança e da justiça, a presença subterrânea de uma 'tecnologia de opressão' e de uma microfísica conflitiva de ocultamento que vão configurando as relações de poder inscritas no discurso da lei". WARAT, Luís Alberto. *Introdução geral ao direito*. Interpretação da lei: temas para uma reformulação. I. Porto Alegre: Fabris, 1994, p. 19. 232 p.

[255] DENTI, Vittorio. *Un progetto per la giustizia civile*. Bologna: Il Mulino, 1982, p. 118. 348 p.

[256] *Idem*, p. 117.

formado – e considerado apenas como tal – num "portador de direitos subjetivos",[257] sujeitando-se a regras previamente traçadas pelos legisladores (técnicos) que, comprometidos ideologicamente, lhes dão, pela lei processual, apenas um caminho: ou se sujeita às regras ou está "fora do jogo". Nesse sentido, é possível dizer que, se a interpretação não for feita de acordo com as "técnicas de interpretação", se o processo não tiver seguido o rito prescrito em lei – o que é importante, não se nega, mas a ritualidade, às vezes, pode ceder em favor da instrumentalidade –, ou se o juiz conceder a liminar com base em uma probabilidade do direito, a "verdade" ainda não terá sido alcançada, e o direito não (poderá) ser(á) realizado. O processo, pois, é "precário". Tenta simplificar, objetivando o que não pode ser objetivado: a verdade.[258] Atende a mitos, como a neutralidade do julgador[259] e a busca da verdade. Ele próprio é um mito. O discurso do jurista é um discurso mítico.[260] Aliás, produto da modernidade, não

---

[257] Não se quer dizer com isso que o processo destrua o direito subjetivo. Não! O processo não destrói o direito subjetivo. Na verdade, o homem é "recebido" no processo como um portador de direitos subjetivos. O que se quer afirmar, no entanto, é que é tão-somente nesse sentido, ou seja, como "parte", como "portador de direitos subjetivos", como mero "ente" do processo que ele é "tratado", e não como um cidadão, homem, ser humano, condição essa que é velada no mais das vezes pelo formalismo, tecnicismo e logicismo processuais.

[258] O pensar do jurista moderno é um "pensar sem o prévio encontro com aquilo que o faz pensar"; é um pensar que corresponde a uma "idealização tranqüilizadora" em que o sujeito presume ou pretende pensar-se a si mesmo e pensar aos demais e ao mundo, outorgando-lhes certa provisão de sentido (*sinngebung*). O "teatro do sujeito autocentrado e desdobrado sobre as palavras possíveis, coerentes, sensivelmente concebíveis, é um grande exorcismo da realidade; a mantém distanciada, nada quer saber dela. Não deseja o mundo, senão uma versão do mundo; não aspira ao fato, ao assunto, senão ao esquema conceitual de decisionalidade racional, destinado a reconhecer se algo pode ser definido como um fato e resultar concebível como fato". Mas, "quando, em forma independente de nossa vontade ou de nossa inteligência, algo se dá que pensar em nós, então nos encontramos com o mundo, porque o mundo nos foi apresentado e a partir desse momento restringe o feixe de possíveis pensamentos até fazer de nossa mente a figura de um destino. Este é o pensamento que concretamente nos descobre, e o paradoxo de tal pensamento é que nos descobre vindo de fora, de um fora de nós, mas que é como se tivera encontro com um segmento de nós que nunca nos havia sido conhecido, ou que tivéssemos esquecido, sepultado debaixo do manto dos pensamentos possíveis e plausíveis". A verdade, assim, não é a definição da congruência de um enunciado com um fato, uma sensação. Também não é a possível concordância de um enunciado com outro enunciado. Pode-se dizer que é a certificação de um pensamento nosso junto com a sua necessidade de pensá-lo. Nesse sentido: GARGANI, Aldo G. La fricción del pensamiento. In: VATTIMO, Gianni. *La secularización de la filosofía*: hermenéutica y posmodernidad. Barcelona: Gedisa, 2001, p. 14-17. 296 p. Sobre o problema da verdade discorrer-se-á no(s) próximo(s) capítulo(s).

[259] Como se poderia interpretar a lei, deixando de acreditar no efeito mágico de juízes imbuídos do atributo da neutralidade? WARAT, Luís Alberto, ROCHA, Leonel Severo. *O direito e sua linguagem*: 2. versão. 2ª ed. aum. Porto Alegre: Fabris, 1995, p. 120. 120 p.

[260] *Idem*, p. 111. Nesse sentido, o processo é apresentado como uma instituição neutra que pode ser considerada a "paladina da paz social", sem que, de fato, o seja. O mito tem por finalidade criar a "sensação coletiva de despolarização e neutralidade", identificando-se com a ideologia política ao "esvaziar o real e pacificar as consciências", fazendo com que os homens se conformem com a situação que lhes foi imposta socialmente que não só a aceitem, mas venerem as formas de poder que engendraram essa situação. WARAT, Luís Alberto. *Introdução geral ao direito*. Interpretação da lei: temas uma reformulação. I. Porto Alegre: Fabris, 1994, p. 104-110. 232 p. Aponta para a mesma direção Jürgen Habermas, para quem a conexão entre conhecimento e interesse é mascarada pela técnica e pela ciência, notadamente pelo positivismo que, em sua metodologia e em seu empirismo, epistemologicamente termina por separar conhecimento e interesse, contrapondo ao ser o abstrato dever ser, impon-

poderia discrepar dela, pois esta também pode ser considerada um "grande mito".[261] Nesse aspecto, a modernidade representou para a ilustração a superação do mito pela ciência. A bandeira do positivismo era, precisamente, sua função desmitificadora. Mas, as regras que validavam o discurso racional não podiam se autolegitimar sem violar sua própria lógica, que proscrevia a circularidade. Tampouco se pode outorgar ao *cogito* cartesiano, ou a qualquer outro princípio fundante, um caráter de dogma de fé, indiscutível e irrealizável, pois isso também resultaria contraditório com os postulados da racionalidade. Ou seja: um mito tentou superar outros mitos, tentando simplificar coisas que são impossíveis de serem simplificadas.

O mito confere à complexidade dos atos humanos a "simplicidade das essências", organizando um mundo sem contradições, aparentando uma clareza onde translucidamente se podem constatar ou reconhecer valores, e pretendendo que o "receptor" (no caso do processo, as partes e os demais envolvidos) visualize sempre "uma situação de normalidade" decorrente da natureza das coisas. Assim, o mito passa a ser caracterizado como um "discurso de neutralização": basta, pois, falar naturalmente de uma coisa para que ela se torne mítica.[262] O processo argumentativo do Direito é um discurso mítico, pois, no discurso do Direito, assim como no discurso mítico, se "alude" e "ilude": o mito simplifica as complexidades, universaliza o contingente, neutraliza as valorações e idealiza a história. Em ambos os discursos (mítico e jurídico) é produzida uma "clareza de constatação", e não de "explicação", organizando-se um mundo sem contradição, pelo qual todo "dado novo" que se aceita é aceitado quando reconhece o universo das crenças já aceitas, razão pela qual o Direito "organiza um conjunto de explicações afastadas do tempo".[263]

Nessa perspectiva, o processo nada mais é do que um mito atendendo a outros mitos. Acredita-se em sua neutralidade;[264] universaliza o es-

---

do uma neutralidade axiológica que, no fundo, esconde uma ideologia de dominação. Nesse sentido, consultar: HABERMAS, Jürgen. *Técnica e ciência como ideologia*. Lisboa: Edições 70, 2001. 149 p.

[261] Nesse sentido, ANGEL RUSSO, Eduardo. *Teoría general del derecho*: en la modernidad y en la posmodernidad. Buenos Aires: Abeledo-Perrot, 1996, p. 337. 373 p.

[262] WARAT, Luís Alberto. *Introdução geral ao direito*. Interpretação da lei: temas para uma reformulação. I. Porto Alegre: Fabris, 1994, p. 111. 232 p.

[263] *Idem*, p. 111. A onipotência do Iluminismo histórico é uma mera ilusão. A verdadeira essência da história encontra-se naquilo que resiste a um esclarecimento, naquilo que demonstra possuir a duração de uma realidade constante. Os mitos não são "máscaras de uma realidade histórica", que a razão poderia retirar das coisas para realizar-se como razão histórica. Os mitos revelam a verdadeira "força da história". O horizonte da consciência histórica do sujeito "não é o deserto infinito e vazio de mitos da consciência esclarecida. Esse esclarecimento está condicionado e limitado historicamente, constituindo uma fase na realização de nosso destino. Ele mal-entende a si próprio quando se considera como a liberdade desprovida de destino da consciência histórica. Isto, porém, significa: a história é o que nós fomos antigamente e o que somos agora. É o aspecto vinculador de nosso destino". GADAMER, Hans-Georg. *Verdade e método II*: complementos e índice. Tradução de Ênio Paulo Giachini. Petrópolis: Vozes, 2002. p. 48-49. 621 p.

[264] Para WARAT, "vivemos dependentes de um esquema de racionalidade que nos determina heteronomamente. Uma razão neutra e aristocrática que despreza as incertezas e os desequilíbrios dos desejos aspirando libertar a 'cidade do saber' do irracional. Uma razão esclarecida, mas extremamente

pecífico; não cuida, muitas vezes, nem de longe, do verdadeiro problema que traz as partes a juízo; enquanto "método", simplifica complexidades que não podem ser simplificadas; pretende que as partes, advogados, juízes e promotores de justiça visualizem sempre uma "situação de normalidade", acreditando que é normal esperar anos a fio por uma solução (e é nisso que acabam realmente acreditando); idealiza situações irreais, como, por exemplo, a neutralidade dos juízes e da lei; "vela" a "dimensão humana" daquele que vai a juízo, transformando-o em "parte"; esconde o sentido das coisas com uma "decodificação analítica" (Warat) ideologicamente condicionada, na expectativa de que, ao final do procedimento, o juiz tenha chegado à "certeza" e à "verdade". A "razão" do processo, que é a razão cartesiana, desumaniza. A versão cartesiana do método facilita "a conservação de uma forma totalitária de sociedade", fundada na busca da certeza. Como o sentido democrático da sociedade depende da dissolução de toda referência à certeza,[265] o "método", que, segundo a ciência da modernidade, conduz à certeza, não é democrático. O processo, assim, seria democrático apenas em parte: no contraditório que se estabelece pela participação do cidadão é que ele se faz presente. Não é (não tem sido) democrático, entretanto, no resultado, uma vez que, além de, muitas vezes, não realizar direitos fundamentais, tais como os direitos sociais, a sentença, que é, em última análise, o resultado da aplicação do método, tem um conteúdo de "autoridade" que, muitas vezes, é "autoritário", e não democrático.[266] Não há como ser diferente, pois, é fruto do método, que desde-já-sempre é autoritário. Sem falar que, no processo civil tradicional, que se desenvolve nos tribunais, de fato, muito pouco as partes têm participado da "construção" da decisão (jurisconstrução).

Assim, é de se questionar se algumas "verdades" que são ensinadas com um "espírito de absoluto" (o processo busca a "pacificação social"; o processo é "democrático"; o processo busca a "verdade"; o processo é o "instrumento" da jurisdição para "atuação da vontade da lei") não necessitam de uma "subversão" (Warat). A esperança básica dos direitos e garantias fundamentais encontra-se diretamente vinculada ao próprio desenvolvimento do Direito.[267] Nesse sentido, pode-se dizer que os direitos e garantias fundamentais, positivados na Constituição, são a amostra

---

gélida em sua busca de univocidade". WARAT, Luís Alberto. *Introdução geral ao direito*: o direito não estudado pela teoria jurídica moderna. III. Porto Alegre: Fabris, 1997, p. 13. 238 p.

[265] *Idem*, p. 13.

[266] Os juízes levam mais em consideração a doutrina e a jurisprudência que as razões das partes. Muitas vezes, as partes estão em uma situação de desigualdade e o juiz não enxerga esse problema. O processo, assim, não funciona como um "espaço público" em que as partes possam realmente estar em igual condição, igual "situação de fala" (Habermas). Veja-se que, por outro lado, essa igualdade de situação é utópica, devendo os juízes, sim, buscar uma maior igualização das condições, um equilíbrio, o que não significa que atingirão um "ponto de arquimedes".

[267] *Idem*, p. 17.

Fundamentos para uma compreensão hermenêutica do Processo Civil

do desenvolvimento do Direito e da sociedade. Como "instituição imaginária" (Castoriadis), o Direito "circula simbolicamente na sociedade", ancorando-se na realização dos direitos e garantias fundamentais. O processo, símbolo dessa instituição imaginária, somente poderá se desenvolver "ancorado" na realização dos direitos e garantias fundamentais que a Constituição, como pacto social, assegura. Essa é a "subversão" do processo, que nada mais é do que a (re)descoberta de sua efetividade, aliando segurança e celeridade.

Os "operadores do Direito" ainda não descobriram meios para se "libertarem" das "amarras" do processo e da demora processual. Nem mesmo os legisladores, que, se não sabem, deveriam saber que o processo tem de ser rápido, conseguem fazê-lo. Aliás, na verdade, sabem e não o fazem porque não querem (razão cínica). A demora do processo, pois, passou a fazer parte da "rede de sentido" dos legisladores e juristas. É uma "verdade" que circula em seu meio e da qual não conseguem se libertar, uma vez que estão enredados no senso comum teórico. Mesmo aqueles cujos discursos reconhecem a necessidade de um processo célere (e não há quem não reconheça), envolvidos pela significação do mito (principalmente o mito da verdade), têm como "existencial" a idéia de que o processo deve demorar.[268] Não se estranha, portanto, quando advogado e juiz acham "normal" o fato de um processo demorar quatro ou cinco anos, pois, afinal de contas, sempre foi assim. O "desde-já-sempre" do jurista, pois, é um "desde-já-sempre-moroso".

Assim, os juristas não se perguntam acerca do que pensa o cidadão (que passa a ser "parte" no processo) a respeito disso tudo? Não conseguem explicar a ele – que agora é "parte" –, detentor de um direito, que este mesmo direito só poderá ser realizado daqui a alguns anos, apesar de ter ficado demonstrado no processo que é ele quem tem razão. Os operadores do Direito também não conseguem explicar ao cidadão que a sentença, em que pese ter condenado seu adversário a lhe pagar, ainda não lhe deu e nem poderá dar o direito que pretende, pois terá de fazer um novo pedido (anteriormente à recente reforma processual, instituída pela Lei nº 11.232, de 22 de dezembro de 2005, ajuizar um outro processo, no caso o processo de execução; hoje, após a reforma, solicitar o cumprimento da sentença) para receber o crédito.[269] Nesse mesmo sentido, como explicar que essa

---

[268] Isso faz com que se continue a "compreender mal" a instrumentalidade do processo. Ora, como só se pode compreender uma coisa (algo) como coisa (algo), apenas se compreende o processo "como" processo (instrumento, condição de possibilidade para o exercício da jurisdição) quando o confrontamos com as necessidades dos cidadãos no sentido de obter uma tutela eficaz, rápida. Assim, pois, como há uma "baixa compreensão" do sentido da "Constituição" (Streck), também há uma baixa compreensão do que representa, em termos instrumentais (efetividade), o processo.

[269] Os legisladores, recentemente, inovaram no Código de Processo Civil, introduzindo o chamado "cumprimento da sentença" (Lei nº 11.232, de 22 de dezembro de 2005), que, na realidade, é a "velha" execução por quantia certa que prossegue nos autos do processo de conhecimento. O nome foi alterado, mas, na prática, como se disse, é a execução que já se tinha anteriormente.

mesma execução ainda pode ser "embargada" (impugnada)[270] e que terá de esperar mais um pouco para ver realizado o seu direito? Como justificar, ainda, a existência de uma "coisa julgada" (e que nome!), que impede o cidadão, por exemplo, de ingressar em juízo para saber quem é o seu verdadeiro pai, já que, em virtude de uma anterior sentença de improcedência transitada em julgado, ausente exame de DNA, foi-lhe negado esse direito? Como lhe explicar que, segundo o "entendimento majoritário" ou a "jurisprudência dominante", o seu recurso não será analisado por quem deveria ser? Ou que o juiz adotou a "corrente forte" do Tribunal e desconsiderou a singularidade do seu caso?[271]

O Direito Processual Civil, assim, tem sido a típica prova de que a ideologia liberal, de forma autoritária, modela e centraliza a produção do sentido (Warat), fabricando um sistema de significantes (partes, coisa julgada, jurisprudência dominante etc.) que servem para criar uma versão do mundo abstraída da história. Assim é que a sentença e, posteriormente, a coisa julgada que a ela se agrega, muitas vezes fora do contexto e desvinculada da evolução histórica, asseguram relações sociais de modo artificial, sem que a relação conflituosa ou duvidosa tenha sido resolvida.[272] No Direito Processual Civil, há, pois, uma idealização de que o processo possa garantir, de modo artificial, que as relações sociais conflituosas sejam pacificadas. Por isso é que ele é tido como um instrumento de "pacificação social". Essa idealização, fruto do pensamento moderno (Hegel, para citar um exemplo),[273] faz com que o jurista passe a crer que, com o método do

---

[270] A partir da introdução do cumprimento da sentença, não há mais embargos à execução decorrente de título executivo judicial. O que há agora é a "impugnação" que, segundo o disposto no art. 475-M, não tem efeito suspensivo, podendo o juiz atribuir-lhe tal efeito "desde que relevantes seus fundamentos e o prosseguimento da execução seja manifestamente suscetível de causar ao executado grave dano de difícil ou incerta reparação". Na prática, também se pode dizer que se trata de embargos, mas sem efeito suspensivo. Espera-se que a medida legislativa confira efetividade ao processo de execução, mas se teme que, como regra, os juízes passem a conferir o dito efeito suspensivo, seja em razão do que sempre ocorreu na realidade e no cotidiano do foro, seja em decorrência do enorme volume de feitos que tem abarrotado o Judiciário. Com a quantidade de demandas que tem o juiz para despachar e julgar, é bem possível que a regra passe a ser a da atribuição do efeito suspensivo, e não o contrário, coisa que seria totalmente dispensável se o número de processos fosse menor. Os juízes não têm mais tempo para poder fazer uma leitura mais feita da inicial, para indeferir de plano as petições infundadas ou determinar o processamento da "impugnação" sem lhe dar efeito suspensivo. Este é o problema!

[271] Diante da singularidade do ser humano (*per sona*), é a sua existência, o seu caso que interessa (e isso que o Existencialismo, como filosofia, data do pós-guerra!).

[272] Na teoria dos sistemas de Luhmann, essa "estabilização" fica bem explicada, pois a função do direito é tão-somente a de reduzir as complexidades, estabilizando expectativas. Nesse sentido – e aí a teoria parece estar certa –, a "pacificação social" não tem sentido, não passando de um discurso retórico criado por teorias positivistas, descontextualizadas, fora do mundo globalizado. Segundo o funcionalismo luhmanniano – e a crítica vem de Kaufmann, acertadamente –, "não interessa que o direito seja justo (assim, não existe algo como 'justiça' ou 'indisponibilidade' que são meros símbolos, com que se convocam boas intenções; decisivo, numa sociedade altamente complexa, é apenas que o direito funcione 'reduzindo a complexidade' (isto já é certamente algo, mas assim o direito torna-se completamente fungível)". KAUFMANN, Arthur. *Filosofia do direito*. Prefácio e tradução António Ulisses Cortês. Lisboa: Calouste Gulbenkian, 2004, p. 49-50. 536 p.

[273] O Idealismo alemão encontra em Hegel seu apogeu. De acordo com os seus princípios todo o espiritual se realiza segundo uma permanente e progressiva alternância de tese, antítese e síntese.

processo, resolverá o conflito e alcançará a "pacificação social". Não é de se estranhar essa forma de pensar e se comportar, uma vez que o homem moderno, como sujeito tradicionalmente "autocentrado", concebido como uma verdadeira "fortaleza", pode fazer frente a qualquer situação, isto é, pode resolver tudo.[274]

Aliás, numa verdadeira prova de insuficiência e inefetividade, diz-se que um dos escopos do processo civil é o de pacificar socialmente, mas nem a pacificação individual, ou seja, entre os litigantes que estão em juízo, a jurisdição, por meio do processo, consegue obter. A própria feição do processo civil é uma feição individualista. O individualismo "governa" o processo civil.[275] Assim, a tão falada "paz social" que, por meio do processo, fosse possível conseguir, seria tão-somente uma paz "intersubjetiva" (se é que assim se pode chamar!), mas não social, pois nunca houve, notadamente no Código de Processo Civil, salvo exceções em leis esparsas, preocupação em resolver conflitos sociais, que exigem do Estado muito mais do que o simples respeito às liberdades individuais. Os "direitos subjetivos", atendendo aos interesses particulares, são o espelho dessa faceta do processo. Do ponto de vista histórico, os direitos subjetivos privados, que foram talhados para a busca estratégica de interesses privados e que configuram espaços legítimos para as liberdades de ação individuais, constituem o núcleo do Direito moderno.[276] Desde a época de Hobbes, as regras do Direito privado, apoiadas na liberdade de contratos e na propriedade, valem como protótipo para o Direito em geral.[277] No Direito Processual

---

Essencial é que "este desenvolvimento dialéctico não seja o reino obscuro dum Espírito do Povo, realizando-se sim duma forma lógica necessária segundo a lei da Razão. Também a História é um desenvolvimento da Razão: 'na história do mundo as coisas aconteceram de forma racional' (...) enquanto a Escola Histórica via no Povo o valor último, Hegel colocou, nesta posição, algo perfeitamente racional, o Estado. Este é, para ele, o mais elevado conceito, a mais perfeita realidade, ou seja, 'a realidade da Idéia Ética' e, assim, também o valor jurídico supremo. A filosofia de Hegel é uma filosofia da identidade: tal como existe um só Estado, também existe um só Direito, não existindo, além do positivo, um outro ainda, natural. Hegel considerava que o fundamental era a Idéia e, por isso, descurou a realidade". Idem, p. 40-41.

[274] É o que acontece com os "operadores do direito", que se tornam verdadeiros "operadores", mas, pode-se dizer, "operadores de máquinas" (assim como o operador de um computador ou o operador de um guindaste, que seguem instruções e métodos próprios), que passam a atribuir sentido às coisas de um modo idealizado, automático, sistematizado, no intento de resolver os conflitos e atingir a sonhada e esperada "paz social".

[275] Por todos, RADBRUCH, Gustav. Introdução à ciência do direito. Tradução de Vera Barkow. São Paulo: Martins Fontes, 1999, p. 151-163. 232 p.

[276] HABERMAS, Jürgen. Direito e democracia: entre facticidade e validade. Tradução Flávio Beno Siebeneichler. v. I. Rio de Janeiro: Tempo Brasileiro, 1997, p. 47. 354 p.

[277] Para HABERMAS, Kant, ao formular sua doutrina do direito, "tomara como ponto de partida direitos naturais subjetivos, que concediam a cada pessoa o direito de usar a força quando suas liberdades subjetivas de ação, juridicamente asseguradas, fossem feridas. Quando o direito positivo sucedeu ao natural, momento em que todos os meios legítimos de usar a força transformaram-se em autorizações para iniciar uma ação judicial, ao mesmo tempo, os direitos privados subjetivos foram complementados, através de direitos de defesa estruturalmente homólogos, contra o próprio poder do Estado. Esses direitos de defesa protegiam as pessoas privadas contra interferências ilegais do aparelho do Estado na vida, liberdade e propriedade". Idem, p. 48.

Civil isso não é diferente. Basta verificar, por exemplo, que a coisa julgada, no que se resume, ao final de tudo, a atividade processual de conhecimento, é um conceito de índole liberal-individualista, assegurando a intangibilidade de uma espécie de "relação contratual" entre indivíduo e Estado, e indivíduo e outro indivíduo. Não é diferente, também, para os demais institutos do Direito Processual Civil, pois, valorizado apenas como "parte", e não como cidadão, aquele que está em juízo defende seu "direito subjetivo" tão-somente contra eventuais interferências ilegais do Estado em sua vida (diretos de defesa) ou contra interferências de particulares em seus negócios. Suas necessidades sociais raramente são atendidas e o seu conflito quase nunca é resolvido. A pacificação social, pois, é uma falácia. É um mito, "aludido" pela doutrina processual e pelo Judiciário, que "ilude" o cidadão, mascarando a resolução do conflito.

O cidadão tem sido "desumanizado" pela técnica do processo que esconde o sentido das coisas e que, na realidade, acaba por lhe sonegar o atendimento a outras necessidades. É que o processo, como estrutura de poder, consagra as duas bases da administração da justiça na sociedade burguesa: a burocratização da ordem judiciária e a disciplina do processo como garantia formal.[278] Com uma linguagem incompreensível para a sociedade a qual foi destinado, o processo acabou por afastar dela o direito. A burocratização, assim, responde a um "programa político" de racionalização do *modus operandi* do órgão judiciário. Esse, sem dúvida, é um dos aspectos fundamentais do Iluminismo: à racionalização do aparelho judiciário corresponde a elaboração da categoria do procedimento.[279] A origem da teorização do processo e sua elaboração estão na matriz jusnaturalista.[280] O procedimento, assim, é a transformação em sentido burocrático da função judicial. A categoria procedimento representa, pois, o "produto científico" da racionalização do Poder Judiciário como poder burocraticamente organizado, isto é, a constituição de uma forma especificamente moderna de administração, caracterizada pelo exercício regulado da função no âmbito preciso de suas competências e hierarquicamente organizado (Weber).[281]

---

[278] DENTI, Vittorio. *Un progetto per la giustizia civile*. Bologna: Il Mulino, 1982, p. 120. 348 p.

[279] *Idem*, p. 101.

[280] Apesar de o jusracionalismo e o Iluminismo dos séculos XVII e XVIII não serem idênticos, há, como afirma WIEACKER, uma íntima ligação entre ambos: tanto quanto à sua origem, uma vez que o sistema do novo jusracionalismo só se tornou possível por meio dos pensadores do primeiro Iluminismo, como Galileu e Descartes, quer quanto à sua ação, já que o Iluminismo justificou jusracionalmente as suas exigências humanitárias, tais como a abolição dos delitos de magia, da tortura e das penas corporais. WIEACKER, Franz. *História do direito privado moderno*. 2ª ed. Tradução de A. M. Botelho Hespanha. Lisboa: Fundação Calouste Gulbenkian, 1993, p. 353-354. 768 p.

[281] Nesse sentido, DENTI, Vittorio. *Un progetto per la giustizia civile*. Bologna: Il Mulino, 1982, p. 105. 348 p.

2.2. A dificuldade do Poder Judiciário em lidar com as novas realidades decorrentes do paradigma do estado democrático de direito (ou: de como o Judiciário, por meio do processo, não consegue resolver as diversas espécies de conflito)

Há outros pontos que merecem consideração na análise. Estes dizem respeito à crise do processo que está contida na crise do Poder Judiciário. A crise da jurisdição, que engloba a crise do processo, pode ser entendida sob diversas perspectivas: uma que diz respeito ao seu financiamento (infra-estrutura, instalações, pessoal, equipamentos etc.), que pode ser nominada de crise estrutural. Outra que diz respeito a aspectos pragmáticos da atividade jurídica, englobando questões relativas à linguagem técnico-formal utilizada nos ritos e trabalhos forenses, burocracia, acúmulo de processos e lentidão dos procedimentos, que pode ser chamada de crise pragmática. Outra crise vinculada à incapacidade dos "operadores" do Direito de lidarem com novas realidades que exigem a construção de novos instrumentos e a reformulação das mentalidades moldadas no raciocínio silogístico, que pode ser chamada de crise tecnológica. Por fim, há uma crise que diz respeito aos métodos utilizados pelo Direito para buscar uma solução pacífica para os conflitos. Nesse caso, pode-se dizer que o modelo jurisdicional utilizado não mais consegue dar conta das necessidades sociais, seja em razão do conteúdo das demandas, dos sujeitos envolvidos ou do instrumental[282] que se pretenda utilizar. Essa é a crise paradigmática.[283]

O sistema jurídico pátrio é preponderantemente normativista e constituiu o Código de Processo Civil (e algumas leis processuais) como o único instrumento legal para resolver a totalidade dos conflitos de interesse. Superado no tempo e em descompasso com a atual sociedade, notadamente quanto aos problemas envolvendo os direitos difusos e coletivos, o Código tem ocasionado um desprestígio do Poder Judiciário com sua conseqüente deslegitimação.[284] Por outro lado, como o modelo tradicional

---

[282] O Código de Processo Civil, de índole individualista, dispõe apenas sobre os procedimentos para resolução de conflitos individuais. Assim, se uma pessoa sofreu um esbulho, por parte de outra, em um imóvel do qual era possuidora ou proprietária, esse conflito é regulado pelo Código, que dirá, por exemplo, que, se for o caso de posse nova, caberá liminar, e, se for o caso de posse velha, não caberá. Atendidos os pressupostos legais para o deferimento da tutela, o juiz concederá a medida pleiteada. Porém, se mil pessoas, entre homens, mulheres e crianças, invadem um imóvel que não está atendendo a sua função social, o problema se complica. A lei processual em nada ajudará o juiz na resolução do litígio. A metodologia do direito e do processo não o auxiliarão. A dogmática não dará uma saída ao julgador. Nesse sentido, o paradigma do Estado Liberal de Direito não atende à realidade social, pois não a compreende, uma vez que sua perspectiva é reducionista, objetificante, desconhecedora da historicidade.

[283] Por todos: MORAIS, José Luís Bolzan de. *Mediação e arbitragem*: alternativas à jurisdição. Porto Alegre: Livraria do Advogado, 1999, p. 99-100. 287 p.

[284] *Idem*, p. 105-106.

sempre foi o "conflitual", há, também, dificuldades em se aceitar modelos consensuais e extrajudiciários.[285] Nesse sentido, é de se questionar, por exemplo, se, em determinados casos, não teria de ser criada uma instância extrajudicial para conciliação. No Direito de família, a título exemplificativo, em que a tentativa de (re)conciliação é, por excelência, a primeira medida que deve ser tomada pelo juiz, poder-se-ia instituir, na via extrajudicial, uma instância para mediação, conciliação ou reconciliação. Somente após as partes terem tentado a solução por essa via é que poderiam, então, vir a juízo, se inexitosa. Surgiria aí uma espécie de um novo "pressuposto processual", que poderia ser acrescentado ao Código de Processo Civil, no sentido de que, não tendo sido oportunizada a via da mediação ou da (re)conciliação, não possam as partes ingressar em juízo com a respectiva demanda. O que se pode dizer, pois, é que, em alguns ramos do Direito, tais como no Direito de família, no Direito da criança e do adolescente (este hoje cada vez mais se voltando para a "justiça restaurativa"), o processo não tem servido para a resolução do conflito. O processo é técnico. O afeto, o desejo, o amor – também o ódio, a raiva, a saudade, a melancolia –, enfim, sentimentos que existem em qualquer relação familiar, não são e não podem ser objeto da técnica. Para esse tipo de situação o processo parece nada resolver.[286] Aí é que podem ter lugar a mediação, a conciliação, a reconciliação etc.

A partir de uma análise que Gadamer faz das ciências do espírito (e o Direito é uma ciência do espírito), pois, é possível afirmar que a situação do processo civil, na "era das massas", é precária.[287] Idealizado para uma

---

[285] MORAIS, José Luís Bolzan de. *Mediação e arbitragem*: alternativas à jurisdição. Porto Alegre: Livraria do Advogado, 1999, p. 113.

[286] Para WARAT, os direitos fundamentais, que são os direitos humanos positivados na Constituição do Brasil, precisam gerar discursos que falem de "instâncias libertatórias", permitindo ao homem reencontrar seus vínculos com a vida. Nesse sentido: WARAT, Luís Alberto. *Introdução geral ao direito*: o direito não estudado pela teoria jurídica moderna. III. Porto Alegre: Fabris, 1997, p. 11. 238 p. Isso não acontece no processo, pois ele acaba "subtraindo a vida". Essa subtração da vida nada mais é do que uma das conseqüências do que Warat chama de "hiper-racionalidade da modernidade", que "anulou o valor cognitivo das emoções, normatizou o prazer de viver, desencantou o mundo, pasteurizou as diferenças e debilitou os desejos na imposição do recomendável. Fazendo ouvidos surdos ao pluralismo dos significados, pretendeu capturar a sociedade pela magia de um modelo de explicações. Sufocou os compromissos vitais e a singularidade da subjetividade, derivando das diferenças a ficção de unidade". WARAT, Luís Alberto. *Por quem cantam as sereias*: informe sobre ecocidadania, gênero e direito. Tradução de Julieta Rodrigues Sabóia Cordeiro. Porto Alegre: Síntese, 2000, p. 161. 200 p.

[287] Como afirma o filósofo, na "sociedade superorganizada", cada grupo de interesse exerce sua influência segundo a medida de seu poder econômico e social. Também a investigação científica é avaliada na proporção em que os seus resultados possam favorecer ou prejudicar seu próprio poder. Assim, toda investigação deve cuidar de sua liberdade e o investigador da natureza sabe que seus conhecimentos não têm chance de se impor quando contrariarem os interesses vigentes, uma vez que os interesses econômicos e da sociedade pesam (enormemente) sobre a ciência. Nas ciências do espírito (leia-se "direito"), porém, essa pressão se exerce como que a partir de dentro, pois elas "até correm o risco de considerar como verdadeiro aquilo que corresponde aos interesses desses poderes". Entretanto, uma vez que o seu trabalho carrega em si sempre um momento de incerteza, a confirmação dos outros é de especial importância para elas. O trabalho das ciências do espírito, assim, interessa a todos. Há o risco de uma "degeneração" do trabalho, no sentido de levar o investigador a assumir o ponto de

sociedade cuja historicidade era outra, o Direito Processual não resistiu à sua finitude. A razão, ideal do Iluminismo, não teve e não tem a possibilidade de evitar sua "corrupção", pois não resiste à finitude do ser humano e ao seu condicionamento histórico. Por isso a razão do processo civil, que preside o seu método, não resiste à sua incapacidade para resolver os conflitos humanos.

2.3. A tradição em que os processualistas estão inseridos é (um)a tradição "inautêntica" do Direito

Quando se buscam soluções para a crise do processo, não há muitas opções. Os legisladores, inspirados pela práxis judicial, criaram os Juizados Especiais (Lei nº 9.099/95 e Lei nº 10.259/2001), que, em parte, desafogaram e continuam desafogando o Judiciário, permitindo a "desova" de demandas reprimidas, notadamente as das pessoas de baixa renda. Foi criada a Lei de Arbitragem (Lei nº 9.307, de 23-9-1996) que, no entanto, não tem conseguido maior respaldo no país, uma vez que a sociedade ainda acredita no Judiciário, apesar de todos os seus problemas, e não em uma "jurisdição" que, apesar de pública, não é exercida nos moldes tradicionais, ou seja, por magistrados do Poder Judiciário.[288] Por outro lado, ela – a arbitragem – pode servir muito mais para determinadas pessoas ou grupos representativos de classes que não procuram o Judiciário, cujos clientes integram as camadas mais pobres da população.[289] Também a lei processual (Código de Processo Civil) tem sofrido reformas. Seus "fundamentos", porém, ainda não têm sido discutidos. De outra banda, não há como dizer que o processo não mais seja necessário, pois ainda não se descobriu um sistema "imune de inconvenientes",[290] que possa substituí-lo. A reforma da legislação processual tem contribuído para a efetividade do processo, mas essa contribuição ainda é pouca. Nesse aspecto, o que pode ser feito? Não há respostas definitivas para a questão. É possível, no

---

vista favorável à influência do público, debilidade comum ao nosso tempo, como lembra o professor da Alemanha. Essa dependência, porém, deve ser reconhecida, pois quem não a reconhece e acredita ser livre não o é: está vigiando as suas próprias algemas. Daí a importância do "autoconhecimento", que desilude as ciências do espírito de querer empregar mais ciência para alcançar aquilo que nem elas mesmas podem gerar. GADAMER, Hans-Georg. *Verdade e método II*: complementos e índice. Tradução de Ênio Paulo Giachini. Petrópolis: Vozes, 2002. p. 54-55. 621 p.

[288] Apesar de todas as dificuldades do Poder Judiciário, a autoridade da sua tradição (Gadamer) ainda é respeitada. Procurar fazer com que essa autoridade, essa tradição, sejam continuamente reconhecidas e, portanto, respeitadas, é um dos desafios dos juízes no Estado Democrático de Direito.

[289] Consultar estudo de VIANNA, Luiz Werneck et al. *A judicialização da política e das relações sociais no Brasil*. Rio de Janeiro: Revan, 1999. 272 p.

[290] SILVA, Ovídio A. Baptista da. *Processo e ideologia*: o paradigma racionalista. Rio de Janeiro: Forense, 2004, p. 34. 342 p.

entanto, fazer algumas incursões no sentido de encontrar alternativas. A arbitragem, constitucionalmente adequada,[291] a mediação e a conciliação pela busca do consenso, com muitas vantagens, podem servir para resolução de determinados conflitos que só por essas vias podem ser resolvidos. Essa é, à evidência, uma postura procedimental. Como não se pode, porém, prescindir do processo, faz-se necessária, também, uma "substancialização" do Direito Processual Civil no sentido de desvelar o ser do ente (Heidegger) de seus institutos, demonstrando que determinados "mitos" do Direito têm escondido das coisas sua dimensão verdadeira, velando, pois, o sentido do processo. Não se negam, assim, a necessidade do processo e a idéia de que ele possa (ou deva) ser considerado um "procedimento em contraditório" (Fazzalari,[292] Aroldo Plínio Gonçalves[293]) e instrumento do Estado Democrático de Direito para a resolução dos litígios.[294] Mas, essa "substancialização" pode, mesmo sem resolver todos os seus problemas, de certa forma, "revirar o solo" em que está fundado, lhe dando uma "sobrevida", pela "valorização" da sua efetividade, não só num sentido quantitativo, mas num sentido "hermenêutico", qualitativo.

Para empreender essa tarefa, primeiramente, deve-se "escutar a voz da tradição". Escutar a tradição e se situar nela é o "caminho" para a "verdade" que se deve encontrar nas ciências do espírito. E a própria crítica que se faz à tradição acaba servindo para se localizar na autêntica tradição em que nos encontramos.[295] Isso significa que eventuais condicionamentos não prejudicam a verdade. Ao contrário, são um "momento" da própria verdade[296] e precisam ser levados em consideração. O homem, desde sempre, está inserido numa tradição. Essa tradição detém autoridade. Contudo, essa autoridade não significa a superioridade de um poder que exige obediência cega, proibindo o pensar. Obedecer à autoridade significa perceber que o outro, a outra voz que fala a partir da tradição e do passado, "pode ver alguma coisa melhor do que nós mesmos".[297] A tradi-

---

[291] Alerta que é feito por MORAIS, José Luís Bolzan. *Mediação e arbitragem*: alternativas à jurisdição. Porto Alegre: Livraria do Advogado, 1999. 287 p.

[292] FAZZALARI, Elio. *Istituzioni di diritto processuale*. 5ª ed. Padova: Cedam, 1989.

[293] GONÇALVES, Aroldo Plínio. *Técnica processual e teoria do processo*. Rio de Janeiro: Aide, 1992.

[294] Consoante afirmação de Daniel Francisco MITIDIERO, partidário de um formalismo-valorativo no processo civil, a teoria que melhor atende a essas idéias "é aquela que entende o processo como um procedimento em contraditório, pensada por Elio Fazzalari. Com efeito, para Fazzalari o processo seria uma espécie do gênero procedimento, desse distinguindo-se precisamente por ser um procedimento que se desenvolve em contraditório, em uma estrutura dialética, possibilitando-se por aí uma participação concreta e efetiva no manejo do poder estatal". MITIDIERO, Daniel Francisco. *Elementos para uma teoria contemporânea do processo civil brasileiro*. Porto Alegre: Livraria do Advogado, 2005, p. 144. 165 p.

[295] Nesse sentido, GADAMER, Hans-Georg. *Verdade e método II*: complementos e índice. Tradução de Ênio Paulo Giachini. Petrópolis: Vozes, 2002. p. 53. 621 p.

[296] *Idem*, p. 53.

[297] *Idem*, p. 52.

Fundamentos para uma compreensão hermenêutica do Processo Civil

ção dá o impulso para ir adiante. Como impulso, pois, há que se levar em consideração que desde-já-sempre o jurista/intérprete está inserido num mundo do qual é constituinte e constituído, isto é, na faticidade. A tradição, assim, afeta profundamente a vida dos homens. Desvincular-se dela é impossível. Questioná-la não.[298]

No Direito Processual Civil, assim como nos demais ramos do Direito, os juristas estão inseridos numa tradição que, no mínimo, não tem sido questionada – portanto, não devidamente "suspensa".[299] Vivendo em um mundo de conceitos e "lugares-comuns", os juristas têm-se alienado da "vida real". Nesse sentido, basta ver que toda a tradição jurídica caracteriza-se pela existência de dois mundos: o "mundo dos fatos" e o "mundo jurídico". Essa dualidade kantiana (ser e dever ser), fruto da filosofia da consciência (racionalismo), que separa o que é inseparável, faz com que a dimensão do real seja transformada tão-somente em uma instância imaginária, fictícia. Alheios à "vida prática", os juristas, numa tradição que se pode chamar de "inautêntica" (Streck), velam o sentido das coisas, fechando-se estruturalmente dentro daquilo que se convencionou chamar

---

[298] A tradição, por óbvio, deve ser respeitada. Isso, porém, não significa dizer que ela não deva ser questionada. Não se deve confiar sem reservas no que ela ensina. A questão da verdade no direito, pois, não está livre da "corrupção" e da finitude. As ciências do espírito "formam um elemento específico dentro do conjunto das ciências, pelo fato de que mesmo os seus conhecimentos pressupostos ou reais determinam imediatamente todas as coisas humanas, traduzindo-se na formação e educação humanas. Para distinguir o verdadeiro do falso, elas não dispõem de outro meio a não ser o material de que se servem: os *logoi*, os discursos. E, no entanto, esse recurso pode conter o máximo de verdade que os homens podem alcançar. Na verdade, o que nelas dá o que pensar é sua caracterização própria: são *logoi*, discursos, 'somente' discursos". A ciência tem algo em comum com o fanático: porque ela constantemente exige e dá demonstrações, acaba sendo tão intolerante quanto ele é. Ninguém "é mais intolerante do que aquele que quer comprovar que aquilo que ele diz deve ser a verdade". Como para a ciência só tem sentido o que satisfaz aos seus próprios métodos de comprovação da verdade, quanto mais se ampliam seus procedimentos sobre o real, mais se tornam questionáveis seus pressupostos, uma vez que proíbe as questões dirigidas contra os procedimentos que ela própria engendrou, desacreditando-as ou as declarando absurdas. *Idem*, p. 56-59.

[299] O jurista moderno acredita que a razão é o caminho para conhecer a verdade. Suspeita da tradição autêntica, sem suspeitar da tradição inautêntica, aspirando a que o conhecimento da verdade venha das regras matemáticas (fórmulas ou métodos) que tornam o conhecimento objetivo. Para ele, o método rigoroso há de comprovar o real, que é acessível para a matemática e para as ciências experimentais. A modernidade supõe que todo o dado se expressa em uma "realidade dual". Assim separa sujeito e objeto, alma e corpo, superestrutura e infra-estrutura, consciência e inconsciência, interioridade e exterioridade, sendo tudo passível de ser conhecido com perseverantes esforços de aprofundamento. Essa idéia dualista, como se sabe, tem início com Descartes, que separa alma e corpo, deixando este como uma máquina suscetível de manejo pela matemática, e prossegue com a distinção sujeito-objeto do conhecimento: a época moderna afirma que o homem é sujeito e, nessa qualidade, enfrenta a realidade que passa a ser objeto. É a idéia do sujeito kantiano que impõe previamente suas condições aos objetos que conhece, constituindo o típico pensamento da filosofia da consciência: enquanto sujeito, o constitutivo básico do homem é a razão que é pensada como o poder de abarcar os objetos em conceitos físico-matemáticos que são válidos por serem comprovados por qualquer um. Todo o resto que mostra a realidade dos objetos ou sujeitos, mas que se capta ou se vivencia fundado na intuição, nas impressões, emoções ou sentimentos não objetiváveis em termos matemáticos, isto é, fora dos "esquemas prévios", não é digno da ciência. Por isso é que a modernidade enriqueceu o homem na conquista das ciências, mas o empobreceu, pois o desumanizou. ROA, Armando. *Modernidad y posmodernidad: coincidencias y diferencias fundamentales*. Santiago de Chile: Andres Bello, 1995, p. 19-30. 80 p. Também por isso o "processo" empobreceu o jurista.

de "senso comum teórico" (Warat). Aliás, esse fechamento estrutural não representa novidade alguma, uma vez que há um desentendimento constante entre sociólogos, juristas e filósofos[300] que, ao invés de levar à recuperação da "funcionalidade" do Direito, levam a um distanciamento da realidade, impedindo, assim, as transformações sociais. O senso comum teórico, nesse aspecto, permite que se possa pensar o Direito em termos de coerência (positivismo jurídico), ou seja, como uma seqüência lógica e racionalizadora. Isso porque, na modernidade (e o positivismo é fruto da modernidade), a "coerência" corresponde à idéia ilusória de um "enlace" que une cada passo do pensar ao outro, em uma concatenação necessária, partindo de algo que é considerado o primeiro termo da cadeia até chegar ao que se considera o último.[301] Essa idéia "desfuncional" do Direito, por exemplo, vem aliada ao problema da eficácia das normas constitucionais que o próprio Poder Judiciário, ao se isentar de sua responsabilidade, acaba por suprimir.

Posição tradicional da doutrina (des)classifica as normas em prescrições obrigatórias ou preceptivas, programáticas, instituintes ou organizadoras, explicativas ou interpretativas,[302] permissivas e finais. As normas programáticas implicam simplesmente na necessidade de levá-las em conta quando de futuras atividades eventuais, *v.g.*, quando se emanarem outras normas de grau subordinado, ou quando um órgão executivo atua no exercício de seu poder discricionário. As instituintes ou organizadoras são as que criam ou modificam qualquer instituição nova sem estabelecer diretamente regras de conduta. As explicativas ou interpretativas explicam normas precedentes e de situação duvidosa. As permissivas facultam ações e omissões que, por si só, ficariam fora do campo do Direito. As finais são aquelas que se haverão de observar quando se quiser alcançar determinados fins.[303] Portanto, como há normas cuja eficácia dependem da atividade do legislador, a Constituição nada pode mudar, uma vez que elas não têm eficácia imediata, passando o juiz a se escudar na inexistência ou ineficácia da lei, cuja responsabilidade não é dele, mas dos legisladores, que assim o quiseram. Nesse contexto é que os juízes podem negar remédio a uma criança que dele necessita sem que isso seja nem mesmo motivo de "preocupação", já que, de acordo com o sentido comum teórico, a responsabilidade não é do Poder Judiciário, mas do Legislativo que nada fez.[304]

---

[300] Nesse sentido: OLIVEIRA JÚNIOR, José Alcebíades de. Observações ao estruturalismo dos juristas. In: BORGES FILHO, Nilson (org.). *Direito, Estado, política e sociedade em transformação.* Porto Alegre: Fabris, 1995, p. 72. 185 p.

[301] GARGANI, Aldo G. La fricción del pensamiento. In: VATTIMO, Gianni. *La secularización de la filosofía*: hermenéutica y posmodernidad. Barcelona: Gedisa, 2001, p. 20. 296 p.

[302] Por todos, BISCARETTI, Paolo. *Derecho constitucional.* Traducción de Pablo Lucas Verdu. Madrid: Tecnos, 1965, p. 157. 742 p.

[303] *Idem*, p. 157.

[304] Nesse sentido, consultar a crítica de STRECK, Lenio Luiz. *Hermenêutica jurídica e(m) crise*: uma exploração hermenêutica da construção do direito. 3ª ed. rev. Porto Alegre: Livraria do Advogado, 2001,

Os juízes, por exercerem um poder, têm uma responsabilidade. Assim, em uma sociedade organizada racionalmente, haverá uma relação diretamente proporcional entre poder e responsabilidade. Um poder sem responsabilidade é incompatível com um sistema democrático. No *Welfare State*, a expansão da função legislativa e o crescente volume da legislação causaram dois fenômenos posteriores, típicos dos parlamentos ocidentais: o seu sobrecarregamento e, também, a freqüente imprecisão e ambigüidade dos atos legislativos, que devem consistir seguidamente de compromissos entre várias forças e valores. Assim, a legislação é redigida continuamente em termos vagos, muitas vezes deixando delicadas escolhas políticas para a aplicação por parte do juiz.[305] Some-se a isso o aspecto de que os "direitos sociais" – típico produto jurídico do Estado do Bem-estar Social – são caracterizados pelo fato de que não têm natureza puramente normativa. Eles são "promocionais" e projetados no futuro, exigindo para sua gradual realização a intervenção ativa e prolongada no tempo pelo Estado. Na proteção de tais direitos, diz Cappelletti, o papel do juiz não pode, absolutamente, limitar-se a decidir de maneira estática o que agora é legítimo e ilegítimo, justo ou injusto. Ao contrário, constitui freqüente responsabilidade do juiz decidir se determinada atividade estatal, mesmo quando largamente "discricionária", está alinhada com os programas prescritos pela legislação social e pelos direitos sociais.[306] Assumir essa postura significa assumir que o Estado Democrático de Direito "pede" e "determina" que o juiz promova os direitos sociais. O juiz não é um "gendarme",[307] mas um promovedor. O juiz, portanto, tem um papel criativo na evolução e na modernização do Direito, papel este que implica um certo grau de "discricionariedade" e, por isso, de "politicização" e "socialização" da atividade e do poder jurisdicional.[308]

---

p. 222-223. 319 p. Na Jurisprudência, o seguinte acórdão: BRASIL. SUPERIOR TRIBUNAL DE JUSTIÇA. *Processual civil. Mandado de segurança. Direito líquido e certo. Inexistência de ato coator. O mandado de segurança é o remédio processual adequado para a proteção de direito líquido e certo, demonstrado de plano, mediante prova preconstituída contra ato abusivo ou ilegal de autoridade pública. O conceito de direito líquido e certo é tipicamente processual e só pode ser reconhecido se os fatos em que se funda puderem ser provados de forma incontestável. Inexistindo o ato abusivo ou ilegal, em concreto, promanado do agente coator, investido de autoridade pública, é descabida a impetração da segurança. No âmbito do recurso especial é possível a valoração da prova e a avaliação do seu merecimento, ou, em outras palavras, se é suficiente para tornar certa a existência do ato praticado pela autoridade coatora, porquanto, constituem pressupostos da segurança: a) o direito líquido e certo do impetrante; b) o ato abusivo praticado por autoridade pública. Inexiste direito certo se não emanado da lei ou da Constituição. Normas meramente programáticas protegem um interesse geral, mas não conferem aos respectivos beneficiários o poder de exigir a sua satisfação antes que o legislador cumpra o dever de complementá-las com a legislação integrativa. No sistema jurídico-constitucional vigente, a nenhum órgão público ou autoridade é conferido o poder de realizar despesas sem a devida previsão orçamentária. Recurso conhecido e provido e cassada a segurança. Decisão por maioria.* Processo REsp 57614/RS; Recurso Especial 1994/0037174-8. Relator(a) Ministro Demócrito Reinaldo (1095) Órgão Julgador Primeira Turma. Data do Julgamento 27/05/1996 Data da Publicação/Fonte DJ 01.07.1996. p. 23989.

[305] CAPPELLETTI, Mauro. *Juízes irresponsáveis*. Tradução Carlos Alberto Álvaro de Oliveira. Porto Alegre: Fabris, 1989, p. 18-22. 96 p.

[306] *Idem*, p. 18. 96 p.

[307] *Idem*, p. 41. 134 p.

[308] Interpretar o direito é "formular juízos de legalidade" (e de constitucionalidade). Quando se fala, no entanto, em "discricionariedade judicial", há que se dizer que esta discricionariedade está no sen-

Ao propor uma "ética da responsabilidade", Norberto Bobbio adverte que ao crescimento do poder deve corresponder o aumento da responsabilidade. E um dos aspectos dessa responsabilidade diz respeito ao dever que tem o homem de, antes de agir, "calcular" as conseqüências das próprias ações. Por isso, diz o jusfilósofo da Itália, é responsável o homem que se preocupa em prever quais serão os efeitos da sua ação antes de agir. Ao contrário, é irresponsável aquele que age ou para o seu próprio proveito ou para obedecer a princípios em que crê cegamente, sem avaliar o que pode decorrer de bom ou de mau das suas ações.[309]

A tradição do Direito tem-se mostrado arredia à responsabilidade judicial e aos problemas concretos que surgem no quotidiano da sociedade, sob os mais diversos e pretensiosos argumentos: desde a distinção entre política, moral e Direito, fruto do liberalismo econômico forjado com a modernidade burguesa, passando pelas idéias de processo como um método para exercício da jurisdição,[310] que atua "coerente" e "logicamente", e da irresponsabilidade ética (constitucional) dos juízes, chegando, por fim, à comparação da Constituição como uma mera "carta" de direitos e garantias (folha de papel), contendo "normas programáticas" que não têm eficácia ou mesmo condições para transformar a realidade. Nessas concepções é que o Direito Processual Civil contemporâneo, fruto da modernidade e considerado o instrumento do Estado Liberal para a "pacificação dos conflitos", vem-se resumindo num "direito requintado", com uma multiplicidade de "estereótipos" normativos (Warat), tais como as condições

---

tido de "poder de criação da norma jurídica que o intérprete autêntico exercita formulando juízos de legalidade (não de oportunidade)". A distinção entre ambos esses juízos "encontra-se em que o juízo de oportunidade comporta uma opção entre indiferentes jurídicos, procedida subjetivamente pelo agente; o juízo de legalidade é atuação, embora desenvolvida no campo da prudência, que o intérprete autêntico empreende atado, retido, pelo texto normativo e, naturalmente, pelos fatos. (...) não atuando no mesmo plano lógico, de modo que se possa opor a legalidade à discricionariedade – e esta decorrendo, necessariamente e sempre, de uma atribuição normativa a quem a pratica –, a discricionariedade se converte em uma técnica da legalidade". GRAU, Eros Roberto. *Ensaio e discurso sobre a interpretação/aplicação do direito*. 2ª ed. São Paulo: Malheiros, 2003, p. 52-53. 240 p. Essa discricionariedade, inclusive, está no sentido de que o juiz possa tomar decisões "alternativas" para resolver o conflito, mesmo ferindo a legalidade. SÁNCHEZ FERNÁNDEZ, Luis Manuel. El problema de la producción del derecho. p. 85-96. In: *Revista crítica jurídica*, n. 19, jul-dez/2001. Na verdade, porém, como salienta Lenio Luiz STRECK, não há um "processo de discricionariedade do intérprete", pois o texto já aparece na "sua" norma, produto da atribuição de sentido do intérprete. Texto e norma não subsistem separados um do outro. Nesse sentido, STRECK, Lenio Luiz. A hermenêutica filosófica e as possibilidades de superação do positivismo pelo (neo)constitucionalismo. In: ROCHA, Leonel Severo, STRECK, Lenio Luiz et al (org.). *Constituição, sistemas sociais e hermenêutica*: programa de pós-graduação em Direito da UNISINOS: mestrado e doutorado. Porto Alegre: Livraria do Advogado, 2005, p. 166. 309 p.

CAPPELLETTI, Mauro. *Juízes irresponsáveis*. Tradução Carlos Alberto Álvaro de Oliveira. Porto Alegre: Fabris, 1989, p. 86. 96 p.

[309] BOBBIO, Norberto. *Os intelectuais e o poder*: dúvidas e opções dos homens de cultura na sociedade contemporânea. Tradução de Marco Aurélio Nogueira. São Paulo: Unesp, 1997, p. 96. 187 p.

[310] Conceito utilizado por José Maria Rosa TESHEINER. Consultar: TESHEINER, José Maria Rosa. *Elementos para uma teoria geral do processo*. São Paulo: Saraiva, 1993, p. 1. 198 p. Não se está aqui criticando o conceito. Ao contrário, concorda-se com ele. A crítica é endereçada à "coerência" e "logicidade" do processo.

da ação, a natureza da decisão interlocutória, o problema da "questão de fato" e da "questão de direito" etc., afirmando-se como realizador de uma justiça que se considera "substancial" e "democrática", cuja decisão é assegurada pela coisa julgada e seu compromisso com a segurança. O jurista (processualista), assim, não tem passado de um tecnocrata que, ao invés de lutar contra o dogmatismo, garantindo um "direito vivificado" e recusando a invasão de seu campo de reflexão por uma ciência e técnica que o excluem e tornam incapaz, passa a viver à margem da realidade que não pode escapar nem da história nem do tempo.[311] Nessa perspectiva, a figura do jurista moderno foi neutralizada no interior de um discurso de verdades que o tornou um "personagem anônimo", mero "enunciador de um saber construído fora de seu corpo e de seu desejo".[312]

2.4. O Poder Judiciário tem-se (pre)ocupado com a realização dos direitos e garantias fundamentais?

O processo não tem servido de instrumento para que os direitos e garantias fundamentais do cidadão possam realmente ser efetivados, ou seja, para que quaisquer direitos, tanto individuais como sociais, possam ser realizados de forma efetiva e célere. No Direito brasileiro, o mandado de injunção é o exemplo patente de método "processual" previsto constitucionalmente e direcionado à proteção de determinada espécie de direito (norma constitucional que demande atuação do legislador ordinário, cuja inércia impõe a atuação do Judiciário, viabilizando o exercício do direito constitucionalmente assegurado quando em mora o Legislativo), cuja aplicabilidade restou reduzida pelo próprio Poder Judiciário.[313] Ou seja, nem esse método, que serviria para atender a um determinado fim, qual seja, o de instrumento apto a proteger direitos que não foram devida e formalmente previstos em lei, prestou-se ao seu desiderato, maculado pelo temor e falta de coragem do Judiciário em se firmar como uma instância asseguradora dos direitos e garantias fundamentais. Isso demonstra uma espécie de ausência de Justiça Constitucional (jurisdição constitucional

---

[311] Nesse sentido, ARNAUD, André-Jean. *O direito traído pela filosofia*. Tradução de Wanda de Lemos Capeller e Luciano Oliveira. Porto Alegre: Fabris, 1991, p. 173. 253 p. Apesar da historicidade inerente às ciências humanas, o que implica uma "temporalização da compreensão", o fato de que o direito, que é histórico, não tem conseguido acompanhar o tempo não é novidade. Apesar de toda a crítica que tem sido feita ao direito e ao processo, muito pouco ou quase nada se alterou até então. Quanto ao processo de conhecimento, para referir um exemplo, basta dizer que se trata de uma "relíquia" herdada do direito romano, resgatada pelo Iluminismo, que serve até hoje, praticamente, como o único "método" do Poder Judiciário para o exercício da jurisdição.

[312] WARAT, Luís Alberto. *Por quem cantam as sereias*: informe sobre ecocidadania, gênero e direito. Tradução de Julieta Rodrigues Sabóia Cordeiro. Porto Alegre: Síntese, 2000, p. 157. 200 p.

[313] Ver crítica de STRECK, Lenio Luiz. *Hermenêutica jurídica em crise*: uma exploração hermenêutica da construção do direito. 3ª ed. rev. Porto Alegre: Livraria do Advogado, 2001, p. 37. 319 p.

concentrada), pois o Supremo Tribunal Federal, a quem cabe exercer essa jurisdição, por vezes, exerce-a insatisfatoriamente, demonstrando uma despreocupação com a realização dos direitos e garantias fundamentais.

Uma das razões de ser desse modo de "exercício" da jurisdição constitucional decorre do fato de o Supremo Tribunal Federal, órgão de cúpula do Poder Judiciário, ter seus membros escolhidos pelo Chefe do Executivo (art. 101 da Constituição do Brasil), quando se sabe que uma verdadeira Corte Constitucional, nos padrões europeus, é um Poder com atribuições jurídicas e políticas, independente dos demais poderes, inclusive do Poder Judiciário, ocupando-se exclusivamente da tarefa de fazer cumprir a Constituição, formado democraticamente com juristas de excelente e reconhecida capacidade teórica, que cumprem um mandato temporário. Como exemplo de "Tribunal Constitucional" nesses moldes, pode-se citar o *Bundesverfassungsgericht* alemão, cujo significado para o processo político pode ser destacado em sua jurisprudência desenvolvida, *v.g.*, sobre o sistema de concessão de rádios e televisões, sobre os partidos políticos, sobre as consultas plebiscitárias, sobre o Tratado Fundamental entre as duas Alemanhas, sobre a política das escolas superiores etc.[314] Por isso é que as decisões do Tribunal Constitucional ganharam enorme influência na vida política da República Federal da Alemanha, sendo difícil encontrar um setor da vida pública que não tenha sido afetado pela jurisprudência do Tribunal Constitucional, encontrando-se este, não raramente, no centro das grandes discussões públicas que são provocadas pelas suas decisões.[315] Essa influência não se manifesta apenas nas questões submetidas àquela corte. Já no curso do processo de elaboração das leis, os parlamentares procuram orientar-se de acordo com o entendimento esposado pelo Tribunal Constitucional em outras decisões, constatando-se, portanto, que o sistema político da Alemanha, tal como hoje se apresenta, seria impensável sem a presença do *Bundesverfassungsgericht*.[316] O papel do Tribunal Constitucional nos países da Europa, pois, está ligado à construção do Estado Democrático de Direito, notadamente a partir do pós-guerra. No Brasil, porém, essa "construção democrática", finalidade maior do Judiciário, não tem ocorrido. Por isso é que se pode afirmar, com Florestan Fernandes, que, no caso brasileiro, o Judiciário, principalmente o Supremo Tribunal Federal, ainda continua sendo um "enigma" e uma "esperança" no que diz respeito à "instauração dos dispositivos constitucionais"[317] e, por conseguinte, do Estado Democrático de Direito.

---

[314] Nesse sentido, MENDES, Gilmar Ferreira. *Jurisdição constitucional*: o controle abstrato de normas no Brasil e na Alemanha. 4ª ed. São Paulo: Saraiva, 2004, p. 13. 395 p.

[315] *Idem*, p. 13.

[316] *Idem*, p. 13-14.

[317] FERNANDES, Florestan. *A Constituição inacabada*: vias históricas e significado político. São Paulo: Estação Liberdade, 1989, p. 381. 381 p.

2.4.1. Os prejuízos oriundos do dualismo kantiano e da filosofia da consciência

Um segundo problema, que bem demonstra o estado atual do Direito brasileiro, diz respeito diretamente aos prejuízos oriundos do dualismo kantiano e da filosofia da consciência, que se traduzem na defeituosa compreensão do que representa a Constituição num país como o Brasil, em que as transformações sociais têm caminhado a passos lentos. Nessa linha, pode-se dizer que o "imaginário" dos juristas ainda está povoado de expressões que, na prática, acabam por emperrar as transformações sociais com a implícita cumplicidade do Poder Judiciário.[318] É assim que se vêem, por exemplo, no plano jurisdicional, expressões como a "independência do Poder Judiciário" (independência que não se vê no âmbito das decisões, quando decide conforme os interesses do governo), "a justiça como algo a ser alcançado" (afinal, o que é justiça?), "norma jurídica como produto de uma atividade racional do legislador" (a lei inteligente é aquela que é eficaz ou aquela que é produto de discussão – leia-se barganha – no Congresso Nacional?), "mais vale um péssimo acordo do que uma boa sentença" (o que revela a incapacidade do Poder Judiciário de tutelar os direitos dos demandantes, prejudicando a parte inocente e beneficiando a parte culpada), e a nefasta idéia de que "se a lei é injusta, então que se mude a lei".[319]

Os juristas também separam "jurisdição constitucional" e "jurisdição ordinária", "constitucionalidade" e "legalidade", "sujeito" e "objeto",[320]

---

[318] O discurso jurídico entra numa espécie de "círculo vicioso", "não-hermenêutico", facilitando "a ignorância da especificidade histórica dos fenômenos", que o senso comum teórico dos juristas teoriza, empobrecendo as possibilidades de um uso transformador do direito. Nesse discurso, o "novo" tem aparecido como redefinição das palavras da lei nos sucessivos e diferentes atos de sua interpretação. Assim, as alterações dos conteúdos significativos da lei são sempre produzidas dentro de um determinado sistema instituído de relações sociais e de relações de produção, o que leva à conclusão de que o "novo" no direito aparece sempre dentro e submetido ao mesmo poder de controle, isto é, há uma espécie de "metamorfose" dos textos legais que é feita dentro de uma estrutura de poder. WARAT, Luís Alberto. *Introdução geral ao direito*. Interpretação da lei: temas para uma reformulação. I. Porto Alegre: Fabris, 1994, p. 26. 232 p.

[319] Nesse sentido, PAULA, Jônatas Luiz Moreira de. *A jurisdição como elemento de inclusão social*: revitalizando as regras do jogo democrático. São Paulo: Manole, 2002, p. 27. 214 p.

[320] No racionalismo dogmático, a teoria do conhecimento fundava-se na idéia de uma correspondência entre o sujeito e o objeto, de um acordo entre a ordem das idéias e a ordem das coisas. David Hume recorria a expediente semelhante, pois, para explicar que os princípios da natureza estivessem de acordo com os da natureza humana, era forçado a invocar explicitamente uma harmonia preestabelecida. Kant fez a "revolução copernicana", substituindo a idéia de uma harmonia entre sujeito e objeto pelo princípio da submissão necessária do objeto ao sujeito, concluindo, pois, que há algo de "legislador" na faculdade de conhecer, pois o ser dotado de razão descobre em si novos poderes. A revolução copernicana, então, vai dizer que "somos nós que comandamos". DELEUZE, Gilles. *A filosofia crítica de Kant*. Lisboa: Edições 70, 1994, p. 21-22. 82 p. Nessa perspectiva, o "sujeito cognoscente" não se submete mais a um objeto pré-dado, mas o constitui. De outro modo não se pode conceber como se tem a possibilidade de conhecer alguma coisa *a priori*. O objeto gira em torno do sujeito, como a terra gira em torno do sol. Esse gesto revolucionário simples, mas longamente preparado, "instaura uma teoria do conhecimento radicalmente diferente: se um objeto só nos é acessível com a condição de ser

como se fosse possível separar o ser do ente.[321] Na tradição da filosofia da consciência, ainda se fala na relação sujeito-objeto, ao passo que, numa visão hermenêutico-filosófica, essa relação é totalmente descabida.[322] Ao se falar em sujeito cognoscente e objeto cognoscível, o jurista está seguindo a linha da filosofia da consciência, de cunho cartesiano e kantiano, que vê a linguagem como uma terceira coisa que se interpõe entre o sujeito e objeto. Ora, a partir da invasão da filosofia (e do Direito) pela linguagem, esta não é mais uma terceira coisa entre sujeito e objeto, mas é o que passa a nos colocar no mundo, sendo condição do conhecimento e da existência. Assim, não se há de falar em relação sujeito-objeto,[323] mas, sim, em compreensão, invertendo-se o *cogito* cartesiano: ao invés de "penso, logo existo", passa-se a ter o "penso porque existo" (Streck). Na doutrina jurídica processual brasileira, porém, ainda vige o paradigma da filosofia da consciência, mesmo entre aqueles que representam a vanguarda do processo civil brasileiro. Para constatar essa afirmação, basta mencionar dois grandes expoentes do processo civil brasileiro: Celso Neves, um dos mais prestigiados Professores de São Paulo, e Luiz Guilherme Marinoni, jurista paranaense com excelentes contribuições teóricas no que diz respeito à efetividade processual. Para o primeiro, "o que a cognição realiza é a relação sujeito-objeto, própria da teoria do conhecimento. Por ela é que se estabelece a tomada, pelo juiz, do material indispensável à prestação

---

conforme com as estruturas subjetivas, só conhecemos objetos para-nós, tal como eles nos aparecem". CRAMPE-CASNABET, Michèle. *Kant*: uma revolução filosófica. Tradução de Lucy Magalhães. Rio de Janeiro: Jorge Zahar, 1994, p. 34-35. 161 p.

[321] STRECK, Lenio Luiz. *Jurisdição Constitucional e hermenêutica*: uma nova crítica do direito. Porto Alegre: Livraria do Advogado, 2002, p. 28. 710 p.

[322] O esquema sujeito-objeto da teoria do conhecimento, segundo o qual um sujeito cognoscente se opõe a um objeto conhecido, está ultrapassado. Por um lado, é limitada a esfera do saber, pois nos aparece como uma determinada forma de crença, de tal modo que se torna sem sentido a pretensão de captar o em-si das coisas. Por outro lado, a esfera do saber é enormemente alargada. Os limites do nosso saber não se podem fixar de uma maneira geral e a *priori*, como afirmava a gnoseologia clássica, mas unicamente de caso concreto a caso concreto. Os limites dos chamados cinco sentidos, diz Heinemann, foram há muito ultrapassados. As escolas psicanalíticas destruíram as fronteiras da consciência; os fenômenos ocultos são objeto de investigação séria; o novo desenvolvimento do microscópio e do telescópio alargaram enormemente o âmbito do observável. O conhecimento atual é uma aventura e um risco. HEINEMANN, Fritz. Teoria do conhecimento. In: HEINEMANN, Fritz. *A filosofia no século XX*. Tradução e prefácio de Alexandre F. Morujão. 5ª ed. Lisboa: Calouste Gulbenkian, 2004, p. 296-297. 576 p.

[323] "Os conteúdos jusfilosóficos não existem independentemente do filosofar. Não há nem conteúdos jurídicos substanciais em si, 'essências' que existam independentemente do pensar algures num céu ideal, nem processos de conhecimento jurídico puramente funcionais por si, um exacto 'pensamento do pensamento' sem qualquer conteúdo. O 'quê', os conteúdos jurídicos, e o 'como', o processo de determinação do direito, estão inter-relacionados, o direito justo (seja ele o que for) e o processo de realização do direito conjugam-se necessariamente". Ou, dito de outra maneira ainda: o direito justo (em rigor um pleonasmo) existe num "processo" (que é a formação de algo), pela superação hermenêutica da cisão entre sujeito e objeto. O esquema sujeito-objeto pertence ao passado, mormente no caso das "ciências da compreensão". KAUFMANN, Arthur. *Filosofia do direito*. Prefácio e tradução António Ulisses Cortês. Lisboa: Calouste Gulbenkian, 2004, p. 2-14. 536 p.

da tutela processual que a ele compete".[324] Para o segundo, a cognição é, antes de tudo, "uma relação entre o sujeito (cognoscente) e o objeto (cognoscível). Esta relação entre o sujeito e o objeto se dá através da função intermediária da cognição".[325]

Os "processualistas" (designação dada àqueles que tratam de estudar o processo), seguindo nessa mesma linha filosófica, separam, assim, "questão de fato" e "questão de direito", "condições da ação" e "mérito", "verdade formal" e "verdade material", "fumaça do bom direito", "verossimilhança" e "verdade", "mundo dos fatos" e "mundo jurídico", como se fosse possível a existência de "mundos distintos". Por isso mesmo, nessa linha dualista e metafísica, é possível pensar-se também em, curiosamente, "unificar" coisas absolutamente diferentes. Isso significa que o que deve ser separado e diferenciado não é, mas o que deve ser unificado também não é. Assim é que ainda se acredita numa "teoria geral do processo", como se fosse possível unir ramos tão distintos, como são o processo penal e o processo civil, mesmo reconhecendo a diversidade de seu objeto.[326]

Dentre as teses unificadoras, na doutrina estrangeira, tradicionalmente podem ser citadas as de Jaime Guasp e Carnelutti. O primeiro (Guasp)

---

[324] NEVES, Celso. *Comentários ao Código de Processo Civil*. v. VII: arts. 646 a 795. 7ª ed. Rio de Janeiro: Forense, 1999, p. 24. 341 p.

[325] MARINONI, Luiz Guilherme. *Tutela cautelar e tutela antecipatória*. 1ª ed. 2. t. São Paulo: Revista dos Tribunais, 1994, p. 21. 153 p. Nessa mesma linha, ainda se podem citar, dentre outros: WATANABE, Kazuo. *Da cognição no processo civil*. 2ª ed. atual. São Paulo: Central de Publicações Jurídicas: Centro Brasileiro de Estudos e Pesquisas Judiciais, 1999. 190 p.; MIRANDA, Francisco Cavalcanti Pontes de. *O problema fundamental do conhecimento*. Campinas: Bookseller, 1999, p. 28. 329 p. Ora, as idéias de Luiz Guilherme Marinoni e Celso Neves, bem como dos demais acima citados, não correspondem ao que se entende por conhecimento/compreensão à luz da fenomenologia ontológico/hermenêutica. Estão atreladas aos conceitos próprios da filosofia da consciência, ainda não devidamente sepultada no interior do discurso dos lidadores do direito. A hermenêutica, como modo-de-ser-no-mundo, dirige-se contra o conceito objetivista de conhecimento. Ela supera o esquema sujeito-objeto (o sujeito cognoscente conheceria o objeto na sua pura objetividade sem mistura de elementos subjetivos) aplicado ao fenômeno da compreensão. A compreensão é, antes de tudo, "sempre simultaneamente objectiva e subjectiva; o intérprete insere-se no 'horizonte de compreensão' e não se limita a representar passivamente o objecto na sua consciência mas antes o conforma, ou, noutros termos: não se limita a 'subsumir' o caso na lei permanecendo completamente à margem deste processo, mas desempenha um papel conformador activo na chamada 'aplicação do direito'. E tal como é inútil procurar uma 'justiça objectiva' do direito fora do processo hermenêutico de compreensão, também o é qualquer tentativa de, nas ciências da compreensão, separar a racionalidade da personalidade do intérprete". KAUFMANN, Arthur. *Filosofia do direito*. Prefácio e tradução António Ulisses Cortês. Lisboa: Calouste Gulbenkian, 2004, p. 68. 536 p.

[326] Na doutrina brasileira acreditam numa teoria unitária: CORREIA, Marcus Orione Gonçalves. *Teoria geral do processo*. São Paulo: Saraiva, 1999, p. 1-4. 220 p.; CINTRA, Antônio Carlos de Araújo *et al. Teoria geral do processo*. 16ª ed. São Paulo: Malheiros, 2000, p. 1-2. 358 p.; COLUCCI, Maria da Glória. *Fundamentos de teoria geral do direito e do processo*. 2ª ed. rev. e ampl. Curitiba: JM, 2001, p. 229. 343 p. Noutro sentido, ou seja, pela impossibilidade de uma unificação: GOMES, Fábio, SILVA, Ovídio A. Baptista da. *Teoria geral do processo civil*. São Paulo: Revista dos Tribunais, 1997. 346 p.; GIORGIS, José Carlos Teixeira. *A lide como categoria comum do processo*. Porto Alegre: LeJur, 1991. 123 p. Adotando uma espécie de posição intermediária, que não nega a unidade do direito processual: SÁ, Djanira Maria Radamés de. *Teoria geral do direito processual civil*: a lide e sua resolução. 2ª ed. rev., ampl. e atual. São Paulo: Saraiva, 1998, p. 1-2. 248 p.

afirma que para ambos os processos o objeto são pretensões: o processo civil serve para atuar pretensões fundadas em normas de Direito privado, enquanto que o processo penal serve para atuar pretensões fundadas em normas de Direito Penal, ou seja, pretensões punitivas.[327] Também para Devis Echandia há uma unidade do Direito Processual, uma vez que o Direito Processual regula, em geral, a função jurisdicional do Estado, sendo que seus princípios fundamentais são comuns a todos os ramos do processo.[328]

Ora, não há por que se falar em uma unificação do processo civil e do processo penal em uma teoria geral do processo. Enquanto, no âmbito do processo civil, há lide, no ramo do processo penal nem se há de falar nesse instituto. Mesmo a jurisdição penal diferencia-se da civil. Aliás, nesse sentido, Ugo Rocco já notava a distinção entre jurisdição penal e jurisdição civil. Para ele, ambas estão entre si estritamente separadas pelo modo de se exercitar. O processo civil difere profundamente do penal não só por causa das formas, mas – e principalmente – pelo princípio fundamental que informa um e outro processo: enquanto no processo civil prevalece o princípio da disposição das partes, no processo penal prevalece o da oficiosidade.[329] Também Wach, como assinala Aragoneses Alonso, já em 1913 sustentava haver diferenças estruturais entre o processo penal e o processo civil.[330] Ainda para Binding, James Goldschmidt e Gómez Orbaneja, há uma diferença entre os objetos de ambos os processos. Para o último, por exemplo, há uma pretensão punitiva no processo penal, que é, portanto, diversa da pretensão civil.[331] Leo Rosenberg, no mesmo sentido, ensina que há uma distinção "sensível e clara" entre a jurisdição penal e a jurisdição civil.[332]

Essa distinção clara entre ambas as jurisdições e os processos (penal e civil), bem como o problema que se cria em se entender que há uma unificação do processo e da jurisdição, está bem presente nas considerações de Lenio Luiz Streck, para quem não é desarrazoado afirmar que ocorre uma inversão entre processo penal e processo civil. Não se olvide, diz o jurista, que "o Processo Penal deve ser visto, no Estado Democrático de Direito, sob uma ótica garantista/garantidora: deve servir para garantir

---

[327] Conforme: ARAGONESES ALONSO, Pedro. *Proceso y derecho procesal*: introducción. Madrid: Aguilar, 1960, p. 289. 834 p.

[328] DEVIS ECHANDIA, Hernando. *Teoria general del proceso*: aplicable a toda clase de procesos. Tomo I. Buenos Aires: Editorial Universidad, 1984, p. 9. 327 p.

[329] ROCCO, Ugo. *Derecho procesal civil*. Traducción de Felipe de J. Tena. Segunda Edición. Mexico: Porrua Hnos. y Cia., 1944, p. 63. 417 p.

[330] ARAGONESES ALONSO, Pedro. *Proceso y derecho procesal*: introducción. Madrid: Aguilar, 1960, p. 281. 834 p.

[331] *Idem*, p. 282-289.

[332] ROSENBERG, Leo. *Tratado de derecho procesal civil*. Tomo I. Traducción de Ângela Romera Vera. Buenos Aires: Ediciones Jurídicas Europa-America, 1955, p. 70.

a realização dos direitos à liberdade; já as normas processuais civis devem ser entendidas como garantidoras da realização dos direitos sociais – entendidos enquanto resgate das promessas da modernidade". Na contramão, no plano das práticas dos tribunais – no cotejo entre as normas penais e as processuais-penais – "não raro se dá mais ênfase ao direito material, valorizando-se mais o Código Penal que o Código de Processo Penal, onde, *v.g.*, continuam sendo aplicados princípios (ultrapassados) como o de que 'não há nulidade sem prejuízo', sendo estas (ainda) examinadas sob o prisma do velho Código de Processo Penal forjado no modelo liberal-individualista dos idos da década de 40, isto para dizer o mínimo"; por outro lado, no cotejo entre as normas do Direito Civil com o Processo Civil, "a formalística processual sufoca o direito material, principalmente se examinados os mecanismos de filtragem dos recursos especiais e extraordinários, onde, *v.g.*, dispositivos (inconstitucionais) como o art. 38 da Lei 8.038 continuam fazendo vítimas. Isto sem considerar a quantidade de Súmulas (muitas delas *extra legem* e *contra legem*) editadas para obstaculizar o reexame dos processos nas Instâncias Superiores dos tribunais".[333]

Quanto à formalística, vício que cega os operadores do processo, concorda-se com Vittorio Denti, para quem há uma espécie de "esoterismo processual", fazendo com que o rito sempre seja acentuado, perpetuando-se um "tecnicismo extremo".[334] O que é pior, diz ele, é que esse esoterismo do processo vem teorizado em um dos aspectos mais problemáticos do que profetiza o advento da "fase científica" da prova judiciária: transformar o juízo em um "tipo" de laboratório.[335] Os dualismos ou as "unificações impossíveis", e os esoterismos são fruto da tradição moderna e "velam" o novo, isto é, cegam os olhos dos juristas para o "novo". Em virtude de tudo isso é que se pode dizer que "continuamos a olhar o novo com os olhos do velho"[336] e que, portanto, os lidadores do Direito ainda não se deram conta de que estamos diante de um novo paradigma, o do Estado Democrático de Direito, que faz com que se tenha de buscar uma compreensão adequada, autêntica, do sentido de Constituição e do processo civil.

No Processo Civil brasileiro, portanto, há um problema de compreensão do que representam a Constituição, o processo e os institutos processuais. Os juristas ainda falam em "jurisdição ordinária" e "jurisdição constitucional", quando toda jurisdição é "constitucional" (Streck); ainda estão apegados aos conceitos tradicionais de jurisdição (Chiovenda, Allorio, Carnelutti, entre tantos outros), que já não podem mais ser apli-

---

[333] STRECK, Lenio. *Hermenêutica jurídica e(m) crise*: uma exploração hermenêutica da construção do direito. 3ª ed. rev., Porto Alegre: Livraria do Advogado, 2001, p. 247-248. 319 p.

[334] DENTI, Vittorio. *Un progetto per la giustizia civile*. Bologna: Il Mulino, p. 123-124. 348 p.

[335] *Idem*, p. 124.

[336] STRECK, Lenio Luiz. *Jurisdição Constitucional e hermenêutica*: uma nova crítica do direito. Porto Alegre: Livraria do Advogado, 2002, p. 31. 710 p.

cados em sua pureza; ainda estão atrelados à busca de uma "verdade" processual, fazendo do processo de conhecimento um "instrumento" ou "método" racional de busca da certeza (que acaba por não realizar o direito material); e assim por diante.

2.5. Quais são os principais obstáculos à efetividade do processo civil?

Apesar das várias reformas processuais que têm sido realizadas no Processo Civil brasileiro, ainda não foram feitas reformas para "questionar" o sistema processual. Também ainda não se consegue compreender adequadamente o sentido dos institutos processuais. Basta constatar, por exemplo, que, apesar da introdução da tutela antecipada, ainda há uma dificuldade imensa para distinguir cautela e antecipação. A questão dos alimentos provisionais, por exemplo, ainda é tratada pela doutrina como cautela, e não como antecipação de tutela (medida satisfativa). Por isso é que, também, ainda se fala em "cautelar satisfativa". Sérgio Bermudes, nesse sentido, faz referência ao exemplo dos alimentos provisionais, que considera cautelar,[337] como sendo típico caso de cautelar satisfativa. Ora, como adverte Adroaldo Furtado Fabrício, falar em cautelar satisfativa é o mesmo que falar em "gelo quente". A causa disso tudo, diz o jurista, é que "vicejou entre nós a ominosa doutrina segundo a qual os provimentos cautelares podem ser 'satisfativos', de sorte que até nas classificações correntes dessas medidas aparece a categoria correspondente, como se a locução cautela satisfativa não envolvesse uma evidente e pasmosa contradição em termos". Por isso, falar de cautela satisfativa é tão desarrazoado e inaceitável quanto a idéia de "gelo quente". Como lembra Fabrício, "Ou bem se fica com o substantivo ou com o adjetivo; ou se trata de cautela e não satisfaz, ou é medida satisfativa e não pertence ao universo das cautelas. Mas não parece ser esse o pensamento dominante, que aceita sem maiores reservas a esdrúxula simbiose – o que, aliás, é suficiente para evidenciar a falta de uma conceituação segura da tutela cautelar".[338]

Outro equívoco corrente diz respeito ao entendimento das liminares no processo possessório como "cautelares". Essa também é uma das posições de Sérgio Bermudes ao dizer que a lei "admite a outorga de providências nitidamente cautelares, dentro do próprio processo de conhecimento

---

[337] BERMUDES, Sergio. *Introdução ao processo civil.* 3ª ed. rev. e atual. Rio de Janeiro: Forense, 2002, p. 100-103. 233 p.

[338] FABRÍCIO, Adroaldo Furtado. Breves notas sobre provimentos antecipatórios, cautelares e liminares. In: GIORGIS, José Carlos Teixeira (Org.). *Inovações do Código de Processo Civil.* Porto Alegre: Livraria do Advogado, 1996, p. 16-17. 254 p.

Fundamentos para uma compreensão hermenêutica do Processo Civil

ou de execução: trata-se de cautelares embutidas, como a liminar no processo possessório, que é cognitivo (CPC, art. 928), ou a penhora (art. 659), ou o arresto (art. 653) de bens do devedor no processo de execução".[339]

O sistema processual pátrio também não consegue "absorver" a tutela preventiva,[340] uma vez que esta exige que o juiz: a) abandone a sua "trincheira de segurança", valor apregoado pelo racionalismo iluminista burguês; b) abandone os conceitos tradicionais de jurisdição, dentre os quais os de Chiovenda, Carnelutti e Allorio, de "atuação da vontade concreta da lei",[341] "resolução de lides"[342] e "coisa julgada",[343] respectivamente; c) abandone a noção de "ação" como direito reagindo à sua violação.

O processo, não só no Brasil, mas em outros países, também continua sendo visto numa perspectiva procedimental, tendo por objeto apenas a "restauração da ordem". Segundo José Lois Estevez, o Direito Processual supõe a alteração da "ordem" como condição de seu funcionamento. Essa "interferência" (alteração da ordem) é a causa do processo, sendo que o objeto do Direito Processual é a conversão da interferência em ordem jurídica.[344] Assim, o processo tem como finalidade institucional a "constância na ordem jurídica": procurar sua preservação, conservação e manutenção. Tem como causa a "não-ordem", o que, por si só, é evidente, já que, se for imaginada uma sociedade em que reine a ordem, será arrebatada do processo toda a razão de ser. E, finalmente, tem por objeto a "volta à ordem".[345]

Ora, bem se sabe que o processo não tem como causa apenas a "não-ordem". Também se pode incluir aí a "ameaça" à ordem. Isso serve para explicar o problema das tutelas preventivas, que a doutrina tradicional reluta em aceitar. Esse modo de proceder dos juristas deve-se ao fato de que o seu raciocínio ainda está calcado na velha idéia da "boa lógica", ou seja, "causa" e "finalidade".[346] Nesse sentido, o próprio conceito de "ação" como reação a um direito violado (Savigny e João Monteiro) é uma amostra do que se afirma, uma vez que nesse paradigma a tutela preventiva é completamente desconhecida.

---

[339] BERMUDES, Sergio. *Introdução ao processo civil*. 3ª ed. rev. e atual. Rio de Janeiro: Forense, 2002, p. 102. 233 p.

[340] Nesse sentido, a crítica de SILVA, Ovídio A. Baptista da. Racionalismo e tutela preventiva em processo civil. In: SILVA, Ovídio A. Baptista da. *Sentença e coisa julgada*. 4ª ed. rev. e ampliada. Rio de Janeiro: Forense, 2003. 385 p.

[341] CHIOVENDA, Giuseppe. *Instituições de direito processual civil*: os conceitos fundamentais – a doutrina das ações. v. 1. Tradução J. Guimarães Menegale. 2ª ed. São Paulo: Saraiva, 1965. 429 p.

[342] CARNELUTTI, Francesco. *Instituições do processo civil*. v. I. tradução de Adrián Sotero de Witt Batista. São Paulo: Classic Book, 2000. 613 p.

[343] ALLORIO, Enrico. *Problemas de derecho procesal*. Tomo II. Tradución de Santiago Sentis Melendo. Buenos Aires: Ediciones jurídicas europa-américa, 1963.

[344] ESTEVEZ, José Lois. *Grandes problemas del derecho procesal*. Santiago de Compostela: Porto y Cía, s/d, p. 47. 238 p.

[345] *Idem*, p. 56.

[346] Idéia presente nas considerações de José Lois ESTEVEZ, que arrola uma série de métodos para o desenvolvimento "logístico" da temática processual. *Idem*, p. 45-56.

A doutrina recusa-se, também, a considerar as medidas liminares como provimentos de mérito, desconhecendo, portanto, que, substancialmente, a decisão que concede liminarmente a tutela é a mesma que a proferida ao final do processo. Assim, para a doutrina tradicional, nem mesmo julgamento existe quando, por exemplo, o juiz defere uma liminar. Há, ainda, resistência dos juristas quanto ao reconhecimento de um direito material de segurança, pois o processo cautelar é tido apenas como o "instrumento do instrumento". Nesse sentido, Piero Calamandrei e Humberto Theodoro Júnior, para citar alguns. Para o primeiro, a instrumentalidade é o caráter típico das providências cautelares.[347] Para o segundo, que presta adesão a Calamandrei, as medidas cautelares não têm um fim em si mesmas, porquanto toda sua eficácia opera em relação a outras providências que haverão de advir em outro processo. Assim, "o processo principal busca tutelar o direito, no mais amplo sentido, cabendo ao processo cautelar a missão de tutelar o processo, de modo a garantir que o seu resultado seja eficaz, útil e operante. Não se pode, evidentemente, entender o processo cautelar senão ligado a um outro processo, posto que as medidas preventivas não são satisfativas, mas apenas preservativas de situações necessárias para que o processo principal alcance resultado realmente útil".[348]

Como denuncia Ovídio Baptista da Silva, também Carnelutti, cuja doutrina influenciou grande parte dos processualistas brasileiros, não soube entender que o processo cautelar não tem um caráter de acessoriedade. Carnelutti privou as ações cautelares de um elemento fundamental, qual seja, a autonomia da tutela cautelar.[349] Ao contrário, porém, do que doutrinam Theodoro Júnior, Calamandrei e Carnelutti, há, na realidade, uma "situação cautelanda", que necessita de proteção. Contudo, essa situação cautelanda, para a doutrina tradicional, é o processo principal. Na doutrina alemã, Leo Rosenberg, em sentido oposto à linha de pensamento desses autores, tem como exemplos de "pressupostos" das cautelares a pretensão de direito material por uma prestação individual, a existência de um direito ou relação jurídica, direitos ou pretensões não patrimoniais etc.[350] Significa dizer, pois, que há nas cautelares um "direito substancial de cautela",[351] sendo que, à evidência, o resultado da proteção cautelar não se liga exclusivamente ao resultado de um processo, mas, além disso, tem

---

[347] CALAMANDREI, Piero. *Introducción al estudio sistemático de las providencias cautelares.* Traducción de Marino Ayerra Merín. Buenos Aires: Librería El Foro, 1996, p. 44. 232 p.

[348] THEODORO JÚNIOR, Humberto. *Curso de direito processual civil.* v. II. 29ª ed. Rio de Janeiro: Forense, 2000, p. 330-331. 623 p.

[349] SILVA, Ovídio A. Baptista da. *As ações cautelares e o novo processo civil.* Rio de Janeiro: Forense, 1976, p. 15-28. 191 p.

[350] ROSENBERG, Leo. *Tratado de derecho procesal civil.* Traducción de Ângela Romera Vera. Tomo III. Buenos Aires: Ediciones Jurídicas Europa-America, 1955, p. 284.

[351] SILVA, Ovídio A. Baptista da. *As ações cautelares e o novo processo civil.* Rio de Janeiro: Forense, 1976, p. 34. 191 p.

efeitos e conseqüências na situação substancial.[352] A tutela cautelar, portanto, protege o direito da parte, e não o processo. Por isso é que no processo cautelar se tem "pretensão" a assegurar uma "pretensão" (Pontes de Miranda).[353]

A não-utilização das demandas sumárias, principalmente das defesas limitadas, também tem sido um problema no Direito Processual Civil brasileiro. Sob o pretexto de garantia de um processo com a mais ampla defesa, as técnicas de sumarização têm sido rejeitadas por grande parte dos juristas.[354] Ocorre, porém, que o direito de acesso à justiça é direito à adequada tutela jurisdicional,[355] incluindo-se aí a possibilidade de sumarizar ações e defesas, tendo os legisladores o dever de adequar os procedimentos à especificidade do direito material que se pretende ver tutelado. Esse dever de estruturar o processo de modo a atender à garantia constitucional da tutela tempestiva e efetiva corresponde, pois, a estabelecer regras que possam conduzir à tempestividade da tutela jurisdicional. Assim é que, com fundamento na injustiça de fazer o autor esperar a realização de um direito que não se mostra mais controvertido, o que só o prejudicaria, e em razão da necessidade de se evitar o abuso de direito de defesa, a lei já vem possibilitando antecipações de tutela fundadas em técnicas de não-contestação e do reconhecimento parcial do pedido.[356] Aliás, tendência que vem se afirmando no Direito Processual não só quanto à não-contestação, mas, também, com relação ao comportamento protelatório da parte e à possibilidade de o juiz, no curso do processo, conceder medidas com eficácia executiva cuja executoriedade é imediata.[357] Não admitir isso significa inibir o acesso à justiça, conduzindo, pela morosidade, à deslegitimação do Poder Judiciário.[358]

A "glorificação" dos tribunais e o menosprezo pelo juiz de primeiro grau também têm feito com que suas decisões passem a se constituir em

---

[352] SILVA, Ovídio A. Baptista da. *Op. cit.*, p. 34-35.

[353] Nesse sentido, o exemplo típico é a cautelar de seqüestro, pois esta satisfaz a "pretensão" à segurança. A situação cautelanda, assim, pode ser tanto um "direito" como uma "pretensão", "ação", "exceção" ou o "direito à defesa". Como exemplo da última, tome-se o caso da vistoria *ad perpetuam* (art. 849 do CPC). Daí a explicação para a existência de cautelares autônomas, que independem de um processo principal. Ver: SILVA, Ovídio A. Baptista da. *Do processo cautelar*. 2ª ed. Rio de Janeiro: Forense, 1998. 583 p.

[354] Nesse sentido, em alguns casos, admitindo a ampla defesa, por todos: FABRÍCIO, Adroaldo Furtado. *Comentários ao Código de Processo Civil*, Lei nº 5.869, de 11 de janeiro de 1973, v. VIII, tomo II: arts. 890 a 945. Rio de Janeiro: Forense, 2001, p. 124-126. 658 p.

[355] MARINONI, Luiz Guilherme. *Tutela antecipatória e julgamento antecipado*: parte incontroversa da demanda. 5ª ed. rev., atual. e ampl. São Paulo: Revista dos Tribunais, 2002, p. 30. 254 p.

[356] Nesse sentido, MARINONI, Luiz Guilherme. *Tutela antecipatória e julgamento antecipado*: parte incontroversa da demanda. 5ª ed. rev., atual e ampl. São Paulo: Revista dos Tribunais, 2002, p. 130-135. 254 p.

[357] Na doutrina, consultar CHIARLONI, Sergio. *Introduzione allo studio del diritto processuale civile*. Torino: G. Giappichelli, 1975, p. 78. 120 p.

[358] MARINONI, Luiz. *Tutela antecipatória e julgamento antecipado*: parte incontroversa da demanda. 5ª ed. rev., atual. e ampl. da obra tutela antecipatória, julgamento antecipado e execução imediata da sentença. São Paulo: Revista dos tribunais, 2002, p. 30. 254 p.

"mero caminho de passagem" para a segunda instância, pois os legisladores não lhe creditam idoneidade suficiente para decidir. Nesse sentido, o "aviltamento" da jurisdição de primeiro grau e a correspondente glorificação dos tribunais de recurso são estimulados, no Direito Processual brasileiro, pelo sistema recursal, excessivamente liberal, que permite o reexame pelas instâncias superiores "das mais singelas e insignificantes questões processuais".[359] O primeiro defeito do sistema processual, pois, é a profunda desvalorização do juízo de primeiro grau com a conexa glorificação dos juízos de segundo grau. Assim, o primeiro grau é somente uma "fase de espera": uma "antecâmara extenuante e penosa" para chegar por fim à fase de apelação, sendo esta, sim, um "juízo verdadeiro".[360]

Com a Constituição de 1988, houve, no país, uma ampliação do acesso ao Poder Judiciário: o cidadão passou a crer nos instrumentos que o constituinte colocou à sua disposição para a proteção de seus direitos e garantias fundamentais. Junto com isso, porém, veio o problema da morosidade da tutela jurisdicional, que deslegitima o Judiciário, cujas causas, dentre tantas já alinhadas e a alinhar, podem ainda ser consideradas a explosão de litigiosidade e o desaparelhamento do Poder Judiciário, notadamente quanto à falta de funcionários, equipamento, material e juízes.[361] A deslegitimação do Poder Judiciário, assim, dá-se em virtude de uma série de fatores, que se resumem, principalmente, numa palavra: "morosidade".[362]

---

[359] SILVA, Ovídio A. Baptista da. Antecipação da tutela: duas perspectivas de análise. In: *Revista Ajuris*. Porto Alegre: Associação dos Juízes do Rio Grande do Sul, n. 70, ano XXIV, p. 100, jul. 1997. 429 p.

[360] CAPPELLETTI, Mauro. *Proceso, ideologias, sociedad*. Traduccion de Santiago Sentís Melendo y Tomás A. Banzhaf. Buenos Aires: Ediciones Jurídicas Europa-America, s/d, p. 278.

[361] De acordo com reportagem jornalística, em cinco anos (de 1999 a 2004), o número de processos para cada juiz de primeiro grau da Justiça Comum praticamente dobrou no Estado do Rio Grande do Sul. Em 1999, cada magistrado da primeira instância lidava em média com 1,9 mil ações. Hoje, conforme a Corregedoria-Geral do Poder Judiciário gaúcho, existem 3.558 processos para cada julgador. Esta proporção é cerca de dez vezes superior ao ideal. A mesma reportagem aponta que, no país, mesmo com a regularização do déficit de juízes (atualmente, segundo estatística do Supremo Tribunal Federal, é de 19% no primeiro grau de jurisdição), o problema não se resolve. No Rio Grande do Sul (onde atualmente faltam 156 magistrados para atender na Justiça Comum Estadual, na Justiça do Trabalho e na Justiça Federal), enquanto a ocupação de todas as vagas existentes no Estado garantiria um juiz para cada 14 mil gaúchos, na Alemanha, por exemplo, a média é de um julgador para 4 mil pessoas. No Brasil, a proporção, que hoje é de um para 29 mil, ficaria em um magistrado para 23 mil, longe ainda do ideal para dar conta da demanda existente. Jornal Zero Hora, Porto Alegre, Segunda-feira, 21.06.2004, p. 26.

[362] Aloísio SURGIK, nesse sentido, faz menção a artigo estampado na revista "Visão", no já distante ano de 1986, onde é denunciada a morosidade do Judiciário; situação que não parece ter-se alterado até o momento: "Em que pese a competência e probidade dos juízes, a exasperante morosidade da Justiça brasileira fez dela um refúgio seguro dos faltosos, dos caloteiros, dos trambiqueiros e de todos aqueles que não cumprem com suas obrigações assumidas mediante contratos. A certeza de que a Justiça não age com presteza leva todos aqueles que se recusam a pagar o que devem a ansiar que a parte prejudicada recorra a ela, porque assim terão sua impunidade garantida durante os anos, ou décadas, em que o processo se arrastar pelos tribunais. Que diferença existe entre essa situação generalizada de litigiosidade contida, não solucionada, e a ausência pura e simples de justiça?" SURGIK, Aloísio. O Judiciário e o povo. In: LYRA, Doreodô Araújo. *Desordem e processo*: estudos sobre o direito

Favorecendo essa morosidade, há os obstáculos postos pelo sistema processual, que, sem dúvida, são os principais óbices à efetividade da justiça. Alguns deles já foram citados. Em síntese, essas "zonas de estrangulamento" do sistema processual (Ovídio) são as seguintes: a) o sistema recursal; b) as demandas plenárias; c) o custo processual. Quanto ao primeiro, de plano, registre-se a gama enorme de recursos existentes. O exagero na utilização dos recursos tem como causa "o interesse das elites dominantes em que a função judiciária não seja efetiva, a ponto de contribuir para a transformação de nossas instituições". Porém, a causa principal da sedução que os recursos exercem sobre os processualistas decorre da circunstância de os operadores do Direito praticarem a "ética do perdedor", a lógica do litigante que, temendo perder, crendo ter razão, passa a confiar nos recursos como o remédio milagroso que o salvará de um magistrado em que ele, por sua submissão a um paradigma que é seqüela da ideologia liberal do século XVIII, não pode confiar.[363] Quanto ao segundo obstáculo, há, como dito, um vezo pelas demandas sumárias que, com vantagens, poderiam ser utilizadas em detrimento das demandas plenárias. Isso significa que se admite a morosidade do processo em troca de um "maior benefício", qual seja, a "ampla defesa" e a "certeza", que só pode(ria) ser conseguida ao final. No que tange ao terceiro obstáculo, o fato de o demandado, na maioria das vezes, "litigar a custo zero", suportando o autor toda a "carga do processo". Todos esses óbices decorrem, na sua maior parte, de uma inadequada compreensão/interpretação do sentido dos institutos processuais à luz da Constituição da República, encontrando fundamento, pois, na filosofia da consciência e na ideologia liberal-individualista, que se enraizaram na cabeça dos juristas pátrios, e, por conseguinte, na situação de "baixa constitucionalidade" (Streck), decorrente do desconhecimento por parte dos "operadores do Direito" do sentido de Constituição e do que representam (deveriam representar) os institutos do processo no Estado Democrático de Direito. O comprometimento do Direito e do processo com tais paradigmas e ideologias faz com que se tenha de se defrontar com uma justiça não-efetiva, com uma jurisdição que não atende aos direitos e garantias fundamentais.

Não menos conhecida, também, é a problemática envolvendo a ideologia do processo civil.[364] A ideologia tem por função ocultar o real signi-

---

em homenagem a Roberto Lyra Filho na ocasião do seu 60º aniversário com um posfácio explicativo do homenageado. Porto Alegre: Fabris, 1986, p. 118-119. 333 p.

[363] SILVA, Ovídio A. Baptista da. A função dos tribunais superiores. In: SILVA, Ovídio A. Baptista da. *Sentença e coisa julgada*: ensaios e pareceres. 4ª ed. rev. e ampliada. Rio de Janeiro: Forense, 2003, p. 296. 385 p.

[364] Segue-se aqui a lição de Ovídio Baptista da SILVA: "Na discussão a respeito da ideologia, devemos precaver-nos contra dois riscos. O primeiro está representado pela tendência que temos de atribuir a nossos opositores a condição de ideológicos, na suposição implícita de que dispomos de um 'ponto de arquimedes' que nos permita o acesso privilegiado à verdade absoluta. O outro é que, não alcançando a 'nossa' verdade, teriam eles o pensamento distorcido por falsas noções, mistificadoras da realidade.

ficado das condutas e práticas sociais ao invés de revelá-los (Mannheim). O pensamento ideológico identifica-se com o passado, insistindo em sua perenização. É conservador. A ideologia processual faz com que os juristas deixem de ver que, por detrás do processo e das leis, encontram-se interesses socialmente articulados e a visão de mundo de um grupo social específico e dominante. Isso explica o dogmatismo jurídico e a compreensão da relação entre "mundo jurídico" e a interpretação que os "práticos" elaboram do Direito,[365] que, por meio de "idéias falsas", ajudam a legitimar o poder político dominante (Mannheim). O processo é ideológico. Representa a tradição liberal-individualista que se forjou junto com a modernidade, visando a atender ao ideal liberal, pela manutenção do *status quo*, ou seja, conservando, impedindo o "curvar-se criticamente sobre si mesmo" (Ovídio) e, portanto, as mudanças sociais. Nessa linha de raciocínio, a tradição do processo no atual Estado Democrático de Direito não tem sido autêntica, pois está ligada ao Estado Liberal de Direito. Isso significa que, para o Estado Liberal, forjado na modernidade, o paradigma processual, em razão dos suportes filosóficos, políticos e científicos daquele Estado e daquela época, era adequado. Hoje, porém, já não é para o paradigma do Estado Democrático de Direito.

2.6. A "(ir)responsabilidade" dos juízes como uma das causas da inefetividade do processo civil

O problema da responsabilidade dos juízes, que também pode ser considerado uma das causas da inefetividade do processo civil, é um outro obstáculo. Muito se critica os legisladores, esquecendo-se, por vezes, que o juiz é quem deve "tomar as rédeas" da situação nos casos em que o "legislador" (figura metafísica) "legislou mal" ou não legislou. Aliás, é sempre o juiz que deve tomar as rédeas de qualquer situação, pois é ele quem tem a responsabilidade. Isso pode ser vislumbrado na ineficácia dada pelo Poder Judiciário ao mandado de injunção, de que já foi falado, e nas decisões que negam resolver problemas sociais graves sob a alegação de que a culpa é do legislador[366] ou de que a norma é programática[367] etc.

O 'outro' é que não conseguira atingir a 'nossa' verdade, tida como a única e, enquanto verdade, eternamente válida". Significa dizer que toda análise deve respeitar o "ponto de vista do outro", pois ideológico é (será) o pensamento que não o faz (fizer). SILVA, Ovídio A. Baptista da. *Processo e ideologia*: o paradigma racionalista. Rio de Janeiro: Forense, 2004, p. 22-23. 342 p.

[365] *Idem*, p. 20-23.

[366] Os juízes preferem estar vinculados ao caráter da "estrita e nua letra da lei" (Kaufmann) e, com isso, se libertar de qualquer responsabilidade.

[367] A Constituição deixou de ser apenas um "catálogo de princípios" ou um conjunto de "normas programáticas", inserindo-se plenamente no ordenamento jurídico e fazendo com que a ausência de legislação não possa servir de escusa para sua aplicação. Nesse sentido, aplicável também ao nosso

Não é novidade que se vive em um país onde o Estado se faz ausente e não fornece as condições necessárias ao implemento da cidadania. Isso fica bem visível, por exemplo, na falta de pessoal em determinados locais para exercer funções que são inerentes ao Estado Democrático de Direito. Essa hipótese, pois, é sentida nos casos de comarcas onde ainda não há defensor público para defender os interesses dos cidadãos, tais como pleitear medicamentos perante o Estado, deduzir investigação de paternidade em favor de incapaz etc. É bem verdade que, nesses casos, tem falhado o Executivo, não criando ou provendo os cargos que estão vagos. Porém, o Ministério Público, por sua vez, não mais tem sido considerado legitimado pelo Judiciário para postular em nome daquele que necessita do remédio. Nesse sentido, há decisões que extinguem o processo sem o julgamento do mérito por ausência de legitimidade ativa, com base no fato de que apenas os interesses sociais e individuais indisponíveis é que podem ser pleiteados pelo Ministério Público.[368] Ora, admitir essa ilegitimidade ativa é quase que admitir (num sentido hermenêutico) uma "fuga da realidade", ou seja, é um sinal de "perda do mundo".[369] Na maioria das vezes, aque-

---

sistema jurídico, a idéia da doutrina espanhola de PICÓ I JUNOY, Joan. *Las garantías constitucionales del proceso*. Barcelona: Bosch, 1997, p. 24-25. 177 p.

[368] BRASIL. TRIBUNAL DE JUSTIÇA DO ESTADO DO RIO GRANDE DO SUL. *AGRAVO DE INSTRUMENTO – AÇÃO CIVIL PÚBLICA AJUIZADA PELO MINISTÉRIO PÚBLICO PLEITEANDO DIREITO INDIVIDUAL ALHEIO EM NOME PRÓPRIO – IMPOSSIBILIDADE – ILEGITIMIDADE ATIVA QUE SE DECLARA, EXTINGUINDO O PROCESSO QUE ORIGINOU O AGRAVO – APLICAÇÃO DO ARTIGO 6º DO CPC. Agravo conhecido. Processo extinto.* A. I. nº 70007261985. Quarta Câmara Cível do TJRS. Relator: Des. João Carlos Branco Cardoso. Agravante: Estado do Rio Grande do Sul. Agravado: Ministério Público do Estado do Rio Grande do Sul. 30 de dezembro de 2003.

[369] A crítica que se faz à decisão acima é acadêmica e não quer, em hipótese alguma, faltar com a ética. Serve para os fins do presente trabalho com a finalidade de demonstrar posicionamento do autor. Não tem (e jamais teria) a mínima conotação de crítica leviana ao Poder Judiciário do Estado do Rio Grande do Sul, reconhecidamente um dos mais respeitáveis do país – e do qual o autor da presente obra faz parte –, ou à pessoa dos profissionais declinados no corpo do texto, julgadores responsáveis pelas decisões ora em comento, todos juristas do mais alto quilate jurídico e com relevante contribuição no desenvolvimento do Direito por meio de suas decisões judiciais. Até por isso é que, em contraponto ao dito acima, ressaltamos as recentes decisões que reconhecem a legitimidade ativa do Ministério Público no que diz respeito ao pleito de direitos fundamentais dos idosos, o que representa, a nosso ver, evidente acerto de posicionamento. E, aí, o que se ressalta, é que, nas decisões que negam a legitimidade ativa do Ministério Público para pedir medicamentos para pessoas que deles necessitam, o fundamento utilizado é o de que não há lei que permita a substituição processual, idéia da qual discordamos veementemente, pois a Constituição já define a legitimidade quando refere expressamente ser o Ministério Público o defensor dos direitos sociais e individuais indisponíveis. E saúde não é direito disponível. Com relação à idéia de legitimar o Ministério Público ao pleito em favor de idosos, observada a existência de lei, verifique-se o seguinte acórdão: BRASIL. TRIBUNAL DE JUSTIÇA DO ESTADO DO RIO GRANDE DO SUL. *CONSTITUCIONAL. DIREITO À VIDA. INTERNAÇÃO HOSPITALAR. PACIENTE IDOSO. LEGITIMIDADE DO MINISTÉRIO PÚBLICO. RESPONSABILIDADE SOLIDÁRIA ENTRE ESTADO E MUNICÍPIOS. 1. O Ministério Público é parte legítima para pleitear em nome próprio, a favor de pessoa idosa, o fornecimento de medicamentos por expressa previsão legal (Lei 10.741, art 74, III). Legitima-se o Estado do Rio Grande do Sul, passivamente, em demanda que alguém pleiteia o fornecimento de medicamentos porque, a teor do art. 198, parágrafo único, da Constituição Federal, ostenta responsabilidade solidária para tal prestação. 2. APELAÇÃO DESPROVIDA.* Apelação Cível nº 70013141395. Quarta Câmara Cível do TJRS. Relator: Des. Araken de Assis. Apelante: Estado do Rio Grande do Sul. Apelado: Ministério Público do Estado do Rio Grande do Sul. Interessado: Município de Cachoeiri-

les que pedem remédio para o Estado são pessoas pobres, sem condições financeiras de contratar um advogado ou mesmo condições culturais de saber que têm direito a isso. Não é, porém, o que o Poder Judiciário vem entendendo e decidindo. Nessa linha de raciocínio, por exemplo, as leis que autorizam o Ministério Público a ingressar com ação de investigação de paternidade ou ação de alimentos na qualidade de substituto processual do incapaz têm (teriam) de ser consideradas inconstitucionais, o que, convenha-se, em nada contribui para o efetivo acesso à justiça.

Num país de desigualdades sociais acentuadas, como é o caso do Brasil, interpretação nesse sentido apenas subtrai do cidadão o seu direito fundamental à saúde. Se o Ministério Público "pode o mais", que é cuidar dos interesses sociais e individuais indisponíveis, por que não "poderá o menos", que é cuidar de um interesse individual, mas que é de alguém que integra essa mesma sociedade, em que pese a ausência de previsão legal infraconstitucional? Por que não dar uma amplitude maior à legitimidade ativa nesses casos que, apesar de envolverem "direitos disponíveis" (nem "tão" disponíveis assim, há que se convir), revelam enorme lesividade a direito fundamental do cidadão? Interpretar de outra forma, pois, significa, em nome do processo, resolver o "problema jurídico", deixando de resolver o "problema social". Significa não ter consciência da "história efeitual" e da "situação hermenêutica".[370]

Aquele que tem horizontes sabe valorizar corretamente o significado de todas as coisas que caem dentro deles, segundo os padrões de próximo e distante, de grande e pequeno. A elaboração da situação hermenêutica significa, então, a "obtenção do horizonte de questionamento correto para as questões que se colocam frente à tradição".[371] O horizonte do presente está num processo de constante formação, pois o homem está obrigado a

---

nha. 30 de novembro de 2005. Ressaltamos que, mesmo que não houvesse a dita lei referida na ementa do acórdão, quando se fala em saúde, o interesse é indisponível e poderia, pois, vir a ser considerado legitimado ativo o Ministério Público para pedir medicamentos para pessoas idosas.

[370] Consciência da história efeitual é, em primeiro lugar, consciência da situação hermenêutica. Porém, tornar-se consciente de uma situação é tarefa que comporta uma dificuldade própria em cada caso. O conceito de situação caracteriza-se pelo fato de não nos encontrarmos diante dela e, portanto, não podermos ter um saber objetivo dela. Nós "estamos nela, já nos encontramos sempre numa situação, cuja iluminação é a nossa tarefa, e esta nunca pode se cumprir por completo. E isso vale também para a situação hermenêutica, isto é, para a situação em que nos encontramos face à tradição que queremos compreender". Assim, há que se levar em consideração os limites do "saber-se", isto é, os limites do presente finito. O conceito de situação representa uma posição que limita as possibilidades de ver. A esse conceito pertence o conceito de "horizonte". O horizonte é o âmbito de visão que abarca e encerra tudo o que é visível a partir de um determinado ponto. Esse horizonte pode ser estreito, pode ser ampliado etc. Aquele que não tem um horizonte é um homem que não vê suficientemente longe e que, por conseguinte, supervaloriza o que lhe está mais próximo. Ao contrário, ter horizontes significa não estar limitado ao que há de mais próximo: é poder ver para além disso. GADAMER, Hans-Georg. *Verdade e método*: traços fundamentais de uma hermenêutica filosófica. 3ª ed. Tradução de Flávio Paulo Meurer. Petrópolis: Vozes, 1999, p. 451-452. 731 p.

[371] GADAMER, Hans-Georg. *Verdade e método*: traços fundamentais de uma hermenêutica filosófica. 3ª ed. Tradução de Flávio Paulo Meurer. Petrópolis: Vozes, 1999, p. 452.

constantemente pôr à prova seus preconceitos. Parte dessa prova é o encontro com o passado e a compreensão da tradição da qual nós mesmos procedemos. O horizonte do presente não se forma à margem do passado. Não existe um horizonte do presente por si mesmo. Também não existem horizontes históricos a serem ganhos. Compreender, pois, é sempre um processo de fusão desses horizontes presumivelmente dados por si mesmos. O projeto de um horizonte histórico é só um momento na realização da compreensão, não se prendendo na auto-alienação de uma consciência passada, mas se recuperando no próprio horizonte compreensivo do presente. Na realização da compreensão tem lugar uma verdadeira fusão horizôntica que, com o projeto do horizonte histórico, leva a cabo simultaneamente sua suspensão. A realização controlada dessa fusão é a tarefa da consciência histórico-efeitual. Essa tarefa é o problema central da hermenêutica. É o problema da aplicação que está contido em toda compreensão.[372]

O Direito só sobrevive objetivando as coisas. E essa objetivação cria um "mundo jurídico" desvinculado do real. O jurista, inserido nessa realidade, passa a "esquecer do mundo", da faticidade, trabalhando apenas com conceitos produzidos pelo senso comum teórico dos juristas, que é o véu do ser do Direito (Streck), acreditando numa possível neutralidade de seus institutos e dos que o operam. Não há fusão de horizontes (Gadamer), o que implica em sérios problemas na compreensão da função social do Direito. Isso significa que "os encarregados de aplicar as leis, os produtores das teorias jurídicas, os professores das escolas de Direito (os construtores das significações jurídicas) forjam uma realidade imaginária (colocada na perspectiva do senso comum) que fazem prevalecer como naturalismo. Um verdadeiro mundo de faz-de-conta instituído como realidade natural do Direito. Uma realidade imaginária que poderá ser considerada mítica, mágica (no sentido freudiano) capturadora, extravagante, mas que resulta imprescindível para a própria configuração do Direito na sociedade. A interpretação da lei seria impossível se os juristas decidissem sair da realidade mágica por eles mesmos instaurada".[373]

O Direito no Brasil tem sido um "Direito aplicado num mundo de bacharéis". É a esse mundo dos bacharéis do Estado Liberal que sempre

---

[372] GADAMER, Hans-Georg. *Op cit.*, p. 458.

[373] WARAT, Luís Alberto, ROCHA, Leonel Severo. *O direito e sua linguagem*: 2ª versão. 2ª ed. aum. Porto Alegre: Fabris, 1995, p. 120. 120 p. Assim é que, nessa realidade imaginária, há "universais" que se sobrepõem à singularidade das coisas. Isso, porém, não é novidade! A sobrevalorização do universal à custa do particular está presente em toda a história do racionalismo e teve conseqüências de longo alcance. A ética kantiana é um exemplo dessas conseqüências. O seu imperativo categórico ("age de tal modo que a máxima do teu agir possa tornar-se o princípio de uma legislação universal") deixa completamente de lado o caráter concreto da situação em que se age e, conjuntamente, determina de modo decisivo a escolha específica exata. Também nesse caso não se pode separar o universal do particular. HEINEMANN, Fritz. Metafísica. In: HEINEMANN, Fritz. *A filosofia no século XX*. Tradução e prefácio de Alexandre F. Morujão. 5ª ed. Lisboa: Calouste Gulbenkian, 2004, p. 357. 576 p.

estiveram ligados a dogmática, a sistematicidade, o formalismo e a racionalidade. O bacharelismo, com seu formalismo e abstração, é marca característica da formação jurídica pátria. Fenômeno político, social e cultural, deita suas raízes em Portugal, sendo importado para o Brasil na época do Império para estruturar o país. Os bacharéis de Direito tiveram, assim, papel fundamental na estruturação do Estado, ocupando os mais importantes cargos públicos e se espraiando por todos os poderes, seja no Império, seja na República.[374] A formação jurídica brasileira, assim, caracteriza-se pelo apego extremado à normatização jurídica e pelas suas feições liberal-burguesas ao longo de todo o início do século XX.[375] Essa situação não se alterou muito ao longo desse período, ocorrendo alguma mudança com a Constituição de 1988,[376] que, porém, ainda está longe de se consolidar.

Esse bacharelismo, instituidor – e instituído – de uma dogmática jurídica que não vê a realidade, acaba sonegando a historicidade do Direito. Por natureza, expressa um "pendor" para as questões não-especulativas; está afeito à mecânica exegética, estilística e interpretativa, ficando apegado às "fórmulas consagradas" e à "imutabilidade das estruturas", aos padrões pré-fixados e aos valores identificados com a conservação.[377] No caso do Judiciário, em virtude das particularidades do processo de colonização e da instabilidade da democracia brasileira, é possível dizer que o Poder ainda não conseguiu desenvolver um modelo próprio e autônomo, que venha a consolidar uma cultura judicial independente das pressões

---

[374] LOPES, José Reinaldo de Lima. Uma introdução à história social e política do processo. In: WOLKMER, Antonio Carlos (Org.). *Fundamentos de história do direito*. Belo Horizonte: Del Rey, 1996, reimpressão 2000, p. 240. 278 p.

[375] LEAL, Rogério Gesta. *Hermenêutica e direito*: considerações sobre a teoria do direito e os operadores jurídicos. 3ª ed. Santa Cruz do Sul: Edunisc, 202, p. 199. 232 p.

[376] A crença liberal difundiu-se amplamente no Brasil nos primeiros anos do século XIX. A chamada "autonomia da norma" (ligada à ideologia liberal), que se estabeleceu no pensamento jurídico do século XIX, fruto do formalismo da Escola da Exegese, correspondeu, no sentido da interpretação, à atribuição de um "caráter objetivo" às normas, o que acabou por definir "formalisticamente" a ordem jurídica. Portanto, o direito que é praticado no país, nessa tradição, não poderia ser diferente: absenteísta, não-intervencionista, formal, dogmático e liberal. É o direito do Estado de Direito, e não do Estado Democrático de Direito. O Estado de Direito é um "fenômeno ligado a circunstâncias peculiares: presença do Estado moderno (cujo arcabouço permanece mesmo quando passa do absolutismo ao liberalismo); unificação do ordenamento jurídico, tanto no plano das normas quanto no das jurisdições; mentalidade burguesa, individualismo, racionalismo". SALDANHA, Nelson. *Formação da teoria constitucional*. Rio de Janeiro: Forense, 1982, p. 19-188. 203 p. No Estado Democrático de Direito, ao contrário, no plano da normatividade a positivação dos direitos e garantias fundamentais pretende assegurar a não-ausência do Estado, o intervencionismo quando necessário, o respeito às diferenças e ao "novo", a crença social em detrimento do individual, e a condição de transformação da realidade. A Constituição de 1988 não procurou consolidar o *status quo*. Ao contrário, procurou projetar uma "situação ideal a ser atingida". Não quis consagrar o passado, repleto de distorções; preferiu "preparar um futuro mais digno de viver". Assim, há necessidade de um "manejo hábil e perseverante" da Constituição. Nesse sentido, RUSCHEL, Ruy Ruben. *Direito constitucional em tempos de crise*. Porto Alegre: Sagra Luzzatto, 1997, p. 120. 179 p.

[377] WOLKMER, Antonio Carlos. Sociedade liberal e a tradição do bacharelismo jurídico. In: BORGES FILHO, Nilson (org.). *Direito, Estado, política e sociedade em transformação*. Porto Alegre: Fabris, 1995, p. 11. 185 p.

Fundamentos para uma compreensão hermenêutica do Processo Civil

políticas, que a fragilidade do sistema político vigente possui,[378] e ideológicas impostas pelos legisladores. Aliás, é possível dizer que os órgãos jurisdicionais encontram-se ameaçados no que diz respeito ao exercício independente de sua missão de proteger e realizar concretamente a dignidade da pessoa humana e os direitos fundamentais. Nesse sentido, basta referir a legislação que veda a concessão de liminares contra o poder público, a extensão conferida ao efeito vinculante no âmbito do controle de constitucionalidade (que agora é uma realidade), o projeto de lei dispondo sobre a responsabilidade pessoal dos magistrados, as restrições graves à atividade do Ministério Público, enfim, todas as medidas que não aperfeiçoarão, mas comprometerão decisivamente a missão de concretizar a idéia de justiça social no país.[379]

A funcionalidade da dogmática jurídica no Estado Liberal sempre esteve associada a determinadas capacidades do legislador. Para José Eduardo Faria, essas capacidades seriam: a) a de organizar coerentemente a legislação, dando-lhe unidade e sistematicidade; b) de individualizar os conflitos, procurando atomizá-los para melhor dispersá-los; c) de se expressar por meio de uma linguagem objetiva, clara e homogênea, uma vez que um dos pressupostos do sistema normativo é sua validade *erga omnes*: ninguém pode eximir-se das obrigações legais alegando seu desconhecimento. Assim, "sem coerência sistemática e linguagem específica, propiciando normas genéricas e impessoais hierarquicamente dispostas, e abstrações como a igualdade perante a lei ou a autonomia da vontade, as instituições de Direito dificilmente teriam condições operacionais de desempenhar suas funções básicas no âmbito do Estado capitalista e da ordem burguesa: a de garantir a segurança das expectativas, o cálculo econômico e o equilíbrio entre os poderes. No limite, portanto, toda experiência jurídica é reduzida à dimensão estrita do dogma normativo e à pretensa racionalidade formal de um legislador pretensamente tão coerente quão onisciente".[380]

A dogmática representa uma "atitude ideológica", constituindo-se como convergência de um amplo conjunto de processos parciais e conseqüentes, dos quais os mais importantes são: a) a consolidação de um conceito moderno de ciência, basicamente voltado não tanto ao problema da verdade ou da falsidade das conclusões do raciocínio científico, porém ao seu caráter sistemático e à sua coerência lógico-formal; b) a identifica-

---

[378] CASTRO JÚNIOR, Osvaldo Agripino. *Introdução à história do direito*: Estados Unidos x Brasil. Florianópolis: IBRADD e CESUSC, 2001, p. 251. 285 p.

[379] Consultar: SARLET, Ingo Wolfgang. *Dignidade da pessoa humana e direitos fundamentais na Constituição Federal de 1988*. Porto Alegre: Livraria do Advogado, p. 26-27. 152 p.

[380] FARIA, José Eduardo. Paradigma jurídico e senso comum: para uma crítica da dogmática jurídica. In: LYRA, Doreodô Araújo. *Desordem e processo*: estudos sobre o direito em homenagem a Roberto Lyra Filho na ocasião do seu 60° aniversário com um posfácio explicativo do homenageado. Porto Alegre: Fabris, 1986, p. 43. 333 p.

ção entre os conceitos de direito e lei positiva, num primeiro momento, e entre direito e sistema conceitual de ciência, num segundo momento; c) a separação entre teoria e *praxis*, e a conseqüente afirmação de um modelo de saber jurídico como atividade prioritariamente teórica, avalorativa e descritiva; d) a superação das antigas doutrinas de Direito natural; e) a ênfase à segurança jurídica como certeza de uma razão abstrata e geral, resultante de um Estado soberano, com a subseqüente transposição da problemática científica aos temas da coerência e completude da lei em si mesma.[381]

Não há, nessa tradição dogmática, uma tomada de consciência da história e de seus efeitos, isto é, um comportamento reflexivo acerca da realidade, o que faz com que não se consiga, agora no paradigma do Estado Democrático de Direito, uma compreensão autêntica do papel da Constituição e do Direito Processual. Na verdade, o Direito tem funcionado mesmo como um "obstáculo à transformação social",[382] pois os juristas não conseguem abandonar sua atitude teorizante a fim de se dedicarem à resolução dos problemas sociais.[383] Assim, a justiça e sua administração não têm sido compreensivas com as dificuldades dos cidadãos, não conseguindo realizar seus direitos e garantias fundamentais.

No caso da decisão que negou a legitimidade do Ministério Público para pedir os medicamentos, a ausência de "consciência dos efeitos da história", de que trata Gadamer, faz-se mostrar claramente. Até mesmo em virtude dos argumentos utilizados no acórdão, uma vez que, diz a decisão, há uma "tendência" (o que é pior, segundo o acórdão, "constitucional"!) à "crescente deslegitimação do Ministério Público" para esse tipo de demanda em razão de que a própria "Constituição expressa(ria)". Ou seja, o direito à saúde é sonegado com base na Constituição e no art. 6º do Código de Processo Civil, que não autoriza a substituição processual, salvo quando houver lei. Assim, mesmo que exista a lei possibilitando que o Ministério Público atue como substituto processual da parte necessitada, na interpretação do acórdão essa legitimidade e mesmo a lei são(seriam) – ou poderiam vir a ser consideradas – inconstitucionais. Isso significa que o conflito real do indivíduo, que não deixa de ser um conflito social (pois

---

[381] FARIA, José Eduardo. Paradigma jurídico e senso comum: para uma crítica da dogmática jurídica. In: LYRA, Doreodô Araújo. *Desordem e processo*: estudos sobre o direito em homenagem a Roberto Lyra Filho na ocasião do seu 60º aniversário com um posfácio explicativo do homenageado. Porto Alegre: Fabris, 1986, p. 48.

[382] Parafraseando NOVOA MONREAL, Eduardo. *O direito como obstáculo à transformação social*. Tradução de Gérson Pereira dos Santos. Porto Alegre: Fabris, 1988, p. 129. 221 p.

[383] Para WARAT, os juízes não são "humanizados", mas detentores de um "saber técnico", sonhado como científico, "separados em fragmentos de verdade unidimensionalizada", que atrofiaram a possibilidade de vê-los como problemas do Direito, em termos de vínculos e conflitos humanos, na totalidade, e na generalidade da experiência, sem essa "visão redutora do unidimensionalismo normativo". Como não são humanizados, não são "sábios", mas cheios de saberes fragmentados inseridos numa cultura científica que desconsidera quaisquer fundamentos humanistas do pensamento. WARAT, Luís Alberto. *O ofício do mediador*. Florianópolis: Habitus, 2001, p. 219-222. 279 p.

ele pertence à sociedade), foi pensado em termos individuais, dentro de uma tradição individualista de resolução de conflitos, com base em uma lei (Código de Processo Civil) que se presume clara e objetiva. Pior que isso: a interpretação (dogmática) feita pelo Judiciário quer transmitir uma idéia de que a Constituição "desconstitucionalizou" a substituição processual que era inerente ao Ministério Público naqueles casos em que, inclusive se estivesse na condição de fiscal da lei,[384] teria, necessariamente, de dar um parecer. Tudo isso, pois, com o aval da Constituição, segundo o que disse o Tribunal. O princípio da dignidade da pessoa humana, valor positivado pelos legisladores constituintes, cuja função hermenêutica[385] é de reconhecida valia, não foi reconhecido pelo Judiciário que não teve dúvidas em não utilizá-lo. Isso não é novidade, uma vez que a dogmática, como meio de "domesticar" a violência (ou, no caso, a violação do princípio da dignidade humana), não a elimina, mas, ao contrário, a traz para dentro do sistema jurídico.[386] Nessa concepção, calcado em Pierre Legendre, Tércio Sampaio Ferraz Júnior lembra que o Direito deve permanecer inacessível enquanto instrumento voltado para a manutenção da ordem, seja ela qual for. O Direito, assim, "não mente jamais", uma vez que ele existe, precisamente, com a finalidade de obscurecer a verdade social, deixando que se jogue a ficção do "bom poder".[387] Traduzindo: o Judiciário, entendendo que o Direito "não mente", diz que o Ministério Público não pode atuar na qualidade de substituto processual para pedir remédio para os cidadãos pobres e doentes (excluídos), pois o Código de Processo Civil não permite e a Constituição só permite se o direito for social, transindividual. Como o interesse do indivíduo, que pertence à sociedade, não se configura em in-

---

[384] Aliás, não parece haver muita diferença entre fiscal da lei e atuação como parte no caso do Ministério Público, pois este sempre atua em nome da sociedade. Essa distinção também pode ser considerada metafísica, dualista. Nesse sentido, consultar o artigo intitulado "A concepção cênica da sala de audiências e o problema dos paradoxos", de autoria de Lenio Luiz STRECK na internet, onde defende a atuação do Ministério Público em nome da sociedade: http://ultimainstancia.ig.com.br/colunas/ler_noticia.php?idNoticia=12364

[385] Nesse sentido: SARLET, Ingo Wolfgang. *Dignidade da pessoa humana e direitos fundamentais na Constituição Federal de 1988.* Porto Alegre: Livraria do Advogado, 2001, p. 85. 152 p.

[386] FERRAZ JÚNIOR, Tércio Sampaio. *Função social da dogmática jurídica.* São Paulo: Max Limonad, 1998, p. 171. 205 p. A Filosofia do Direito não é uma ciência. Sobretudo, não é dogmática. A dogmática jurídica argumenta sempre na imanência do sistema. O sistema, assim, permanece intocado. Ao invés, a Filosofia do Direito não se detém no quadro do Direito. Ela assume uma atitude para além do sistema. KAUFMANN, Arthur. *Filosofia do direito.* Prefácio e tradução António Ulisses Cortês. Lisboa: Calouste Gulbenkian, 2004, p. 12. 536 p. O jurista dogmático não pergunta o que é o Direito, nem sob que circunstâncias, com que extensão e de que modo existe o conhecimento jurídico. Isso não significa necessariamente que a dogmática jurídica proceda acriticamente, mas, sim, que, mesmo onde ela proceda criticamente (por exemplo, ao examinar criticamente uma norma legal), sempre argumenta "intra-sistematicamente", deixando o sistema vigente intacto. No quadro da dogmática jurídica, essa atitude é perfeitamente legítima. Ela só começa a ser perigosa quando recusa, por desnecessário, o modo de pensar não-dogmático da filosofia, que é orientada de forma transistemática. Ora, filosofia e dogmática não estão numa relação de "mais ou menos", mas numa relação de alteridade. Nenhuma delas, por isso, pode substituir a outra. *Idem,* p. 18-19.

[387] FERRAZ JÚNIOR, Tércio Sampaio. *Função social da dogmática jurídica.* São Paulo: Max Limonad, 1998, p. 173. 205 p.

teresse social, mas individual, não tem legitimidade o Ministério Público para requerer o remédio. Resultado: exclusão social!

O processo civil deve ser um instrumento de justiça social,[388] não de exclusão. Assim, ele deve ser estudado em função do homem, mas não se esquecendo de sua correlação estreita com o problema político, econômico e social que o próprio ordenamento apresenta.[389] Para Cappelletti, embora a profissão ou a carreira dos juízes possa ser isolada da realidade da vida social, a sua função os constrange a se inclinar sobre essa realidade, pois chamados a decidir casos envolvendo pessoas reais, fatos concretos, problemas atuais da vida. Nesse sentido, a produção judiciária do Direito tem a potencialidade de ser altamente democrática, vizinha e sensível às necessidades da população e às aspirações sociais.[390] A consciência da história, nesse aspecto, faz com que o juiz tenha de refletir acerca do seu (autêntico) papel de criador do Direito num mundo que é real, inacabado, que desde-já-sempre está com ele na sua faticidade e finitude, e nas suas possibilidades de ser.

O discurso jurídico tem uma ligação com a ideologia dominante. A linguagem do Direito é ideológica.[391] O julgador, porém, tem o dever de aderir à Constituição, adquirindo consciência da história efeitual. A consciência histórica é o privilégio do homem moderno de ter plenamente consciência da historicidade de todo o presente e da relatividade de todas as opiniões.[392] A consciência moderna toma como consciência histórica uma posição reflexiva na consideração de tudo aquilo que é entregue pela tradição. Este comportamento reflexivo, face a face com a tradição, chamase interpretação.[393] Onde não há essa reflexão não há interpretação. Onde não há interpretação conforme os ditames da Constituição, ou onde esta interpretação é deturpada, não há justiça social e não se realiza o "bem" da pessoa humana. Isso significa que a própria noção de justiça, no Estado Democrático de Direito, é diferente das noções de justiça do Estado Liberal e do Estado Social.[394] No caso da decisão criticada, pois, constata-se que ela

---

[388] DENTI, Vittorio. *Processo civile e giustizia sociale*. Milano: Edizione di comunità, 1971, p. 74. 167 p.

[389] *Idem*, p. 75.

[390] CAPPELLETTI, Mauro. *Juízes legisladores?* Tradução de Carlos Alberto Alvaro de Oliveira. Porto Alegre: Fabris, 1993, reimpressão 1999, p. 105. 134 p.

[391] FERRAZ JÚNIOR, Tércio Sampaio. *Teoria da norma jurídica*. 3ª ed. Rio de Janeiro: Forense, 1999, p. 150. 181 p.

[392] GADAMER, Hans-Georg. *El problema de la conciencia historica*. Traducción e introducción de Agustín Domingo Moratalla. 2ª ed. Madrid: Tecnos, 2000, p. 41. 116 p.

[393] *Idem*, p. 43. Sempre é necessário interpretar. Isso (a necessidade de interpretar) é absolutamente indispensável, pois existe um prejuízo muito difundido segundo o qual só devem ser interpretadas as leis ou normas "obscuras", sendo que as leis claras se aplicariam sem necessidade de interpretação alguma. Essa concepção não é correta, pois toda norma necessita "sempre" ser interpretada. Não há, assim, normas que, por serem "claras", possam escapar da interpretação. Nesse sentido: VILANOVA, José. *Elementos de filosofia del derecho*. 2 ed. atual. Buenos Aires: Abeledo-Perrot, 1984. p. 319. 436 p.

[394] O Estado Liberal, que tem na autonomia individual e na idéia de contrato a base da vida social, caracteriza-se por ter na justiça comutativa a idéia reguladora do convívio, que, por sua vez, se caracteriza exclusivamente pela relação entre indivíduos no mercado. O Estado Social, que tem por tarefa

realizou uma espécie de "nada jurídico",[395] pois não realizou nem justiça social nem o bem daquele que necessitava do remédio. Não houve reflexão, não houve interpretação, enfim, não houve justiça. Faltou, portanto, como dito, a consciência da história efeitual.

2.7. Os Juizados Especiais e a prestação jurisdicional: como o Judiciário tem "selecionado" sua clientela por meio dos procedimentos especiais dos (falaciosos) Juizados

Tem passado despercebida, na análise dos diversos procedimentos utilizados pelo Judiciário para resolver os conflitos, a problemática envolvendo os Juizados Especiais como instância de prestação jurisdicional. Nesse sentido, a expansão da jurisdição por meio dos Juizados parece, inicialmente, ser uma das saídas para que os jurisdicionados possam resolver a maioria dos seus litígios. No entanto, também aí se pode ver um dos graves problemas que a jurisdição enfrenta, ou seja, a dificuldade de lidar até mesmo com as chamadas "pequenas causas". No discurso do Poder Judiciário, o Juizado Especial Cível tem sido visto como a solução para a maioria dos seus males. Sua legitimidade, porém, de certa forma, pode

central a distribuição de parte da riqueza gerada pela acumulação de capital, define-se como o promotor da justiça distributiva. O Estado Democrático de Direito, assumindo a justiça comutativa e distributiva, dispõe dessas duas segundo a justiça social, que tem por finalidade imediata o bem comum e finalidade mediata/última (justiça distributiva e comutativa) o bem da pessoa humana. BARZOTTO, Luís Fernando. *A democracia na Constituição*. São Leopoldo: Unisinos, 2003, p. 188-189. 214 p.

[395] O jurista moderno, típico representante do sujeito filosófico tradicional, portador do pensamento e da vontade como "essências independentes" e "autônomas", é a imagem da negação radical do pensamento e da vontade. Justamente por pensar o mundo à distância, por um pensamento que se considera auto-suficiente e autocentrado, o jurista não sabe afrontar o mundo. Não é capaz de suportar a necessidade de pensar o mundo. Não tem, assim, o "valor" de escutar o mundo e não tem condições de assumir uma atitude sustentável ante as vozes perturbadoras que fazem ressonar seus ecos, "rodeando-o por todas as partes e o arrastando por mil caminhos". Não possuindo valor para isso, é "incapaz para a verdade". Essa incapacidade é demonstrada no fato de que o jurista moderno constrói versões do mundo, esquemas conceituais de ordenamento e de classificação (métodos) como "formações psicológicas substitutivas" do ato que exigia o "encontro com a necessidade" e a escuta dos "signos perturbadores". O jurista, assim, realiza uma espécie de "nada jurídico". Nesse sentido, ele (jurista) produz apenas "formações substitutivas" mediante a recomendação teórica de valores desejáveis, de normas e "métricas" de um atuar confiável e garantido (métodos de interpretação e de aplicação do direito), "deslocando-se psicologicamente" e dando aos demais homens "lições" sobre as condições ideais e fundadas do conhecimento e normas sobre os valores desejáveis da conduta prática. O jurista, portanto, é acometido de um "entricheiramento em si mesmo", "delirando maquinações teóricas" e "regramentos especulativos" sobre um mundo do qual tem medo de se aproximar. Nesse sentido, o "reino dos fins" de Kant, com sua "presença desdobrada do ser", e demais teorias similares (Schleiermacher, Dilthey etc.) são os "deslocamentos" e as "formações substitutivas" mediante os quais a tradição filosófica (filosofia da consciência) deu origem ao isolamento do "eu", à idealização desviante de um pensamento que elege a "estratégia histérica" da auto-referência para evitar escutar os indícios abertos pelo horizonte do mundo. GARGANI, Aldo G. La fricción del pensamiento. In: VATTIMO, Gianni. *La secularización de la filosofía*: hermenéutica y posmodernidad. Barcelona: Gedisa, 2001, p. 26-28. 296 p.

ser questionada. Se, por um lado, possibilita um método simplificado, um procedimento mais informal, célere e descomplicado, fazendo com que muitas demandas reprimidas possam vir até o Judiciário, principalmente aquelas da população de baixa renda – e isso não se nega de modo algum –, por outro, é a prova de que o Judiciário, representado por seus juízes, não tem conseguido resolver nem mesmo as causas mais simples, ou seja, de que nem para isso serve. Só que isso nem de longe tem sido questionado.

Ora, aqueles que vêm se socorrer do Juizado Especial nem mesmo têm o direito de ver sua causa instruída e apreciada por um magistrado de carreira. O juiz leigo instrui a causa e, ao final, dá um "parecer" que será homologado pelo juiz-presidente dos Juizados que nada presenciou da causa. A oralidade do Juizado Especial, assim, é uma grande falácia, pois o Juiz de Direito passa a ser um mero "homologador" de uma decisão dada por quem, em tese, nem mesmo tem preparação para julgar. Pior: como não há necessidade de se registrar tudo o que acontece na audiência (e a isso a própria lei faz referência), aí é que a oralidade e seu corolário da identidade física do juiz ficam ainda mais prejudicados.

Nos Juizados Especiais, também há a questão do "pequeno valor da causa". Critica-se aqui, pois, a definição/limitação dessas "causas de pequeno valor", uma vez que, segundo o disposto na legislação, as causas cujo valor não ultrapasse quarenta salários mínimos estão aí incluídas. Ocorre que esse "pequeno valor", para alguns, pode não significar tão "pequeno valor" assim. Ou seja, o que é pequeno valor para um não é pequeno valor para outro. O pequeno valor para quem ganha um salário mínimo ou mesmo um pouco mais do que isso não é pequeno valor. É um "elevado valor", se é que assim se pode chamar. Por isso a discussão acerca do valor de um botijão de gás para uma pessoa de baixa renda significa o mesmo que a discussão sobre o valor de um veículo Mercedes-Benz zero quilômetro para uma que disponha de uma alta renda. Esta discussão (a da Mercedes), porém, dá-se perante o juiz togado, ao passo que a do botijão, que, afinal de contas, é de "pouca monta", de "pequeno valor", quase "insignificante" para os legisladores, advogados e juízes, que, por certo, ganham bem mais do que um salário mínimo, dá-se perante o juiz leigo no Juizado Especial, já que pouco representa mesmo; se não, é claro, o sistema "quebra"! O valor do botijão de gás representa, assim, o "rebaixamento axiológico" do direito, que se dá por obra dos legisladores. Os legisladores estabelecem que o direito tem um "tamanho", isto é, que o "direito do pobre" é menor do que o "direito do rico". O Juizado Especial, portanto, é a maior amostra da disparidade social no país e da "seletividade" que o Poder Judiciário exerce nessa instância jurisdicional, escolhendo sua clientela. É o "elevador de serviço"[396]

---

[396] Fala-se em "elevador de serviço" em contraponto a "elevador social" para fazer uma comparação com o que ocorre em alguns edifícios de luxo no país. Esses prédios possuem dois elevadores: o social

do Judiciário, pois destinado a quem não está nas mesmas condições culturais, sociais e financeiras daqueles que, tomando o "elevador social", podem litigar frente a um Juiz de Direito, com assistência de um bom advogado, procedimento e prazos mais dilatados, e um sistema recursal com quase infinitas possibilidades de recurso etc.

Não se nega que o Juizado Especial tenha suas vantagens.[397] Isso em hipótese alguma. Seja pela celeridade, seja pela simplificação da forma do procedimento, exigência feita pela técnica processual moderna,[398] o Juizado traz benefícios aos jurisdicionados. Além disso, é uma opção para quem dele quiser fazer uso. Ocorre que até mesmo essa opção, que por si só já é passível de críticas, já está sendo objeto de mudança. Há, nesse sentido, intenção de projeto de lei por parte do Poder Judiciário do Estado do Rio Grande do Sul no sentido de tornar obrigatório[399] o uso dos Juizados Especiais em ações cujo valor seja de até sessenta salários mínimos. Ou seja: há uma perspectiva de que, em pouco tempo, nem mesmo a "opção" do cidadão pelo procedimento diferenciado será possível, pois ele será obrigatório. Isso poderá gerar, também, um outro problema: o "inchaço" dos Juizados Especiais, que passará a se tornar lento, ao contrário do que deles se espera, pois as demandas irão acumular-se nessa instância de prestação jurisdicional.[400]

e o de serviço. Patrões tomam o primeiro; empregados, o segundo. Isso significa, simbolicamente, a divisão social em castas que se estabelece no Brasil. O mesmo pode ser dito do Judiciário, ao estabelecer a lei que as causas de pequeno valor – que, à evidência e no geral, só podem ser as das camadas pobres da população – vão parar nos Juizados Especiais Cíveis.

[397] Nesse sentido, consultar: CAPPELLETTI, Mauro, GARTH, Bryant. *Acesso à justiça*. Tradução de Ellen Gracie Northfleet. Porto Alegre: Fabris, 1988, p. 94-113. 168 p.

[398] Por todos: DENTI, Vittorio. *Processo civile e giustizia sociale*. Milano: Edizioni di Comunità, 1972, p. 56. 167 p.

[399] O direito de ação ou de acesso aos tribunais compreende a proibição de obstáculos excessivos ou desarrazoados ao efetivo acesso ao processo, o antiformalismo, a sanabilidade dos defeitos processuais e o direito à justiça gratuita. O direito à tutela efetiva concretiza-se no acesso à jurisdição, que, por sua vez, concretiza-se no direito de ser parte num processo e de provocar a atividade jurisdicional no sentido de prestar a tutela a que o Estado se obrigou ao monopolizar a jurisdição. Esse direito é um direito prestacional. Também, via de regra, engloba a proibição de se obstaculizar esse acesso por meio de depósitos prévios, consignações etc. Isso significa que, não sendo razoável ou proporcional as "consignações obrigatórias", essas não poderão ser exigidas. Mas, o acesso à justiça, ou ao processo, chamado na doutrina espanhola de "direito a instaurar o processo", compreende também a "livre eleição" da via processual que o litigante estime adequada. Essa garantia, pois, se for aprovado o referido projeto, estará sendo violada, pois obrigará o jurisdicionado a ajuizar sua demanda nos Juizados Especiais. Sobre "direito a instaurar o processo", na doutrina estrangeira, PICÓ I JUNOY, Joan. *Las garantías constitucionales del proceso*. Barcelona: Bosch, 1997, p. 41-43. 177 p. Sobre acesso à justiça, consultar obra clássica e indispensável: CAPPELLETTI, Mauro, GARTH, Bryant. *Acesso à justiça*. Tradução de Ellen Gracie Northfleet. Porto Alegre: Fabris, 1988, p. 94-113. 168 p. Também: NERY JUNIOR, Nelson. *Princípios do processo civil na Constituição Federal*. 2ª ed. rev., e aum. São Paulo: Revista dos Tribunais, 1995. 221 p.

[400] Esse inchaço pode ser comparado à situação dos chamados "caixas rápidos" de supermercados. O "caixa rápido" é aquele caixa destacado entre os demais que serve, normalmente, para que os clientes do estabelecimento possam passar até dez mercadorias. Ou seja: para um número de mercadorias superior a esse, o cliente deve direcionar-se para outro caixa. Não raro, porém, é o caixa "rápido" tornar-se "lento", em virtude da quantidade de clientes que o procuram nos horários de pico do super-

Toda a crítica aqui realizada está no sentido de reconhecer que a doutrina tem-se esmerado em procurar saídas para a crise do processo civil. Assim também os legisladores e juristas. Algumas soluções legais, doutrinárias ou jurisprudenciais, têm contribuído para a efetividade do processo; outras nem tanto. Alguns doutrinadores têm despontado com idéias de vanguarda; outros permanecem arraigados no seu modo-de-ser-no-mundo/"modo-de-ver-o-processo" (o que não significa que também não tenham dado sua contribuição para o Direito Processual Civil, pois, afinal de contas, quando se está inserido no senso comum teórico, o processualista/operador do Direito não se coloca como um "observador" das suas próprias mazelas, tendo seus horizontes limitados pelo véu do ser do Direito, que é esse sentido comum teórico). Os Juizados Especiais, cuja evolução em termos de prestação jurisdicional não se nega, mas que também não os fazem imunes às críticas (construtivas), deram conta de alguns problemas do processo civil, tais como a ausência de celeridade, a formalidade e a dificuldade de acesso à justiça por parte da população de baixa e média renda. Ainda, porém, há várias mazelas do Judiciário[401]

mercado. Isso acontece com freqüência. Da mesma forma, transpondo essa situação para a atividade jurisdicional, o Juizado Especial, que deveria ser o "caixa rápido" do Judiciário, com a obrigatoriedade, vai passar a se tornar um "caixa lento" em virtude do acúmulo de demandas.

[401] Algumas dessas "mazelas" já foram referidas ao longo deste e do primeiro capítulo. Outras serão arroladas a seguir, mas o texto não esgota, de modo algum, tantas outras que ainda estão por serem desveladas. Aqui, porém, ainda podem ser citadas aquelas que compõem uma espécie de "ativismo judicial pró-opinião pública", que deve o Poder Judiciário procurar evitar. Assim, não se pode criar a idéia de que, quando o Judiciário decide conforme um consenso da sociedade, uma "opinião comum" da sociedade quanto ao que seja "bom" ou "mau", "certo" ou "errado", sua decisão é "legítima". Mesmo quando decide em desacordo com a opinião pública, sua decisão, desde que constitucionalmente adequada, é legítima. Assim, no quotidiano das decisões judiciais, não é possível criar o "bom ativismo judicial" ou o "mau ativismo judicial" (Streck). Nesse sentido, não se pode querer fazer das exceções a regra, ou seja, para não gerar uma "frustração de expectativas", o que poderia desencadear uma espécie de "descontentamento" na sociedade, o Judiciário não pode, por exemplo, obrigar ao jurisdicionado ajuizar sua demanda nos Juizados Especiais; não pode querer permitir o debate em demandas sumárias de quaisquer outras matérias que o possa a defesa vir a se servir; não pode viabilizar "ampla defesa" onde não há como viabilizá-la; não pode ser o "financiador da cidadania", concedendo assistência jurídica integral e gratuita a quem dela não precisa. Isso só faz com que se aumente a demanda judicial. É, principalmente, na concessão da assistência jurídica integral e gratuita para aqueles que deduzem lides temerárias que se pode verificar um dos grandes problemas "éticos" da sociedade, que vem a comprometer toda a distribuição da justiça. Aqueles que, sem necessidade e de má-fé, pleiteiam em juízo o benefício esquecem que pertencem ao mesmo Estado e à mesma sociedade que fatalmente terá de arcar com sua conduta. Isso se deve, em parte, à "atomização do sujeito", decorrente do individualismo e da ideologia liberal, que, sob a idéia de divisão entre Estado e sociedade, forjada a partir da modernidade, faz com que ele pense que há um Estado que irá arcar com as despesas de seu processo e uma sociedade à parte que não será atingida nem de longe pela sua "engenhosa" ação. Essa é a idéia típica de um liberalismo que tem de garantir apenas a liberdade de ação do sujeito, e não de um Estado Social, que detenha o ônus de propiciar o acesso à justiça, mas para o qual todos têm de contribuir. O mau-uso da assistência jurídica integral e gratuita, benefício típico do Estado Social e Democrático para assegurar o acesso dos cidadãos ao Judiciário, depõe contra esse mesmo Estado que se pretende ver assegurado pela Constituição. A responsabilidade, pois, é dessa mesma sociedade que cobra do Judiciário justiça, efetividade e democracia, mas, cujos indivíduos fecham-se para a noção de "alteridade", do "outro", e, na ânsia de "tirar vantagem" do processo, acabam prejudicando toda a sociedade. Esse "levar vantagem" é um existencial, pois, de certa forma, está internalizado naqueles que assim procedem A compreensão tradicional parte da distinção entre

Fundamentos para uma compreensão hermenêutica do Processo Civil

e do processo civil, representativas de uma crise que tem sido velada no Direito Processual, que merecem vir à baila. Algumas foram referidas acima. Outras estão por serem desveladas. Os procedimentos continuam "severos" em seu conteúdo formal, mas indulgentes no conteúdo substancial e no aspecto ético (constitucional). Como ramo de elevada especialização, elitização e dogmatização, o processo é fruto de uma sociedade com esses mesmos padrões. Não poderia ser diferente: é ideológico. Por tudo isso é que se pode dizer que, na realidade, o Direito Processual Civil, com seus mais diversos métodos e aplicabilidades (inautênticas), tem funcionado como um entrave para a realização da justiça, o que pode ser verificado na análise da jurisdição (afinal, o que é jurisdição, para que serve o Poder Judiciário no Estado Democrático de Direito, o que a caracteriza?) e dos mais diversos institutos processuais (ação, sentença, coisa julgada etc.), ambientados que estão na tradição liberal-individual-normativista, e não na tradição (autêntica) do Estado Democrático de Direito. Compreender essa conjuntura faz com que se possa compreender o porquê da crise do Direito Processual Civil e entender por que o processo não tem sido efetivo.

Estado e sociedade e contrapõe não-unido o Estado, como unidade existente, à sociedade como pluralidade existente. Esse dualismo "radica ainda nas idéias liberais (pré)-democráticas do tempo anterior a 1918, que eram expressão da relação entre poder estatal, que se personificou no governo e aparato de funcionários monárquico, e um 'sociedade' excluída, em grande medida, de determinação e configuração política, cuja vida, fundamentalmente, mesmo se regula, enquanto o 'Estado' somente tinha de garantir os pressupostos desse transcurso, que obedecia a leis próprias, e intervir em caso de perturbações". Os pressupostos desse dualismo "deixaram, todavia, de existir no Estado democrático e social da atualidade. Vida 'social' não é mais possível sem a configuração organizadora, planificadora, responsável pelo Estado. Ao contrário, o 'Estado' democrático constitui-se somente na colaboração 'social'. Também a vida social está em conexões, mais ou menos estreitas, com a vida estatal no procedimento de formação da unidade política. O significado atual do Estado para a vida econômica e social, como o exercício de influência 'social' sobre a atividade estatal ou, até, a participação 'social' nela excluem uma contraposição não-unida". HESSE, Konrad. *Elementos de direito constitucional da República Federal da Alemanha*. Tradução de Luís Afonso Heck. Porto Alegre: Fabris, 1998, p. 33-34. 576 p. Por isso é que a "vontade de Constituição" tem que ser também do cidadão, isto é, da sociedade. Fazer efetiva a Constituição e, por conseguinte, a justiça, depende, pois, da conduta ética daquele que vem a juízo. Não há Estado, ou Poder Judiciário, que resista ao mau uso dos benefícios constitucionais. Não há Poder Judiciário que resista à deturpação da assistência jurídica gratuita e integral. Uma das razões, portanto, para que os foros estejam e continuem "abarrotados" de processos – repita-se – é o mau-uso da assistência jurídica integral e gratuita. A garantia de acesso ao processo resta vazia se não houver justiça gratuita para quem dela necessita, não para que sejam deduzidas lides temerárias. O Estado, ao constitucionalizar o direito de ação, comprometeu-se a colocar à disposição dos jurisdicionados os meios oportunos para fazê-lo efetivo. Ver: MONTERO AROCA, Juan. *Introduccion al derecho procesal*: jurisdicción, acción y proceso. Madrid: Tecnos, 76, p. 165. 309 p. Portanto, é para isso que se presta a assistência jurídica integral e gratuita. A gratuidade da justiça, condicionada ao requisito da necessidade, é um direito de natureza prestacional. Assim, o Estado tem de "atuar positivamente" no sentido de prestar a justiça – e aqui se fala em justiça no sentido amplo, ou seja, gratuidade de custas, defesa e representação em juízo etc. – àqueles que não têm condições de arcar com as despesas do processo, em suma, com os custos da justiça.

3. Fundamentos para uma compreensão hermenêutica da jurisdição e do Direito Processual Civil no Estado Democrático de Direito

3.1. Uma crítica às teorias da jurisdição do Estado Liberal frente ao paradigma do Estado Democrático de Direito: que tipo de jurisdição se quer no Brasil?

No paradigma do Estado Democrático de Direito, a jurisdição só pode ser compreendida autenticamente ao se compreender que a historicidade do Direito não lhe pode ser sonegada. Dito de outro modo, a jurisdição tradicional, que sonega a força da história, construída sob a égide da filosofia da consciência, não mais encontra lugar num mundo permeado de desafios, complexidades, conflitos macrossociais, novos ambientes de regulação e decisão, imediatismos e tecnicismos. Como a jurisdição está inserida no contexto constitucional (nunca fora dele), há que se compreender que a Constituição é um "caminho a ser caminhado", dependendo essa caminhada de uma "atitude hermenêutica" por parte dos juristas no sentido de desvelar o seu sentido e, conseqüentemente, o sentido da jurisdição no Estado Democrático de Direito pela provocação dos seus pré-juízos. O jurista deve compreender para interpretar (Gadamer). Porém, para que isso ocorra, essa mudança de "atitude hermenêutica" só pode ser feita a partir de uma filtragem hermenêutico-constitucional da jurisdição, pelo (des)velamento do seu sentido (ser do ente), a partir do "método fenomenológico" heideggeriano.[402]

---

[402] O "método" fenomenológico heideggeriano, que não é método, consiste em um "deixar-ser" a coisa, em dar liberdade à coisa para que seja ela mesma em si mesma. Procura destruir e reconstruir o sabido. Nesse sentido, então, deve-se tentar "fugir" da tradição, pois a hermenêutica é um abandono. É a fuga da tradição. Esse abandono, contudo, não é um abandono de seus objetivos, mas do que já está definido. É deixar que a coisa mesma seja. Assim, "não me coloco a escutar o que já sei sobre a coisa, mas evito trazer o pré-conceito, o pré-juízo, para desvelar, chegar à verdade, retirar o véu do ser". Porém, quando se conceitua, também se vela. Os seres humanos podem desvencilhar-se da tradição. O intérprete pode suspender seus preconceitos baseados na tradição (Gadamer) ao engajar-se num "diálogo hermenêutico" com os textos clássicos. KUSCH, Martin. *Linguagem como cálculo versus*

Nesse aspecto, o caminho percorrido tem na hermenêutica filosófica, como modo-de-ser-no-mundo, a condição de possibilidade para "ontologizar" (no sentido da diferença ontológica de que fala Martin Heidegger) a jurisdição e o Direito Processual, que, necessariamente, já podem ser compreendidos como jurisdição constitucional(izada) e Direito Processual Constitucional(izado), a partir da noção de Estado Democrático de Direito e da Constituição do Brasil como pauta axiológico-interpretativa e conformadora de toda e qualquer norma jurídica. Significa dizer que a lei processual e seus institutos não podem ser vistos "apartados" do sentido de Constituição, e nem esta pode ser entendida como "ser sem o ente", categoria ou hipótese.[403] A norma jurídica só é válida se estiver em conformidade com a Constituição. A aferição dessa conformidade exige uma

linguagem como meio universal. Tradução de Dankwart Bernsmüller. São Leopoldo: Unisinos, 2001, p. 255. 359 p. O existencial em que se concentra a possibilidade de sucesso do método fenomenológico é o da compreensão. O elemento organizador do nosso discurso lógico-sensível é o nosso modo de nos compreendermos e articularmos o mundo em que nós somos. A compreensão do ser constitui a essência do homem e tem o nome da existência (*Existenz*). Determinado a partir da existência, o homem é o ser-aí (*Dasein*). Assim, a ontologia fundamental realiza-se como analítica do ser-aí (*Daseinsanalytik*), propondo-se determinar o horizonte que possibilita a compreensão do ser dos entes intramundanos por meio do levantamento da estrutura ontológica do *Dasein*. BLANC, Mafalda Faria. *O fundamento em Heidegger*. Lisboa: Piaget, [s.d.], p. 46-48. 271 p.

[403] STRECK, Lenio Luiz. *Jurisdição Constitucional e hermenêutica*: uma nova crítica do direito. Porto Alegre: Livraria do Advogado, 2002, p. 22. 710 p. O ser, na ontologia fundamental, é sempre o ser de um ente. O questionamento ontológico, assim, é originário. É mais originário do que as pesquisas ônticas das ciências positivas que são fundadas pela ontologia. A questão do ser, portanto, visa às condições de possibilidade das próprias ontologias que antecedem e fundam as ciências ônticas. A ontologia permanece cega se não houver previamente esclarecido o sentido do ser ou não tiver compreendido esse esclarecimento como sua tarefa fundamental. HEIDEGGER, Martin. *Ser e tempo*. Parte I. Tradução de Márcia de Sá Cavalcante. 9ª ed. Petrópolis: Vozes, 2000, p. 35-37. 325 p. Desde sua origem, o espírito do ocidente feriu-se do esquecimento do ser e deixou em sua história a cicatriz da metafísica, que, poderosa, resiste a todas as operações plásticas do progresso. O pensamento de Heidegger, assim, procura pensar a cicatriz a partir de sua proveniência. Ver: LEÃO, Emmanuel Carneiro. Hegel, Heidegger e o absoluto. In: *A crise do pensamento moderno 3*. n. 25. Rio de Janeiro: Tempo brasileiro, 1970, p. 10. 129 p. A busca do sentido do ser, que orientou as reflexões de Platão e Aristóteles, caiu no esquecimento, pois a filosofia posterior aceitou de forma não-crítica os resultados da ontologia grega, tornando-se assim, imperceptivelmente, o modelo nunca contestado da sua própria especulação. Heidegger procurou desobstruir o acesso à "indignação explícita do sentido do ser", pondo em questão alguns preconceitos alimentados pela tradição em torno do caráter primitivo ou irredutível da idéia de ser. BLANC, Mafalda Faria. *O fundamento em Heidegger*. Lisboa: Piaget, [s.d.], p. 38-39. 271 p. Heidegger convoca-nos para a retomada da pergunta sobre o ser. Assim, não seria esta "uma pergunta qualquer, escolhida, entre outras, no repertório dos problemas filosóficos. O privilégio a ela atribuído se funda e justifica numa certa interpretação da história do pensamento ocidental. Sob o nome de *physis*, os pré-socráticos exprimiram e pensaram a verdade do ser. A partir de Platão, no entanto, a questão fundamental é esquecida, acontecimento que assinala o advento da Metafísica e constitui a raiz histórica de seus extravios. Nossa história presente é um prolongamento deste destino: o predomínio devastador da Técnica, a massificação do homem e o esvaziamento de toda energia autêntica e criadora encontram sua base na ocultação do ser. Para Heidegger, repetir a pergunta perdida na aurora do Pensamento ocidental é, reencontrando a origem, reavivar as forças capazes de superar a crise de nosso tempo. Sua interrogação se apresenta, assim, como uma tarefa grandiosa e decisiva". É preciso, porém, desvincular-se da sedução desse "discurso solene" e "profético", e, sem temor do "sacrilégio", decidir colocá-lo em questão. PIRES, Eginardo. Sobre Heidegger. In: *A crise do pensamento moderno 2*: Marx, Husserl, Heidegger, Marcuse, Althusser, Mc luhan. n. 23/24. Rio de Janeiro: Tempo brasileiro, 1970, p. 57-58. 182 p.

pré-compreensão acerca do sentido de (e da) Constituição. Não se interpreta, pois, um texto jurídico, um dispositivo, uma lei etc. "desvinculados" da antecipação de sentido que o intérprete tem da Constituição. Isso significa que o intérprete não interpreta por partes,[404] como que a repetir as fases da hermenêutica clássica: primeiro conhecendo, depois interpretando, para, finalmente, aplicar. No plano da hermenêutica (ontologia da compreensão), esses três momentos ocorrem em um só: a *applicatio*. Logo, quando o intérprete interpreta um texto, estará no "entremeio" do círculo hermenêutico. Há um movimento antecipatório da compreensão, cuja condição ontológica é o círculo hermenêutico.[405]

O intérprete, ao se ocupar das coisas do mundo, em sua faticidade, deve "preocupar-se", no sentido de procurar manter-se no círculo hermenêutico. A busca do sentido da preocupação deve mover-se no círculo hermenêutico. Dentro desse círculo ter-se-á de atingir uma situação hermenêutica que permita a interpretação do sentido da preocupação (temporalidade). É na temporalidade que se busca o sentido ontológico do ser-aí, da preocupação. A situação hermenêutica é introduzida como um conceito válido para o método fenomenológico e está ligada à aquisição prévia, à vista prévia e à antecipação próprias da explicitação (interpretação).[406] O ser-aí traz consigo a "escada". Por isso, somente subimos para dentro das estruturas do ser-aí porque já nos movemos nelas.[407] O ser humano é um "ver a compreensão como uma estrutura antecipadora". A estrutura antecipadora do compreender sempre é ter um objetivo, ter a visão desse objetivo e ter de certo modo já antecipado esse objetivo.[408] Assim é que "o mensageiro já deve vir com a mensagem, mas ele também já deve ter ido em direção a ela".[409] A situação hermenêutica implica o círculo hermenêutico. Toda explicitação tem sua aquisição prévia e sua antecipação. O círculo esconde em si uma possibilidade autêntica de conhecer mais originário. Mas, essa originariedade depende do "desenvolvimento das antecipações conforme as coisas em si mesmas". A situação hermenêutica

---

[404] Nesse mesmo sentido, Eros Roberto GRAU, para quem também não se interpreta o direito em tiras. A interpretação do direito, assim, é a interpretação "do direito", e não de textos isolados, desprendidos do direito. GRAU, Eros Roberto. *Ensaio e discurso sobre a interpretação/aplicação do direito*. 2ª ed. São Paulo: Malheiros, 2003, p. 121. 240 p.

[405] STRECK, Lenio Luiz. *Jurisdição Constitucional e hermenêutica*: uma nova crítica do direito. Porto Alegre: Livraria do Advogado, 2002, p. 22. 710 p. Nada pode ser admitido como existente sem a utilização de uma linguagem para identificar e expressar alguma coisa. A hermenêutica ultrapassa toda ciência em razão do caráter de linguagem universal do comportamento relativo ao mundo (Gadamer).

[406] STEIN, Ernildo. Introdução ao método fenomenológico Heideggeriano. In: HEIDEGGER, Martin. *Conferências e escritos filosóficos*. Tradução e notas de Ernildo Stein. São Paulo: Abril Cultural, 1979 (Os pensadores), p. 91.

[407] *Idem*, p. 92.

[408] STEIN, Ernildo. *Aproximações sobre hermenêutica*. Porto Alegre: Edipucrs, 1996, p. 59. 112 p.

[409] STRECK, Lenio Luiz. *Jurisdição constitucional e hermenêutica*: uma nova crítica do direito. Porto Alegre: Livraria do Advogado, 2002, p. 173. 710 p.

é, portanto, exigida pelo próprio método fenomenológico hermenêutico, que, por meio do círculo hermenêutico, procura explicitar o sentido ontológico do ser-aí.[410]

O método fenomenológico não se desliga da existência concreta, nem da carga pré-ontológica que na existência já vem sempre antecipada. É isso que lhe dá como característica a circularidade.[411] O fator determinante e individualizador do método fenomenológico é a tendência ao encobrimento. O homem e o essencial nas coisas tendem para o disfarce ou estão efetivamente encobertos. Por isso, o método fenomenológico volta-se para o "como". O homem tenta não se assumir na sua totalidade, num movimento de fuga de si mesmo, cujo interesse pela não-verdade é o sinal dessa fuga.[412] Evitar o encobrimento, portanto, deve ser a preocupação norteadora da atitude hermenêutica.

A ciência exige o mundo da objetivação. O homem deve estabelecer limites, pois as coisas humanas precisam de limites. Não há como fugir disso. No Direito, porém, os juristas, ao estabelecerem limites e conceitos, acabam escondendo, velando. Isso porque o Direito "odeia" a complexidade e gosta de simplificar. O problema dessa simplificação é que, quanto mais se simplifica, mais se perde a realidade. Já quanto mais complexo se consegue ser, o que não é obrigação do Direito, mais se ganha a realidade. Por isso é que "a ciência não pensa"; ela "recolhe dados, organiza-os, calcula, deduz leis". Nessa tarefa, "os computadores substituem, com progressiva eficiência, a mente humana. Quanto mais matematizável o universo, tanto mais cientificamente conquistável. Essa conquista a filosofia jamais poderá disputar com as ciências. Se ela o pretendeu algum dia, sob este ponto de vista, ela terminou hoje como filosofia. Até onde a informática penetra, a filosofia deve exilar-se".[413]

Heidegger, procurando demonstrar como o mundo é "reconstruído" na compreensão humana, utiliza-se da técnica dos "indícios formais": expedientes que se podem observar na natureza, na psicanálise etc. Os indícios formais não são palavras mágicas. Sua idéia é a de se opor aos conceitos metafísicos. O homem constrói existenciais pelos indícios formais. Os indícios formais são, portanto, uma "ferramenta". São uma espécie de "antipredicativo" que pode levar à compreensão sem que até mesmo aquele que compreende se dê conta.[414] Assim, o intérprete vai no-

---

[410] STRECK, Lenio Luiz. *Jurisdição constitucional e hermenêutica*: uma nova crítica do direito. Porto Alegre: Livraria do Advogado, p. 251.

[411] STEIN, Ernildo. Introdução ao método fenomenológico Heideggeriano. In: HEIDEGGER, Martin. *Conferências e escritos filosóficos*. Tradução e notas de Ernildo Stein. São Paulo: Abril Cultural, 1979 (Os pensadores), p. 88.

[412] *Idem*, p. 89-90.

[413] STEIN, Ernildo. *Uma breve introdução à filosofia*. Ijuí: Unijuí, 2002, p. 25. 224 p.

[414] STEIN, Ernildo. *Hermentêutica filosófica*. São Leopoldo, Unisinos, 24 jun. 2002.

meando o ser-aí, ou seja, vai "compreendendo" com uma estrutura que é por ele mesmo formada. No campo dos objetos, ao descrever, por exemplo, uma ponte ou um chapéu, não há mais características metafísicas. Há uma combinação cromática. Há algo mais. Podem-se reconstruir todas as coisas, descrevendo a parte "mundo" que a coisa tem, sem tratar a coisa como objeto[415]. O caminho heideggeriano funda um novo paradigma. Dá as ferramentas para que o intérprete possa descrever as coisas pelos indícios formais, dando a certeza de que o homem é real, de que não realiza nenhum "grande desígnio" de uma autoridade. Não faz sentido fazer filosofia se a realidade for sonegada.[416] As representações e as coisas dão-se juntas; as palavras e os objetos têm um compromisso e um vínculo. Como esta condição só opera por meio da compreensão pelo ser humano que se compreende, a fundamentação (condição de possibilidade) sempre se dá pelo círculo hermenêutico. A relação com o ser e com o modo de ser do *Dasein* não é uma relação com um objeto ou por meio de um sujeito, mas é uma relação que possibilita algo, o acesso aos entes[417]. É impossível ao intérprete desprender-se dessa circularidade da compreensão. Ou seja, como diz Lenio Luiz Streck, calcado em Ernildo Stein, "nós, que dizemos o ser, devemos primeiro escutar o que diz a linguagem. A compreensão e explicitação do ser já exigem uma compreensão anterior".[418] Assim é que

---

[415] Na metafísica não há uma filosofia do ser humano. O ser humano fala, mas essa fala é uma "falinha"; ele pensa, mas é inferior a Deus. Com Heidegger, passa-se a ver que o ser humano não é imperfeito: ele é o que é. A condição humana, assim, passa a ser vista como plenitude. Como seres humanos nós não somos determinados por uma sucessão biológica de desenvolvimento e de fim. O tempo acaba. O futuro está presente agora. O limite do "ainda não" está presente agora. *Idem, ibidem.*

[416] Fazer filosofia implica não perder a realidade. Enquanto pensamento crítico e busca dos fundamentos, "a filosofia reflete o real". Refaz todo o conhecimento do real na consciência, criticamente, isto é, realizando um movimento regressivo aos fundamentos, invertendo os passos, se o compararmos com a progressiva objetivação do conhecimento ingênuo, e mesmo científico. Desse modo, a filosofia é responsável pelo sentido. A palavra sentido toma aqui um significado preciso: condição de possibilidade, abertura que sustenta todo o contato com o real. Sentido pode identificar-se com transcendência. Ele será o âmbito, criticamente instaurado, em que qualquer dado real atinge a consciência. Implicitamente, o sentido já é sempre um fato no homem, enquanto compreende a totalidade: o ser. O trabalho crítico-reflexivo consiste na elaboração explícita daquilo que o homem traz em si mesmo enquanto homem. O sentido é a própria capacidade de transcendência do homem. É a força negativa que permite ao homem tomar distância do real, experimentar a separação e produzir um corte que o confirma em sua condição única e privilegiada diante do universo. STEIN, Ernildo. *Uma breve introdução à filosofia.* Ijuí: Unijuí, 2002, p. 24. 224 p.

[417] STEIN, Ernildo. *Nas proximidades da antropologia*: ensaios e conferências filosóficas. Ijuí: Unijuí, 2003, p. 32. 296 p.

[418] STRECK, Lenio Luiz. *Jurisdição Constitucional e hermenêutica*: uma nova crítica do direito. Porto Alegre: Livraria do Advogado, 2002, p. 22. 710 p. Nada pode ser admitido como existente sem a utilização de uma linguagem para identificar e expressar alguma coisa. A hermenêutica ultrapassa toda ciência em razão do caráter de linguagem universal do comportamento relativo ao mundo (Gadamer). O homem é no fundo do seu ser um "dizente". É o seu privilégio e, ao mesmo tempo, a sua angústia. Mesmo que tivéssemos mil olhos e mil ouvidos, mil mãos e muitos outros sentidos e órgãos, se a nossa essência não se sustivesse no poder da língua, qualquer ente nos permaneceria encerrado. Qualquer percepção humana tem sempre um sentido de mundo. Assim, não percebo primeiramente um barulho puro, depois interpretado e julgado, mas um motor de carro, um tamborilar das gotas da chuva na janela, um ronco de trovão, um canto de pássaro, as passadas de alguém que conheço ou não. O

Fundamentos para uma compreensão hermenêutica do Processo Civil

se pode dizer que "é a interpretação que nos dá a norma, não o contrário" (D. Cornell).[419]

A hermenêutica da *applicatio* tem a compreensão como um acontecimento atual. Na compreensão, a descoberta do sentido e a aplicação estão inseparavelmente reunidas num processo unitário que inclui necessariamente o "sujeito compreendente", sem o qual o sentido do texto a ser compreendido nem poderia ser concretizado e, nessa medida, completado, embora esse sujeito compreendente esteja vinculado a esse sentido do texto.[420] Nessa condição, a hermenêutica filosófica ganha sentido num mundo dominado pela técnica e pela suposição hegeliana de que o homem alcançou o saber absoluto.[421] A hermenêutica filosófica, como modo-

---

Dasein entende porque compreende, pois o sentido do que nós percebemos não se define a partir das nossas impressões sensoriais. A determinação fisiológica dos órgãos que nos permite escutar e ver é, por certo, uma "condição necessária", mas não uma "condição suficiente" do olho, da vista. A compreensão, ou seja, a correspondência ou a descoberta do sentido precede e torna possível o escutar e o ver. Assim, "nós não entendemos porque temos orelhas, mas nós temos e podemos ter orelhas porque entendemos". É sempre uma faculdade anterior ao fisiológico. HAAR, Michel. *Heidegger e a essência do homem*. Lisboa: Piaget, [s.d.], p. 115-118. 241 p.

[419] STONE, Martin. Focalizando o direito: o que a interpretação jurídica não é. In: MARMOR, Andrei. *Direito e interpretação*: ensaios de filosofia do direito. Tradução de Luís Carlos Borges. São Paulo: Martins Fontes, 2000, p. 55. 694 p. Sustentar que há uma diferença (ontológica) entre texto e norma não significa sustentar que haja uma separação entre ambos (o mesmo valendo para a dualidade vigência–validade). Assim, a norma é sempre o produto da interpretação de um contexto e não está contida no texto (Müller). O texto, porém, não subsiste como texto. Não há texto isolado da norma. O texto já aparece na "sua" norma, que é o produto da atribuição de sentido do intérprete. E, para isso, não há um processo de discricionariedade do intérprete, uma vez que a atribuição de sentido exsurgirá de sua situação hermenêutica, da tradição em que está inserido, enfim, a partir de seus pré-juízos. Daí por que não há separação entre texto e norma. Há, sim, uma diferença ontológica entre eles, questão que pode ser retirada da assertiva heideggeriana de que o ser é sempre o ser de um ente, e o ente só é no seu ser. A norma, porém, não é uma "capa de sentido" a ser acoplada a um texto "desnudo". Ela é a "construção hermenêutica do sentido do texto". Esse sentido manifesta-se na síntese hermenêutica da *applicatio*. Em síntese, texto e norma são coisas distintas, mas não separadas, no sentido de que possam subsistir um sem o outro. Também, por isso, um não contém o outro, assim como o ser não contém o ente. STRECK, Lenio Luiz. Quinze anos de Constituição – análise crítica da jurisdição constitucional e das possibilidades hermenêuticas de concretização dos direitos fundamentais-sociais. In: *Revista Ajuris*. Porto Alegre: Associação dos Juízes do Rio Grande do Sul, n. 92, ano XXX, p. 230, dez. 2003. 336 p.

[420] MÜLLER, Friedrich. *Direito, linguagem e violência*: elementos de uma teoria constitucional I. Tradução Peter Naumann. Porto Alegre: Fabris, 1995, p. 40. 48 p.

[421] Não é desconhecida a idéia de Fukuyama e Kojéve, que consideram não existir mais espaço para a filosofia, uma vez que Hegel teria alcançado o conhecimento absoluto, ao conceber o mundo como entidade espiritual, como uma idéia que evolui, sendo as etapas dessa evolução expressadas mediante as transformações do mundo ao mesmo tempo espiritual e material. A história, nesse sentido, é o desenvolvimento de um espírito representado pela idéia universal, revelado no sistema lógico de conceitos, na ciência, na arte, na religião, na razão individual, na sociedade civil, na filosofia etc. Hegel identificou momentos de apogeu da evolução do espírito universal, isto é, a Idéia, verificando que a história é atemporal e que os acontecimentos do passado e os do presente são momentos dialéticos, envolvendo sempre uma contradição e uma síntese superadora. Quando o espírito universal atingisse um determinado estágio de auto-afirmação, por meio da ciência, da religião ou da filosofia, absolutamente desalienado no pleno conhecimento de si mesmo, a evolução e a história chegariam ao fim. Sobre o Estado como realidade em ato da Idéia moral objetiva e espírito com vontade substancial, consultar: HEGEL, Georg Wilhelm Friedrich. *Princípios da filosofia do direito*. Tradução de Orlando Vitorino. São Paulo: Martins Fontes, 1997, p. 216-225. 329 p. Sobre a dialética hegeliana, no sentido

de-ser-no-mundo, impede a "desontologização" da compreensão, que se dá pelo esquecimento do ser, evitando a presunção de que o conhecimento tenha alcançado seu fim.[422]

A jurisdição da modernidade, alheia à hermenêutica filosófica como modo-de-ser-no-mundo, tem apresentado diversos sentidos e significados que sofrem influência de um "procedimentalismo metodológico", do qual tem sido refém o Poder Judiciário, que "diz" o direito a partir de um *locus* destemporalizado, preso a uma cultura (dogmática) metafísico-objetificante, que impede o seu desvelar como instância de realização dos direitos e garantias fundamentais. Aprisionada ao paradigma liberal-individualista típico do Estado Liberal, corroída pela filosofia da consciência que lhe impõe permanecer num ambiente tradicional, a jurisdição não tem conseguido enfrentar os novos desafios e racionalidades instalados na sociedade contemporânea. Assim, a jurisdição, "procedimentalizada" "da" e "na" modernidade, apegada aos seus diversos "métodos de interpretação",[423] tendo, pois, a hermenêutica como um "método", padece de uma espécie de "desontologização", ao resguardar uma "ordem" destemporalizada,

---

de a "vida eterna" ser um "produzir eternamente a oposição e eternamente conciliá-la", e acerca do "saber absoluto", consultar também: HEGEL, Georg Wilhelm Friedrich. Introdução à história da filosofia. In: *Hegel* (Os pensadores). Tradução de Orlando Vitorino. São Paulo: Nova Cultural, 2000, p. 457-459. 464 p. Com relação ao apogeu e declínio dos povos ao longo da história: HEGEL, Georg Wilhelm Friedrich. *Princípios da filosofia do direito*. Tradução de Orlando Vitorino. São Paulo: Martins Fontes, 1997, p. 307-371. 329 p. Verificar também D'HONDT, Jacques. *Hegel*. Lisboa: Edições 70, 1999. 118 p. Mas a história não chegou ao fim. É bem verdade que um dos maiores logros da pós-modernidade consiste, sem dúvida, em haver desacreditado a filosofia no sentido disciplinário tradicional e estimulado a proliferação de novos tipos de pensamento e novos tipos de escritura conceitual. Porém, "agora começamos a ser testemunhas do retorno da filosofia tradicional em todo o mundo, começando por seus mais veneráveis subcampos, como a ética". Isso significa que está havendo um retorno ao passado e um restabelecimento de toda uma classe de coisas do passado, mas não a sua liquidação, como se chegou a pensar. Em plena pós-modernidade, chegou o momento de regressar e considerar o retorno ou a reinvenção do passado que é a mais paradóxica de todas, pois demonstra ser a reiteração do conceito mesmo de modernidade propriamente dita que, por ingenuidade, se supunha superado há muito tempo. JAMESON, Fredric. *Una modernidad singular*: ensayo sobre la ontologia del presente. Traducción de Horacio Pons. Barcelona: Gedisa, 2004, p. 13-17. 204 p. O próprio Fukuyama, em obra posterior ao escrito "O fim da história", não deixa claro se a "viagem" da humanidade acabou. Ao contrário, sua conclusão parece ser outra. Apesar de entender que a história da humanidade é direcionada para a democracia liberal (o que seria o "fim da história"), Fukuyama deixa em aberto o futuro, pois o percurso, diz ele, continua provisoriamente inconclusivo. FUKUYAMA, Francis. *O fim da história e o último homem*. Tradução Maria Góes. Lisboa: Gradiva, 1999. 382 p.

[422] É nesse aspecto, pois, que a filosofia volta a ter importância. Aliás, sempre teve, tem e continuará a ter importância como crítica do conhecimento. A filosofia "enquanto busca de fundamentos e instauração de pressupostos (...) é um esforço crítico. Ela é o esforço constante de regresso crítico aos fundamentos. Isso quer dizer que filosofia é a busca das condições de possibilidade do real. A filosofia é a luta constante contra as evidências ingênuas. Seu sentido analítico-crítico – que persegue as condições de possibilidade – determina-lhe tematicamente uma área própria. Dá-lhe, também, assim, sua importância universal". Nessa linha, pode-se reconhecer o caráter filosófico da hermenêutica, que passa agora à condição de "modo-de-ser-no-mundo", e não mais de simples "técnica" de interpretação. A hermenêutica passa, assim, a ser "compromisso de um combate sem fim" (Castanheira Neves), um esforço crítico (Stein) e uma luta constante contra a ingenuidade das concepções de mundo. STEIN, Ernildo. *Uma breve introdução à filosofia*. Ijuí: Unijuí, 2002, p. 18. 224 p.

[423] Reporta-se à crítica que é feita aos diversos métodos de interpretação do direito, constante do capítulo 1 da tese.

impedindo que, nessa mesma ordem, possa haver interferências políticas ou valorativas, que desafiam o pensamento tradicional, dando lugar às incertezas ao invés da certeza, aos riscos ao invés da segurança, e ao "caos" ao invés da racionalidade.

Nesse sentido, ainda predomina a idéia de uma jurisdição típica do Estado Liberal, influenciada pela filosofia da consciência, pois os juristas continuam falando em jurisdição como "atuação da vontade da lei", "secundariedade", "composição de lides" etc. Na doutrina, três dos maiores processualistas modernos, lidos e relidos, constituem exemplo do que se afirma: Giuseppe Chiovenda, Enrico Allorio e Francesco Carnelutti. Para o primeiro, a jurisdição é "a função do Estado que tem por escopo a atuação da vontade concreta da lei por meio da substituição, pela atividade de órgãos públicos, da atividade de particulares ou de outros órgãos públicos, já no afirmar a existência da vontade da lei, já no torná-la, praticamente, efetiva".[424] Para o segundo, a jurisdição destina-se à produção da coisa julgada. Assim, o ato jurisdicional é tão-somente aquele que se destina a formar a coisa julgada. Nessa perspectiva, "ninguna clasificación de los actos estatales pude resultar, precisamente, más fructuosa que la que los agrupa en actos jurisdiccionales, a los cuales sigue la formación de la cosa juzgada, por un lado, y en actos administrativos, es decir, desprovistos de esa eficacia, por el outro".[425] As idéias de "atuação do direito", "composição de lides" e "aplicação de sanções" não explicam a jurisdição. Essas idéias são "fórmulas todas, en cuyo teleologismo, metódicamente impreciso, está su mejor refutación. Aparece exacto lo que escribe James Goldschmidt: que tales finalidades no pueden constituir más que el fin 'metafísico' del proceso jurisdiccional, mientras que su finalidad 'práctica', la 'causa' de la actividad jurisdiccional, debe contemplar-se en la formación de la cosa juzgada".[426] Como se pode observar, todos esses conceitos não emprestam adesão à idéia de uma jurisdição constitucional. Em Chiovenda, o juiz fica restrito a aplicar uma suposta "vontade" da lei (como se a lei tivesse vontade). Não diz o processualista italiano que a lei a ser aplicada (ou, numa visão hermenêutica, a norma a ser desvelada) deve ser uma lei "constitucionalmente adequada", ou seja, acorde com o conteúdo material da Constituição. A explicação para esse fenômeno é simples. À época, não havia nem mesmo preocupação com a Constituição como "fonte" do Direito Processual ou "*topos*" conformador de toda a atividade interpretativa. A idéia de Allorio também não vinga, uma vez que retira do campo da jurisdição tudo o que não produzir coisa julgada. Assim, processo cautelar,

---

[424] CHIOVENDA, Giuseppe. *Instituições de direito processual civil*: a relação processual ordinária de cognição. As relações processuais. v. II. Tradução de J. Guimarães Menegale. São Paulo: Saraiva, 1965, p. 3. 397 p.

[425] ALLORIO, Enrico. *Problemas de derecho procesal*. Tomo II. Traducción de Santiago Sentis Melendo. Buenos Aires: Ediciones Jurídicas Europa-América, 1963, p. 27.

[426] *Idem*, p. 33.

tutela antecipada, processo de execução e jurisdição voluntária ficariam de fora do campo jurisdicional.

Francesco Carnelutti, por sua vez, chegou a separar a "função juris-dicional" da "função processual", dizendo não ser jurisdicional a execu-ção forçada.[427] Essa lição, porém, não tem sentido, pois é justamente na execução que se pode ver com maior nitidez o poder de império de que é (deve ser) dotada a jurisdição, uma vez que é ali que se realiza o direi-to, e não apenas se o declara. Apesar de toda sua genialidade, Carnelutti produziu todo um sistema de processo sem se preocupar com um único caso. Fortemente influenciado pelas idéias do racionalismo (filosofia da consciência), que pretendia reduzir o Direito a uma mera ciência exata como a matemática (Leibniz), o Professor da Itália, a exemplo de outros tantos, também acabou por separar o que é inseparável: teoria e *praxis*. Essa influência, como se sabe, vem da idéia kantiana, que permanece até hoje enraigada no espírito de nossos juristas, separando o "mundo do ser" do "mundo do dever ser".[428] No pensamento carneluttiano, a primeira exi-

---

[427] "a) Uma exigência de ordem me aconselha considerar como rigorosamente distintas a função ju-risdicional e a função processual. A segunda é o *genus* e a primeira a *species*. Nem todo processo implica exercício de jurisdição (...) Especialmente, é processo, e não jurisdição, a execução forçada. b) Esta distinção concorda com o significado das palavras tão certo como que o juiz *ius dicit* quando declarar que existe ou não a dívida reclamada por Tício contra Caio, o é que tal frase não se presta nem sequer em sentido figurado para representar a atividade do oficial de justiça que tira seus bens para o devedor remetente. Não me preocupa que no transcurso da história e inclusive na lei atual a palavra 'jurisdição' se utilize fora dos limites de seu significado natural, para indicar qualquer função processual. Tal uso se deve à preponderância que teve o processo jurisdicional na lenta elaboração do pensamento acerca dos fenômenos processuais. O processo executivo e, em geral, os outros tipos de processo permaneceram até ontem mesmo na sombra, e desse modo a noção de jurisdição absorveu integralmente a noção do processo. Mas se a história impõe à ciência seus fatos, não deve lhe impor nem as idéias nem as palavras. Apenas assim pode-se avançar na ciência. A sinonímia entre função processual e função jurisdicional implica uma imperfeição da linguagem e do pensamento, que a ciência do processo deve corrigir, se a primeira exigência de seu progresso é a pureza dos conceitos e a propriedade dos vocábulos". Para CARNELUTTI, "entre jurisdição e processo não apenas não se encontra uma relação de coincidência, mesmo nem sequer a continência e nem apenas a interferência. Se, por um lado, existe, com efeito, um processo não jurisdicional (...), por outro há que se admitir uma jurisdição não processual. À luz do bom sentido aparece indubitável que *ius dicit* não apenas o juiz quando e mediante a sentença decidir uma questão para compor um litígio, como também o legisla-dor, quando formar uma lei e inclusive, por outro lado, os contratantes quando, a teor do art. 1.123 do Código civil, façam do contrato lei entre eles). Em resumo, esse poder corresponde, não apenas ao juiz, como a toda a pessoa cuja declaração possua o caráter de fonte do Direito (...). Historicamente, a *jurisdictio* foi exatamente a manifestação do *imperium* (ou seja, do poder de mandato atribuído ao ma-gistrado superior romano) que consistia em fixar regras jurídicas e que se distinguia, tanto do poder militar, quanto da *coercitio*; apenas devido a que essa fixação de regras acontecia por meio do processo, o mesmo nome serviu por sua vez para designar o fim e o meio, e por conseguinte, nem tanto a função jurídica, quanto a função processual. Assim explica-se que se tenha acabado por chamar jurisdição a esta última, inclusive quando é execução". CARNELUTTI, Francesco. *Sistema de direito processual civil*. São Paulo: Bookseller, 2000, p. 221-223. 787 p.

[428] Isso confirma que "o pensamento dogmático do Direito não conseguiu escapar ainda do elemento central da tradição kantiana: o dualismo. (...) fomos introduzidos na modernidade numa separação entre consciência e mundo, entre palavras e coisas, entre linguagem e objeto, entre sentido e percep-ção, entre determinante e determinado, entre teoria e prática. Heidegger vai dizer que esses dualismos somente puderam ser instalados através do esquecimento do ser, através da introdução de um univer-so de fundamentação filosófica conduzida apenas pelo esquema da relação sujeito-objeto. É essa rela-

gência do progresso da "ciência" do processo está na "pureza dos conceitos" e na "propriedade dos vocábulos". Sem falar na idéia de que há uma espécie de "conexão funcional"[429] entre dois ramos absolutamente distintos, quais sejam, o processo penal e o processo civil, quando não há, consoante já explicitado, como falar na existência de uma "teoria geral do processo", posição essa que, infelizmente, ainda tem sido defendida por grande parte da doutrina.[430] Para Carnelutti, essa "conexão funcional" entre ambos os processos "encontra sua raiz no fato de ser o processo penal uma subespécie do processo de condenação", sendo que "a separação do processo civil com respeito ao processo penal acontece no ramo do processo de conhecimento integrado pelo processo de condenação".[431]

Muitos dos que hoje doutrinam e julgam aprenderam o Direito Processual Civil nos manuais. Dentre eles, pode-se destacar, em especial, a obra de Moacyr Amaral Santos. Na época em que foi escrita, a produção do ilustrado professor contribuiu para o desenvolvimento da "ciência processual" no país. Porém, hoje, há que ser vista com outros olhos.[432] Para Santos, a idéia de jurisdição é similar a de Chiovenda, Liebman e tantos outros, pois "a finalidade da jurisdição é resguardar a ordem jurídica, o império da lei e, como conseqüência, proteger aquele dos interesses em conflito que é tutelado pela lei, ou seja, amparar o direito objetivo".[433]

Todas essas visões acerca da jurisdição comportam uma espécie de "enfraquecimento" do Poder Judiciário por qualquer ótica que se tenha: tiram poder do juiz, limitam seu campo de ação e conferem centralidade ao papel do legislador,[434] desconhecendo a importância da Constituição

---

ção sujeito-objeto que sustenta as dicotomias ou os dualismos que povoam o imaginário dos juristas". STRECK, Lenio Luiz. Quinze anos de constituição – análise crítica da jurisdição constitucional e das possibilidades hermenêuticas de concretização dos direitos fundamentais-sociais. In: *Revista Ajuris*. Porto Alegre: Associação dos Juízes do Rio Grande do Sul, n. 92, XXX, p.210, dez. 2003. 336 p.

[429] CARNELUTTI, Francesco. *Sistema de direito processual civil*. São Paulo: Bookseller, 2000, p. 232. 787 p.

[430] Analisado no capítulo 2 deste trabalho.

[431] CARNELUTTI, Francesco. *Sistema de direito processual civil*. São Paulo: Bookseller, 2000, p. 232-233. 787 p.

[432] O jurista não pode procurar a solução a ser dada numa obra doutrinal (comentário, tratado) escrita há cinqüenta ou, talvez mesmo, há uns meros dez anos. Tal bibliografia mantém quase só valor histórico. Nesse sentido, KAUFMANN, Arthur. *Filosofia do direito*. Prefácio e tradução António Ulisses Cortês. Lisboa: Calouste Gulbenkian, 2004, p. 5-6. 536 p.

[433] SANTOS, Moacyr Amaral. *Primeiras linhas de direito processual civil*. v. 1. 14ª ed. atual. nos termos da Constituição Federal de 1988. São Paulo: Saraiva, 1989-1990, p. 69. 377 p.

[434] Todas essas idéias não observam a noção de jurisdição constitucional(izada). Estão presas à filosofia da consciência (racionalismo) e ao paradigma liberal-individualista, que ainda moldam não só a cultura jurídica brasileira, mas a de outros países ocidentais. Não se pode esquecer que, quando se fala em conferir centralidade ao papel do(s) legislador(es), não significa que se esteja atacando a existência de um Poder Legislativo. Óbvio, pois democracia também é vontade geral. A existência de leis, isto é, de regras, por outro lado, é quase inevitável. Nesse sentido, LLOYD, Dennis. *A idéia de lei*. Tradução de Álvaro Cabral. São Paulo: Martins Fontes, 1998, p. 18. 440 p. Porém, o Poder Judiciário, sozinho, não vai conseguir resolver o problema da efetividade do processo. Cabe, assim, aos legisladores cria-

como pauta de interpretação. James Goldschmidt, que escreveu sobre Direito Processual Civil na primeira metade do século XX, embora, ao seu tempo, também tenha contribuído para o desenvolvimento da "ciência do processo", nem mesmo arrola entre as fontes do Direito Processual a Constituição.[435] A razão para isso é simples: como dito, não havia, na época, a idéia de um constitucionalismo forte e de uma Constituição compromissária, valendo, sim, os códigos e leis esparsas, que, numa visão positivista, formal e idealista, continham todo o direito. Tanto é assim que a primeira fonte do Direito Processual Civil arrolada pelo jurista é o "Código Processual, na sua redação de 27 de outubro de 1933, publicado em 8 de novembro de 1933 com as modificações introduzidas pela lei daquela data". Também Leo Rosenberg, dissertando sobre as "leis da justiça do Reich", faz um apanhado das diversas leis que vigeram na Alemanha desde a primeira metade do século XIX até a metade do século XX. Em

---

rem condições para que o processo possa tornar-se efetivo. O problema, entretanto, é que a lei está a serviço de um poder que é um "poder invisível". É o poder dos grandes interesses que comandam a ação governamental, sem que apareça "como" poder, pois nem sempre o poder é transparente. Onde o Estado assumiu a tarefa de governar a economia, a classe política exerce o poder não mais apenas por meio das formas tradicionais da lei, do decreto legislativo, dos vários tipos de atos administrativos – que, desde a existência de um regime parlamentar e de um Estado de Direito (um Estado em que os atos da administração pública são submetidos a um controle jurisdicional), começaram a fazer parte da esfera do poder visível –, mas, também, por meio da gestão dos grandes centros de poder econômico (bancos, indústrias estatais, indústrias subvencionadas etc.), da qual acima de tudo extrai os meios de subsistência dos aparatos dos partidos, dos aparatos dos quais por sua vez extrai, por meio das eleições, a própria legitimação para governar. Diferentemente do Poder Legislativo e do Poder Executivo tradicional, o governo da economia pertence em grande parte à esfera do poder invisível, na medida em que se subtrai (se não formalmente, ao mesmo substancialmente) ao controle democrático e ao controle jurisdicional. É o "criptogoverno": um conjunto de ações realizadas por forças políticas subversivas que agem na sombra em articulação com os serviços secretos, ou com uma parte deles, ou pelo menos por eles não obstaculizados. O modelo ideal da sociedade democrática, anteriormente, era aquele de uma sociedade centrípeta. A realidade que temos diante dos olhos, porém, é outra: a de uma sociedade centrífuga, que não tem apenas um centro de poder (a vontade geral de Rousseau), mas muitos, merecendo por isso o nome de sociedade policêntrica ou poliárquica. Um dos "lugares-comuns" do discurso democrático consiste em afirmar que a democracia é o governo do "poder visível". BOBBIO, Norberto. *O futuro da democracia*. Tradução de Marco Aurélio Nogueira. São Paulo: Paz e Terra, 2000, p. 36-118. 207 p. Porém, como há o poder invisível, este faz com que se viva em uma "falsa democracia" num Estado que, embora se dizendo democrático, é totalitário; posição esta vislumbrada quando se apregoam o caráter unívoco da lei e a neutralidade para um Poder que tem de, no mais das vezes, dirimir conflitos concretos entre desiguais – e daí não poderá, por evidente, ser neutro – e que, apesar de muitas vezes ser considerado secundário (Chiovenda), ou poder nulo (Montesquieu), é o último reduto da cidadania e o único Poder que não concentra poder, pois é democrático na escolha e ingresso de seus membros – que se dá, na maioria dos casos, por concurso público – e no proferir de suas decisões. Vejam-se os casos das decisões colegiadas em que se podem defrontar opiniões e entendimentos divergentes. Não se deve esquecer, também, de que todas as decisões do Judiciário são públicas e motivadas, o que garante a lisura dos julgamentos e a transparência do poder. Cumpre lembrar, outrossim, que o positivismo jurídico, por seu lado, "produziu com efeito as grandes obras legislativas do início do século XIX, porque o legislador de então ainda se conduzia por uma forte consciência moral, pressuposto este que porém já não se verificou nas ditaduras do nosso tempo; as 'leis ignominosas' deixaram de ser meros exemplos acadêmicos e tornaram-se realidade. O conceito de lei puramente formal fracassara". KAUFMANN, Arthur. *Filosofia do direito*. Prefácio e tradução António Ulisses Cortês. Lisboa: Calouste Gulbenkian, 2004, p. 46-47. 536 p.

[435] GOLDSCHMIDT, James. *Direito processual civil*. T. I. Trad. de Lisa Pary Scarpa. Campinas: Bookseller, 2003, p. 53-56.

nenhuma delas aparece a Constituição como fonte do direito processual.[436] Outro importante jurista, Ramiro Podetti, ao escrever sobre o Direito Processual argentino, também desconhece como fonte desse ramo do direito a Constituição.[437] Saliente-se, também, e por conseqüência dessa idéia de Constituição, a inexistência, na época, de uma concepção de processo como instrumento para realização de "direitos e garantias fundamentais", implicando, portanto, uma idéia de processo tão-somente como procedimento para "substanciação de negócios contenciosos". É o que se pode ver em Goldschmidt no seu conceito de processo civil: "O processo civil ou procedimento para a substanciação dos negócios contenciosos cíveis é o método que os Tribunais seguem para definir a existência do direito da pessoa que demanda, frente ao Estado, a ser tutelada juridicamente, e para outorgar esta tutela no caso em que tal direito exista".[438]

No paradigma do Estado Democrático de Direito, todos esses conceitos e idéias de jurisdição não mais podem ser acatados, ao menos em sua totalidade. A jurisdição que efetivamente se quer é outra. Contemporaneamente, a jurisdição deve ser vista como jurisdição constitucional(izada), isto é, como verdadeira "jurisdição de Estado Democrático de Direito". Isso implica uma nova compreensão da jurisdição, uma vez que, no Estado Democrático de Direito, há um vínculo indissociável entre Constituição e justiça constitucional.[439] Primeiro, porque, não existindo diferença entre legalidade e constitucionalidade, não há – segundo – como distinguir jurisdição ordinária de jurisdição constitucional. Ainda há, contudo, um excessivo apego à legislação infraconstitucional, que não é devidamente confrontada com a Constituição. Assim, os juristas continuam separando a legalidade da constitucionalidade, como se fosse possível separar a jurisdição ordinária da jurisdição constitucional. Como conseqüência dessa forma de pensar a jurisdição, há uma "baixa" aplicação do controle difuso pelo juízo singular e um pequeno número de incidentes de constitucionalidade suscitados pelos órgãos fracionários dos tribunais.[440]

A jurisdição, no entanto, seja ela a do juiz de primeiro grau ou a dos tribunais superiores, está comprometida com a idéia de uma jurisdição constitucional(izada) e, portanto, com a idéia de que todo o processo her-

---

[436] Consultar: ROSENBERG, Leo. *Tratado de derecho procesal civil*. Tomo I. Traducción de Ângela Romera Vera. Buenos Aires: Ediciones Jurídicas Europa-America, 1955, p. 24-33.

[437] PODETTI, J. Ramiro. *Teoria y técnica del proceso civil y trilogia estructural de la ciencia del proceso civil*. Buenos Aires: Ediar, [s/d], p. 95-91.

[438] GOLDSCHMIDT, James. *Direito processual civil*. T. I. Trad. De Lisa Pary Scarpa. Campinas: Bookseller, 2003, p. 14.

[439] STRECK, Lenio Luiz. *Jurisdição constitucional e hermenêutica*: uma nova crítica do direito. Porto Alegre: Livraria do Advogado, 2002, p. 361. 710 p.

[440] *Idem*, p. 367.

menêutico leva em consideração a faticidade[441] do intérprete, que desde-já-sempre está no mundo, e de que a Constituição, além de um texto, é um existencial, que desde-já-sempre está (deve estar) com ele. Qualquer ato judicial é ato de jurisdição constitucional. O juiz sempre faz jurisdição constitucional, pois é dever do magistrado examinar, antes de qualquer outra coisa, a compatibilidade do texto normativo infraconstitucional com a Constituição. Nesse sentido, o controle do juiz difere do controle exercido pelos tribunais. O juiz, ao contrário dos tribunais, não declara a inconstitucionalidade do texto normativo. O juiz deixa de aplicá-lo. O conteúdo de sua decisão recai sobre aquela relação jurídica discutida no processo.[442] Toda a jurisdição sempre é constitucional(izada), pois não há como separar o ser do ente. A legalidade e ordinariedade não podem ser vistas apartadas da constitucionalidade. Na medida em que a Constituição estabelece pressupostos de criação, vigência e execução das normas do resto do ordenamento jurídico, determinando o seu conteúdo, "converte-se em elemento de unidade do ordenamento jurídico da comunidade no seu conjunto, no seio do qual impede tanto o isolamento do Direito constitucional como a existência isolada das demais parcelas de Direito umas em relação às outras".[443] Falar em "tribunais constitucionais", pois, é ocorrer em pleonasmo. Por sua vez, falar em "tribunais não-jurisdicionais", é ocorrer em uma *contraditio in terminis*.[444]

Não havendo distinção entre jurisdição ordinária e jurisdição constitucional, e tendo em vista que todos o juízes exercem sempre jurisdição constitucional, convém ter em mente que, quanto ao exercício dessa jurisdição constitucional(izada), que comporta o controle da constitucionalidade das leis, não há como impedir os juízes e tribunais de utilizarem as modernas técnicas de controle de constitucionalidade, tais como a interpretação conforme a Constituição e a declaração de nulidade parcial sem redução de texto, pois não há qualquer óbice constitucional que impeça os juízes e tribunais de os aplicarem. Não se pode admitir, portanto, que juízes e tribunais, que não o Supremo Tribunal Federal, estivessem obrigados a

---

[441] O processo hermenêutico é o processo no qual nos damos conta de que só sobrevivemos objetificando coisas pelo compreender e falando destas coisas através da linguagem no nível lógico-semântico e, de outro lado, só sobrevivemos enquanto, ao mesmo tempo, já damos a este compreender do domínio lógico-semântico uma base hermenêutica, isto é, uma "base fática", uma base em que somos faticidade. Somos um modo de ser-no-mundo e não apenas descrevemos coisas no mundo. A hermenêutica da faticidade descreve o modo fático de nós sermos. Estamos diante de um processo de relação com o mundo que parte de uma atividade do ser humano. O ser humano é, portanto: a) faticidade, pois é jogado no mundo; b) já sempre está presente junto das coisas; c) é possibilidade, é futuro. STEIN, Ernildo. *Aproximações sobre hermenêutica*. Porto Alegre: Edipucrs, 1996, p. 61-63. 112 p.

[442] STRECK, Lenio Luiz. *Jurisdição constitucional e hermenêutica*: uma nova crítica do direito. Porto Alegre: Livraria do Advogado, 2002, p.362-363. 710 p.

[443] MIRANDA, Jorge. *Manual de direito constitucional*. Tomo I. 6ª ed. Coimbra: Coimbra, 1997, p. 16-17. 435 p.

[444] MONTERO AROCA, Juan. *Introduccion al derecho procesal*: jurisdicción, acción y proceso. Madrid: Tecnos, 76, p. 54. 309 p.

declarar inconstitucionais dispositivos que pudessem ser salvaguardados no sistema, ao menos em parte, mediante a aplicação dessas técnicas de controle. A possibilidade de os tribunais e juízes singulares fazerem uso desses mecanismos funda-se no controle difuso de constitucionalidade. Impedir esse uso pelos juízes e tribunais inferiores seria restringir a própria modalidade de controle difuso, isto é, uma espécie de "meio-controle" (Streck). Desde a Constituição de 1891 os juízes estão autorizados a deixar de aplicar uma lei na íntegra quando a entenderem inconstitucional. No Estado Democrático de Direito, com muito mais razão, podem aplicá-la somente em parte. Isso diz respeito também aos tribunais, que, por sua vez, estão dispensados de suscitar o incidente de inconstitucionalidade, quando se tratar da técnica da nulidade parcial sem redução de texto.[445]

Para Enrique Véscovi, há determinados princípios constitucionais do processo que garantem os direitos fundamentais e podem ser considerados "direito natural". Esses princípios constituem as chamadas "garantias do devido processo" e, na grande maioria das Constituições latino-americanas, estão expressamente previstos. Essa previsão na Constituição é um modo de se obter uma melhor garantia, especialmente quando se admite a possibilidade de que um juiz qualquer (sistema difuso) ou um órgão especial (regime concentrado) possa declarar inconstitucional a lei ou ao menos inaplicável no caso concreto.[446] Aliás, sendo possível que os tribunais inferiores e os juízes singulares lancem mão da interpretação conforme a Constituição e da inconstitucionalidade parcial qualitativa (sem redução de texto), não se necessita, como se disse, que os órgãos fracionários dos tribunais suscitem o respectivo incidente de inconstitucionalidade, sendo, pois, pelas peculiaridades com que se revestem tais institutos, dispensável tal suscitação. Afinal, quando, pela interpretação conforme, é "fixada" uma dada interpretação, o tribunal não declara, e nem poderia fazê-lo, a inconstitucionalidade de todas as possíveis interpretações de certo texto normativo. No âmbito da interpretação conforme, a norma não é declarada inconstitucional, mas constitucional, sendo que esta continuará, após a declaração, carecendo de interpretação em suas outras aplicações, e os tribunais ordinários, que também são competentes para a aplicação do Direito, poderão desenvolver outras interpretações em conformidade com a Constituição. Em se tratando de decisão de acolhimento parcial qualitativa, isto é, quando uma das incidências (preceito ideal) é abduzida do texto, permanecendo, portanto, o texto em sua integralidade, o raciocínio deve ser o mesmo. A solução, assim, está justamente na diferença entre o que seja inconstitucionalidade parcial qualitativa e inconstitucionalidade

---

[445] Por todos, STRECK, Lenio Luiz. *Jurisdição constitucional e hermenêutica*: uma nova crítica do direito. Porto Alegre: Livraria do Advogado, 2002, p. 517-518. 710 p.

[446] VESCOVI, Enrique. *Elementos para una teoría general del proceso civil latinoamericano*. México: UNAM, 1978, p. 22. 105 p.

parcial quantitativa. Enquanto na primeira o texto permanece, na segunda ocorre a expunção formal de uma parte do dispositivo ou da lei.[447] Todo o juiz, pois, exerce jurisdição constitucional, sendo o adjetivo "ordinária" totalmente dispensável.[448] Ao contrário do sistema alemão de controle de normas, no qual o monopólio de censura está concentrado na Corte Constitucional, no Direito brasileiro, qualquer juiz ou tribunal pode recusar a aplicação de uma lei, num caso concreto, por considerá-la inconstitucional.[449]

Análoga separação do ser do ente, que ocorre entre jurisdição ordinária e jurisdição constitucional, ocorre também no Direito Processual, ao se fazer distinção entre Direito Processual Constitucional e Direito Constitucional Processual. Num sentido mais "didático", é possível dizer que "existe um Direito Constitucional Processual, para significar o conjunto das normas do Direito Processual que se encontra na Constituição Federal, ao lado de um Direito Processual Constitucional, que seria a reunião dos princípios para o fim de regular a denominada jurisdição constitucional".[450] Também é possível afirmar, o que não é novidade alguma, que a norma constitucional é pressuposto do Direito Processual. O Direito

---

[447] STRECK, Lenio Luiz. *Jurisdição constitucional e hermenêutica*: uma nova crítica do direito. Porto Alegre: Livraria do Advogado, 2002, p. 519-520. 710 p.

[448] *Idem*, p. 362-363.

[449] MENDES, Gilmar Ferreira. *Jurisdição constitucional*: o controle abstrato de normas no Brasil e na Alemanha. 4ª ed. São Paulo: Saraiva, 2004. 395 p. No mesmo sentido: ROSAS, Roberto. *Direito processual constitucional*: princípios constitucionais do processo civil. 2ª ed. rev., ampl., e atual., de acordo com a Constituição Federal de 1988. São Paulo: Revista dos Tribunais, 1997, p. 81. 205 p. Fazer jurisdição constitucional não significa restringir o processo hermenêutico ao exame da "parametricidade formal" de textos infraconstitucionais com a Constituição, mas compreender a jurisdição constitucional como "processo de vivificação" da Constituição na sua materialidade, a partir do novo paradigma instituído pelo Estado Democrático de Direito, que toma forma quando a liberdade de conformação do legislador, pródiga em discricionariedade no Estado Liberal, passa a ser contestada de dois modos: de um lado, os textos constitucionais dirigentes, apontando para um dever de legislar em prol dos direitos fundamentais e sociais; e, de outro, o controle por parte dos tribunais, que passaram não somente a decidir acerca da forma procedimental da feitura das leis, mas acerca de seu conteúdo material, incorporando os valores previstos na Constituição (postura substancialista). Há, assim, a prevalência do princípio da constitucionalidade sobre o princípio da maioria, o que significa entender a Constituição como um "remédio contra maiorias". A noção de Estado Democrático de Direito leva em conta a noção de Constituição como uma ordem de valores a serem realizados, exsurgentes de um pacto social. A Constituição, porém, é aqui mais que uma explicitação do contrato social: tem o condão de, com sua força normativa, "constituir-a-ação" do Estado. O Poder Judiciário, nesse aspecto, não pode assumir uma postura passiva diante da sociedade, pois a ele está reservada uma nova forma de inserção no âmbito das relações dos poderes de Estado, levando-o a transcender as funções de freios e contrapesos, mediante uma atuação que leve em conta a perspectiva de que os valores constitucionais têm precedência mesmo contra textos legislativos produzidos por maiorias eventuais. A justiça constitucional, assim, deve assumir uma postura intervencionista, longe da postura absenteísta inerente ao modelo liberal-individualista-normativista próprio da dogmática jurídica brasileira. STRECK, Lenio Luiz. Quinze anos de Constituição – análise crítica da jurisdição constitucional e das possibilidades hermenêuticas de concretização dos direitos fundamentais-sociais. In: *Revista Ajuris*. Porto Alegre: Associação dos Juízes do Rio Grande do Sul, n. 92, ano XXX, p. 223-224, dez. 2003. 336 p.

[450] NERY JÚNIOR, Nelson. *Princípios do processo civil na Constituição Federal*. 2ª ed. rev., e aum. São Paulo: Revista dos Tribunais, 1995, p. 19. 221 p.

Constitucional, assim, "fornece" ao processualista os princípios que determinam o âmbito de sua disciplina. A norma constitucional é a matriz da qual germinam os princípios e institutos do Direito Processual.[451] Nessa perspectiva, o Direito Processual Constitucional não se confunde com o Direito Constitucional Processual. O Direito Processual Constitucional compreende os princípios e institutos constitucionais do Direito Processual. Já o Direito Constitucional Processual compreende o chamado "processo constitucional". As normas constitucionais em geral, e não só as que tratam do processo civil, têm a intenção de reforçar sua eficácia,[452] isto é, a eficácia pretendida pelo ordenamento jurídico quanto ao sistema processual.

Em sentido oposto a essa distinção, há o posicionamento de José Alfredo de Oliveira Baracho, acreditando na "relação acentuada" entre Constituição e processo, ao dizer que a primeira traça as linhas essenciais do sistema processual consagrado pelo Estado.[453] Assim, o processo é um instrumento de tutela do direito, que se realiza por meio das previsões constitucionais. A Constituição, portanto, pressupõe a existência do processo como garantia da pessoa humana. Baracho não faz distinção entre Direito Processual Constitucional ou Constitucional Processual. Propõe, sim, um Direito Processual Constitucional (ou Direito Constitucional Processual), abrangendo, de um lado, a tutela constitucional dos princípios fundamentais da organização judiciária e do processo, e, de outro, a jurisdição constitucional. A tutela constitucional dos princípios fundamentais da organização judiciária corresponde às normas constitucionais sobre os órgãos da jurisdição, sua competência e suas garantias. A tutela constitucional do processo engloba o direito de ação e de defesa e outros postulados que desses decorrem. A jurisdição constitucional compreende, por sua vez, o controle judiciário da constitucionalidade das leis e dos atos da administração, bem como a denominada jurisdição constitucional das liberdades, com o uso dos remédios constitucionais-processuais: o *habeas corpus*, o mandado de segurança e a ação popular[454] etc.

Ontologicamente, no sentido da ontologia fundamental, não há como distinguir um "processo civil constitucional" de um "processo civil infraconstitucional", ou um "Direito Processual Constitucional" de um "Direito Constitucional Processual".[455] Há, sim, um processo civil constitucional(izado), um Direito Processual Constitucional(izado), pois o processo não está desvinculado da Constituição. O processo, meio ou

---

[451] PROVINCIALI, Renzo. *Norme di diritto processuale nella costituzione*. Milano: Dott A. Giuffrè, 1959, p. 18-19. 200 p.

[452] *Idem*, p. 16-20.

[453] BARACHO, José Alfredo de Oliveira. *Processo constitucional*. Rio de Janeiro: Forense, 1984, p. 122. 408 p.

[454] *Idem*, p. 125-126.

[455] Distinção essa – repita-se – que tem fins meramente didáticos, sem qualquer sentido ontológico.

método para o exercício da jurisdição, não é um ente apartado do sentido de Constituição. É um instrumento constitucional(izado) para a realização dos direitos e garantias fundamentais. Nessa linha de raciocínio, afirmar que o juiz "aplica" a lei ou a "vontade concreta" da lei, ou deixa de aplicá-la, significa dizer que o texto a ser "aplicado" só pode ser coerente com o conteúdo material da Constituição, isto é, com os direitos e garantias fundamentais. Só assim se pode dizer que a noção de Chiovenda acerca da Jurisdição, bem como de todos os demais que o secundam, é válida. Noutro sentido, ou seja, no sentido "inautêntico", "repetido", "continuado", o que "sempre-tem-sido" (Streck), ficará completamente descartada. Nesse diapasão, a concepção de Allorio também não se salva, uma vez que, atendendo ao critério da coisa julgada como elemento identificador da jurisdição, retira de seu âmbito aquilo que é de mais valioso, mormente para nossa época, ou seja, a satisfação/realização do direito, que se dá pela tutela antecipada ou pelo processo de execução, onde, bem se sabe, não há coisa julgada.[456] Nesse mesmo sentido, também fica difícil salvar a idéia de Carnelutti, uma vez que, no âmbito do controle concentrado de constitucionalidade, não há lide, ao menos no sentido sociológico atribuído pelo jurista italiano. Tampouco haverá lide na jurisdição voluntária, que nem por isso deixa de ser jurisdicional.

A doutrina tradicional não tem considerado a jurisdição voluntária como uma verdadeira jurisdição. Tampouco ela tem sido vista como "voluntária", pois os interessados estão obrigatoriamente a ela submetidos por imposição da lei. Essa é a doutrina de Chiovenda, para quem a jurisdição voluntária é uma forma especial de atividade do Estado, exercitada em parte pelos órgãos judiciários, em parte pelos administrativos, pertencente à "função administrativa".[457] Também para Allorio, a jurisdição vo-

---

[456] Na jurisdição do Estado Democrático de Direito, mesmo a decisão judicial, transitada em julgado, vinculante e definitiva, em casos excepcionais, pode ser modificada. Isso porque o questionamento hermenêutico é sempre "pautado na coisa". O próprio "enunciado", a idéia que a coisa julgada transmite, pode-se apresentar na sua alteridade. A decisão transitada em julgado nunca abarcará o todo. Sempre algo ficará de fora. Por isso é possível a "cisão" da coisa julgada em determinadas hipóteses (excepcionalíssimas) de relativização. No Estado Democrático de Direito, no entanto, essa possibilidade de relativização, via de regra, deve estar prevista em lei, a fim de se evitar o autoritarismo da tese relativista. A coisa julgada é apenas uma parada no círculo hermenêutico, atendendo ao critério de segurança jurídica. Como o tempo é o "nome" do ser (Heidegger), noutras condições de temporalidade, o ser, obviamente, será outro, possibilitando, em casos excepcionalíssimos, a relativização do que ficou acobertado pelo manto da coisa julgada. A coisa julgada não é mais a "pedra de toque" do ato jurisdicional, como era considerada no paradigma do Estado Liberal. Isso significa também que a jurisdição voluntária pode ser considerada jurisdição, em que pese a ausência de coisa julgada, pois o juiz, apesar de cuidar aqui de interesses particulares, administrando-os, também estará "fazendo justiça no caso concreto", agindo imparcialmente. Além disso, a execução e a idéia de "satisfação" também passam a integrar a jurisdição, como lembra MONTERO AROCA, Juan. *Introduccion al derecho procesal*: jurisdicción, acción y proceso. Madrid: Tecnos, 76, p. 55-56. 309 p.

[457] CHIOVENDA, Giuseppe. *Instituições de direito processual civil*. Tradução de J. Guimarães Menegale. v. II. 2ª ed. São Paulo: Saraiva, 1965, p. 17. 398 p. No Brasil, por todos, José Frederico MARQUES, em obra clássica, afirmando que a jurisdição voluntária não pode ser confundida com a jurisdição pro-

luntária é simples atividade administrativa, mas desempenhada por órgãos que, naturalmente, operam em caráter jurisdicional.[458] Há, porém, diversos posicionamentos em sentido contrário, bastando citar, dentre eles, o de Gian Antonio Micheli, criticado por Allorio, ao entender como jurisdicionais os atos de jurisdição voluntária, em que pese a ausência de coisa julgada. Para ele, o processo voluntário pertence à jurisdição, e não à administração, embora não tenda à realização do que seja (ou seria) a "finalidade tradicional da jurisdição",[459] que postula um contraste entre as partes, uma ruptura do equilíbrio entre duas ou mais partes contrapostas, razão pela qual se recorre ao órgão jurisdicional para reconstruir o equilíbrio entre ambas.[460]

Os que defendem a natureza administrativa da jurisdição voluntária fazem-no por meio dos seguintes argumentos: a) a jurisdição contenciosa

priamente dita, pois tem, prevalentemente, caráter administrativo. MARQUES, José Frederico. *Ensaio sôbre a jurisdição voluntária*. 2ª ed. São Paulo: Saraiva, 1959, p. 80. 321 p.

[458] ALLORIO, Enrico. *Problemas de derecho procesal*. Tomo II. Traduccións de Santiago Santias Melendo. Buenos Aires: Ediciones Jurídicas Europa-América, 1963, p. 58. 463 p.

[459] Veja-se que aqui Micheli ainda está apegado às idéias de "resolução de lides" e "declaração do direito", como características essenciais da *jurisdictio*.

[460] ALLORIO, Enrico. *Problemas de derecho procesal*. Tomo II. Traducción de Santiago Sentís Melendo. Buenos Aires: Ediciones jurídicas Europa-America, 1963, p. 99. 463 p. Quanto à natureza da jurisdição voluntária, diz MICHELI: "no comparto la tendencia a excluir de la jurisdicción todos aquellos casos em los que, al falar los elementos típicos, próprios de ciertos procesos jurisdiccionales, el proceso mismo es considerado como manifestación del poder administrativo; es la hipótesis de la jurisdicción voluntaria". Mais adiante, prossegue dizendo: "Hasta ahora se han considerado tipos de tutela jurisdiccional, alcanzables a través del proceso civil, de cognición, de ejecución y cautelares; tipos de tutela que presuponen la intervención del juez para restablecer el equilíbrio violado o que se teme sea violado. Es éste el contenido típico, tradicional, de la tutela jurisdiccional, pero no és ciertamente el exclusivo, cuando se piensa que la producción de determinados efectos jurídicos puedem subordinarse por el proprio legislador a la intervención del juez civil y a un pronunciamiento suyo. En estos casos, el juez emite, por consiguiente, una providencia que tiene la eficácia de producir uma situación jurídica nueva, aun cuando entre los sujetos interesados en dicha providencia no eista controvérsia alguna. Es la hipótesis, ya recordada, de los procesos de interdición y de inhabilitación, los cuales, no obstante las formas asumidas de los procesos normales de cognición, no conducen a la concreta actuación de una tutela jurisdiccional a favor de un sujeto contra outro, o contra outros sujetos, sino que realizan objetivamente la tutela de determinados intereses, indicados en cada caso por el legislador, independientemente de la existencia de controversias. La intervención del juez, em estos casos, se considera necesaria por el legislador a fin de someter a un órgano imparcial la declaración de certeza de determinados presupuestos – en general de legitimidad a veces de fondo – para la producción de um efecto jurídico; declaración de certeza que el legislador no puede llevar a cabo preliminarmente, en el momento de la posición de la norma jurídica y que, por consiguiente, deja efectuar al juez que está autorizado excepcionalmente para esto por ley misma. Tal declaración de certeza puede deferirse, siempre por el legislador, en lugar de al juez, a un órgano administrativo; pero es una cuestión de política legislativa, la elección de uno o de outro órgano, según que el legislador se preocupe más de salvaguardar un interés público del qual sea portadora de una cierta rama de la administración pública, o bien de dar una tutela idónea a un interés de sujetos singulares, interés considerado general para toda la colectividad de los coasociados (como el interés en la buena administración de los patrimônios de menores o incapases, de bienes dotales, etc.; en la publicidad relativa a las personas jurídicas, etc.). En estos últimos casos, el juez continúa la obra del legislador, cuando este há querido sustraer la declaración de certeza de determinados presupuestos para la producción de um efecto jurídico, ya sea al sujeto interessado, ya sea al órgano administrativo que podría encontrarse también em contraste con el interés del sujeto a proteger". MICHELI, Gian Antonio. *Curso de derecho procesal civil*. v. I. Traducción de Santiago Sentís Melendo. Buenos Aires: Ediciones Jurídicas Europa-América, 1970, p. 8, 89-90.

é de caráter repressivo, tendo uma função meramente "declaratória" de direitos; a jurisdição voluntária é de caráter preventivo do litígio, tendo função "constitutiva", pois se destina à formação de atos e negócios jurídicos; b) a jurisdição voluntária não possui partes, mas interessados; c) a jurisdição voluntária não produz coisa julgada; d) a jurisdição voluntária visa administrar interesses privados, e não à "atuação do direito objetivo". Essas objeções, porém, não têm ficado sem resposta.[461] Primeiro, porque a jurisdição não tem apenas função declaratória. A jurisdição contenciosa também serve para a constituição do direito por meio das demandas constitutivas (aliás, todo ato de aplicação é constituição, construção, num sentido fenomenológico). Da mesma forma, a jurisdição voluntária, e não só a contenciosa, tem um caráter de resolução, ou seja, de "prevenção" de litígios.[462] A jurisdição voluntária é verdadeira jurisdição, pois a chamada "atuação" do direito objetivo não se dá apenas no processo contencioso, mas, de igual forma, nos processos sem lide (sempre há *applicatio!*).[463] Quanto à questão da preventividade, há inúmeros casos de atividade contenciosa que não são repressivas, mas preventivas.[464] Quanto ao fato de não existirem "partes" na jurisdição voluntária, deve-se averiguar qual o "conceito" de parte a se adotar: se parte for considerado o elemento de um todo, que é o litígio, aí realmente não há parte na jurisdição voluntária. Porém, se forem entendidos como partes aqueles que participam da relação processual, então é possível afirmar que há partes também na jurisdição voluntária.[465]

A posição acerca da natureza da jurisdição voluntária, especialmente quanto a saber se integra ou não a jurisdição, depende do conceito que se haja adotado acerca desta última. Assim, se for dado à jurisdição um caráter mais amplo, no sentido de que não inclua somente resolução de conflitos, a jurisdição voluntária certamente a integrará. Ao contrário, se for incluída entre

---

[461] Por todos, respondendo às críticas: SILVA, Ovídio A. Baptista da. *Curso de processo civil*: processo de conhecimento. v. 1. 4ª ed. rev. e atual. São Paulo: Revista dos Tribunais, 1998, p. 44-49. 543 p.

[462] SCHÖNKE, Adolfo. *Derecho procesal civil*. Barcelona: Bosch, 1950, p. 58. 418 p.

[463] DEVIS ECHANDIA, Hernando. *Teoria general del proceso*: aplicable a toda clase de procesos. Tomo I. Buenos Aires: Editorial Universidad, 1984, p. 85-86. 327 p. A jurisdição contenciosa, portanto, também constitui novos estados jurídicos, como, por exemplo, numa ação de anulação de casamento, numa ação de separação judicial contenciosa ou numa ação de investigação de paternidade, em que, respectivamente, são constituídos os estados jurídicos de solteiro, separado e de pai. A doutrina tem afirmado que as demandas de investigação de paternidade são declaratórias. Aqui, contudo, sem adentrar na questão se são, ou não, declaratórias, está-se aderindo à idéia de Antunes VARELA, para quem as investigatórias têm eficácia preponderantemente constitutiva. VARELA, Antunes, BEZERRA, J. Miguel, NORA, Sampaio e. *Manual de processo civil*. 2ª ed. rev., e actual. de acordo com o dec-lei 242/85. Coimbra: Coimbra, 1985. 778 p.

[464] Basta que se verifiquem os casos da sentença cautelar, visando preservar o bem, e da ação declaratória pura, tais como as hipóteses das demandas contra o INSS, para reconhecimento de tempo de serviço rural.

[465] Nesse sentido, SILVA, Ovídio A. Baptista da. *Curso de processo civil*: processo de conhecimento. v. 1. 4ª ed. rev. e atual. São Paulo: Revista dos Tribunais, 1998, p. 44-49. 543 p.

Fundamentos para uma compreensão hermenêutica do Processo Civil

seus elementos a presença da coisa julgada, ficará de fora.[466] A crítica relativa à inexistência de coisa julgada na jurisdição voluntária e de que, em virtude disso, ela não seria verdadeira jurisdição, também é facilmente respondida. Há casos na jurisdição contenciosa em que não há produção de coisa julgada.[467] Como exemplo, pode-se referir o da sentença no processo cautelar. Ali não há uma "declaração forte" o suficiente para produzir coisa julgada.

Por fim, o juiz decide na jurisdição voluntária não só para, *v.g.*, tutelar interesses de um incapaz, mas para garantir a atuação de um interesse protegido pela lei. O juiz, nos processos de jurisdição voluntária, é tão imparcial quanto o seria se o processo fosse de jurisdição contenciosa. Agirá no interesse do titular apenas se ele tiver razão, como o fará em qualquer processo contencioso.[468] Não há uma "distinção metafísica", dualística, entre o juiz que atua nos casos de jurisdição voluntária e o que atua na jurisdição contenciosa. Leo Rosenberg, além de considerar errônea a concepção segundo a qual a jurisdição voluntária serve para a criação de direitos, enquanto que a contenciosa para o reconhecimento de um direito existente, lembra que, freqüentemente, assuntos relativos ao procedimento de jurisdição voluntária são remetidos à jurisdição contenciosa, e vice-versa.[469] Em todo o caso, como se pode constatar, mesmo as noções de "parte", "jurisdicionalidade do ato", "finalidade" da jurisdição, "atuação da lei" (expressão "metafísica", pois o Direito só "é" em ato, na aplicação), todas elas carecem da interpretação, pois não contêm um "significado" *a priori*, que dela possam prescindir. Para os fins desta tese, a compreensão autêntica acerca da natureza da jurisdição voluntária é a de que se constitua, pois, em verdadeira atividade jurisdicional, uma vez que o juiz, por força de uma "ficção necessariamente útil",[470] que legitima o pro-

---

[466] VÉSCOVI, Enrique. *Teoría general del proceso*. Bogotá: Temis, 1984, p. 128. 352 p.

[467] Conforme SILVA, Ovídio A. Baptista da. Curso de processo civil: processo de conhecimento. v. 1. 4ª ed. rev. e atual. São Paulo: Revista dos Tribunais, 1998, p. 44-49. 543 p.

[468] *Idem*, p. 47.

[469] ROSENBERG, Leo. *Tratado de derecho procesal civil*. Tomo I. Traducción de Ângela Romera Vera. Buenos Aires: Ediciones Jurídicas Europa-America, 1955, p. 74-75. Veja-se, por exemplo, o caso de um arrolamento judicial que está em andamento e no qual o juiz venha a constatar que há um menor ou um outro incapaz qualquer que seja herdeiro. Nesse caso, o juiz deve determinar ao inventariante que proceda ao inventário, e não ao arrolamento, uma vez que este serve tão-somente para os casos em que não há herdeiros incapazes. Posição intermediária quanto ao tema adota Leonardo GRECO, para quem a jurisdição voluntária é administrativa quando exercida por órgãos da administração pública sem as garantias de independência, impessoalidade e imparcialidade; jurisdicional quando exercida pelos juízes e por quaisquer órgãos judiciais ou extrajudiciais que as exerçam com as referidas garantias, e quase jurisdicional quando exercida por serventuários da justiça sob a direta disciplina e fiscalização dos juízes. GRECO, Leonardo. *Jurisdição voluntária moderna*. São Paulo: Dialética, 2003, p. 20. 159 p. Jorge MIRANDA também sufraga um "ecletismo" quanto à natureza da jurisdição voluntária, dizendo que esta se encontra numa "zona cinzenta" entre a função administrativa e a função jurisdicional, pois consiste em "atos substancialmente administrativos revestidos de forma judicial". MIRANDA, Jorge. *Manual de direito constitucional*. Tomo V. Actividade constitucional do Estado. 2ª ed. Coimbra: Coimbra, 2000, p. 34-35. 428 p.

[470] A dogmática não tinha como se desenvolver se o juiz não fosse visto como um terceiro "neutro" diante das partes. Nesse sentido, toda a dogmática é marcada por uma concepção de direito ligada

cedimento (Luhmann), sempre é imparcial, sendo essa "imparcialidade" a nota essencial da jurisdição, seja ela "contenciosa" ou "voluntária". A imparcialidade é um dos princípios básicos do processo.[471] A imparcialidade é um "elemento estrutural" da própria função jurisdicional, que sem ela não seria concebida.[472] O caráter de "terceiro imparcial", portanto, é "fundamental"[473] para a caracterização da jurisdição. Assim, não há como prescindir da imparcialidade do juiz. Porém, o juiz deve ser imparcial no sentido de não ter "interesse pessoal" na solução do litígio, o que não implica sua neutralidade. Numa visão sistêmica (Luhmann), a imparcialidade funciona como um mecanismo procedimental que, embora não imunize totalmente o indivíduo de suas preferências, ao menos resguarda e "alivia" sua carga pessoal e emotiva. O juiz, assim, tem a característica da imparcialidade previamente fixada e socialmente difundida, o que lhe permite manter a devida distância de seus "papéis" não-judiciais, como pai, amigo, colega etc. O sistema de boas relações, assim, é neutralizado sem que o juiz se veja prejudicado em sua vida particular e tenha que se justificar por não ter ajudado, por exemplo, o amigo de seu filho em um processo qualquer. Como último recurso, o sistema faculta-lhe a possibilidade de se declarar impedido. Além disso, o procedimento legitima-se na medida em que os conflitos da vida real não sejam interiorizados pelo sistema, sem perder seu caráter de conflito. Significa dizer que o procedimento só acolhe determinados conflitos sob a condição de estarem previamente fadados a uma solução dentro do sistema de Direito, mesmo que tal solução não seja "real", isto é, mesmo que não resolva de fato o conflito. Por isso é que, se alguém perde uma demanda, pode continuar pensando que foi lesado, mas não pode mais reclamar, uma vez que a decisão, sob esse prisma, foi legítima, pois ambas as partes submetem-se às regras do sistema de Direito.[474]

O juiz, evidentemente, não é "desinteressado", pois, afinal de contas, o ser-no-mundo não é um sujeito puro ou desinteressado.[475] Nunca há

à atividade jurisdicional, compondo, delineando e circunscrevendo procedimentos que conduzem a autoridade à tomada de decisão. FERRAZ JR., Tércio Sampaio. *Função social da dogmática jurídica.* São Paulo: Max Limonad, 1998, p. 83-84. 205 p. Mas essa "neutralidade" não tem nada a ver com a "imparcialidade" que, para Ferraz Jr., seria a mesma coisa. Esta, a imparcialidade, deve ser vista como uma "não-tendência" do juiz em beneficiar um ou outro litigante. Porém, não significa que o julgador não deva buscar suprir as desigualdades "reais" das partes. E isso ele fará no processo, no auxílio da parte mais fraca econômica, social, culturalmente etc. O processo liberal não é o processo mais justo (Grinover), pois nem sempre as partes estão nas mesmas condições.

[471] Nesse sentido, por todos: ARAGONESES ALONSO, Pedro. *Proceso y derecho procesal*: introducción. Madrid: Aguilar, 1960, p. 89. 834 p.

[472] VÉSCOVI, Enrique. *Elementos para uma teoría general del proceso civil latinoamericano.* México: UNAM, 1978, p. 25. 105 p.

[473] Por todos, na doutrina estrangeira, VÉSCOVI, Enrique. *Teoría general del proceso.* Bogotá: Temis, 1984, p. 118. 352 p.

[474] LUHMANN, Niklas. *Legitimação pelo procedimento.* Tradução de Maria da Conceição Corte-Real. Brasília: Universidade de Brasília, 1980. 202 p.

[475] Nenhum juiz pode ser psicologicamente imparcial (neutro) de modo absoluto: sua razão sempre está afetada, em maior ou menor proporção, por sua formação cultural, pelo meio familiar, social

uma compreensão pura. Sempre se dá uma compreensão ligada às condições e ao modo de ser-no-mundo.[476] Significa dizer que o existir é fático, mundano. A facticidade é o nosso existir próprio em cada ocasião.[477] Está na questão do núcleo do processo hermenêutico o fato de que não há um sujeito puro. Há um sujeito concretamente definido e historicamente situado.[478] A interpretação judicial é uma interpretação que deve ser "imparcial", pois se diferencia das "interpretações interessadas", que podem ser feitas pelos advogados em favor de seus clientes ou por dirigentes políticos em prol de seus partidos. A "gestão" interpretativa do juiz haverá de ser desinteressada. Essa nota de "imparcialidade" ou de "desinteresse" na interpretação judicial da Constituição significa que o juiz não deve estar a serviço das partes de um processo, senão dos valores da Constituição. Porém, de nenhum modo é uma hermenêutica "ideologicamente neutra", pois a Constituição não é neutra. A Constituição tem um "teto" ideológico: as regras constitucionais beneficiam alguns e prejudicam outros, discriminação que é legítima enquanto conduza ao bem comum, e ilegítima quando ocorre o contrário. Assim, é natural que o juiz tenha de efetivar essas diretrizes protetoras ou sancionadoras, salvo hipóteses que lesionem os direitos humanos básicos. Em resumo, não há imparcialidade judicial frente aos valores da Constituição. O juiz que pretender ditar sua sentença prescindindo dessas valorações estará ditando uma sentença francamente inconstitucional.[479]

---

e econômico de onde provém e vive; pelas suas concepções religiosas, pela sua vida universitária, necessidades, virtudes e vícios, prejuízos, complexos, traumas, fobias e mecanismos de defesa, temperamento e atitudes. SAGÜES, Néstor Pedro. *La interpretación judicial de la Constitución*. Buenos Aires: Depalma, 1998, p. 6. 239 p. Não sendo neutro, mas devendo ser imparcial, não pode o juiz admitir que os princípios constitucionais se tornem parte de um "discurso retórico-ornamental". Deve buscar efetivá-los, tornando-os *"law in action"* . Nesse sentido, AZEVEDO, Plauto Faraco. *Aplicação do direito e contexto social*. 2ª ed. São Paulo: Revista dos Tribunais, 2000, p. 158. 174 p.

[476] STEIN, Ernildo. *Aproximações sobre hermenêutica*. Porto Alegre: Edipucrs, 1996, p. 61. 112 p.

[477] HEIDEGGER, Martin. *Ontología*: hermenéutica de la facticidad. Versión de Jaime Aspiunza. Madrid: Alianza Editorial, 1998, p. 41. 154 p.

[478] Sobre a temática, consultar: VATTIMO, Gianni. *Introdução a Heidegger*. 10ª ed. Lisboa: Piaget, 1996, p. 43. 210 p. A hermenêutica é a janela aberta sobre a história do homem enquanto possibilita a compreensão do passado, da tradição, em que mergulham as raízes do homem e de onde ele pode libertar suas possibilidades. A hermenêutica, assim, é decisiva para o conhecimento da história. Ela situa o homem em sua verdadeira atitude diante da história. Impedirá que o homem ingenuamente se julgue imune e livre das cargas de seu passado, ou que se julgue absolutamente determinado pela tradição. Porém, descerrará também o caminho que permite ao homem apreciar sua verdadeira posição na história, impedindo que sonhe com uma absoluta independência entre teoria e vida. A tentação do espectador imparcial na história não é nada mais que uma tendência para o objetivismo típico das ciências naturais. Nosso conhecimento do passado sempre vem carregado pelas condições que no presente nos ocupam e limitam. O passado que atingimos vem envolto nos problemas, preconceitos e interesses que nos atarefam no presente. STEIN, Ernildo. *História e ideologia*. 3ª ed. Porto Alegre: Movimento, 1972, p. 29. 70 p.

[479] SAGÜES, Néstor Pedro. *La interpretación judicial de la Constitución*. Buenos Aires: Depalma, 1998, p. 4-5. 239 p.

3.2. A jurisdição que o racionalismo metodológico produziu e a jurisdição que a hermenêutica filosófica possibilita: o método como obstáculo à compreensão autêntica e possível do sentido da jurisdição

O conceito, por mais completo que seja, sempre tenderá a esconder o ser do ente. Isso porque o homem tem uma compreensão limitada do ser e, na compreensão, sempre algo ficará de fora. Não se pode ter o conceito como um esquema, senão como uma possibilidade de ser do momento, isto é, de constituir esse momento. Um conceito apenas mostra o "ter-pré-vio", a conceituação prévia.[480] Não esgota, entretanto, as possibilidades de compreensão/ interpretação.

Assim, a "possibilidade de ser" da jurisdição no Estado Democrático de Direito é uma possibilidade "aberta". A jurisdição, que é inseparável do Estado e a ele corresponde, não pode ser caracterizada por um único elemento, como pretendeu boa parte da doutrina.[481] Há, no entanto, algumas características inseparáveis da atividade jurisdicional e, portanto, essenciais a ela. Nesse aspecto, o "sentido hermenêutico" da jurisdição constitucional(izada) está no amálgama de uma série de elementos que contêm as condições de possibilidade para o desvelamento do seu sentido no Estado Democrático de Direito.

Por primeiro, a jurisdição deve romper com a idéia metafísica de uma hermenêutica fundada nos métodos de interpretação. Hermenêutica não é método. O método objetifica o conhecimento, velando as possibilidades de ser do Direito, afastando a historicidade da compreensão. O jurista deve compreender o caso em sua singularidade.[482] O jurista deve "visitar" o ser, apropriando-se dele e por ele sendo apropriado.[483] A intenção verdadeira do conhecimento histórico não é a de explicar um fenômeno concreto como um caso particular de uma regra geral, mesmo que esteja subordinado à perspectiva puramente prática de uma eventual previsão. Seu fim verdadeiro, mesmo utilizando conhecimentos gerais, é o de compreender um fenômeno

---

[480] HEIDEGGER, Martin. *Ontología*: hermenéutica de la facticidad. Versión de Jaime Aspiunza. Madrid: Alianza Editorial, 1999, p. 34. 154 p.

[481] Nesse sentido, ver a crítica de MONTERO AROCA, Juan. *Introduccion al derecho procesal*: jurisdicción, acción y proceso. Madrid: Tecnos, 76, p. 54. 309 p.

[482] Nesse aspecto, o jurista guarda similitude ao historiador, pois este também tem de compreender o caso em sua singularidade. Hoje já não constitui tarefa do historiador fundamentar historicamente os direitos atuais, como acontecera na Idade Média. Nem mesmo tornar possível a interpretação histórica do direito vigente como pretendera a ciência jurídica do século XIX. WIEACKER, Franz. *História do direito privado moderno*. Tradução de A. M. Botelho Hespanha. 2ª ed. Lisboa: Calouste Gulbenkian, 1993, p. 3. 768 p.

[483] O ser é, nas palavras de Heráclito, a estância onde o mistério convoca e atrai o homem. "O ser e o homem não apenas se limitam como, por e para fazê-lo, se visitam". HEIDEGGER, Martin. *Ser e tempo*. Parte I. Tradução de Márcia de Sá Cavalcante. 9ª ed. Petrópolis: Vozes, 2000, p. 17. 325 p. Há uma apropriação recíproca entre ser e homem: o ser nos pertence enquanto lhe pertencemos, pois o ser está ele próprio na nossa dependência, já que é somente ao pé de nós que ele pode desapossar-se como ser presente. HAAR, Michel. *Heidegger e a essência do homem*. Lisboa: Piaget, [s.d.], p. 104. 241 p.

histórico em sua singularidade, em sua unicidade.[484] Compreender, assim, é "instaurar o sentido" diante da singularidade dos fenômenos.[485] Quem compreende um texto não se projeta unicamente no esforço de compreensão até um significado, senão que adquire, pela compreensão, uma "liberdade de espírito" inédita. Isso implica numerosas e novas possibilidades, como interpretar um texto, ver as relações escondidas que oculta, extrair conclusões etc., enfim, todas as coisas que definem precisamente aquilo que se quer dizer falando da compreensão ou do conhecimento de um texto.[486]

O Poder Judiciário, no exercício de uma jurisdição procedimentalizada pelos métodos de interpretação, bem no estilo da tradição do modelo formal-burguês, não tem interpelado a tradição que o engendrou. Está preso a ela de tal forma que, em pleno Estado Democrático de Direito, desligado da história efeitual, tem reproduzido o seu modo-de-ser-no-mundo (da tradição do Estado Liberal de Direito). É verdade que se distanciar ou se libertar da tradição não pode ser a primeira preocupação do jurista no seu comportamento face a face com o passado, do qual, como ser histórico, participa constantemente. Mas, a atitude autêntica deve ser a de interpelar a cultura da tradição no sentido literal da palavra, o desenvolvimento e a continuação daquilo que se reconhece como sendo o lugar concreto entre todos nós.[487] Isso, no entanto,

---

[484] GADAMER, Hans-Georg. *El problema de la conciencia histórica*. Traducción e introducción de Agustín Domingo Moratalla. 2ª ed. Madrid: Tecnos, 2000, p. 50. 116 p.

[485] A ontologia só é possível como fenômeno. A fenomenologia é a via de acesso e o modo de verificação para se determinar o que deve constituir o tema da ontologia. O conceito oposto de "fenômeno" é o conceito de encobrimento. Em seu conteúdo, a fenomenologia é a ciência do ser dos entes, ou seja, a ontologia. Heidegger demonstra que o que se mantém velado ou volta novamente a se encobrir não é "este" ou "aquele" ente, mas o "ser dos entes". HEIDEGGER, Martin. *Ser e tempo*. Parte I. Tradução de Márcia de Sá Cavalcante. 9ª ed. Petrópolis: Vozes, 2000, p. 66-68. 325 p.

[486] A coisa, aquilo que se quer dizer, não é um "ente subsistente"; não é um ente constatável ou mensurável instrumentalmente. É a coisa relativa ao modo de ser do *Dasein*, o que não significa, de nenhum modo, que o cognoscente e o cognoscível sejam modos de ser homogêneos, e que o método das ciências humanas se fundamente nessa homogeneidade. A correlação comum que possui o conhecimento e o conhecido, o tipo de afinidade que liga um ao outro, não se fundamenta na equivalência de seu modo de ser, senão sobre "isto que é" este modo de ser. Isso significa que nem o cognoscente nem o conhecido estão "onticamente" e simplesmente "subsistentes". Ambos são históricos, pois têm o seu modo de ser na historicidade. GADAMER, Hans-Georg. *El problema de la conciencia histórica*. Traducción e introducción de Agustín Domingo Moratalla. 2ª ed. Madrid: Tecnos, 2000, p. 73-76. 116 p. Gadamer tem a consciência histórica como referência para a interpretação do conhecimento. O homem é marcado pela tradição. Sua forma de estar no mundo comporta o passado como condição para o desenvolvimento da linguagem. A linguagem, na interpretação, constitui a realidade.

[487] Nesse sentido, consultar: GADAMER, Hans-Georg. *El problema de la conciencia histórica*. Traducción e introducción de Agustín Domingo Moratalla. 2ª ed. Madrid: Tecnos, 2000, p. 78. 116 p. A tradição é uma forma de autoridade. Para GADAMER, o que é consagrado pela tradição e pela herança histórica "possui uma autoridade que se tornou anônima, e nosso ser histórico e finito está determinado pelo fato de que também a autoridade do que foi transmitido, e não somente o que possui fundamentos evidentes, tem poder sobre esta base, e, mesmo no caso em que, na educação, a 'tutela' perde a sua função com o amadurecimento da maioridade, momento em que as próprias perspectivas e decisões assumem finalmente a posição que detinha a autoridade do educador, esta chegada da maturidade vital–histórica não implica, de modo algum, que nos tornemos senhores de nós mesmos no sentido de nos havermos libertado de toda herança histórica e de toda tradição. A realidade dos costumes, p. ex., é e continua sendo, em âmbitos bem vastos, algo válido a partir da herança histórica e da tradição.

não tem ocorrido, pois o alto conhecimento técnico do Judiciário tem objetificado o acontecer do Direito, impedindo o desvelar de uma verdade hermenêutica, isto é, de uma verdade que se dê dentro das condições de mundo, fora de qualquer controle epistemológico ou metodológico. Os métodos de interpretação e o processo, assim, têm estabelecido os "limites" da interpretação. Essa interpretação, contudo, na maioria das vezes, tem descuidado da finitude do conhecimento e da historicidade mundana que afeta o homem. Ora, não havendo mundo, não há compreensão! Assim, não tem sido colocado em questão o discurso expressado pela lei (textos legislativos) ou pelo(s) próprio(s) método(s). A verdade tem um significado coletivo e implica uma relação social. O método esconde esse significado pelo apagar da singularidade dos casos. Nesse sentido, o próprio conceito tradicional de verdade[488]

Os costumes são adotados livremente, mas não criados por livre inspiração nem sua validez nela se fundamenta. É isso, precisamente, que denominamos tradição: o fundamento de sua validez". O romantismo, assim, fez uma correção do *Aufklärung*, no sentido de reconhecer que, à margem dos fundamentos da razão, a tradição conserva algum direito e determina amplamente as nossas instituições e comportamentos. GADAMER, Hans-Georg. *Verdade e método*: traços fundamentais de uma hermenêutica filosófica. Tradução de Flávio Paulo Meurer. 3ª ed. Petrópolis: Vozes, 1999, p. 421. 731 p.

[488] Na doutrina processual brasileira, não são poucos os que defendem um conceito de verdade como adequação entre intelecto e a coisa. Nesse sentido, por todos, Antônio Carlos de Araújo CINTRA, para quem a verdade no processo deve ser entendida como *"adequatio rei et intellectus iudicis"*. CINTRA, Antônio Carlos de Araújo. *Comentários ao Código de Processo Civil*, v. IV: arts. 332 a 475. Rio de Janeiro: Forense, 2000, p. 2. 338 p. A verdade, não só no Brasil, mas em outros países, tem sido um dos temas mais destacados na dogmática do processo civil. Tradicionalmente, ela tem sido vista como uma "verdade processual". Hernando DEVIS ECHANDIA, um dos maiores expoentes do processo civil tradicional na teoria da prova, acredita em uma verdade processual, que é aquela que surge do processo, ou seja, a que consta nos elementos probatórios e de convicção alegados nos autos, que pode ser diferente da verdade real. Para o juiz, assim, o que importa é a verdade processual. DEVIS ECHANDIA, Hernando. *Teoria general del proceso*: aplicable a toda clase de procesos. Tomo I. Buenos Aires: Editorial Universidad, 1984, p. 26. 327 p. Nessa mesma linha têm encontrado abrigo no pensamento dos juristas as conhecidas "verdade real" e "verdade formal". Assim, no processo penal, dizem alguns, busca-se a verdade real, ao passo que, no processo civil, satisfaz-se com a verdade formal. Para ARRUDA ALVIM, há uma verdade formal que é a verdade refletida no processo e juridicamente apta a sustentar a decisão judicial. No mesmo sentido, há o reconhecimento de uma verdade material ou substancial, uma vez que esse jurista opõe à verdade formal a verdade material. Diversamente da noção de verdade substancial, diz ele, aqui não há aquela necessidade de identificação absoluta do conceito extraído com a essência do objeto. O conceito de verdade formal identifica-se, assim, muito mais com uma "ficção" da verdade. ALVIM, José Manoel Arruda. Dogmática jurídica e o novo Código de Processo Civil. In: *Revista de Processo*, n. 1. São Paulo: Revista dos Tribunais, jan./mar. 1976, p. 99. 269 p. Júlio Fabbrini MIRABETE também reconhece a existência de uma verdade substancial ou real no processo penal brasileiro, dizendo ainda que "no processo criminal, ao menos para a condenação, os juízos aceitos 'serão sempre de certeza'". MIRABETE, Julio Fabbrini. *Código de processo penal interpretado*: referências doutrinárias, indicações legais, resenha jurisprudencial: atualizado até julho de 1994. 2ª ed. São Paulo: Atlas, 1994, p. 217-218. 864 p. Também Gildo dos SANTOS, defendendo que o direito processual "busca a verdade real, mas contenta-se com a verdade formal, principalmente nas causas patrimoniais". SANTOS, Gildo dos. *A prova no processo civil*. São Paulo: Saraiva, 1975, p. 6. 103 p. Numa visão que ainda pode ser considerada "metafísica", porém um pouco mais crítica, figura Aldo Bacre, processualista argentino, para quem o homem não se conforma com a verdade, mas com a "verossimilitude". Apesar de entender que a verdade é "conformidade da idéia com a realidade", isto é, adequação entre a coisa e o intelecto, esse jurista não faz uma distinção entre verdade formal e verdade real, dizendo que a finalidade probatória é comum tanto para o processo penal como para o civil. Nesse sentido, a prova tende a convencer o magistrado acerca da existência ou inexistência dos fatos, o que pode ou não coincidir com a realidade. Assim, não importa a distinção que se faz entre verdade material e verdade formal, que se utiliza para constatá-la. Para Bacre, "a verdade é" e a "certeza se tem". Não se está na posse da verdade. A verdade não é a certeza, pois

Fundamentos para uma compreensão hermenêutica do Processo Civil

(*adaequatio rei et intellectus*) é inadequado. Isso porque há um tensão constante, mas nunca excludente, entre a verdade e o método.[489]

O texto tem de ser "compreendido". É nesse "compreender" que o intérprete, inserido em sua historicidade, "cria". A interpretação do texto, pois, é criação. Senão vejamos: pode-se atribuir ao texto jurídico (Gadamer refere-se aqui também aos textos literários e religiosos) três formas fundamentais do dizer: a promessa, o anúncio e o enunciado num sentido restrito, que, por sua vez, em um sentido eminente, pode ser um "dizer até o final", isto é, um dizer que conduz até seu verdadeiro fim e que, de tal sorte, é a palavra dizente em maior grau. O texto jurídico é um enunciado, pois contém em seu modo lingüístico-escrito de ser o caráter específico de seu dizer. Mas é um enunciado que, enquanto tal, tem em si mesmo o caráter de promessa e tem de ser entendido como promessa. Isso quer dizer que, na promessa, a linguagem se sobrepassa a si mesmo. Nem no Antigo nem no Novo Testamento a promessa se realiza a si mesma como o faz, por exemplo, uma poesia. Daí por que a afirmação de uma promessa encontrar sua realização na admissão da fé, como qualquer promessa que só é vinculante se é admitida. Do mesmo modo, um texto jurídico que formule uma lei, ou uma sentença, também é vinculante tão logo promulgado. Mas ele não se cumpre enquanto promulgado em si mesmo, mas somente na sua "execução" ou "cumprimento".[490] O caráter de anúncio também corresponde aos enunciados jurídicos. Abarca as leis, constituições, códigos, decretos, sentenças etc. Os distintos níveis textuais por que se passa aqui e o caráter literário em que se desenvolve a tradição jurídica constatam de modo palmar o caráter próprio de seu dizer. Dizem o que é válido no sentido jurídico do termo e somente podem compreender-se se tiverem em conta o escopo dessa pretensão de validade. A esse respeito, "é evidente que essa pretensão de validade da palavra não advém só de seu caráter escrito; mas, inversamente, a codificação tampouco é acidental nem acessória para a validade dos textos jurídicos. Nos textos se leva a termo somente em certo modo o sentido de dicção de tais enunciados. Pois que um decreto ou uma lei ordinária estejam fixados por escrito em seu pleno sentido literal é evidentemente a conseqüência de que têm que ser válidos de forma invariável e para todos. O que aí está escrito, o que aí está, contanto que não seja desaprovado, constitui manifestamente o caráter es-

---

pode existir esta e faltar aquela. Quantas vezes, diz ele, estamos certo sobre algo que logo a experiência nos demonstra ser outra coisa. O que se sucede, assim, é que a certeza leva-nos a crer que nosso conhecimento coincide com a verdade e é isso que ocorre com o juiz na análise da prova. Carnelutti já advertia que a prova consiste em levar ao juiz a "certeza" acerca da existência ou inexistência dos fatos, o que pode ou não coincidir com a realidade. Daí por que é ilógico falar de verdade formal ou real. BACRE, Aldo. *Teoria general del proceso*. Tomo III. Buenos Aires: Abeledo-Perrot, 1992, p. 11-21. 639 p.

[489] GADAMER, Hans-Georg. *El problema de la conciencia histórica*. Traducción e introducción de Agustín Domingo Moratalla. 2ª ed. Madrid: Tecnos, 2000, p. 78. 116 p.

[490] GADAMER, Hans-Georg. *Arte y verdad de la palabra*. Traducão José Francisco Zúñiga García e Faustino Oncina. Barcelona: Paidós, 1998, p. 24. 157 p.

sencial da validade do anúncio que corresponde a tais textos". A promulgação de uma lei ou sua publicação é apenas o começo de sua "validade jurídica". A interpretação dessa "palavra" ou desse texto representa uma peculiar tarefa criadora do Direito. E isso não muda em absoluto. O enunciado continua possuindo em si mesmo uma pretensão de univocidade e de obrigatoriedade.[491] De igual forma, a tarefa hermenêutica é jurídica e pode ter uma parte histórico-jurídica e até mesmo histórico-literária. Mas, em qualquer caso, também nessa forma de "anúncio" a palavra segue sendo enunciado, isto é, pretende ser verdadeira "enquanto" palavra.[492]

Por isso, o que a sentença diz pretende, enquanto enunciado, ser verdadeiro. O próprio significado da coisa julgada tem, nesse sentido, uma pretensão de que o "verdadeiro" da segurança jurídica, ou a "segurança jurídica verdadeira", que proporciona tenha essa pretensão de validade. Mas a verdade pode ser dita sem que o texto mesmo possua uma relação direta com a realidade. Essa é a "verdade jurídica", que nada mais é do que uma "pretensão de verdade". Caso se queira entender, de acordo com a tradição (inautêntica), a verdade como *adaequatio intellectus ad rem*, a pergunta pela verdade fica sem resposta.[493] Os textos (leis, decretos, sentenças judiciais) dizem muitas coisas verdadeiras e muitas falsas, estabelecem uma pretensão de verdade vaga e especulativa e, como textos, podem ser verdadeiros ou falsos (Gadamer).[494]

A ciência e os seus métodos podem ocupar-se de muitos aspectos do Direito, mas não da "unidade" e do "todo de seu enunciado". Os juristas, entretanto, ainda não se deram conta dessa "finitude" do Direito, pois não têm dissolvido aquilo que é convencionalmente válido, "aplicando", quase sempre, o texto de acordo com a regra (silogismo).[495] É nessa palavra

---

[491] GADAMER, Hans-Georg. *Arte y verdad de la palabra*. Tradução José Francisco Zúñiga García e Faustino Oncina. Barcelona: Paidós, 1998, p. 26-27.

[492] *Idem*, p. 23-27.

[493] A insatisfação é inerente à verdade de cada um. A verdade está dentro das possibilidades de mundo. Portanto, não é o ajuste entre uma "representação" e algo concreto. Assim, "eu experimento um estado de verdade, não ao adequar uma imagem ou uma representação a algo, senão em circunstâncias em que descubro que isso que digo e faço corresponde à necessidade de dizê-lo e de fazê-lo, ao ato intransitivo em uma enunciação. Dito em outros termos, o que podemos haver escrito, narrado, posto em música, odiado e amado, está desvelando o destino de nossa narração, de nosso ódio, de nosso amor e até de nossa música. A certeza é esse interesse pela necessidade daquilo que se define como 'verdadeiro'". O "encontrar-se com a verdade" é, para cada um de nós, "encontrar-se com seu destino numa encruzilhada de possibilidades, de alternativas, de acidentes de que é feita a vida". GARGANI, Aldo G. La fricción del pensamiento. In: VATTIMO, Gianni. *La secularización de la filosofía*: hermenéutica y posmodernidad. Barcelona: Gedisa, 2001, p. 11-12. 296 p.

[494] GADAMER, Hans-Georg. *Arte y verdad de la palabra*. Tradução José Francisco Zúñiga García e Faustino Oncina. Barcelona: Paidós, 1998, p. 15. 157 p.

[495] Críticas nesse sentido também podem ser encontradas em José VILANOVA, para quem a doutrina do silogismo se complementa com outra, referida à interpretação, que propõe o valor de um só método interpretativo, ou uma ordem de prioridades para os distintos métodos, de modo que sua aplicação ordenada conduza sem desvios a uma solução correta. VILANOVA, José. *El concepto de derecho*: estudios iuspositivistas. Buenos Aires: Abeledo-Perrot, 1993, p. 142. 197 p.

– silogismo – que passa a se resumir a "verdade" do Direito. A aplicação do Direito, nesses moldes, tende a objetificar a compreensão, impedindo que se possa "compreender o ser". Essa objetificação faz com que o jurista deixe de ser responsável, autêntico, fazendo com que sua compreensão perca o sentido da totalidade. A hermenêutica, vista como método,[496] objetifica o problema do ser. Esquece de sua finitude e da historicidade; esquece a faticidade.[497]

Compreender que o texto, isto é, a lei, deve ser contínua e constantemente relido(a) é compreender que o ser não se esgota na procedimentalização do Direito. Significa dizer que a compreensão do ser traz à tona o problema da autenticidade e da inautenticidade,[498] resgatando, também, como conseqüência, o problema do "viver na angústia", que é o que impede ao jurista o fechar-se para o mundo. O método, ou a hermenêutica vista como metodologia, técnica ou procedimento, não tem "fornecido" as condições para um devir ético que impeça o "fechar-se ao mundo". O jurista, inserido nessa tradição, tem sido um "ator desinteressado", que con-

---

[496] Gadamer não articula uma ciência da compreensão no sentido de uma espécie de "teoria da arte de compreender", ou seja, hermenêutica no sentido teórico-instrumental da elaboração de regras para a compreensão. Sua preocupação é comparável à postura transcendental: como é possível a compreensão? (Kant). Gadamer parte de Kant, mas vai além dele, na medida em que pretende mostrar que a constituição do sentido não é obra de uma subjetividade isolada e separada da história, mas só é explicável a partir de nossa pertença à tradição. O *Dasein* não pode superar sua própria faticidade. Daí sua vinculação aos costumes e tradições que co-determinam sua experiência de mundo. É no horizonte da tradição de um todo de sentido que compreendemos qualquer coisa, o que manifesta que não somos simplesmente donos do sentido. A hermenêutica de Gadamer é, assim, conscientemente, uma hermenêutica da "finitude", o que significa para ele a demonstração de que nossa consciência é determinada pela história. OLIVEIRA, Manfredo Araújo de. *Reviravolta lingüístico-pragmática na filosofia contemporânea*. São Paulo: Loyola, 1996, p. 226-227. 427 p.

[497] O termo faticidade pretende tornar inconfundível o imperativo "aí" do mundo em que fomos lançados. São inumeráveis as entidades-objeto que o *Dasein* encontra. Dessas, aquelas que constituirão o seu ser-no-mundo não são quaisquer coisas. São as que os gregos chamam de *"pragmata"*, aquilo com que temos de lidar em nossas atividades de interesse. E, lançados entre outros, interpretando e realizando o nosso próprio *Dasein* como um ser-cotidiano-com-outros, acabamos não sendo nós mesmos. Existimos não em nossos próprios termos, mas em referência e respeito de outros. O eu é alienado em si mesmo e se torna um *"man"* que, em alemão, significa "um" e "eles". Esse *"man"* – nós, a gente – é traduzido por unicidade e alteridade, simultaneamente. Cada um é o outro e ninguém é ele mesmo. O "eles", assim, implica uma irresponsabilidade: foi sempre eles e também pode não ter sido ninguém o autor de tal ou qual fato. STEINER, George. *As idéias de Heidegger*. São Paulo: Cultrix, [s.d.], p. 77-81.

[498] Em filosofia, os termos "autenticidade" e "autêntico" são aplicados por alguns pensadores, especialmente, à existência humana e a outras realidades apenas na medida em que sejam funções dessa existência. Diz-se, então, que determinado ser humano é autêntico quando é, ou chega a ser, o que verdadeira e radicalmente é, quando não está alienado. Entretanto, em certas ocasiões pode-se considerar que a alienação é um dos traços essenciais da existência humana, de sorte que neste caso o estar alienado, e ainda de maneira mais radical o não ser si mesmo, é uma das características do ser autêntico. Heidegger falou de autenticidade e inautenticidade como modos de ser básicos do *Dasein*. O *Dasein* pode, com efeito, "eleger-se a si mesmo", isto é, "ganhar-se", caso em que se apropria de si mesmo e se torna "autêntico". Ele pode também não "eleger-se a si mesmo", ou seja, "perder-se", caso em que deixa de se apropriar de si mesmo e se torna "inautêntico" (não chega a ser o que é). FERRATER MORA, José. *Dicionário de filosofia*. Tomo I (A-D). São Paulo: Loyola, 2000, p. 233. 786 p.

ta a história como se "estivesse de fora", perdendo a "autenticidade" e se esquecendo do "cuidado"[499] e da "angústia".[500] No Direito, significa dizer que, quando o juiz decide pelo "método teleológico", pelo "método histórico", ou por qualquer outro método, ou quando se utiliza do argumento da "jurisprudência mansa e pacífica", não é ele que está decidindo, ou seja, não é ele que tem a responsabilidade. É, portanto, a "inautenticidade" daquele que compreende. Os legisladores (e doutrinadores) decidem pelo juiz quando ele decide pelo método; o tribunal decide pelo juiz quando este decide de acordo com o tribunal. Dito de outro modo, o juiz "vive" como o tribunal diz como ele deve viver.[501]

A jurisdição precisa, pois, "articular" a leitura do texto constitucional e do Código de Processo Civil, bem como de todo o Direito. Os juízes pre-

---

[499] "Cuidado" é palavra que tem um sentido ontológico, pois pretende romper com a idéia metafísica de que todos os enigmas da filosofia estariam resolvidos por uma resposta objetiva sobre a origem e o fim do ser e dos entes. Com Heidegger, a hermenêutica deixa de ser normativa e passa a ser filosófica, onde a compreensão é entendida como estrutura ontológica do *Dasein* (ser-aí), onde o *Da* (o aí) é como as coisas, ao aparecerem, chegam ao ser, não sendo esse modo uma "propriedade do ser, mas, sim, o próprio ser". O único ente que compreende ser é o homem (*Dasein*), o ser-aí, que é o ser-no-mundo, que é cuidado (*Sorge*). O cuidado é temporal (*zeitlich*). A compreensão do ser se dá na temporalidade e, através do cuidado, ela recebe ao mesmo tempo a abertura e o limite dessa abertura. Compreender o ser, assim, vem sempre acompanhado por um acontecer irrepresentável e que não pode ser nominado pelo *Dasein*. Compreender é o caráter ôntico original da vida humana mesma. STRECK, Lenio Luiz. *Jurisdição constitucional e hermenêutica*: uma nova crítica do direito. Porto Alegre: Livraria do Advogado, 2002, p. 170-189. 710 p.

[500] A abertura do mundo como mundo, portanto, só é dada pela angústia. O angustiar-se abre, de maneira originária e direta, o mundo "como" mundo. HEIDEGGER, Martin. *Ser e tempo*. Parte I. Tradução de Márcia de Sá Cavalcante. 9ª ed. Petrópolis: Vozes, 2000, p. 251. 325 p. É na angústia, pois, que deve viver o jurista. A angústia é a condição de possibilidade para uma vida autêntica.

[501] O *Dasein* inautêntico não vive como si mesmo, mas como "eles vivem". Mal vive. É vivido. Na existência inautêntica, diz STEINER, "estamos constantemente temerosos da opinião de outros homens", do que "eles" decidirão para nós, de não estar à altura dos padrões de sucesso material ou psicológico, embora nada tenhamos feito para estabelecer ou mesmo verificar tais padrões. Esse medo é o que se chama de *furcht*. O *Angst*, porém, diversa e radicalmente, é um dos instrumentos primários por meio do qual o caráter e o contexto ôntico da existência cotidiana adquirem inevitavelmente consciência das pressões do ontológico. O *angst*, assim, é uma marca da autenticidade. STEINER, George. *As idéias de Heidegger*. São Paulo: Cultrix, [s.d.], p. 81-82. O "se" (*man*) tem a tendência de compreender o mundo segundo a opinião dos outros, conforme a mentalidade pública. Mesmo quando, concretamente, dentro do esquema do "se", afastamo-nos da "grande massa" porque "se" afastam dela; achamos escandaloso o que "se" acha escandaloso. O *Dasein* (ser-aí) tem a impressão de tudo compreender sem nenhuma apropriação preliminar da coisa. Ao invés da apropriação originária da coisa, verifica-se a pura ampliação e repetição do que já se disse. O *Dasein* pode nunca se subtrair a este estado interpretativo em que cresceu. Enquanto e sempre assim estiver lançada no mundo do "se", a existência será sempre originariamente inautêntica. VATTIMO, Gianni. *Introdução a Heidegger*. 10ª ed. Lisboa: Piaget, 1996, p. 42-45. 210 p. Aqui se passa a distinguir a existência autêntica da existência inautêntica. O *Dasein* inautêntico é incapaz de se abrir verdadeiramente às coisas. Não possui essa pureza e conformidade com o fato, próprias do discurso e da compreensão. A autenticidade (*Eigenlichkeit*) é tomada por Heidegger no sentido etimológico literal, em conexão com o adjetivo "próprio" (*eigen*). Autêntico é o *Dasein* que se apropria de si, ou seja, que se projeta na base da sua possibilidade mais sua. Pode-se, portanto, determinar a cotidianeidade mediana do *Dasein* como ser-no-mundo aberto na de-cadência mas, lançado, se projeta e que, em seu ser-junto-ao-mundo e em seu ser-com-os-outros, está em jogo o seu poder-ser mais próprio. HEIDEGGER, Martin. *Ser e tempo*. Parte I. Tradução de Márcia de Sá Cavalcante. 9ª ed. Petrópolis: Vozes, 2000, p. 244. 325 p. HEIDEGGER dirá que, nessa comparação de si mesmo com tudo, que tranqüilamente tudo compreende, o *Dasein* conduz à alienação na qual se lhe encobre o seu poder-ser mais próprio. O ser-no-mundo da decadência é, assim, tentador e tranqüilizante, ou seja, alienante. *Idem*, p. 239.

cisam "angustiar-se" para que o Estado Democrático de Direito possa ser desvelado em suas decisões. Uma vez aberto o mundo pelo desvelamento do sentido desse Estado Democrático de Direito, deverão ter o "cuidado" para não esgotar as possibilidades do ser na objetificação do texto que leva à alienação daquele que compreende. O pragmatismo não pode levar o jurista a uma existência inautêntica. No caso do Direito, a abertura de mundo é dada pela interpretação constitucional de qualquer texto jurídico; interpretação essa que possibilita o acontecer da Constituição. A jurisdição atua tanto em casos concretos, resolvendo conflitos de interesse, intersubjetivos ou de massa, como em abstrato (caso do controle abstrato de constitucionalidade em quaisquer de suas modalidades). Na função jurisdicional, "define-se o Direito (*iuris dictio*) em concreto, perante situações da vida (litígios entre particulares, entre entidades públicas e entre particulares e entidades públicas, e aplicação de sanções), e em abstrato, na apreciação da constitucionalidade e da legalidade de actos jurídicos (máxime, de actos normativos)".[502] Em virtude dessa possibilidade (definição do direito em concreto e abstrato) e dos diversos mecanismos e técnicas de controle de constitucionalidade inseridos na Constituição pelo legislador constituinte, não há como a jurisdição deixar de controlar a constitucionalidade das leis e atos normativos. Esse é seu dever primordial. No Estado Democrático de Direito, não é possível "colocar a culpa" na falta de democracia ou em um virtual *deficit* funcional da forma de controle de constitucionalidade. A Constituição da República Federativa do Brasil de 1988 colocou à disposição da comunidade jurídica um dos mais completos sistemas de controle de constitucionalidade do mundo. Nesse sentido, basta que se examinem os mecanismos aptos para o exercício do controle difuso e concentrado da constitucionalidade das leis. O Brasil é um dos poucos países que adotam o controle difuso misto com o concentrado. No controle difuso, qualquer juiz pode deixar de aplicar uma lei se entendê-la inconstitucional (até mesmo emenda constitucional). Nos tribunais, o controle difuso funciona a partir da suscitação do respectivo incidente de inconstitucionalidade. Não se pode esquecer, também, da oferta constitucional das "ações constitucionais" aptas à provocação do exame da inconstitucionalidade de atos normativos *in* concreto (mandado de segurança, ação civil pública, *habeas corpus*, mandado de injunção, para citar algumas). Para o exercício do controle concentrado, há a ação direta de inconstitucionalidade, a ação de inconstitucionalidade por omissão, a ação declaratória de constitucionalidade, inserida na Constituição do Brasil por emenda constitucional, e a argüição de descumprimento de preceito fundamental.[503] Qualquer juiz, repita-se, pode declarar inaplicável a lei inconstitucional, pois o controle

---

[502] MIRANDA, Jorge. *Manual de direito constitucional*. Tomo V. Actividade constitucional do Estado. 2ª ed. Coimbra: Coimbra, 2000, p. 29. 428 p.

[503] STRECK, Lenio Luiz. Quinze anos de Constituição – análise crítica da jurisdição constitucional e das possibilidades hermenêuticas de concretização dos direitos fundamentais-sociais. In: *Revista Ajuris*. Porto Alegre: Associação dos Juízes do Rio Grande do Sul, n. 92, ano XXX, p. 223, dez. 2003. 336 p.

difuso estabelecido pelo sistema constitucional brasileiro assim o permite. Desconhecer essa possibilidade revela não só incompetência, mas uma espécie de "preguiça de espírito" (Stein) do jurista.[504] Ele não pode, assim, ser um "tapeador da interpretação" (Stein), devendo sempre procurar mostrar algo "como" é. O ser-aí "foge de si mesmo", pois tem uma tendência a não se assumir em sua plenitude, em sua totalidade. No Direito, o não-reconhecimento da possibilidade de o juiz poder declarar inaplicável a lei contrária ao conteúdo material da Constituição representa o encobrimento do sentido da jurisdição. É a fuga, o "não se assumir na plenitude jurisdicional"!

A interpretação judicial da Constituição, porém, não é (não deve ser) fruto de um método. A interpretação judicial da Constituição faz um amálgama de elementos jurídicos e políticos, pois uns não podem prescindir dos outros. Não é possível realizar uma interpretação "jurídico-apolítica", nem "político-ajurídica" da lei suprema.[505] O importante é lembrar que a força normativa da Constituição não é um dado estático ou algo já feito. É um "elemento vivo", naturalmente flutuante, "sempre por fazer". Para entender essa força normativa não basta a mera leitura das normas da Constituição. Também não serve a ilusão kelseniana de que a Constituição "sempre triunfa", uma vez que ela dispõe que as leis inconstitucionais (que importam, na verdade, em uma infração à Constituição), de todo modo, valem como constitucionais até que sejam formalmente declaradas inválidas. Para inquirir sobre a autêntica força normativa de uma Constituição, é necessário "mergulhar" na realidade, auscultar o mérito das normas em jogo, avaliar sua razoabilidade e factibilidade, e ter consciência da necessidade de atuar para traduzir a vigência formal em vigência real da Constituição. Em certos casos, esse "atuar" demandará, além de lucidez e prudência, coragem.[506] A Constituição só será uma cons-

---

[504] Para Ernildo STEIN, a diferença entre uma hermenêutica de tipo filosófico, de caráter filosófico, e o modo de ser cotidiano não é uma diferença tão fundamental, pois nós sempre interpretamos. Portanto, diz ele, temos uma estrutura do nosso modo de ser que é interpretação. Claro que a interpretação pode ser produto da inveja, do ciúme, do rancor, do ressentimento, da má-fé, de preconceitos étnicos, de experiências negativas. Não podemos, pois, desprezar esse universo todo, porque é ali que está o começo, o germe da interpretação. Isso não tem nada a ver com a interpretação que trabalha com os elementos metódicos, sistemáticos, e com uma interpretação que termina se municiando com todos os instrumentos de racionalidade de que dispomos. Mas, realmente, há algo que, se fôssemos a fundo na análise do cotidiano, nos mostraria que a incompetência do cotidiano não é incompetência, mas é produto de má-fé. Ou é produto, do ponto de vista psicanalítico, da atuação; produto de uma espécie de preguiça do espírito. Há sempre algo que se encobre. Nós não podemos dizer, assim, que somos, desde nossa condição social, de ser-no-mundo, encobridores, tapeadores da interpretação. Não. A primeira tendência do modo de ser-no-mundo, do ponto de vista da interpretação, é mostrar algo como é. O sentido é garantido pelo próprio processo do pensamento humano, da história humana. STEIN, Ernildo. *Aproximações sobre hermenêutica*. Porto Alegre: Edipucrs, 1996, p. 48-49. 112 p.

[505] SAGÜES, Néstor Pedro. *La interpretación judicial de la Constitución*. Buenos Aires: Depalma, 1998, p. 8. 239 p.

[506] *Idem*, p. 21-22. Por isso é que o atuar do juiz deve ser garantido pela sua independência. A independência judicial está ligada à imparcialidade do juiz e supõe o império do direito e o respeito às garantias fundamentais por parte do Poder político. A independência dos juízes, assim, é um dos

Fundamentos para uma compreensão hermenêutica do Processo Civil

tituição normativa enquanto "direito concretizado", incorporado na vida social, e, simultaneamente, conformador dessa mesma vida social. A força normativa da Constituição implica o acatamento e cumprimento efetivo das imposições constitucionais.[507]

3.3. Quando a jurisdição acontece "como" jurisdição

A jurisdição, ao contrário do que lecionou Chiovenda, é uma "atividade primária", e não secundária. Está ao lado das atividades administrativa e legislativa. A jurisdição "participa" da ordem social ao criar normas a partir de seus julgamentos, uma vez que a norma é sempre resultado de uma aplicação (Streck). Essa "participação", essa criação (responsável) do direito é inerente à jurisdição.[508] Portanto, o juiz, que é o intérprete do Direito, sempre cria, pois, ao interpretar, participa e, ao participar, interpreta. O compreender é "participar" num sentido, numa tradição, numa conversa. Compreender um texto significa sempre aplicá-lo a nós e saber que um texto, mesmo que deva ser compreendido de maneira diferente, é o mesmo texto que se apresenta a nós sempre de outro modo. A compreensão e a linguagem, numa perspectiva gadameriana, não são simplesmente fatos que podem ser pesquisados empiricamente. Nunca são um objeto, porque abrangem tudo que pode ser objeto para nós. A linguagem participa da "idealidade do sentido". Na escrita, o sentido do falado revela-se outro em si mesmo, completamente separado dos momentos emocionais da expressão. Assim, um texto não quer ser entendido como expressão de vida, mas naquilo que diz. A lingüisticidade é a idealidade abstrata da

---

principais princípios políticos do Estado Democrático de Direito. Frente aos outros poderes do Estado, a independência pode ser posta em perigo fundamentalmente pelo Executivo. Mas o Legislativo também pode atentar contra a independência judicial, mediante a emanação de disposições concretas ditadas para resolver conflitos de interesse já colocados. A independência com referência ao Poder Executivo é política e tem um duplo aspecto: o primeiro é a inamovibilidade, que reflete a posição da magistratura frente aos poderes políticos ou forças sociais; o segundo é a imparcialidade, que atende à posição dos juízes frente às partes. A independência do juiz perante as partes reveste-se assim da imparcialidade, que é a nota inseparável da jurisdição. A outra face da moeda, mas em íntima união com a independência, é a responsabilidade do juiz. Independência e responsabilidade, assim, são duas qualidades que devem ser concebidas como uma unidade incindível: o juiz é independente porque assume a responsabilidade de seus atos, e é responsável por ser independente e porque sua independência não degenera em arbitrariedade. VESCOVI, Enrique. *Elementos para uma teoría general del proceso civil latinoamericano*. México: UNAM, 1978, p. 25-42. 105 p. MONTERO AROCA, Juan. *Introduccion al derecho procesal*: jurisdicción, acción y proceso. Madrid: Tecnos, 76, p. 39-42. 309 p.

[507] Essa era a afirmação de Canotilho quando ainda defendia a Constituição dirigente. Consultar: CANOTILHO, J. J. Gomes de. *Direito constitucional*. 2ª ed. rev. e ampl. Coimbra: Almedina, 1980, p. 241. 602 p.

[508] AZEVEDO, Plauto Faraco. *Aplicação do direito e contexto social*. 2ª ed. São Paulo: Revista dos Tribunais, 2000, p. 165. 174 p.

linguagem. Por isso, a compreensão pela leitura não é a repetição de algo passado, mas participação num sentido presente.[509]

O Direito só é em "ato", na aplicação. A hermenêutica, que é modo-de-ser-no-mundo, traz o jurista para dentro do mundo, pois é, sobretudo, "faticidade". O jurista não pode perder os vínculos com a realidade.[510] As coisas só acontecem enquanto fenômenos. A aplicação é, na compreensão, tudo, menos algo secundário. Compreender é sempre um compreender-

---

[509] OLIVEIRA, Manfredo Araújo de. *Reviravolta ligüístico-pragmática na filosofia*. São Paulo: Loyola, 1996, 234-236. 427 p.

[510] A teoria kantiana é uma das principais teorias da modernidade filosófica. Nesse sentido, Emmanuel Kant buscou a conciliação entre o racionalismo e o empirismo. Achou importante o que David Hume dizia, mas percebeu, também, que, além da tradição da organização lógico-analítica e da empiria, havia um terceiro campo: o fundamento. Kant, assim, tentou juntar os três elementos da tradição: empiria, universo lógico-analítico e o princípio organizador. Esses três elementos, então, foram fundidos em um só na "Crítica da Razão Pura". Com isso se fundou a primeira teoria do conhecimento. Kant fundou o conhecimento sem nenhum tipo de intuição de caráter misterioso. O problema do conhecimento, a partir de Kant, passa a ser o seguinte: que esforço temos de fazer para tirar o conhecimento de nós? Kant, assim, limitou a metafísica e preparou o campo de uma investigação possível do conhecimento. O filósofo também limitou a metafísica com relação à "coisa". A coisa em si era o resto da metafísica que Kant conservou no limbo: isso não pode ser objeto de conhecimento. O modo como o filósofo trabalhou estabeleceu a finitude do conhecimento e a finitude da condição humana, resumindo os problemas da filosofia na questão: "que é o homem?" Não tentou, porém, uma solução radical, não dando, segundo Heidegger, uma resposta satisfatória à questão do ser e da verdade em virtude de uma análise insuficiente do homem. Foi Heidegger quem recolocou Kant no lugar. Heidegger viu que o conhecimento é finito e físico. Assim, não há uma perspectiva de colocar um horizonte para além da temporalidade do *Dasein*. Heidegger interpretou fenomenologicamente a Crítica da Razão Pura, pois percebeu que nós não podemos perder o mundo, ou seja, não podemos perder as coisas, mas temos de poder pensá-las de uma maneira formal, transcendental. Heidegger, assim, viu que era preciso reter a experiência de Aristóteles (o contato com as coisas) e que era possível dizer a estrutura da realidade por meio de conceitos formais: não podemos perder o contato entre o sentido e a realidade, as palavras e as coisas. A fenomenologia em Husserl também separou o sentido e a realidade. Heidegger, porém, disse que "nós estruturalmente já-estamos-sempre". Fez, portanto, uma fenomenologia "não-ingênua": pegou de Aristóteles a idéia de que o fenômeno é essencial e de que o sentido que permite pensar isso vem de nós, vem de dentro. Assim, "as coisas não vêm a nós sem nós". Isso não significa, porém, que o mundo seja um idealismo. Nós somos ser-no-mundo, pois, ao mesmo tempo em que o mundo nos constitui, nós constituímos o mundo. Essa realidade que Heidegger nos devolve está ligada a uma experiência ôntica prévia. Por isso, se "o ser-no-mundo é uma constituição fundamental da pre-sença [*Dasein*] em que ela se move não apenas em geral mas, sobretudo, no modo da cotidianeidade, então a pre-sença [*Dasein*] já deve ter sido sempre experimentada onticamente. Incompreensível seria uma obnubilação total, principalmente porque a pre-sença [*Dasein*] dispõe de uma compreensão ontológica de si mesmo, por mais indeterminada que seja. É que logo que 'o fenômeno do conhecimento do mundo' se aprende em si mesmo, sempre recai numa interpretação formal e 'externa'. Um indício disso é a suposição, hoje tão corrente, do conhecimento como uma 'relação de sujeito e objeto', tão 'verdadeira' quanto vã. Sujeito e objeto, porém, não coincidem com pre-sença [*Dasein*] e mundo". A expressão "Pre-sença" é utilizada aqui para designar o *Dasein*, isto é, o ser-aí. Dita expressão deve-se à tradução de *Sein und Zeit*, feita por Márcia de Sá Cavalcante, na versão brasileira publicada pela Editora Vozes: HEIDEGGER, Martin. *Ser e tempo*. Parte I. Tradução de Márcia de Sá Cavalcante. 9ª ed. Petrópolis: Vozes, 2000. 325 p. Para Heidegger, não há uma ruptura entre conhecimento sensível, lógico e transcendental. Há uma relação recíproca, constante. Com isso, diz ele, nós chegamos ao fim da metafísica clássica. O novo paradigma, portanto, é capaz de produzir um amálgama. Nesse sentido, consultar: STEIN, Ernildo. *Aproximações sobre hermenêutica*. Porto Alegre: Edipucrs, 1996, p. 55-57. 112 p.; STEIN, Ernildo. *Hermenêutica filosófica*. São Leopoldo, Unisinos, 24 jun. 2002; STEIN, Ernildo. *A questão do método na filosofia*: um estudo do modelo heideggeriano. 3ª ed. Porto Alegre: Movimento, 1983, p. 80. 155 p. HEIDEGGER, Martin. *Ser e tempo*. Parte I. Tradução de Márcia de Sá Cavalcante. 9ª ed. Petrópolis: Vozes, 2000, p. 98. 325 p. TERRA, Ricardo R. Notas sobre sistema e modernidade – Kant e Habermas. In: *Filosofia política*: nova série. 4. Porto Alegre: L&PM, 1999, p. 58.

se, incluindo um encontro consigo mesmo. Significa o mesmo que aplicar um sentido à nossa situação, aos nossos questionamentos. Não existe primeiro uma pura e objetiva compreensão de sentido que, ao depois, na aplicação aos nossos questionamentos, adquira especial significado. Nós já nos levamos conosco para dentro de cada compreensão, e isso de tal modo que, para Gadamer, compreensão e aplicação coincidem.

Isso pode ser bem visualizado no exemplo negativo da não-compreensão. Se não conseguimos entender um texto, isso resulta do fato de ele não nos dizer nada ou não ter nada a nos dizer. Por isso não é de estranhar, ou de contestar, que a compreensão sempre aconteça de maneira diversa de época para época e de indivíduo para indivíduo. A compreensão, motivada por eventuais questionamentos, não é apenas uma conduta reprodutiva, mas, também, já que ela implica aplicação, uma conduta produtiva.[511] A aplicação não é uma parte última e eventual do fenômeno da compreensão, mas o determina desde o princípio e no seu todo. A aplicação não consiste em relacionar algo geral e prévio com uma situação particular. O intérprete que se confronta com uma tradição procura aplicá-la a si mesmo. O texto, para ele, não é algo dado e compreendido como um algo geral que possa ser empregado posteriormente para uma aplicação particular. O intérprete não pretende outra coisa que compreender, em geral, o texto, isto é, compreender o que diz a tradição e o que faz o sentido e o significado do texto. Para compreender isso "ele não deve querer ignorar a si mesmo e a situação hermenêutica concreta, na qual se encontra. Está obrigado a relacionar o texto com essa situação, se é que quer entender algo nele".[512] A hermenêutica jurídica, assim, tem um significado paradigmático: a distância entre a hermenêutica espiritual-científica e a hermenêutica jurídica não é tão grande como se costuma supor.[513] A própria Filosofia do Direito não é reduzível ao conhecimento de um âmbito confinado do saber jurídico.[514]

Gadamer afirma existir uma diferença entre o jurista e o historiador jurídico: o primeiro toma o sentido da lei a partir de e em virtude de um determinado caso dado. O segundo, ao contrário, não tem nenhum caso de que partir, mas procura determinar o sentido da lei, na medida em que

---

[511] Nesse sentido, GRONDIN, Jean. *Introdução à hermenêutica filosófica*. Tradução de Benno Dischinger. São Leopoldo: Unisinos, 1999, p. 193. 335 p.

[512] GADAMER, Hans-Georg. *Verdade e método*: traços fundamentais de uma hermenêutica filosófica. Tradução Flávio Paulo Meurer. 3ª ed. Petrópolis: Vozes, 1999, p. 481-482. 731 p.

[513] *Idem*, p. 482.

[514] ROMANO, Bruno. *Filosofia del diritto*. Roma: Laterza, 2002, p. 15. 220 p. Na "jurisdição da filosofia da consciência", a compreensão fora elevada à condição de "método" da ciência objetiva, e a hermenêutica jurídica a uma "medida auxiliar" da *praxis* jurídica, inclinada a sanar certas deficiências e casos excepcionais no sistema da dogmática jurídica. Assim, a hermenêutica jurídica separou-se do conjunto de uma teoria da compreensão, pois tinha objetivos dogmáticos. Consultar: GADAMER, Hans-Georg. *Verdade e método*: traços fundamentais de uma hermenêutica filosófica. Tradução Flávio Paulo Meurer. 3ª ed. Petrópolis: Vozes, 1999, p. 482-483. 731 p.

coloca construtivamente a totalidade do âmbito de aplicação da lei diante dos olhos.[515] Essa última parece que tem sido uma característica dos lidadores do Direito, uma vez que o fato em si muito pouco tem interessado. Os operadores do Direito, assim, têm sido muito mais historiadores do Direito do que verdadeiros juristas. Gadamer não desmente que o jurista sempre tem em mente a lei em si mesma. Porém, diz ele, seu conteúdo normativo "tem que ser determinado com respeito ao caso ao qual se trata de aplicá-la. E para determinar com exatidão esse conteúdo não se pode prescindir de um conhecimento histórico do sentido originário, e só por isso o intérprete jurídico tem que vincular o valor posicional histórico que convém a uma lei, em virtude do ato legislador. Não obstante, não pode sujeitar-se ao que, por exemplo, os protocolos parlamentares lhe ensinariam com respeito à intenção dos que elaboraram a lei. Pelo contrário, está obrigado a admitir que as circunstâncias foram sendo mudadas e que, por conseguinte, tem que determinar de novo a função normativa da lei".[516]

O historiador do Direito tem outra função. Aparentemente, a única coisa que ele tem em mente é o sentido originário da lei, qual seu valor e intenção no momento em que foi promulgada. Tanto para o jurista como para o historiador a situação hermenêutica é a mesma, isto é, ante todo e qualquer texto, ambos se encontram numa determinada expectativa de sentido imediato. Não há, porém, acesso imediato ao objeto histórico capaz de proporcionar objetivamente seu valor posicional. O historiador tem que realizar a mesma reflexão que deve orientar o jurista. Para o historiador do Direito, porém, que tem de enfrentar culturas jurídicas passadas, a hermenêutica jurídica possui uma tarefa dogmática especial, completamente alheia ao nexo da hermenêutica histórica, posicionamento do qual Gadamer discorda. Para o filósofo alemão, o juiz não é o historiador, pois se ocupa de sua própria história. A hermenêutica jurídica "recorda em si mesma o autêntico procedimento das ciências do espírito. Nela temos o modelo de relação entre passado e presente que estávamos procurando. Quando o juiz adequa a lei transmitida às necessidades do presente, quer certamente resolver uma tarefa prática. O que de modo algum quer dizer que sua interpretação da lei seja uma tradução arbitrária. Também em seu caso, compreender e interpretar significam conhecer e reconhecer um sentido vigente".

O juiz, assim, procura corresponder à idéia jurídica da lei, intermediando-a com o presente. É evidente, ali, uma mediação jurídica. O que tenta reconhecer, pois, é o "significado jurídico" da lei,[517] não o significado

---

[515] ROMANO, Bruno. *Filosofia del diritto*. Roma: Laterza, 2002, p. 483.

[516] *Idem*, p. 485.

[517] Consoante ensinamento de Ovídio Baptista da SILVA, adotando lição de Gadamer, "para o Direito, o que realmente interessa não é a 'verdade', mas o 'significado'". Assim, o problema do processualista "é dar sentido aos fatos. Não basta estabelecer sua veracidade. Esta é a tarefa do historiador, não do magistrado. O direito nasce do fato, mas com ele não se confunde. As proposições mais simples e que

histórico de sua promulgação ou certos casos quaisquer de sua aplicação. Assim, não se comporta como historiador, mas se ocupa de sua própria história, que é seu próprio presente. Por conseqüência, pode, a cada momento, assumir a posição do historiador, face às questões que implicitamente já o ocuparam como juiz. O historiador, ao contrário, não tem diante de si nenhuma "tarefa jurídica". Ele pretende simplesmente averiguar o significado histórico da lei. Não pode, porém, ignorar que seu objeto é uma criação do Direito, que tem de ser entendida juridicamente. O historiador, assim, tem de poder pensar juridicamente, e não apenas historicamente. A consideração de um texto jurídico ainda vigente não deixa de ser para o historiador um caso especial. Mas, esse caso especial serve para deixar claro o que determina a relação dos homens com a tradição. O historiador que pretende compreender a lei a partir de sua situação histórica original não pode ignorar sua sobrevivência jurídica: ela lhe fornece as questões que ele coloca à tradição histórica. Em toda compreensão histórica, sempre já está implícito que a tradição que nos chega fala sempre ao presente e tem de ser compreendida nessa mediação e como essa mediação.

O caso da hermenêutica jurídica, portanto, não é um "caso especial", mas está capacitado a devolver à hermenêutica histórica todo o alcance de seus problemas e reproduzir assim a velha unidade do problema hermenêutico, proporcionando um encontro entre o jurista, o teólogo e o filólogo. A pertença a uma tradição é uma das condições da compreensão. A pertença do intérprete ao seu texto é como a do ponto de vista na perspectiva que se dá num quadro. Não se trata, diz Gadamer, de que esse ponto de vista tenha de ser procurado como um determinado lugar para nele se colocar, mas que aquele que compreende não elege arbitrariamente um ponto de vista, mas que seu lugar lhe é dado com anterioridade. Assim, para a possibilidade de uma hermenêutica jurídica é essencial que a lei vincule por igual todos os membros da comunidade jurídica. Quando a lei não vincula por igual todos os membros da comunidade jurídica, como no caso do absolutismo em que a vontade do senhor absoluto está acima da lei, não há hermenêutica. Não há sequer a tarefa de interpretar a lei no sentido de que o caso concreto se decida com justiça dentro do "sentido jurídico" da lei. A tarefa de compreender (e de interpretar), pois, só ocorre onde se põe algo de tal modo que, como tal, é vinculante e não abolível. Já a vontade do senhor absoluto, não sujeito à lei, pode sempre se impor conforme o que lhe parecer justo, sem qualquer "esforço de interpretação".[518]

---

poderiam parecer óbvias, dependendo do respectivo contexto poderão ter 'significados' diversos e até antagônicos". SILVA, Ovídio A. Baptista da. Verdade e significado. In: ROCHA, Leonel Severo, STRECK, Lenio Luiz et al (org.). *Constituição, sistemas sociais e hermenêutica*: programa de pós-graduação em Direito da UNISINOS: mestrado e doutorado. Porto Alegre: Livraria do Advogado, 2005, p. 269. 309 p.

[518] GADAMER, Hans-Georg. *Verdade e método*: traços fundamentais de uma hermenêutica filosófica. Tradução Flávio Paulo Meurer. 3ª ed. Petrópolis: Vozes, 1999 p. 485-505. 731 p.

Os métodos de interpretação, pois, nada mais são do que uma tentativa de impor a vontade dos titulares do poder para garantir a interpretação da lei conforme a sua vontade. No Estado Liberal de Direito isso é importante, porquanto a própria lei e a dogmática estabelecem quais são esses métodos e qual é o seu alcance, não havendo necessidade de um "esforço interpretativo" por parte do juiz, que deve ser apenas a "boca da lei". Ora, a tarefa da interpretação consiste em "concretizar a lei" em cada caso, ou seja, em sua aplicação. A complementação produtiva do Direito, que ocorre com isso, está, por óbvio, reservada ao juiz. Porém, ele está sujeito à lei (Constituição) como qualquer outro membro da comunidade jurídica. A sentença do juiz não pode, pois, surgir de "arbitrariedades imprevisíveis", mas de uma ponderação justa do conjunto. Assim, a pessoa que se tenha aprofundado em toda a concreção da situação estará em condições de realizar essa ponderação justa. É por isso que se pode dizer que há segurança jurídica no Estado de Direito, pois "podemos ter uma idéia daquilo a que nos atemos".[519] Dessa maneira, lembra Gadamer, qualquer advogado ou conselheiro está, em princípio, capacitado para aconselhar corretamente, ou seja, para predizer corretamente a decisão do juiz com base nas leis vigentes.[520]

A tarefa de concreção "não consiste unicamente num conhecimento dos parágrafos correspondentes. Temos de conhecer também a judicatura e todos os momentos que a determinam, se quisermos julgar juridicamente um caso determinado. Não obstante, a única pertença à lei que se exige aqui é que a ordem judicial seja reconhecida como válida para todos e que, por conseguinte, não existam exceções quanto a ele". Por isso, é sempre possível conceber a ordem judicial vigente como tal, reelaborando dogmaticamente qualquer complementação jurídica realizada. Entre a hermenêutica jurídica e a dogmática jurídica existe, pois, uma relação essencial, na qual a hermenêutica detém uma posição predominante, uma vez que não se sustenta a idéia de uma "dogmática jurídica total", sob a qual se pudesse baixar qualquer sentença por um simples ato de subsunção. Aplicação não é aplicação ulterior de algo comum dado, compreendida primeiro em si mesma, a um caso concreto. É, antes disso, a verdadeira compreensão do próprio comum que cada texto dado representa para nós. A compreensão, pois, é uma forma de efeito, e se sabe a si mesma como tal efeito.[521] O saber acerca do Direito sempre será complementado a partir de cada caso particular e determinado produtivamente. O juiz não aplica a lei apenas em concreto, mas colabora, por meio da sentença, no desenvolvimento do Direito. O Direito somente se aperfeiçoa por força da produtividade de cada caso particular.[522]

---

[519] GADAMER, Hans-Georg. *Verdade e método*: traços fundamentais de uma hermenêutica filosófica. Tradução Flávio Paulo Meurer. 3ª ed. Petrópolis: Vozes, 1999, p. 489.

[520] *Idem*, p. 489.

[521] *Idem*, p. 485-505.

[522] *Idem*, p. 88. Gadamer vai dizer, portanto, que o caráter da interpretação é sempre produtivo. Esse "aporte produtivo forma parte inexoravelmente do sentido da compreensão. O acontecer da inter-

Os juristas, porém, não têm levado em consideração nem o problema da *applicatio* nem o fato de que o caráter de suas interpretações sempre é (deve ser) criativo. Os juristas, assim, ainda não se deram conta de que não há uma adequada compreensão do "sentido" de Constituição. A Constituição, como dito, ainda não "constitui" (Streck). Isso porque ela não tem sido vista como "transformadora" da realidade e nem o juiz, que a deve(ria) ter como um existencial, tem sido visto como um criador do Direito. Ora, o Direito deve necessariamente recorrer à experiência subjetiva do jurista, isto é, o horizonte do jurista e o do texto jurídico interpretado devem fundir-se, sendo, pois, inevitável a retomada da própria vivência do intérprete, que desde-já-sempre está inserido numa tradição. Significa dizer que o intérprete deve perceber os próprios preconceitos, ou, como diz Gadamer, "não se trata, de modo algum, de assegurar-se a si mesmo contra a tradição que faz ouvir sua voz a partir do texto, mas, pelo contrário, de manter afastado tudo o que possa impedir alguém de compreendê-la a partir da própria coisa. São os preconceitos não percebidos os que, com seu domínio, nos tornam surdos para a coisa de que nos fala a tradição".[523]

---

pretação ocorre a partir de uma fusão de horizontes, porque compreender é sempre o processo de fusão entre horizontes para si mesmos. Sempre interpretamos, pois". STRECK, Lenio Luiz. *Jurisdição constitucional e hermenêutica*: uma nova crítica do direito. Porto Alegre: Livraria do Advogado, 2002, p. 169. 710 p.

[523] A tradição sempre é um momento da liberdade e da própria história. Também a tradição mais autêntica e venerável não se realiza naturalmente, em virtude da capacidade de permanência daquilo que singularmente está aí, mas necessita ser afirmada, assumida e cultivada. A tradição é essencialmente conservação e, como tal, sempre está atuante nas mudanças históricas. No entanto, a conservação é um ato da razão, ainda que caracterizado pelo fato de não atrair a atenção sobre si. Essa é a razão por que as inovações, os planejamentos intentem mostrar-se como única ação e resultado da razão. Isso, no entanto, apenas parece ser assim. Inclusive quando a vida sofre suas transformações mais tumultuadas, como em tempos revolucionários, em meio à suposta mudança de todas as coisas conserva-se muito mais do que era antigo do que se poderia crer, integrando-se com o novo numa outra (nova) forma de validez. Em todo caso, a conservação representa uma conduta tão livre como a destruição e a inovação. A pesquisa científica não ocorre dissociada da consciência histórica da humanidade. Ciência e tradição fundem-se, pois o conhecimento, sendo histórico, não consegue libertar-se da sua condição histórica. Não há, portanto, como haver ciência livre de preconceitos. GADAMER, Hans-Georg. *Verdade e método*: traços fundamentais de uma hermenêutica filosófica. Tradução de Flávio Paulo Meurer. 3ª ed. Petrópolis: Vozes, 1999, p. 406. 731 p. Gadamer apresenta uma idéia de preconceito diferenciada da do Iluminismo. Para ele, "há realmente um preconceito do *Aufklärung* que suporta e determina sua essência: esse preconceito básico do *Aufklärung* é o preconceito contra os preconceitos, enquanto tais, e, com isso, a despotenciação da tradição". É que uma "análise da história do conceito mostra que é somente no *Aufklärung* que o conceito do preconceito recebeu o matiz negativo que agora possui. Em si mesmo, 'preconceito' (*Vorurteil*) quer dizer um juízo (*Urteil*) que se forma antes da prova definitiva de todos os momentos determinantes segundo a coisa". Assim, se quiser fazer-se justiça ao modo de ser finito e histórico do homem, é necessário levar a cabo uma drástica reabilitação do conceito do preconceito e reconhecer que existem preconceitos legítimos. Gadamer traz sua idéia de preconceito para o Direito, quando afirma que no procedimento jurisprudencial o preconceito é uma pré-decisão jurídica, anterior a uma sentença definitiva. Assim, para aquele "que participa da disputa judicial, um preconceito desse tipo representa evidentemente uma redução de suas chances. Por isso, *préjudice*, em francês, tal como *praejudicium*, significa também simplesmente prejuízo, desvantagem, dano. Não obstante, essa negatividade é apenas secundária. É justamente na validez positiva, no valor prejudicial de uma pré-decisão, tal qual o de qualquer precedente, que se apóia a conseqüência negativa". "Preconceito", portanto, não significa, de modo algum, falso juízo, pois está em seu conceito que ele possa

O juiz, inserido na linguagem, sempre exerce atividade criadora, pois é, na compreensão, quando o ser emerge na lingüisticidade, que o mundo, em seu acontecer, se abre para ele. O juiz nunca repete o passado. Participa, sim, do presente, na historicidade da linguagem.[524] Não há, portanto, como sustentar a inexistência dos preconceitos (que existem, mas devem ser suspensos na atividade interpretativa) e o caráter não-criativo do juiz, que é um agente político, inserido num processo de compreensão mundana, implicado em viver rodeado de possibilidades dadas pela historicidade.

ser valorizado positiva ou negativamente. É claro que "o parentesco com o *praejudicium* latino torna-se operante nesse fato, de tal modo que, na palavra, junto ao matiz negativo, pode haver também um matiz positivo. Existem *préjugés légitimes*. Isso encontra-se muito distante de nosso atual tato lingüístico. A palavra alemã *Vorurteil* (preconceito) – da mesma forma que a francesa *préjugé*, mas ainda mais pregnantemente – parece ter-se restringido, pelo *Aufklärung* e sua crítica religiosa, ao significado de 'juízo não fundamentado'. Somente a fundamentação, a garantia do método (e não o encontro com a coisa como tal) confere ao juízo sua dignidade. Aos olhos do *Aufklärung*, a falta de fundamentação não deixa espaço a outros modos de certeza, pois significa que o juízo não tem um fundamento na coisa, que é um juízo 'sem fundamento'. Essa é uma conclusão típica do espírito do racionalismo. Sobre ele repousa o descrédito dos preconceitos em geral e a pretensão do conhecimento científico de excluí-los totalmente". *Idem*, p. 407-423. O preconceito deve ser entendido como parte constitutiva da estrutura de antecipação: é a condição para a compreensão de algo. O preconceito é o horizonte do presente, é a finitude do próximo em sua abertura para o longínquo. É somente nessa tensão entre o outro e o próprio, entre o texto do passado e o ponto de vista do leitor, que o preconceito se torna operante, constitutivo da historicidade. Gadamer, ciente dos efeitos da história na consciência humana, entende que a crítica aos preconceitos é impossível. Além disso, lembra o filósofo alemão, precisamos entender a "dimensão positiva" do preconceito para o conhecimento. O preconceito é, assim, um componente do compreender, vinculado ao caráter historicamente finito do ser humano. A historicidade fundamental do ser-aí implica que seu ser seja uma mediação entre o passado e o presente na direção do futuro que se abre. Isso significa que nossa historicidade não é uma limitação, mas uma "condição de possibilidade" de nossa compreensão. Assim, compreendemos a partir de nossos "pré-conceitos" que se gestaram na história e são agora "condições transcendentais" de nossa compreensão. Compreendemos e buscamos a verdade a partir das expectativas de sentido que nos dirigem e provêm da nossa tradição específica. Essa tradição, porém, não está ao nosso dispor, pois, antes de estar sob nosso poder, nós é que estamos sujeitos a ela. Onde quer que compreendamos algo, nós o fazemos a partir do horizonte de uma tradição de sentido, que nos marca e precisamente torna essa compreensão possível. Ela é, portanto, a instância a partir de onde toda e qualquer compreensão atual é determinada e possibilitada. OLIVEIRA, Manfredo Araújo de. *Reviravolta lingüístico-pragmática na filosofia contemporânea*. São Paulo: Loyola, 1996, p. 227-228. 427 p.

[524] O homem é essencialmente histórico. Sua temporalidade radical é historicidade, que brota das três dimensões do tempo que nós, na dimensão cotidiana, determinamos como sucessivas: passado, presente e futuro. Estes três êxtases do tempo são mutuamente determinados e dependentes, mas não como movimento sucessivo. O tempo da historicidade emerge do futuro. Somente porque o homem é um ser para a morte ele se volta ao passado e se ocupa do presente. A morte como limite, como última possibilidade, faz com que o homem explore seu poder-ser e procure realizar as possibilidades que lhe são dadas no espaço de tempo de sua história. A volta ao passado é a busca das possibilidades que foram dadas ao homem com o seu fato de ser, com o seu nascimento. Assim, diante da morte, o homem recolhe no passado as possibilidades de seu poder-ser, que procura concretizar no presente. Este espaço de tempo é sua historicidade, que tem apenas uma linearidade aparente, mas que, em si mesma, é composta de momentos totais em que o todo da existência é assumido como futuro, passado e presente. STEIN, Ernildo. *História e ideologia*. 3ª ed. Porto Alegre: Movimento, 1972, p. 28. 70 p. O ser humano tem as três dimensões do tempo: futuro, passado e presente. Mas ele não é senhor destas características. Ele bate contra a última possibilidade, que é a "impossibilidade de qualquer nova possibilidade". Porém, ele já sempre é história, cultura, é um fato que não domina. Sempre somos um projeto já projetado, somos um jogo que já sempre foi jogado. A compreensão que o homem tem de si e a compreensão que tem do ser é uma compreensão limitada, na medida em que ele não consegue dar conta do passado e não consegue dar conta do futuro. STEIN, Ernildo. *Aproximações sobre hermenêutica*. Porto Alegre: Edipucrs, 1996, p. 63-64. 112 p.

Fundamentos para uma compreensão hermenêutica do Processo Civil

Não há como vedar a criação "constitucional" e, portanto, "responsável" do Direito pelo juiz como forma de diminuir essa perigosa distância entre o texto e os fatos sociais.[525] Só assim é que poderá "encontrar-se com o mundo". A "participação" da jurisdição, assim, está no sentido de uma atividade judicial que tenda à proteção e efetivação dos direitos e garantias fundamentais, que, no Estado Democrático de Direito, polarizam toda a atividade jurisdicional. A relação entre homem e ser tem duplo sentido: vai do homem ao ser e do ser ao homem. O próprio ser não quer, não age, não pensa e nem raciocina. Mas o ser chama, dispõe e determina o homem a querer, a agir, a pensar ou a raciocinar. O ser utiliza o homem. A vontade humana é apenas a executante de uma "vontade de vontade" inscrita no ser.[526] Os direitos e garantias fundamentais, assim, "chamam" e determinam o "ser" da jurisdição a agir. A jurisdição acontece "como" jurisdição na medida em que deixa o "ser" dos direitos e garantias fundamentais vir ao desvelamento. Se o homem é o "pastor do ser", o juiz é o "pastor dos direitos e garantias fundamentais". É ele quem deve cuidar do "ser do ente" dos direitos e garantias fundamentais. Por isso o jurista precisa "dialogar" com o ser,[527] impedindo o "nadificar" (Streck) da Constituição. Isso lhe é inerente, fazendo parte da sua condição-de-ser-no-mundo como agente político. É nesse sentido que o processo judicial (condição de possibilidade para o exercício da jurisdição) deve ser concebido como um instrumento político,[528] e não meramente técnico, e uma atividade de concretização das finalidades da Constituição e das leis em conformidade com esta.[529]

---

[525] AZEVEDO, Plauto Faraco. *Aplicação do direito e contexto social*. 2ª ed. São Paulo: Revista dos Tribunais, 2000, p. 152. 174 p.

[526] HAAR, Michel. *Heidegger e a essência do homem*. Lisboa: Piaget, [s.d.], p. 102. 241 p. O elemento do homem é o ser, estranho meio que não o contém, mas que o transporta e o exporta. Por isso é que se diz que o homem é "arrastado" pelo ser. A metafísica esquece a pobreza do homem. O homem não é o que ele é. Falta sempre qualquer coisa ao homem. Esse "qualquer coisa" não é nada do ente, mas o seu próprio ser, a relação com o ser que ele não pode possuir, mas apenas desenvolver no movimento *ex-tático* da existência. Ele só é o ente que é porque perdeu o ser e, ao reencontrá-lo, o tornou a perder de novo. Apenas o homem tem relação com o nada, como poder de não ser. Nesse sentido, segundo Heidegger "apenas o homem existe". "Deus é, mas ele não existe". Deus é "apenas" um ente. Heidegger, assim, interdita a Deus o que é possível ao homem: o sair de si. O homem, portanto, é este ente cujo ser está marcado pelo privilégio de ser conservado pelo desvelamento do ser, como aquele que se mantém aberto a partir do ser no ser. O homem "realiza" a sua essência, abrindo-se, apagando-se, abolindo-se para deixar aparecer, falar, agir o ser. Ele não é tanto portador da diferença ontológica como sustentado por ela. Ele é o espaço onde irrompe a luz, ou meio ou instrumento da manifestação. O corpo do homem é atravessado por uma abertura para o mundo e pela transcendência, tanto que ele é completamente diferente do animal. É o ser no mundo completo que é "corpo" e "alma". HAAR, Michel. *Heidegger e a essência do homem*. Lisboa: Piaget, [s.d.], p. 94-99. 241 p.

[527] O homem é aquele lugar onde, por meio da linguagem, colocamo-nos sob o ser, recebendo, a partir daí, sentido, tarefa e significação. Portanto, o homem é, originariamente, "diálogo com o ser". O ser, porém, não é objeto de uma conquista do homem. Antes, é o ser que possibilita as conquistas do homem, o conceituar e o dominar o mundo das coisas. OLIVEIRA, Manfredo Araújo de. *Reviravolta lingüístico-pragmática na filosofia contemporânea*. São Paulo: Loyola, 1996, p. 219-221. 427 p.

[528] WOLKMER, Antonio Carlos. *Introdução ao pensamento jurídico crítico*. São Paulo: Acadêmica, 1995, p. 135. 188 p.

[529] BARZOTTO, Luís Fernando. *A democracia na Constituição*. São Leopoldo: Unisinos, 2003, p. 193. 214 p.

O direito ao processo é um direito fundamental.[530] Como o processo se cerca de garantias processuais, estas constituem também direitos fundamentais. As garantias processuais sintetizadas na Constituição constituem o devido processo no Estado Democrático de Direito. Após a Segunda Guerra Mundial, na Europa e, especialmente, nos países que tiveram regimes políticos totalitários, produziu-se a "constitucionalização" dos direitos fundamentais da pessoa humana. Dentre esses direitos, as garantias mínimas que deve reunir qualquer processo judicial. A intenção não era outra, isto é, evitar que o futuro legislador desconhecesse ou violasse os direitos e garantias fundamentais, agora reforçados pela Constituição. Assim é que, vista a Constituição como meio de transformação social, ela passa a se identificar como "o instrumento idôneo para instaurar uma nova ordem política e social e para dar uma resposta válida às interrogantes angústias do momento histórico do pós-guerra".[531] A Constituição, no Estado Democrático de Direito, passa a deter um "caráter normativo" que vincula todos os poderes públicos aos direitos e garantias fundamentais. Esse caráter normativo requer um adequado sistema de garantias constitucionais (entre elas o direito/garantia do processo) dentro das quais se faz uma exigência que é dirigida a todos os juízes no sentido de aplicar, de modo direto e imediato, as normas constitucionais. Por esses motivos, tais garantias subtraem-se à livre disposição dos particulares, sendo irrenunciáveis.[532]

O Judiciário, nessa perspectiva, só se legitima como Poder na medida em que garante o respeito e a efetivação dos direitos e garantias fundamentais do cidadão. E isso se faz à medida que os órgãos jurisdicionais se mostram receptivos ao que a Constituição do Brasil, como horizonte de sentido, lhes proporciona quanto à formação de uma "consciência hermenêutica". O jurista necessita "dar-se conta de suas antecipações" para que possa "ouvir" o que a Constituição tem para lhe dizer, isto é, para que possa ouvir o que o ser da Constituição, que o chama e o predispõe, tem para lhe falar. Se os preconceitos do indivíduo constituem a realidade histórica de seu ser (Gadamer), o jurista haverá de suspendê-los sempre que interpretar, a fim de não reduzir as possibilidades de realização dos direitos e garantias fundamentais, orientada pelos princípios constitucionais oriundos do texto da Constituição da República. Nesse sentido, a partir da principiologia instaurada pela Carta de 1988, deve-se fazer uma nova leitura das normas e institutos processuais, que agora passam a ser normas

---

[530] Por todos: OLIVEIRA, Carlos Alberto Alvaro de. O processo civil na perspectiva dos direitos fundamentais. In: *Revista Ajuris*. Porto Alegre: Associação dos Juízes do Rio Grande do Sul, n. 87, ano XXIX, tomo I, p. 38, set. 2002. 392 p.

[531] PICÓ I JUNOY, Joan. *Las garantías constitucionales del proceso*. Barcelona: Bosch, 1997, p. 17-18. 177 p.; TROCKER, Nicolò. *Processo civile e constituzione*: problemi di diritto tedesco e italiano. Presentazione di Gian Antonio Micheli. Milano: Dott A Giuffrè Editore, 1974, p. 92, 687-688. 768 p.

[532] PICÓ I JUNOY, Joan. *Las garantías constitucionales del proceso*. Barcelona: Bosch, 1997, p. 24. 177 p.

e institutos processuais constitucionalizados. Isso significa que as normas e institutos processuais devem estar de acordo com o texto constitucional, com o conteúdo material da Constituição, que se expressa nos direitos e garantias fundamentais. Os princípios processuais não são apenas constitucionais por se inserirem na Constituição formal e se imporem ao legislador ordinário. São princípios constitucionais substantivos ou materiais,[533] pela sua relevância no plano dos valores da comunidade política que se ancoram na Constituição: participam de pleno da Constituição material.[534] Para citar um exemplo, no direito estrangeiro, a Lei Fundamental Alemã, que sujeita toda a jurisprudência aos direitos fundamentais, nada mais é do que o reconhecimento da influência (enorme) do Direito Constitucional sobre o Direito Processual Civil. Em decorrência disso, a exemplo do que ocorre (ou deveria ocorrer) no Brasil, a essência da organização e dos procedimentos judiciários é toda determinada constitucionalmente. Nesse sentido, basta citar, por exemplo, a garantia do juiz natural, a independência dos juízes e o direito "de ser ouvido". Para mais disso, a Lei Fundamental optou por um "Estado Social de Direito", garantindo proteção jurídica por meio de procedimentos que assegurem a igualdade social das possibilidades das partes, ao que serve, por exemplo, a gratuidade do processo e a proibição da excessiva duração processual.[535]

A Constituição, portanto, não é um "aglomerado de princípios" sem virtualidade de harmonização prática a cargo da hermenêutica jurídica e sem base dinâmica de funcionamento das instituições. Na Constituição, os princípios dispõem-se ou articulam-se segundo certa orientação e, pelo menos, em termos de legitimidade, haverá sempre um princípio que prevaleça sobre outros.[536] Assim é que, no paradigma do Estado Democrático de Direito, o princípio da efetividade das decisões pode fazer prevalecer a antecipação da tutela em detrimento do juízo (metafísico) de certeza; o princípio da dignidade da pessoa humana ou o da prevalência dos direitos sociais frente aos individuais fazer valer a relativização da coisa julgada em detrimento de uma segurança jurídica "voltada para o passado"; o princípio da efetividade (celeridade) do processo dar preferência aos juízos sumários, ao invés da "ampla defesa" etc. A Constituição compromissória do Estado Democrático de Direito permite a coexistência de idéias e correntes antagônicas, mas só pode subsistir se os protagonistas insti-

---

[533] A principiologia da Constituição de 1988 aponta o caminho para que o processo realmente possa se tornar o veículo de uma tutela jurisdicional efetiva. Nessa ordem de princípios, compreende-se, dentre tantos, o direito ao devido processo legal; a garantia do juiz natural; o direito de acesso aos tribunais; o direito à gratuidade da justiça para os necessitados; o direito ao contraditório; o direito à efetividade das decisões; o direito ao duplo grau de jurisdição (direito/garantia implícito na Constituição, mas relativo); e) direito à segurança jurídica etc.

[534] MIRANDA, Jorge. *Manual de direito constitucional.* Tomo I. Preliminares: o Estado e os sistemas constitucionais. 6ª ed. rev. e actual. Coimbra: Coimbra, 1997, p. 17. 435 p.

[535] LEIBLE, Stefan. *Proceso civil alemán.* Medellín: Diké, 1999, p. 57. 544 p.

[536] MIRANDA, Jorge. *Manual de direito constitucional.* Constituição e constitucionalidade. Tomo II. 3ª ed. Coimbra: Coimbra, 1996, p. 28. 546 p.

tucionais aceitarem-na como um "fio condutor" do processo político[537] e norteador de toda a atividade interpretativa do Direito.

Reconhecendo a influência do político no jurídico, Jorge Peyrano afirma que toda inovação política de envergadura acarreta modificações no processo civil correspondente. Essas modificações nem sempre consistem apenas em uma reforma da legislação processual respectiva, mas em uma mudança interpretativa.[538] A Constituição é fruto de um pacto social e se constitui em importante inovação na vida política e jurídica do país. Nesse sentido, essa inovação deve ser levada em consideração na atividade de interpretação dos institutos processuais. A Constituição, assim, deve ser respeitada, haja vista sua supremacia, à qual deve se ajustar todo o direito positivo do país. Assiste razão, pois, a Santi Romano quando afirma que a Constituição e o Direito são "sincrônicos".[539] Acima da supremacia da Constituição não há e nem pode haver nenhuma outra supremacia. A Constituição é "a expressão concreta da vontade soberana e permanente da nação". Esta soberania é plena e por isso nada pode estar por sobre ela. Assim, não há lei mais suprema que a Constituição.[540]

O texto da Constituição ou do Código de Processo Civil como ente são inacessíveis. O *Dasein* é a condição de possibilidade para o acesso aos entes. Assim, o conteúdo do texto deve passar à ação do jurista pela compreensão para que ele possa ganhar a realidade. A Constituição compõe-se de normas onde constam exigências para a conduta humana, mas permanecem como letra morta e nada produzem se o conteúdo daquelas exigências não passa à conduta humana. A Constituição (o Direito), assim, não se desata da conduta humana. Somente quando ele – o Direito – é por ela e nela "realizado" ganha ele a realidade da ordem vivida, formativa e configuradora da realidade histórica e é capaz de cumprir sua função na vida da coletividade. A Constituição, assim, carece da atualização pela atividade humana. A força normativa da Constituição, portanto, depende da disposição de considerar seus conteúdos como obrigatórios e da determinação de realizar esses conteúdos, também contra resistências. Numa expressão, Constituição e "realidade" não podem ser isoladas uma da outra.[541] Não há ser sem o ente, pois o ser é sempre o ser do ente (Heidegger).

O constitucionalismo contemporâneo (neoconstitucionalismo) aporta um princípio específico: a concepção de Direito Constitucional como Direito "de" e "para" o Estado Democrático e Social de Direito. Isso impor-

---

[537] MIRANDA, Jorge. *Manual de direito constitucional*. Constituição e constitucionalidade. Tomo II. 3ª ed. Coimbra: Coimbra, 1996, p. 28. 546 p.

[538] PEYRANO, Jorge. *El proceso civil*: princípios y fundamentos. Buenos Aires: Astrea, 1978, p. 143. 358 p.

[539] ROMANO, Santi. *Princípios de direito constitucional geral*. Tradução de Maria Helena Diniz. São Paulo: Revista dos Tribunais, 1977, p. 7.

[540] GONZÁLES CALDERÓN, Juan A. *Curso de derecho constitucional*. 6ª ed. rev. y actual. Buenos Aires: Depalma, 1975, p. 94. 570 p.

[541] HESSE, Konrad. *Elementos de direito constitucional da República Federal da Alemanha*. Tradução de Luís Afonso Heck. Porto Alegre: Fabris, 1998, p. 47-49. 576 p.

ta privilegiar a "cotização axiológica" de uma fórmula política, qual seja, a democrática e social de Direito, reconhecendo que o Direito Constitucional não é ideologicamente neutro, mas que está a serviço de "um tipo político singular". O Estado Social e Democrático de Direito, assim, é uma formulação que tem distintas manifestações com matizes bastante diferenciados: solidarismos, neoliberalismos, socialismos, pensamento cristão social etc., significando, sobretudo, a satisfação do valor legalidade, isto é, o da submissão dos governantes e governados à Constituição e ao aparato normativo infraconstitucional[542] que não pode ser visto apartado do sentido de Constituição. A Constituição brasileira, portanto, pode ser considerada uma "carta compromissória suprema", servindo como uma "utopia eficiente".[543] Ela não é neutra. É comprometida. É o "fio condutor" do processo político, que se caracteriza, assim, pelo princípio democrático, tendo por balizas os direitos e garantias fundamentais que, no caso, só subsistirão se forem respeitados pelo órgão jurisdicional e pelos demais poderes do Estado. São os direitos fundamentais que especificam os deveres de justiça[544] que tem o Estado perante a sociedade. Seu problema fundamental, parafraseando Norberto Bobbio, não é o de justificação, mas o de "proteção".[545]

3.4. A responsabilidade "ética" (constitucional) do juiz: a tomada de consciência da "história efeitual" e o questionamento da "coisa mesma" devem constituir o agir do juiz

O juiz tem a responsabilidade (ética/constitucional) de proteger os direitos e garantias fundamentais, expressos na Constituição da República.

---

[542] SAGÜÉS, Nestor Pedro. *Teoria de la constitución*. Buenos Aires: Astrea, 2001, p. 107. 519 p.

[543] A "utopia eficiente" não se frustra nas esperanças que simula realizar. A utopia eficiente "convoca esperanças", esforços de transformação e estimula os que foram socialmente excluídos da vida para reivindicar, por si próprios, os "caminhos da autonomia". Essa utopia é "eficiente" porque pode servir aos socialmente excluídos para que descubram o que neles é silenciado pela cultura, permitindo que os homens adquiram uma consciência de si mesmos e das condições de exploração social que operam por si mesmas. WARAT, Luís Alberto. *Introdução geral ao direito*. Interpretação da lei: temas para uma reformulação. I. Porto Alegre: Fabris, 1994, p. 22-23. 232 p. A Constituição do Estado Democrático de Direito pode ser o instrumento da transformação social, tornando-se aquilo que se denomina "utopia eficiente". Se não se acreditar no seu potencial de modificação das estruturas sociais, tudo estará perdido. Ela deve ter a força do mito e da utopia sem descuidar de que, como dimensão simbólica, mas de sentido real, não pode ter aversão ao "novo", ao "incerto" e ao "conflitivo" das práticas sociais.

[544] BARZOTTO, Luís Fernando. *A democracia na Constituição*. São Leopoldo: Unisinos, 2003, p. 198. 214 p.

[545] BOBBIO, Norberto. *A era dos direitos*. 11ª ed. Tradução de Carlos Nelson Coutinho. Rio de Janeiro: Campos, 1992, p. 24. 217 p. Os direitos fundamentais, já em Feuerbach, consoante afirmação de Arthur Kaufmann, eram reconhecidos. Para o jurista, inspirado na filosofia kantiana, era impossível haver um direito natural objetivo. Feuerbach, porém, reconhecia a existência de direitos subjetivos do homem, que eram indisponíveis por decorrerem da sua autonomia ética. KAUFMANN, Arthur. *Filosofia do direito*. Prefácio e tradução António Ulisses Cortês. Lisboa: Calouste Gulbenkian, 2004, p. 42-43. 536 p.

O "sentido" desses direitos e garantias fundamentais exsurgirá da pré-compreensão que ele tem da Constituição, não estando à sua disposição a atribuição desse sentido da maneira que bem entender. Isso já foi explicitado, mas sempre é bom recordar. Não há um relativismo. Não se pode querer dar às coisas um sentido que elas não têm. A palavra não está à disposição do intérprete. É a palavra que o possui (Gadamer). A autoridade da tradição (autêntica), pois, vai dizer ao intérprete que ele não pode dizer "qualquer coisa acerca de qualquer coisa" (Streck), uma vez que, como homem, ele desde-já-sempre está inserido em uma tradição (Gadamer).[546] No Direito significa dizer que não há como fragmentar o pensamento do jurista e buscar uma uniformidade da interpretação. Cada operador do Direito tem um "rosto próprio" (Gargani), mas está vinculado não só à sua tradição, mas à tradição imposta pela Constituição. Esta mesma tradição faz com que ele tenha de nomear as coisas como elas são, não podendo criar sentidos que não existam, isto é, que não tenham a ver com a coisa da qual ele fala. A palavra, assim, não experimenta um uso qualquer. O jurista não pode falar qualquer coisa sobre qualquer coisa (repita-se!). Ele tem uma responsabilidade. Não pode, assim, querer inverter, ao seu talante, o sentido do texto. Não pode, pois, efetuar um "deslocamento ideológico do discurso", dizendo, por exemplo, que "onde está escrito dever não se pode ler obrigação" (Streck).[547] Na tradição constitucional, portanto, os sentidos que ele atribui em cada caso não poderão ser desviantes, destoantes do que o texto constitucional explicita. O juiz deve tomar consciência da história efeitual, aproximando a tradição da autoridade e da razão. Essa é a sua responsabilidade.[548] A Constituição lhe outorgou poder. Porém, a "autoridade" do Judiciário – e, portanto, sua legitimidade – só será adquirida e reconhecida se esse poder for exercido de forma responsável, autêntica, no sentido da proteção dos direitos e garantias fundamentais.[549]

---

[546] A tradição diz mais: as paixões não se desvinculam do homem. O pensamento é uma "trama concreta" formada por uma constelação imprevisível de fatos, de cenários diversos, de signos, de paixões. Se esses fatos, essas cenas, esses signos, os detalhes aportados pela causalidade e pelos acidentes da vida, forem todos eliminados dos fragmentos que cada um tem em sua existência, não se pode falar em pensamento. O pensar, assim, é o estado de coexistência desses traços, desses signos, desses fatos e dessas paixões. Assim, o pensamento, tomado por si mesmo, não existe. Assumi-lo como uma existência autônoma, independente, de acordo com a filosofia da consciência, é uma verdadeira "duplicação desviante", pois o pensamento não pode ser distinguido das paixões, das emoções ou das "figurações sedutoras" que formam uma comunhão na mente de um homem e que constituem seu destino. GARGANI, Aldo G. La fricción del pensamiento. In: VATTIMO, Gianni. *La secularización de la filosofía*: hermenéutica y posmodernidad. Barcelona: Gedisa, 2001, p. 24-25. 296 p.

[547] O STJ negou remédio a uma criança portadora de HIV, que deveria (dever e obrigação) ser fornecido pelo Estado, utilizando-se desse argumento, isto é, de que "onde se lê dever não se pode ler obrigação" e, portanto, não há "direito subjetivo" ao remédio. A ementa dessa decisão já foi arrolada em nota de rodapé no capítulo 2 desta obra.

[548] A perspectiva interpretativa do direito pressupõe o replanejamento da responsabilidade política e moral do juiz, inserido em sua historicidade, isto é, na tradição. A concepção hermenêutica é a única que capta a complexidade do fenômeno jurídico. A legitimidade do direito depende de sua interpretação, desde que correta, coerente e integral. ARANGO, Rodolfo. *? Hay respuestas correctas en el derecho?* Santafé de Bogotá: Siglo del Hombre Editores, 1999, p. 158. 177 p.

[549] O conceito de autoridade diverge do conceito que é apresentado pelo Iluminismo. O *Aufklärung* confundiu autoridade com dominação e violência, configurando, assim, um preconceito contra o pre-

O jurista só apreende as coisas enquanto fenômenos. Nesse sentido, a fenomenologia, como possibilidade, deve ser entendida como algo que não é manifesto nem óbvio. A fenomenologia é um peculiar "como" da investigação. Os objetos chegam a determinar-se tal como eles mesmos se dão. A indagação ocupa-se em alcançar a atualização da coisa. É essa via que a hermenêutica da faticidade trata de seguir. Os objetos devem tornar-se tal como eles em si mesmos se mostram, tal como aparecem ante um determinado olhar. E esse olhar surge de um "estar-orientado" neles, de um "estar já familiarizado com o ente". Esse estar familiarizado é, na maioria dos casos, fruto de um "ter-ouvido", de uma aprendizagem.[550] O compreender só é possível na medida em que o homem é um ser-no-mundo. Enquanto ser-no-mundo, o homem ocupa-se da análise dos objetos dentro do mundo (discurso apofântico, lógico-semântico) ou descreve também o mundo, isto é, fala sobre a estrutura do mundo, descreve as condições de possibilidade dos objetos ou do conhecimento dos objetos.

conceito e a rejeição da autoridade como elemento importante da tradição humana. A verdadeira conseqüência do *Aufklärung* é a submissão de toda a autoridade à razão. A autoridade é, em primeiro lugar, um atributo de pessoas. Mas a autoridade das pessoas não tem seu fundamento último num ato de submissão e de abdicação da razão, mas num ato de reconhecimento e de conhecimento: reconhece-se que o outro está acima de nós em juízo e perspectiva e que, por conseqüência, seu juízo precede, ou seja, tem primazia em relação ao nosso próprio. Junto a isso dá-se que a autoridade não se outorga, adquire-se, e tem de ser adquirida se a ela se quer apelar. Repousa sobre o reconhecimento e, portanto, sobre uma ação da própria razão que, tornando-se consciente de seus próprios limites, atribui a outro uma perspectiva mais acertada. Esse sentido de autoridade não tem nada a ver com obediência cega de comando. Na realidade, autoridade não tem nada a ver com obediência, mas com reconhecimento. GADAMER, Hans-Georg. *Verdade e método*: traços fundamentais de uma hermenêutica filosófica. Tradução de Flávio Paulo Meurer. 3ª ed. Petrópolis: Vozes, 1999, p. 418-420. 731 p. GADAMER apresenta o conceito de autoridade relacionado a reconhecimento e dissociado de obediência, com a qual não teria nenhuma relação imediata. A autoridade é legitimada pela tradição. A partir do elo integrador da tradição, autoridade e razão são aproximadas e constituem o processo de tomada de consciência histórica. Poder dar ordens e encontrar obediência é parte integrante da autoridade. Mas isso somente provém da autoridade que alguém tem. Inclusive a autoridade anônima e impessoal do superior, que deriva das ordens, não procede, em última instância, dessas ordens, mas as torna possíveis. Seu verdadeiro fundamento é, também aqui, um ato de liberdade e da razão, que concede autoridade ao superior basicamente porque possui uma visão mais ampla ou é mais consagrado, ou seja, porque sabe melhor. O reconhecimento da autoridade "está sempre ligado à idéia de que o que a autoridade diz não é uma arbitrariedade irracional, mas algo que pode ser inspecionado principalmente. É nisso que consiste a essência da autoridade que exige o educador, o superior, o especialista. Sem dúvida que os preconceitos que implantam encontram-se legitimados pela pessoa. Sua validez requer predisposição para com a pessoa que os representa. Mas é exatamente assim que se convertem em preconceitos objetivos, pois operam a mesma predisposição para com uma coisa, que pode ser produzida por outros caminhos, por exemplo, por bons motivos que a razão torna válidos. Nesse sentido a essência da autoridade pertence ao contexto de uma teoria de preconceitos que tem de ser libertada dos extremismos do *Aufklärung*". *Idem*, p. 420-421. A reabilitação do preconceito, da autoridade e da tradição é dirigida por Gadamer contra o reino da subjetividade. Por isso, a história precede o homem e se antecipa à sua reflexão. O homem pertence à história antes de se pertencer. Ao se opor ao Iluminismo, a hermenêutica das tradições de Gadamer apresenta-se como paradigma que opera críticas, reivindicando uma universalidade. Dentre as significações dessa universalidade, há uma superação da filosofia da subjetividade, vinculando o sujeito que compreende à história, que sobre ele tem influência. Nesse sentido, OLIVEIRA, Manfredo Araújo de. *Reviravolta lingüístico-pragmática na filosofia contemporânea*. São Paulo: Loyola, 1996, p. 229. 427 p.

[550] HEIDEGGER, Martin. *Ontología*: hermenéutica de la facticidad. Versión de Jaime Aspiunza. Madrid: Alianza Editorial, 1998, p. 98-99. 154 p.

É neste sentido que o nosso acesso aos objetos faz-se pela linguagem: algo enquanto algo. O compreender, portanto, é um compreender "algo como algo".[551] A hermenêutica indica que o objeto tem um ser que está capacitado para interpretação e necessitado dela. Assim, é inerente a esse seu ser estar de algum modo já interpretado, pois a interpretação é algo cujo ser é o do próprio viver fático. A possibilidade mais própria de si mesmo que o existir (faticidade) denomina-se existência. Por meio do questionamento hermenêutico consegue-se situar a faticidade no "ter-prévio", a partir do qual e à vista do qual será interpretado. A hermenêutica, porém, não tem por objetivo apenas a possessão dos conhecimentos, senão um conhecer existencial, ou seja, um ser. A hermenêutica fala desde o já interpretado e para o já interpretado.[552] O discurso hermenêutico não é o discurso manifestador apenas, mas é o discurso interpretativo, é o discurso que tem que interpretar.[553] No interior do discurso do sentido comum teórico isso não tem ocorrido, pois o "conhecer" não é considerado um existencial. Não! Quando os juristas da filosofia da consciência conhecem, compreendem, interpretam, enfim, "aplicam", fazem-no sem "indagar", sem compreender a coisa "como" coisa. Por estarem inseridos em uma tradição positivista e dogmática, desconhecedora do "sentido de Constituição", pois com ela não estão familiarizados, e de como os institutos processuais devem ser compreendidos, os juristas (processualistas), que não "interpretam", "não deixam a coisa ser". Isso porque o "mostrar-se" das coisas pode ser um aspecto tão assentado pela tradição que sequer é possível reconhecer o que de impróprio tem, ou mesmo tê-lo por verdadeiro.[554] Quando alguém se conforma, portanto, com algo acabado, está, em verdade, "encobrindo" a coisa. Assim, na interpretação do Direito, por exemplo, quando o operador do Direito conforma-se com o que diz a lei, a doutrina ou a jurisprudência, mesmo que a solução do caso deva ser outra, estará "encobrindo" a coisa mesma, conformando-se com o "acabado". O conceito esconde a coisa.[555] Nessa perspectiva, a linguagem não interessa, pois, mesmo sem ela, é possível conhecer as coisas.[556]

[551] STEIN, Ernildo. *Aproximações sobre hermenêutica*. Porto Alegre: Edipucrs, 1996, p. 60. 112 p.

[552] HEIDEGGER, Martin. *Ser e tempo*. Parte I. Tradução de Márcia de Sá Cavalcante. 9ª ed. Petrópolis: Vozes, 2000, p. 33-37. 325 p.

[553] STEIN, Ernildo. *Aproximações sobre hermenêutica*. Porto Alegre: Edipucrs, 1996, p. 64. 112 p.

[554] HEIDEGGER, Martin. *Ontología*: hermenéutica de la facticidad. Versión de Jaime Aspiunza. Madrid: Alianza Editorial, 1998, p. 99. 154 p.

[555] As idéias preconcebidas que impediram o exame do sentido do ser na tradição são as seguintes: a generalidade, a indefinibilidade e a evidência do conceito de ser. Qualquer delas, porém, demonstra a necessidade de colocar a pergunta pelo sentido do ser. BLANC, Mafalda Faria. *O fundamento em Heidegger*. Lisboa: Piaget, [s.d.], p. 38-39. 271 p. Na dogmática nada se discute; apenas se aceita. Isso significa que a pergunta pelo sentido do ser é esquecida. Noutra postura (hermenêutica), ao contrário, o trabalho de análise é feito de forma crítica, ou seja, retira-se o "pó" da estrutura para ver como ela é, isto é, (des)vela-se o ser do ente.

[556] STRECK, Lenio Luiz. *Hermenêutica jurídica e(m) crise*: uma exploração hermenêutica da construção do direito. 3ª ed. rev. Porto Alegre: Livraria do Advogado, 2001, p. 113-116. 319 p. Esse é o problema das "essências" ou do nominalismo hobbesiano.

O método, nessa postura (nada) hermenêutica, não salvará o jurista, que deve manter-se atento à "circularidade hermenêutica", e não ao procedimentalismo metodológico.[557] A hermenêutica, como já referido, não é mais o compreender de textos, um "interpretar que trata de objetos". O compreender é um compreender que se constitui como totalidade, porque é um compreender de um mundo que é a própria transcendência. Esse mundo ao mesmo tempo somos nós e projetamos sobre tudo o que deve se dar. Vai-se formar a estrutura da circularidade, na medida em que já sempre somos mundo e, ao mesmo tempo, projetamos mundo. Estamos envolvidos com os objetos do mundo e descrevemos o mundo no qual se dão os objetos.[558] Por isso, "a coisa que se busca dizer e o dizer mesmo se entrelaçam numa interação circular".[559] Na hermenêutica, há a questão do sentido reduplicado, ou seja, do chamado círculo hermenêutico. Se há um círculo na lógica, diz-se que é contraditório, que o argumento está viciado. Se quero provar algo, diz Ernildo Stein, "não posso usar esse algo na argumentação". Se há uma circunstância na argumentação, essa argumentação não vale. Entretanto, na tradição hermenêutica, ocorre exatamente isso. É a questão da chamada "boa circularidade".[560]

Toda a história da tradição hermenêutica traz, como marca fundamental, que o ser não pode ser compreendido em sua totalidade, e que, portanto, não pode haver uma pretensão de totalidade da interpretação.[561] O intérprete, pois, deve procurar manter-se no círculo hermenêutico, com os "olhos" postos na coisa mesma, lembrando que algo sempre escapará da compreensão e cuidando para não degradar a boa circularidade em circularidade viciosa. Assim é que, de acordo com a idéia de Heidegger a

---

[557] Heidegger buscou outra racionalidade. Assim, todo o atual esforço religioso, filosófico, artístico é neste sentido: contra um intelectualismo construtivista e didático-conceitualista, que Heidegger denunciou como a essência da técnica e do seu materialismo inumano, por uma racionalidade mais profunda, encarnada e autêntica à medida do homem. NEVES, António Castanheira. *Questão-de-facto – Questão-de-direito ou o problema metodológico da juridicidade*. Coimbra: Livraria Almedina, 1967, p. 69-70. 921 p.

[558] STEIN, Ernildo. *Aproximações sobre hermenêutica*. Porto Alegre: Edipucrs, 1996, p. 61. 112 p.

[559] STEIN, Ernildo. *Diferença e metafísica*: ensaio sobre a desconstrução. Porto Alegre: Edipucrs, 2000, p. 70. 293 p.

[560] STEIN, Ernildo. *Aproximações sobre hermenêutica*. Porto Alegre: Edipucrs, 1996, p. 42. 112 p. Assim, não se pode dizer simplesmente que a estrutura hermenêutica ou a estrutura da compreensão do ser humano produz história, cultura e tradição sem, ao mesmo tempo, pressupor que a história, a cultura e a tradição estão na operação da compreensão. Há uma circularidade. Já sempre compreendemos enquanto compreendemos o todo. O contrário também vale: enquanto compreendemos o todo, já sempre nos compreendemos. Essa estrutura básica do círculo hermenêutico termina sendo aquilo que se projeta sobre todas as ciências hermenêuticas. Há uma impossibilidade de separação entre sujeito e objeto. É impossível separar o sujeito do objeto porque, no fato histórico, já sempre estamos, de certo modo, mergulhados; não podemos ter uma distância total, como na observação de um fenômeno físico. Então, no sentido desta estrutura circular, do modo de o homem ser-no-mundo, viria a estrutura circular do ser, difundida por todas as ciências hermenêuticas. *Idem, ibidem*.

[561] STEIN, Ernildo. Interpretacionismo: a tradição hermenêutica diante de duas novas propostas. In: REIS, Róbson Ramos dos, ROCHA, Ronai Pires da. *Filosofia hermenêutica*. Santa Maria: UFSM, 2000, p. 66. 175 p.

respeito da circularidade hermenêutica, o círculo "não deve ser degradado a círculo vicioso, mesmo que este seja tolerado. Nele vela uma possibilidade positiva do conhecimento mais originário, que, evidentemente, só será compreendido de modo adequado, quando a interpretação compreendeu que sua tarefa primeira, constante e última permanece sendo a de não receber de antemão, por meio de uma 'feliz idéia' ou por meio de conceitos populares, nem a posição prévia, nem a visão prévia, nem a concepção prévia (*Vorhabe, Vorsicht, Vorbegriff*), mas em assegurar o tema científico na elaboração desses conceitos a partir da coisa, ela mesma". Toda "interpretação correta" deve-se proteger da arbitrariedade da ocorrência de "felizes idéias" e da limitação dos hábitos imperceptíveis do pensar, orientando sua vista "às coisas elas mesmas". O que importa, assim, é "manter a vista atenta à coisa, através de todos os desvios a que se vê constantemente submetido o intérprete em virtude das idéias que lhe ocorram. Quem quiser compreender um texto realiza sempre um projetar. Tão logo apareça um primeiro sentido no texto, o intérprete prelineia um sentido do todo. Naturalmente que o sentido somente se manifesta porque quem lê o texto lê a partir de determinadas expectativas e na perspectiva de um sentido determinado. A compreensão do que está posto no texto consiste precisamente na elaboração desse projeto prévio, que, obviamente, tem que ir sendo constantemente revisado com base no que se dá conforme se avança na penetração do sentido". Quem procura compreender está exposto a erros de opiniões prévias, as quais não se confirmam nas próprias coisas. Elaborar os projetos corretos e adequados às coisas, que, como projetos, são antecipações que apenas devem ser confirmadas "nas coisas", é a tarefa constante da compreensão.[562] Disso o jurista não pode se esquecer. Questionar a coisa mesma tem de ser o seu comportamento. Para isso, tem de se dar conta das suas opiniões prévias, deixando que a

---

[562] GADAMER, Hans-Georg. *Verdade e método*: traços fundamentais de uma hermenêutica filosófica. Tradução de Flávio Paulo Meurer. 3ª ed. Petrópolis: Vozes, 1999, p. 402. 731 p. A experiência passa a se fundar na historicidade. A linguagem afirma-se como elemento universal e prévio, abarcando inclusive a não-compreensão. A tradição determina o homem que só se redime pela consciência hermenêutica. A ordem que o homem procura instaurar no mundo, as aspirações por prever seu futuro e planejá-lo, baseiam-se na lucidez hermenêutica de sua situação. Todo este esforço é uma tentativa de dominar os condicionamentos que limitam e determinam o homem. Mas o planejamento do futuro é difícil, não apenas por causa dos fatores extra-humanos e pelas circunstâncias que podem se modificar continuamente, mas, sobretudo, porque o homem é imprevisível enquanto instaura sua liberdade, numa ruptura contínua das circunstâncias. Decisivo torna-se, principalmente, aquilo que, além do que o homem quer e faz, o determina: a tradição, que o carrega consigo e da qual o homem deve, contudo, tomar distância para torná-la transparente. O homem moderno, cansado de possibilidades e faminto de certeza, somente se redimirá pela consciência hermenêutica. A compreensão deve decidir seus passos ainda que o pensamento artificial tenha reduzido o imponderável. A hermenêutica é o estatuto em que o homem ausculta sua temporalidade. Nesta temporalidade o homem peregrina e deixa sinais ao longo do caminho. O sinal mais decisivo é a linguagem. A força do tempo reside na historicidade do homem e desabrocha na palavra. É por isso que a paisagem humana povoa-se de verbos. Eles conjugam a unidade das dimensões do homem na temporalidade. A exegese do verbo, a hermenêutica da palavra é a exploração de nossa condição humana que acontece como história. STEIN, Ernildo. *História e ideologia*. 3ª ed. Porto Alegre: Movimento, 1972, p. 22-23. 70 p.

Constituição, como texto, lhe "diga algo". Tem de estar receptivo ao sentido de jurisdição e de processo como instrumento (condição de possibilidade) de tutela jurisdicional que a Constituição expressa.[563] No campo do Direito Processual Civil, para desenvolver uma compreensão hermenêutica do processo, o processualista tem de adquirir uma "consciência hermenêutica" e abandonar a tradição (inautêntica) de um processo civil desenvolvido a partir de um modelo liberal-individualista, pela "inserção" na hermenêutica da faticidade, procurando resgatar/desvelar o ser do ente dos principais institutos processuais (ação, defesa, coisa julgada etc.), que são entes em seu ser, uma vez que, no paradigma do Estado Democrático de Direito, eles adquirem sentidos diversos daqueles que são atribuídos no Estado Liberal.

---

[563] A tarefa hermenêutica converte-se por si mesma num questionamento pautado na coisa, e já se encontra sempre determinada por este. Com isso o empreendimento hermenêutico ganha um solo firme sob seus pés. Aquele que quer compreender não pode se entregar, já desde o início, à causalidade de suas próprias opiniões prévias e ignorar o mais obstinada e conseqüentemente possível a opinião do texto, até que este, finalmente, já não possa ser ouvido e perca sua suposta compreensão. Quem quer compreender um texto, em princípio, tem de se dispor a deixar que ele diga alguma coisa por si. Por isso, "uma consciência formada hermeneuticamente tem que se mostrar receptiva, desde o princípio, para a alteridade do texto. Mas essa receptividade não pressupõe nem 'neutralidade' com relação à coisa nem tampouco auto-anulamento, mas inclui a apropriação das próprias opiniões prévias e preconceitos, apropriação que se destaca destes. O que importa é dar-se conta das próprias antecipações, para que o próprio texto possa apresentar-se em sua alteridade e obtenha assim a possibilidade de confrontar sua verdade com as próprias opiniões prévias". GADAMER, Hans-Georg. *Verdade e método*: traços fundamentais de uma hermenêutica filosófica. Tradução de Flávio Paulo Meurer. 3ª ed. Petrópolis: Vozes, 1999, p. 405. 731 p.

4. Fundamentos para uma compreensão hermenêutica dos principais institutos do Processo Civil

4.1. A ação e as condições da ação: o "dualismo metafísico" que vela a ideologia liberal de esvaziamento dos poderes do juiz não se compatibiliza com o Estado Democrático de Direito

No interior do discurso metafísico da filosofia da consciência e no "modo-de-fazer-direito" a partir de dualismos impossíveis, é possível reduplicar entes que, em seu ser, são a mesma coisa. A jurisdição tradicional e o Direito Processual Civil desenvolvido no Estado Liberal, assentados no clássico tripé processual "jurisdição, ação e processo" (Podetti), receberam a influência de doutrinas comprometidas ideologicamente com a redução dos poderes do juiz. Esse comprometimento gerou "reduplicações" que terminaram por velar o ser do ente dos institutos processuais. Nesse sentido, a doutrina de Enrico Tullio Liebman, quanto à jurisdição e ação, é o maior exemplo de como é que o processo civil desenvolveu-se comprometido com a ideologia do Estado Liberal, "reduplicando entes".

As teorias que se formaram acerca da "ação" processual nunca questionaram seu "ambiente"[564] ideológico. Nesse e em outros aspectos, pois, é possível afirmar que as teorias que tentaram explicar a ação são inúteis.[565] Após cem anos de controvérsias acerca do conceito de "ação", a doutrina acabou não se conciliando, reconhecendo apenas a inutilidade dessa "interminável" discussão, originada de dois equívocos, como ensina Ovídio Baptista da Silva: o primeiro, em razão da tentativa feita pelos processualistas no sentido de transportar para o processo civil o conceito de ação de direito material, por meio do conceito romano da *actio* e da definição de Celso,[566] como se o conceito correspondesse ao moderno conceito de

---

[564] Ambiente aqui não tem nada a ver com a distinção luhmanniana sistema/ambiente.

[565] SILVA, Ovídio A. Baptista da. *Jurisdição e execução na tradição romano-canônica*. 2ª ed. rev. São Paulo: Revista dos Tribunais, 1997, p. 165-166. 230 p.

[566] No conceito de Celso, a ação é o "direito de perseguir em juízo aquilo que nos é devido".

"ação" enquanto pedido abstrato e indeterminado de tutela jurídico-processual. A partir daí, o conceito de ação de direito material foi suprimido e passou a se confundir com o de "ação" processual: pretendeu-se transferir para o Direito Processual Civil a *actio*, categoria equivalente à pretensão de direito material, supondo-se, ainda, que o monopólio da jurisdição "despotencializou" o direito subjetivo, de forma que o particular, a quem a ordem jurídica vedou o poder privado de agir para realizar o próprio direito, tenha apenas um poder perante o Estado, e não mais o originário poder contra o destinatário do dever jurídico. O segundo equívoco, decorrência do primeiro, consistiu em imaginar que o Direito Processual estivesse inteiramente desligado do direito material, a ponto de a própria existência deste depender do exercício da ação processual. Nesse paradigma, ao direito processual do Estado Liberal não interessava classificar ações de direito material que ele mesmo suprimiu. Somente após passado mais de um século, o vínculo entre o direito material e o direito processual vem sendo restabelecido. E isso se dá por duas formas: pelo resgate da instrumentalidade do processo (condição de possibilidade para o desenvolvimento da jurisdição e, por conseqüência, do processo) e pela investigação de instrumentos de tutela processual, no sentido de que o direito material se liberte da "servidão" a que foi submetido pela "ciência" do processo[567] elaborada, notadamente, a partir do século XIX.

A supressão da ação de direito material, a perda do elo entre o processo e o direito material, a racionalização e o procedimentalismo metodológico, próprios da filosofia da consciência, permitiram aos processualistas criar as ditas "condições da ação". Isso se deve, principalmente, aos autores italianos que influenciaram e ainda influenciam várias gerações de juristas, não só na Itália, mas em outros países.[568] As condições da ação, artificial e ideologicamente engendradas no âmbito do Direito Processual, permitiram "reduzir" o conceito de jurisdição, pelo esvaziamento dos poderes do juiz. Significa dizer que, ao final do processo, apesar de toda a atividade desenvolvida pelo magistrado, se viesse a ficar constatada a inexistência das condições da ação, não teria havido ação e tampouco jurisdição. Isso

---

[567] SILVA, Ovídio A. Baptista da. *Jurisdição e execução na tradição romano-canônica*. 2 ed. rev. São Paulo: Revista dos Tribunais, 1997, p. 165-172. 230 p.

[568] Nesse sentido, basta referir o racionalismo de Chiovenda (Itália) com o seu apego à "atuação da vontade concreta da lei", a "hermenêutica técnica" de Adolf Wach (Alemanha) e a artificialidade das condições da ação de Enrico Tullio Liebman (Itália/Brasil), admitindo, portanto, a existência de determinadas condições para o seu exercício. Liebman é o precursor da Escola Paulista de Processo, que praticamente acatou todas as suas orientações. No país, entre tantos, adotam a idéia de Liebman quanto às condições da ação os seguintes juristas: LASPRO, Oreste Nestor de Souza. A ação e suas condições no processo civil de cognição. In: CRUZ E TUCCI, José Rogério. *Processo Civil*: estudo em comemoração aos 20 anos de vigência do Código de processo civil. São Paulo: Saraiva, 1995, p 191-208. 272 p.; CINTRA, Antônio Carlos de Araújo; GRINOVER, Ada Pellegrini e DINAMARCO, Cândido Rangel. *Teoria geral do processo*. 16ª ed. rev., e atual. São Paulo: Malheiros, 2000. 358 p.; ARAGÃO, Egas Dirceu Moniz de. *Comentários ao Código de processo civil*. V. II: Arts. 154-269. 9ª ed. rev. e atual. Rio de Janeiro: Forense, 1998. 480 p.

é óbvio, pois, na idéia de Liebman, precursor da processualística desenvolvida no Brasil, o direito de ação é sinônimo de direito à jurisdição, que, para ele, seria direito a uma sentença de mérito. Acatar essa concepção, pois, é admitir uma espécie de "quarta função estatal", que não a do juiz, para fazer a filtragem da demanda e dizer se as condições da ação estão presentes ou não. Ao menos é isso que se deflui dessa teoria, pois, para Liebman, só existe ação e, conseqüentemente, jurisdição, se estiverem presentes as condições da ação. As condições da ação propostas pelo jurista italiano demonstram, assim, o comprometimento de sua doutrina com a redução do espectro da atividade jurisdicional, pois, para aceitá-las, como dito, ter-se-ia de criar uma atividade estatal de natureza diversa das três existentes – executiva, legislativa e judiciária –, a fim de enquadrar aquela exercida pelo juiz ao decidir sobre as condições da ação.[569] Isso porque a realização da jurisdição, concebida como a atividade do Judiciário que realizava a ordem jurídica mediante a aplicação do direito objetivo às relações humanas intersubjetivas, só se daria pela decisão de mérito.[570]

A teoria de Liebman, pois, é a mais "refinada" teorização da autonomia do processo sintetizada na abstração da ação, lembrando o período cultural marcado pelo idealismo de Benedeto Croce.[571] Críticas nesse sentido podem ser vistas em Ovídio Baptista da Silva, para quem o Direito Processual acabou por vir a exercer uma espécie de tirania sobre o direito material, a ponto de sujeitar até mesmo as pretensões e ações de direito material a um tratamento uniforme,[572] como ocorre no caso das ações executivas *lato sensu* e mandamentais. Com o Iluminismo, nada mudou nesse sentido, pois essas ações continuaram a ser tidas simplesmente como condenatórias.[573] Ou seja, sua própria natureza jurídica prosseguiu obscurecida pela doutrina que, posteriormente, foi acatada no Brasil pelo Código de

---

[569] GOMES, Fábio. *Carência de ação*. São Paulo: Revista dos Tribunais, 1999, p. 45-46. 115 p.

[570] LIEBMAN, Enrico Tullio. *Manual de direito processual civil*. v. I. Tradução e notas de Cândido Rangel Dinamarco. Rio de Janeiro: Forense, 1984, p. 153.

[571] Conforme DENTI, Vittorio. *Un progetto per la giustizia civile*. Bologna: Il Mulino, 1982, p. 49. 348 p.

[572] SILVA, Ovídio A. Baptista da. *Jurisdição e execução na tradição romano-canônica*. 2ª ed. rev. São Paulo: Revista dos Tribunais, 1997, p. 47. 230 p.

[573] A sentença condenatória, por sua própria natureza e função, "conserva os traços essenciais da *obligatio* romana, mantendo-se fiel ao princípio de sua originária incoercibilidade, a ponto de reduzir-se à condenação a uma mera exortação que a sentença faz ao condenado, confiando em que ele, espontaneamente, cumpra o julgado. O direito moderno, diríamos melhor, a linha evolutiva seguida, a partir do direito romano, pelos sistemas da Europa continental, herdeiros do direito romano-canônico, não modificou e muito menos aboliu a estrutura básica da *obligatio*, limitando-se a acrescentar-lhe, como uma alternativa contra a resistência – resistência que o direito, se não considera legítima, ao menos pressupõe e tolera –, a execução forçada sobre o seu patrimônio, no caso de o condenado não cumprir espontaneamente a condenação. (...) um dos fatores primordiais que determinaram este resultado foi a preservação do conceito romano de jurisdição, como pura declaração, o que determinou a supressão da tutela interdital, que era justamente aquela que, em direito romano, continha a execução e a ordem, raízes das modernas ações executivas e interditais, ferozmente negadas pela ciência processual". SILVA, Ovídio A. Baptista da. *Jurisdição e execução na tradição romano-canônica*. 2ª ed. rev. São Paulo: Revista dos Tribunais, 1997, p. 57. 230 p.

Processo Civil pátrio. Assim, os "processualistas" reduziram ao número de três as espécies de ações e, conseqüentemente, de sentenças, limitando-as a declaratórias, constitutivas e condenatórias, "proclamando" que tais eficácias são criadas pelo Direito Processual, independentemente da natureza dos respectivos direitos litigiosos que lhes caberia instrumentalizar, ensejando a conclusão de que uma ação seria constitutiva ou condenatória porque o legislador do processo assim o quer, e não em razão da respectiva pretensão de direito material de onde ela provém.[574]

Ora, os legisladores não podem ter arbítrio para, por meio de critérios de simples "conveniência", definirem a eficácia das ações, alterando sua natureza ou as suprimindo do ordenamento jurídico. O advento da ação processual, decorrência da autonomia do processo, não ocasionou a substituição da ação de direito material, pois ambas passaram a coexistir. Assim, por exemplo, o fato de o atual Código de Processo Civil não prever a ação de imissão de posse, que era prevista no Código de Processo Civil de 1939, não significa que ela não mais exista ou que tenha sido transformada em demanda plenária, ou, ainda, que tenha ganhado eficácia condenatória, ensejando posterior processo de execução, uma vez que a pretensão de direito material é de nítido caráter executivo.[575] Dito fenômeno decorre da ideologia liberal dominante, que inspirou os juristas italianos e brasileiros. Para o "espírito" liberal burguês, jurisdição é tão-somente "declaração" de direitos, sendo que o juiz não deve ter qualquer poder de império, devendo sujeitar-se ao "legislador" (espécie de figura metafísica, pois, afinal de contas, ninguém sabe "quem é" ou "o que é" o "legislador"), que, na idéia liberal, é o "detentor da legitimidade". A doutrina brasileira, influenciada pela filosofia da consciência e pelo liberal-individualismo, reforçou o "império" do positivismo, da legalidade – que se confundiu com a legitimidade – e da ordinariedade, sustentáculos da ideologia serventuária de um sistema comprometido com a redução do poder do juiz,[576] despolitizando e "neutralizando" a jurisdição.

A idéia de que o juiz é a "boca da lei" e a expectativa, nesse sentido, de que ele possa ser dotado de uma espécie de "neutralidade axiológica", não encontram guarida nem mesmo junto aos positivistas ou neopositivistas, pois até mesmo estes dizem que o juiz é um "cúmplice" na elaboração da norma. Nesse sentido, Hans Kelsen e Herbert Hart, mesmo fundando (metafisicamente) a validade do Direito em uma "norma fundamental" (Kelsen) ou "norma de reconhecimento" (Hart), e, portanto, tentando "fechar" o direito sobre si mesmo,[577] prestaram valiosa contribuição.

---

[574] GOMES, Fábio, SILVA, Ovídio A. Baptista da. *Teoria geral do processo civil*. São Paulo: Revista dos Tribunais, 1997. 346 p.

[575] SILVA, Ovídio A. Baptista da. *Ação de imissão de posse*. 2ª ed. São Paulo: Revista dos Tribunais, 1997, p. 94-143. 231 p.

[576] GOMES, Fábio, SILVA, Ovídio A. Baptista da. *Teoria geral do processo civil*. São Paulo: Revista dos Tribunais, 1997. 346 p.

[577] Conforme BARZOTTO, Luís Fernando. *O positivismo jurídico contemporâneo*: uma introdução a Kelsen, Ross e Hart. São Leopoldo: Unisinos, 2000, p. 117-118. 152 p.

Para Kelsen, o Direito é um sistema de normas que regulam a conduta humana. Esse sistema é composto de forma hierárquica, de maneira que cada norma retira sua validade de uma norma superior. No ápice dessa pirâmide encontra-se uma norma hipotética fundamental, que valida todas as demais normas. Por meio dessa abstração, Kelsen consegue isolar o Direito, bastando, para conhecê-lo, compreender as diversas normas que o compõem. Não há necessidade de se indagar sobre os valores ou sobre os fatos (poder) que legitimam ou sustentam o Direito. Basta tão-somente conhecer as regras.[578] Hans Kelsen, porém, fez uma "teoria pura do direito", e não uma "teoria do direito puro", como se poderia pensar. Por isso é que ele não deixa de reconhecer a diferença entre lei e Direito. Quanto ao problema da justiça, apesar de Kelsen delimitar o direito no que diz respeito ao valor, o jurista alemão não quer eliminar toda e qualquer consideração ética do Direito. Isso porque ele mesmo sente necessidade de infringir a enumeração pura de valores de justiça para escolher um valor ou uma interpretação.[579]

Herbert Hart, por sua vez, supera a tensão entre dogmática jurídica e sociologia. Inserido numa concepção pragmática de linguagem (metalinguagem) com objetivos hermenêuticos, Hart confere papel central ao intérprete, afirmando que o poder discricionário que lhe é deixado pela linguagem pode ser muito amplo. A conclusão do raciocínio judicial, assim, na verdade constitui uma "escolha".[580] A textura aberta do Direito significa que há, na verdade, áreas de conduta em que muitas coisas devem ser deixadas para serem desenvolvidas (decididas) pelos tribunais e juízes, que determinam o equilíbrio, à luz das circunstâncias, entre interesses conflitantes que variam em peso, de caso para caso.[581] Para o jurista inglês, em todos os campos da experiência, e não só no das regras, há um limite, inerente à natureza da linguagem, quanto à orientação que a linguagem geral pode oferecer. Haverá, na verdade, "casos simples" que estão sempre a ocorrer em contextos semelhantes, aos quais as expressões

---

[578] KELSEN, Hans. *Teoria pura do direito*. Tradução de João Baptista Machado. São Paulo: Martins Fontes, 1998. 427 p.

[579] KELSEN, Hans. *O problema da justiça*. Tradução de João Baptista Machado. 3ª ed. São Paulo: Martins Fontes, 1998, p. XIV-XXXII. 149 p. O neopositivismo kelseniano, oriundo do Círculo de Viena (Rudolf Carnap), não escapa do empirismo, pois vê sentido apenas no que pode ser "verificado" logicamente. Também assim, de certa forma, a filosofia analítica, da qual um dos expoentes no campo do Direito é Herbert Hart. Hans Kelsen, como bom neokantiano, de modo rígido, distingue ser e dever, explicitando um dualismo metódico que acaba por extirpar o sentido sobre o conteúdo dos valores e normas. A legislação, assim, não é considerada objeto da ciência, mas da política. KAUFMANN, Arthur. *Filosofia do direito*. Prefácio e tradução António Ulisses Cortês. Lisboa: Calouste Gulbenkian, 2004, p. 21-22. 536 p.

[580] Conforme ROCHA, Leonel Severo. *Epistemologia jurídica e democracia*. São Leopoldo: Unisinos, 2001, p. 28-29. 164 p.

[581] HART, Herbert L. A. *O conceito de direito*. Tradução de Armindo Ribeiro Mendes. 3ª ed. Lisboa: Fundação Calouste Gulbenkian, p. 140-148. 348 p. Destacam a idéia de Herbert Hart: ROCHA, Leonel Severo. *Epistemologia jurídica e democracia*. São Leopoldo: Unisinos, 2001, p. 28-29. 164 p.; CARRIÓ, Genaro R. *Notas sobre derecho y lenguaje*. Cuarta edition corrigida y aumentada. Buenos Aires: Abeledo-Perrot, 1998, p. 193. 416 p.

gerais são claramente aplicáveis. Haverá, porém, também casos em que não será claro se serão aplicadas ou não. Os cânones da interpretação não podem eliminar estas incertezas, embora possam diminuí-las. Isso porque esses cânones são eles próprios "regras gerais" sobre o uso da linguagem e utilizam termos gerais que, eles próprios, exigem interpretação. Eles, como outras regras, não podem fornecer a sua própria interpretação. Os casos simples, em que os termos gerais parecem não necessitar de interpretação e em que o reconhecimento dos casos de aplicação parece não ser problemático ou ser automático, são apenas os casos familiares que estão constantemente a surgir em contextos similares, em que há acordo geral nas decisões quanto à aplicabilidade dos termos classificatórios. Se, em tais casos, as dúvidas haverão de ser resolvidas, algo que apresenta a natureza de uma escolha entre alternativas abertas tem de ser feito por aquele que as tem de resolver.

Em Hart, a subsunção e a extração de uma conclusão silogística já não caracterizam o cerne do raciocínio implicado na determinação do que é a coisa correta a fazer. O poder discricionário que assim é deixado à autoridade pela linguagem pode ser muito amplo, de tal forma que, se ela aplicar a regra, a conclusão constitui na verdade uma escolha, ainda que possa não ser arbitrária ou irracional. Seja qual for o processo escolhido, precedente ou lei, para a comunicação de padrões de comportamento, esses, não obstante a facilidade com que atuam sobre a grande massa de casos, revelar-se-ão como indeterminados em certo ponto em que a sua aplicação esteja em questão: possuirão aquilo que se chama de "textura aberta". A incerteza é o preço a ser pago pelo uso de termos classificatórios gerais em qualquer forma de comunicação que respeite a questões de fato. Assim, lembra Hart, não devemos "acarinhar" a concepção de uma regra tão detalhada que a questão sobre se se aplicaria ou não a um caso particular estivesse sempre resolvida antecipadamente e nunca envolvesse uma escolha nova entre alternativas abertas. A razão reside em que a necessidade de tal escolha é lançada sobre nós porque somos homens, não deuses. É um aspecto da condição humana (da legislativa) que trabalhemos sob a influência de duas desvantagens ligadas, sempre que procuramos regular, de forma não ambígua e antecipadamente, alguma esfera da conduta por meio de padrões gerais a serem usados em ocasiões particulares. A primeira desvantagem é a nossa relativa ignorância de fato; a segunda, a nossa relativa indeterminação de finalidade. Se o mundo em que vivemos fosse caracterizado só por um número finito de aspectos e estes, conjuntamente com todos os modos por que se podiam combinar, fossem por nós conhecidos, então poderia estatuir-se antecipadamente para cada possibilidade. Poderíamos, diz o professor inglês, fazer regras cuja aplicação a casos concretos nunca implicasse uma escolha. Tudo poderia ser conhecido e, uma vez que poderia ser conhecido, poder-se-ia fazer algo e especificá-lo antecipadamente através de uma regra. Isso seria um mundo adequado a uma jurisprudência mecânica.[582]

Mesmo a tradição (metafísica) do (neo)positivismo (regra de reconhecimento ou norma fundamental), pois, admite que lei não é igual a Direito. O próprio Carnelutti, expoente máximo do Direito Processual Civil italiano e de sua racionalidade,[583] disse que a lei não continha todo o Direito. Assim, a "crença de que o Direito processual se aprende lendo ou, se for possível, aprendendo-se de memória o Código de Procedimento, implica grave perigo, não apenas porque nem todo o Direito se encontra contido na lei, mas porque, ao invés das normas legais, é preciso conhecer os fatos a que elas se referem".[584] Apesar disso, condicionando ideologicamente o Direito Processual no sentido da redução da legitimidade ou dos poderes dos juízes, ainda estão as condições da ação resistindo à sua derrocada. Mesmo entre os que defendem a congruência entre o processo e o direito material, com sua conseqüente instrumentalidade, a situação não tem sido diferente. Nesse sentido, basta fazer menção a Kazuo Watanabe, expoente da Escola Paulista de Processo e discípulo de Liebman, que, apesar de reconhecer que o Direito Processual deve estar "coordenado" com o direito material, e que, portanto, o processo é um "instrumento substancial", mesmo assim, defende a existência de condições para o exercício da ação, afirmando que estas não integram a relação de direito material.[585]

---

[582] HART, Herbert L. A. *O conceito de direito*. Tradução de A. Ribeiro Mendes. 3ª ed. Lisboa: Fundação Calouste Gulbenkian, 2001. 348 p. Para Hart, dizer que uma dada regra é válida é reconhecê-la como tendo passado por todos os testes facultados pela regra de reconhecimento. Portanto, é reconhecê-la como uma regra do sistema. Assim, pode-se dizer simplesmente que a afirmação de que uma regra concreta é válida significa que ela satisfaz todos os critérios facultados pela regra de reconhecimento. A regra de reconhecimento é diferente das outras regras do sistema. A asserção de que existe só pode ser uma afirmação externa de fato. Porque, enquanto uma regra subordinada de um sistema pode ser válida e, nesse sentido, existir, mesmo se for geralmente ignorada, a regra de reconhecimento apenas existe como uma prática complexa, mas normalmente concordante, dos tribunais, funcionários e particulares, ao identificarem o direito por referência a certos critérios. A sua existência, diz HART, é uma questão de fato. Deve-se atribuir um lugar central à união das regras primárias e secundárias na elucidação do conceito de direito. Justamente por que um sistema jurídico é uma união complexa de regras primárias e secundárias, esta prova não basta para descrever as relações com o direito implicadas na existência de um sistema jurídico. Deve ser acompanhada por uma descrição da relação relevante dos funcionários do sistema com as regras secundárias que lhes dizem respeito, enquanto funcionários. Aqui o que é crucial é que deve haver uma aceitação oficial unificada ou partilhada da regra de reconhecimento que contém os critérios de validade do sistema. Há duas condições mínimas necessárias e suficientes para a existência de um sistema jurídico. Por um lado, as regras de comportamento que são válidas segundo os critérios últimos de validade do sistema devem ser geralmente obedecidas e, por outro lado, as suas regras de reconhecimento especificando os critérios de validade jurídica e as suas regras de alteração e de julgamento devem ser efetivamente aceites como padrões públicos e comuns de comportamento oficial pelos seus funcionários. HART, Herbert L. A. *O conceito de direito*. Tradução de A. Ribeiro Mendes. 3ª ed. Lisboa: Fundação Calouste Gulbenkian, 2001. 348 p.

[583] CARNELUTTI, Francesco. *Sistema de direito processual civil*. v. 1. Traduzido por Hiltomar Martins Oliveira. São Paulo: Classic Book, 2000, p. 137. 787 p.

[584] *Idem*, p. 43.

[585] WATANABE, Kazuo. *Da cognição no processo civil*. São Paulo: Revista dos Tribunais, 1987, p. 65-68. 136 p.

Não há como concordar com esse jurista. Não há por que se falar em "condições da ação" e "mérito" como coisas contrapostas. Ôntica e ontologicamente não há diferença substancial entre ambos. Não há como separar o inseparável ou distinguir o que não pode ser distinguido. Galeno Lacerda,[586] Adroaldo Furtado Fabrício[587] (este, ao que parece, um pouco mais apegado às disposições do Código de Processo Civil, respeitando as definições de eficácias sentenciais emanadas das leis do processo) e Ovídio Baptista da Silva[588] já demonstraram isso com argumentos irrepreensíveis. Nesse sentido, Galeno Lacerda, cujo pensamento, em síntese, representa o dos outros dois, afirma que se o juiz julgar inexistentes as condições da ação, referentes à possibilidade jurídica e à legitimação para a causa, estará proferindo sentença de mérito, pois decisória da lide. Decidir, portanto, "a respeito da existência das condições da ação, no que concerne à possibilidade jurídica e também à legitimação para a causa, é julgar matéria relativa ao mérito do pedido".[589] Assim, "a sentença que der pela falta de qualquer das duas condições resolverá o pedido negativamente e, portanto, a lide. Será sentença de mérito".[590] Portanto, ao se dizer que o juiz extinguiu o processo sem julgamento do mérito, por ausência de legitimidade passiva ou possibilidade jurídica do pedido, quer-se dizer que julgou o mérito, isto é, que o autor não tem uma pretensão a ser exercida contra aquele réu naquele processo. E isso é mérito. Não será possível, assim, deduzir outra demanda idêntica, pois aí há coisa julgada. O mesmo serve para as hipóteses de extinção do processo por ausência de quaisquer das condições da ação.

A diferença entre as condições da ação e o mérito é metafísica e ideológica, já que o "ser do ente" de ambos é o mesmo. Esse dualismo apenas demonstra que a separação daquilo que é, por essência, uno constitui um processo ideológico.[591] Atualmente, as idéias de que as condições da

---

[586] LACERDA, Galeno. *Despacho saneador*. 3ª ed. Porto Alegre: Fabris, 1990, p. 82, 85-88. 201 p.

[587] FABRÍCIO, Adroaldo Furtado. "Extinção do processo" e mérito da causa. In: OLIVEIRA, Carlos Alberto Álvaro de (org.). *Saneamento do processo*: estudos em homenagem ao Prof. Galeno Lacerda. Porto Alegre: Fabris, 1989, p. 52-53. 290 p.

[588] SILVA, Ovídio A. Baptista da. *Curso de processo civil*: processo de conhecimento. v. I. 4ª ed. rev. e atual. São Paulo: Revista dos Tribunais, 1998, p. 107. 543 p.

[589] LACERDA, Galeno. *Despacho saneador*. 3ª ed. Porto Alegre: Fabris, 1990, p. 82-88. 201 p.

[590] *Idem*, p. 88.

[591] Ao se afirmar, portanto, que as "condições da ação" são uma espécie de "criação metafísica", concorda-se, pois, com Eginardo PIRES, quando afirma que a metafísica coloca como fundamento do ente um outro ente que o "reduplica". Basta notar a concomitância dos entes "condições da ação" e "mérito", que provocam (para se utilizar de uma expressão de Pires) um "desdobramento arbitrário do real" e, portanto, a "reduplicação dos entes". No caso das condições da ação, o ser do "mérito" formalmente oculta-se, passando o ente "mérito" a ser reduplicado sob uma nova determinação formal, isto é, processual, qual seja, "condição da ação". Sobre reduplicação de entes, consultar: PIRES, Eginardo. Sobre Heidegger. In: *A crise do pensamento moderno 2*: Marx, Husserl, Heidegger, Marcuse, Althusser, Mcluhan. n. 23/24. Rio de Janeiro: Tempo brasileiro, 1970, p. 58. 182 p. O mesmo ocorre com relação à questão de fato e à questão de direito, como adiante será visto. Também essa distinção

ação não integram o mérito e de que os legisladores têm a prerrogativa de dizer quais são as eficácias das ações estão substancialmente desvinculadas da historicidade do Direito.[592] São construções conceituais e categorias jurídicas próprias de uma sociedade anterior à produção industrial de massa, representando a fenomenologia econômica e social de uma sociedade fundada na industrialização.[593] No processo civil, em se aceitando as condições da ação, estar-se-á proclamando adesão à ideologia liberal de esvaziamento dos poderes do juiz. Repita-se, com Vittorio Denti, que toda a construção teórica da processualística, aparentemente neutra, acobertou uma ideologia substancialmente autoritária e conservadora.[594] Aqueles que propuseram as condições da ação, apegados aos procedimentos metodológicos típicos da filosofia da consciência, não souberam guardar a diferença ontológica. Se elas integram o mérito, não há como dele diferenciá-las. Repita-se: qualquer tentativa nesse sentido é metafísica, ideológica, pois oculta a ideologia liberal que quer retirar poderes do juiz, reduzindo, como se disse, o âmbito de sua atuação. As condições da ação, assim, podem diferenciar-se formalmente do mérito, mas não no sentido da ontologia fundamental. Se a parte não detém quaisquer das "condições da ação", por óbvio é que não será titular do direito material ou, como se queira, da pretensão em sentido material. A tradição (autêntica para o Estado Liberal, mas inautêntica para o Estado Democrático de Direito) legou a idéia das condições da ação. Porém, caso se queira evitar discussões acerca da "definitividade" das decisões judiciais, isto é, se a decisão enfrentou ou não o mérito (o que implicaria na formação de coisa julgada material na primeira hipótese), há que se passar a compreender as condições da ação como integrantes do mérito. Como sempre haverá ação (desde que, evidentemente, proposta a demanda, isto é, desde que exercitado o direito constitucional de ação), todo e qualquer juízo acerca da inexistência das "condições" sempre será um julgamento da questão de fundo, desimportando para isso, inclusive, o momento processual em que se encontrar o feito.

Isso possibilita, ainda, à vista do que dispõe agora a Constituição do Brasil com a Emenda Constitucional 45, de 8 de dezembro de 2004, "juí-

---

nada mais é do que uma distinção metafísica, ocultando o intento de controle e uniformidade de todo o direito por parte de um tribunal superior.

[592] No Direito Processual alemão não existe a figura das "condições da ação". Ao contrário daqui, há tão-somente os pressupostos processuais e o "objeto litigioso", que, para a doutrina brasileira, corresponderia ao "mérito". No Direito Processual Civil alemão, o que, no Brasil, seriam o interesse jurídico e a possibilidade jurídica do pedido (condições da ação, portanto), na Alemanha são considerados "pressupostos processuais relativos ao objeto litigioso". O interesse jurídico "protegível" significa que o demandante deve ter um "interesse justificável" para dirigir-se ao tribunal com sua pretensão. A pretensão deduzida, em geral, deve ser "demandável", sendo que essa "demandabilidade" é excluída pelo direito vigente em alguns casos. LEIBLE, Stefan. *Proceso civil alemán*. Medellín: Diké, 1999, p. 160. 544 p.

[593] DENTI, Vittorio, *Un progetto per la giustizia civile*. Bologna: Il Mulino, 1982, p. 51. 348 p.

[594] DENTI, Vittorio. *Processo civile e giustizia sociale*. Milano: Edizioni di comunità, 1971, p. 18. 167 p.

zos liminares de improcedência" em determinadas demandas com base em súmulas vinculantes do Supremo Tribunal Federal que, bem ou mal, podem facilitar a instrumentalidade do processo no sentido de sua celeridade, em que pese poderem se tornar um risco à "qualidade hermenêutica" das decisões,[595] "abortando" o debate *ab initio*. Em síntese, entender que as condições da ação integram o mérito permite, por primeiro, que o jurisdicionado possa ter a certeza de que, transitada em julgado a decisão, houve produção de coisa julgada material; segundo, que o jurisdicionado possa deduzir pretensão recursal apta à reforma ou cassação do *decisum*; e, terceiro, verificado o caráter permanente da decisão, possa manejar demanda adequada à rescisão do julgado. Compreender isso, pois, é de vital importância para efetivar o direito fundamental de segurança jurídica.[596]

---

[595] É possível que a recente aprovação da emenda constitucional que institucionalizou a súmula vinculante venha agravar a crise do direito. Há que se ter em mente, no entanto, que a "vinculação institucionalizada", no plano hermenêutico, pode ser contornada. Nesse sentido, partindo da distinção entre texto e norma, sendo esta última o produto de uma síntese hermenêutica (*applicatio*), pode-se afirmar que "é o detalhado exame das circunstâncias que conformam o problema jurídico concreto que indicará se a súmula, a lei ou até mesmo o 'verbete', deve – ou não – ser aplicado (não esqueçamos que interpretar é explicitar o compreendido, como bem diz Gadamer). E isto não é assim porque, agora, as súmulas se tornaram vinculantes... Não! Isto é assim porque interpretar é *applicatio*, o que significa que: a) não reproduzimos sentidos (a hermenêutica ultrapassa a *Auslegung* em direção da *Sinngebung*); b) não interpretamos por partes; c) o sentido se dá sempre no caso concreto (na coisa mesma – *Sache selbst*)". Assim, diz Lenio, "basta que as interpretações adjudicadas a cada caso venham acompanhadas da necessária justificação (motivação)", pois súmula vinculante é também um texto jurídico. Quando o intérprete estiver diante da aplicação de uma súmula, deverá examinar o contexto, a similitude do caso que a súmula pretende abarcar. Isso importa estar atento à diferença ontológica entre texto e norma, "compreendendo que não há norma sem relação social". A fim de se evitar, entretanto, que a súmula venha "sacrificar" a "singularidade" dos casos, pela construção de "conceitos universalizantes", é possível que venham a ser adotados os seguintes procedimentos: "a) como não se pode dizer qualquer coisa sobre qualquer coisa, cabe ao intérprete do Estado Democrático de Direito efetuar a devida correção em sede doutrinária ou de aplicação judiciária. Assim, se a súmula for inconstitucional, o intérprete deve apontar a irregularidade (deixando de aplicá-la). Não esqueçamos, nesse sentido, as seguintes questões que envolvem a problemática em tela: primeiro, a súmula, ao ter efeito vinculante, adquiriu *status* de normatividade (ato jurídico suscetível de controle de constitucionalidade (...), sendo desnecessário dizer que o controle pode ser feito de forma difusa; segundo, se a súmula violar um dispositivo infraconstitucional, duas hipóteses se apresentam: ou será inconstitucional, por violação direta da Constituição ou poderá deixar de ser aplicada em face dos critérios de resolução de antinomias; terceiro, a ADPF é remédio para suscitar a inconstitucionalidade de súmula (já o era antes da emenda constitucional que tornou vinculantes as súmulas). Por outro lado, sempre se poderá lançar mão dos mecanismos da interpretação conforme (*verfassungskonforme Auslegung*) e a inconstitucionalidade parcial sem redução de texto (*Teilnichttigerklärung ohne Normtextreduzierung*) no ato de aplicação da súmula. Simples, pois". Ou seja, não é a súmula que resolve o litígio, mas o juiz. STRECK, Lenio Luiz. A hermenêutica filosófica e as possibilidades de superação do positivismo pelo (neo)constitucionalismo. In: ROCHA, Leonel Severo, STRECK, Lenio Luiz et al (org.). *Constituição, sistemas sociais e hermenêutica*: programa de pós-graduação em Direito da UNISINOS: mestrado e doutorado. Porto Alegre: Livraria do Advogado, 2005, p. 173-177. 309 p. Com relação aos juízos liminares de improcedência, cabe referir também a inovação trazida pela Lei nº 11.277/2006, que acrescentou o art. 285-A e parágrafos no CPC, de duvidosa constitucionalidade: "Art. 285-A. Quando a matéria controvertida for unicamente de direito e no juízo já houver sido proferida sentença de total improcedência em outros casos idênticos, poderá ser dispensada a citação e proferida sentença, reproduzindo-se o teor da anteriormente prolatada. § 1º Se o autor apelar, é facultado ao juiz decidir, no prazo de 5 (cinco) dias, não manter a sentença e determinar o prosseguimento da ação. § 2º Caso seja mantida a sentença, será ordenada a citação do réu para responder ao recurso".

[596] A discussão de qualquer temática só faz sentido quando não se "perde" a realidade. É o que acontece (ou deveria acontecer) com o problema da "ação". Outrora, esse tema foi considerado um dos mais

4.2. A (ampla) defesa do processo civil é condição de possibilidade para a efetividade do processo? (ou: de como é possível sumarizar ações e defesas sem prejuízo do Devido Processo Legal)

Não é novidade falar-se em ampla defesa e em contraditório. Ao menos desde a Constituição de 1988, que veio consagrar esses princípios no capítulo dos direitos e garantias fundamentais.[597] É indispensável, porém, ter-se presente que a garantia constante no artigo 5º, LV, da Constituição da República, não é a única aplicável ao processo civil. Existe um número significativo de outros princípios que também devem ser observados, em maior ou menor escala, frente ao direito material litigioso. A garantia do contraditório e da ampla defesa, portanto, não é absoluta,[598] e deve ceder

---

"tormentosos capítulos da doutrina jurídica". Nesse sentido, SATTA, Salvatore. *Direito processual civil.* Tradução e notas de Luiz Autuori. 7ª ed. Rio de Janeiro: Borsoi, 1973, p. 159. 421 p. Hoje, porém, ao contrário dessa "tormentosidade" referida por Salvatore Satta, sua importância tem razão de ser por três motivos principais, já referidos acima: a) a verificação do caráter permanente ou não da decisão; b) a possibilidade do ajuizamento da ação rescisória, que cinde a coisa julgada; c) a verificação do tipo de pedido que será feito ao tribunal em sede de recurso. Para tanto, consultar GOMES, Fábio, SILVA, Ovídio A. Baptista da. *Teoria geral do processo civil.* São Paulo: Revista dos Tribunais, 1997. 346 p. Os artigos 267 e 301, X, ambos do CPC, acolhendo a doutrina de Enrico Tullio Liebman, tratam, respectivamente, da extinção do processo sem o julgamento do mérito e da chamada "carência de ação": "Art. 267. Extingue-se o processo, sem resolução do mérito: (...) VI – quando não concorrer qualquer das condições da ação, como a possibilidade jurídica, a legitimidade das partes e o interesse processual (...)". O art. 301 diz respeito à contestação ofertada pelo réu quando este, após ter sido citado, oferece resposta, podendo argüir objeções ao direito do autor: "Art. 301. Compete-lhe, porém, antes de discutir o mérito, alegar: (...) X – carência de ação". São esses artigos que, interpretados de maneira equivocada, ou seja, num sentido de que as condições da ação não integram o mérito, podem levar o jurisdicionado à insegurança jurídica quanto aos aspectos acima ressaltados.

[597] Diz o art. 5º, LV, da CR: "aos litigantes, em processo judicial ou administrativo, e aos acusados em geral são assegurados o contraditório e ampla defesa, com os meios e recursos a ela inerentes".

[598] O contraditório pode ser postergado (adiamento temporal) nos casos de liminares e a ampla defesa pode ser afastada no caso das demandas sumárias. Isso não significa a impossibilidade de as partes poderem argumentar amplamente. Numa esfera discursiva (Habermas), num procedimento em contraditório (Fazzalari), por óbvio que os argumentos não podem restar tolhidos. No entanto, o debate amplo deve-se dar acerca "daquela" matéria, e não acerca de "outra" matéria. Por isso se sumariza. O contraditório e a "ampla defesa", entendidos nesse sentido, não são violados jamais. É preciso alertar, também, para não deixar dúvidas, que não pode haver processo sem o contraditório. Isso porque o juiz não é um sujeito isolado, solipcista, como querem as teorias processualistas que vêem o processo como uma relação jurídica em ângulo, reificando a posição do julgador. A compreensão do juiz não é "sozinha"! Nesse sentido, a proposta habermasiana, por exemplo, como refere Alexandre Morais da ROSA, possui o mérito de rejeitar o solipcismo do julgador decisionista, mas "nem por isso o processo como eixo democrático pode tamponar o que salta do inconsciente das partes nas suas argumentações e do ser-aí julgador. De qualquer forma, aproveita-se sua proposta para um encadeamento procedimental necessário à legitimidade da decisão a ser proferida, eis que antecedentemente já se agregou ao projeto em construção a 'viragem lingüística', com a conseqüente rejeição da Filosofia da Consciência. De outra parte, é impossível que a proposta seja ultimada consoante Habermas pretende por desconsiderar fatores intervenientes na prolação da decisão e nos próprios argumentos lançados no processo intersubjetivo. É que a pretensão de sinceridade consciente dos argumentos é vazada pelo inconsciente que atravessa no Simbólico. Enfim, a psicanálise, com o desvelar do inconsciente, deixa a céu aberto a sinceridade pressuposta por Habermas. A sinceridade, então, no máximo pode ser vista como objetivo a ser alcançado na corrida, e cuja verificabilidade se mostra impossível de ser aferida, ou seja, é pressuposta a sinceridade, mas impossível de a controlar. Esses obstáculos tornam o discurso habermasiano, na sua versão ideal, irrealizável no plano fático, onde o inconsciente – repita-se mais

---

Fundamentos para uma compreensão hermenêutica do Processo Civil

quando representar perigo a outros valores prestigiados no ordenamento jurídico. Assim é que se faz justificável a necessidade e a concretização de ritos sumários, disciplinando o procedimento das causas que envolvam determinadas espécies de direito, a fim de acelerar a prestação jurisdicional, sem as severas garantias do processo ordinário. Significa dizer que a ampla defesa deve ser vista no contexto da Constituição e do "meio" (lide ou tipo de processo) onde estiver inserida, pois também é "condição de possibilidade" para a efetividade do processo. Nesse sentido, no processo civil, deve haver uma "limitação" da ampla defesa em determinados casos. Isso não comprometerá, entretanto, a "justiça" das decisões, pois se privilegiará a celeridade, que é tão importante para a efetividade processual quanto a segurança. Assim é que os "juízos sumários" podem vir a substituir os juízos plenários, possibilitando em outras demandas novas discussões acerca daquilo que não foi apreciado pelo juiz na demanda anterior.

No Direito Processual Civil, o princípio da ampla defesa difere radicalmente daquele que impera no Direito Processual Penal. Isso significa, por exemplo, que não se estará violando o Devido Processo Legal se, no processo civil, forem utilizadas as técnicas de sumarização das demandas e, portanto, das defesas, em detrimento do princípio da "plenitude de defesa". Enquanto no processo penal a preocupação é com a amplitude defensiva, incluindo-se aí a eventual "demora" do processo, no processo civil a celeridade impõe-se com maior necessidade; enquanto no processo penal o escopo é a aplicação da pena e, se for o caso, a privação da liberdade do indivíduo, no civil a preocupação é com uma efetividade que, no mais das vezes, é "patrimonial".

Há críticas à ampla defesa do processo civil. Algumas delas são endereçadas aos legisladores constituintes, no sentido de que, ao transportarem para o processo civil e administrativo o princípio que o Direito brasileiro até então limitara exclusivamente ao processo penal, mantiveram-se fiel ao mesmo pressuposto ideológico que já havia, no Código de Processo Civil de 1973, ceifado os procedimentos especiais e "plenarizado" todas as demandas.[599] Porém, apesar de os legisladores da Constituição terem

uma vez – surge. Por isso a necessidade do reconhecimento parcial do paradigma habermasiano, com Fazzalari, na construção da proposta do processo como tarefa democrática inafastável, justificando-se o aproximar deste juiz (in)consciente, ou do inconsciente do um-juiz". ROSA, Alexandre Morais da. *Direito infracional*: garantismo, psicanálise e movimento antiterror. Florianópolis: Habitus, 2005, 144-145. 240 p.

[599] Por todos, Ovídio Baptista da SILVA, para quem a ordinariedade formal, com plenariedade material da demanda, "a partir da Constituição Federal de 1988, passou a ameaçar, sob o manto de um duvidoso e gravemente suspeito princípio superior, as demandas sumárias, ao transpor o legislador constituinte do plano do direito criminal para todos os litígios – sejam eles cíveis e até administrativos – o princípio da 'plenitude de defesa', como se ele fosse imprescindível ao contraditório". Assim, "não nos limitamos a inserir em nosso ordenamento jurídico o instituto peculiar ao direito norte-americano conhecido como 'devido processo legal', senão que lhe adicionamos um ingrediente bem brasileiro: o

incorporado aos processos civil e administrativo esse princípio, não conferiram a amplitude que se imagina possa ter. Dito de outro modo, apesar de terem os constituintes inserido uma cláusula do Devido Processo Legal com ampla defesa, não impossibilitaram o desvelamento de seu sentido a partir de uma compreensão adequada à sua respectiva área de atuação, isto é, cível, penal ou administrativa.[600] Concorda-se, pois, com a crítica nesse aspecto, pois a Constituição, como texto, é o horizonte de sentido do jurista, que irá desvelar o ser do ente pela compreensão.

Numa primeira análise, pois, é possível afirmar que a ampla defesa não pode ser um privilégio processual reconhecido apenas aos demandados. Os autores também têm o direito a um processo célere e efetivo, que lhes assegure a realização do seu direito. O contraditório e a ampla defesa, portanto, não são óbices à efetividade do processo, uma vez que o "custo processual", que deriva do tempo para resolver a lide, deve ser, tanto quanto possível, equilibrado. Portanto, entre a alternativa de privilegiar o réu, penalizando o autor com o tempo, a fim de chegar a um juízo (metafísico) de "certeza", e privilegiar o autor, com a efetividade processual em

---

due process of law, ao contrário do que ocorre na América do Norte, aqui exigirá 'plenitude de defesa', a impor a supressão dos juízos de verossimilhança; a cortar as liminares e a consagrar, portanto, a ordinariedade formal e a plenariedade da lide. Enquanto no direito americano, o princípio de 'devido processo legal', tal como ele está inscrito no texto constitucional, ao contrário, sugere que sua observância haverá de assegurar plenitude de defesa ao demandado". SILVA, Ovídio A. Baptista da. Processo de conhecimento e procedimentos especiais. In: SILVA, Ovídio A. Baptista da. *Da sentença liminar à nulidade da sentença*. Rio de Janeiro: Forense, 2001, p. 98. 394 p.

[600] Se assim não fosse, poder-se-ia chegar a pensar, por exemplo, que a ação de mandado de segurança agora seria inconstitucional diante do que dispõe a Constituição. "Tomemos, para começo, o mais célebre e decantado instrumento concebido pelo direito brasileiro, de que os juristas e os práticos tanto se orgulham, que é o mandado de segurança. Ninguém ignora as virtudes mais visíveis e efetivas provêm das duas características que lhe são imanentes, quais sejam: a possibilidade de tutela imediata da aparência do direito invocado pelo impetrante que, a um juízo provisório do julgador se entremostre desde logo líquido e certo, capaz de justificar um julgamento liminar de mérito; e, finalmente, a qualidade do ato sentencial, que, rompendo com toda esclerose da ciência estabelecida, concebe sua sentença como uma ordem e não como uma simples condenação, de modo a firmar o célebre princípio que o testamento de Liebman nos legou, segundo o qual 'não é função do juiz expedir ordens as partes' (...) e que faz a glória do Processo de Conhecimento, velha arqueologia jurídica, exumada do direito privado romano e universalizada pelo liberalismo europeu dos séculos XVIII e XIX, de inspiração francesa. A estas duas virtudes excelsas de nosso *mandamus*, não se poderá deixar de acrescer a outra particularidade que o faz diferente das sentenças meramente condenatórias e que se traduz na 'auto-realização' do enunciado sentencial, sem que se tenha de esperar a boa vontade do demandado em espontaneamente cumprir a sentença, como se torna necessário para as condenatórias, segundo a previsão contida no art. 580 do Código de Processo Civil. Diante do novo texto constitucional, poderia o demandado acusar de inconstitucional a Lei n. 1.533, de 31 de dezembro de 1951, que regula o mandado de segurança, sob o fundamento de que seu art. 10 literalmente suprime toda e qualquer possibilidade de instrução probatória, impedindo que o demandado se valha, por exemplo, de uma prova pericial, de um arbitramento, ou mesmo do depoimento pessoal do autor do *mandamus*, tendo de ficar contingenciado a sustentar-se nos documentos que lhe possam vir às mãos no exíguo prazo concebido para que o mesmo preste as 'informações'? A constituição de 1988, ao estabelecer o princípio da 'plenitude' de defesa reconhecida aos litigantes em geral, teria, porventura, revogado a lei do mandado de segurança, naqueles pontos em que o diploma especial torna limitada a defesa do demandado?". SILVA, Ovídio A. Baptista da. A plenitude de defesa no processo civil. In: SILVA, Ovídio A. Baptista da. *Da sentença liminar à nulidade da sentença*. Rio de Janeiro: Forense, 2001, p. 110-111. 394 p.

prejuízo do réu e da "segurança jurídica", esta segunda opção parece ser a mais adequada.[601] E isso se faz pela sumarização, pois não há problema algum no que diz respeito ao "corte" de ações e defesas, reduzindo as controvérsias efetivamente existentes que estão fora do processo. Isso porque toda a lide (conflito de interesses) deduzida em juízo sempre é uma lide total, nunca parcial.[602]

A natureza das ações sumárias (materiais), apesar da incidência no processo civil dos princípios da ampla defesa e do contraditório, ambos assegurados constitucionalmente, limita as defesas, não maculando, nem de longe, a garantia do Devido Processo Legal. Isso porque a natureza da pretensão de direito material vincula o Direito Processual. Pensar o contrário é admitir que o "ôntico" possa desvincular-se do "ontológico", definindo o seu sentido. As técnicas de sumarização, realizadas por meio das liminares no processo, sejam estas liminares (e as demandas que as contêm) autônomas, como ocorre nas cautelares, sejam elas parte inicial de um processo satisfativo único, como se dá nas possessórias,[603] constituem uma "parcialização da lide integral", possibilitando que a jurisdição possa ser exercida de

---

[601] Como ensina Ovídio, ou o processo penaliza o demandante, onerando-o com todo custo derivado do tempo a ser percorrido até a solução final da lide, de modo a assegurar que o resultado do processo corresponda, tanto quanto possível, a um juízo de justiça e certeza; ou, aceitando o legislador que nem todas as pretensões e exigências sociais têm a mesma dignidade política, ou carecem de uma idêntica premência de realização imediata, passe a distinguir determinadas pretensões, concedendo-lhes, no plano do processo, uma situação privilegiada, de modo que entre as duas polaridades inerentes ao fenômeno jurídico, que são, de um lado, a exigência de justiça e segurança, e, de outro, a efetividade dos direitos proclamados pelo legislador, a opção se faça para que esta última expectativa seja alcançada às custas do sacrifício não mais do demandante que haveria de aguardar pelo momento final da demanda para obter o que o julgador lhe venha a atribuir, mas do demandado, que haverá de ficar, por um período mais ou menos longo, onerado com uma decisão cuja correção e justiça serão discutíveis, uma vez que, aqui, o julgador, mais preocupado com a necessidade de uma provisão imediata, tomada sob o signo da urgência, encontra-se na contingência de ter de se valer de precários e insuficientes elementos probatórios, capazes de formarem seu convencimento. SILVA, Ovídio A. Baptista da. A plenitude de defesa no processo civil. In: SILVA, Ovídio A. Baptista da. *Da sentença liminar à nulidade da sentença*. Rio de Janeiro: Forense, 2001, p. 114-115. 394 p.

[602] Os conceitos carneluttianos de "lide total" e "lide parcial" não têm pertinência no processo, uma vez que o conflito de interesses, no domínio do processo, sempre é uma lide total. MARINONI, Luiz Guilherme. *Tutela antecipatória e julgamento antecipado*: parte incontroversa da demanda. 5ª ed. rev., atual. e ampl. da obra Tutela antecipatória, julgamento antecipado e execução imediata da sentença. São Paulo: Revista dos Tribunais, 2002, p. 148. 254 p.

[603] O processo não é capaz de conceber uma lide que não seja integral. Porém, aquilo que poderia ter vindo ao processo, em sua integralidade, acaba sofrendo uma limitação, mais ou menos extensa, mediante uma redução da controvérsia efetivamente existente fora do processo. A tutela da posse, por exemplo, somente se torna possível quando a lei isola o conflito possessório, dotando-o de autonomia processual e fazendo dele uma demanda especial, onde não tenha ingresso nenhuma outra controvérsia, nenhuma outra discussão que não diga respeito à posse. Se não houvesse esta redução da área das controvérsias possíveis, se ao demandado fosse dado alegar matérias estranhas ao conflito possessório, o resultado inevitável seria a supressão da tutela. Para que a posse seja tutelada, ao demandado que tenha direito ao bem se deve impor o sacrifício de uma derrota no juízo possessório, obrigando-o a retornar, depois, com uma demanda petitória contrária, a fim de recuperar a posse do bem, que por direito lhe pertença, e que fora atribuído, no juízo possessório, ao possuidor sem direito. SILVA, Ovídio A. Baptista da. A plenitude de defesa no processo civil. In: SILVA, Ovídio A. Baptista da. *Da sentença liminar à nulidade da sentença*. Rio de Janeiro: Forense, 2001, p. 114-116. 394 p.

modo a conceder ao autor o "bem da vida" que os legisladores considerem digno de receber uma proteção específica e imediata. Nesse caso, num primeiro momento, "agrava-se" a situação do demandado, que acaba sofrendo as conseqüências do primeiro julgamento, para só depois tentar recuperar os danos e prejuízos que essa derrota lhe tenha infringido.

Isso significa que a cláusula *solve et repete* não é inconstitucional. Primeiro, porque não fere a igualdade das partes. Ao contrário, assegura essa igualdade, invertendo o ônus do tempo do processo. A estrutura dialética do processo é sua *"ratio distinguendi"*. O contraditório, assim, manifesta-se nessa estrutura dialética e só se realiza se as posições dos "sujeitos interessados" forem "simetricamente iguais".[604] Não há dúvidas de que é possível ampliar a discussão judicial pela ordinarização dos procedimentos pela ampla defesa. Isso, porém, não contribui para a efetividade processual e tampouco é "tecnicamente correto". Ao contrário, não é nada técnico admitir ampla defesa em processos cuja natureza da demanda pede a parcialização da discussão. A diferenciação de rito e sua adequação ao direito material a ser tutelado atendem a uma exigência insuprimível de um ordenamento jurídico que se inspire no princípio da igualdade.[605] Segundo porque, mesmo que não houvesse na Constituição da República uma referência expressa à celeridade do processo ou à limitação da defesa, tanto uma como a outra são presumidas, pois o processo não pode ter uma duração que venha a comprometer o direito da parte. A garantia do Devido Processo Legal, pois, é respeitada quando se possibilita sumarizar defesas e propiciar o *solve et repete*. O princípio da igualdade, traduzido também por princípio da bilateralidade, preside todo o direito positivo latino-americano. É uma das garantias fundamentais de todo o processo. Assim, organizar um processo mais ágil, mais efetivo, mais moderno, não é óbice ao reconhecimento de que as garantias fundamentais do devido processo devem ser respeitadas. A celeridade, hoje prevista constitucionalmente no caso do Brasil, não requer nenhuma norma expressa e preside a organização de todo o procedimento.[606] Significa dizer, à obviedade,

---

[604] FAZZALARI, Elio. *Istituzioni di diritto processuale*. Padova: Cedam, 1975, p. 30-33. 344 p.

[605] TROCKER, Nicolò. *Processo civile e costituzione*: problemi di diritto tedesco e italiano. Milano: Dott A. Giuffrè Editore, 1974, p. 701. 768 p. Assim, há duas coisas igualmente importantes: a) na medida em que o processo oferece aos diferentes direitos materiais, que lhe cabe tratar, procedimentos diferenciados e, tanto quanto possível, adaptados às suas exigências peculiares, fortalece-se o princípio da instrumentalidade do processo, tornando-o funcionalmente adequado e harmônico com sua finalidade de dispositivo realizador do direito material; b) significa, também, o reconhecimento de que a observância do princípio da igualdade – elemento essencial à idéia de direito – exige que se tratem desigualmente as coisas desiguais. E mais, obriga a se admitir que nenhuma organização política que se gabe de se estruturar como Estado de Direito poderá abolir determinados privilégios, como se não houvesse, necessariamente, uma escala de valores que o direito material institui, invariavelmente, e que o processo civil deve reconhecer, levar em conta e instrumentalizar. SILVA, Ovídio A. Baptista da. A plenitude de defesa no processo civil. In: SILVA, Ovídio A. Baptista da. *Da sentença liminar à nulidade da sentença*. Rio de Janeiro: Forense, 2001, p. 127. 394 p.

[606] Por todos, VÉSCOVI, Enrique. *Elementos para una teoría general del proceso civil latinoamericano*. México: UNAM, 1978, p. 20. 105 p.

que não há procedimento que não objetive a celeridade. No caso das ações sumárias, com mais razão essa celeridade se impõe, já que, nessa relação originária entre o processo e o direito material, ambos não se apresentam como "entidades independentes".[607] O processo não é "alheio" ao mundo, mas instrumento do qual o cidadão se vale para lograr a finalidade a que se propõe. Um processo de grande duração ou de custo elevado significa denegação da justiça, ao menos para a maioria dos cidadãos.[608]

Há, pois, uma necessidade de tutelas adequadas às características do direito substancial, sem que se retorne às formas de tutela que caracterizavam o ordenamento jurídico processual da época da Revolução Francesa, sob a égide da filosofia da consciência. A tutela do processo, portanto, deve ser coerente com a natureza do direito material a ser tutelado.[609] Assim, num primeiro momento, não se pode esquecer de que há uma imensa diferença entre a ampla defesa do processo civil e a do processo penal. O argumento de que o processo deve proporcionar a defesa mais ampla possível e um juízo que atenda a uma maior segurança vale apenas no Direito Processual Penal. No Direito Processual Civil, utilizá-lo faz apenas com que o processo continue a não ser efetivo. Num segundo momento, deve-se compreender que o direito fundamental a um processo civil rápido e efetivo pode ser resguardado pela adequada compreensão do que seja essa ampla defesa no campo do Direito Processual Civil, isto é, entender que a efetividade do processo pode ser obtida pela sumarização das demandas e defesas,[610] sem prejuízo de eventuais demandas regressi-

---

[607] Na doutrina estrangeira, mesmo entre os que defendem a linha de um processo civil constitucional, há entendimento no sentido da impossibilidade de defesas limitadas em procedimentos sumários. Por todos: PICÓ I JUNOY, Joan. *Las garantías constitucionales del proceso*. Barcelona: Bosch, 1997, p. 96. 177 p. Não há como concordar com esse jurista, pois seu ponto de vista demonstra um desapego à pretensão material que se pretende ver tutelada, indo de encontro ao sentido de efetividade propugnado, principalmente, pela nossa Constituição, pois, por não compreender que no processo civil há a possibilidade de sumarização da defesa, a efetividade processual fica prejudicada.

[608] Nesse sentido, por todos: AROCA, Juan Montero. *Introduccion al derecho procesal*: jurisdicción, acción y proceso. Madrid: Tecnos, 76, p. 165. 309 p.

[609] DENTI, Vittorio. *Un progetto per la giustizia civile*. Bologna: Il Mulino, 1982, p. 263-264. 348 p.

[610] Em razão disso é que, mesmo respeitando a posição de Rosemiro Pereira LEAL, dela se discorda, pois o mencionado jurista, ao contrário do que aqui se defende, entende que nada resolve a sumarização das demandas e a obtenção de tutelas interditais. Nesse sentido, diz ele, "(...) sequer em nome de uma presteza milagrosa de uma jurisdição interdital que afastasse, segundo Ovídio Baptista da Silva, o anacronismo da 'ordinariedade e seus pressupostos' com a ressurreição da ação de direito material pelo *imperium* da sentença providencial do julgador poder-se-ia falar em decisão válida e eficaz, em direito democrático, quando não construída processualmente no espaço jurídico discursivo da condicionalidade estatal expressa na estrutura procedimental (devido processo legal) legitimadora de sua prolação. É óbvio que caberá aos processualistas deste novo milênio buscar uma plenariedade processual que concilie celeridade, ampla defesa e eficiência decisória em paradigma (teoria) do direito democrático sem as improvisações autoritárias verticais e simplórias das chamadas tutelas de urgência e das peripécias judiciais ou administrativas de uma jurisdição onipotente (juizados especiais) e de um esdrúxulo controle de constitucionalidade concentrado (CR/88) que ilegitimamente exclui o indivíduo de fiscalizar e corrigir, por sua iniciativa includente, as distorções dos rumos democráticos do seu ordenamento jurídico. A decisão, no Estado de direito democrático, para ser legítima, tem de se validar na teoria democrática legalmente adotada e em negativa a preceitos jurídicos, ainda que

vas em que possam as defesas sonegadas na primeira ação ser esgrimidas na segunda.

4.3. A tutela antecipada e o mito da verdade (ou: de como os juristas não compreendem que a verdade do processo é uma verdade hermenêutica que se dá também no momento da decisão que concede a antecipação da tutela)

No Direito Processual Civil brasileiro, a efetividade do processo, condicionada à celeridade e segurança, tem sido buscada, principalmente, por meio da antecipação de tutela prevista no art. 273 do Código de Processo Civil. Em sua aplicação, porém, os provimentos que antecipam a tutela ainda não têm servido aos fins a que se destinam. É nesse contexto que ainda se tem buscado a "verdade" como fim do processo, apesar de se saber que essa busca não passa de um grande mito.[611] Inserida numa tradição metafísico-objetificante, que impede possa perceber a inadequação da idéia de verdade como correlação entre intelecto e a coisa, e diante da incapacidade de seu instrumental para resolver os conflitos de modo efetivo, a jurisdição brasileira, em pleno Estado Democrático de Direito, continua apegada aos dogmas do Estado Liberal de Direito. Assim é que, diante dos elevados graus de celeridade e provisoriedade da sociedade contemporânea, o Judiciário ainda continua trabalhando com categorias desvinculadas do real. Nesse contexto, a variabilidade social, econômica, política, científica, nem de longe é questionada e compreendida, pois o risco, a celeridade, os novos desafios que se impõem ao Estado e os problemas sociais mais graves ainda são tratados do mesmo modo como eram há mais de um século. É nesse aspecto que as decisões judiciais não têm se pautado pela rapidez e incerteza das relações sociais, ficando apegas ao modelo liberal-individualista tradicional do Estado Liberal forjado na modernidade, que se espelha na busca da verdade ou da "vontade da lei".

---

constitucionalizados, contrários à efetivação dos direitos fundantes do discurso democrático em toda a extensão jurídica da estatalidade". LEAL, Rosemiro Pereira. *Teoria processual da decisão jurídica*. São Paulo: Landy, 2002, 125-126. 206 p.

[611] É impossível atingir a verdade sobre certo evento histórico. Pode-se ter uma elevada probabilidade sobre como o mesmo se passou, mas nunca a certeza da obtenção de verdade. E isso se torna mais difícil no processo, onde se está diante de uma controvérsia em que ambos os litigantes acreditam ter razão, suas versões sobre a realidade dos fatos são antagônicas e sua contribuição para a pesquisa da realidade dos fatos é parcial e tendenciosa. No processo, o juiz deve "optar" por uma das versões dos fatos apresentadas, o que demonstra a fragilidade da "operação de descoberta da verdade" realizada. As provas são destoantes. Mesmo a confissão é argumento perigoso, já que pode representar até um distúrbio psíquico do seu autor, ou uma tentativa de acobertâmento do que se passou na realidade. Nesse sentido, MARINONI, Luiz Guilherme, ARENHART, Sérgio Cruz. *Comentários ao código de processo civil*. v. 5: do processo de conhecimento, arts. 332 a 363, tomo I. [coordenação de Ovídio A. Baptista da Silva]. São Paulo: Revista dos Tribunais, 2000, p. 45-46. 488 p.

Fundamentos para uma compreensão hermenêutica do Processo Civil

A globalização não tem sido acompanhada pelo Direito. Na medida em que a rapidez da economia e a proliferação de conflitos sociais são cada vez maiores, o processo judicial permanece lento, retardado, como se o tempo lhe tivesse sido "seqüestrado", e excludente, desconhecendo o "real" conflito que existe por detrás das disputas entre desiguais. Enquanto a Constituição valoriza a historicidade do Direito, consagrando direitos e garantias fundamentais que, ao longo da história, passaram a ser valorizados pela sociedade, o Judiciário, pautado num modelo fechado, neutro[612] e apolítico, continua racionalizando as lides da mesma maneira que racionalizava há mais de um século.

Nessa conjuntura, as novas exigências de tutela jurisdicional acabaram por transformar o princípio da *nulla executio sine titulo* em um mito. Isso porque, em que pese inegável a existência de conflito entre o direito à tempestividade da tutela e o direito à "cognição definitiva" (num sentido analítico/metafísico), não há mais como não admitir a tutela antecipada, no mínimo, para os casos de direitos evidentes, ou seja, direitos cuja probabilidade de que pertençam aos seus titulares seja evidente, e de defesas infundadas.[613] Ainda assim, há uma certa dificuldade ou temor em se aceitar o fato de que esse mito foi desmascarado, pois, em decorrência do sentido comum teórico dos juristas, ainda está bem presente a ideologia liberal da certeza, que se exprime na busca da verdade no processo, e da segurança jurídica, que são proporcionadas pelo título executivo. Os juristas, assim,

---

[612] A suposta neutralidade do juiz é uma quimera. É ideológica, pois o *Dasein*, como já se disse, não é neutro. O paradigma da neutralidade, como tantos outros, encravou-se no espírito dos juristas sem que disso se dessem conta. O direito, então, manejado por um juiz que assumira a postura de inércia e neutralidade diante dos interesses entre os desiguais que se digladiavam em sua frente, passou a ter a pretensão de univocidade, coisa impensável em termos de ciência social e humana, já que suas leituras são infinitas. Dependendo da época ou do caso, pois, a leitura necessariamente deverá ser outra. Deve-se ter, assim, uma "consciência da ação da história" (Gadamer). Nossa consciência é determinada pela ação da história. Contudo, ela pode assumir lucidamente esta ação enquanto ela nos determina e limita. A ingenuidade diante da história, como acontecer concreto, desaparece na medida em que assumimos lucidamente a ação da história como um elemento decisivo que nos limita e obriga a assumir nossa finitude diante da compreensão da história. A finitude dessa compreensão é o resultado de nossa imersão no movimento da história, da impossibilidade de uma distância que nos arranque da história sobre a qual meditamos. STEIN, Ernildo. *História e ideologia*. 3 ed. Porto Alegre: Movimento, 1999, p. 29-30. 70 p. O positivismo jurídico, fruto da idéia liberal e da filosofia da consciência, contribui para que o juiz continue sendo visto como um sujeito puro e neutro, e o direito como uma ciência, tal qual a matemática, fazendo com que o jurista, enclausurado no seu mundo do dever ser, não tenha consciência dos efeitos da história e não se interesse assim pelo "caso prático" (todo caso é prático), mas pela busca da "verdade científica". Como concepção teórica, a visão positivista desconhece a hermenêutica-filosófica como modo-de-ser-no-mundo, que se contrapõe à filosofia da consciência. O positivismo elimina do direito a dimensão hermenêutica, filosófica e histórica, matematizando o conhecimento. Assim, há um "fracionamento da realidade", de modo que ao jurista incumba tão-somente uma "visão analítico-descritiva da ordem jurídica positiva", construindo-se um "mundo jurídico" separado do "mundo histórico presente" em nome de uma dogmática que se diz neutra, mas que, na verdade, revela nítida influência ideológica. AZEVEDO, Plauto Faraco de. *Método e hermenêutica material no direito*. Porto Alegre: Livraria do Advogado, 1999, p. 110-111. 149 p.

[613] Por todos, MARINONI, Luiz Guilherme. *Tutela antecipatória e julgamento antecipado*: parte incontroversa da demanda. 5ª ed. rev., atual. e ampl. da obra tutela antecipatória, julgamento antecipado e execução imediata da sentença. São Paulo: Revista dos Tribunais, 2002, p. 25. 254 p.

não se deram conta de que a tutela jurisdicional hoje é muito mais execução que "declaração" ou coisa julgada material,[614] e que a efetividade das decisões judiciais, nesse ambiente de instabilidades e incertezas, é algo que deve ser assegurado.[615]

O tempo é um fator que influencia na realização do direito. Por isso é necessário equilibrá-lo, isto é, distribui-lo racionalmente.[616] A decisão tardia não serve. A Constituição do Brasil garante não só o direito de amplo acesso à jurisdição, mas o conseqüente direito à pronta resposta do Judiciário às demandas que lhe são endereçadas. O dispositivo que declara o direito a uma razoável duração do processo, previsto na Emenda Constitucional nº 45, de 8 de dezembro de 2004, que trata da Reforma do Judiciário, não é um "direito novo", mas, agora, reconhecido pela Constituição, que vem declarado como "reforço normativo", em texto específico, a afastar os entraves existentes à sua concretização.[617] É mais um reforço normativo, uma vez que a redação do inciso XXXV do art. 5º da Constituição da República e a cláusula do Devido Processo Legal, por si só, já garantiam o direito de acesso à justiça e, igualmente, o direito à efetividade e à "tempestividade da tutela jurisdicional".[618]

O fenômeno da inefetividade do Judiciário, em virtude da demora do processo, não é um problema exclusivo do Brasil. Também em outros países essa dificuldade é(era) notada.[619] Isso fez com que a doutrina se

[614] MARINONI, Luiz Guilherme. *Tutela antecipatória e julgamento antecipado*: parte incontroversa da demanda. 5ª ed. rev., atual. e ampl. da obra tutela antecipatória, julgamento antecipado e execução imediata da sentença. São Paulo: Revista dos Tribunais, 2002, p. 24-26. 254 p.

[615] Essa preocupação com a efetividade do processo pode ser encontrada nos ensinamentos de um dos melhores processualistas pátrios da atualidade e mesmo na obra clássica de um dos grandes expoentes do processo civil italiano moderno. O primeiro, professor Ovídio Baptista da SILVA, em sua obra "As ações cautelares e o novo processo civil", de início faz referência à importante passagem do segundo, Francesco Carnelutti, quanto ao valor do tempo no processo. Nesse sentido, diz Carnelutti: "o valor que o tempo tem no processo é imenso e, em grande parte, desconhecido. Não seria demasiado atrevido comparar o tempo a um inimigo contra o qual o juiz luta sem descanso. Ademais, também sob este aspecto, o processo é vida. As exigências que se fazem ao juiz em relação ao tempo são três: detê-lo, retroceder, acelerar seu curso". SILVA, Ovídio A. Baptista da. *As ações cautelares e o novo processo civil*. Rio de Janeiro: Forense, 1976, p. 6. 191 p.

[616] A idéia de neutralidade também caracteriza o procedimento ordinário. Essa idéia deriva da indiferença da lei pelo que se passa no plano da realidade social, que impede a concepção de um procedimento capaz de distribuir racionalmente o tempo do litígio. Por isso, com suporte em Sérgio Chiarloni, Marinoni irá afirmar que imaginar o devido processo legal numa concepção romântica, isto é, no sentido de que as garantias nada retirem de alguém, é desprezar o "lado oculto e feio do processo", o lado que não quer ser visto pelo processualista que tem olhos apenas para o plano das abstrações normativas. MARINONI, Luiz Guilherme. *Tutela antecipatória e julgamento antecipado*: parte incontroversa da demanda, 5ª ed. rev., atual. e ampl. da obra tutela antecipatória, julgamento antecipado e execução imediata da sentença. São Paulo: Revista dos Tribunais, 2002, p. 15-16. 254 p.

[617] "Art. 5º (...) LXXVIII – a todos, no âmbito judicial e administrativo, são assegurados a razoável duração do processo e os meios que garantam a celeridade de sua tramitação".

[618] Expressão utilizada por MARINONI, Luiz Guilherme. *Tutela antecipatória e julgamento antecipado*: parte incontroversa da demanda. 5ª ed. rev., atual. e ampl. da obra Tutela antecipatória, julgamento antecipado e execução imediata da sentença. São Paulo: Revista dos tribunais, 2002, p. 158. 254 p.

[619] Consultar, nesse sentido, SILVA, Ovídio A. Baptista da. *As ações cautelares e o novo processo civil*. Rio de Janeiro: Forense, 1976, p. 9. 191 p.

preocupasse em criar novas técnicas para a tutela dos direitos, que pudessem ser efetivas e seguras, tais como a antecipação de tutela do art. 273 do Código de Processo Civil e as mais diversas técnicas de preservação do direito, como as do processo cautelar. O direito a um processo efetivo, sem dilações indevidas, refere-se, pois, não somente à possibilidade de acesso à jurisdição ou à obtenção prática de uma resposta jurídica às pretensões formuladas, mas a uma razoável duração temporal do procedimento necessário para resolver e executar o resultado. Assim, esse direito comporta que o processo se desenvolva em condições de normalidade dentro do tempo requerido para que os interesses litigiosos possam receber pronta satisfação.[620]

Apesar disso, em que pese a previsão constitucional do art. 5°, LXXVIII, as previsões legislativas dos artigos 273, 461, 461-A, 475-I a 475-R (cumprimento da sentença) e tantas outras do Código de Processo Civil, tais como, por exemplo, aquelas que tratam das cautelares, o processo continua não sendo efetivo. Em virtude da busca da "vontade da lei" e da "verdade", os chamados provimentos antecipatórios nada têm antecipado. Nesse sentido, a doutrina tradicional nem mesmo tem considerado esses provimentos de antecipação de tutela como provimentos de mérito.[621] Lembre-se, também, que a principal forma de atividade executória, que é a execução

---

[620] Na doutrina estrangeira, por todos, PICÓ I JUNOY, Joan. *Las garantías constitucionales del proceso.* Barcelona: Bosch, 1997, p. 120. 177 p. O direito a um processo sem dilações indevidas está ordenado no sentido de que a garantia do processo judicial, em seu desenvolvimento, possa ajustar-se a adequadas pautas temporais. Esse direito possui uma dupla faceta: a) uma faceta prestacional, que consiste no direito a que os juízes resolvam e façam executar o resultado em um "prazo razoável", isto é, cumpram sua função jurisdicional com a rapidez que permita a duração normal dos processos; b) uma faceta "reacional", que atua também no marco estrito do processo e consiste no direito a que se ordene a imediata conclusão dos processos em que se ocorra em dilação indevida.

[621] Há duas razões para não considerar os provimentos antecipatórios como uma "questão de mérito". E ambas têm suas raízes na herança iluminista. A primeira dessas razões é a suposição (ultrapassada) de que o ato jurisdicional seja tão-somente um ato de clarificação da "vontade da lei", para o qual o juiz em nada contribuiria senão como simples "boca que pronuncia as palavras da lei" (Montesquieu). Assim, como o juiz, ao outorgar uma medida antecipatória, limita-se a supor existente essa "vontade de lei", sem, contudo, declará-la desde logo verdadeiramente presente na espécie sob julgamento, conceder uma dessas medidas não é ainda julgar e muito menos proclamar a "vontade da lei" que ele deve buscar no processo. Daí por que todos os provimentos provisórios se revestem exclusivamente de caráter processual, sem que o direito material seja sequer tangenciado por essa espécie de decisão que, para a doutrina, julgamento não é. O que é provisório, portanto, vale apenas para o processo em que o provimento é produzido. Mesmo que se trate de uma medida que antecipa "efeitos de tutela", considera a doutrina que nem por isso haverá, na antecipação, julgamento, portanto, antecipação de mérito. O sistema, assim, reduz o conceito de mérito apenas ao ato de julgar. Nesse sentido, as críticas de SILVA, Ovídio A. Baptista da. Antecipação da tutela: duas perspectivas de análise. In: SILVA, Ovídio A. Baptista da. *Sentença e coisa julgada:* ensaios e pareceres. 4ª ed. rev. e ampliada. Rio de Janeiro: Forense, 2003, p. 249-251. 385 p. Desconhece-se, pois, o problema da diferença ontológica e da *applicatio*. Assim, separando o que não pode ser separado (decidir ou julgar, e aplicar), a doutrina e a lei passam a "metafisicamente" distinguir o provimento que concede a tutela antecipada do provimento de mérito. A segunda razão está no fato de que o conceito de "mérito", para a doutrina tradicional, diz respeito apenas ao "ato de julgamento", pois, como critica o professor Ovídio, de acordo com o entendimento da doutrina conservadora, a estrutura da relação processual de conhecimento é formada por duas linhas convergentes, cuja intersecção corresponde ao mérito. O percurso anterior, ascendente, é constituído pelas decisões interlocutórias, que ainda não significam qualquer julgamento sobre a

por quantia certa, não permite seja antecipado praticamente nada em termos de efeito concreto executivo, uma vez que a execução provisória, por força de lei, não admite o ato final executivo, qual seja, a expropriação.[622] É dizer: os legisladores "deram" com uma mão e "tiraram" com a outra. O processo de conhecimento com sua vocação para a plenariedade e ordinariedade, a sentença condenatória e a ação executiva obrigacional, assim, não conseguem oferecer as condições exigidas para a realização da técnica de antecipação. Isso decorre dos fundamentos históricos e ideológicos que sustentam o sistema processual pátrio. É nesse sentido, pois, que um dos mitos cultuados pela tradição (inautêntica) do nosso processo continua sendo o do título executivo como condição para satisfação do direito.

Em decorrência da filosofia da consciência e das práticas jurídicas moldadas no interior do seu discurso metafísico, e em função do paradigma do Estado Liberal de Direito, em que cabe ao julgador apenas declarar a "vontade da lei", como a lei só pode ter uma "única vontade", é natural que todos os juízos baseados em "probabilidade" (verdade pressuposta), que admitem outras soluções igualmente possíveis e legítimas, sejam desde logo excluídos como formas de verdadeiro julgamento, enquanto proclamação da "vontade" (única) da lei. Assim, no processo, os juristas têm buscado uma certeza e uma verdade que são incompatíveis com o Direito, pois, na interpretação, sempre pode haver dois ou mais julgamentos divergentes, cada um com a sua "verdade".[623] Aliás, como bem critica Hans-Georg Gadamer, a ciência moderna segue "o princípio da dúvida cartesiana de não aceitar por certo nada sobre o que exista alguma dúvida, e a concepção do método, que faz *jus* a essa exigência".[624] Dito de outro modo, no Direito, para a doutrina tradicional (metafísica e inautêntica), se houver uma mínima "dúvida" sobre a questão posta em juízo, o juiz nada poderá "declarar", pois não "atingiu a verdade",

---

lide. A linha descendente corresponde às "conseqüências" do julgamento do mérito, não sendo lícito, portanto, confundi-las, qualquer delas, com o *meritum causae. Idem, ibidem.*

[622] SILVA, Ovídio A. Baptista da. Antecipação de tutela: duas perspectivas de análise. In: SILVA, Ovídio A. Baptista da. *Sentença e coisa julgada*: ensaios e pareceres. 4ª ed. rev. e ampliada. Rio de Janeiro: Forense, 2003, p. 247. 385 p.

[623] Uma lide, ou, se assim se quiser, o processo que a contém, "oferece ao julgador – e nos juízos colegiados isto se torna ainda mais evidente – inúmeras 'verdades' ou incontáveis alternativas de solução do conflito, todas elas plausíveis e verossímeis, postas à disposição do magistrado, que acabará formando seu convencimento, escolhendo, dentre a multidão de fatos, circunstâncias e indícios existentes nos autos, aqueles que o tenham impressionado mais fortemente, que mais se harmonizem com a sua compreensão do direito e das funções que o ordenamento jurídico haverá de desempenhar, que mais se aproximem de sua particular visão de justiça, a ser feita naquele caso particular; que mais se coadunem com suas inclinações pessoais, com sua formação moral e com seus compromissos ideológicos. Somente os ingênuos e aqueles que apenas 'conhecem' o direito pelos livros e pelo que se ensina nas universidades não sabem disso!". SILVA, Ovídio A. Baptista da. A plenitude de defesa no processo civil. In: SILVA, Ovídio A. Baptista da. *Da sentença liminar à nulidade da sentença.* Rio de Janeiro: Forense, 2001, p. 124-125. 394 p.

[624] GADAMER, Hans-Georg. *Verdade e método*: traços fundamentais de uma hermenêutica filosófica. Tradução de Flávio Paulo Meurer. 3ª ed. Petrópolis: Vozes, 1999, p. 408. 731 p.

devendo aguardar, então, todo o trâmite do procedimento, para, ao final, poder "dizer o direito".

A questão que se coloca, por qualquer ângulo que se vislumbre o problema, diz respeito, pois, principalmente ao mito da verdade, uma vez que sua busca obstinada é um dos fatores que contribui para a não-efetividade da tutela antecipada e, por conseqüência, do processo. Tratar do problema da verdade, contudo, não é trabalho dos mais simples. Nesse sentido, não se pode querer "absolutizar" pontos de vista acerca da verdade, pois o ponto de vista do outro sempre deve ser respeitado, o que não implica a impossibilidade de discuti-lo,[625] pois a verdade varia (pode variar) de acordo com a concepção de cada um.

Como todos fazem filosofia, num sentido de modo-de-ser-no-mundo, é possível dizer que cada um é um filósofo. A verdade, assim, varia de acordo com a concepção de cada filósofo. Nesse âmbito, há quatro tipos fundamentais de filósofo apresentados por Ernildo Stein, cuja elasticidade lhes permite atingir uma certa universalidade: o dogmático, o artístico, o científico e o filológico-hermenêutico. Cada um desses filósofos tem, assim, a sua verdade. O tipo dogmático é o filósofo-guia. Adere a um conjunto de verdades, considerando-as definitivas, até em sua formulação. Sócrates, Spinoza, Max Scheler e – inclua-se aqui – Johannes Hessen são alguns deles. O filósofo-guia sente-se possuidor das verdades, mas sua tarefa é apenas apontar caminhos para chegar aos valores,[626] às "verdades perenes". Pode, no entanto, não segui-las. A filosofia dogmática apenas espera do filósofo que seja um modelo como homem. O filósofo esteta é

[625] Na análise do tema verdade, pois, deve-se adotar como lição preliminar a de Richard L. KIRKHAM: "Idealmente, começa-se qualquer livro filosófico colocando-se a questão que se espera que o livro responda ou descrevendo o problema filosófico que se espera que o livro resolva. Mesmo o mais breve exame dos escritos sobre a verdade, contudo, revela que há pouca conformidade sobre o que seja o problema filosófico da verdade. Claro, isso não é raro na filosofia. Mas, na maior parte das discussões filosóficas, os filósofos estão conscientes das diferentes opiniões sobre o que exatamente seja o problema, e são, por isso, cuidadosos em evitar a falácia de criticar uma teoria por ela não alcançar o que ela não pretendia alcançar a princípio. Surpreendentemente, contudo, poucos dos que escrevem sobre a verdade mostram ter qualquer consciência de que os filósofos com quem discordam podem ter tido uma diferente concepção do problema filosófico da verdade. Mesmo quando um determinado escritor mostra uma tal consciência, na maioria das vezes falha em deixar claro qual é a sua própria concepção do problema. É típico que livros, capítulos ou artigos apresentando uma teoria da verdade comecem com uma exposição tão breve e ambígua do problema que ela poderia ser intercambiada com o começo de qualquer outro livro, capítulo ou artigo sobre a verdade, e ninguém perceberia a diferença, exceto os autores. Em outras palavras, essas descrições do problema da verdade são muito ambíguas para que se diferenciem as várias concepções do problema que foram sustentadas". KIRKHAM, Richard L. *Teorias da verdade*: uma introdução crítica. Tradução de Alessandro Zir. São Leopoldo: Unisinos, 2003, p. 13. 500 p. Significa dizer que o tema não pode ser criticado de forma rasteira, pois exige cuidado, uma vez que não se pode simplesmente "atacar por atacar" as "possibilidades" sempre presentes de verdade. No caso desta tese, porém, assume importância a verdade fenomenológica heideggeriana e a postura gadameriana, que inserem a verdade na hermenêutica.

[626] Sobre o tema Valores, consultar: HESSEN, Johannes. *Filosofia dos valores*. Tradução de L. Cabral de Moncada. 3ª ed. Coimbra: Armênio Amado, 1967. 347 p.; SCHELER, Max. *Da reviravolta dos valores*. Tradução de Marco Antônio dos Santos Casa Nova. Petrópolis: Vozes, 1994. 183 p.; SILVA, Moacyr Motta da. *Direito, justiça, virtude moral & razão*. Curitiba: Juruá, 2003. 199 p.

aquele que se preocupa com o modo como se constroem as verdades que apresenta. Assim, o jogo das formas em que se revela a verdade lhe é muito importante. É preciso descobrir uma dimensão em que tudo se ordene numa harmonia universal. O sistema, assim, deve estar orquestrado. A linguagem, nessa filosofia, deve possuir em seu germe a possibilidade da própria verdade que vai dizer. Seu filosofar representará um confronto constante com a linguagem. Hegel é um dos representantes da filosofia artística. O filósofo científico sente-se "iludido" com o dogmatismo ingênuo e com o jogo estético da palavra. Para essa filosofia, verdade é o "verificável". O modelo do científico é a lógica. Sua filosofia é construída empiricamente. Sua meta é a formalização. É o modelo do qual se utilizam as ciências exatas. Por fim, o tipo filológico-hermenêutico tem uma preocupação histórica. Essa filosofia pretende fixar rigorosamente a "dimensão histórico-filológica" de cada pensador. Isso, porém, é apenas uma tentativa, uma vez que ela não descobrirá o verdadeiro Aristóteles ou o verdadeiro Kant, mas o Aristóteles e o Kant de cada intérprete. Sua variante mais fecunda é a hermenêutica, que pretende injetar vida na história da filosofia, sem se perder em filigranas filológicas. É uma filosofia crítica, na medida em que tem o sentido de estabelecer o horizonte para a análise de obras de filosofia. Aqui a verdade seria uma verdade situada dentro da história, que, no entanto, não se faz absoluta, mas crítica.[627]

---

[627] STEIN, Ernildo. *Uma breve introdução à filosofia.* Ijuí: Unijuí, 2002, p. 15-17. 224 p. Há, portanto, vários tipos de filósofos e acepções de verdade. Confundem-se com essas acepções e a elas podem ser acrescidas, ainda, as seguintes concepções de verdade, cada uma delas ligada a visões de mundo diferenciadas: a) a verdade material, objetiva ou real, como nas ciências naturais, que consiste na conformidade de conteúdo do conhecimento com seu objeto real, quando uma proposição é verdadeira se for demonstrada ou verificada pela experiência sua correspondência com os fatos reais. Alguns chamam este tipo de verdade de fato ou fatual. Exemplos: O fogo queima a mão. A terra é redonda. A água é uma substância composta de dois átomos de hidrogênio e um átomo de oxigênio, cuja fórmula química é $H2O$; b) a verdade formal ou lógica, como na lógica formal, quando o raciocínio é verdadeiro se há coerência do pensamento consigo mesmo e ausência de contradição. Alguns chamam este tipo de verdade de razão. Exemplos: Ou o Brasil é um país sul-americano ou não é. Todos os homens são mortais. Ora, Sócrates é homem. Logo, Sócrates é mortal; c) a verdade axiomática ou convencional, como nas matemáticas, onde certos axiomas e postulados, que não são evidentes, nem generalizações experimentais e nem hipóteses aceitos em vista de fazer sua verificação ulterior, são considerados convenções, no sentido de que dependem da determinação dos cientistas entre si. Mas esses axiomas ou postulados convencionais não são totalmente arbitrários, pois, entre as muitas convenções possíveis, a escolha é guiada pelos fatos experimentais e tem, por isso, certo fundamento objetivo na natureza das coisas. Por exemplo, a geometria euclidiana não é mais verdadeira que outra, porém é mais cômoda. Outros exemplos: os diferentes sistemas de peso e medição, as diferentes escalas de temperatura, de teor alcoólico etc.; d) a verdade axiológica propriamente dita, que são valores éticos, jurídicos, estéticos, religiosos etc. estabelecidos pelos homens como tais, dentro de determinado contexto social. Exemplos: "é vergonhoso e pecaminoso andar completamente nu em público" (Isso não é verdade para os índios e os nudistas). A proibição do divórcio, da prática oficial do aborto, da eutanásia e outras instituições sociais proibidas por determinada sociedade, mas permitidas por outras. O conceito do que é pornográfico e do que não é varia no tempo e no espaço, isto é, de sociedade para sociedade e numa mesma sociedade. Aquilo que ontem era proibido pode se tornar legal hoje ou amanhã e vice-versa; e) a verdade moral, é a conformidade das palavras com aquilo que a pessoa pensa e julga, quando as pessoas manifestam o que realmente pensam. Nesse sentido, ao invés da palavra verdade, utiliza-se a palavra veracidade, cujo contrário é falsidade ou mentira. Exemplo: A veracidade ou falsidade de um testemunho; f) a verdade pragmática, aquilo que é útil, vantajoso, aquilo que serve para os

Ao contrário das diversas concepções que lhe possam ser atribuídas, ao contrário da idéia de adequação entre intelecto e coisa,[628] no Direito, a verdade do processo é uma "verdade hermenêutica" que não pode prescindir do "real". É nesse aspecto que Martin Heidegger chama a atenção para a "verdade fenomenológica", preocupando-se com a "abertura do ser"; verdade que é estabelecida dentro das condições humanas, dentro da linguagem. Por isso é que, ao tratar do problema da verdade, o filósofo alerta para o fato de que a "pergunta pela essência da verdade" não procura saber se a verdade é a verdade da experiência prática da vida ou a verdade de um cálculo econômico, a verdade de uma reflexão técnica ou de prudência política, nem, em particular, a verdade de uma investigação científica ou de uma criação artística. Sequer procura saber se é a verdade de uma meditação pensante ou de uma fé religiosa. De tudo isso, diz ele, "se afasta a pergunta pela essência, olhando para aquilo que caracteriza cada 'verdade', em geral, como verdade".[629] Assim, não "há" verdade.

interesses particulares e para o sucesso de uma pessoa ou grupo social. Exemplo: "a pessoa que acredita na reencarnação dos espíritos porque isso lhe reconforta e lhe faz bem". Ou como diz Saint-Exupery: "a verdade para o homem é o que faz dele um homem"; g) a verdade político-estadual, que é estabelecida como tal por um grupo político ou pelos governantes de um país, por corresponder aos interesses econômicos, políticos e sociais desse grupo social, da sociedade ou do Estado em questão. Exemplo: A falsa teoria do "espaço vital" ou da "superioridade da raça ariana-germânica" – defendida pelos ideólogos do nazismo. Ou esta outra "verdade" totalitária: "não é o Estado que deve servir o homem, é o homem que deve servir o Estado". O conjunto dessas verdades forma o que se chama de ideologia; h) a verdade dogmática ou religiosa, que é estabelecida como tal pelos criadores e elaboradores de determinada religião. Aqui não há nenhuma necessidade de coerência consigo mesmo, nem de correspondência com a realidade. Basta o enunciado da autoridade religiosa ou das escrituras sagradas. Exemplo: o dogma da criação do mundo a partir do nada. Nesse sentido, Jacob Bazarian reconhece que a gnoseologia e as ciências naturais lidam com uma verdade material e uma verdade formal, isto é, a correspondência com a realidade objetiva e a coerência consigo mesma. Seriam dois aspectos principais da verdade que constituem, porém, uma "unidade dialética". Somente essas duas espécies de verdade, diz ele, têm direito a serem chamadas de verdades propriamente ditas, haja vista seu caráter objetivo, necessário e universal. As demais verdades, *v.g.*, axiomáticas ou axiológicas, não poderiam ser chamadas de verdades, por terem caráter convencional, contingente, relativo e subjetivo. Seriam apenas dogmas, convenções, valores, normas ou regras. No Direito, que seria nesse entendimento disciplina axiológica, não se haveria de falar em verdade material ou formal, pois a "verdade" do direito é contingente e temporal. No Direito, o critério da verdade jurídica, diz BAZARIAN, é a "prova jurídica" estabelecida pelo complexo de motivos produtores de convicção (conjunto probatório), é a apresentação de documentos públicos e particulares, confissões, testemunhas, asserções, indícios, evidências, presunções, exames periciais e vistorias, arbitramentos, provas circunstanciais, normas estabelecidas pelos códigos, regras de trânsito, dogmas estabelecidos etc. A conclusão da prova jurídica, assim, é duvidosa e até pode ser falsa. BAZARIAN, Jacob. *O problema da verdade*: teoria do conhecimento. 4ª ed. São Paulo: Alfa-Omega, 1994, p. 136-140. 224 p.

[628] Consoante ensinamento de HEINEMANN, o conceito de verdade como correspondência, isto é, como *adequatio intellectus atque rei*, está ligado a um realismo ingênuo e grosseiro. O homem não possui padrão algum com o qual possa medir e comprovar esse acordo. Na realidade, "os caminhos do conhecimento são muitos e nenhum, de entre eles, se pode ufanar de apreender o 'em si'. Embora de bom grado desejássemos conhecer as coisas tais como são em si, é nosso destino que esse 'em si' se mantenha para nós oculto. Mas talvez seja para nós uma bênção, pois nos obriga a tentar a sorte, sempre por novos caminhos". HEINEMANN, Fritz. A missão de uma enciclopédia do século XX. In: HEINEMANN, Fritz. *A filosofia no século XX*. Tradução e prefácio de Alexandre F. Morujão. 5ª ed. Lisboa: Calouste Gulbenkian, 2004, p. 18-19. 576 p. Ainda sobre a verdade, pela negação da idéia de correspondência entre intelecto e coisa, consultar: SOARES, Maria Luísa Couto. *O que é o conhecimento?* Introdução à epistemologia. Porto: Campo das Letras, 2004, p. 199-223. 239 p.

[629] HEIDEGGER, Martin. *Sobre a essência da verdade*. Tradução de Carlos Morujão. Porto: Porto, 1995, p. 13. 76 p.

A verdade "é". A verdade "se dá".[630] Isso significa que a verdade é um evento e que, na experiência histórica, filosófica e artística, o homem passa a fazer parte do "evento revelativo da verdade".[631] A fenomenologia é a "recondução do olhar do ente para o ser". O espaço específico da filosofia é o espaço hermenêutico, o espaço da revelação dos entes, que se dá no espaço da revelação do ser. A tematização da questão do sentido do ser, portanto, passa necessariamente por uma análise do homem, enquanto ente cujo ser consiste em compreender ser: o ser se dá.[632]

A única ontologia possível é aquela em que se constrói dentro de um campo em que o ser humano é. A analítica existencial é a ferramenta para fazer a ontologia fundamental. A condição humana é essencial na construção do conhecimento e, sem a realidade, não há conhecimento e, portanto, não há verdade. Só se entra em relação com o ente a partir da compreensão do ser. Heidegger introduz aqui a dimensão hermenêutica. O ser e a estrutura ontológica acham-se acima de qualquer ente e de toda determinação ôntica possível de um ente. A abertura do ser, que é a verdade fenomenológica, é a verdade transcendental.[633] Ao criticar as idéias tradicionais de verdade, portanto, o filósofo adverte que a caracterização da verdade como "concordância" é vazia e universal.[634] O que se deve verificar, pois,

---

[630] HEIDEGGER, Martin. *Ser e tempo*. Parte I. Tradução de Márcia de Sá Cavalcante. 9ª ed. Petrópolis: Vozes, 2000, p. 281. 325 p. Concorda-se, aqui, pois, com Alexandre Morais da ROSA, rejeitando a verdade da empiria e a verdade racional, para "acolher a verdade intersubjetiva que se estabelece desde dentro da linguagem, sem meta-linguagem, desvelada a condição do 'ser-aí' (Heidegger). A importância de Heidegger no campo jurídico brasileiro é ainda, de certa forma, rejeitada, destacando-se, entretanto, a verdadeira cruzada de Streck, a partir, principalmente, da influência de Stein. Não só por sua relativa complexidade, mas principalmente porque representa uma ruptura com a segurança cartesiana-kantiana construída e herdada da Filosofia da Consciência (informadora do senso comum teórico), bem como pelas conseqüências psíquicas que (pode) provoca(r) sobre a discussão obliterada e obturadora no Direito: o sentido do ser. De qualquer forma, pode-se perceber que aqueles que não submetem o desejo às amarras dogmáticas podem procurar novas formas de refazer as indagações sobre as possibilidades de conhecimento, pensando o impensado no Direito. Foi exatamente isto que Carnelutti fez; e nada mais avalizador do que apresentar a relevância da ontologia heideggeriana por suas mãos, principalmente porque suas reflexões sobre Heidegger se deram no final da vida, onde talvez a sensação existencial de finitude se aguce". ROSA, Alexandre Morais da. *Direito infracional*: garantismo, psicanálise e movimento antiterror. Florianópolis: Habitus, 2005, 119-120. 240 p.; ROSA, Alexandre Morais da. Fragmento da melancolia: aproximações sobre a glosa de "verdade, dúvida e certeza" de Carnelutti. In: *Informativo Incijur*. Joinville, n. 50, p. 10-11, set./2004.

[631] Em Heidegger, ao contrário de Descartes, para quem Deus é absolutamente perfeito e verdadeiro, este só faz sentido se existe o ser humano. Deus e o ser humano são dimensões que ocorrem na existência. Mas o homem é o único ente a respeito do qual acontece o processo de iluminação pelo qual os outros entes podem mostrar-se. Sem o homem não há Deus. Sobre essa questão, consultar DESCARTES, René. *Discurso sobre o método*: para bem dirigir a própria razão e procurar a verdade nas ciências. Tradução de Márcio Pugliesi e Norberto de Paula Lima. Curitiba: Hemus, 2000 , p. 77. 136 p., e WALTON, Roberto J. El lenguaje como desvelamiento del mundo: el decir como mostrar, escuchar y acontecer segun Heidegger. In: *Anuario de filosofía jurídica y social 14*. Buenos Aires: Abeledo-Perrot, 1994, p. 25. 245 p.

[632] OLIVEIRA, Manfredo Araújo de. *Reviravolta lingüístico-pragmática na filosofia contemporânea*. São Paulo: Loyola, 1996, p. 208. 427 p.

[633] HEIDEGGER, Martin. *Ser e tempo*. Parte I. Tradução de Márcia de Sá Cavalcante. 9ª ed. Petrópolis: Vozes, 2000, p. 69. 325 p.

[634] PIRES, Eginardo. Sobre Heidegger. In: *A crise do pensamento moderno 2*: Marx, Husserl, Heidegger, Marcuse, Althusser, Mcluhan. n. 23/24. Rio de Janeiro: Tempo brasileiro, 1970, p. 68. 182 p. Assim, a

---

Fundamentos para uma compreensão hermenêutica do Processo Civil

não é uma concordância entre conhecimento e objeto e muito menos entre algo psíquico e algo físico. Também não se trata de uma concordância entre vários conteúdos da consciência. Deve-se verificar unicamente o ser e o estar descoberto do próprio ente, o ente na modalidade de sua descoberta.[635] Assim, a proposição "é verdadeira" significa que "ela descobre o ente em si mesmo". Ela propõe, indica, "deixa ver" o ente em seu ser e estar descoberto. O ser verdadeiro (verdade) da proposição deve ser entendido no sentido de "ser-descobridor". A verdade, portanto, não possui a estrutura de uma concordância entre conhecimento e objeto, no sentido de uma adequação entre um ente (sujeito) e outro ente (objeto),[636] como ocorria na filosofia da consciência. Nesse aspecto, é de se salientar que a identificação da "verdade" à "demonstrabilidade" é criticada na própria filosofia da consciência, notadamente a partir da doutrina filosófica neokantiana de Johannes Hessen. Mesmo para esse filósofo, inserido ainda na filosofia da consciência, é injustificado querer equiparar os conceitos de verdadeiro e demonstrável. Essa tese, diz ele, "é o surto dum excessivo intelectualismo que até já no próprio campo das verdades lógicas se mostra indefensável".[637]

A verdade possibilita pressuposições".[638] Como há essa possibilidade, pode-se dizer que a verdade "é" a verdade daquele momento em que o juiz decide. O juiz só concede a liminar porque tem "certeza" de que

concordância de algo com algo tem o caráter formal da relação de algo com algo. Toda concordância, e toda "verdade", é uma relação. Mas nem toda relação é uma concordância. Um sinal assinala para o assinalado. Assinalar é uma relação entre o sinal e o assinalado, mas não uma concordância. Para se esclarecer a estrutura da verdade, não basta simplesmente pressupor esse todo relacional, mas é preciso reconduzir o questionamento ao seu contexto ontológico que sustenta esse todo como tal. HEIDEGGER, Martin. *Ser e tempo*. Parte I. Tradução de Márcia de Sá Cavalcante. 9ª ed. Petrópolis: Vozes, 2000, p. 283-284. 325 p. O que Heidegger não aceita da tradição é "a limitação da pergunta pelo fundamento ao âmbito restrito da lógica formal (donde resultou a formulação do princípio da razão), em virtude da interpretação superficial da verdade como propriedade em juízo". Pois, se a verdade não é originalmente isso e se, no entanto, ela possui na sua essência uma relação íntima ao fundamento, então a verdade proposicional não pode oferecer o terreno adequado ao levantamento radical do problema do fundamento. BLANC, Mafalda Faria. *O fundamento em Heidegger*. Lisboa: Piaget, [s.d.], p. 67-68. 271 p. Daí a importância do fenômeno, pois, enquanto categoria temática, que orienta o acesso e predispõe o trato com as coisas, vem a significar a constante "preparação da via". Tem a função de alertar criticamente o olhar, reconduzindo-o ao desmonte dos encobrimentos encontrados mediante a crítica. A fenomenologia, assim, pretende ser orientadora, pelo que deve ser tomada somente em sua função de alerta, e não enquanto delimitação. HEIDEGGER, Martin. *Ontología*: hermenéutica de la facticidad. Versión de Jaime Aspiunza. Madrid: Alianza Editorial, 1998, p. 100. 154 p.

[635] Isso se confirma pelo fato de que o proposto, isto é, o ente em si mesmo, mostra-se como o próprio. Confirmar significa que o ente se mostra em si mesmo. A verificação se cumpre com base num "mostrar-se" dos entes. Isso só é possível pelo fato de que, enquanto proposição e confirmação, o conhecimento é, segundo seu sentido ontológico, um ser que, descobrindo, realiza seu ser para o próprio ente real. HEIDEGGER, Martin. *Ser e tempo*. Parte I. Tradução de Márcia de Sá Cavalcante. 9ª ed. Petrópolis: Vozes, 2000, p. 286-287. 325 p.

[636] *Idem, Ibidem.*

[637] HESSEN, Johannes. *Filosofia dos valores*. Tradução de L. Cabral de Moncada. 3ª ed. Coimbra: Arménio Amado, 1967, p. 166-168. 347 p.

[638] HEIDEGGER, Martin. *Ser e tempo*. Parte I. Tradução de Márcia de Sá Cavalcante. 9ª ed. Petrópolis: Vozes, 2000, p. 297. 324 p.

deve concedê-la naquele momento. Essa é a verdade, ou seja, uma verdade sujeita a determinadas condições de temporalidade e compreensão. Porém, se, posteriormente, houver uma alteração da "abertura", ou seja, da disposição, da compreensão e do discurso, o "cuidado"[639] "dirá" que a verdade é outra. Dito de outro modo, no Direito, isso significa que, se, na resposta do réu ou na instrução do processo, houver uma mudança substancial que confronte com aquilo que foi afirmado pelo autor, é óbvio que a medida concedida poderá – e deverá – ser revista, pois a verdade, por ser contingente, estará determinando o ser do magistrado a decidir diferente. A prova, no domínio do Direito Processual, ao invés do que ocorre com a demonstração matemática ou com a experimentação científica, não visa à certeza lógica ou absoluta, mas apenas à convicção (probabilidade) essencial às relações sociais. E, como refere Antunes Varela, a esse "grau de convicção" podem ascender não só as ocorrências do mundo (externo), mas as realidades do foro psíquico.[640]

Não há verdades empíricas nem verdades absolutas,[641] mas a verdade hermenêutica estabelecida dentro das condições do mundo.[642] Por isso é que Eduardo Angel Russo propõe o abandono da "razão instrumental" (leia-se "procedimental") do mundo moderno como única ferramenta, universal e absoluta, para a obtenção da verdade. A razão a ser recolocada agora é a "razão hermenêutica".[643] A verdade no campo jurídico é uma "verdade hermenêutica".[644] Assim, a experiência de verdade a que se atém

---

[639] Pressupor a "verdade" significa, pois, compreendê-la como alguma coisa em função da qual o *Dasein* é. O *Dasein*, porém, em virtude da constituição ontológica do cuidado, já sempre precedeu a si mesmo. Ele é um ente que, em seu ser, está em jogo o seu poder-ser mais próprio. A abertura e o descobrimento pertencem, de modo essencial, ao ser e ao poder-ser do *Dasein* como ser-no-mundo. No *Dasein* está em jogo o seu poder-ser-no-mundo e, com isso, a ocupação que descobre na circunvisão o ente intramundano. Na constituição ontológica do *Dasein* como cuidado, no preceder a si mesmo, reside o "pressupor mais originário". Por isso o cuidado é importante. A "abertura", enquanto modo fundamental do "ser-aí", só é resguardada pelo cuidado.

[640] VARELA, Antunes, BEZERRA, J. Miguel, NORA, Sampaio e. *Manual de processo civil*. 2ª ed. rev., e atual. de acordo com o dec-lei 242/85. Coimbra: Coimbra, [s/d], p. 407-408. 778 p.

[641] A verdade é o desvelamento, o descobrimento. Verdade é desocultação. Deve ser sempre arrancada primeiramente dos entes. O ente é retirado do velamento, que ocorre na clareira do ser. O desvelamento como verdade sobre o ser é a verdade ontológica. É o que primeiro possibilita o grau de revelação do ente. STRECK, Lenio Luiz. *Hermenêutica jurídica e(m) crise*: uma exploração hermenêutica na construção do direito. 3ª ed. rev. Porto Alegre: Livraria do Advogado, 2001, p. 197-278. 319 p. Por isso é que Heidegger ensina que o fato de se darem "verdades absolutas" só pode ser comprovado de modo suficiente caso se logre demonstrar que, em toda a eternidade, o *Dasein* foi e será. Assim, enquanto não houver essa prova, diz o filósofo, "a sentença será apenas uma afirmação fantástica que não recebe nenhuma legitimidade apenas porque os filósofos geralmente nela 'acreditam'". HEIDEGGER, Martin. *Ser e tempo*. Parte I. Tradução de Márcia de Sá Cavalcante. 9ª ed. Petrópolis: Vozes, 2000, p. 296. 324 p.

[642] STRECK, Lenio Luiz. *Hermenêutica jurídica e(m) crise*: uma exploração hermenêutica na construção do direito. 3ª ed. rev. Porto Alegre: Livraria do Advogado, 2001, p. 170. 319 p.

[643] ANGEL RUSSO, Eduardo. *Teoría general del derecho*: en la modernidad y en la posmodernidad. Buenos Aires: Abeledo-Perrot, 1996, p. 352. 373 p.

[644] Esta idéia fica clara na crítica que Lenio Luiz STRECK faz à "teoria consensual da verdade", de matriz habermasiana. Diz Lenio: "para a hermenêutica filosófica, em face do mundo prático introduzido por Heidegger (filosofia hermenêutica) e Gadamer (Verdade e Método, que pode ser lido como Verda-

a hermenêutica é essencialmente retórica, com profundos coloridos pragmáticos.[645] Essa pragmaticidade é óbvia, uma vez que, no Direito, a decisão deve estar fundada em algum parâmetro, em alguma argumentação, em alguma "situação" que possa tornar "confortável" para o juiz o decidir. Não há, portanto, como negar que o juiz se sente mais à vontade para julgar quando consegue obter a confissão do réu no processo penal ou de qualquer uma das partes no processo civil, mesmo que essa confissão, que servirá de fundamento para o julgado (e "alívio" para o juiz), não tenha a mínima relação com a "verdade". Todo o juiz, assim, "procura a verdade" ou tenta ao menos "objetivá-la"[646] a partir de uma situação que possa lhe dar uma certa "tranqüilidade" para decidir. Quando o juiz dá a liminar, ele tem certeza de que deve concedê-la. Quando o juiz sentencia, ele tem certeza de que está julgando conforme a verdade estabelecida pela situação, isto é, ele supõe que desvelou, que descobriu o ser do ente. Também por isso se pode dizer que não há como falar numa verdade formal, objeto do processo civil, e numa verdade material, objeto do processo penal. Ou seja, não há uma verdade formal ou uma verdade material:[647] a verdade é finita, temporal e contingente.

---

de contra o Método) *a verdade é conteudística; na teoria do discurso habermasiana, é procedimental; é consenso* (sempre ressalvando a tentativa habermasiana de corrigir o conceito de verdade como consenso para a idéia da aceitabilidade racional da argumentação, que é feita em condições 'quase-ideais')". Assim, é preciso ter claro que "a introdução do mundo prático, da faticidade, produz conseqüências: é impossível, ao mesmo tempo, pretender trabalhar com verdades procedimentais (não-conteudísticas) e verdades em que o modo prático de ser no mundo é o *locus* do acontecer do sentido. São opções que não se dão ao acaso; são posições que obedecem a inserção em um determinado paradigma. E aqui não se pode fazer sincretismos metodológicos". STRECK, Lenio Luiz. *Verdade e consenso*: Constituição, hermenêutica e teorias discursivas. Rio de Janeiro: Lumen Juris, 2006, p. 48-59. 297 p.

[645] STRECK, Lenio Luiz. *Hermenêutica jurídica e(m) crise*: uma exploração hermenêutica na construção do direito. 3ª ed. rev. Porto Alegre: Livraria do Advogado, 2001, p. 249. 319 p.

[646] Pedro BERTOLINO defende a figura de uma "verdade jurídica objetiva", buscada por meio do processo. Assim, para esse jurista, a obtenção da verdade constitui um fim do processo; não somente uma "verdade", mas uma "verdade objetivada". Isso significa que a sentença deve ater-se "ao que as coisas sejam", mas segundo os dados que o processo proporciona. A postura negativa dos fins do processo está no sentido de que ele é apenas um mecanismo social organizado para resolver uma situação de conflito. Assim, tanto o processo como a "verdade" que ele trata de esclarecer não constituem uma finalidade em si mesmos, mas meios e fórmulas para que se possa chegar a uma decisão justa. O detalhe que interessa nessa concepção negativa está no fato de que, mesmo que se aceite que o processo não tem por fim a "verdade", ele tende a buscar justiça. Para Bertolino, justiça confunde-se com verdade, pois a sentença é uma confluência do "alcançar a verdade" e do "fazer justiça" em vista dessa verdade. Porém, não se esquecendo de Heidegger, Pedro Bertolino lembra que a verdade é um desvelar do ser que implica também no ocultamento desse mesmo ser. Nesse sentido, o formalismo puro e simples do processo pode ser também o véu do ser. O formalismo do juiz pode "bloquear" o acesso à "verdade jurídica objetiva". Um dos obstáculos à justiça, portanto, é a "imperfeição" do sujeito no uso de um "ritualismo cego" incompatível com o direito material. BERTOLINO, Pedro J. *La verdad jurídica objetiva*. Buenos Aires: Depalma, 1990, p. 35-119. 130 p.

[647] Como ensina Jorge CLARIÁ OLMEDO, é corrente sustentar na doutrina que a verdade obtida mediante o processo judicial com respeito aos fatos da causa tem algumas vezes um alcance material ou histórico e outras vezes um alcance meramente formal. O primeiro corresponderia a uma exigência feita pelo processo penal; o segundo, pelo processo civil. Porém, verdade é uma noção ontológica. Alcançá-la significa obter uma adequação da idéia que se tem da realidade, com a realidade mesma: estar na posse da verdade. Assim, diz ele, quem sustenta ter alcançado o estado de certeza a respeito de algo considera ter a firme convicção de haver obtido a verdade, de possui-la. Os conceitos formais,

A doutrina tem feito uma distinção entre verossimilhança, probabilidade e verdade. Nesse sentido, Eduardo Cambi, ressaltando que a probabilidade é uma "aproximação da verdade", ao passo que a verossimilhança está fundada em um "critério geral" de acordo com o que ocorre normal-

---

assim, apenas são "aparências de verdade", esquemas dispostos para afirmar uma realidade acerca do que não é real, ou vice-versa. É o que se pode chamar de "verdade suficiente". Não há uma verdade formal ou fictícia (que Clariá Olmedo chama de "falsa") oposta a uma verdade material ou histórica ("verdadeira"). Não existe mais que uma verdade: a única perseguida em todo processo judicial, cuja busca estará limitada em maior ou menor grau segundo o que se permita ou não dispor acerca do conteúdo da questão a resolver. CLARIÁ OLMEDO, Jorge A. *Derecho procesal*: estructura del proceso. II. Buenos Aires: Depalma, 1983, p. 149-152. 453 p. Não há, pois, como se disse, uma verdade "absoluta", ou seja, uma verdade que se pretenda, como dizem os juristas, real, substancial, material. Verdade material e verdade formal são "verdades pressupostas" ou simplesmente "verdades". As condições de abertura do *Dasein*, dadas pela compreensão, pelo discurso e pelo "estar disposto a" é que levam o julgador à "verdade". Graus de verdade ou verdades material e formal são "mitos". Obedecem muito mais a critérios ideológicos (veja-se o caso da busca da certeza ou verdade pregada pelo liberalismo) do* que àquilo que se pode compreender fenomenologicamente. Apenas para citar um exemplo, observe-se o caso do critério da "verdade real" no Direito Processual Penal, que tem suas origens na inquisição, quando, em pleno vigor o princípio inquisitivo, o julgador podia, na qualidade de investigador, buscar as provas. Hoje, em decorrência do princípio acusatório, no juízo criminal, por exemplo, não mais pode o magistrado perquirir a produção das provas, de cujo ônus não se desincumbiu o Ministério Público. Nesse sentido, a jurisprudência que vem se firmando na 5ª Câmara Cível do Tribunal de Justiça do Rio Grande do Sul: BRASIL. Tribunal de Justiça do Estado do Rio Grande do Sul. *PROCESSUAL PENAL. SISTEMA ACUSATÓRIO. PROVA. GESTÃO. ARTIGO 156, DO CPP. AGRESSÃO AO ARTIGO 129, I, DA CONSTITUIÇÃO FEDERAL. AO JUIZ É VEDADO PERSEGUIR PROVA. PALAVRA DA VÍTIMA. AUSÊNCIA DE VALOR PROBATÓRIO ABSOLUTO – O texto do artigo 156, do CPP, proclamado pelo acusação, fere expressamente a norma constitucional, quer genericamente diante da recepção do sistema processual acusatório, quer especificamente em seu artigo 129, I (onde resguarda o princípio da inércia da jurisdição): eis a regra básica do jogo no sistema processual democrático: um acusa (e prova), outro defende e outro julga – não se pode cogitar da inquisitorial relação incestuosa entre acusador e julgador. – A principiologia constitucional suplantou – desde muito – estratagemas como a crença mitológica da busca da "verdade real". Dela o que se alcança é o resultado das limitações históricas, culturais ideológicas de cada um, exteriorizando na interpretação dos fenômenos mundanos. – Não prestar valor absoluto à palavra da vítima e não violar o princípio da inércia da jurisdição para buscar provas afasta a atividade jurisdicional dos dogmas processuais inquisitórios impregnados na legislação infraconstitucional e na atuação jurisdicional pátrias. – À unanimidade negaram provimento ao apelo.* Apelação Crime nº 70006183826, de Bagé. Apelante: Ministério Público. Apelado: Luiz Carlos Batista Robaina. Relator: Amilton Bueno de Carvalho. Acórdão de 28 de maio de 2003. O princípio acusatório pretende salvaguardar a imparcialidade do juiz. Nos sistemas em que há separação de funções entre juiz instrutor e decisor, o encarregado de investigar os fatos criminais, que anteriormente já formula um juízo acusatório, não está em condições de julgá-los com imparcialidade. PICÓ I JUNOY, Joan. *Las garantías constitucionales del proceso.* Barcelona: Bosch, 1997, p. 112. 177 p. Para Luigi FERRAJOLI, de todos os elementos constitutivos do modelo teórico acusatório, o mais importante, por ser estrutural e logicamente pressuposto de todos os outros, indubitavelmente, é a separação entre juiz e acusação. A rígida separação dos papéis entre os atores do processo, diz o jurista, forma a primeira característica do sistema acusatório. Impede que o ônus da acusação possa ser assumido por sujeitos que não os da acusação: não pelo imputado, a quem compete o contraposto direito de contestação, e de modo algum pelo juiz, que tem, ao invés, a função de julgar livremente a credibilidade das verificações e das falsificações exibidas. Do mesmo modo que ao acusador são vedadas as funções judicantes, ao juiz devem ser, em suma, vedadas as funções postulantes, sendo inadmissível a confusão dos papéis entre os dois sujeitos que caracteriza o processo misto, em que o Ministério Público forma as provas e decide acerca da liberdade pessoal do imputado, e o juiz, por sua vez, tem poderes de iniciativa em matéria probatória e desenvolve de fato a investigação com o auxílio da acusação. FERRAJOLI, Luigi. *Direito e razão*: teoria do garantismo penal. Tradução de Ana Paula Zomer e outros. São Paulo: Revista dos Tribunais, 2002, p. 454-488. 766 p. Nesse mesmo sentido, também a doutrina de Eugênio Pacelli de Oliveira, para quem o juiz, no processo penal brasileiro, embora dotado de poderes instrutórios no curso da ação penal, não pode substituir o Ministério Público no sentido de poder desenvolver a iniciativa de atividade probatória sobre prova não produzida ou não requerida pela acusação. OLIVEIRA, Eugênio Pacelli de. *Processo e hermenêutica na tutela penal dos direitos fundamentais.* Belo Horizonte: Del Rey, 2004, p. 170. 248 p.

Fundamentos para uma compreensão hermenêutica do Processo Civil

mente a partir da experiência, não se constituindo em elemento probatório.[648] Divergindo desse entendimento, é possível afirmar que não há como formular "graus de verdade" ou de "aproximação de verdade", pois é a situação que estabelece a verdade. Além disso, a palavra "probabilidade" é preferível, seja quanto ao uso das expressões verdade material ou formal, seja quanto ao uso da verossimilhança ou da fumaça do bom direito, pois é com a probabilidade, ou a verdade pressuposta, que o jurista trabalha. O juiz não pode transformar a verdade no fim do processo. Ele tem de procurar uma certa probabilidade. Porém, isso não significa "grau de verdade". Nesse aspecto, a prova do processo pode determinar a alteração da situação hermenêutica, do horizonte de sentido do intérprete, mas não o grau da verdade, pois cada situação, seja a do início do processo, seja a do fim, tem a sua "verdade". O que a doutrina chama de "aprofundamento da cognição" nada mais é do que a alteração do "projeto", da situação de compreensão, do horizonte de visão e de sentido daquele que julga e que, temporalmente, vai velando e desvelando, (des)ocultando, abrindo a clareira (Heidegger) para desvelar o ser do ente. O homem que interpreta pode rever suas posições, pois interpretar nunca é definitivo. Conta ele com a possibilidade de ser mais sensível para as exigências de cada momento em cada verdade. Ele não possui as respostas totais e definitivas, mas a situação hermenêutica que conquista lhe dá o privilégio de estar desperto para cada interrogação, para a necessidade de cada momento. Sua universalidade individualiza-se a cada momento, para cada situação. A hermenêutica não é o pensamento abstrato ou calculador. É a experiência do pensamento. É um pensamento que sonda a realidade, dócil às suas sugestões. É um diálogo fenomenológico que floresce na imanência da concretude humana, junto à tarefa humana, ao trabalho humano, à preocupação humana, ao risco humano.[649]

Na seara dos direitos e garantias fundamentais, compreender que a verdade não é o fim do processo significa: a) quebrar o mito da neutralidade do juiz e da "busca da verdade", preparando o caminho para que o direito da parte possa ser antecipado pela tutela antecipada que conferirá efetividade ao processo; b) impedir que se deixe de dar o direito à parte, sob a alegação de que só ao final do processo é que se chegará à "verdade" e se terá a "certeza" acerca de quem tem o direito. Isso porque, na realidade, o jurista trabalha no processo com as incertezas,[650] com as dúvidas e

---

[648] Por todos, pela distinção (metafísica) entre verossimilhança, fumaça do bom direito e verdade, CAMBI, Eduardo. *Direito constitucional à prova no processo civil*. São Paulo: Revista dos Tribunais, 2001, p. 192. 229 p. A doutrina, assim, ao discutir acerca do que sejam verossimilhança e fumaça do bom direito, tem apontado "metafisicamente" para uma espécie de "fuminho" (para se utilizar do jargão popular) no processo cautelar, "fumão" na antecipação da tutela e "verdade" na decisão definitiva.

[649] STEIN, Ernildo. *História e ideologia*. 3ª ed. Porto Alegre: Movimento, 1972, p. 21. 70 p.

[650] A incerteza do resultado do processo judicial é inevitável. Nesse sentido, a lição de Benjamin N. CARDOSO: "À medida que os anos passaram, refleti mais e mais sobre a natureza do processo judicial e reconciliei-me com a incerteza, porque, amadurecido, via-a como inevitável. Amadurecido, vi que

com as "expectativas", como há anos já ensinava James Goldschmidt. Para esse jurista, no processo, os nexos jurídicos dos indivíduos que se constituem correlativamente são "expectativas de uma sentença favorável" ou "perspectivas de uma sentença desfavorável". Os direitos processuais e as conseqüências jurídicas são "prognósticos de causalidade".[651] A incerteza, assim, é consubstancial às relações processuais, uma vez que a sentença judicial nunca pode ser prevista com segurança.[652] Para a doutrina tradicional, porém, quando o juiz considera plausível o direito do autor para lhe outorgar a antecipação dos efeitos da tutela, ainda não atingiu a verdade e, portanto, ainda não está a pronunciar a "vontade da lei". Assim, o juiz apenas "realiza(ria) experimentações", formulando hipóteses que lhe possam conduzir, ao final, ao ato declaratório da "vontade da lei". Dessa forma, nas antecipações de tutela, não haverá ainda julgamento, pois apenas os "juízos (metafísicos) de certeza", produzidos pela sentença final que proclamará a "vontade (única) da lei", são considerados "julgamento". Por isso é que as medidas liminares e a antecipação da tutela vão de encontro aos princípios que norteiam o conceito tradicional de jurisdição (notadamente o de Chiovenda), pois pressupõem a recuperação do que a filosofia da consciência quis extirpar do pensamento jurídico, qual seja, o poder de império dos juízes baseado na probabilidade. Porém, ao contrário do que foi apregoado pelos juristas da filosofia da consciência, os provimentos que antecipam alguma forma de tutela processual são decisões (*applicatio*), pois contêm carga decisória, o que, para a doutrina metafísica, não faz parte do ato jurisdicional,[653] uma vez que o juiz não tem vontade: a vontade é da lei. Para a doutrina tradicional, que fatia (metafisicamente)

---

o processo em seu apogeu não é descobrimento, mas criação; as dúvidas e suspeitas, as esperanças e temores constituem parte do trabalho do espírito, das ânsias da morte e do nascer, nas quais os princípios que serviram a seus dias expiram e novos princípios nascem". CARDOZO, Benjamin N. *A natureza do processo e a evolução do direito*. 3ª ed. Coleção Ajuris/9. Tradução e notas de Lêda Boechat Rodrigues. Porto Alegre: Ajuris, 1978, p. 151-152. 253 p.

[651] GOLDSCHMIDT, James. *Princípios generales del proceso*. v. I. teoria geral del proceso. Buenos Aires: Ediciones jurídicas Europa-America, 1961, p. 57-72. Também na visão sistêmica de Niklas Luhmann o direito funciona como "estabilizador das expectativas". Assim, no sistema jurídico transmite-se a regulamentação de condutas, garantindo expectativas de comportamento, por meio de aplicações das normas jurídicas, que são feitas pelos juízes ao decidirem as lides, pelos particulares ao realizarem um contrato, pelos legisladores ao elaborarem uma lei etc. Nesse sentido: GUERRA FILHO, Willis Santiago. *O direito como sistema autopoiético*. Porto Alegre: Livraria do Advogado, 1998; LUHMANN, Niklas. *Sociologia do direito*. v. I. Tradução de Gustavo Bayer. Rio de Janeiro: Tempo Brasileiro, 1983. 252 p.; LUHMANN, Niklas, *Sociologia do direito*. v. II. Tradução de Gustavo Bayer. Rio de Janeiro: Tempo Brasileiro, 1985. 212 p. LUHMANN, Niklas; DE GEORGI, Raffaele. *Teoría de la sociedad*. Guadalajara: Instituto Tecnologico y de Estudios Superiores del Occidente, 1993. 444 p.

[652] GOLDSCHMIDT, James. *Teoría general del proceso*. Barcelona: Labor, 1936, p. 59. 195 p. É o que também alerta Ovídio Baptista da SILVA, quando afirma que o processo civil não promete a descoberta de verdades "claras e definitivas", como imaginaram os iluministas juristas e filósofos do racionalismo europeu dos séculos que nos antecederam. O processo oferece apenas versões, não verdades ou significados. SILVA, Ovídio A. Baptista. *Jurisdição e execução na tradição romano-canônica*. 2ª ed. rev. São Paulo: Revista dos Tribunais, 1997, p. 212. 230 p.

[653] Consultar as críticas de SILVA, Ovídio A. Baptista da. Antecipação da tutela: duas perspectivas de análise. In: SILVA, Ovídio A. Baptista da. *Sentença e coisa julgada*: ensaios e pareceres. 4ª ed. rev. e ampliada. Rio de Janeiro: Forense, 2003, p. 251-253. 385 p.

o processo interpretativo em compreensão, interpretação e aplicação, pois, "decidir não é julgar".

Há, portanto, um comprometimento do Direito Processual Civil com os ideais do liberalismo político do século XIX, pois, ao mesmo tempo em que cabia ao Direito Processual oferecer às partes um procedimento suficientemente amplo, capaz de assegurar ao cidadão-litigante a plenitude de defesa em juízo e ao Estado as condições para que o magistrado decidisse com a "segurança" que o exaustivo tratamento probatório do conflito lhe daria, esse mesmo procedimento haveria de esgotar todas as possíveis questões litigiosas, de modo a assegurar, para sempre, com a máxima amplitude da coisa julgada, por tal modo obtida, o resultado prático alcançado pelo litigante vitorioso. Essas virtudes da ordinariedade somar-se-iam ao pressuposto filosófico e ideológico determinante da "submissão do juiz ao poder político".[654] O processo ordinário, que é uma das vertentes do processo de conhecimento, é eminentemente conservador e possui um desequilíbrio estrutural congênito.[655] É um processo conservador (ideológico) porque conserva o *status quo*: o juiz "faz de conta" que não está convencido (como se o juiz, desde o momento em que a causa lhe fosse submetida à apreciação, já não tivesse um "julgamento formado"[656])

---

[654] Nesse sentido, por todos: SILVA, Ovídio A. Baptista. *Jurisdição e execução na tradição romano-canônica*. 2ª ed. rev. São Paulo: Revista dos Tribunais, 1997, p. 164. 230 p. Também: SILVA, Ovídio A. Baptista da. *Processo e ideologia*: o paradigma racionalista. Rio de Janeiro: Forense, 2004, p. 27-28. 342 p.

[655] O procedimento ordinário atendeu à nova exigência de uma sociedade atomística, cuja tendência era libertar a pessoa dos vínculos orgânicos com o passado, sendo estruturado para a proteção de um direito subjetivo que era produto principal de uma codificação fundada na concepção individual do liberalismo econômico clássico. CHIARLONI, Sergio. *Introduzione allo studio del diritto processuale civile*. Torino: G. Giappichelli, 1975, p. 39-40. 120 p. Porém, hoje não mais atende às necessidades de uma sociedade baseada na pressa, na incerteza no risco, nos conflitos sociais; com sérios problemas de desigualdade social, distribuição de renda, educação etc. A doutrina da separação de Poderes do Estado, levada ao extremo, no plano das idéias políticas, associada às correntes filosóficas do idealismo alemão – muito especialmente ao pensamento de Kant, depois seguido pelas modernas correntes do positivismo contemporâneo, da rígida separação entre o reino social, como domínio do "ser", e o reino das normas, que ao primeiro não se liga ou dele depende – estimuladas pelo contexto social e econômico formador do nascente Estado Industrial, fez com que os juristas "se alienassem na realidade social, emigrando para o 'mundo jurídico' que, por hipótese, haveria de ser o mundo das normas, o mundo do 'dever ser', imaginado e construido para que nele habitassem os servidores do direito posto do Estado, os exegetas de um texto legal que os juristas recebiam e de cuja produção não participavam e que haveriam de interpretar e aplicar como cegos e dóceis servidores do sistema, portanto servidores do Estado, portanto servidores do Poder". Assim, agora que o mundo, nos mais diferentes domínios do conhecimento humano, e de seus interesses, ultrapassa a constelação de valores formadora do Estado Industrial, buscando novas formas – solidárias e democráticas – de convivência social, "parece chegada a hora de os juristas reinserirem-se no ambiente social, de modo que, resgatado seu compromisso com os valores e aspirações da comunidade a que devem servir, resgatem igualmente o espírito crítico e assumam, definitivamente, o compromisso e a responsabilidade que lhes cabem, como agentes especiais e qualificados do convívio social". SILVA, Ovídio A. Baptista da. Processo de conhecimento e procedimentos especiais. In: SILVA, Ovídio A. Baptista da. *Da sentença liminar à nulidade da sentença*. Rio de Janeiro: Forense, 2002, p. 93-94. 394 p.

[656] Consultar SILVA, Ovídio A. Baptista da. *Processo e ideologia*: o paradigma racionalista. Rio de Janeiro: Forense, 2004, p. 27-28. 342 p. Como afirma Arthur KAUFMANN, "com base no conceito objectivista do conhecimento, (...) na sujeição do juiz apenas à lei, não se pode aceitar que também o sujeito interpretante intervenha no conhecimento"; "não se pode aceitar que nas questões jurídicas haja uma

e o seu "fazer de conta" dura seis, sete, oito anos ou mais, restando ao demandante, no mais das vezes, "agonizar" por uma decisão, enquanto que o demandado trabalha a "custo zero". O procedimento ordinário, assim, não tem preocupação com a rapidez, pois comprometido ideologicamente com a busca da mais absoluta certeza[657] e segurança. Sua inadequação representa a disciplina processual dos postulados da ideologia liberal e de uma sociedade baseada na livre concorrência.[658]

Nessa sua inadequação é que o processo não só tem (sempre) beneficiado o réu que, quase sempre, não tem razão,[659] mas prejudicado a administração da justiça. Ora, a tutela antecipada não visa apenas poupar o autor, mas evitar que a administração da justiça seja atingida pelo "custo do processo". Quanto maior é o número de casos de abuso de direito de defesa (protelamento do processo), maior é o número de processos em desenvolvimento e, por conseqüência, maior é o número de juízes e funcionários envolvidos, e pior o congestionamento e morosidade da administração da justiça.[660] Para evitar esse custo processual, a tutela antecipada, em sua aplicação, deve ser mais bem compreendida. Nesse sentido, o provimento que antecipa a tutela não pode continuar sendo entendido

---

verdade apenas intersubjectiva e não objectiva". É por isso que, no procedimento ordinário, tudo se passa como se o juiz procedesse sem qualquer idéia acerca do resultado do processo, apesar de ele conhecer os autos e ter admitido o processamento do feito com o recebimento da inicial. A lei processual encena aqui uma manobra de simulação, pois o juiz deve aparecer perante as partes com uma imagem de neutralidade. Nesse sentido: KAUFMANN, Arthur. *Filosofia do direito*. Prefácio e tradução António Ulisses Cortês. Lisboa: Calouste Gulbenkian, 2004, p. 94-95. 536 p.

[657] A compreensão do direito, ao contrário do que apregoou Leibniz, é hermenêutica, e não matemática. Desde sempre o homem está inserido numa tradição (Gadamer); desde sempre tem as suas précompreensões. Por isso é que o jurista tem de se despir da ideologia da certeza, pois a história não é ciência. É possível conhecê-la, mas jamais voltar ao momento em que as coisas aconteceram. Sempre o tempo será outro e – parafraseando Heidegger – o ser será outro, pois o tempo é o nome do ser. A lide é um "pedaço" da história humana. E cada lide, portanto, tem suas características, tem o seu tempo. Assim, o que interessa ao jurista é o caso em si, e não a regra, pois a norma só é na aplicação (Streck). Na Itália, por exemplo, durante determinado período, a história foi abolida como fonte de compreensão do direito. No positivismo, o pensamento jurídico italiano estava no sentido de não ser contaminado pela sociologia, moral, filosofia, política, economia e história. Assim, separaram-se a filosofia, a história e o direito. Hoje, entretanto, nota-se um crescimento de interesse pelas demais áreas, tais como a sociologia e a história, com o que vem perdendo rigidez a separação entre filósofos e juristas. Perde também força o dogma de que o Estado é a única fonte do direito, pois se vai em busca de uma ciência aberta, reivindicando uma progressão da exegese tradicional. MERRYMAN, John H. Lo "stile italiano": l'interpretazione. In: *Rivista trimestrale di diritto e procedura civile*. Ano XXII. Milano: Dott A. Giuffrè, mar. 1968, p. 373-414. A historicidade é um existencial do *Dasein*. Portanto, a história como "fonte da compreensão do direito" não deve ser vista no sentido de um metacritério, de um método histórico ou teleológico, mas como existencial que desde-já-sempre está com o jurista em sua faticidade. Assim é que deve ser entendida a crítica de Merryman quanto à abertura do direito (desvelamento do seu sentido e projeção sobre o real) e à reivindicação de uma nova hermenêutica, que agora passa à condição de modo-de-ser-no-mundo, e não mais à de técnica ou "fonte" de compreensão do direito.

[658] CHIARLONI, Sergio. *Introduzione allo studio del diritto processuale civile*. Torino: G. Giappichelli, 1975, p. 29. 120 p.

[659] MARINONI, Luiz Guilherme. *Tutela antecipatória e julgamento antecipado*: parte incontroversa da demanda 5ª ed. rev., atual. e ampl. da obra tutela antecipatória, julgamento antecipado e execução imediata da sentença. São Paulo: Revista dos Tribunais, 2002, p. 15. 254 p.

[660] *Idem*, p. 29.

Fundamentos para uma compreensão hermenêutica do Processo Civil

como mera decisão interlocutória. A submissão das liminares e das antecipações de tutela à disciplina das decisões interlocutórias, em que o juiz (metafisicamente) "finge" poder antecipar a "conseqüência" sem antecipar "juízo", ainda que provisório, sobre o mérito, joga tais questões (que, em verdade, são questões da lide) na "vala comum" das decisões sobre processo, submetendo-as à disciplina recursal própria dos provimentos de natureza apenas processual. Nega-se, assim, o fato de que o ser do ente de ambas as decisões (decisão que concede a tutela antecipada e sentença) é o mesmo, e se repudia, como ensina Ovídio Baptista da Silva, a existência de "discricionariedade"[661] nas decisões antecipatórias, permitindo que a instância recursal reexamine, fora de tempo e inoportunamente, uma decisão sobre a lide, tomada pelo juiz da causa, com supressão dessa sua "faculdade discricionária" em limites tais, onde a instância superior revisora somente poderia adentrar em casos justificadamente graves.[662]

A medida que antecipa a tutela, mesmo sendo, por natureza, provisória, e, como tal, destinada a ser depois revogada, ou confirmada (substituída) pela decisão definitiva, diz respeito a uma "questão da lide", pois, muitas vezes, interfere de forma irremediável no direito material litigioso. Dito de outro modo, o ser do ente da sentença e do provimento que concede a antecipação é o mesmo. Assim, o provimento que concede a antecipação da tutela, na verdade, é uma decisão relativa ao mérito, podendo ser considerada uma verdadeira "sentença liminar", cujo resguardo só pode se dar na medida em que seja conferido ao juiz maior poder de decisão, ou seja, uma "margem considerável de autonomia decisória", dentro da qual será inadmissível o reexame por meio de recurso, salvo, como preconiza o Professor Ovídio, hipóteses de erro manifesto, excesso ou abuso de poder, ocorrência de risco de dano grave ao direito da parte que suporta a medida, ou análogo risco de dano ao interesse público ou coletivo. Sem esse sistema de salvaguarda, não se pode ter maiores esperanças quanto aos resultados do instituto da antecipação de tutela, ou seja, quanto à efetividade do processo.[663]

---

[661] Já se falou a respeito da discricionariedade no capítulo 2 desta obra. Para tanto, reporta-se ao que lá foi dito sobre o que significa essa "discricionariedade".

[662] SILVA, Ovídio A. Baptista da. Antecipação da tutela: duas perspectivas de análise. In: *Sentença e coisa julgada*: ensaios e pareceres. 4ª ed. rev. e ampliada. Rio de Janeiro: Forense, 2003, p. 257. 385 p. O Poder Judiciário sofre diretamente o peso das ideologias formadoras de nosso ordenamento jurídico. É considerado o principal responsável pela morosidade e ineficiência da tutela processual. Só que quase ninguém vê que os maiores males deveriam também ser debitados aos demais Poderes do Estado que, ou não lhe dão sustentação material, capaz de torná-lo mais dinâmico e eficiente, ou lhe criam um sistema processual anacrônico, burocrático e conservador. É assim que a jurisdição de primeiro grau ficou reduzida à condição de um "serviço subalterno", com função meramente preparatória para o subseqüente exercício da jurisdição dos tribunais. *Idem*, p. 257-258.

[663] A conclusão no sentido de que, por serem os provimentos antecipatórios decisões "provisórias", seria suficiente para qualificá-los como medidas de natureza apenas processual, confirma o pressuposto, aceito pela doutrina (inautêntica), de que o direito é um sistema essencialmente "normativo", em que a existência ou a modificação do direito material acaba dependendo de um provimento jurisdicional definitivo (coisa julgada) capaz de atingi-lo. Assim, para a doutrina tradicional, tudo aquilo que seja

Uma das causas para não se entender a decisão que antecipa a tutela como sentença está também no fato de que o Código de Processo Civil adotava em seu artigo 162 uma noção formal de sentença como mero provimento que extinguia o processo, com ou sem o julgamento do mérito. A sentença, porém, segundo os romanos e, portanto, segundo o Direito Canônico que do Direito Romano derivou, sempre foi o ato que decidiu o mérito, ou seja, a controvérsia. O próprio Código de Direito Canônico conceitua no cânone 1.607 duas espécies de sentença: a) sentença definitiva: é a que extingue o processo; b) sentença interlocutória: é a que julga "causa incidental" quando não puder ser decidida em conjunto com a "causa principal".[664] Assim como no Direito Canônico, há, no Direito Processual, uma possibilidade de se poder reconhecer decisões que, embora incidentais, são verdadeiras sentenças. A doutrina do direito em vários países manifesta reconhecimento às sentenças parciais, sem problema algum.[665] No sistema processual civil brasileiro, o próprio Código de Processo Civil contempla hipóteses de sentenças parciais, como, por exemplo, a sentença que encerra a primeira fase da ação de prestação de contas.[666] Não há,

---

provisório, no interior da relação processual, não pode dizer respeito à lide e nem tem força para interferir no direito material. É o velho compromisso com a doutrina da "unidade do ordenamento jurídico", para a qual só pelo julgamento do mérito o processo pode interferir no plano do direito material, transformando a realidade, segundo o princípio kantiano (mundo do ser e mundo do dever ser) da radical separação entre o mundo jurídico e o mundo da realidade social. Nesse sentido, ver a crítica de SILVA, Ovídio A. Baptista da. Antecipação da tutela: duas perspectivas de análise. In: SILVA, Ovídio A. Baptista da. *Sentença e coisa julgada*: ensaios e pareceres. 4ª ed. rev. e ampliada. Rio de Janeiro: Forense, 2003, p. 257-260. 385 p. A inovação legislativa do art. 522 do Código de Processo Civil, introduzida pela Lei nº 11.187, de 19 de outubro de 2005, é uma tentativa de dar efetividade às liminares concedidas em antecipação de tutela: "Art. 522. Das decisões interlocutórias caberá agravo, no prazo de 10 (dez) dias, na forma retida, salvo quando se tratar de decisão suscetível de causar à parte lesão grave e de difícil reparação, bem como nos casos de inadmissão da apelação e nos relativos aos efeitos em que a apelação é recebida, quando será admitida a sua interposição por instrumento".

[664] TUCCI, José Rogério Cruz e, AZEVEDO, Luiz Carlos de. *Lições de processo civil canônico*: (história e direito vigente). São Paulo: Revista dos Tribunais, 2001, p. 138. 241 p.

[665] A doutrina alemã, por exemplo, reconhece a possibilidade de uma "sentença parcial de mérito" quando somente uma parte do processo está em estado de decidir. LEIBLE, Stefan. *Proceso civil alemán*. Medellín: Diké, 1999, p. 327-328. 544 p. Isso pressupõe uma matéria processual em geral é possível de ser partida. Essa possibilidade existe quando uma parte da pretensão da demanda é suscetível de uma apreciação especial, ou seja, quando uma parte da pretensão demandada esteja em "estado de resolver". Assim, por exemplo, se o demandado reconhece que deve 100 sobre um total de 150, que é pleiteado pelo demandante, os 100 podem ser decididos por uma sentença parcial. Também para Barrios de ANGELIS, adotando ensinamento de Carnelutti, as sentenças podem ser totais ou parciais. As totais pronunciam-se sobre todos os pontos integrantes do objeto. As parciais pronunciam-se sobre um ou mais pontos do que foi submetido ao juiz. ANGELIS, Barrios de. *El proceso civil*: codigo general del proceso. Montevideo: IDEA, 1989, p. 158. 284 p. Dentre estas, o jurista cita como exemplo as que se pronunciam sobre o *an debeatur* e que, portanto, requerem posterior liquidação. Ainda, Elio FAZZALARI, na doutrina italiana, reconhece a existência de sentenças parciais de mérito, seja quando o juiz decide questões de rito (formais) ou questões de mérito. FAZZALARI, Elio. *Istituzioni di diritto processuale*. Padova: Cedam, 1975, p. 62. 344 p.

[666] É o que dispõe o art. 915 do Código de Processo Civil: "Art. 915. Aquele que pretender exigir a prestação de contas requererá a citação do réu para, no prazo de 5 (cinco) dias, as apresentar ou contestar a ação. (...) § 2 º Se o réu não contestar a ação ou não negar a obrigação de prestar contas observar-se-á o disposto no art. 330; a sentença, que julgar procedente a ação condenará o réu a prestar as

assim, como não acatar a idéia da presença de verdadeiras sentenças no ordenamento processual brasileiro que, ao contrário do estipulado anteriormente no Código de Processo Civil, não põem termo ao processo; mormente agora, a partir da reforma (Lei n° 11.232/2005) que alterou o conceito de sentença para "ato do juiz que implica alguma das situações previstas nos arts. 267 e 269 desta Lei". Substancialmente, pois, não deixam de ser sentença, uma vez que definem o litígio.

A opção pelo tratamento da decisão concessiva da tutela antecipada como sentença nada mais é do que um ajuste entre o processo e o direito material. Reconhecer também a "discricionariedade" do juiz quando concede o provimento antecipatório é reconhecer algo real, isto é, que há uma "discricionariedade permitida constitucionalmente" a fim de que ele possa modificar a realidade. A norma constitucional, diz Cappelletti, é uma "reaproximação do direito à justiça", pois contém valores que pedem uma atuação criativa. É uma tentativa de transformar em direito escrito os "supremos valores". Assim, o caráter da interpretação que a jurisdição faz na atuação concreta tem uma "discricionariedade acentuada": é uma jurisdição de "eqüidade constitucional", que expressa a própria vida, isto é, a "realidade dinâmica das leis fundamentais".[667]

A modernidade nasceu com o Iluminismo setecentista e passou a se desenhar "num caleidoscópio formado por modelos específicos, cada qual formalizando seus dogmas, suas certezas, suas uniformizações, todos dependentes de epistemologias e metodologias construídas para exaltar a lógica de cada um, mesmo que em descompasso com as reais prioridades humanas".[668] A idéia de que, ao conceder a tutela antecipada, o juiz estará proferindo mera decisão interlocutória é uma exaltação a esses dogmas e "verdades" da modernidade, à lógica da certeza, uma vez que não se estará "julgando", em total descompasso com as necessidades da parte que tem o direito, e ao dogma de que, quando o juiz decide acerca da lide antes do momento de proferir a sentença – noção que se apega à ultrapassada idéia de que a sentença tinha de colocar fim ao processo para que pudesse ser considerada sentença –, está decidindo apenas formal e processualmente. As medidas antecipatórias não são meras decisões interlocutórias. Correspondem a uma decisão sobre a lide. Devem, assim, ser tratadas pelo julgador como expressão do "exercício legítimo de seu poder discricionário" (ou, simplesmente, poder de aplicação e criação do direito), como bem assinala Ovídio Baptista da Silva. Portanto, concordando com esse jurista é possível afirmar que, para preservar a natureza e funcionalidade das antecipações de tutela, o sistema recursal que as protege pode e deve

---

contas no prazo de 48 (quarenta e oito) horas, sob pena de não lhe ser lícito impugnar as que o autor apresentar".

[667] CAPPELLETTI, Mauro. *O controle judicial de constitucionalidade das leis no direito comparado*. Tradução de Aroldo Plínio Gonçalves. 2ª ed. Porto Alegre: Fabris, 1992, p. 130-131. 142 p.

[668] MELO, Osvaldo Ferreira de. *Fundamentos da política jurídica*. Porto Alegre: Fabris, 1994, p. 18. 136 p.

ser revisado, reduzindo-se ainda mais o limite do poder de revisão atribuído ao tribunal.[669] Optar, pois, pelo tratamento da decisão concessiva dos provimentos antecipatórios como sentença liminar de mérito significa: a) reconhecer e atribuir ao juiz de primeiro grau maior "poder" para decidir, o que implica numa maior valorização da jurisdição de primeira instância; b) tornar efetivo o processo pela realização antecipada do direito da parte, direito fundamental que o processo, como direito e também garantia fundamental, deve proporcionar.

4.4. O problema das eficácias sentenciais no Direito Processual Civil do Estado Democrático de Direito

Apesar de passados mais de cem anos da descoberta das eficácias mandamentais e executivas *lato sensu*, a doutrina tradicional ainda se recusa a reconhecer sua existência.[670] Essas sentenças operam "efeitos práticos", uma vez que tornam despiciendo o ingresso de posterior processo de execução, fazendo valer, portanto, o poder de império dos juízes. Assim, entender o que significa a efetividade do processo passa por entender a adequada compreensão das eficácias sentenciais. Nesse sentido é que os legisladores, ao seu alvedrio, ao contrário do que acontecia no Estado Liberal de Direito inspirado no Iluminismo – e, muito antes, no Direito Romano e na idéia de jurisdição como mera declaração –, não mais podem retirar ou suprimir as eficácias da ação em sentido material, atribuindo-lhes outras eficácias no plano do Direito Processual que não as correspon-

---

[669] Nesse sentido é que se pode conceber, por exemplo, algum tipo de recurso com "fundamentação vinculada", a exemplo do que se dá com os recursos extraordinários, para os quais não basta a circunstância de ter havido sucumbência e o recorrente, além disso, não demonstrar algum outro pressuposto que, no caso do provimento antecipatório, haveria de ser: a) a existência de ofensa a princípio cogente; b) a possibilidade de pôr em risco de dano iminente e grave a situação jurídica atingida pela medida (pressuposto já contemplado no art. 522 do CPC); c) a alegação de ter havido alguma forma de abuso do direito ou desvio de finalidade. Todas essas situações, diz o Professor Ovídio, fariam com que o provimento em causa transbordasse o "espaço de discricionariedade" que o julgador tem dentro da ordem jurídica, sendo possível, pois, de serem cassadas pelo recurso. Fora dessas hipóteses, as instâncias recursais estariam impedidas de rever o mérito do provimento antecipatório. SILVA, Ovídio A. Baptista da. Antecipação da tutela: duas perspectivas de análise. In: SILVA, Ovídio A. Baptista da. *Sentença e coisa julgada*: ensaios e pareceres. 4ª ed. rev. e ampliada. Rio de Janeiro: Forense, 2003, p. 260. 385 p.

[670] Não são poucos os que, na doutrina brasileira, sequer chegam a mencionar em suas obras ditas eficácias. Arrolam-se abaixo alguns; destes, inclusive, alguns já falecidos, mas ainda lidos e seguidos: BERMUDES, Sergio. *Introdução ao processo civil*. 3ª ed. rev. e atual. Rio de Janeiro: Forense, 2002, p. 56 (este, porém, ao menos reconhecendo a existência de ações mandamentais); SANTOS, Moacyr Amaral. *Primeiras linhas de direito processual civil*. v. 1. 14ª ed. São Paulo: Saraiva, 1989-1990, p. 172-175. 377 p.; BARBI, Celso Agrícola. *Do mandado de segurança*. 8ª ed. rev. e aumentada. Rio de Janeiro: Forense, 1998, p. 46. 352 p.; NEVES, Celso. *Comentários ao Código de Processo Civil*. v. VII: arts. 646 a 795. 7ª ed. Rio de Janeiro: Forense, 1999, p. XVI. 341 p.; CORREIA, Marcus Orione Gonçalves. *Teoria geral do processo*. São Paulo: Saraiva, 1999. 220 p.

dentes ao plano do direito material. Pensar o contrário, pois, autorizaria a supressão do direito à efetividade do processo.

A matriz kantiana, nesse aspecto, como demonstra Ovídio Baptista da Silva, sustentou e continua sustentando a "pessoalidade" dos direitos reais e, por meio dela, da ação condenatória, tendo o direito, quando ingressa no processo, sempre como um direito "com direção pessoal determinada", direito a uma prestação, logo obrigacional. Esse fenômeno é conhecido como a "pessoalização" do direito real, sendo uma tendência constante na história do Direito, iniciada, notadamente, no Direito Romano e mantida ao longo da história dos sistemas jurídicos modernos oriundos do direito romano-canônico,[671] sendo uma das causas da derrocada da efetividade do processo civil.

Essa efetividade, pois, pode ser resgatada pela adequada compreensão das eficácias sentenciais. A análise quanto à sentença, portanto, concentra-se no problema do reconhecimento das eficácias mandamentais e executivas *lato sensu*, haja vista a predominância de doutrina que ainda refuta a existência dessas eficácias. Deve-se salientar, também, que há um outro problema que é o fato de que não há quem questione, com exceção de alguns doutrinadores, a existência de uma verdadeira ação condenatória em sentido material. Nesse sentido, parece que assiste razão a Ovídio Baptista da Silva, reconhecendo a inexistência desta eficácia no plano do direito material, sendo a condenação, antes de tudo, uma eficácia criada pelos legisladores do processo.[672]

[671] Por todos: SILVA, Ovídio A. Baptista da. *Jurisdição e execução na tradição romano-canônica*. 2ª ed. rev. São Paulo: Revista dos Tribunais, 1997. 230 p.

[672] SILVA, Ovídio A. Baptista da. A ação condenatória como categoria processual. In: SILVA, Ovídio A. Baptista da. *Da sentença liminar à nulidade da sentença*. Rio de Janeiro: Forense, 2001, p. 233-251. 394 p. Nesse aspecto, também cabe referir a contribuição de Daniel Francisco MITIDIERO, para quem, no plano do direito material, nem mesmo existe uma ação "mandamental", uma vez que esta seria apenas uma criação das leis processuais, aparecendo tão-somente no momento em que o Estado passou a monopolizar a jurisdição. Mitidiero, entendendo que não existem no plano do direito material ações condenatórias e mandamentais, trabalha com a idéia de "pretensão condenatória" e "pretensão mandamental". E parece ter razão. Aliás, Ovídio Baptista da Silva, como referido, já advertia que a condenação é uma criação do processo, não existindo no plano do direito material. Adota-se aqui, pois, a idéia do Professor Ovídio, complementada pela idéia de Daniel Mitidiero. Para Mitidiero, ao contrário das ações, as pretensões deixam uma escolha ao demandado: adimplir ou não adimplir a obrigação. As pretensões (ações) condenatórias visam impor ao réu uma obrigação de prestar: é uma condenação do réu ao cumprimento de uma obrigação. A pretensão condenatória não leva à satisfação. Daí por que não pode ser classificada como ação. Tem razão o jurista: é quase uma ação preponderantemente executiva obrigacional "mutilada". Quando se fala em "eficácia obrigacional" ou "eficácia real", o juiz autoriza a intromissão no patrimônio alheio (execução obrigacional) ou busca no patrimônio do sucumbente algo que ali estava de forma contrária ao direito (execução real). E aqui o próprio Estado-juiz providencia a satisfação. Já as pretensões (ações) mandamentais têm por objetivo a obtenção de uma sentença em que o juiz emite uma ordem de autoridade. A pretensão mandamental visa à imposição de um fazer ou não-fazer ao demandado. E esta ordem de autoridade só pode existir a partir do momento em que o Estado-Juiz passou a deter o monopólio da jurisdição. Significa dizer que o juiz ordena, coisa impensável antes do aparecimento do Estado. Aqui, a parte cumpre, satisfazendo. MITIDIERO, Daniel Francisco. *Elementos para uma teoria contemporânea do processo civil brasileiro*. Porto Alegre: Livraria do Advogado, 2005, p. 133-136. 165 p.

Para a doutrina processual inspirada no Estado Liberal, o processo de conhecimento, "modelo mais complexo"[673] e "arquétipo" do processo jurisdicional, tem como seus provimentos jurisdicionais apenas as sentenças declaratórias, condenatórias e constitutivas.[674] Portanto, o processo de conhecimento, modelo de processo que pode ser chamado de "processo civil clássico",[675] é um verdadeiro "processo de declaração",[676] sendo o procedimento ordinário, espécie mais conhecida do processo de conhecimento, um procedimento completamente alheio ao direito material e a "maior prova de que o isolamento do processo não produziu bons resultados".[677] Não é novidade, portanto, o fato de a doutrina do Direito Processual Civil ter concebido apenas três espécies de sentença. Esta classificação, como se disse, é fruto da ideologia liberal do final do século XIX, refletindo, além das exigências da escola sistemática,[678] que tinha por necessidade metodológica isolar o processo do direito material, os valores do direito liberal, fundamentalmente pretendendo a neutralidade do juiz, a autonomia da vontade, a não-ingerência do Estado nas relações dos particulares e a incoercibilidade do fazer. Assim, o juiz idealizado pela filosofia liberal nada mais poderia ser do que um funcionário público (idéia que predomina em Chiovenda e Carnelutti), despido do poder de império, devendo apenas proclamar as palavras da lei. As sentenças, nesse sentido, seriam todas "declaratórias" em sentido amplo, já que não permitiriam ao juiz dar ordens.[679]

A jurisdição, portanto, de acordo com essa ideologia,[680] teria função meramente declaratória (o juiz é apenas a "boca da lei"), reafirmando a

---

[673] FAZZALARI, Elio. *Istituzioni di diritto processuale.* Padova: Cedam, 1975, p. 51. 344 p.

[674] Apenas para citar alguns, são adeptos da classificação trinária: BACRE, Aldo. *Teoría general del proceso.* Tomo III. Buenos Aires: Abeledo-Perrot, 1992, p. 403. 639 p.; FAZZALARI, Elio. *Istituzioni di diritto processuale.* Padova: Cedam, 1975, p. 51-52. 344 p.; GIANNOZZI, Giancarlo. *Appunti per un corso di diritto processuale civile.* Milano: Dott A. Giuffrè, 1980, p. 14. 242 p.; LENT, Friedrich. *Diritto processuale civile tedesco.* Parte prima. Il procedimento di cognizione. Traduzione di Edoardo F. Ricci. Napoli: Morano, 1962, p. 230. 389 p.; PALACIO, Lino Enrique. *Derecho procesal civil.* Tomo I. Nociones generales. Buenos Aires: Abeledo-Perrot, 1967, p. 314-315. 493 p.; SANTOS, Moacyr Amaral. *Primeiras linhas de direito processual civil.* 3. v. 12ª ed. São Paulo: Saraiva, 1989-1992, p. 30-33. 484 p.; SATTA, Salvatore. *Direito processual civil.* 7ª ed. Tradução e notas de Luiz Autuori. Rio de Janeiro: Borsoi, 1973, p. 276. 421 p.; SCHÖNKE, Adolfo. *Derecho procesal civil.* Barcelona: Bosch, 1950, p. 152. 450 p.; SENTÍS MELENDO, Santiago. *Estudios de derecho procesal.* v. I. Buenos Aires: Ediciones Jurídicas Europa-America, 1967, p. 179-183. 648 p.

[675] Nesse sentido, MARINONI, Luiz Guilherme. *Tutela inibitória:* individual e coletiva. São Paulo: Revista dos Tribunais, 1998, p. 19. 475 p.

[676] PALACIO, Lino Enrique. *Derecho procesal civil.* Tomo I. Nociones generales. Buenos Aires: Abeledo-Perrot, 1967, p. 314-315. 493 p.

[677] MARINONI, Luiz Guilherme. *Tutela inibitória:* individual e coletiva. São Paulo: Revista dos Tribunais, 1998, p. 19. p. 475

[678] A escola sistemática é a escola chiovendiana, que se preocupou em erguer as bases de um direito processual completamente independente do direito material.

[679] MARINONI, Luiz Guilherme, ARENHART, Sérgio Cruz. *Manual do processo de conhecimento:* a tutela jurisdicional através do processo de conhecimento. São Paulo: Revista dos Tribunais, 2001, p. 429. 736 p.

[680] Já criticada no capítulo 3 desta obra. Veja-se que aqui se retoma toda a problemática envolvendo o conceito de jurisdição, notadamente quanto às idéias de Chiovenda e Carnelutti, inspiradores de uma sistematização do Direito Processual Civil; sistematização essa que, no entanto, acabou por dar outra

"vontade da lei" e a autoridade do Estado-legislador. Isso porque, com o princípio da separação dos poderes, o "legislador" foi alçado à condição de "representante" do povo, cuja autoridade não poderia ser questionada. A classificação trinária das sentenças tem, assim, uma nítida relação com um Estado que é marcado pelo valor "liberdade individual" em relação aos poderes de intervenção estatal. Nesse contexto, o processo civil liberal, abstraindo os sujeitos e a equivalência dos valores, optando pela não-coercibilidade das obrigações, não estava preocupado em assegurar ao credor o que lhe era devido, mas tão-somente em garantir o natural funcionamento da economia de mercado, bastando para isso a sentença condenatória, isto é, o pagamento em dinheiro. O direito liberal, fruto de uma sociedade nesses moldes, não se preocupava com a diferença entre as pessoas e os bens que deveriam ser tutelados pela jurisdição. Não tinha, pois, uma preocupação com a tutela das posições sociais economicamente fracas ou com determinados bens que hoje merecem uma tutela diferenciada,[681] preocupando-se apenas com o "restabelecimento do valor econômico da lesão", com a "tutela ressarcitória".[682]

A ideologia liberal, pois, guarda uma relação acentuada com a transformação do processo econômico. A igualdade formal, pretendida pelo liberalismo, liga-se, então, à concepção liberal de contrato e ao "ressarcimento do dano" como sanção que expressa a realidade do mercado. Assim, se os homens são "iguais" e livres para se autodeterminarem no contrato, ao Estado não cabe intervir, no caso de incumprimento das obrigações, para assegurar o adimplemento in *natura*. O sistema clássico de tutela dos direitos não permite uma tutela preventiva, porquanto qualquer infringência à lei ou ao contrato pode(ria) ser recomposta por meio de dinheiro. O modelo do Estado liberal clássico, marcado pela acentuação da liberdade individual em relação aos poderes de intervenção do Estado, está bem refletido na sentença declaratória, enquanto sentença que regula apenas formalmente uma relação jurídica já determinada em seu conteúdo pela autonomia privada. Essa sentença não pode interferir na esfera jurídica do particular ou coagir alguém a não cometer um ilícito, pois isso implicaria em uma interferência indevida sobre a liberdade do indivíduo.[683] Ora, isso gera um problema sério em termos de efetividade do processo, pois, quando se compreende inautenticamente a problemática das eficácias sentenciais, perde-se o "sentido prático" daquilo que as sentenças devem realizar. Operando tão-somente no "mundo normativo" (no sentido que

---

finalidade à atividade do juiz, velando o sentido prático da atividade jurisdicional e conformando-a à aplicação da "vontade concreta da lei", num sentido metafísico.

[681] MARINONI, Luiz Guilherme, ARENHART, Sérgio Cruz. *Manual do processo de conhecimento*: a tutela jurisdicional através do processo de conhecimento. São Paulo: Revista dos Tribunais, 2001, p. 431. 736 p.

[682] No mesmo sentido: OLIVEIRA, Carlos Alberto Alvaro de. *Do formalismo no processo civil*. São Paulo: Saraiva, 1997, p. 70-71. 260 p.

[683] MARINONI, Luiz Guilherme, ARENHART, Sérgio Cruz. *Manual do processo de conhecimento*: a tutela jurisdicional através do processo de conhecimento. São Paulo: Revista dos Tribunais, 2001, p. 435. 736 p.

a metafísica lhe atribui), haja vista que elas, para a doutrina tradicional, são apenas declaratórias, constitutivas ou condenatórias, deixam de proporcionar a realização concreta do direito, pois dependem sempre de uma atividade posterior, *v.g.*, o ajuizamento de uma ação de execução. Esse modo de compreensão, como dito, demonstra o forte apego da doutrina à ideologia que vê o juiz apenas como órgão que declara o direito, mas não o realiza, nos moldes da visão de Montesquieu. Como o juiz não pode atuar no "mundo dos fatos" (metafisicamente falando), perde-se o sentido da jurisdição como "concretizadora" do direito declarado na sentença.

Se a sentença deve guardar congruência com a pretensão ou ação de direito material, os legisladores do processo não podem, ao seu talante, criar eficácias que não existem ou mesmo suprimi-las ou alterá-las. Isso porque não há uma "liberdade de conformação" dos legisladores (eles não são livres para estabelecerem o que bem entendem!). No paradigma liberal-individualista, as eficácias das ações prosseguiram suprimidas, desconhecidas ou alteradas pelos legisladores. Assim, o que era eficácia executiva *lato sensu* ou mandamental, em virtude do desconhecimento das tutelas interditais e executivas, e do apego à idéia de jurisdição como atividade declarativa, continou sendo tratado como eficácia condenatória; o que era direito real continuou sendo tratado como obrigacional, em função da "pessoalização" do primeiro.[684]

Ora, da mesma forma que os legisladores são livres para inserirem normas de Direito Processual na Constituição, respeitando sua natureza,[685] também no processo civil, quanto à natureza jurídica das sentenças, eles deverão respeitar a natureza da ação no plano do direito material, uma vez que o critério a ser adotado é o da eficácia da ação (material), e não o da discricionariedade dos legisladores. Não há, portanto, como os legisladores do processo estabelecerem "formas" que não tenham a ver com a "substância", pois, se assim agirem, estarão suprimindo o direito/garantia fundamental de acesso à justiça, que só se perfectibiliza no momento em que o processo é efetivo. Nesse aspecto, exemplo de "ação positiva" dos legisladores no sentido de cumprirem o que a Constituição assegura, que é o direito a um processo social com resultados efetivos e concretos, é representado pela introdução da ação inibitória[686] – e, por conseguinte, da

---

[684] A obra é de consulta obrigatória: SILVA, Ovídio A. Baptista da. *Jurisdição e execução na tradição romano-canônica*. 2ª ed. rev. São Paulo: Revista dos Tribunais, 1997. 230 p.

[685] PROVINCIALI, Renzo. *Norme di diritto processuale nella costituzione*. Milano: Dott A. Giuffrè, 1959, p. 31. 200 p.

[686] Sobre o tema, consultar DENTI, Vittorio. *Un progetto per la giustizia civile*. Bologna: Il Mulino, 1982, p. 218. 348 p.; MARINONI, Luiz Guilherme. *Tutela inibitória*: individual e coletiva. São Paulo: Revista dos Tribunais, 1998. 475 p. Com relação aos artigos 461 e 461-A, ambos do Código de Processo Civil, anota-se, junto com Jaqueline Mielke SILVA, que, apesar de elogiável a alteração legislativa, introduzindo as "ações sincréticas" no sistema processual brasileiro, há alguns problemas que dizem respeito "à incongruência dos procedimentos executórios previstos nos artigos 621 e seguintes e 632 e seguintes". Isso porque o Processo Civil contempla um paradoxo: "a partir dos artigos 461 e 461-A, muniu-se o sistema jurídico de meios que trazem a efetividade que o processo de execução há muito não contempla. Vejamos: aquele que não possui título executivo poderá valer-se da tutela mandamental ou executiva *lato sensu*, impondo-se uma série de medidas coercitivas previstas no § 5º do artigo 461 (tanto direta, quanto indiretas) para o

---

Fundamentos para uma compreensão hermenêutica do Processo Civil

sentença inibitória –, importantíssima inovação legislativa, notadamente quanto à tutela ambiental. A sentença oriunda de uma demanda dessa natureza pode não guardar congruência com o pedido, excepcionando, portanto, o princípio da correlação, mas assegura a proteção de direitos que são indispensáveis à vida humana.

Para concluir, ratifica-se que a efetividade do processo está diretamente ligada ao correto tratamento que é dado às eficácias das ações e/ou pretensões em sentido material. Daí o porquê de a sentença de procedência não poder possuir eficácia diversa à daquela da pretensão material que se pretenda ver tutelada. É necessário, pois, reconhecer aquilo que Vittorio Denti tem afirmado acerca da relação entre o processo e o direito material, isto é, que, após ter vigido a conclamada autonomia da ação, hoje se está redescobrindo a dependência entre ambos.[687] Isso implica, pois, garantir o direito à efetividade do processo pela adequação da sentença de procedência à ação material, garantindo que as sentenças executivas *lato sensu* e mandamentais não sejam, por obra dos legisladores, transformadas em condenatórias.

4.5. A coisa julgada e o Estado Democrático de Direito: é possível relativizar a coisa julgada sem que se afronte o Estado Democrático de Direito?

A coisa julgada constitui-se em "pilar fundamental" do Direito Processual.[688] Seu principal objetivo é resguardar a segurança jurídica, ca-

---

cumprimento em espécie da obrigação; aquele que não possui título executivo poderá obter a antecipação dos efeitos mandamentais ou executivos *lato sensu*, tal como prevê o artigo 461, § 3º. Por outro lado, todos aqueles que forem detentores de um título executivo extrajudicial, deverão sujeitar-se ao procedimento executório previsto nos artigos 621 e seguintes e 632 e seguintes, o que significa dizer: deverão requerer a citação do devedor para entregar a coisa em dez dias ou depositá-la (art. 621), em se tratando de ação de execução para entrega de coisa ou a citação do devedor para cumprir a obrigação no prazo assinado no título ou, se este não tiver previsão, no prazo assinado pelo Juízo (artigo 632); em havendo a propositura da ação de embargos – que tem o condão de suspender total ou parcialmente a execução, nos termos do artigo 739, §§ 1º e 2º, o credor só terá a posse da coisa – execução para entrega de coisa – ou haverá o adimplemento da prestação – execução para cumprimento de obrigação de fazer ou não fazer – após o julgamento da demanda, que não se dará certamente em menos de um ano (que seria um tempo recorde, se falarmos em matéria de Judiciário no Brasil). Pelo exposto, observa-se que o legislador "reformista" criou um sistema contraditório: em se tratando de entrega de coisa ou cumprimento de prestação de fazer e não fazer, muito melhor é o credor não ter título, face a todas as medidas previstas no artigo 461. Melhor teria sido, sem sombra de dúvidas, que o legislador tivesse revogado todo procedimento relativo à execução para entrega de coisa e execução para cumprimento de prestação de fazer e não fazer. Tivesse ou não o credor título executivo, mais célere seria que uma demanda tramitasse de acordo com os artigos 461 e 461-A. O sistema é absolutamente incoerente quando concede jurisdição urgente àquele que não tem título e sacrifica aquele que tem referido documento, prestando-lhe tutela jurisdicional após longos anos de tramitação da demanda". SILVA, Jaqueline Mielke. *O direito processual civil como instrumento de realização de direitos*. Porto Alegre: Verbo Jurídico, 2005, p. 355-357. 424 p.

[687] DENTI, Vittorio. *Un progetto per la giustizia civile*. Bologna: Il Mulino, 1982, p. 12. 348 p.

[688] Nesse sentido, BERZOSA FRANCOS, M. Victoria. *Demanda, "causa petendi" y objeto del proceso*. Cordoba: Ediciones El Almendro, 1984, p. 189. 239 p.; LIEBMAN, Enrico Tullio. *Eficácia e autoridade da*

racterizando-se por atribuir à decisão judicial o caráter de imutabilidade. Imutabilidade essa cujo espectro de abrangência tem sido objeto de discussão na doutrina,[689] mas que, ao final de tudo, identifica-se com o conteúdo declaratório da sentença. Portanto, é a imutabilidade do conteúdo declaratório que caracteriza a coisa julgada. A partir dessa imutabilidade a coisa julgada proporciona a segurança jurídica esperada, uma vez que a declaração nunca mais poderá ser rediscutida. Há, assim, uma declaração acobertada pela coisa julgada que se torna imune a eventual alteração. A coisa julgada é a garantia fundamental de que o cidadão terá segurança jurídica, isto é, de que será emprestado às suas relações jurídicas um caráter de segurança definitiva.

No Direito Constitucional brasileiro, a segurança jurídica, além de constituir um princípio, é um direito fundamental. Coincide com uma das mais profundas aspirações do ser humano, viabilizando, mediante a garantia de uma certa estabilidade das relações jurídicas e da própria ordem jurídica como tal, a elaboração de projetos de vida e sua realização. A idéia de segurança jurídica, pois, está umbilicalmente vinculada à noção de dignidade da pessoa humana.[690]

No Direito Processual Civil, há determinados casos em que não há produção de coisa julgada e que, por conseqüência, não se refletem em segurança jurídica, uma vez que esta, nessas hipóteses, não se faz necessária ou é impossível juridicamente. Na doutrina estrangeira, por exemplo, identificam-se determinadas sentenças que não produzem coisa julgada. Entre elas, para citar alguns casos, Hernando Devis Echandia arrola os

---

sentença e outros escritos sobre a coisa julgada (com aditamentos relativos ao direito brasileiro). Tradução de Alfredo Buzaid e Benvindo Aires; tradução dos textos posteriores a 1945 e notas relativas ao direito brasileiro vigente, de Ada Pellegrini Grinover. 3ª ed. Rio de Janeiro: Forense, 1984, p. 19-20. 332 p.

[689] Na doutrina, BERZOSA FRANCOS e LIEBMAN concordam no sentido de que a coisa julgada é uma qualidade que se agrega aos efeitos da sentença, sejam eles quais forem, isto é, declaratórios, constitutivos ou "executivos". BERZOSA FRANCOS, M. Victoria. *Demanda, "causa petendi" y objeto del proceso.* Cordoba: Ediciones El Almendro, 1984, p. 190. 239 p. Também ABITIA ARZAPALO, Jose Alfonso. *De la cosa juzgada en materia civil.* Mexico: Leon Sanchez, 1959, p. 80-81. 421 p. Moacyr Amaral SANTOS também é um dos que se filia à teoria de Liebman, para quem a coisa julgada é uma qualidade especial da sentença consistente na imutabilidade dos seus efeitos. SANTOS, Moacyr Amaral. *Primeiras linhas de direito processual civil.* 3. v. 12ª ed. São Paulo: Saraiva, 1989-1992, p. 51. 484 p. Para GOLDSCHMIDT, porém, a declaração contida na sentença, e não os efeitos, é que constitui a essência da coisa julgada. A chamada "concepção negativa" da coisa julgada, diz o jurista, que vigia no direito romano antigo e vige até hoje no processo penal alemão, concebe o efeito da coisa julgada como consunção, que não é outra coisa que o precedente histórico da concepção "positiva" da coisa julgada, que compreende seu efeito como declaração. GOLDSCHMIDT, James. *Teoría general del proceso.* Barcelona: Labor, 1936, p. 36. 195 p. A coisa julgada, assim, concordando em Goldschmidt e Ovídio Baptista da Silva, é uma qualidade da sentença que torna imutável o conteúdo declaratório do ato. Essa declaração, pois, é que se torna imutável. A coisa julgada não é uma qualidade do ato sentencial que se agrega aos seus efeitos, pois estes são mutáveis, como demonstra José Carlos Barbosa Moreira. Consultar: MOREIRA, José Carlos Barbosa. *Temas de direito processual.* São Paulo: Saraiva, 1977, p. 89. 255 p.; MOREIRA, José Carlos Barbosa. *Temas de direito processual.* 5. série. São Paulo: Saraiva, 1994, p. 107. 255 p.

[690] SARLET, Ingo Wolfgang. Direitos fundamentais sociais e proibição de retrocesso: algumas notas sobre o desafio da sobrevivência dos direitos sociais num contexto de crise. In: *Revista do Instituto de Hermenêutica Jurídica.* v. 1. n. 2. Porto Alegre: Instituto de Hermenêutica Jurídica, 2004, p. 125-127. 351 p.

seguintes: sentenças que não tenham se manifestado acerca do fundo do litígio (mérito), sentenças proferidas em processos de jurisdição voluntária, sentenças nulas ou proferidas em processos nulos e sentenças que não resolveram acerca de pretensões que deveriam ter sido resolvidas e não o foram.[691] A "coisa julgada" dessas sentenças – que, na verdade, não existe – seria passível, pois, de relativização, segundo essa doutrina. Também para Abitia Arzapalo, quando a coisa julgada é obtida fraudulentamente, haverá uma possibilidade de modificá-la. O processo fraudulento, que pode prejudicar terceiros, uma das partes, o Estado ou a lei, encontra-se afetado de uma nulidade absoluta (falta-lhe o pressuposto constitucional mais essencial, qual seja, a existência de um "processo real") e, portanto, não produz coisa julgada. Outro exemplo de "coisa julgada afetada por nulidade" é o da sentença pronunciada por quem não é juiz.[692]

Esses casos, em sua maioria "abstratos" e "óbvios" (como é, por exemplo, o caso da sentença dada por quem não é juiz), atualmente, têm sido teorizados com os mais diversos argumentos no sentido de uma relativização da coisa julgada. A doutrina pátria, assim, tem-se dividido: alguns se movimentam na defesa de uma "relativização" da coisa julgada,[693] reconhecendo, pois, a possibilidade de sentenças que não transitam em julgado ou que, mesmo transitando em julgado, não produzem coisa julgada material. Para parte da doutrina, portanto, ou a sentença não transita em julgado, ou transita em julgado sem produzir coisa julgada. Teresa Arruda Alvim Wambier e José Miguel Garcia Medina consideram "nulas" e, portanto, rescindíveis, as sentenças *ultra petita* e *infra petita*.[694] Mais do que isso, o entendimento de ambos é o de que não seria necessário nem mesmo o ajuizamento da ação rescisória, já que essas decisões seriam "inexistentes juridicamente". Assim, na hipótese de se ter decidido pedido que não tenha sido formulado, apenas o que foi apreciado é que transita(ria) em julgado, desde que tenha (tivesse) sido pedido. Isso porque, dizem esses juristas, a petição inicial é um pressuposto processual de existência. Assim, petição inicial sem pedido não é petição. Logo, sentença sem *decisum* não é sentença.[695] Como a coisa julgada pressupõe um

---

[691] DEVIS ECHANDIA, Hernando. *Teoria general del proceso*. Tomo II. Buenos Aires: Editorial Universidad, 1985, p. 590-594. 702 p.

[692] ABITIA ARZAPALO, Jose Alfonso. *De la cosa juzgada en materia civil*. Mexico: Leon Sanchez, 1959, p. 181-183. 421 p.

[693] Em especial: DINAMARCO, Cândido Rangel. Relativizar a coisa julgada material. In: *Revista da Ajuris*. Porto Alegre: Associação dos Juízes do Rio Grande do Sul, n. 83, tomo I, XXVII, set/2001. 383 p.; WAMBIER, Teresa Arruda Alvim, MEDINA, José Miguel Garcia. *O dogma da coisa julgada*: hipóteses de relativização. São Paulo: Revista dos Tribunais, 2003. 275 p.

[694] *Idem*, p. 29. 275 p.

[695] Portanto, se o autor formula os pedidos X e Y e o juiz decide X, Y e Z, quanto ao Z o que se terá é uma sentença inexistente, que não transita em julgado, não correspondendo a pedido algum. A jurisdição não terá sido provocada a decidir acerca daquele pedido. Aquela relação processual, portanto, não se terá configurado. Em conclusão, se a sentença não decidiu acerca daquele pedido feito (por-

juízo, dizem Wambier e Medina, onde falta esse juízo, não se forma coisa julgada. Se a sentença decidiu acerca do que não foi pedido (pedido não feito e decidido), apenas o que foi apreciado é que transita em julgado, desde que tenha sido pedido. Portanto, sentenças proferidas sem que haja citação de todos os réus, nos casos de litisconsórcio necessário, sentenças proferidas por quem não seja juiz, e sentenças *ultra* e *infra petita* – em que não haverá coisa julgada sobre a decisão a respeito do pedido que não foi formulado – nem mesmo necessitariam de ação rescisória para serem impugnadas.[696] Wambier e Medina aventam também outras hipóteses de decisões transitadas em julgado, passíveis ou não de rescisória, mas que, de igual modo, poderiam ser relativizadas, independentemente da utilização da via rescisória. Alguns exemplos são os seguintes: a) a sentença que ofende a Constituição; b) as sentenças inconstitucionais, porque acolhem pedidos inconstitucionais, e as sentenças proferidas com base em lei que, posteriormente, foi declarada inconstitucional em ação direta de inconstitucionalidade julgada procedente; c) a sentença proferida com base em lei que for revogada durante a tramitação da ação declaratória de inconstitucionalidade; d) a sentença dada com base em lei editada anteriormente à Constituição e que, após, passa a ser inconstitucional (casos de inconstitucionalidade superveniente); e) a sentença que não aplicou determinada lei por considerá-la inconstitucional, sendo que ação declaratória de constitucionalidade posterior deu pela constitucionalidade da referida lei; f) a decisão que se baseou em determinado princípio ou que o afastou, bem como a que tenha consagrado interpretação hoje considerada "pacificamente incorreta" pelo Judiciário.

Na defesa dessa relativização estão os mais variados motivos, devendo-se destacar, por exemplo, o de que a sentença inconstitucional é rescindível porque ofende a lei e o de que a decisão proferida com base em lei inconstitucional é inexistente, pois baseada em lei inexistente (inconstitucional). Nesses casos, para Wambier e Medina, é dispensável, inclusive, a ação rescisória, sendo possível o ajuizamento de uma ação declaratória de inexistência autônoma. Outro argumento utilizado na defesa da relativização é o de que admitir a sobrevivência de uma decisão que consagrou interpretação hoje considerada, maneira pacífica, incorreta pelo Judiciário é prestigiar o "acaso". Daí por que a viabilidade do cabimento de ação rescisória, ou de qualquer outra ação, quando a jurisprudência do Supremo Tribunal Federal vier a se fixar em sentido contrário, pois, segundo eles, deve-se optar por uma "segurança com conteúdo", isto é, a "segurança de ter conseguido o melhor".[697]

---

tanto, pedido feito e não decidido), o pedido pode ser formulado de novo. WAMBIER, Teresa Arruda Alvim, MEDINA, José Miguel Garcia. *O dogma da coisa julgada*: hipóteses de relativização. São Paulo: Revista dos Tribunais, 2003. p. 83-85. 275 p.

[696] *Idem*, p. 29; 83-85.

[697] *Idem*, p. 43-71.

Fundamentos para uma compreensão hermenêutica do Processo Civil

No mesmo sentido, defendendo a relativização da coisa julgada, apresenta-se Cândido Rangel Dinamarco, para quem a coisa julgada material não é instituto confinado ao Direito Processual. Para o Desembargador do Tribunal de Justiça do Estado de São Paulo, a coisa julgada, erigida em garantia constitucional, tem um "significado político-institucional" de assegurar a firmeza das situações jurídicas. Uma vez consumada, reputa-se consolidada, no presente e para o futuro, a situação jurídico-material das partes relativa ao objeto do julgamento e às razões que qualquer uma delas tivesse para sustentar ou pretender alguma outra situação. Essa garantia, porém, deve ser posta em equilíbrio com as demais garantias constitucionais e com os institutos jurídicos conducentes à produção de "resultados justos" mediante as atividades inerentes ao processo civil.[698] Isso porque o valor da segurança das relações jurídicas não é absoluto no sistema, assim como não o é a garantia da coisa julgada. Ambos devem conviver com outro valor, que é o da "justiça das decisões", constitucionalmente prometido mediante a garantia do acesso à justiça.[699]

O instituto da coisa julgada, para esses três juristas, tal qual vinha sendo concebido pela doutrina tradicional, já não mais corresponde, pois, às expectativas da sociedade, uma vez que a segurança, que é o valor que está por detrás da construção do conceito da coisa julgada, já não mais se consubstancia em valor que deva ser preservado a todo custo.[700] Para esta

---

[698] DINAMARCO, Cândido Rangel. Relativizar a coisa julgada material. In: *Revista Ajuris*. Porto Alegre: Associação dos Juízes do Rio Grande do Sul, n. 83. Tomo I. Ano XXVII, p. 35-36, set. 2001. 383 p. O direito processual não deve ser exitoso por ser fiel a princípios dogmáticos, mas por brindar resultados justos e úteis. Esses resultados justos e úteis estão consagrados na Constituição. São valores positivados pelo constituinte na forma de preceitos. A importância da interpretação constitucional é óbvia: o valor de cada preceito da Constituição depende, em definitivo, do significado que lhe dão seus intérpretes-operadores. SAGÜES, Néstor Pedro. *La interpretación judicial de la Constitución*. Buenos Aires: Depalma, 1998, p. 1-236. 239 p. A sorte da Constituição, assim, depende de sua interpretação. Também a do direito processual.

[699] DINAMARCO, Cândido Rangel. Relativizar a coisa julgada material. In: *Revista Ajuris*. Porto Alegre: Associação dos Juízes do Rio Grande do Sul, n. 83. Tomo I. Ano XXVII, p. 38, set. 2001. 383 p.

[700] WAMBIER, Teresa Arruda Alvim, MEDINA, José Miguel Garcia. *O dogma da coisa julgada*: hipóteses de relativização. São Paulo: Revista dos Tribunais, 2003, p. 13. 275 p. O Superior Tribunal de Justiça reconheceu a possibilidade de relativizar a coisa julgada com base nos princípios da moralidade pública e da razoabilidade no seguinte caso: a Fazenda do Estado de São Paulo havia sido vencida em processo por desapropriação indireta e, depois, feito acordo com os adversários para parcelamento do débito; pagas algumas parcelas, voltou a juízo com uma demanda que denominou ação declaratória de nulidade de ato jurídico cumulada com repetição de indébito. Sua alegação era a de que houvera erro no julgamento da ação expropriatória, causado ou facilitado pela perícia, uma vez que a área supostamente apossada pelo Estado já pertencia a ele próprio e não aos autores. Apesar do trânsito em julgado e do acordo depois celebrado entre as partes, o Ministro José Delgado votou no sentido de restabelecer, em sede de recurso especial, a tutela antecipada que o juiz de primeiro grau concedera à Fazenda e o Tribunal paulista, invocando a autoridade da coisa julgada, viera a negar. A tese do Ministro prevaleceu por três votos contra dois e a tutela antecipada foi concedida. Nesse sentido, também: BRASIL. SUPERIOR TRIBUNAL DE JUSTIÇA. *ADMINISTRATIVO. DESAPROPRIAÇÃO. SENTENÇA COM TRÂNSITO EM JULGADO. FASE EXECUTÓRIA. EXCEÇÃO DE PRÉ-EXECUTIVIDADE. ACOLHIMENTO. ERRO DA SENTENÇA QUANDO DA DETERMINAÇÃO DO MARCO INICIAL DA CORREÇÃO MONETÁRIA. COISA JULGADA. PRINCÍPIOS DA MORALIDADE E DA JUSTA INDENIZAÇÃO. 1. Desmerece êxito recurso especial desafiado contra acórdão que repeliu alegativa de ofensa à coisa julgada, apoiando decisão monocrática acolhedora de exceção de pré-executividade proposta com*

posição doutrinária, portanto, há situações em que as normais conseqüências da coisa julgada podem comprometer certos escopos de disposições constitucionais, de modo que, quando isso acontecer, ulteriores demandas sobre a mesma matéria devem ser admitidas. Assim, "os tribunais somente podem fazer o melhor a seu alcance para encontrar a verdade com base na prova, e a primeira lição que se deve aprender em tema de coisa julgada é que as conclusões judiciais não podem ser confundidas com a verdade absoluta" (Dinamarco).

Além das causas arroladas por Wambier e Medina a fim de se relativizar a coisa julgada, também há as alinhadas por Dinamarco. Nesse sentido, podem ser referidas as seguintes: a) o princípio da razoabilidade e da proporcionalidade como condicionantes da imunização dos julgados pela autoridade da coisa julgada material; b) a moralidade administrativa como valor constitucionalmente proclamado e cuja efetivação é óbice a essa autoridade em relação a julgados absurdamente lesivos ao Estado; c) o imperativo constitucional do justo valor das indenizações em desapropriação imobiliária, o qual tanto é transgredido quando o ente público é chamado a pagar mais, como quando ele é autorizado a pagar menos que o correto; d) o zelo pela cidadania e direitos do homem, também residente na Constituição da República, como impedimento à perenização de decisões inaceitáveis em detrimento dos particulares; e) a fraude e o erro grosseiro como fatores que, contaminando o resultado do processo, autorizam a revisão da coisa julgada; f) a garantia constitucional do acesso à ordem jurídica justa, que repele a perenização de julgados aberrantemente discrepantes dos ditames da justiça e da eqüidade; g) o caráter excepcional da disposição a flexibilizar a autoridade da coisa julgada, sem o qual o sistema processual perderia utilidade e confiabilidade, mercê da insegurança que isso geraria; i) a proteção dos direitos difusos[701] (que, na verdade, gozam de um sistema próprio de coisa julgada).

o fito de corrigir erro cometido pela sentença quanto à determinação do marco inicial da correção monetária a incidir sobre o valor devido. 2. Não obstante, em decisão anterior já transitada em julgado, se haja definido o termo inicial da correção monetária, não se pode acolher a invocação de supremacia da coisa julgada principalmente tendo-se em vista o evidente erro cometido pela sentença que determina que a correção seja computada desde a instalação das redes em 1972, havendo o laudo pericial sido elaborado com base em valores de agosto de 1980. 3. O bis in idem perpetrado pela aplicação retroativa da correção monetária aumentou em seis vezes o valor devido, o que não se compadece com o conceito da justa indenização preconizada no texto constitucional, impondo-se inelutável a sua retificação sob pena de enriquecimento ilícito do expropriado pois se é certo que os expropriados devem receber o pagamento justo, é certo, também, que este deve se pautar segundo os padrões da normalidade e da moralidade. Não se deve esquecer que a correção monetária visa a atualização da moeda e apenas isso. Não se pretende por meio dela a penalização do devedor. 4. Não deve se permitir, em detrimento do erário público, a chancela de incidência de correção monetária dobrada em desacordo com a moral e com o direito. Repito, ambas as partes merecem ampla proteção, o que se afigura palpável no resguardo do princípio da justa indenização. Abriga-se, nesse atuar, maior proximidade com a garantia constitucional da justa indenização, seja pela proteção ao direito de propriedade, seja pela preservação do patrimônio público. 5. Inocorrência de violação aos preceitos legais concernentes ao instituto da res judicata. Conceituação dos seus efeitos em face dos princípios da moralidade pública e da segurança jurídica. 6. Recurso especial desprovido. Recurso Especial nº 554402/RS (2003/0114847-6). Primeira Turma. Relator: Ministro José Delgado. Data do Julgamento: 21/09/2004.

[701] DINAMARCO, Cândido Rangel. Relativizar a coisa julgada material. In: *Revista Ajuris*. Porto Alegre: Associação dos Juízes do Rio Grande do Sul, n. 83. Tomo I. Ano XXVII, p. 45-48, set. 2001. 383 p.

Fundamentos para uma compreensão hermenêutica do Processo Civil

De outro lado, parte da doutrina nega a relativização da coisa julgada, entendendo quê se trata de "tese nazista" e "totalitária", fazendo da exceção a regra. Assim, não se pode, de modo algum, relativizar a coisa julgada porque se busca a segurança jurídica, sem o que o Estado Democrático de Direito restaria acabado.[702] Desconsiderar a coisa julgada, nesse aspecto, é (seria) um "eufemismo para a instalação da ditadura", fazendo desaparecer a democracia que deve ser buscada, respeitada e praticada no processo. Nem no nazismo, diz Nery Júnior, foi desrespeitada a coisa julgada, uma vez que a verificação da justiça ou injustiça de uma sentença só poderia ser feita pela via da ação rescisória. Era uma das causas da ação rescisória.[703] Daí por que, complementa o mesmo jurista, de nada adianta a doutrina que defende essa tese "pregar que seria de aplicação excepcional, pois, uma vez aceita, a cultura jurídica vai, seguramente, alargar os seus espectros – vide mandado de segurança para dar efeito suspensivo a recurso que legalmente não o tinha, que, de medida excepcional, se tornou regra, como demonstra o passado recente da história do processo civil brasileiro –, de sorte que amanhã poderemos ter como regra a não existência da coisa julgada e como exceção, para pobres e não poderosos, a intangibilidade da coisa julgada. A inversão dos valores, em detrimento do Estado Democrático de Direito, não é providência que se deva prestigiar. Anote-se, por oportuno, que, mesmo com a ditadura totalitária no nacional-socialismo alemão, que não era fundada no Estado Democrático de Direito, como é curial, os nazistas não ousaram 'desconsiderar' a coisa julgada. Criaram uma nova causa de rescindibilidade da sentença de mérito para atacar a coisa julgada. Mas, repita-se, respeitaram-na e não a desconsideraram. No Brasil, que é república fundada no Estado Democrático de Direito, o intérprete quer desconsiderar a coisa julgada nos casos em que ele acha que deva fazê-lo; o intérprete quer ser pior do que os nazistas. Isso é intolerável. O processo é instrumento da democracia e não o seu algoz". Assim, para Nery Júnior, só por lei é que poderão ser abrandados os rigores da coisa julgada.[704]

Também Ovídio Baptista da Silva não tem visto com bons olhos a doutrina da relativização, mormente no que diz respeito à motivação des-

---

[702] Por todos, NERY JÚNIOR, Nelson. *Teoria geral dos recursos*. 6ª ed. atual., ampl. e reform. da 5ª edição do livro Princípios fundamentais – teoria geral dos recursos. São Paulo: Revista dos Tribunais, 2004, p. 510. 698 p. Significa dizer que a coisa julgada não admite relativização, persistindo a lição de Calamandrei de que ela faz do quadrado o redondo e do preto o branco. Nesse sentido, CALAMANDREI, Piero. *Direito processual civil*. v. III. Tradução de Luiz Abezia e Sandra Drina Fernandez Barbiery. Campinas: Bookseller, 1999, p. 273. 480 p.

[703] NERY JÚNIOR, Nelson. *Teoria geral dos recursos*. 6ª ed. atual., ampl. e reform. São Paulo: Revista dos Tribunais, 2004, p. 509-510. 698 p.

[704] *Idem*, p. 510-522. Até porque, nesse caso, do mesmo modo como o que ocorre no ramo do Direito Público, nas alterações de regimes jurídicos estatutários, o direito adquirido pode ser alterado pelos legisladores, uma vez que a proteção desse instituto jurídico não obsta sua modificação ou supressão. Os legisladores, aqui, poderiam revisar a coisa julgada pela publicação de lei que possibilitasse essa revisão.

sa relativização, criticando, assim, o problema da "injustiça da decisão" como fundamento para relativizar o julgado. Para ele, os conceitos de "grave injustiça" e "séria injustiça" padecem de uma "perigosa indeterminação". Assim, é impróprio condicionar a força da coisa julgada, primeiro, a que ela não produza injustiça; segundo, estabelecer como pressuposto para sua desconsideração que essa injustiça seja "grave" ou "séria". A "gravidade da injustiça" como condição para confrontar a coisa julgada acabaria destruindo o próprio instituto da coisa julgada. Portanto, para Ovídio, a injustiça da sentença, ou a sentença abusiva, não pode jamais ser fundamento para afastar o império da coisa julgada. Isso porque a justiça, não sendo um valor absoluto, "pode variar, não apenas no tempo, mas entre pessoas ligadas a diferentes crenças políticas, morais e religiosas, numa sociedade democrática que se vangloria de ser tolerante e 'pluralista' quanto a valores".[705] Para os romanos, o fundamento da coisa julgada estava na presunção absoluta de verdade, que viria a dar imutabilidade à decisão, pois descartava todo novo exame da questão em processo posterior. Esta teoria foi acolhida pelo Código de Napoleão e gozou de prestígio durante algum tempo. Posteriormente, contudo, foi abandonada, pois a decisão nem sempre retratará a "verdade".[706] Assim é que se pode dizer que não há ligação entre verdade e coisa julgada. A decisão não é o espelho da verdade. A coisa julgada não é o espelho da justiça. Ovídio Baptista da Silva, contudo, apesar de ser contrário à relativização, não nega que é indispensável revisar o sistema de proteção à estabilidade dos julgados; contingência essa determinada pela crise de paradigmas, caracterizada pelo fim da "primeira modernidade", que determina(ria) uma "severa redução" da indiscutibilidade da matéria coberta pela coisa julgada.[707]

Nesse panorama, as questões que se colocam, pois, são as seguintes: excepcionalmente é possível relativizar a coisa julgada? Se for possível, ainda será possível falar de coisa julgada, ou seja, será que o instituto da coisa julgada sobrevive à tese da relativização? O dogma da coisa julgada convive com a jurisdição do Estado Democrático de Direito? Ou, ao contrário, a mutabilidade da coisa julgada é compatível com o Estado Democrático de Direito? Que tipo de segurança jurídica pode-se ter quando é violado o princípio da dignidade da pessoa humana? Para citar uma hipótese, veja-se o caso de uma investigação de paternidade cuja sentença de improcedência transitou em julgado há vinte anos, quando ainda não havia o exame pelo método DNA. Como explicar ao "homem da rua" que não pode mais investigar quem é o seu pai em razão de uma "coisa julga-

---

[705] SILVA, Ovídio A. Baptista da. Coisa julgada relativa? In: *Revista jurídica*: órgão nacional de doutrina, jurisprudência, legislação e crítica judiciária. Ano 52, n. 316, fev. /2004, p. 11. 174 p.

[706] DEVIS ECHANDIA, Hernando. *Teoria general del proceso*. Tomo II. Buenos Aires: Editorial Universidad, 1985, p. 554. 702 p.

[707] SILVA, Ovídio A. Baptista da. Coisa julgada relativa? In: *Revista jurídica*: órgão nacional de doutrina, jurisprudência, legislação e crítica judiciária. Ano 52. n. 316, fev. /2004, p. 18. 174 p.

Fundamentos para uma compreensão hermenêutica do Processo Civil

da"? Da mesma forma, quando a coisa julgada, ao privilegiar um indivíduo, venha prejudicar, ainda que de forma indireta,[708] os direitos sociais, coletivos ou difusos, será que também não seria possível ao Judiciário relativizá-la?[709] Afinal, a coisa julgada é um instituto jurídico típico e representativo do Estado Liberal, da ideologia liberal-individualista, e não do Estado Democrático de Direito, apesar de também ser uma de suas garantias. Neste, no Estado Democrático de Direito, o indivíduo não pode ser considerado apenas em sua individualidade, "atomizado", pois ele não está separado da sociedade. Ele participa da vida coletiva, que não se orienta apenas pelo seu (único) interesse. Há, pois, uma relação do indivíduo com o todo, com a "vontade universal" (Hegel), que não é a mesma vontade que a dele. O significado da coisa julgada, assim, é mais amplo. Sua aplicação rígida, ao invés de assegurar o desenvolvimento do Direito e da sociedade, pode ruir com o princípio de que as decisões devem ser "individual e socialmente justas" (Cappelletti), que é inerente à garantia de acesso à justiça,[710] típica do Estado Democrático de Direito.

---

[708] Os direitos sociais ou sua efetivação podem ser gravemente prejudicados sempre que ocorrer uma lesão indevida e vultosa ao erário.

[709] Veja-se, por exemplo, que o poder constituinte derivado pode instituir emenda constitucional que altere regime jurídico estatutário, sem suprimir, no entanto, a cláusula pétrea do direito adquirido. É o que ocorreu – guardadas as devidas diferenças e proporções – na decisão que entendeu constitucional a contribuição dos inativos para a previdência, estipulada por emenda constitucional. Nem por isso pode-se dizer que houve o banimento da cláusula pétrea de respeito ao direito adquirido. Os legisladores infraconstitucionais também podem alterar ou revogar leis sem que se possa invocar o direito adquirido. Nesse sentido, como afirma Celso Antônio Bandeira de MELLO, ninguém pode se opor à alteração das regras do imposto de renda, argüindo direito adquirido decorrente das normas que vigiam à época em que se tornou contribuinte. Ninguém pode invocar o direito adquirido para obstar a aplicação de novas regras concernentes ao serviço militar, argumentando que o regime vigorante era mais suave quando o convocado completou dezoito anos. Ninguém pode invocar o direito adquirido de se divorciar se legislação posterior ao seu casamento vier a extinguir o instituto do divórcio. No sentido reverso, também ninguém pode ter direito adquirido à indissolubilidade do vínculo se lei nova estabelecer o divórcio, e assim por diante. Consultar: MELLO, Celso Antônio Bandeira de. *Ato administrativo e direito dos administrados*. São Paulo: Revista dos Tribunais, 1981, p. 106-111. Também o voto do Ministro Eros Roberto Grau na decisão sobre a contribuição dos inativos, de 18.08.2004, nas ADIn 3105 e 3128, onde é questionada a contribuição previdenciária de inativos e pensionistas, instituída pela Emenda Constitucional n. 41/2003. Ora, se os legisladores podem rever, alterar, revogar a lei, que é o "produto" da sua atividade típica, sem que isso fira o direito adquirido, por que o Judiciário, que cria, pela aplicação, a norma individualizada, não pode modificar/rever aquilo que produziu? Será que essa "revisão do julgado", de modo excepcional, estaria liquidando o instituto da coisa julgada? A Constituição apenas resguarda o passado ou possibilita novas atribuições de sentido em decorrência da fluidez das relações humanas e constitucionais? Quanto ao viés promotor da Constituição, há que se levar em consideração a lição de Pablo LUCAS VERDÚ, no sentido de que a normatividade constitucional possibilita novos direitos (até então "invisíveis"), decorrentes da fluidez e potencialidade das relações constitucionais inspiradas na Constituição. Outros direitos (como, por exemplo, os direitos de cunho individual), por outro lado, podem ter sua eficácia diminuída. LUCAS VERDÚ, Pablo. *Teoría general de las relaciones constitucionales*. Madrid: Dykinson, 2000, p. 165-166. 169 p. É o que pode ocorrer no caso de confronto entre direitos sociais e individuais, em que estes estejam abrigados por uma coisa julgada que ilicitamente afronte aqueles.

[710] Sobre a finalidade do sistema jurídico de produzir decisões individual e socialmente justas: CAPPELLETTI, Mauro, GARTH, Bryant. *Acesso à justiça*. Tradução de Ellen Gracie Northfleet. Porto Alegre: Fabris, 1988. 168 p.

Há casos em que não se tem como negar a possibilidade de relativização da coisa julgada. Nesse sentido, as ações de investigação de paternidade julgadas procedentes ou improcedentes antes do advento dos modernos testes pelo método HLA ou DNA. Em se admitindo o contrário, a coisa julgada estaria privando alguém de ter como pai aquele que realmente o é, ou impondo a alguém um suposto filho que realmente não o é. Feriria, pois, o princípio da dignidade da pessoa humana. O jurista jamais conseguiria convencer o "homem da rua" de que o "não pai" deva figurar como pai no registro civil, só porque, ao tempo da ação de investigação de paternidade que lhe foi movida, inexistiam os exames científicos de hoje e o juiz decidiu com base na prova testemunhal. Nem o contrário, lembra Dinamarco: não convenceríamos o homem da rua de que o filho deva ficar privado de ter um pai, porque ao tempo da ação movida inexistiam aquelas provas e a demanda foi julgada improcedente, passando inexoravelmente em julgado.[711]

Para Amilton Bueno de Carvalho, o princípio da coisa julgada, enquanto dogma e limitador da "fala" no tempo, pode restar afastado, pois não pode estar acima do princípio da possibilidade do "falar" via processo. O dogma da coisa julgada põe fim a qualquer possibilidade da renovação da fala. Mas esse ponto final, diz Amilton, só pode ocorrer em situações "ético-justas". Com o progresso da ciência, o "fim da fala", isto é, a coisa julgada pode não ser amanhã uma "coisa julgada ético-justa" como é hoje. Nesse sentido, até mesmo a Igreja, instituição fundada em "verdades eternas", tem repudiado alguns de seus dogmas ao rever a condenação de pessoas que outrora sofreram injusta sanção.[712] De fato. O sistema processual canônico não pode pretender atingir uma perfeição formal deixando de considerar o fundamento teológico de seus institutos. Assim, diferentemente do que sucede no direito temporal, no qual, com a autoridade da coisa julgada, o conflito entre segurança (certeza do direito) e justiça (verdade formal), resolve-se a favor da segurança, no âmbito do Direito

---

[711] Nesse sentido, DINAMARCO, Cândido Rangel. Relativizar a coisa julgada material. In: *Revista Ajuris*. Porto Alegre: Associação dos Juízes do Rio Grande do Sul, n. 83. Tomo I. Ano XXVII, p. 59, set. 2001. 383 p.

[712] Assim, "Imagine-se alguém que propôs ação de investigação de paternidade há vinte anos passados. E com base em presunções teve sua demanda julgada improcedente, embora fosse ele realmente filho do investigado. Tudo transitou em julgado. Agora a ciência pode demonstrar que ele realmente tem razão. Há como limitar a possibilidade da renovação da fala com base no princípio da coisa julgada? Ou se deve dar vazão ao princípio do direito processual da fala nesta situação limite? No cotejo entre os princípios deve vigorar aquele que aponta para o ético-justo, reabrindo-se a fala. Aliás, é da essência da democracia a possibilidade do homem ser Ex (aliás, a psicanálise vai por aí também): ser ex-doente, ex-desonesto, ex-incompetente (...). E o progresso deve permitir essa possibilidade. No caso da ação de investigação acima referida que o autor possa ser ex-sem pai! A própria igreja tem buscado recuperar pessoas que foram injustamente condenadas, mesmo após morte: o dogma da coisa julgada é repudiado (repito em situações limites) até pela instituição centrada em dogmas". CARVALHO, Amilton Bueno de. Direito alternativo e processo. In: RODRIGUES, Horácio Wanderlei. *Lições alternativas de direito processual*. São Paulo: Acadêmica, 1995, p. 15-16. 227 p.

Fundamentos para uma compreensão hermenêutica do Processo Civil

Canônico, sacrifica-se o princípio da certeza para satisfazer um imperativo de ordem religiosa derivado do direito divino: a exigência da justiça e da verdade objetiva. A *ratio peccati* e o *periculum animae* é que justificam a derrogação da regra do trânsito em julgado da sentença canônica de *statu personarum*, que se encontra, portanto, sempre sujeita à revisão.[713]

Segundo Dinamarco, a idéia de não-relativização merece censura e suscita a preocupação em equilibrar valores constitucionais, sem dar peso absoluto a qualquer um deles. A coisa julgada, assim, pode ser flexibilizada em prol de outros sujeitos ou em face de valores ainda mais nobres que os relacionados com os interesses puramente patrimoniais.[714] Nesse sentido, considerando os valores do Estado de Direito, o princípio da coisa julgada parece irrecusável. No entanto, como qualquer princípio constitucional – lembra Jorge Miranda –, não é absoluto, pois tem de ser conjugado com outros, sofrendo, pois, restrições.[715] Assim, "como o princípio da constitucionalidade fica limitado pelo respeito do caso julgado, também este tem de ser apercebido no contexto global da Constituição".[716] Significa dizer que, no confronto de valores ordenados e garantidos constitucionalmente (segurança jurídica e dignidade da pessoa humana), o respeito à coisa julgada não pode ser radicalizado.[717] O fundamento para admitir essa relativização, portanto, está na ponderação desses valores no caso em análise. Não há, assim, uma "resposta correta" para o problema. A coisa julgada é uma "parada" no círculo hermenêutico. É uma espécie de "congelamento" de um determinado momento. E este momento, portanto, tem as suas peculiaridades. Quando, porém, as condições de compreensão e temporalidade se transformam, o sentido daquela coisa julgada que se formou naquelas condições de tempo e compreensão também se transforma.[718] O homem não é primeiramente uma substância corporal. É *ek-sistência*, abertura, relação *ex-tática* com o ser. Não é o centro dos entes. Ele mantém-se "no meio do ente" sem ser o meio destes.[719] O homem, as-

---

[713] Nesse sentido, TUCCI, José Rogério Cruz e, AZEVEDO, Luiz Carlos de. *Lições de processo civil canônico*: (história e direito vigente). São Paulo: Revista dos Tribunais, 2001, p. 143. 241 p.

[714] DINAMARCO, Cândido Rangel. Relativizar a coisa julgada material. In: *Revista Ajuris*. Porto Alegre: Associação dos Juízes do Rio Grande do Sul, n. 83. Tomo I. Ano XXVII, p. 63, set. 2001. 383 p.

[715] MIRANDA, Jorge. *Manual de direito constitucional*. Constituição e constitucionalidade. Tomo II. 3ª ed. Coimbra: Coimbra, 1996, p. 494. 546 p.

[716] *Idem*, p. 495.

[717] DINAMARCO, Cândido Rangel. Relativizar a coisa julgada material. In: *Revista Ajuris*. Porto Alegre: Associação dos Juízes do Rio Grande do Sul, n. 83. Tomo I. Ano XXVII, p. 63, set. 2001. 383 p.

[718] Como adverte HEIDEGGER, a possibilidade de aceder à história "funda-se na possibilidade, segundo a qual um presente compreende em cada caso o ser porvir. Este é o primeiro princípio de toda a hermenêutica". HEIDEGGER, Martin. *O conceito de tempo*. Prólogo, tradução e notas de Irene Borges-Duarte. Lisboa: Fim de Século, 2003, p. 67. 94 p. Por isso é possível afirmar que, quando se diz algo a alguém, nunca esse algo é último e definitivo. GADAMER, Hans-Georg. *Hermenéutica de la modernidad*: conversaciones con Silvio Vietta. Traducción de Luciano Elizaincín-Arrarás. Madrid: Trotta, 2004, p. 56. 110 p.

[719] HAAR, Michel. *Heidegger e a essência do homem*. Lisboa: Piaget, [s.d.], p. 94. 241 p.

sim, não é um objeto natural, não é uma substância. Ao contrário, é um ser aberto ao mundo, sobre o qual projeta seu pensamento e sua ação. A vida humana, pois, é um perpétuo "que fazer". Não conhece instante algum de repouso. No homem nada é fixo, nada é permanentemente estável. É uma realidade marcada pela temporalidade, na qual a história se apresenta como raiz ontológica de sua existência.[720] Isso porque o próprio homem é fadado ao inacabamento.[721]

O jurista, então, deve manter-se "atento à coisa mesma".[722] Para isso tem de se projetar na compreensão de tal forma que o sentido se manifeste a partir de determinadas condições. Se essas condições se alteram, o "projeto" deve ser revisado. É o que acontece nas hipóteses de relativização da coisa julgada nos casos de investigação de paternidade. O "estar atento à coisa mesma" implica reconhecer a singularidade dos casos. Esta singularidade está em conexão com o espaço e o tempo, o que torna inconfundível que cada coisa deve ser "aquela" ou "esta" coisa, e não outra.[723] O lugar e o momento de tempo fazem, pura e simplesmente, com que as coisas iguais sejam "estas coisas", quer dizer, "coisas diferentes". Assim, deve-se olhar para a coisa a partir da sua "coisalidade", isto é, a partir daquilo que, provavelmente, pertence a todas as coisas e a cada uma delas, enquanto tais. Assim, uma coisa é "esta coisa". A referida singularidade da coisa, "desta coisa", que consiste em ser "esta", está em conexão com o espaço e o tempo. Pela sua posição respectiva no espaço e no tempo, portanto, cada coisa é, de forma inconfundível, esta e nenhuma outra.[724] Se uma coisa é "uma" coisa e outra coisa é "outra" coisa, é possível afirmar que a investigatória e a coisa julgada antes do DNA são "uma" coisa, ao passo que a in-

---

[720] LACLAU, Martín. *La historicidad del derecho*. Buenos Aires: Abeledo-Perrot, 1994, p. 37. 215 p.

[721] CRAMPE-CASNABET, Michèle. *Kant*: uma revolução filosófica. Tradução de Lucy Magalhães. Rio de Janeiro: Jorge Zahar, 1994, p. 122. 161 p.

[722] É importante notar a "natureza das coisas". Para Kaufmann, já Radbruch "tinha tentado a renovação jurídica assente na 'natureza das coisas', que entendia contudo, no sentido do neokantismo, como mera 'forma de pensamento', por meio da qual o, já por si antes defendido, dualismo metódico entre ser e dever pôde ser atenuado; com isto, no entanto, não reconheceu Radbruch o carácter de fonte de direito à 'natureza das coisas'. Isso foi feito, depois, por Werner Maihofer (nasc. 1918), que, na linha da filosofia da existência de Martin Heidegger (1889-1976), concebe a 'natureza das coisas' como autêntica fonte de direito no sentido dum 'direito natural concreto'". KAUFMANN, Arthur. *Filosofia do direito*. Prefácio e tradução António Ulisses Cortês. Lisboa: Calouste Gulbenkian, 2004, p. 52-53. 536 p.

[723] Para Heidegger, há sempre coisas em relação às quais "nenhuma outra é totalmente outra, coisas exactamente idênticas, dois baldes, ou duas agulhas de abeto, que não se podem diferenciar. Poder-se ia, então, dizer: o facto de duas coisas exactamente iguais não poderem mais ser diferenciadas não prova ainda que, afinal, não sejam diferentes. Mas, uma vez aceite que duas coisas singulares sejam absolutamente idênticas, cada uma das agulhas de abeto ocupa um lugar diferente; e se elas tivessem de ocupar o mesmo lugar, isso só aconteceria em momentos diferentes do tempo. Lugar e momento-de-tempo fazem que as coisas absolutamente iguais sejam, cada uma delas, esta coisa, quer dizer, coisas diferentes. Mas, na medida em que cada coisa tem o seu lugar, o seu momento-de-tempo e a sua duração próprios, nunca há duas coisas iguais. O carácter ocasional dos lugares e a sua multiplicidade está fundada no tempo. Esta característica fundamental da coisa e esta determinação essencial da coisalidade da coisa, que a faz ser esta coisa, funda-se na essência do espaço e do tempo". HEIDEGGER, Martin. *Que é uma coisa?*. Tradução de Carlos Morujão. Lisboa: Edições 70, 2002, p. 26. 237 p.

[724] *Idem*, p. 27-28.

vestigatória e a coisa julgada posteriores ao advento do DNA são "outra" coisa. Parafraseando Heidegger, para que as coisas "aconteçam", deve-se reparar na questão "o que é a coisa?". No Direito, se não se reparar na questão "o que é ou como deve ser a coisa julgada no Estado Democrático de Direito?", "nada acontecerá". Leia-se: o sentido do Direito, isto é, da paternidade, direito indisponível, cuja ação é imprescritível, permanecerá velado. O jurista, mesmo diante da "coisa julgada", não pode perder o vínculo com a realidade. A garantia da coisa julgada, nesse caso, deve conviver com o direito fundamental a uma decisão fundada no princípio da dignidade da pessoa humana.

No caso da investigação de paternidade, há que se reconhecer a presença dos "indícios formais", sem os quais os conceitos básicos de qualquer ciência não podem ser explicados. O homem não tem uma compreensão isolada da sua compreensão global de ser. Essa compreensão inclui em si mesma os indícios formais. Há, portanto, uma "indicação" de que o Direito pode conceituar e assegurar a coisa julgada em determinadas circunstâncias, marcando as fronteiras do que, em tese, não poderia ela ultrapassar. Significa dizer que "justiça" e "segurança" permanecem distintas, sendo a primeira uma espécie de "antídoto ontológico do ôntico" indicado formalmente pela segunda. Coisa julgada nunca foi sinônimo de justiça. Ocorre que também o processo não é sinônimo de justiça, mas nem por isso pode-se dizer que a justiça não deve ser o escopo do processo. Os indícios formais não transmitem explicitamente o que é ou como deve ser a decisão. Apontam, sim, a direção que ela "pode" tomar, mas só se pode descobrir o que ela é ao se tornar decidido.[725] Os indícios formais, representados, no caso da investigatória, pelos princípios que orientam a biologia, como ciência da natureza que é, ou, no Direito, pelo princípio da dignidade da pessoa humana, ajudam o homem a construir os seus existenciais e, no caso do jurista, levam-no à compreensão de que pensar de forma diferente a coisa julgada nos casos de investigação de paternidade significa velar o sentido da "paternidade". Perde-se, pois, a realidade das coisas, pois se esquece o "vínculo" que há, e que a tradição impõe ao homem, entre as suas representações de mundo e as coisas. Assim é que ele não consegue "nomear" o *Dasein*, não consegue "compreender" porque já não há um "ser-aí" que compreenda o ser, que o interrogue. A coisa julgada, pois, deve ser entendida, em determinados casos (excepcionalíssimos), como o enunciado de um texto: só é válida enquanto não for refutada; refutação essa que pode ocorrer, por exemplo, nos casos acima referidos.

O Direito não pode ignorar a ciência.[726] A ciência evoluiu e o Direito não pode ficar à parte dessa evolução. O jurista é ser-no-mundo. O Direito

---

[725] INWOOD, Michael. *Dicionário Heidegger*. Tradução de Luísa Buarque de Holanda; revisão técnica de Márcia Sá Cavalcante Schuback. Rio de Janeiro: Jorge Zahar, 2002, p. 34. 239 p.

[726] Tendência essa manifestada na jurisprudência do Estado do Rio Grande do Sul e do Superior Tribunal de Justiça, embora este último tenha pautado decisões nesse sentido na chamada "verdade real", termo que, para nós, é equivocado, pois se pode falar tão-somente em "verdade". Nesse sentido:

deve atender às condições de ser-no-mundo do jurista. O Direito e o jurista estão no mundo na faticidade deste último. Não há um direito desvinculado da realidade. No caso da investigatória de paternidade que transitou em julgado é a ciência, e não o Direito por si só, em sua compreensão "como" direito tão-somente, que elabora a situação hermenêutica nova que possibilita a relativização da coisa julgada para atender ao "real". A coisa julgada não pode ser um "ícone" da metafísica, impedindo o acontecer das possibilidades históricas do direito e o aparecer das singularidades.[727] Atribui-se sentido não a uma "coisa julgada qualquer", mas à coisa julgada "enquanto", "como", coisa julgada, ou seja, à "coisa julgada mesma". A coisa julgada não traz em si uma essência de "coisa julgada". E só existe "enquanto" coisa julgada sempre na dependência de um caso particular. A atribuição do sentido da coisa julgada e a possibilidade de sua superação dependem sempre do intérprete. E isso sempre se dá na fusão de horizontes, na *applicatio*. A exemplo do que acontece com o problema das súmulas vinculantes, para que se possa superar essa "vinculação" (a coisa julgada também "vincula" os julgamentos futuros),[728] cujo limite reside na necessidade da motivação/justificação do que foi dito, isto é, do que

---

BRASIL. TRIBUNAL DE JUSTIÇA DO ESTADO DO RIO GRANDE DO SUL. *AGRAVO DE INSTRU-MENTO. AÇÃO DE INVESTIGAÇÃO DE PATERNIDADE JULGADA IMPROCEDENTE POR FALTA DE PROVA. REABERTURA DO PROCESSO. INEXISTÊNCIA DE COISA JULGADA MATERIAL. O valor que a coisa julgada visa resguardar é justamente o da segurança jurídica, e esse valor deve ser posto em cotejo com um dos próprios fundamentos da República Federativa do Brasil, consagrado no art. 1º, inc. III, da Constituição, ou seja, o da dignidade da pessoa humana. O direito à identificação está ligado à compreensão dessa dignidade e deve-se sobrepor a qualquer outro valor, a qualquer outro princípio, inclusive o da segurança jurídica, que a coisa julgada busca preservar. Descabe, entretanto, desarquivar o feito já julgado, pois neste há coisa julgada formal. cabendo o ajuizamento de nova investigatória. Desproveram o agravo. AI nº 70002482198, J.* em 20-06-2001. Também: BRASIL. SUPERIOR TRIBUNAL DE JUSTIÇA. *PROCESSO CIVIL. INVES-TIGAÇÃO DE PATERNIDADE. REPETIÇÃO DE AÇÃO ANTERIORMENTE AJUIZADA, QUE TEVE SEU PEDIDO JULGADO IMPROCEDENTE POR FALTA DE PROVAS. COISA JULGADA. MITIGA-ÇÃO. DOUTRINA. PRECEDENTES. DIREITO DE FAMÍLIA. EVOLUÇÃO. RECURSO ACOLHIDO. I – Não excluída expressamente a paternidade do investigado na primitiva ação de investigação de paternidade diante da precariedade da prova e da ausência de indícios suficientes a caracterizar tanto a paternidade como a sua negativa, e considerando que, quando do ajuizamento da primeira ação, o exame pelo DNA ainda não era disponível e nem havia notoriedade a seu respeito, admite-se o ajuizamento de ação investigatória, ainda que tenha sido aforada uma anterior com sentença julgando improcedente o pedido. II – Nos termos da orientação dessa Turma, "sempre recomendável a realização de perícia para investigação genética (HLA e DNA), porque permite ao julgador um juízo de fortíssima probabilidade, senão certeza" na composição do conflito. Ademais, o progresso da ciência jurídica, em matéria de prova, está na substituição da verdade ficta pela verdade real. III – A coisa julgada, em se tratando de ações de estado, como no caso de investigação de paternidade, deve ser interpretada modus in rebus. Nas palavras de respeitável e avançada doutrina, quando estudiosos hoje se aprofundam no reestudo do instituto, na busca sobretudo da realização do processo justo, "a coisa julgada existe como criação necessária à segurança prática das relações jurídicas e as dificuldades que se opõem à sua ruptura se explicam pela mesmíssima razão. Não se pode olvidar, todavia, que numa sociedade de homens livres, a Justiça tem de estar acima da segurança, porque sem justiça não há liberdade". IV – Este Tribunal tem buscado, em sua jurisprudência, firmar posições que atendam aos fins sociais do processo e às exigências do bem comum.* Recurso Especial nº 226.436 – PR (1999/0071498-9). Quarta Turma do STJ. Relator: Min. Sálvio de Figueiredo Teixeira. Data do julgamento: 28 de junho de 2001.

[727] A questão sobre o sentido do ser "é a mais universal e a mais vazia; entretanto, ela abriga igualmente a possibilidade de sua mais aguda singularização". HEIDEGGER, Martin. *Ser e tempo*. Parte I. Tradução de Márcia de Sá Cavalcante. 9ª ed. Petrópolis: Vozes, 2000, p. 70. 325 p.

[728] É o que se chama no Direito Processual de "eficácia positiva e negativa da coisa julgada".

Fundamentos para uma compreensão hermenêutica do Processo Civil

ficou abrigado pelo "manto" da coisa julgada, o jurista deve fundamentar essa "superação" na aplicação, ou seja, diante do "caso real", na temporalidade. O sentido da coisa julgada ou de sua relativização estará aí, pois é temporal.[729] Aliás, nesse aspecto, a própria dignidade da pessoa humana, que o Direito visa preservar no caso, não pode ser definida apenas como um "valor próprio" que identifica o ser humano como tal. Mais que isso: deve ser tida como algo "real", "temporal", ainda que não seja possível estabelecer uma "pauta exaustiva" de hipóteses em que possa ocorrer sua violação[730] e a necessidade do seu "resgate".

Decidir, portanto, relativizar a coisa julgada significa compreender que, em determinadas hipóteses (excepcionalíssimas), notadamente nos casos envolvendo direitos indisponíveis, como na investigação de paternidade, ou envolvendo direitos sociais, coletivos ou difusos, como nos casos em que a decisão transitada em julgado tenha privilegiado, equivocadamente, o indivíduo em detrimento do social (caso das desapropriações em que ocorreu enriquecimento ilícito), é inevitável a aplicação de um antídoto (revisão do julgado) contra sua imutabilidade. Essas hipóteses, porém, não são fechadas. Não há como prevê-las.[731] Ao contrário do que ocorria há algumas décadas, a Constituição passou a ser vista como um texto que contém uma "força normativa" (Hesse), o que faz com que, nesses casos de conflito entre Direito e ciência, indivíduo e coletividade, tenha, pois, de ser revisada a noção de coisa julgada legada pela modernidade. Por outro lado, evidentemente, não se pode fazer da relativização da coisa julgada a regra. E esse é o risco em se admiti-la. Na doutrina alemã, por exemplo, as chamadas "demandas de reabertura", que servem para cindir o julgado em definitivo, somente são admissíveis dentro dos prazos estabelecidos em lei[732]. Os legisladores, assim, por razões de segurança jurídica, admitem a

---

[729] Os sentidos são temporais. Negar a diferença entre texto e norma significa negar a temporalidade. A equiparação entre vigência e validade, texto e norma, suprime o tempo do direito. STRECK, Lenio Luiz. A hermenêutica filosófica e as possibilidades de superação do positivismo pelo (neo)constitucionalismo. In: ROCHA, Leonel Severo, STRECK, Lenio Luiz et al (org.). *Constituição, sistemas sociais e hermenêutica*: programa de pós-graduação em Direito da UNISINOS: mestrado e doutorado. Porto Alegre: Livraria do Advogado, 2005, p. 168-170. 309 p. No mesmo sentido, sobre a transfiguração do "significado" no curso do tempo, consultar: SILVA, Ovídio A. Baptista da. Verdade e significado. In: ROCHA, Leonel Severo, STRECK, Lenio Luiz et al (org.). *Constituição, sistemas sociais e hermenêutica*: programa de pós-graduação em Direito da UNISINOS: mestrado e doutorado. Porto Alegre: Livraria do Advogado, 2005, p. 271. 309 p.

[730] SARLET, Ingo Wolfgang. *Dignidade da pessoa humana e direitos fundamentais na Constituição Federal de 1988*. Porto Alegre: Livraria do Advogado, 2001, p. 39. 152 p.

[731] Há sempre possibilidades. O jurista está inserido no mundo. É ser-no-mundo. A analítica existencial define a essência do homem como existência, como poder-ser. O ser do homem consiste em estar referido a possibilidades. Este "referir-se" efetua-se como "existir concretamente num mundo de coisas e de outras pessoas". O modo de ser médio e cotidiano do homem, portanto, apresenta-se, antes de mais, como ser-no-mundo. VATTIMO, Gianni. *Introdução a Heidegger*. 10ª ed. Lisboa: Piaget, 1996, p. 26. 210 p.

[732] Por todos, LEIBLE, Stefan. *Proceso civil alemán*. Medellín: Diké, 1999, p. 370. 544 p.

ruptura da coisa julgada de modo muito estrito, sendo que, se o contrário ocorrer, ter-se-ão excedido os limites da criação judicial do Direito.[733]

No Direito brasileiro, a rescisória deve continuar sendo a regra para a relativização, isto é, o caminho para a revisão da coisa julgada. Nos casos de investigação de paternidade (ou similares), no entanto, em que a ciência "destemporaliza" o direito, e este direito é marcado pela indisponibilidade, pode-se permitir outra solução, como, por exemplo, a declaratória autônoma sem prazo especial. Observe-se bem: a investigatória é imprescritível. O direito é indisponível. A ciência evoluiu e aponta para outra "verdade" que não aquela desvelada anteriormente. O princípio da dignidade, como indício formal, indica que o investigante tem o direito de saber quem é seu pai (direito indisponível). Esse direito, porém, é (pode ficar limitado a) tão-somente o de conhecer seu verdadeiro pai. Assim, eventuais direitos patrimoniais (petição de herança), se for o caso, poderão não vir a ser assegurados pela "relativização", o que não impede a revisão do julgado no que diz respeito ao direito indisponível de paternidade.[734]

Também na hipótese da coisa julgada que, em detrimento do social, do coletivo, tenha beneficiado apenas um indivíduo ou um determinado grupo. No Estado Democrático de Direito, no confronto entre o direito social e o individual, o primeiro tem precedência sobre o segundo,[735] uma vez que a coletividade não pode ser prejudicada quando a coisa julgada favorecer, injustamente, o interesse do segundo, ou seja, de um indivíduo ou de determinado grupo. É o que ocorre, por exemplo, no caso da decisão que relativizou a coisa julgada em ação de desapropriação, cujo valor excessivo da condenação que o Estado teria sofrido, decorrente de fraude ou grave equívoco, poderia gerar um prejuízo vultoso para a sociedade. Portanto, a "razoabilidade" da decisão transitada em julgado, que, via

---

[733] Por todos, LEIBLE, Stefan. *Proceso civil alemán*. Medellín: Diké, 1999, p. 376-377.

[734] Veja-se que é perfeitamente possível ao filho não pretender sua parte da herança; apenas querer ter incluído no seu nome o sobrenome do seu pai. Isso não é raro de acontecer.

[735] Isso porque os direitos sociais, enquanto elementos imprescindíveis da ordem de valores constitucionais do Estado Democrático de Direito, eventualmente conflitando com os direitos de liberdade, notadamente os de primeira geração (individuais), podem naturalmente funcionar e ser invocados como fundamentos da possibilidade de restrição destes direitos. Não há, contudo, uma hierarquia de valores na Constituição que redunde na prevalência de um direito de liberdade sobre um social ou de um direito social sobre um direito individual. Como assinala Jorge Reis NOVAIS, na medida em que as colisões e conflitos entre direitos fundamentais ou normas de direitos fundamentais são sempre colisões de aspectos parcelares, particulares e concretos dos respectivos direitos fundamentais considerados como um todo, então será em função do peso respectivo que apresentem na situação concreta e não em função de uma qualquer pretensa hierarquia, que a colisão será resolvida. Nessa medida, um direito social é tão apto a fundar e justificar uma restrição a um direito de liberdade quanto o inverso também é verdadeiro. Nesse sentido, em geral, "as exigências derivadas do princípio da socialidade são, nos nossos dias, um dos factores mais comum e justificadamente invocáveis para fundamentar restrições aos tradicionais direitos de liberdade em ordem a proporcionar uma igualdade real no acesso ao bem-estar, tal como, num outro plano, as exigências do princípio democrático fundamentam análogas restrições visando o pluralismo e a igualdade real de participação de todos na administração da comunidade". NOVAIS, Jorge Reis. *Os princípios constitucionais estruturantes da República Portuguesa*. Coimbra: Coimbra, 2004, p. 298-299. 344 p.

Fundamentos para uma compreensão hermenêutica do Processo Civil

de regra, não deve ser motivo para revisão da coisa julgada, só pode ser questionada se o direito individual se sobrepuser ao direito social, não o contrário. Esse é (deve ser) o sentido da expressão "julgado absurdamente lesivo", que Dinamarco refere.[736]

Nos demais casos arrolados por Dinamarco, Wambier e Medina, o problema parece se complicar. "Injustiça da decisão", "abusividade da sentença", "razoabilidade", "proporcionalidade" (também "julgados absurdamente lesivos") etc., são "termos indeterminados" (em linguagem "hartiana"), que, no mais das vezes, independem de critérios científicos, como os que são propiciados pelas ciências ditas "exatas", ou podem não ter nada a ver com eventuais direitos da coletividade. É a condição de ser-no-mundo do intérprete que nomeia a injustiça, a abusividade, a razoabilidade etc. Intérprete esse que desde-já-sempre está inserido na lingüisticidade, dentro de determinadas condições de compreensão.[737] Assim, na compreensão, o que é proporcionalidade para um não é proporcionalidade para outro; o que é abusividade para um não é abusividade para outro, e assim por diante. A se adotar, portanto, a idéia de relativização nesses casos não sobrevive a coisa julgada. No regime democrático há que se assegurar a coisa julgada como o ponto final da discussão. É necessário um "limite". A tese da relativização da coisa julgada para todas essas hipóteses, *permissa venia*, parece negar esse limite.

Há alguns fatores que talvez possam contribuir, em parte, para que se pense em relativizar a coisa julgada. Assim, dentre tantos, é possível que a defesa de uma relativização do julgado decorra dos seguintes fatores: a)

---

[736] Interessa apontar aqui, também, a proposta e o questionamento de Jaqueline Mielke SILVA, para quem o redimensionamento da coisa julgada deve ser realizado nas demandas que tutelam "direitos fundamentais". Neste aspecto, diz Jaqueline, "a adoção do critério de julgamento *secundum eventum litis*, na hipótese de julgamento de improcedência por insuficiência de provas, parece que traz maior efetividade à realização de direitos. Não é demasiado salientar que tal critério já é utilizado nas demandas de natureza coletiva, que tutelam, em sua grande maioria, direitos fundamentais de terceira dimensão. Por que não adotá-lo, também, nas ações individuais que tutelam direitos fundamentais?". SILVA, Jaqueline Mielke. *O direito processual civil como instrumento de realização de direitos*. Porto Alegre: Verbo Jurídico, 2005, p. 366. 424 p. A idéia da Professora Jaqueline Mielke Silva, que trabalha o Direito Processual Civil na perspectiva da Teoria dos Sistemas, pode ser aproveitada aqui se considerarmos que, no fundo, ao final de tudo, uma "abusividade" individual em detrimento da coletividade – como no caso de uma indenização milionária a ser paga pelo Estado ao particular, determinada, equivocadamente, pelo Estado-Juiz, num processo de desapropriação – pode implicar, de forma (i)mediata, (in)direta, num "obstáculo" à implementação dos direitos fundamentais, tais como os direitos à saúde, à segurança, ao lazer, à educação, a um meio-ambiente sustentável etc. Isso, também, porque, ao contrário do que diz a mesma jurista em outra passagem da sua tese (p. 364), quando critica o "argumento" utilizado pelos operadores do direito, que relativizam a coisa julgada em favor da Fazenda Pública – no sentido de que essa relativização serve(iria) para proteger direitos fundamentais –, é possível entender que dita relativização em benefício da Fazenda implica (pode implicar), sim, em benefícios à tutela dos direitos fundamentais. Ou a Fazenda é (seria) um "ente" diverso da sociedade?

[737] A fenomenologia hermenêutica acrescenta um aspecto prático, pois descreve o ser humano como ser-no-mundo que desde sempre já se compreende a si mesmo no mundo. Mas só se compreende a si mesmo no mundo porque já antecipou sempre uma compreensão do ser. STEIN, Ernildo. *Aproximações sobre hermenêutica*. Porto Alegre: Edipucrs, 1996, p. 61. 112 p.

o "mau" uso do processo, já que o processo não pode servir para a fraude. Nesse aspecto cabe ao Ministério Público, nos casos em que tenha de intervir, fiscalizar corretamente o processo. Essa é a sua função como fiscal da lei. Ao juiz, por sua vez, cabe "projetar" a possível (in)constitucionalidade das suas decisões, elaborando (num sentido gadameriano) "projetos" corretos e "constitucionalmente adequados" à "coisa" de que se fala. Às partes e aos advogados, por outro lado, incumbe não faltar com uma conduta processual ética; b) a negação da atividade criadora do juiz e de sua prerrogativa de poder controlar difusamente a constitucionalidade das leis; c) a concepção de que o Supremo Tribunal Federal deve fixar os "limites" da atuação do julgador, mudando aquilo que decidiu. Esta última idéia parece bem visível na tese de Teresa Arruda Alvim Wambier e de José Miguel Garcia Medina, quando afirmam que é possível relativizar decisões transitadas em julgado proferidas com base em lei inconstitucional, quando ação declaratória de constitucionalidade[738] posterior der pela constitucionalidade da referida lei, quando ação direta de inconstitucionalidade, posterior ao trânsito em julgado da sentença, declarar inconstitucional a lei em que a decisão se baseou, e, também, quando a decisão transitada em julgado tenha consagrado interpretação hoje considerada "pacificamente incorreta" pelo Judiciário (Supremo Tribunal Federal).[739]

Ora, a coisa julgada que se agrega à decisão judicial (que é norma) não pode ficar à mercê do que o STF entende ou vier a entender que é constitucional ou não. Isso significa negar que o juiz, criador da norma na *applicatio*, não pode controlar difusamente a constitucionalidade das leis. Se sua decisão transitada em julgado ficar sempre no aguardo do que o Supremo Tribunal irá dizer (e pode ser que nunca o diga), a segurança jurídica restará liquidada. Pensar assim, pois, faria com que todas as sentenças transitadas em julgado, e que produzissem coisa julgada, ficassem na dependência do que a Corte Constitucional (STF) viesse decidir. Daí por que o controle difuso perderia o seu valor, uma vez que a coisa julgada produzida em sede de controle difuso de constitucionalidade nada

---

[738] Os efeitos da ação declaratória de constitucionalidade são de "duvidosa" constitucionalidade. A respeito: STRECK, Lenio Luiz. *Jurisdição constitucional e hermenêutica*: uma nova crítica do direito. Porto Alegre: Livraria do Advogado, 2002, p. 490-516. 710 p.

[739] Consoante dispõe o recente artigo 475-L do Código de Processo Civil, a inexibilidade do título (judicial) pode-se dar quando ele estiver "fundado em lei ou ato normativo declarados inconstitucionais pelo Supremo Tribunal Federal, ou fundado em aplicação ou interpretação da lei ou ato normativo tidas pelo Supremo Tribunal Federal como incompatíveis com a Constituição Federal". Veja-se que, aqui, é possível afirmar que se está diante de típico caso de relativização da coisa julgada definido em lei. Por se constituir em hipótese legal de revisão da coisa julgada, parece, portanto, que apenas aqui, isto é, nesse caso específico da impugnação, nesse momento que a parte devedora tem para impugnar, é que se poderia fazer a relativização da coisa julgada que se agregou à declaração contida numa decisão que deu pela exigibilidade do título. Passado o prazo para a dita impugnação fundada em inexibilidade do título em razão do disposto no § 1º do art. 475-L do Código de Processo Civil – hipótese que, salienta-se, não deixa ser temerária, apesar de constar na lei –, seria muito temeroso possibilitar a relativização fora dessa hipótese da impugnação. As razões desse entendimento são dadas no corpo do texto.

Fundamentos para uma compreensão hermenêutica do Processo Civil

valeria. Seria apenas uma "expectativa de coisa julgada" à espera de uma confirmação, ou não, em eventual ação de (in)constitucionalidade junto ao STF, que detém o controle abstrato da constitucionalidade das leis. Isso significa o desconhecimento de que a norma criada pela sentença, que "consome" a lei, tem a aptidão de adquirir a imutabilidade que é inerente à coisa julgada. Ademais, a verificação da (in)constitucionalidade da lei ou da não-aplicabilidade da norma inconstitucional, a averiguação da "injustiça", da "abusividade", da "razoabilidade", da "proporcionalidade" etc., dão-se durante todo o processo, desde o início até o esgotamento dos recursos. Se, passadas todas as fases do processo e esgotados todos os recursos possíveis, a decisão (ou a lei/texto na qual se baseou) não for inquinada de inconstitucional, ainda assim há o prazo da rescisória (que os legisladores, não há dúvidas, podem ampliar), garantindo que a coisa julgada possa ser cindida. Não reconhecendo a imutabilidade do julgado que se deu em sede de controle difuso, no caso concreto, apenas o controle abstrato, concentrado, é que poderá dizer o que é ou não inconstitucional, e o que transita ou não em julgado, podendo ou não ser relativizado. Em suma, é a negação da possibilidade de o juiz poder controlar difusamente a constitucionalidade das leis. Aliás, se a decisão do caso concreto, pela via incidental, chegou até o Supremo Tribunal Federal e este, naquele caso, disse que era, ou não, constitucional a "norma" criada pelo juiz, não pode esse mesmo tribunal, passado algum tempo, relativizar, seja no controle concentrado, seja no controle difuso, aquilo que, anteriormente, pensava ser a decisão correta ou incorreta.

A "não-compreensão" (Gadamer) de uma interpretação passada é até natural. A compreensão sempre se dá de modo diverso de época para época e de indivíduo para indivíduo. Por isso é que é normal que uma interpretação posterior (jurisprudência que se forma após a decisão transitada em julgado) seja diferente de outra.[740] O Direito, porém, no caso da

---

[740] A compreensão nunca é definitiva, pois, na hermenêutica da faticidade, há sempre um questionamento. Sempre há possibilidades novas de compreensão. O jurista trabalha com fenômenos. Não trabalha com abstrações. Sua hermenêutica é filosófica no sentido da fenomenologia heideggeriana que não é apenas uma técnica de análise do *Dasein* e da correlata questão do ser, mas um confronto com a história da filosofia, tendo como meta a retomada da problemática ontológica. Nesse sentido, consultar STEIN, Ernildo. Introdução ao método fenomenológico Heideggeriano. In: HEIDEGGER, Martin. *Conferências e escritos filosóficos*. Tradução e notas de Ernildo Stein. São Paulo: Abril Cultural, 1979 (Os pensadores), p. 85. A filosofia, assim, é uma ontologia fenomenológica e universal que parte da hermenêutica do *Dasein* e, enquanto analítica da existência, "amarra o fio de todo questionamento filosófico no lugar de onde ele brota e para onde retorna". A compreensão da fenomenologia depende unicamente de se apreendê-la como "possibilidade". HEIDEGGER, Martin. *Ser e tempo*. Parte I. Tradução de Márcia de Sá Cavalcante. 9ª ed. Petrópolis: Vozes, 2000, p. 69-70. 325 p. E a possibilidade de ser confunde-se com o *Dasein*, ou seja, com o homem, que é um ser para possibilidades. STEIN, Ernildo. *Aproximações sobre hermenêutica*. Porto Alegre: Edipucrs, 1996, p. 58-59. 112 p. Sendo o homem um ser-no-mundo, um ser para possibilidades, o seu compreender é um "compreender de suas possibilidades" dentro do mundo, e não fora dele, o que implica sempre a possibilidade de uma nova compreensão, de uma nova interpretação, pois "compreender é interpretar e interpretar é compreender". Enquanto ser-descobridor, o ser-verdadeiro só é ontologicamente possível com base no ser-no-mundo. Esse fenômeno, em que se reconhece uma constituição fundamental do *Dasein*, constitui

coisa julgada, necessita da segurança jurídica que precisa ser resguardada. O "sentido" da lei e do texto, naquelas condições de tempo, foi (ou deveria ter sido) resguardado pelo julgador que se colocou (ou deveria ter se colocado) na construção de uma "totalidade" (decisão) diante da singularidade do caso que apreciou.

No Direito, o jurista há de se encontrar com os *"pragmata"*. Ou seja: a coisa julgada é uma opção "pragmática" que a sociedade, por meio da Constituição, resolve eleger como o ponto final, limite, da discussão. Não há como negar esse fato. O juiz, no seu trato com o processo, deve ter o cuidado, a preocupação, fazendo da sua angústia a "porta de abertura do mundo". Se ele, naquela temporalidade em que sentenciou e em que essa sentença transitou em julgado, cuidou, angustiou-se, decidiu autenticamente, conforme a Constituição, sua decisão foi "responsável" e, esgotados os recursos possíveis e a via rescisória, não haverá mais como relativizar a coisa julgada. Porém, no caso de uma coisa julgada que, noutra temporalidade, venha contrariar a concretude humana, como no caso da evolução científica, cujos métodos de investigação possibilitam definir, por exemplo, o direito da paternidade (DNA), ou violar, de maneira clara, os direitos sociais em benefício do indivíduo (o que não constitui fundamento do Estado Democrático de Direito, uma vez que este tem como objetivo fundamental promover o bem de todos), por óbvio que a conformação dada pela coisa julgada haverá de ser contrariada, pois a "coisa mesma" estará sendo encoberta (Heidegger). Mormente no caso de direito indisponível, como se dá na investigação de paternidade. Nessa hipótese, deve-se cuidar a decadência, tendência que o *Dasein*, sem perceber, manifesta. Decadência, aqui, é "mergulhar" na não-admissão da relativização da coisa julgada quando a ciência possa conduzir a situações tais que o Direito não tenha como contrariar. É preciso, pois, "reter o contato com as coisas" (Heidegger), pois o seu sentido não permanece desvinculado do real.

A coisa julgada é um ente em seu ser cujo sentido o Direito mesmo define em razão de uma opção política da sociedade: a segurança jurídica. É uma idealização social para colocar fim às discussões judiciais, em que pese paralisar o círculo da compreensão.[741] A não ser que se mude a Constituição, isso não tem como ser diferente. A Constituição e as leis

---

aquilo que Heidegger chama de o "fundamento do fenômeno originário da verdade". HEIDEGGER, Martin. *Ser e tempo*. Tradução de Márcia de Sá Cavalcante. Parte I. 9ª ed. Petrópolis: Vozes, 2000, p. 286-287. 324 p.

[741] O grande problema é que o ser humano está "postado no aberto". Assim, para afirmar sua condição de transcendência, deve ir além, não encerrando tudo numa resposta. Nesse sentido, STEIN, Ernildo. *Diferença e metafísica*: ensaio sobre a desconstrução. Porto Alegre: Edipucrs, 2000, p. 84-86. 293 p. Por isso é que a coisa julgada, dando uma espécie de resposta definitiva, não deixa de lhe angustiar. Ela paralisa o processo de compreensão do direito, à revelia do homem, pois só a morte é que encerra definitivamente o *Dasein*, já que o universo hermenêutico, enquanto o *Dasein* "é", é um universo flutuante. STEIN, Ernildo. *Aproximações sobre hermenêutica*. Porto Alegre: Edipucrs, 1996, p. 46. 112 p.

processuais não impedem (não devem impedir) a compreensão. Ao contrário, as decisões, cujo horizonte de sentido está, inicialmente, no texto, são um "produto" dela (da Constituição) na *applicatio*. Mas essa mesma compreensão, atingida a preclusão máxima e, portanto, esgotados todos os meios que o Direito coloca à disposição da comunidade jurídica para que possa discutir eventuais (in)constitucionalidades, deve ter, por opção política, um limite. O novo "dar-se" da "coisa julgada", isto é, sua relativização, só pode ocorrer, pois, em situações fundadas não apenas no Direito e na sua compreensão de que se destina a atender ao social (onde também se correrá o risco de se estender o sentido do que seja esse "social", mas o que também é impossível de se evitar) – o que é decorrência do Estado Democrático de Direito –, mas na evolução científica, que "alertará" ao jurista, por exemplo, que o Direito foi insuficiente para desvelar o "sentido da paternidade". Como o ser-aí é "historicamente situado", tendo como existencial a compreensão e a historicidade[742] (Heidegger), uma vez que, desde-já-sempre, está inserido na faticidade do mundo, o homem desde-já-sempre compreende que aquela pessoa que lhe gerou é que deve ser o seu pai, e não outra, salvo, é claro, os casos de paternidade socioafetiva, que aqui não estão em discussão. Isso o Direito não tem como modificar. A tradição em que o homem se insere é assim. Seus existenciais são assim. O Direito não pode querer ser mais "realista" que a tradição em que está inserido o homem. Por outro lado, admitida, em parte, a tese que relativiza a coisa julgada, não se pode deixar de dizer que, na medida do possível (haverá casos, no entanto, em que o Judiciário não terá como fugir disso, da necessidade de relativizar o julgado), a lei é que deverá contemplar as hipóteses de relativização, a fim de se evitar o autoritarismo (totalitarismo). No Brasil, tudo o que vira exceção, como é o caso da relativização da coisa julgada, passa a ser regra. Nosso sistema, assim, tem vocação para o totalitarismo. O autoritarismo (e o totalitarismo) é um traço persistente na história brasileira.[743] No Direito não é diferente e, como tal, o risco em se relativizar a coisa julgada é muito grande. Daí a preocupação de Nelson Nery Júnior e Ovídio Baptista da Silva, de quem também não se tira a razão.

Não se nega que o processo não tenha acompanhado o tempo. Houve, sim, um velamento do "sentido" do processo, uma vez que se "destempo-

---

[742] A ontologia é o nome que se dá à compreensão da totalidade. O compreender é constitutivo da própria condição humana. O ser humano é compreender. Ele só se faz pela compreensão. Ele só se dá pela compreensão. Assim, compreender é o existencial do próprio poder-ser, do *Dasein*, do ser-aí. O fundamento para o compreender está no próprio homem, pois o compreender é uma estrutura do *Dasein*, do homem. É um existencial, uma categoria pela qual o homem se constitui. STEIN, Ernildo. *Aproximações sobre hermenêutica*. Porto Alegre: Edipucrs, 1996, p. 57-58. 112 p. É no *Dasein* que o sentido do ser se singulariza. É no *Dasein* que se há de encontrar o horizonte para compreensão e possível interpretação do ser. O *Dasein* é histórico. O esclarecimento ontológico próprio do *Dasein*, portanto, torna-se uma interpretação referida a fatos históricos. HEIDEGGER, Martin. *Ser e tempo*. Parte I. Tradução de Márcia de Sá Cavalcante. 9ª ed. Petrópolis: Vozes, 2000, p. 70. 325 p.

[743] Ver RUSCHEL, Ruy Ruben. *Direito constitucional em tempos de crise*. Porto Alegre: Sagra Luzzatto, 1997, p. 13. 179 p.

ralizou" o ser do ente do processo civil. A "parada no círculo hermenêutico" parece ter ido longe demais. Os racionalistas da filosofia da consciência acreditaram que o método lógico, que preside o procedimento civil, seria suficiente para que o processo funcionasse como instrumento de realização do direito material, "pacificação social" e descoberta da "verdade", que seria assegurada pela *res iudicata*. Hoje, porém, já não é mais assim. A coisa julgada, nascida com a modernidade, serviu e serve para a "estabilização" das relações jurídicas, emprestando a estas a segurança jurídica. Esse instituto, contudo, passado o tempo, apresenta-se com outro sentido, diante do advento da pós-modernidade com todas as suas conseqüências. A segurança jurídica da modernidade possuía um sentido, ou seja, o da segurança nos negócios jurídicos, ideal preconizado pelo Estado Liberal. Na pós-modernidade, no paradigma do Estado Democrático de Direito, seu sentido passa a ser outro: o de uma segurança que relativamente resguarde o passado, mas que não se esqueça do futuro, do porvir; uma segurança que não se esqueça do social. E isso ocorre em virtude dos avanços tecnológicos, dos riscos de se viver em uma sociedade complexa, e do advento das Constituições, legados da modernidade, instituidoras do Estado Democrático de Direito, que chegam ao fim da modernidade como possibilidade de transformação do Direito e da sociedade.

A coisa julgada "seqüestra" o tempo, a exemplo das leis e das súmulas. Assim, não há compreensão, pois não há o "cuidado" e, por conseguinte, a temporalidade. O ser perde o seu nome. Tudo isso não se nega. Porém, não se pode negar também que a coisa julgada ainda é o que assegura uma certa estabilidade às relações do homem. E isso é muito importante para que se possa viver em sociedade. A relativização da coisa julgada, é certo, não pode ser teorizada com hipóteses fictícias como se o jurista vivesse no mundo da abstração. E talvez hoje possa ser considerado o "calcanhar de Aquiles" do processo. Absolutizada a coisa julgada, o jurista poderá restar totalitário, continuando preso na modernidade, desvinculado do "mundo real"; relativizada, contudo, o "totalitário" também não restará afastado, podendo, inclusive, "totalizar-se" ainda mais. Para esse dilema, pois, ainda não se tem resposta. Não se sabe, também, qual a resposta para perguntas que deveriam assombrar (se é que não assombram) o imaginário dos juristas que pugnam pela relativização. Admitida a relativização da coisa julgada, quantas vezes isso poderá ocorrer? Uma, duas, três, infinitas vezes? Será que a segunda coisa julgada será melhor do que a primeira? A segunda coisa julgada conterá mais "justiça" e será mais "razoável" que a primeira? Quem tem as condições hermenêuticas para dizer isso? Os doutrinadores? Os tribunais? O STF, que desprezou a possibilidade de o juiz controlar difusamente a constitucionalidade das leis; poder esse que lhe é conferido pela Constituição? O juiz que desconsiderou a coisa julgada formada na primeira demanda? O juiz que desconsiderou a coisa julgada da

Fundamentos para uma compreensão hermenêutica do Processo Civil

segunda demanda? O juiz que desconsiderou a coisa julgada da terceira, e assim por diante?

No atual momento histórico, não há como deixar de reconhecer que a segurança jurídica é princípio a ser preservado. Não há, também, como deixar de reconhecer que ela não pode ter valor absoluto.[744] Mas, de igual forma, não há como "nomear" alguém que será o "detentor" do poder de dizer qual a coisa julgada que vale e que, portanto, não pode ser rescindida, ou, ao contrário, qual a coisa julgada que não vale e que, portanto, pode ser objeto da rescisão. Se a mutabilidade do julgado é a negação da modernidade,[745] sua imutabilidade, paradoxalmente, é a negação da pós-modernidade. O jurista, portanto, foi jogado num "limbo existencial", pois não sabe para onde ir. A única saída que se vislumbra, por ora, para a coisa julgada é a do aumento das hipóteses legais de cabimento da ação rescisória, notadamente quanto aos casos em que o direito (lei) esteja "defasado" em razão da evolução científica ou quando o direito individual estiver em franco conflito com o direito social, haja vista o paradigma do Estado Democrático de Direito que privilegia este em detrimento daquele. Somado a isso, ou alternativamente, o aumento do prazo para ajuizamento da rescisória. Também se pode resgatar o instituto da *"querella nullitatis"*, que, no entanto, serve a determinados casos tão-somente.[746] Não se pode perder de vista, contudo, que, mesmo aumentando o prazo para ajuizamento da rescisória, repita-se, haverá a lei de contemplar hipóteses, como as das ações de estado, *v.g.*, investigação de paternidade, em que seja possível relativizar a coisa julgada, independentemente da rescisória. O problema agora estará quanto ao número de vezes que isso poderá ocorrer. Quanto a esse aspecto também parece não haver respostas. Independentemente de quais os mecanismos processuais que podem vir a ser instituídos pelos legisladores a fim de se proceder à revisão/relativi-

---

[744] Aqui se está diante da tensão "facticidade e validade" (para ser um pouco "habermasiano"!); da relação justiça e segurança.

[745] SILVA, Ovídio A. Baptista da. Coisa julgada relativa? In: *Revista jurídica*: órgão nacional de doutrina, jurisprudência, legislação e crítica judiciária. Ano 52. n. 316, fev. /2004, p. 18.

[746] Como é o caso das sentenças que incluem na condenação sujeito que não foi parte na demanda e que, com o trânsito em julgado, passa a ser demandado em processo de execução. Nesse sentido: BRASIL. Tribunal de Justiça do Estado do Rio Grande do Sul. *EXECUÇÃO DE TÍTULO JUDICIAL. SENTENÇA QUE EM SEU DISPOSITIVO ABARCA QUEM NÃO FOI PARTE. NULIDADE. QUERELLA NULITATIS. É basilar em nosso sistema processual que a sentença faz coisa julgada às partes entre as quais é dada e, portanto, a coisa julgada não atinge terceiros, nem para beneficiá-los, nem para prejudicá-los. Extrai-se isto da leitura do art. 472 do CPC. Assim, ainda que o dispositivo sentencial abarque terceiros como titulares de um direito a indenização, nunca gerará efeitos e nunca será acobertado pelo manto da coisa julgada; pois a coisa julgada não atinge terceiros, por expressa disposição legal e até pela coesão do sistema processual que pretende sempre possibilitar a todos, em todos os processos, o contraditório e a ampla defesa. Dada a extrema gravidade do vício, ele não convalida de forma alguma e a sentença não transita em julgado. Logo, resta desatendida a exigência legal de que a sentença não apenas seja de mérito, mas também transitada em julgado. Casos tais, a demanda a ser intentada é a querella nulitatis, inclusive, imprescritível. Todavia, isto não impede a decretação da nulidade de ofício, pois passível de ser conhecida a qualquer tempo e em qualquer sede ou grau de jurisdição. Apelação provida.* Apelação Cível n° 70003814670, de Soledade. 2. Câmara Especial Cível. Apelante: Transportes Sasso Ltda. Apelado: José Jair de Cristo Moreira. Relator: Marilene Bonzanini Bernardi. Acórdão de 28 de outubro de 2003.

zação do julgado,[747] ou quanto a quem poderá fazer isso e quantas vezes poderá ser feito, é importante salientar que não há como o Judiciário fugir de situações[748] em que, mesmo diante da inexistência de lei, seja necessário desconsiderar a coisa julgada que, para os fins desta obra, são as que foram referidas acima: investigatória de paternidade e demandas em que o interesse social estiver em conflito com o interesse individual.

4.6. Aspectos relevantes do sistema recursal no que diz respeito à "qualidade hermenêutica" das decisões dos tribunais: a instrumentalidade quantitativa (procedimental) *versus* a instrumentalidade qualitativa (hermenêutica)

Uma fundamentação hermenêutica do processo civil não prescinde da análise do sistema recursal, ainda que isso se faça de modo parcial. De início, pois, é possível afirmar que o sistema de recursos do processo brasileiro ainda não foi devidamente compreendido no sentido de ter sofrido a necessária "filtragem constitucional". Nesse aspecto, por exemplo, o sistema recursal, afrontando o princípio do duplo grau de jurisdição e tantos outros princípios implícitos ou explícitos na Constituição, tem permitido, forte no § 3° do art. 515 do Código de Processo Civil, que o tribunal *ad quem*, nos casos de "questão exclusivamente de direito", possa julgar imediatamente a lide mesmo nos casos de extinção do processo sem o julgamento do mérito (hoje, sem "resolução de mérito") no juízo de primeiro grau. Nessa visão tradicional, há uma distinção (metafísica) entre questão de fato e questão de direito, uma vez que se fala em questão "exclusivamente de direito", como se pudessem ser cindidos o fato e o direito, quando, ao contrário, toda questão de fato é uma questão de direito e toda questão de direito é uma questão de fato,[749] não havendo, pois, uma questão exclusiva de direito. O sistema tem permitido, ainda, com base no art. 557 do CPC, emissão de decisões monocráticas em juízos colegiados, que

---

[747] Sugere-se, consoante a doutrina, a propositura de idêntica ação visando a desconsiderar a primeira coisa julgada, a ação declaratória de nulidade absoluta ou insanável da sentença, os embargos à execução, a alegação *incidenter tantum* em algum processo, inclusive em peça defensiva, e até mesmo o mandado de segurança. Por todos, DINAMARCO, Cândido Rangel. Relativizar a coisa julgada material. In: *Revista Ajuris*. Porto Alegre: Associação dos Juízes do Rio Grande do Sul, n. 83. Tomo I. Ano XXVII, set. 2001. 383 p.

[748] Lembre-se com Heidegger que o "estar ocupado" com as coisas volta-se ao "agora". O tempo "está já interpretado como presente, o passado como o que já-não-é-presente e o futuro como um ainda-não-presente indeterminado: o passado é irrecuperável e o futuro indeterminado". HEIDEGGER, Martin. *O conceito de tempo*. Prólogo, tradução e notas de Irene Borges-Duarte. Lisboa: Fim de Século, 2003, p. 59. 94 p. Nesse sentido, o jurista deve-se preocupar com o presente, com o agora. Não há como determinar o futuro. Não há como prevê-lo. Parafraseando Heidegger, o jurista "é" e "tem" o tempo. O tempo "é o autêntico *principium individuationis*". *Idem*, p. 69.

[749] Nesse sentido, por todos: NEVES, António Castanheira. *Questão-de-facto – Questão-de-direito ou o problema metodológico da juridicidade*: ensaio de uma reposição crítica. Coimbra: Livraria Almedina, 1967. 927 p.

Fundamentos para uma compreensão hermenêutica do Processo Civil

impedem a apreciação dos recursos, o que nem de longe tem sido considerado inconstitucional. Quanto a esses e outros aspectos, portanto, algumas considerações merecem ser feitas.

Atente-se, primeiramente, para a numerosa gama de recursos e para o fato de que o sistema recursal mantém rigorosa e ampla fidelidade ao princípio da suspensividade da maioria dos recursos, especialmente na apelação, na qual vige a regra do duplo efeito do recurso, quebrada em algumas exceções expressamente indicadas pelo Código de Processo Civil. Mesmo os recursos que não dispõem de efeito suspensivo, como no caso do agravo de instrumento, acabam produzindo esse mesmo efeito, uma vez que nem o magistrado que teve sua decisão agravada, e nem as partes, terão interesse em dar curso a um procedimento exposto ao risco de ser desfeito pelo provimento do recurso.[750] Pela "generalização" do princípio da suspensividade da apelação, não apenas se despreza a jurisdição de primeiro grau – a única que pratica a oralidade –, como se menosprezam os atos decisórios da instância originária, por meio de um complicado sistema "atípico" e "heterodoxo" de impugnação contra todas as decisões de primeira instância, que se vem institucionalizando, também, no sentido de lhes cortar a executividade imediata.[751] Nesse sentido, pode-se dizer que os legisladores, mesmo nas reformas mais recentes, têm sido tímidos quanto a intentarem uma mudança no quadro recursal.[752] Somado a tudo, contrabalançando o que já foi dito, encontra-se um outro problema: o da busca de efetividade a qualquer custo, o que acaba por resultar em dispositivos legais/recursais de duvidosa constitucionalidade. Tal é o que ocorre com as recentes alterações legislativas empreendidas nos artigos 515, § 3º, e 557, *caput*, ambos do Código de Processo Civil.

4.6.1. A (in)constitucionalidade do § 3º do art. 515 do Código de Processo Civil

Já há algum tempo, os legisladores, preocupados com a efetividade do processo, têm produzido, no âmbito da lei processual, reformas que

---

[750] Assim, "temo-nos mantido rebeldes à experiência dos países europeus, de onde mais diretamente recebemos inspiração, particularmente do direito italiano. Enquanto no direito peninsular vige o princípio inverso de que toda a sentença de primeiro grau é imediatamente exeqüível, salvas as exceções legais expressas, conservamo-nos fiéis ao princípio oposto: todas a sentenças sujeitas à apelação são inexeqüíveis, salvas as raras exceções taxativamente previstas em lei". SILVA, Ovídio A. Baptista da. Processo de conhecimento e procedimentos especiais. In: SILVA, Ovídio A. Baptista da. *Da sentença liminar à nulidade da sentença*. Rio de Janeiro: Forense, 2002, p. 99. 394 p.

[751] *Idem*, p. 100.

[752] Exemplo dessa timidez está em não inserir no Código de Processo Civil disposição no sentido de que a apelação contra a decisão que julgou improcedentes ou que rejeitou os embargos à ação monitória seja recebida tão-somente no efeito devolutivo. A ação monitória tem como característica a celeridade, mas, embargada, perde essa qualidade. Deveria, assim, ser admitida ao menos a execução provisória no caso de improcedência ou rejeição dos embargos, o que ainda não aconteceu. Outras tantas críticas poderiam ser feitas nessa mesma linha. Algumas delas já foram expostas quando da análise da inefetividade das decisões relativas à tutela antecipada, sobretudo quanto à possibilidade de, com um simples agravo de instrumento, suspender a eficácia da antecipação da tutela concedida pelo juiz de primeiro grau.

visam a fazer com que o processo possa realmente tornar-se mais célere e efetivo. Tem havido, no entanto, uma maior preocupação com a "instrumentalidade quantitativa" do que com a "instrumentalidade qualitativa" (Streck).[753] A Lei n° 10.352, de 26 de dezembro de 2001, que instituiu alterações no Código de Processo Civil no que diz respeito ao recurso de apelação, atendendo a essa instrumentalidade quantitativa, trouxe uma novidade (já "nem tão nova assim")que, pode-se dizer, padece do vício de inconstitucionalidade material face à violação do princípio constitucional do duplo grau de jurisdição. Essa "novidade" é o acréscimo de mais um parágrafo no art. 515 do Código de Processo Civil, que trata da extensão do efeito devolutivo da apelação, assim disposto: "§ 3° Nos casos de extinção do processo sem julgamento do mérito (art. 267), o tribunal pode julgar desde logo a lide, se a causa versar questão exclusivamente de direito e estiver em condições de imediato julgamento".

Ao se analisar o referido dispositivo, pode-se dizer que nada mais fizeram os legisladores do que valorizar os princípios da instrumentalidade e da efetividade do processo, pois, pela forma como foi redigido, o § 3° do art. 515 do CPC permite ao Tribunal, mesmo quando o mérito não tiver sido apreciado pelo juiz monocrático, possa julgar imediatamente a questão de fundo quando a matéria versar, com exclusividade, sobre questão de direito e estiver em condições de pronto julgamento. Isso torna mais ágil a prestação jurisdicional, segundo aqueles que defendem a inclusão do mencionado parágrafo. Entende-se, porém, aqui, que pairam dúvidas acerca da constitucionalidade do referido dispositivo, em virtude da violação do princípio do duplo grau de jurisdição, que significa (deve significar) duplo juízo do mérito, bem como de outros princípios constitucionais, como se verá adiante.

A Constituição de 1824 previa o princípio do duplo grau de jurisdição. Era uma garantia absoluta. Havia o chamado Tribunal de Relação, responsável pelo julgamento dos recursos oriundos dos juízes monocráticos.[754] Hoje, o princípio do duplo grau está implícito na Constituição, mas não tem garantia absoluta. Assim, o legislador infraconstitucional pode

---

[753] Há quem diga, inclusive, que não há como conciliar ambas as instrumentalidades, pois esgotados os modelos processuais: "A rapidez, por sua vez, é nos tempos atuais um valor também absolutamente importante. A vida moderna a exige espetacularmente, e em todos os seus momentos, tanto que representa poder. A velocidade das informações, via informática, precipita acontecimentos, estreita relações, constrói e destrói em instantes. A verdade é tão flagrante que há setores que dão primazia à rapidez em detrimento dos valores segurança (tão pregado pelos positivistas) e justiça, daí por que preferem, via decisões contratuais, inibir a tutela jurisdicional. Não há, pois, remédio eficaz para as soluções conflituais no Judiciário sob a ótica tradicional: ou se inibe a velocidade (repito, valor vital) ou se posterga as garantias da cidadania – contraditório, ampla defesa, duplo grau (também, repito, valores vitais). Inexiste, a meu sentir, hipótese radical conciliadora. Esgotou-se o modelo". CARVALHO, Amilton Bueno de. Papel dos juízes na democracia. In: *Revista Ajuris*. Porto Alegre: Associação dos Juízes do Rio Grande do Sul, n. 70, ano XXIV, p. 367, jul. 1997. 429 p.

[754] WOLKMER, Antônio Carlos. *História do direito no Brasil*. 2ª ed. Rio de Janeiro: Forense, 1999, p. 60-61. 170 p.

limitar o direito de recurso.[755] Como exemplo, podem ser citados os casos do art. 34 da Lei 6.830/80[756] e do art. 504 do CPC.[757] Também no Juizado Especial há limitação ao direito de recorrer, não cabendo recurso especial para o Superior Tribunal de Justiça das decisões proferidas naquele órgão jurisdicional.[758]

Anteriormente à alteração legislativa, que acrescentou o § 3º no art. 515 do CPC, entendia-se – e assim ainda deve ser entendido – que, extinto o feito sem o julgamento de mérito – ou sem resolução de mérito –, o tribunal deveria cassar a decisão e devolver o processo à origem para o enfrentamento do mérito. Nesse sentido, Ovídio Baptista da Silva, ao tratar da extensão do efeito devolutivo da apelação, afirmando que só a decisão de mérito é que permite, no caso de recurso, que haja a devolução integral da matéria para o segundo grau.[759] Essa, então, a maneira adequada de tratar a situação de extinção do processo sem o julgamento (resolução) de mérito quando não for o caso de extinção por ausência de condições da ação, uma vez que estas integram o mérito. Contudo, agora, para alguns doutrinadores, tal solução parece descabida, porquanto a reforma processual tem(teria) visado, antes de tudo, à instrumentalidade do processo, o que, porém, parece deva ser cotejado com o direito à adequada prestação jurisdicional, que implica dupla análise da questão de fundo trazida aos autos.

---

[755] NERY JÚNIOR, Nelson. *Princípios do processo civil na Constituição Federal.* 2ª ed. rev. e aum. São Paulo: Revista dos Tribunais, 1995, p. 152. 221 p.

[756] "Art. 34. Das sentenças de primeira instância proferidas em execuções de valor igual ou inferior a 50 (cinqüenta) Obrigações do Tesouro Nacional – OTN, só se admitirão embargos infringentes e de declaração".

[757] "Art. 504. Dos despachos de mero expediente não cabe recurso".

[758] Interpretação que decorre do texto constitucional, pois não há previsão de julgamento, em sede de recurso especial, de decisões proferidas pelas turmas recursais dos Juizados Especiais. Nesse sentido: "Art. 105. Compete ao Superior Tribunal de Justiça: (...) III – julgar, em recurso especial, as causas decididas, em única ou última instância, pelos Tribunais Regionais Federais ou pelos tribunais dos Estados, do Distrito Federal e Territórios, quando a decisão contrariada: a) contrariar tratado ou lei federal, ou negar-lhes vigência; b) julgar válido ato de governo local contestado em face de lei federal; c) der a lei federal interpretação divergente da que lhe haja atribuído outro tribunal".

[759] "Uma redução (...) na extensão do efeito devolutivo da apelação acontece quando o recurso seja interposto não contra uma sentença de mérito, e sim contra sentenças terminativas. Neste caso, igualmente a apelação não devolverá ao tribunal o conhecimento do mérito da causa, porque, em verdade, nem mesmo houve uma sentença anterior que o tenha decidido, de modo que o tribunal do recurso pudesse revê-la. Sabendo-se que, segundo nosso direito, de todas as sentenças terminativas o recurso cabível é o da apelação, facilmente se compreende que se o juiz houver posto fim ao processo, sem decidir o mérito da causa, numa das hipóteses do art. 267 do CPC, o provimento da apelação implicará o retorno do processo à sua origem em primeira instância, a fim de que o magistrado que o havia declarado extinto retome o curso do procedimento e venha a proferir no momento adequado uma decisão de mérito. Neste caso, como se vê, poderá haver tantas apelações sucessivas originadas de uma mesma relação processual quantas sejam as eventuais sentenças proferidas em primeira instância. Mas somente a apelação interposta contra a sentença de mérito devolverá ao tribunal de segundo grau o conhecimento integral das questões suscitadas e discutidas na causa, segundo dispõe o artigo 515 do CPC". SILVA, Ovídio A. Baptista da. *Curso de processo civil:* processo de conhecimento. v. 1. 4ª ed. rev. e atual. São Paulo: Revista dos Tribunais, 1998, p. 437. 543 p.

Para José Rogério Cruz e Tucci, que também critica a redação dada ao novo parágrafo acrescido ao CPC, diante da necessidade de imprimir maior celeridade processual, com a introdução do § 3º junto ao artigo 515, os legisladores deixam de se importar com o rigor que deve nortear a exigência do duplo grau, ao suprimir do juiz natural do demandante o julgamento sobre *meritum causae*. Assim, argumentando simplesmente que o princípio do duplo grau de jurisdição não vem contemplado na Constituição, a nova lei altera a tradicional regra, ao autorizar que, nas hipóteses de sentença terminativa, o tribunal possa passar ao julgamento do mérito, desde que se trate de questão exclusivamente de direito e que não demande ulterior instrução probatória. Dando ênfase à "instrumentalidade" em detrimento da boa técnica processual, essa novidade amplia de modo substancial a extensão do efeito devolutivo da apelação, permitindo que o juízo recursal extravase o âmbito do dispositivo da sentença de primeiro grau e, por via de conseqüência, o objeto da impugnação. A apelação, assim, deixa de ter natureza de *revisio prioris instantiae* e passa a ser concebida com um *novum iudicium*, no qual ao órgão jurisdicional superior é lícito o mais amplo reexame da causa, em todos os aspectos de fato e de direito, de modo a julgá-la *ex novo*. Devolvida a cognição da controvérsia ao tribunal *ad quem*, a partir da vigência da lei agora promulgada, independe a natureza da sentença recorrida – terminativa ou definitiva –, uma vez que o mérito poderá ser julgado em segundo grau. Bastará, para tanto, que o *thema decidendum* seja considerado exclusivamente de direito e que esteja em condições de imediato julgamento, isto é, não exija a produção de qualquer prova. A alteração introduzida faz com que o recurso de apelação perca a sua função substitutiva, uma vez que, agora, nem sempre o novo julgamento se identificará com o objeto da sentença recorrida.[760]

Segundo Luiz Rodrigues Wambier, porém, a alteração do texto do art. 515 do CPC merece aplausos. Para esse jurista, não há qualquer "pecha de inconstitucionalidade" no dispositivo legal, uma vez que, em que pese ser princípio constitucional implícito, ligado, portanto, à noção de Estado de Direito, a lei ordinária pode criar exceções ao duplo grau de jurisdição, o que não conflita com a natureza de princípio constitucional.[761] Há quem, inclusive, não reconheça o princípio do duplo grau de jurisdição como princípio constitucional. Nesse sentido – embora não se detendo na alteração legislativa – a posição de Oreste Nestor de Souza Laspro, para quem o duplo grau de jurisdição não pode ser considerado um regramento constitucional, não estando garantido a esse nível nem pela presença

---

[760] TUCCI, José Rogério Cruz e. *Lineamentos da nova reforma do CPC*: Lei 10.352, de 26.12.2001; Lei 10.358, de 27.12.2001; Lei 10.444, de 07.05.2002. 2ª ed. rev., atual. e ampl. São Paulo: Revista dos Tribunais, 2002, p. 98-100.

[761] WAMBIER, Luiz Rodrigues, WAMBIER, Teresa Arruda Alvim. *Breves comentários à 2ª fase da reforma do Código de Processo Civil*: Lei 10.352, de 26.12.2001; Lei 10.358, de 27.12.2001. São Paulo: Revista dos Tribunais, 2002, p. 86-95. 213 p.

Fundamentos para uma compreensão hermenêutica do Processo Civil

inafastável do devido processo legal, nem pela previsão dos recursos especial e extraordinário.[762]

Marcos Afonso Borges, em sentido contrário, reconhecendo a existência de um princípio constitucional do duplo grau, entende que o parágrafo é inconstitucional, uma vez que suprime um grau de jurisdição, tendo em vista que, se a sentença é terminativa (encerrou o processo sem julgar o pedido), não houve apreciação do mérito pelo julgador monocrático. Assim, adentrando o tribunal no exame do mérito e decidindo, estaria julgando, em único grau, matéria que não é de sua competência originária.[763]

Para o Código, em razão de ter sido adotada a teoria eclética de Liebman, que reconhece a existência das chamadas "condições da ação", não haverá julgamento (resolução) de mérito[764] quando o juiz, ao entender que não estão presentes tais condições, extinguir o feito. Não estando presentes as condições da ação, não haverá, por conseguinte, ação e, não existindo ação, não terá havido jurisdição. Claro que essa idéia – notadamente na doutrina gaúcha[765] – está hoje defasada, apesar de haver quem defenda, *v.g.*, em outros estados, tal posicionamento.[766] Ao se filiar, porém, à doutrina "antimetafísica" que vê as condições da ação como integrando o mérito – e, portanto, podendo a decisão que decidiu acerca da inexistência das condições da ação fazer coisa julgada material –, há que se dizer que o § 3º do art. 515 do CPC poderia/deveria ter sido redigido de outra forma, ou seja, ressalvando, então, que apenas nos casos de extinção do

---

[762] "A Constituição Federal somente garante o duplo grau de jurisdição em uma única hipótese, isolada e de difícil aplicação, que é o cabimento do recurso ordinário. A bem da verdade, sua garantia de modo aleatório pela legislação ordinária causa, isto sim, a violação do devido processo legal, na medida em que acaba ocasionando o prolongamento excessivo das demandas em detrimento daquele que veio a juízo em busca da tutela jurisdicional. Além disso, se o sistema oral conduz efetivamente a uma aproximação da denominada verdade real, o fato é que essa oralidade somente subsiste perante o julgador de primeiro grau (primeiro destinatário da prova em cumprimento aos princípios da imediação e da identidade física do juiz) e não perante o juízo de segundo grau, que forma sua convicção com base na simples transcrição das audiências. Destarte, o duplo grau de jurisdição, além de não ter previsão constitucional, sua aplicação discriminada com base na legislação ordinária não somente viola regramentos constitucionais como também distancia o julgamento da efetiva aplicação da norma aos fatos que efetivamente ocorreram". LASPRO, Oreste Nestor de Souza. Garantia do duplo grau de jurisdição. In: TUCCI, José Rogério Cruz e (coord.). *Garantias constitucionais do processo civil*. São Paulo: Revista dos Tribunais, 1999, p. 206. 262 p. Nesse mesmo sentido, negando a existência e constitucionalidade do duplo grau de jurisdição: MARINONI, Luiz Guilherme. *Tutela antecipatória e julgamento antecipado*: parte incontroversa da demanda. 5ª ed. rev., atual. e ampl. São Paulo: Revista dos Tribunais, 2002. 254 p.; MARINONI, Luiz Guilherme. *Tutela antecipatória, julgamento antecipado e execução imediata da sentença*. São Paulo: Revista dos Tribunais, 1997, p. 213. 272 p.

[763] BORGES, Marcos Afonso. Alterações no Código de Processo Civil oriundas das Leis nºs 10.352, de 26.12.01, e 10.358, de 27.12.01. In: *Revista Jurídica*. Ano 50, nº 295, maio de 2002, p. 48.

[764] "Art. 267 – Extingue-se o processo, sem resolução de mérito: (...) VI – quando não concorrer qualquer das condições da ação, como a possibilidade jurídica, a legitimidade das partes e o interesse processual".

[765] Recomenda-se: SILVA, Ovídio A. Baptista da, GOMES, Fábio Luiz. *Teoria geral do processo civil*. São Paulo: Revista dos Tribunais, 1997. 346 p.

[766] Por todos, CINTRA, Antônio Carlos de Araújo, GRINOVER, Ada Pellegrini, DINAMARCO, Cândido Rangel. *Teoria geral do processo*. 16ª ed. rev. e atual. São Paulo: Malheiros, 2000. 358 p.

processo sem resolução do mérito por ausência de condições da ação é que o tribunal poderia julgar desde logo a lide se esta estivesse em condições de imediato julgamento. Isso porque o juiz, nesse caso, teria enfrentado o mérito. Nos demais casos previstos no art. 267 do Código de Processo Civil isso não acontece, uma vez que ali não há análise do mérito. Não havendo, então, enfrentamento do mérito, a fim de que a prestação jurisdicional não seja "dada pela metade", a solução mais adequada é a de que o tribunal, vislumbrando o *error in procedendo*, casse a decisão e remeta o processo à origem para que seja proferida nova sentença, agora com análise do mérito, se for o caso.[767]

Outros "pontos críticos" que podem ser destacados com relação à redação do § 3º do art. 515 do CPC são os da chamada "questão exclusivamente de direito" e da eventual frustração da possibilidade de o juiz poder, em cada caso, vir a inovar na interpretação da questão posta à apreciação. Há, também, o problema referente àquilo que se pode chamar de "efeito psicológico", que corresponde ao sentimento de "irresponsabilidade" (em sentido heideggeriano) que poderá abater-se sobre o magistrado quanto à importância que der, ou não, à sua decisão judicial. Esses também são aspectos a serem considerados na discussão, pois a doutrina pouco lhes tem emprestado importância, conformando-se com o fato de que o tribunal irá julgar aquilo que seria tarefa do juiz.

Sobretudo, parece importante, antes de tocar no problema do julgamento da "questão exclusivamente de direito", tecer algumas considerações a respeito da irresponsabilidade do juiz. Veja-se que, por óbvio, não se está afirmando que o juiz se comportará de forma a não julgar o mérito. Por certo, é preocupação que acompanha (deve acompanhar) todos os magistrados a de prestar uma tutela jurisdicional adequada. Não se pode, contudo, deixar de referir a questão da responsabilidade do julgador pelo enfrentamento da matéria de fundo do processo, ainda que esta seja de direito. Isso porque a temática ora discutida, além de trazer à tona o problema da autenticidade e da inautenticidade, também resgata, como conseqüência, o problema do "viver na angústia", que é o que impede o jurista de "se fechar para o mundo". A alteração legislativa, além de violar o princípio do duplo grau, desprestigia o juiz de primeiro grau. Apesar de poder tornar o processo mais célere, engendra uma espécie de "violência simbólica", podendo gerar no julgador um sentimento de "descompromisso" com o julgamento da lide, decorrência de seu desprestígio como

---

[767] Um exemplo bastante simples demonstra o equívoco da redação dada ao § 3º do art. 515 do CPC: suponha-se que o juiz, após ter instruído o feito, reconheça, ao sentenciar, a inexistência de um pressuposto processual. Entendendo não estar presente o pressuposto processual, o julgador irá extinguir o feito sem resolução de mérito, forte no art. 267, IV, do CPC. A parte prejudicada apelará da sentença e o Tribunal, se entender que está presente o referido pressuposto cuja ausência foi reconhecida pelo juiz, poderá conhecer e julgar o mérito de imediato. Ora, então, o juiz de primeiro grau será apenas um "caminho de passagem" para o segundo grau, já que pouco importará tenha ele adentrado ou não na análise da questão de fundo.

Fundamentos para uma compreensão hermenêutica do Processo Civil

órgão jurisdicional, tendo em vista que tolhe sua capacidade de criação do direito e, ainda que involuntariamente, o desmotiva à (re)discussão e (re)interpretação das "questões de direito" postas, ao dispor que a "questão exclusivamente de direito" poderá ser julgada de imediato pelo tribunal sem necessidade de retorno ao juízo *a quo*.

Esta violência simbólica produz a neutralização da ação do juiz. Como ensina Lenio Luiz Streck, reproduzindo ensinamento de Tércio Sampaio Ferraz Jr., o poder de violência simbólica é o poder capaz de impor significações como legítimas, dissimulando as relações de força que estão no fundamento da própria força. Não nos enganemos, diz ele, quanto ao sentido deste poder. Não se trata de coação, pois pelo poder de violência simbólica o emissor não co-age, isto é, não se substitui ao outro. Quem age é o receptor. Poder aqui é controle. Para que haja controle, é preciso que o receptor conserve as suas possibilidades de ação, mas aja conforme o sentido, isto é, o esquema de ação do emissor. Por isso, ao controlar, o emissor não elimina as alternativas de ação do receptor, mas as neutraliza. Assim, controlar é neutralizar, fazer com que, embora conservadas como possíveis, certas alternativas não sejam levadas em consideração.[768] Assim, no momento em que o juiz se sentir descompromissado com o julgamento da lide, pode-se dizer que a lei já terá produzido sua violência simbólica, pois ele se sentirá desmotivado para analisar a questão de fundo, uma vez que, sabendo que o tribunal poderá julgar desde logo a lide, e conhecendo o posicionamento do juízo *ad quem* acerca da matéria objeto do processo, que poderá ser divergente do seu, sentir-se-á desprestigiado para desenvolver uma nova interpretação da "questão de direito". Se o tribunal é quem tem a última palavra, de nada valerá, pois, a decisão de primeiro grau.

Quando o juiz decide socorrendo-se da "jurisprudência mansa e pacífica" – isso já foi dito –, não é ele que está decidindo, ou seja, não é ele que tem a responsabilidade pelo julgamento. Da mesma forma, se não decidir o mérito, responsabilidade alguma terá pelo julgamento da lide, ainda que a questão seja de "direito", pois esta também carece de interpretação. Afinal de contas, pouco lhe importará se a questão de fundo foi ou não apreciada, pois é o tribunal que tem a última palavra, que suprirá a "irresponsabilidade" do magistrado e, como "bom pai",[769] acertará aquilo

---

[768] STRECK, Lenio Luiz. *Jurisdição constitucional e hermenêutica*: uma nova crítica do direito. Porto Alegre: Livraria do Advogado, 2002, p. 45-46. 710 p.

[769] Para Amilton Bueno de Carvalho, "a estrutura do Poder Judiciário gera uma espécie de família neurótica. O Juiz, em nível de inconsciente, assume perante a comunidade o papel de pai, pois, ao atender às súplicas, ele pune, casa, separa, divide bens. Esta relação se reproduz perante o Tribunal que passa a ser o pai do Juiz (o pune, promove, elogia): é o que diz sim, ou não, ao trabalho do Juiz (uma espécie de avô da comunidade: um idoso distante). Acontece que a forma mais sutil que o 'Juiz-filho' tem para agradar o 'Tribunal-pai' é aderir ao seu saber, ou seja, repetir o que o 'Tribunal-pai' produz. Aí emerge a figura do acrítico (e bajulador) copiador de jurisprudência. Ao fim e ao cabo, isso apresenta o declinar da independência que deve imperar em toda a atuação jurisdicional". CARVA-

que resultou ou do mau julgamento ou do não-julgamento. Enfim, dirá "o que é" – ou dirá "que é" – a questão de direito e como ela deve ser decidida. Perpassa, portanto, a presente análise o problema de saber se há ou não diferença entre questão de direito e questão de fato; se há ou não violação do princípio constitucional do duplo grau de jurisdição; enfim, se há ou não atendimento jurisdicional adequado ao se atender ao disposto no dispositivo ora em comento.

Ao se falar em questão de direito e questão de fato – ou, também, matéria de direito e matéria de fato –, mesmo a doutrina tradicional reconhece que o tema é cheio de dificuldades.[770] Assim, por exemplo, ao tratar dos requisitos de admissibilidade dos recursos extraordinários (extraordinário e especial),[771] Rodolfo de Camargo Mancuso ensina que nem sempre é fácil traçar as fronteiras entre o que é matéria de fato e o que é matéria jurídica.[772] A presente análise, porém, volta-se para o tema "questão de

LHO, Amilton Bueno de. Papel dos juízes na democracia. In: *Revista Ajuris*. Porto Alegre: Associação dos Juízes do Rio Grande do Sul, n. 70, ano XXIV, p. 363, jul. 1997. 429 p.

[770] Nesse sentido, MANCUSO, Rodolfo de Camargo. *Recurso extraordinário e recurso especial*. 4ª ed. rev., atual. e ampl. São Paulo: Revista dos Tribunais, 1996, p. 87. 215 p. Também: WAMBIER, Teresa Arruda Alvim. Distinção entre questão de fato e questão de direito para fins de cabimento de recurso especial. In: *Revista de processo*. São Paulo: Revista dos Tribunais, 1998, n° 92, p. 52-70.

[771] O que não é objeto deste trabalho.

[772] Para esse jurista, "em princípio, *v.g.*, a valoração da prova se insere no campo da matéria fática, porque para isso o juiz procede conforme seu livre convencimento (...); não assim, porém, quando o fundamento do recurso seja o *error juris* do julgador na aplicação dos princípios sobre a prova, como, *v.g.*, se ele admitiu prova exclusivamente testemunhal num caso em que isso era vedado pelo art. 401 do CPC". Prosseguindo na análise, Mancuso lembra que Chiovenda procurou dar um critério para a caracterização do que seja matéria de fato: "'consiste em verificar se existem as circunstâncias baseadas nas quais deve o juiz, de acordo com a lei, considerar existentes determinados fatos concretos'. Por esse parâmetro, compreende-se tenha o STF, em processo penal, assentado que 'a verificação entre a qualificação de motivo fútil ou estado de embriaguez para a apenação, importa em matéria de fato, insuscetível de reexame no recurso extraordinário' (...) Segundo entendemos a matéria de fato, que fica excluída do âmbito do extraordinário é aquela cujo conhecimento pelo STF apenas levaria a um reexame de prova, ou seja: aqueles casos em que não se perscruta o interesse no contraste entre o *decisum* recorrido e um texto constitucional; casos em que, na verdade, o interesse do recorrente é, pura e simplesmente, infringir o julgado, objetivo esse alcançável pelos recursos de tipo comum, que já foram ou poderiam ter sido exercitados. É nessa dimensão que se entende a Súmula 279 do STF: 'Para simples reexame de prova não cabe recurso extraordinário', o adjetivo simples, aí, dando a conotação ora sustentada. Corolário do ora exposto é a Súmula 454 do STF: 'Simples interpretação de cláusulas contratuais não dá lugar a recurso extraordinário'. É que, ao interpretar o contrato, o juiz, atendo-se ao art. 85 do Código Civil, deve consultar a intenção das partes que, por esse dispositivo, prevalece sobre o sentido literal da linguagem. Mas, ao fazê-lo, irá laborar no plano dos fatos. Se fosse admissível o recurso nesses casos, teríamos o STF a reconsultar o *animus* das partes contratantes, buscando atinar seu sentido último, e, com isso, revendo a matéria de fato". Para fins de cabimento de recurso extraordinário, portanto, há determinadas definições quanto à questão de fato e de direito. Assim, se a dúvida, por exemplo, surge quanto à interpretação das várias condutas sociais levadas ao processo, verifica-se uma questão de fato, pois a dúvida, aqui, aparece quanto à compreensão da intencionalidade e significação das condutas e do mundo cultural. Se a dúvida, porém, se levanta quanto à interpretação dos esquemas genéricos (lei, decreto, regulamento etc.), aparece a chamada questão de direito. Daí por que o recurso extraordinário não seria admissível se interposto sob o fundamento de que o acórdão recorrido fundou-se em prova falsa, porque a verificação dessa circunstância implicaria rever a matéria de fato. Mas seria admitido se interposto ao argumento de que o acórdão recorrido fundou-se em prova obtida por meio ilícito, uma vez que isso é vedado pelo art. 5°, LVI, da Constituição da República, e

fato" e "questão de direito", não pelo ângulo dos recursos extraordinário e especial, mas numa tentativa de ontologização hermenêutica dessas questões, desvelando o "sentido" das expressões "questão de fato" e "questão de direito" (ou matéria de fato e matéria de direito), pois, apesar de a dogmática jurídica ter estabelecido parâmetros para uma distinção entre uma e outra, pensa-se aqui não ser possível, do ponto de vista da fenomenologia hermenêutica, fazer uma diferenciação entre ambas.

Analisada ontologicamente a problemática, no sentido da ontologia fundamental de que fala Heidegger, parece, pois, que não há como estabelecer uma distinção entre questão de fato e questão de direito.[773] As distin-

---

porque se constitui numa questão de direito. MANCUSO, Rodolfo de Camargo. *Recurso extraordinário e recurso especial.* 4ª ed. rev., atual. e ampl. São Paulo: Revista dos Tribunais, 1996, p. 87-90. 215 p.

[773] É o mesmo que acontece, por exemplo, com o conceito de crime, considerado por alguns como fato típico, ilícito e culpável. Muitas vezes, dizem os penalistas que utilizam esse conceito de crime de "modo ontológico". Só que esse "modo ontológico" diz respeito à ontologia clássica, e não à ontologia fundamental de Heidegger (Streck). É como se na palavra estivesse contida a essência do ente. Na metafísica clássica, combatida por Heidegger, o sujeito é um "sujeito a", ou seja, sujeita-se a essências. Já no paradigma moderno, o sujeito é sujeitante: *cogito ergo sum* (Streck). Para a ontologia fundamental, pois, não há essência. Ao contrário, a metafísica clássica (Tomás de Aquino) pressupõe que o mundo existe, é real, não é uma ilusão e não depende do sujeito cognoscente. O sujeito, assim, conhece o que há, "mesmo que tal conhecimento seja equivocado, passível de correção. A realidade do mundo lhe é externa e é objeto de apreensão pelos sentidos e pela razão. Acredita também que a ciência permite conhecer o real e a linguagem permite expressá-lo e comunicar o conhecimento. Mas, assim como para filosofia grega clássica, a observação de que as coisas passam e mudam conduz o pensamento a distinguir o que é contingente do que é necessário, ou seja, no meio das coisas transitórias há uma continuidade, ou, nos termos próprios, há essências (substâncias) e há existências". LOPES, José Reinaldo de Lima. *O direito na história*: lições introdutórias. 2ª ed. rev. São Paulo: Max Limonad, 2002, p. 147. 487 p. Em Heidegger, o homem, enquanto *Dasein*, precede à consciência enquanto *Cogito*. A característica fundamental do *Dasein*, assim, é estar-no-mundo, numa relação que não é aquela das coisas. Esse modo de existir primordial do homem é tecido numa totalidade feita de sentimentos, de compreensão e de linguagem, o que faz o homem vivenciar sua situação antes mesmo de refleti-la explicitamente. Tal é a tarefa de uma analítica existencial que se dá, fundamentalmente, como hermenêutica. Impõe-se, portanto, superar tanto as pretensões objetificantes da metafísica realista clássica como aquelas subjetivizantes do idealismo moderno. SEVERINO, Antônio Joaquim. *A filosofia contemporânea no Brasil*: conhecimento, política e educação. Petrópolis: Vozes, 1997, p. 108. 255 p. Filosofar, portanto, pressupõe o regresso, o retorno ao questionamento do ser, esquecido pela metafísica, que escondeu a diferença ontológica existente entre o ser e o ente. A metafísica "entificou" o ser e não percebeu que, enquanto diferença, a manifestação do ser se dá na linguagem. Assim, no fazer-se linguagem do ser, o homem vem a si mesmo e o mundo vem ao homem para ser mundo. As palavras, portanto, "não são recipientes onde se conservam em latas significantes o conteúdo significativo para uso do discurso. As palavras do Pensador, como as palavras do Poeta, são fontes e mananciais que sempre de novo jorram originariamente". LEÃO, Emmanuel Carneiro. Hegel, Heidegger e o absoluto. In: *Tempo brasileiro*. A crise do pensamento moderno 3. Rio de Janeiro, n. 25. abr./jun. 1970, p. 17. 131 p. Se assim acontece com as palavras, pode-se dizer que não há essências e que, por isso mesmo, como decorrência, não há um sentido em si nas coisas. Também assim não há um sentido em si nos conceitos. Aliás, nesse aspecto, no campo do Direito, o problema dos conceitos traz à tona o seguinte obstáculo ao conhecimento do ser: o fato de que, quanto mais os juristas conceituam, mais escondem o ser do ente (Streck), ocultando a diferença ontológica. Para Heidegger, o que se abre na compreensão, o compreendido, é sempre de tal modo acessível que se pode explicitar em si mesmo "como isto ou como aquilo". O "como" constitui a estrutura de explicitação do compreendido, constitui a interpretação. Há, então, uma aproximação interpretativa dos entes enquanto "algo como algo". Assim, como a "arte da compreensão" (hermenêutica), à qual o homem está condenado, funda-se, essencialmente, numa posição prévia, que possibilita o horizonte das articulações, numa visão prévia, que designa a perspectiva do conjunto das articulações, e numa concepção prévia, consistente na apreensão do conjunto de posições

ções "mundo de fato" e "mundo jurídico", "questão de fato" e "questão de direito", para citar apenas algumas, na ótica da ontologia fundamental de Heidegger, são metafísicas, pois objetificantes. Decorrem da separação radical entre o mundo do ser e o mundo do dever ser (Kant), do fato e do direito, fruto da filosofia da consciência que domina não só a cultura jurídica brasileira, mas a de outros países ocidentais. Se o ser, como diz Heidegger, é sempre o ser de um ente, ele não pode ser separado. O ser, ontologicamente, difere do ente, mas não difere onticamente. A crítica, portanto, recai necessariamente sobre a tradição da filosofia da consciência e do positivismo – seu correlato – que, dogmatizando e eternizando conceitos, esconde a possibilidade de novos descobrimentos e desvelamentos do ser, e separa o que é inseparável. Daí a importância da questão do ser e do seu primado ontológico, e da via fenomenológica da hermenêutica da faticidade: esclarecer o sentido do ser; interpretar sempre; buscar a atualização da coisa; indagar; enfim, apreender a deixar a coisa livre de encobrimentos.

Heidegger orienta sua atenção através do velamento e desvelamento. No velamento, o sentido mostra que algo sempre já antecipadamente se deu como condição de possibilidade do discurso que, entretanto, por este é ocultado.[774] O ser no modo do "encobrir-se" e o "velar-se" são inerentes ao caráter-de-ser do ser que é objeto da filosofia. Esta é a noção verdadeiramente rigorosa da categoria de fenômeno. A via que pretende

---

e de visões prévias, ou seja, o conceito prévio, é possível dizer que, pelo conceito se desvela, mas, ao mesmo tempo, se vela o ser. GADAMER, Hans-Georg. *Verdade e método*: traços fundamentais de uma hermenêutica filosófica. 3ª ed. Tradução de Flávio Paulo Meurer. Petrópolis: Vozes, 1999, p. 262-273. 731 p.; STEIN, Ernildo. *Aproximações sobre hermenêutica*. Porto Alegre: Edipucrs, 1996, p. 20. 110 p.; HEIDEGGER, Martin. *Ser e tempo*. Parte I. 9ª ed. Tradução de Márcia de Sá Cavalcante. Petrópolis: Vozes, 2000, p. 205-323. 325 p.

[774] STEIN, Ernildo. *Aproximações sobre hermenêutica*. Porto Alegre: Edipucrs, 1996, p. 56. 110 p. A linguagem, em Heidegger, é ao mesmo tempo um desvelar-se e um velar-se do ser na história da humanidade. Ao fazer-se linguagem, o ser presenteia o homem com sua essência, mas, ao mesmo tempo, ao fazer-se linguagem metafísica, ausenta-se na odisséia do esquecimento. Dito esquecimento "alcança hoje a plenitude de suas virtualidades de ausência no mundo técnico do sistema de controle. Aqui o homem se vai deslocando de sua Essência para sua Não-Essência". O sistema de controle é de uma época em que todas as dimensões do homem, naturais, culturais, materiais, espirituais são promovidas, reconhecidas e protegidas, mas, ao mesmo tempo, perdem gradativamente a liberdade. O poder crescente da automação e do progresso implica uma crescente desumanidade. Não no sentido de que os homens se tornem cada vez mais animais, mas no sentido de que o próprio sistema de controle, como força coletiva, preocupa-se sempre menos com o homem e sua dignidade. No sistema de controle aumenta e se aprofunda cada vez mais o afastamento do homem de sua essência. Assim, o grande desafio da nossa época é "o desafio de uma conversão do homem de sua Não-Essência para sua Essência. Trata-se de uma conversão que recoloca o homem em seu lugar de origem na linguagem do ser. Mas não se restaura o lugar de origem de uma História repisando um passado já passado. Só se restaura o lugar de origem instaurando as perspectivas e mobilizando as forças para um principiar mais originário com tudo que ele comporta de estranho, obscuro e incerto. É uma restauração de natureza social. O fazer-se linguagem do Ser se dá sempre enquanto somos sócios uma vez que o Ser é um destino comum. Uma restauração que principia com a tomada de consciência da alienação do homem de sua Essência e parte da sociedade industrializada do sistema de controle. Uma restauração, que promove o advento de uma época de nova sabedoria, uma época de convivência e reconciliação humana, uma época de interioridade e integração, uma época silenciosa que não será proclamada à alta voz". LEÃO, Emmanuel Carneiro. Hegel, Heidegger e o absoluto. In: *Tempo brasileiro*. A crise do pensamento moderno 3. Rio de Janeiro, n. 25. abr./jun. 1970, p. 17-18. 131 p.

seguir a hermenêutica da facticidade é a tarefa de fazer do ser fenômeno. Denomina-se a si mesma interpretação. Toda interpretação é uma interpretação conforme algo e este ter-prévio que se há de interpretar deve ser buscado na trama dos objetos.[775] Para o Direito, isso significa que a norma sempre será o resultado da interpretação de um texto, pois o jurista trabalha com existenciais, lidando com acontecimentos que "estão no mundo", apreendendo as coisas enquanto e como fenômenos. O jurista não trabalha apenas com um texto puro e simples, "solto" sob sua cabeça. Assim, para interpretar precisamos compreender. Para compreender temos de ter uma pré-compreensão, constituída essa da estrutura prévia de sentido que se funda, como já dito, numa posição prévia, num ver prévio e numa concepção prévia. É a condição de ser-no-mundo que vai determinar o sentido do texto.[776]

Como o intérprete não interpreta "em fatias", não se pode admitir, pois, um conceito analítico para as chamadas "questão de fato" e "questão de direito", uma vez que, para o direito, nenhum fato é considerado puramente em si, como uma faticidade absoluta, mas unicamente naquela referência ao direito que vai pressuposta na sua relevância jurídica. É impossível uma distinção entre questão de fato e questão de direito. O fato e o direito existem enquanto coexistem: "Oferecendo-se um com o outro e um para o outro de tal modo, que assim como Kierkegaard pôde dizer contra

---

[775] HEIDEGGER, Martin. *Ontología*: hermenéutica de la facticidad. Madrid: Alianza, 1999, p. 100-101. 154 p.

[776] STRECK, Lenio Luiz. *Jurisdição constitucional e hermenêutica*: uma nova crítica do direito. Porto Alegre: Livraria do Advogado, 2002, p. 169. 710 p. A ruptura com o pensamento metafísico, que sustenta a hermenêutica clássica, dá-se pela idéia de antecipação de sentido, que ocorre no interior do círculo hermenêutico, idéia chave na hermenêutica filosófica, no interior do qual o intérprete fala e diz o ser na medida em que o ser se diz a ele, e onde a compreensão e explicitação do ser já exigem uma compreensão anterior. Conseqüentemente, a noção de círculo hermenêutico "torna-se absolutamente incompatível com a assim denominada – como quer a dogmática jurídica – 'autonomia' de métodos, cânones ou técnicas de interpretação e/ou de seu desenvolvimento de partes ou em fases. Repetindo: o processo interpretativo não acontece aos pedaços, em partes, em fatias. Interpretar é sempre aplicar". STRECK, Lenio Luiz. Quinze anos de constituição – análise crítica da jurisdição constitucional e das possibilidades hermenêuticas de concretização dos direitos fundamentais-sociais. In: *Revista Ajuris*. Porto Alegre: Associação dos Juízes do Rio Grande do Sul, n. 92, ano XXX, p. 206, dez. 2003. 336 p. A compreensão se dá, portanto, num ato de aplicação. A norma se dá. O texto não se dá, pois ele só é na norma, que é, como afirmado, o resultado da interpretação. Daí por que a hermenêutica é aplicação, ou seja, é "produção de sentido", e não "reprodução" de sentido. O *Dasein* "não pode ser reduzido a uma essência que podemos determinar, como o faz a tradição metafísica, adicionando a elementos genéricos uma diferença específica, como os traços de animalidade comuns com outros animais especificados por uma racionalidade. Por isso o ser humano foge às determinações que uma natureza (essência) recebe pela diferença específica. Enquanto o ser humano é a compreensão do ser ele se sustenta por dois teoremas: a circularidade hermenêutica e a diferença ontológica". Desse modo, enquanto *Dasein*, o ser humano é o lugar da diferença ontológica, que é uma diferença entre ser e ente que nunca é inteiramente tematizada, sendo o como do ser humano enquanto compreensão do ser "um exercício inesgotável de sua diferença". Ele jamais se estabelece como natureza ou essência como os outros entes. O ser humano nunca pode dar-se a si mesmo um estatuto legitimador de sua possibilidade como efetividade. Ele é possibilidade como Heidegger o quer enquanto temporalidade em que predomina a futuridade, o poder-ser e não uma "essência acabada". STEIN, Ernildo. *Nas proximidades da antropologia*: ensaios e conferências filosóficas. Ijuí: Unijuí, 2003, p. 47-48. 296 p.

Hegel que também a existência faz parte do problema do Ser, poderemos nós igualmente afirmar o facto a fazer parte do problema do Direito".[777] O problema da distinção entre questão de fato e questão de direito, assim, encontra-se numa situação de "dúvida radical":[778] a importância da problemática é patente para o processo, pois, no Direito Processual, são discriminados o objeto de conhecimento dos órgãos judiciais de primeira instância e o objeto de conhecimento dos tribunais de recurso, por meio de critérios legais que a doutrina tradicionalmente exprime pelos conceitos dogmático-processuais de matéria de fato e matéria de direito, ou de questão de fato e questão de direito. Há, portanto, uma necessidade constante de compreender a questão de direito/fato.[779]

Para o positivismo normativista, o direito e o fato são duas entidades objetivas, independentes e separadas. Nesse sentido, a verdadeira atividade jurídica consiste apenas em obter, a partir das regras jurídicas formuladas e por meio de operações lógicas, uma rede de conceitos o mais integral e harmônica possíveis, e de subsumir corretamente os fatos a julgar a essa rede de conceitos. Essa concepção está ligada à idéia da questão de direito e da questão de fato como questões em si, isto é, absolutamente

---

[777] NEVES, António Castanheira. *Questão-de-facto – questão-de-direito ou o problema metodológico da juridicidade*: ensaio de uma reposição crítica. Coimbra: Almedina, 1967, p. 92. 927 p. Consultar, também, NEVES, António Castanheira. *Digesta*: escritos acerca do direito, do pensamento jurídico, da sua metodologia e outros. 1. v. Coimbra: Coimbra, 1995. 600 p. Para Eros Roberto GRAU, questão de fato e questão de direito "(...) se interpenetram: para cada decisão do caso real sob a norma (...) a pessoa que deve tomar a decisão necessita de informações que não se desprendem da norma, mas que, não obstante, determinam a decisão. GRAU, Eros Roberto. *Ensaio e discurso sobre a interpretação/aplicação do direito*. 2ª ed. São Paulo: Malheiros, 2003, p. 109. 240 p.

[778] O pensamento jurídico manteve-se dominado pelo monismo metodológico característico do espírito científico do século XIX, "quer esse monismo se exprimisse, no pensamento jurídico, por um conceitualismo idealista (*a priori*) ou se reduzisse a um conceitualismo de sentido naturalista, pois sempre através de um conceitualismo metódico (a impor o conceito como *prius*, pressuposto ou fundamento) o entendimento dogmático do direito positivo se realizava pela redução do seu conteúdo significativo aos conceitos que seriam pelo mesmo direito positivo pressupostos. E indiscerníveis, já que isto implicava, para o nosso caso, não apenas que os conceitos 'direito' e 'facto' houvessem de ser constantes, 'os mesmos' em todos os domínios jurídico-positivos – um qualquer conceito de um determinado domínio de direito havia de ser recebido ou imposto, com idêntico conteúdo, em todos os outros domínios jurídicos em que a mesma expressão designativa fosse utilizada –, mas ainda que tivessem o conteúdo que lhes fosse prescrito pelos sentidos desses conceitos pressupostos, de 'direito' e de 'facto'. Ora, como estes conceitos não seriam outros do que aqueles que o pensamento gnoseológico-epistemológico geral atribuía à expressão 'facto' e que a epistemologia jurídica atribuía à expressão 'direito' (aquela com que designava o objecto da sua ciência), as distinções dogmáticas entre 'o direito' e 'o facto' vinham a coincidir, pura e simplesmente, com a distinção epistemológica de dois objectos de conhecimento e por ela se mediam: o direito seria sempre o objecto do conhecimento da ciência do direito, o facto seria sempre o objecto geral (gnoseológico-epistemológico geral) das ciências de factos". NEVES, António Castanheira. *Questão-de-facto – questão-de-direito ou o problema metodológico da juridicidade*: ensaio de uma reposição crítica. Coimbra: Almedina, 1967, p. 11-14. 927 p.

[779] Por isso devem ser evitados quaisquer esquemas prévios que ocultem a diferença ontológica. A coisa mesma no direito é o direito em sua materialidade, pois só se examina no caso concreto. Por isso é que a diferença ontológica é aplicação (Streck). O homem já está "jogado num jogo que é matricial e decisivo" (Stein). O positivismo jurídico, porém, mantém a dimensão do "não-mundo". Assim, não é um sinal de realismo, mas um sinal de perda do mundo (Stein).

Fundamentos para uma compreensão hermenêutica do Processo Civil

indiferentes e autônomas uma perante a outra.[780] É um erro, porém, a idéia quer de um unitário conceito jurídico de fato, quer de um unitário conceito jurídico de direito. Para o Direito Processual, a diferenciação de questão de fato e questão de direito é um dos primeiros problemas de que o jurista deve dar-se conta. Há uma impossibilidade de assinalar pautas gerais para estabelecer uma correta distinção. Isso ocorre porque os fatos, como as normas, não aparecem no momento de sua aplicação como fenômenos puros. Os fatos já são, enquanto "transcendência jurídica", concebidos em sua significação jurídica. Assim, quando se fala, por exemplo, em um compromisso de entregar determinada coisa em troca de uma determinada quantidade, não só vem à mente a figura jurídica da compra e venda, com a qual o fato já aparece determinado juridicamente, senão que até a redução aos seus elementos mais simples é impossível de se captar se não por meio de categorias jurídicas.[781]

Na doutrina alemã, a partir de Mannheim, os conceitos de questão de fato e de questão de direito, enquanto determinativos do objeto de recurso, passaram a ser entendidos como conceitos dogmáticos estritos, ou apenas como funções teleológicas do fim institucional dos recursos. Ontologicamente, não há como distinguir o fato do direito. A distinção absoluta, ou logicamente pura, entre o direito e o fato não é realizável, uma vez que, se, por um lado, os fatos relevantes são já em si selecionados e determinados em função da norma aplicável, em função de uma perspectiva jurídica, a norma aplicável (o direito), por outro lado, não pode deixar de ser selecionada e determinada em função da estrutura concreta do caso a decidir. Ao se considerar a questão de fato, está implicitamente presente e relevante a questão de direito; ao se considerar a questão de direito, não se pode prescindir da solidária influência da questão de fato.[782] A utilização das distinções modernas (teoria e prática, fato e direito, sujeito e objeto etc.) pode ser realizada com "caráter meramente instrumental e provisório", mas não ontológico.[783] No caso da questão de fato e questão

---

[780] NEVES, António Castanheira. *Questão-de-facto – questão-de-direito ou o problema metodológico da juridicidade*: ensaio de uma reposição crítica. Coimbra: Almedina, 1967, p. 12-53. 927 p.

[781] ARAGONESES ALONSO, Pedro. *Proceso y derecho procesal*: introducción. Madrid: Aguilar, 1960, p. 788. 834 p.

[782] O "'puro facto' e o 'puro direito' não se encontram nunca na vida jurídica: o facto não tem existência senão a partir do momento em que se torna matéria de aplicação do direito, o direito não tem interesse senão no momento em que se trata de aplicar ao facto; pelo que, quando o jurista pensa o facto, pensa-o como matéria de direito, quando pensa o direito, pensa-o como forma destinada ao facto". Se alguns se referem a um insuperável círculo lógico para designar esta mútua e correspectiva referência do direito ao fato e do fato ao direito, o que não deixa sempre de se acentuar é uma inegável solidariedade entre o direito e o fato em todo o problema jurídico concreto, a excluir a viabilidade de uma nítida e logicamente absoluta distinção. NEVES, António Castanheira. *Questão-de-facto – questão-de-direito ou o problema metodológico da juridicidade*: ensaio de uma reposição crítica. Coimbra: Almedina, 1967, p. 17-56. 927 p.

[783] ANGEL RUSSO, Eduardo. *Teoría general del derecho*: en la modernidad y en la posmodernidad. Buenos Aires: Abeledo-Perrot, 1996, p. 351. 373 p. No sentido de que conteúdo e forma podem-se separar

de direito, pode-se dizer que até mesmo analiticamente, isto é, num sentido não-ontológico, parece não haver como distinguir o fato do direito e este daquele.[784]

Não existe questão exclusivamente de direito. Não há como separar o fato do direito e o direito do fato. Assim, não há uma questão exclusivamente de direito, pois esta sempre está ligada a um fato.[785] Se não há

completamente, por abstração, mas não na realidade: HEINEMANN, Fritz. Teoria do conhecimento. In: HEINEMANN, Fritz. A filosofia no século XX. Tradução e prefácio de Alexandre F. Morujão. 5ª ed. Lisboa: Calouste Gulbenkian, 2004, p. 284. 576 p. Também KAUFMANN, para quem, no nosso mundo, "forma e matéria nunca aparecem separadas". KAUFMANN, Arthur. Filosofia do direito. Prefácio e tradução António Ulisses Cortês. Lisboa: Calouste Gulbenkian, 2004, p. 4. 536 p.

[784] Essa afirmação fica mais clara quando se constata que ainda há divergência, por exemplo, quanto à fixação do *quantum* do dano moral ser considerada matéria de fato ou de direito. No Superior Tribunal de Justiça há divergências quanto à possibilidade de controlar a questão, pois considerada, para uma das turmas, matéria lhe é sujeita, ou seja, matéria de direito, e, para outra, de fato. Está aí mais uma prova do quanto é difícil – se não impossível – distinguir uma da outra. BRASIL. SUPERIOR TRIBUNAL DE JUSTIÇA. *CIVIL E PROCESSUAL CIVIL. DANO MORAL. AGRESSÕES POR SEGURANÇAS DE SHOPPING CENTER. INDENIZAÇÃO. QUANTUM. HONORÁRIOS. CONDENAÇÃO. OBSERVÂNCIA AO ART. 21, CPC. RECURSO DESACOLHIDO. I – A indenização deve ser fixada em termos razoáveis, não se justificando que a reparação venha a constituir-se em enriquecimento indevido, com manifestos abusos e exageros, devendo o arbitramento operar com moderação, proporcionalmente ao grau de culpa e ao porte econômico das partes, orientando-se o juiz pelos critérios sugeridos pela doutrina e pela jurisprudência, com razoabilidade, valendo-se de sua experiência e do bom senso, atento à realidade da vida e às peculiaridades de cada caso. Ademais, deve ela contribuir para desestimular o ofensor a repetir o ato, inibindo sua conduta antijurídica. II – Diante dos fatos da causa, razoável a indenização arbitrada pelo Tribunal de origem, levando-se em consideração não só a desproporcionalidade das agressões pelos seguranças como também a circunstância relevante de que os shopping centers são locais freqüentados diariamente por milhares de pessoas e famílias. III – em face dos manifestos e freqüentes abusos na fixação do quantum indenizatório, no campo da responsabilidade civil, com maior ênfase em se tratando de danos morais, lícito é ao Superior Tribunal de Justiça exercer o respectivo controle. IV – calculados os honorários sobre a condenação, a redução devida pela sucumbência parcial nela foi considerada.* Recurso Especial nº 215.607 – RJ. Relator: Min. Sálvio de Figueiredo Teixeira. Recorrente: Condomínio do Ilha Plaza Shopping Center. Recorridos: Umberto Estachio Goulart Gonsales e outros. Data do julgamento: 17.08.1999. Noutro sentido: BRASIL. SUPERIOR TRIBUNAL DE JUSTIÇA. *Responsabilidade civil. Valor da indenização por dano moral. I – Conhecer a exata extensão do dano moral sofrido pela vítima e determinar valor indenizatório diverso do que fixado com razoabilidade no acórdão recorrido é inviável em recurso especial, mercê da necessidade do reexame de prova. II – Agravo regimental desprovido.* AGRG no Agravo de Instrumento. n. 452.807, do Rio de Janeiro. Banco Abn Amro Real s/a versus Carlos Roberto Leite Lopes. Relator: Min. Antônio de Pádua Ribeiro. Acórdão de 18 de março de 2004. Também no Supremo Tribunal Federal o mesmo entendimento: BRASIL. SUPREMO TRIBUNAL FEDERAL. *ACÓRDÃO QUE DECIDIU CONTROVÉRSIA RELATIVA À FIXAÇÃO DE DANOS MORAIS COM BASE NO QUADRO FÁTICO–PROBATÓRIO CONSTANTE DOS AUTOS. Hipótese em que ofensa à Carta da República, se existente, seria reflexiva e indireta, não ensejando a abertura da via extraordinária. Incidência, ainda, da súmula 279 desta corte. Agravo desprovido.* AGRG no Agravo de Instrumento. n. 344.079-1, de São Paulo. Maria Clêdes do Prado versus Rápido Federal Viação Ltda. Relator: Mim. Ilmar Galvão. Acórdão de 23 de outubro de 2001. Saliente-se que essa dificuldade de distinção entre questão de fato e questão de direito para fins de processamento dos recursos junto aos tribunais superiores é atestada por Castanheira Neves, ao tratar do recurso de revista no Direito português. Para o jurista, "as questões de contrôle sobre pontos tradicionalmente incluídos na 'questão-de-facto', ou cujo contrôle autónomo, já hoje amplamente admitido tanto pela jurisprudência dos Ss. Ts. como pela doutrina, não exclui a intervenção em domínios que pertenceriam à questão de facto", não ficam afastadas da competência dos tribunais superiores. NEVES, António Castanheira. *Digesta*: escritos acerca do direito, do pensamento jurídico, da sua metodologia e outros. 1. v. Coimbra: Coimbra, 1995, p. 528-529. 600 p.

[785] Quem sabe com um exemplo simples – o que talvez nem fosse necessário face ao que foi dito – possa-se chegar a uma conclusão. O presente exemplo baseia-se em hipótese anterior à Emenda Constitucional que excluiu o dispositivo acerca da limitação dos juros. Serve, porém, para os fins deste livro.

Fundamentos para uma compreensão hermenêutica do Processo Civil

questão exclusivamente de direito, a aplicação do § 3º do art. 515 do CPC se torna inviável, tanto ontologicamente como pelo prisma analítico-positivista (metafísico).[786] Veja-se que a distinção tem um conteúdo ideológico, demonstrando o comprometimento da doutrina com a idéia de que os tribunais superiores devem ter a "última palavra", impondo, verticalmente, o seu entendimento acerca do direito. Isso nada mais é do que um "contro-

Suponha-se que alguém venha ajuizar uma ação revisional de juros de determinado contrato bancário. O autor pretende ver limitados os juros em 12% a.a. Para sentenciar, o juiz deverá analisar o contrato, para ver se o banco está ou não cobrando juros acima dos 12%. Essa análise do contrato diz respeito ao fato. Mas, se for constatado que os juros estão pactuados acima de 12% a.a., o juiz poderia(rá) dizer que a cláusula não é válida diante do que dispunha a Constituição, que os limita (questão de direito). Como se vê, a questão não é somente de direito, mas de fato, em que pese o juiz dizer na sentença que o seja – de direito –, julgando antecipadamente a lide com base no art. 330, I, do CPC. O juiz, assim, não julga, portanto, apenas questão de direito, mas de fato, pois tem de analisar o contrato. Se o julgador, no entanto, extinguir equivocadamente o feito sem o julgamento do mérito por ausência de pressuposto processual, o Tribunal, entendendo que se trata de questão de direito, irá analisar, mesmo assim, o fato (não se tem como fugir disso) – pois precisa verificar se estão ou não sendo cobrados juros acima do percentual limite – e, também, o direito, para dizer se devem ou não ser limitados os juros. A questão não é, então, só de direito, mesmo analiticamente.

[786] Outra hipótese que vem confirmar a impossibilidade da distinção entre questão de fato e questão de direito, por exemplo, é a da ação para concessão de aposentadoria rural por tempo de serviço. Muitas vezes, essas demandas, após a instrução processual, são extintas sem resolução de mérito por impossibilidade jurídica do pedido, o que, na verdade, constitui um juízo de improcedência, em virtude de que as condições da ação integram o mérito. Aliás, distinção essa que, ontologicamente, também não possui qualquer fundamento, como já mencionado. Nesses casos, tem-se entendido que, realmente, o juízo foi de improcedência, pois o juiz reconheceu que o autor não tinha o direito: BRASIL. RIO GRANDE DO SUL. TRIBUNAL REGIONAL FEDERAL DA 4. REGIÃO. *PREVIDENCIÁRIO. APOSENTADORIA POR TEMPO DE SERVIÇO RURAL. LEI 8.213/91. A contribuição para a seguridade social recolhida com o apoio no resultado da comercialização da produção agropecuária, não confere ao segurado especial o benefício de aposentadoria por tempo de serviço. Inteligência dos incisos I e II do art. 39 da Lei 8.213/91.* AC 1998. 04.01.048139-7/RS, 5 T.. Relator: Juiz Élcio Pinheiro de Castro, J. 17.09.98, unânime. Mas, além disso, tem-se entendido, também, que pode ser possível aposentar-se por tempo de serviço em atividade rural: BRASIL. SÃO PAULO. TRIBUNAL REGIONAL FEDERAL DA 3. REGIÃO. *APOSENTADORIA POR TEMPO DE SERVIÇO COM TEMPO DE TRABALHADOR RURAL. PREVIDENCIÁRIO. AÇÃO DE APOSENTADORIA POR TEMPO DE SERVIÇO. PRELIMINARES REJEITADAS. COMPROVADO O TEMPO DE SERVIÇO POR PROVAS DOCUMENTAIS E TESTEMUNHAIS. PRESENTES OS PRESSUPOSTOS ENSEJADORES DA APOSENTADORIA POR TEMPO DE SERVIÇO. – I. Rejeitadas as preliminares da falta de interesse de agir pelo livre acesso ao Poder Judiciário, garantido pelo art. 5º, XXXV da CF e da possibilidade jurídica do pedido, por estar o pedido amparado pela lei processual civil e por ter sido escolhido a via processual adequada. – II. O tempo de serviço como lavrador restou comprovado por início de prova documental ratificado pelos depoimentos das testemunhas. – III. A prova testemunhal acompanhada de um início de prova material é suficiente para a comprovação de tempo de serviço como rurícola. Precedentes desta Turma. – IV. Restou comprovado, através da prova documental juntada aos autos, o tempo de serviço com registro de carteira, e quanto a este, exercido em parte, em atividade perigosa, a qual deve ser convertida para fins de contagem com índice 1,40, nos termos do art. 64 do Decreto n. 611/92 e com fulcro no art. 2º do Decreto n. 53.831/64. – V. Mantida a fixação da verba honorária. – VI. Apelação a que se nega provimento.* AC n. 367.620/SP.(Reg. 97.03.22269-2). Apelante: Instituto Nacional do Seguro Social – INSS. Apelado: José André Secafin. Relator: Juiz Oliveira Lima. Acórdão de 19 de março de 1998. DOU 26.5.98 E, se assim for – daí por que a instrução –, o Tribunal, de igual forma, analisa a prova, ou seja, o fato, e não apenas a questão de direito, para dizer se há ou não o direito à aposentadoria rural por tempo de serviço. É que, nesse caso, para dizer se há ou não o direito, deve-se, necessariamente, analisar a prova do "fato". De qualquer modo, sem o fato não se poderá dizer o direito e, sem o direito, não se poderá analisar o fato. Isso porque procurar saber se tem a parte o direito à aposentadoria rural por tempo de serviço significa envolver fato e direito. Daí por que a pergunta: o tribunal dirá se tem o direito à aposentadoria sem analisar o fato? Parece que não. Então, mais uma vez, não se pode dizer que há uma questão exclusivamente de direito.

le" que se estabelece, em última instância, sobre a jurisdição de primeiro grau; fato esse que não é nenhuma novidade.

Todo o problema de realização ou aplicação concreta do direito vem a se analisar num perguntar pelos pressupostos materiais, pelos dados reais ou factuais de uma problemática jurídica – numa questão de fato –, e num perguntar pela validade jurídica, pelo sentido jurídico ou juridicidade desses fatos – numa questão de direito. Assim, o direito não pode prescindir do fato e o fato não pode prescindir do direito: uma *quaestio juris* é sempre a *quaestio juris* de uma certa *quaestio facti*. Por outro lado, sendo os fatos de um problema concreto de direito o objeto intencional da respectiva questão de fato, e por esta determinados, não é menos certo que também eles não têm sentido sem referência à questão de direito, pois uma *quaestio facti* é necessariamente a *quaestio facti* de uma certa *quaestio juris*.[787]

Mesmo na doutrina processual tradicional, ainda abrigada na filosofia da consciência, ouvem-se vozes no sentido de que o juiz, ao aplicar, cria, e isso tanto no "juízo de direito" como no de "fato". As lições de Salvatore Satta são importantes no que dizem respeito à função criadora do juiz e aos chamados "juízos de fato" e "juízos de direito". Nesse sentido, diz o jurista: "Real e raramente sucede que o juiz encontre a norma jurídica imediata num texto de lei para a sua aplicação; se tal norma existisse, claro é que antes dele a descobririam as partes e não litigariam. De solito em vez o juiz deve 'criar' a norma; e criar significa firmar a experiência jurídica do concreto. Quando o juízo é de direito, essa instituição sucede na órbita do ordenamento jurídico do qual (e não de outra averiguação ou arbítrio do juiz) se obtém a norma por meios mais ou menos vinculantes de interpretação. Assim, para dar um exemplo assaz patente, julgue-se a norma elementaríssima que exprime, latinamente, *spoliatus ante omnia restituendus*. Dir-se-ia ora que o juiz, diante de um fato espoliativo, nada mais teria de fazer senão atentar para o citado silogismo. Senão, como se pode alertar que o fato trazido ao conhecimento do juiz pelas partes constitui um esbulho? É claro que no caso o juiz não silogiza, mas replena a vã forma legal de esbulho a seu critério e portanto cria em concreto a norma".[788] Essa obra de criação também existe no "juízo de fato". Para o jurista italiano, o juiz, certamente, não cria o fato no sentido de o tornar imaginário: opta por uma, dentre as várias hipóteses possíveis, que possa lhe parecer mais consentânea com a realidade. Esse juízo é, sem dúvidas, uma criação, e não mera percepção ou recepção.[789] Mesmo entendendo que essa "criação" do juiz tem suas regras de caráter lógico e que a lei fixa "vias mais ou menos

---

[787] NEVES, António Castanheira. *Questão-de-facto – questão-de-direito ou o problema metodológico da juridicidade*: ensaio de uma reposição crítica. Coimbra: Almedina, 1967, p. 43-44. 927 p.

[788] SATTA, Salvatore. *Direito processual civil*. 7ª ed. Tradução e notas de Luiz Autuori. Rio de Janeiro: Borsoi, 1973, p. 207-208. 421 p.

[789] *Idem*, p. 208.

Fundamentos para uma compreensão hermenêutica do Processo Civil

necessárias que o juiz deve investigar para atingir o acertamento dos fatos", Satta reconhece que não há um juízo de fato que não seja de direito e um juízo de direito que não seja de fato. Assim, a distinção entre juízo de direito e juízo de fato é necessária por razões de distribuição dos feitos entre juízes e da chamada "instância da uniformidade dos juízes", sendo "absolutamente empírica", pois "não existe juízo de direito que não seja juízo de fato e vice-versa". A demonstração disso "se logra considerando que a aplicação do direito ao fato (pois que não mais é senão a estimativa jurídica do fato) se cumpre através do expediente e fixação das regras da experiência, que constituem o verdadeiro juízo e não são isoláveis do direito e do fato. Isso é autêntico para todos os juízes, respeito ao que se faz para a interpretação da norma abstrata aquilo que se faz para o acertamento (averiguação) do fato".[790]

No Direito português, além de Castanheira Neves, a impossibilidade da distinção é atestada também por Antunes Varela, para quem, a partir de Neves, se encontra superada a discussão.[791] Portanto, "a imposição de um conceito unitário (de matéria de facto e, conseqüentemente, de matéria de direito) que abjurasse por completo da diversidade substancial de circunstâncias e de valores em que a distinção é feita, dentro das várias normas que formalmente a invocam, só poderia basear-se numa pura atitude de conceitualismo lógico-formal, também hoje definitivamente ultrapassada".[792]

O ponto de vista, pois, mediante o qual o problema deve ser considerado não é o puramente processual, ou seja, quanto ao objeto dos recursos.

---

[790] "Claríssimo é pois naqueles casos em que a própria norma se resolve pela remissão às regras de experiência. Considere-se, p.e., o art. 1.455 c.c., ao dispor que o contrato não se pode resolver se o inadimplemento das partes tiver 'pouca importância'. Sua estimação não se dá pelo juiz aplicando a norma, que só pode limitá-la ou canalizá-la o juízo instituente, como exatamente faz quando se deve 'ter cuidado com o interesse da parte contrária'. É uma regra de experiência que ele descobre, e em apoio da qual cria em concreto a norma; e o seu juízo não é de fato ou de direito, mas, sim, de fato e de direito ao mesmo tempo. Considere-se, além mais, aquelas normas de caráter geral, pois que o juiz deve firmar a ilicitude da causa, a contrariedade ao bom costume, a impossibilidade ocorrida, a excessiva onerosidade etc. Ainda neste caso a produção objetiva da norma se dá em apoio a uma regra de experiência, que é a determinante da fusão do juízo de direito com a do juízo de fato. A jurisprudência [tem] há pressentido esta verdade, e através da censurabilidade das regras de experiência se vê com freqüência a Cassação exorbitar daqueles apertos em que a circunscreve em sua exclusiva função de juízo de direito". SATTA, Salvatore. *Direito processual civil*. 7ª ed. Tradução e notas de Luiz Autuori. Rio de Janeiro: Borsoi, 1973, p. 207-209. 421 p.

[791] A interpretação é produto de um processo de síntese hermenêutica, que exsurge necessariamente de um processo aplicativo. Assim, "não há uma *subtilitas inteligendi*, uma *subtilitas interpretandi* e, por fim, uma *subtilitas applicandi*. Interpretar é aplicar. O intérprete não se depara com o texto da Constituição separado da realidade social e dos textos normativos infraconstitucionais. Mesmo quando o Tribunal realiza o controle abstrato de constitucionalidade, terá em vista o campo de aplicação daquela norma. Por isso Castanheira Neves vai dizer que uma questão de direito é sempre uma questão de fato, e uma questão de fato, será sempre uma questão de direito. Não é possível separar esses âmbitos". STRECK, Lenio Luiz. *Jurisdição constitucional e hermenêutica*: uma nova crítica do direito. Porto Alegre: Livraria do Advogado, 2002, p. 447. 710 p.

[792] VARELA, Antunes, BEZERRA, J. Miguel, NORA, e Sampaio. *Manual de processo civil*. 2ª ed. rev., e atual. de acordo com o Dec-Lei 242/85. Coimbra: Coimbra, 1985, p. 406. 778 p.

Aí, "metafisicamente falando", o "fato" já foi apreciado, se for o caso de a causa vir a "subir" ao tribunal superior. Assim, um dos problemas a serem investigados é o de buscar saber até que ponto o juiz, na elaboração da sentença, move-se no domínio dos fatos e até que ponto se move no domínio do direito.[793] Qualquer interpretação já por si só manifesta a impossibilidade de se distinguir o que seja ainda "determinação do conteúdo jurídico" do que haverá já de se ter por redução deste às significações ou conceitos de fato. Realizando a decisão jurídica concreta a síntese intencional jurídico-material, que tem no caso jurídico concreto o seu correlato objetivo, os momentos factual e jurídico deixam de poder ser pensados aí como se fosse possível decompor essa unidade em duas partes descontínuas, separadas ou separáveis, com inteira dependência da sua acidental associação, como duas parcelas de uma soma: tal como o juízo não é a mera soma lógica dos seus termos, também não o será a aplicação do direito. A decisão judicial não é subsunção. Não se pode ter a aplicação do direito como processo subsuntivo, como processo dedutivo de uma relação lógica entre conceitos, não podendo atingir os casos jurídicos decidendos em termos de casos individuais, de casos jurídicos concretos verdadeiramente reais (casos da vida). Na verdade, são os casos jurídicos reais os sujeitos da concreta aplicação do direito e, nesse caso, a aplicação, a decisão jurídica não será uma simples relação lógico-conceitual, uma mera subsunção lógica. Cada aplicação concreta é nova, irredutível logicamente às anteriores feitas e já objetivadas conceitualmente. A única distinção possível será aquela que se traduza na análise do todo unitário desse juízo concreto de juridicidade, isto é, uma distinção em que os termos abstratos levam, cada um deles, a carga de juridicidade que respectivamente lhes compete em virtude da sua participação nesse todo unitário que mutuamente os assimila. O fato não será mais, no fundo, do que esse todo visto em perspectiva objetiva (o correlato objetivo da predicação) e o jurídico nada mais do que esse todo visto em perspectiva significativa (o sentido da predicação material concreta). A distinção entre o direito em si, ou o puramente jurídico, que se localizaria no predicado, e o fato em si, ou o puramente factual, que se identificaria com o sujeito-objeto, é logicamente impossível.[794]

---

[793] NEVES, António Castanheira. *Questão-de-facto – questão-de-direito ou o problema metodológico da juridicidade*: ensaio de uma reposição crítica. Coimbra: Almedina, 1967, p. 46. 927 p.

[794] Vários autores referem-se à impossibilidade de uma distinção entre questão de fato e questão de direito. Entre eles, J. Esser e G. Warda: "'Se a lei processual faz referência à 'ponderação dos factos' (...), poderia isso fazer crer, de acordo com a concepção convencional, que a 'questão-de-facto' é susceptível de se distinguir claramente da 'questão-de-direito'. Não é, todavia, assim, nem no momento da determinação do caso concreto, nem no plano da determinação da norma. Se um instrumento é 'perigoso', uma doença 'repugnante', um uso 'artístico', tudo isto são qualificações jurídicas que já pressupõem a compreensão das normas. E na 'determinação dos factos' das hipóteses do enriquecimento, da divulgação, da deturpação, da ofensa, etc., as coisas não se passam de outra forma (...) Mais expressivo ainda é G. Warda (...): 'Esta impossibilidade – que não se limita ao caso dos conceitos indeterminados, embora aí seja particularmente evidente – de uma clara distinção entre a questão-de-direito e a questão-de-facto é, na verdade, quase unanimemente reconhecida pela ciência'". Eugen

A regra jurídica tomada apenas em si não é mais do que uma proposição verbal[795] cujo sentido e validade jurídicos só lhe advêm por referências às instituições sociais, à realidade social em que se funda e de que resultou. E no que toca à sua aplicação concreta também de novo se apaga a aparente distância que a separa dos fatos, uma vez que essa aplicação só é possível porque a distância entre a regra e esses fatos é diluída na norma de decisão concreta em que se vêm a refletir tanto a regra jurídica como os fatos de que seria também expressão. O Direito é "teoreticamente irredutível" e o pensamento jurídico não poderá nunca assumi-lo numa perspectiva teorético-objetiva, porque é ele por essência uma "intenção normativa a realizar-se historicamente e em ato". O Direito é essencialmente histórico. E isto porque é ele mesmo historicidade, não porque seja "objeto histórico", uma qualquer entidade objetiva ou real que se ofereça ao jurista como "dado" da história, transmitido por um tempo pretérito e perfeito. O Direito só é verdadeiramente como tal enquanto o jurista o compreende como "sujeito de normatividade", como o problema da validade jurídica posto num tempo presente perante uma realidade atual.[796] Aqui está uma das grandes contribuições de Heidegger. O filósofo alemão devolve aos homens a realidade que havia se perdido. Em Heidegger, ga-

---

Ehrlich também comunga do mesmo entendimento, acabando por negar sentido a uma distinção entre o direito e o fato que os autonomize em entidades entre si independentes, ou seja, o direito nas normas jurídicas prescritas (nas proposições jurídicas), o fato nos fatos da vida social, isto é, a distinção normativista entre a questão de direito e a questão de fato. Não há nenhuma questão de fato que não seja simultaneamente questão de direito. Assim, os fatos a atender em juízo são os fatos de uma determinada relação jurídica concreta e esta só o é no seu específico sentido jurídico. O mesmo é dizer que aquilo que se oferece, como objeto de julgamento, é uma unidade factual-jurídica. Questão de fato, para Ehrlich, é precisamente: "a ordem interna das relações humanas, aquela que o juiz infere através da declaração das testemunhas e dos peritos, dos contratos, dos estatutos, das disposições de partilha, das declarações de última vontade. Ou, mais explicitamente, sob 'questão-de-facto' podem compreender-se duas coisas: 'por um lado, a ordem interna das relações sociais denunciada pelos usos, os estatutos, etc; por outro lado, 'questão-de-facto' é a violação desta ordem interna que dá lugar ao conflito de direito ou ao processo penal. Mas a questão-de-facto no primeiro sentido é uma parte integrante da questão-de-facto no segundo sentido'. E se é certo que o juiz terá de elevar-se à formação de uma norma-de-decisão para julgar, não o é menos que 'toda a norma-de-decisão é descrita em primeira linha sobre a ordenação interna das relações jurídicas, portanto sobre os factos-de-direito através dos quais esta ordenação é criada". Só por meio de um processo de generalização e de unificação das normas-de-decisão concretas é que se vão formando as regras jurídicas gerais do "direito dos juristas" ou assumem elas a forma de lei, pelo que a evolução da jurisprudência consiste na conversão de uma questão de fato numa questão de direito. E não é pela circunstância de algo obter a forma de regra geral que lhe advém o caráter de juridicidade. Tampouco garante essa forma a possibilidade de uma rígida distinção entre o direito e o fato. Antes da generalização, a se exprimir numa determinada fórmula verbal, não há qualquer distinção entre a questão de fato e a questão de direito – com os atos é dada também simultaneamente a norma –, e ainda depois de adquirida ou de prescrita a fórmula (a proposição normativa) continua a distinção a carecer de sentido. Conforme: NEVES, António Castanheira. *Questão-de-facto – questão-de-direito ou o problema metodológico da juridicidade*: ensaio de uma reposição crítica. Coimbra: Almedina, 1967, p. 46-183; 689-691. 927 p.

[795] Nesse sentido, consultar: GADAMER, Hans-Georg. *Verdade e método*: traços fundamentais de uma hermenêutica filosófica. 3ª ed. Tradução de Flávio Paulo Meurer. Petrópolis: Vozes, 1999. 731 p.

[796] NEVES, António Castanheira. *Questão-de-facto – questão-de-direito ou o problema metodológico da juridicidade*: ensaio de uma reposição crítica. Coimbra: Almedina, 1967, p. 690-691; 906-907. 927 p.

nha-se a realidade, que foi ocultada pela metafísica.[797] Assim, o homem existe e é finito. O Direito, nessa perspectiva, é "possibilidade a determinar concretamente, realizando-se". É histórico, não porque o seu tempo é o passado, mas porque o seu tempo é o futuro a se precipitar e a moldar o presente. O Direito é histórico porque é essencialmente em "ato". É em ato porque é essencialmente "axiológico-normativo". O Direito só pode ser compreendido e o seu problema só pode ser resolvido como tarefa axiológico-normativa a ser cumprida numa "autonomia histórico-prática". Deixando de ter sentido a comum posição do problema do Direito, com a superação da intenção do direito que, para o positivismo, é o seu fundamento, sem sentido fica igualmente a estrutura metódica por que essa intenção se perspectiva, qual seja, a tradicional distinção objetiva entre o direito e o fato, a traduzir o entendimento também tradicional da "questão de direito" e da "questão de fato". A ciência não está fora do seu objeto. É a mesma coisa que o seu objeto. A ciência jurídica está no direito e é o direito, em termos não muito diferentes daqueles pelos quais Heidegger diz que o *Dasein* está na verdade e é a verdade: o direito só existiria porque manifestado e enquanto manifestado na sua explicitação científica. Tudo isso significa que o nexo do pensamento jurídico com o seu objeto não é de modo algum aquele que terá de pressupor a "fratura da transcendência gnoseológica entre um sujeito e um objeto" – e quer se traduza na *adaequatio rei et intellectus* ou na "relação impletiva de um conceitual-significativo intencional para com o objeto intencionado" –, mas aquele que pressupõe a particular "unidade compreensiva" entre a ação e a sua fundamentação, e que se traduz numa compreensão-interpretação da ação e na própria ação, em que o pensamento não enuncia verdades sobre um objeto, mas é, antes, o *facere veritatem* de uma intenção prática, como pensamento que é da própria ação. O Direito é ação,[798] ou, em outras palavras, *applicatio* (Streck).

Vista a impossibilidade de uma distinção ontológica entre questão de fato e questão de direito, passa-se para a análise da eventual violação dos princípios do duplo grau de jurisdição, da fundamentação das decisões judiciais, do contraditório e do juiz natural. Primeiro ponto importante a ser considerado é o de que a decisão de primeiro grau que, *v.g.*, extinguir o feito sem a resolução de mérito por ausência de pressuposto processual, não terá, por óbvio, fundamentação quanto ao mérito. Não tendo, pois, funda-

---

[797] Consultar: HEIDEGGER, Martin. *Ser e tempo*. Parte I e II. 9ª ed. Tradução de Márcia de Sá Cavalcante. Petrópolis: Vozes, 2000. 325 p.

[798] NEVES, António Castanheira. *Questão-de-facto – questão-de-direito ou o problema metodológico da juridicidade*: ensaio de uma reposição crítica. Coimbra: Almedina, 1967, p. 906-920. 927 p. O direito, assim, não pode ser visto como uma espécie de "valor transcendental inamovível", que sempre foi assim e sempre deverá sê-lo, pois a subjetividade fica anulada, sempre em falta com um poder irreversível suspenso acima da realidade. CUNHA, José Ricardo. *Direito e estética*: fundamentos para um direito humanístico. Porto Alegre: Fabris, 1998, p. 160. 183 p.

mentação quanto à questão de fundo, mesmo que ela seja de direito (num sentido metafísico), podendo o tribunal julgar desde logo a lide, eventual apelação de uma das partes poderá não ter o que atacar ou como atacar. Além disso, como o juiz poderia, se tivesse enfrentado o mérito, utilizar-se de um ou outro fundamento, há a possibilidade de ficar prejudicado até mesmo um eventual acordo entre os litigantes face à circunstância de um deles – ou de ambos – concordar com a motivação sentencial, o que, ao menos em tese, é possível.[799]

É que o juiz, ao proferir uma decisão, justificando-a, passa a exercer uma função persuasiva, para tentar convencer seus interlocutores de que a causa foi bem apreciada.[800] E essa função persuasiva, no caso, pode vir a ficar prejudicada. Ficam prejudicadas, inclusive, as "funções endoprocessuais" da fundamentação: a) a de possibilitar à parte o direito de impugnação, com o conhecimento dos motivos da decisão; b) a de permitir que os juízes de instância superior possam melhor avaliar as decisões que lhes são submetidas.[801] A pior hipótese, ainda, é a do caso em que a parte consegue do juiz a extinção do processo a seu favor, entendendo o julgador que se trata de ausência de um dos pressupostos processuais, e, em virtude de apelação da outra parte, o tribunal vem a dizer que o pressuposto processual está presente e julga o mérito – agora em sentido contrário à parte favorecida anteriormente –, sem que tenha sido possibilitado – e isto seria possível se tivesse o juiz julgado a questão de fundo – à parte que foi beneficiada pela extinção do processo poder opor-se ao julgado e ao seu fundamento, que não existiu. Essa hipótese, portanto, tem íntima ligação

---

[799] Isso porque o juiz poderia, por exemplo, ao proferir sentença em uma ação revisional, se entendesse possível limitar os juros, fundamentar essa limitação de três maneiras diferentes: a) dizer que os juros são de 12% a.a. com base no art. 192, § 3º, da Constituição da República (O exemplo, como já referido, utiliza dispositivo da Constituição alterado recentemente, mas serve para os fins deste trabalho); b) dizer que os juros são de 12% a.a. face aos termos da Lei de Usura; c) dizer que os juros são limitados com base no Código de Defesa do Consumidor. Caso a parte viesse a se conformar com a motivação sentencial, tal conformação poderia até levá-la a fazer um acordo, pois ela poderia chegar à conclusão de que não valeria a pena recorrer, protelando ainda mais o feito.

[800] NOJIRI, Sérgio. *O dever de fundamentar as decisões judiciais*. São Paulo: Revista dos Tribunais, 1998, p. 116. 121 p.

[801] *Idem*, p. 112. O dever do magistrado de fundamentar suas decisões está relacionado ao que na doutrina estrangeira se chama de "direito a obter uma sentença fundada no direito congruente". Isso também se aplica no Direito Processual Civil brasileiro. Não se trata, aqui, de exigir dos órgãos jurisdicionais uma argumentação extensa, exaustiva ou pormenorizada, que vá respondendo "ponto por ponto" a cada uma das alegações das partes. Também não se trata de impedir a fundamentação concisa. Interessa, sim, que a tutela judicial efetiva "se ate com os extremos submetidos pelas partes ao debate". A exigência de motivação, portanto, não implica uma "contestação judicial" expressa a todas as alegações das partes. Se a decisão e os pedidos das partes se ajustam substancialmente, fundamentação haverá. A motivação das sentenças cumpre múltiplas finalidades: a) permite o controle da atividade jurisdicional por parte da opinião pública, cumprindo, assim, o requisito da publicidade; b) torna patente a submissão do juiz à lei (constitucional); c) alcança o convencimento das partes sobre a justiça e correção da decisão judicial, eliminando a arbitrariedade e estabelecendo sua razoabilidade; d) garante a possibilidade de controle da decisão judicial pelos Tribunais superiores que conheçam dos correspondentes recursos. PICÓ I JUNOY, Joan. *Las garantías constitucionales del proceso*. Barcelona: Bosch, 1997, p. 61-64. 177 p.

com os princípios da fundamentação das decisões e do contraditório, pois ambos, no caso, também são violados.

É aqui que talvez resida o ponto mais preocupante da reforma processual. Abstração feita do entendimento que se tenha acerca da natureza da regra do duplo grau – simplesmente técnica ou de índole constitucional – dúvida não pode haver no sentido de que o § 3° do artigo 515 do CPC vulnera, ao menos, dois importantes postulados da dogmática jurídica. Em primeiro lugar, diz Cruz e Tucci, lembrando ensinamento de Barbosa Moreira, quando se trata de sentença terminativa, ou seja, de ato decisório que coloca termo ao procedimento de primeiro grau sem julgar (resolver) o mérito, pelo sistema consagrado no Código, não se permite ao órgão *ad quem* passar, de imediato, ao exame deste, na hipótese de provimento da apelação. Então, seria infringir o duplo grau, tal como se configura no presente contexto, pela conjugação do artigo 515, *caput*, com o artigo 463, do qual resulta que, não se tendo pronunciado de *meritis*, o juiz *a quo* não chegou a cumprir e acabar o ofício jurisdicional.[802] O provimento da apelação, nesse caso, acarretará a restituição dos autos ao órgão inferior, para que dê prosseguimento ao processo. Em sentido idêntico – prossegue o jurista, agora citando lição de Araújo Cintra –, o tribunal que vai julgar a apelação não está autorizado a proferir acórdão com julgamento (resolução) do mérito da causa para substituir a sentença terminativa, sem incorrer em violação do duplo grau de jurisdição.[803]

Mais grave, porém, é a crise imposta pelo § 3° do art. 515 do CPC à garantia do contraditório. Nesse sentido, os legisladores desprezaram a concepção ditada pela doutrina contemporânea acerca da participação conjunta e recíproca, durante as sucessivas fases do procedimento, de todos os protagonistas do processo. E isso porque, como dito, as partes jamais podem ser surpreendidas por uma decisão alicerçada em um fundamento ainda não debatido durante a tramitação do processo. Para evitar qualquer espécie de "emboscada" aos litigantes, impõe-se ao juiz, portanto, o dever de comunicar às partes as vertentes que ele reputa relevantes para a formação de sua própria convicção.[804]

Cruz e Tucci lembra que, escrevendo sobre o artigo 111 da Constituição italiana e o "justo processo", Giuseppe Tarzia adverte sobre a paridade do tratamento dispensado às partes que pode ser violada em variadas circunstâncias, inclusive naquela em que a decisão decorre de debate ou, pelo menos, da possibilidade de debate entre as partes. Em senso análogo, lembra também o posicionamento de Nicolò Trocker, para quem é hoje

---

[802] TUCCI, José Rogério Cruz e. *Lineamentos da nova reforma do CPC*: Lei 10.352, de 26.12.2001; Lei 10.358, de 27.12.2001; Lei 10.444, de 07.05.2002. 2ª ed. rev., atual. e ampl. São Paulo: Revista dos Tribunais, 2002, p. 100.

[803] *Idem, ibidem.*

[804] *Idem, ibidem.*

Fundamentos para uma compreensão hermenêutica do Processo Civil

pacífico que o contraditório não compreende apenas o mecanismo pelo qual se desenvolve a atividade dialeticamente contraposta entre os litigantes. Assim, segundo a perspectiva recepcionada pelas modernas codificações processuais, o contraditório abrange um complexo jogo de interações incluindo o juiz.[805] Por isso é que Nicolò Trocker, confirmando a postura defendida por Cruz e Tucci, dirá que o núcleo essencial do contraditório não se exprime na exigência de uma paridade formal das partes no processo e tampouco postula a neutralidade do juz. Na verdade, os interessados devem-se pôr em condições de influir ativamente no juízo.[806]

As manifestações do contraditório, portanto, finalizando com Cruz e Tucci, além de operar entre as partes, convertem-se em poder-dever do juiz, que é responsável não apenas por fazer observar, mas de observar ele próprio esse princípio fundamental, devendo, pois, provocar de ofício o debate preventivo das partes sobre qualquer "questão de fato" e de "direito", cuja solução irrompe fundamental na decisão da controvérsia. Habilitando-se, assim, o tribunal a proferir decisão de mérito sobre tema que não foi objeto de debate no procedimento recursal, o novo § 3º do artigo 515 afronta direito das partes, sobretudo do litigante que vier a experimentar derrota. Diante disso, não é exagerado sustentar que o apelado, para se precaver, deverá ter presente, ao elaborar as contra-razões, os mesmos dogmas que norteiam o princípio da eventualidade.[807]

Na processualística (constitucional) espanhola, Joan Picó i Junoy defende que o direito aos recursos e ao "sistema impugnatório em geral" não tem "vinculação constitucional". Os legisladores, assim, são livres para determinar sua configuração, hipóteses e requisitos que haverão de ser cumpridos na sua formalização. Porém, uma vez "legislados" os recursos, o direito à sua utilização passa a integrar o conteúdo da tutela judicial efetiva.[808] Em que pese discordar-se da tese de "não-vinculação constitucional" dos recursos,[809] concorda-se com o jurista espanhol no sentido de

---

[805] TUCCI, José Rogério Cruz e. *Lineamentos da nova reforma do CPC*: Lei 10.352, de 26.12.2001; Lei 10.358, de 27.12.2001; Lei 10.444, de 07.05.2002. 2ª ed. rev., atual. e ampl. São Paulo: Revista dos Tribunais, 2002, p. 101-102.

[806] TROCKER, Nicolò. *Processo civile e costituzione*: problemi di diritto tedesco e italiano. Milano: Dott. A. Giuffrè Editore, 1974, p. 385-386. 768 p.

[807] TUCCI, José Rogério Cruz e. *Lineamentos da nova reforma do CPC*: Lei 10.352, de 26.12.2001; Lei 10.358, de 27.12.2001; Lei 10.444, de 07.05.2002. 2ª ed. rev., atual. e ampl. São Paulo: Revista dos Tribunais, 2002, p. 101-102.

[808] PICÓ I JUNOY, Joan. *Las garantías constitucionales del proceso*. Barcelona: Bosch, 1997, p. 81. 177 p.

[809] Na doutrina espanhola, há um direito ao recurso legalmente previsto, que não guarda uma "vinculação constitucional", pois os legisladores, como se disse, podem determinar sua configuração, hipóteses e requisitos que tenham de ser observados na sua formalização. Nesse sentido: PICÓ I JUNOY, Joan. *Las garantías constitucionales del proceso*. Barcelona: Bosch, 1997, p. 80. 177 p. No Brasil, porém, a doutrina tem-se dividido. Para alguns, o direito ao recurso não está assegurado constitucionalmente. É a posição de LASPRO, Oreste Nestor de Souza. Garantia do duplo grau de jurisdição. In: TUCCI, José Rogério Cruz e (coord). *Garantias constitucionais do processo civil*: homenagem aos 10 anos da Constituição Federal de 1988. São Paulo: Revista dos tribunais, 1999. 262 p.; MARINONI, Luiz Guilherme.

que o direito a utilizar os recursos compreende o direito a que o órgão jurisdicional que revise o processo se pronuncie após ouvir as partes em contraditório, uma vez que não se justifica uma decisão judicial *inaudita altera parte*. A figura da reforma "pejorativa" (*reformatio in peius*) consiste na situação que se produz quando a posição jurídica da parte que interpôs o recurso resulta piorada exclusivamente como conseqüência do seu recurso, isto é, sem que tenha havido impugnação direta da parte contrária.[810] Tome-se exemplo similar novamente: o juiz, de ofício, extingue o processo sem resolução de mérito, entendendo que está ausente um pressuposto processual. A parte autora, que tem interesse na procedência da demanda, recorre para que a decisão seja cassada pelo tribunal a fim de que o juiz possa dar nova sentença com decisão do mérito. Como a questão é "exclusivamente de direito", o tribunal, de ofício, enfrenta o mérito e julga improcedente o pedido. Na verdade, está-se criando aqui uma espécie de *reformatio in peius*, haja vista que o Tribunal, entendendo, de ofício, que pode adentrar no mérito, em prejuízo do recorrente, sem contraditório, penaliza aquele que exerceu o direito de recorrer. Ora, o art. 515, § 3º, do CPC, provoca uma verdadeira dissuasão do direito de recorrer, pois, para não correr o risco de que o Tribunal enfrente o mérito – havendo uma ínfima possibilidade de que este lhe seja desfavorável –, deverá, então, o recorrente, ao invés de recorrer, ajuizar novamente demanda idêntica, que poderá ter o mesmo fim que o dado à primeira. E assim por diante até o momento em que ocorrer a perempção.

Há que se reconhecer, pois, que, mesmo que não se admita a garantia do duplo grau de jurisdição,[811] mesmo que se tenha dito princípio como

---

Garantia da tempestividade da tutela jurisdicional e duplo grau de jurisdição. In: TUCCI, José Rogério Cruz e (coord). *Garantias constitucionais do processo civil*: homenagem aos 10 anos da Constituição Federal de 1988. São Paulo: Revista dos tribunais, 1999. 262 p.; MARINONI, Luiz Guilherme. *Tutela antecipatória e julgamento antecipado*: parte incontroversa da demanda. 5ª ed. rev., atual e ampl. da obra Tutela antecipatória, julgamento antecipado e execução imediata da sentença. São Paulo: Revista dos tribunais, 2002. 254 p. Para outros, está implícito na Constituição, mas é um direito relativo, podendo ser limitado pelo legislador. Por todos: NERY JÚNIOR, Nelson. *Princípios do processo civil na Constituição Federal*. 2ª ed. rev., e aum. São Paulo: Revista dos tribunais, 1995. 221 p. No Direito Processual Civil da Espanha, o direito ao recurso, uma vez legislado, passa a fazer parte do conteúdo da tutela judicial efetiva. Consoante PICÓ I JUNOY, Joan. *Las garantías constitucionales del proceso*. Barcelona: Bosch, 1997, p. 81. 177 p. Isso significa que, passando a fazer parte da tutela jurisdicional, não é tão simples assim suprimi-lo. No caso do Brasil, embora relativo o duplo grau de jurisdição, este direito ao recurso deve ter em sua essência a impossibilidade do retrocesso, ou seja, não se pode, por simples manejo legislativo, suprimi-lo onde sempre se fez presente. Ou, mesmo que assim não se entenda, não se pode suprimir esse direito ao recurso se forem afrontados outros direitos e garantias constitucionais, como nos exemplos citados acima. A discricionariedade dos legisladores, portanto, não fica inteiramente livre quando confrontado o duplo grau com outros princípios. De igual forma, não se pode dizer que o duplo grau de jurisdição, expressão desse direito ao recurso legalmente previsto, não seja princípio constitucional, pois, como salienta NERY JÚNIOR, ele decorre da interpretação do texto da Constituição. NERY JÚNIOR, Nelson. *Princípios do processo civil na constituição federal*. 2ª ed. rev. e aum. São Paulo: Revista dos tribunais, 1995. 221 p.

[810] PICÓ I JUNOY, Joan. *Las garantías constitucionales del proceso*. Barcelona: Bosch, 1997, p. 81-85. 177 p.

[811] É o que entendem LASPRO, Oreste Nestor de Souza. Garantia do duplo grau de jurisdição. In: TUCCI, José Rogério Cruz e (coord). *Garantias constitucionais do processo civil*: homenagem aos 10 anos

não-constitucional, ou mesmo que sua garantia, para aqueles que entendem que existe, não seja absoluta – posição com a qual se concorda, em seus devidos termos, isto é, desde que não viole outros princípios de igual ou maior importância –, assiste ao jurisdicionado o direito à tutela jurisdicional adequada, que requer lhe seja possibilitado poder atacar uma decisão da melhor maneira possível. Requer, ainda, seja a causa – e quando se refere à "causa" quer-se referir ao "mérito" – julgada pelo juízo originário, o juiz natural, pois deste é que poderá vir a surgir uma nova interpretação das questões postas, que, por sua vez, poderá vir a influenciar numa mudança de posicionamento do tribunal que lhe é hierarquicamente superior. Não havendo essa possibilidade, a capacidade criativa do juiz, de certa forma, é "tolhida", face, também, ao efeito psicológico referido anteriormente.

Aliás, uma vez que se fez referência ao juiz natural, a questão pode ser enfocada, ainda, por esse princípio – que ninguém poderá dizer que não é constitucional –, que também será violado se o tribunal decidir, desde logo, a "questão exclusivamente de direito", sem devolver o processo ao juízo originário.[812] Como se vê, na pior das hipóteses, o § 3º do art. 515 do CPC viola, de maneira indireta, os princípios da fundamentação das decisões e do contraditório, implicando, por conseguinte, cerceamento da possibilidade de argumentação pela parte, prejudicada ou não, contra a sentença, e impossibilidade de debate entre os litigantes; e, de maneira direta, o princípio do juiz natural, pois quem julga não é o juiz natural, mas, sim, o Tribunal; e o princípio do duplo grau de jurisdição, que, como dito, deve significar "duplo juízo do mérito". Viola, também, um direito que se poderia chamar de direito à tutela jurisdicional adequada, uma vez que a prestação jurisdicional, como referido, passa a ser uma prestação "pela metade". Na melhor das hipóteses, porém, numa tentativa de "salvar" o dispositivo acrescido à lei instrumental – cuja pragmaticidade não se nega, já que confere maior celeridade ao processo –, não se terá como fugir da violação dos princípios do juiz natural e do contraditório, o que já basta para dizer que o parágrafo comentado é inconstitucional.

---

da Constituição Federal de 1988. 1ª ed., 2. tir. São Paulo: Revista dos Tribunais, 1999. 262 p.; MARINONI, Luiz Guilherme. Garantia da tempestividade da tutela jurisdicional e duplo grau de jurisdição. In: TUCCI, José Rogério Cruz e (coord). *Garantias constitucionais do processo civil*: homenagem aos 10 anos da Constituição Federal de 1988. 1ª ed., 2. tir. São Paulo: Revista dos Tribunais, 1999. 262 p.

[812] Concorda-se, pois, com Carlos Alberto Alvaro de OLIVEIRA quando diz que "garantismo e eficiência devem ser postos em relação de adequada proporcionalidade, por meio de uma delicada escolha dos fins a atingir e de uma atenta valoração dos interesses a tutelar. E o que interessa realmente é que nessa difícil obra de ponderação sejam os problemas da justiça solucionados num plano diverso e mais alto do que o puramente formal dos procedimentos e transferidos ao plano concernente ao interesse humano objeto dos procedimentos: um processo assim na medida do homem, posto realmente ao serviço daqueles que pedem justiça. Em suma, com a ponderação desses dois valores fundamentais – efetividade e segurança jurídica – visa-se idealmente a alcançar um processo tendencialmente justo". OLIVEIRA, Carlos Alberto Alvaro de. O processo civil na perspectiva dos direitos fundamentais. In: *Revista Ajuris*. Porto Alegre: Associação dos Juízes do Rio Grande do Sul, n. 87, Ano XXIX, Tomo I, p. 49, set./2002. 392 p.

4.6.2. A (in)constitucionalidade do art. 557 do Código de Processo Civil: a jurisprudência dominante não é lei e não tem força de lei

A outra questão que vem à análise diz respeito à redação do art. 557 do CPC. A Lei n° 9.756, de 17.12.98, que modificou o art. 557 do Código de Processo Civil,[813] acrescentou como fator impeditivo de seguimento dos recursos (agravo, embargos infringentes, apelação e reclamação) a ocorrência das seguintes hipóteses: quando o recurso for manifestamente inadmissível, improcedente, prejudicado ou em confronto com súmula ou com jurisprudência dominante do respectivo tribunal, do Supremo Tribunal Federal ou de Tribunal Superior.

Este dispositivo, ao que tudo indica, é inconstitucional. Isso porque, numa primeira análise, o sistema jurídico brasileiro não permite, nem por despacho monocrático e nem por decisão de turma, que uma "jurisprudência dominante" passe a ter força de lei.[814] Admitir essa possibilidade significa ferir o princípio do acesso à justiça no grau recursal. O que se permite, apenas, em decorrência da Reforma Constitucional efetivada pela Emenda n° 45, de 8 de dezembro de 2004, é que a súmula tenha um caráter vinculante[815] e, pois, "força de lei" em seus devidos termos. Assim, a contradição principal do problema reside no seguinte aspecto: o art. 105, III, a, da Constituição da República, diz que cabe recurso especial quando a decisão recorrida contrariar lei federal. E o art. 102, III, estabelece o cabimento de recurso extraordinário quando existir violação da Constituição, e não de jurisprudência dominante do Supremo Tribunal Federal. Nos termos da Lei n° 9.756, o relator (ou a Turma, depois do agravo) negará, de plano, seguimento a recurso de decisão que for contrária a uma "jurisprudência (dominante)". Ora, como jurisprudência não é lei, o art. 557 do CPC está em desacordo com a Constituição.[816]

---

[813] Assim dispõe o referido artigo: "Art. 557. O relator negará seguimento a recurso manifestamente inadmissível, improcedente, prejudicado ou em confronto com a súmula ou com jurisprudência dominante do respectivo tribunal, do Supremo Tribunal Federal, ou de Tribunal Superior. § 1°-A Se a decisão recorrida estiver em manifesto confronto com súmula ou jurisprudência dominante do Supremo Tribunal Federal, ou de Tribunal Superior, o relator poderá dar provimento ao recurso. § 1° Da decisão caberá agravo, no prazo de cinco dias, ao órgão competente para o julgamento do recurso, e, se não houver retratação, o relator apresentará processo em mesa, proferindo voto; provido o agravo, o recurso terá seguimento. § 2° Quando manifestamente inadmissível ou infundado o agravo, o tribunal condenará o agravante a pagar ao agravado multa entre 1% (um por cento) e 10% (dez por cento) do valor corrigido da causa, ficando a interposição de qualquer outro recurso condicionada ao depósito do respectivo valor".

[814] STRECK, Lenio Luiz. *Jurisdição constitucional e hermenêutica*: uma nova crítica do direito. Porto Alegre: Livraria do Advogado, 2002, p. 397. 710 p.

[815] "Art. 103-A. O Supremo Tribunal Federal poderá, de ofício ou por provocação, mediante decisão de dois terços dos seus membros, após reiteradas decisões sobre matéria constitucional, aprovar súmula que, a partir de sua publicação na imprensa oficial, terá efeito vinculante em relação aos demais órgãos do Poder Judiciário e a administração pública direta e indireta, nas esferas federal, estadual e municipal, bem como proceder à sua revisão ou cancelamento, na forma estabelecida em lei".

[816] Por todos, STRECK, Lenio Luiz. *Jurisdição constitucional e hermenêutica*: uma nova crítica do direito. Porto Alegre: Livraria do Advogado, 2002, p. 397-398. 710 p.

O mesmo também vale para a letra *c* do art. 105, III, da CR, pois, se, em tese, deve ser admitido até mesmo recurso especial com pedido flagrantemente *contra legem*, bastando que haja um acórdão paradigma em sentido contrário à decisão recorrida, não é possível admitir que a ofensa à jurisprudência dominante do tribunal possa impedir o conhecimento do mérito do recurso. Não há como discordar, pois, de Lenio Luiz Streck, para quem, com a nova redação do art. 557 do CPC, todos os recursos contrários à "jurisprudência dominante" estarão, de plano, condenados ao arquivamento, provocando o "congelamento" da jurisprudência do Superior Tribunal de Justiça e, em especial, do Supremo Tribunal Federal, destinatário do recurso extraordinário-constitucional, bem como dos demais tribunais, a partir do fato de que também eles podem negar seguimento a recursos que contrariem suas próprias "jurisprudências dominantes". Se já é um problema o fato de um recurso (*lato sensu*) poder ser inadmitido com base em uma súmula,[817] embora agora com amparo constitucional, o que dizer da hipótese de poder ser inadmitido por contrariedade a uma "jurisprudência dominante"? Por isso é de se questionar: Quais as condições de possibilidade "que detém um determinado tribunal (ou o julgador de um órgão fracionário) para estabelecer esse conceito? Tratando-se do

---

[817] A convivência dos mecanismos recursais com as súmulas tornadas vinculantes pelo fechamento do sistema representado pelas dicções do art. 38 da Lei nº 8.038, art. 557 do Código de Processo Civil, e art. 103-A da Constituição, provoca uma aporia, um "dilema sem saída". Por intermédio do poder de editar súmulas e, por conseqüência, da prerrogativa última de dar a condição de sentido das normas jurídicas, os tribunais superiores, em especial o Supremo Tribunal Federal (matéria constitucional), o Superior Tribunal de Justiça (matéria infraconstitucional) e o Tribunal Superior de Trabalho (encarregado de amalgamar os conflitos decorrentes da relação capital-trabalho), proporcionam a "coesão ideológica do sistema" e a sistematização jurisprudencial, cujos propósitos são, em síntese, os seguintes: a) assegurar o respeito aos fins e às metas do sistema jurídico em vigor. É, assim, mais do que condição de sentido, uma condição de validade das normas, pelo poder de controlabilidade difusa que exerce no interior do sistema; b) propiciar as diretrizes gerais para a ação judicial e regular a atuação dos demais atores jurídicos envolvidos no processo. Os atores jurídicos ficam jungidos, destarte, ao que se denomina, no âmbito da dogmática jurídica, de "pacífico entendimento jurisprudencial", sacramentado pelo hermetismo jurisprudencial-sumular; c) orientar a reflexão interpretativa no momento da aplicação da lei. Os tribunais inferiores e os juízes singulares terão, desde logo, fixados os limites e as diretrizes para a sua atividade. As súmulas, assim, tornam-se instâncias discursivas reguladoras de outros discursos. A segurança e a autoridade provenientes da estrutura de produção do discurso se complementam com as formas de exclusão estabelecidas para a distribuição desse discurso; d) imunizar o sistema contra o risco de interpretação *contra legem*. Ou seja, como a lei é aquilo que o Judiciário diz que ela é, somente uma súmula pode ser contrária à lei, porque a força coercitiva do Direito não emana da lei, senão das práticas do Judiciário. O que a lei determina é a repartição do poder jurídico. A norma jurídica distribui o poder de criação dos sentidos jurídicos. A súmula vem a ser a reserva final da produção de sentido da norma; e) controlar a consistência das decisões limitando as premissas hermenêuticas, através do que se pode chamar, com Warat, de discurso monocêntrico, no qual o discurso é regulado, determinando-se, de antemão, a interconexão de suas partes e os limites da expansão do conjunto; f) oferecer os pontos de partida e de chegada para a argumentação jurídica de todos os operadores do Direito (juízes, promotores, advogados). Instaura-se, desse modo, uma espécie de leito procustiano para a atividade interpretativa; g) estabilizar as expectativas da própria "clientela" dos tribunais a respeito do que é possível e do que não é possível. Daí a enorme quantidade de Súmulas que impede o acesso das partes aos tribunais superiores, pela via recursal. STRECK, Lenio Luiz. *Jurisdição constitucional e hermenêutica*: uma nova crítica do direito. Porto Alegre: Livraria do Advogado, 2002, p. 398-400.

exame de matéria a ser examinada no interior de uma apelação ou agravo, por exemplo, a universalização (...) de um conceito jurídico não estará escondendo o aparecer hermenêutico da singularidade"?[818]

Nesse sentido, é preciso que se denunciem as reformas legislativas *ad hoc*, que têm levado, sistematicamente, à concentração do poder nos tribunais superiores. É nesse aspecto que se faz presente um dos problemas do acesso à justiça, sonegado a partir de mecanismos como os constantes no art. 557 do CPC, "monocratizando" as decisões de segundo grau, que impedem o acesso aos tribunais superiores. É evidente que "necessitamos de mecanismos que conduzam à efetividade da justiça e ao 'desafogo dos tribunais superiores' (*sic*). Entretanto, não se pode, em nome de uma 'instrumentalidade quantitativa', solapar uma 'instrumentalidade qualitativa'".[819] Significa dizer aqui que se concorda, em parte, com Luiz Guilherme Marinoni no sentido de que o abuso do direito de recorrer é uma realidade que não pode ser ignorada[820] e que a condenação por litigância de má-fé ou mesmo o indeferimento do recurso pelo relator têm efeito pedagógico, uma vez que muitos recursos são infundados e custosos para a administração da justiça.[821] Porém, quanto ao último (indeferimento do recurso pelo relator), que pretende abreviar o tempo necessário para o julgamento do órgão competente para apreciar o recurso, embora pragmático, pode tornar-se medida anti-hermenêutica, velando o "encontrar-se com a singularidade do caso".

Para os fins deste trabalho, além do já referido, a inconstitucionalidade do art. 557 do Código de Processo Civil também está no fato de que a

---

[818] STRECK, Lenio Luiz. *Jurisdição constitucional e hermenêutica*: uma nova crítica do direito. Porto Alegre: Livraria do Advogado, 2002, p. 398.

[819] STRECK, Lenio Luiz. Quinze anos de Constituição – análise crítica da jurisdição constitucional e das possibilidades hermenêuticas de concretização dos direitos fundamentais-sociais. In: *Revista Ajuris*. Porto Alegre: Associação dos Juízes do Rio Grande do Sul, n. 92, ano XXX, p. 232-233, dez. 2003. 336 p. O problema da "jurisprudência dominante" como fundamento para não receber o recurso ou como motivação para decidir acerca de qualquer questão que possa demandar uma "investigação" do juiz serve bem para explicitar a preferência que tem sido dada à instrumentalidade quantitativa em detrimento da qualidade das decisões (instrumentalidade qualitativa). A "jurisprudência dominante" ("opinião dominante"), assim, é um dos tópicos freqüentes na fundamentação das decisões judiciais. O consenso e a convergência, nesse caso, são aqui invocados. Mas, questiona Kaufmann, "como se determina ela? Certamente não através duma contagem numérica de opiniões, tanto mais que o princípio democrático da maioria não vale seguramente para as decisões jurisdicionais. Para que a 'opinião dominante' seja um argumento utilizável, tem esta que ser qualitativamente determinada, o que implica, antes de mais, que considere seriamente a minoria, uma vez que é possível que esta tenha razão. Mas para os (para a maioria dos) tribunais a 'opinião dominante' é simplesmente um facto, que eles constatam na literatura especializada. A idéia de universalizar tal máxima – 'a opinião dominante é que tem razão' – seria liminarmente rejeitada por qualquer epistemólogo". KAUFMANN, Arthur. *Filosofia do direito*. Prefácio e tradução António Ulisses Cortês. Lisboa: Calouste Gulbenkian, 2004, p. 91-92. 536 p.

[820] MARINONI, Luiz Guilherme. *Tutela antecipatória e julgamento antecipado*: parte incontroversa da demanda. 5ª ed. rev., atual e ampl. da obra Tutela antecipatória, julgamento antecipado e execução imediata da sentença. São Paulo: Revista dos tribunais, 2002, p. 162. 254 p.

[821] *Idem, ibidem.*

Fundamentos para uma compreensão hermenêutica do Processo Civil

competência, que seria do órgão (câmara ou turma), passa a ser de um dos integrantes do colegiado, deslocando, portanto, o juiz natural da causa. Se o tribunal encontra fundamento na possibilidade que tem de rever e reformar decisões monocráticas, e se isso é feito em colegiado na expectativa de que vários julgadores pensem/decidam melhor do que um, acatar o disposto no art. 557 é contrariar a natureza dos juízos colegiados.[822] No regime democrático isso tem importância, pois, no tribunal, via de regra, podem se confrontar teses e opiniões divergentes, permitindo que se possa chegar a uma decisão pelo voto da maioria. Do contrário, estar-se-á admitindo a revisão, por "um" juiz (o desembargador não é mais que um juiz; pode ter mais experiência, o que não significa que pode decidir melhor!), daquilo que "um" juiz decidiu, ou seja, "troca-se seis por meia dúzia", como se diz no jargão popular. Essas, portanto, são as razões que fazem pensar na inconstitucionalidade do referido artigo.

4.6.3. Conclusões sobre o duplo grau de jurisdição e a necessidade (também) de uma instrumentalidade qualitativa

De tudo, é possível concluir que, apesar das reformas, não se tem visto saídas para o sistema recursal. Assim como os demais institutos processuais, os recursos são um legado da modernidade. Serviram a uma determinada época, a um determinado tempo, a um determinado momento e a um determinado tipo de sociedade. Hoje, porém, não atendem mais às suas finalidades, ao menos do ponto de vista hermenêutico. Os legisladores, na tentativa de "salvarem" o sistema, ficaram numa verdadeira "sinuca de bico", ou seja: se derem preferência à instrumentalidade quantitativa, uma vez que as demandas crescem a cada instante, a instrumentalidade qualitativa perder-se-á, tendo em vista que a qualidade "hermenêutica" das decisões fatalmente decairá; ao contrário, se derem preferência à instrumentalidade qualitativa, a celeridade do processo e sua efetividade neste sentido (instrumentalidade quantitativa) "escoarão pelo ralo". Admitir, pois, a aplicabilidade das hipóteses previstas nos artigos

---

[822] Concorda-se, pois, com Lenio Luiz Streck, ao afirmar que o poder conferido ao relator na apreciação dos recursos "transforma um julgamento colegiado de segundo grau em uma manifestação monocrática. Considere-se, ademais, a autêntica aporia representada pela possibilidade de o relator dos recursos especial e extraordinário determinar o arquivamento de plano do recurso, quando a matéria contrariar súmula (e isto já existe desde 1990 e não causou maiores perplexidades na comunidade jurídica...!). A edição das Leis 9.868 e 9.882 dá uma amostra dessa busca incessante do 'santo graal' da efetividade do processo, onde constam os mais variados tipos de violações de princípios e preceitos constitucionais, que vão desde o indevido efeito vinculante às decisões positivas de constitucionalidade, a possibilidade de inversão dos efeitos em sede de ação direta de inconstitucionalidade (ADIn) e ação declaratória de constitucionalidade (ADC), além dos instrumentos avocatórios constantes em ambas as leis". STRECK, Lenio Luiz. A hermenêutica filosófica e as possibilidades de superação do positivismo pelo (neo)constitucionalismo. In: ROCHA, Leonel Severo, STRECK, Lenio Luiz *et al* (org.). *Constituição, sistemas sociais e hermenêutica*: programa de pós-graduação em Direito da UNISINOS: mestrado e doutorado. Porto Alegre: Livraria do Advogado, 2005, p. 173. 309 p.

515, § 3°, e 557, ambos do Código de Processo Civil, significa admitir a tentativa dos legisladores de manterem o sistema numa espécie de "unidade de tratamento intensivo". É medida pragmática, mas anti-hermenêutica. Não admitir significa a possível "ruína" do sistema. O sistema recursal está a merecer ampla reforma. Essa reforma, porém, deverá atender também a uma "instrumentalidade qualitativa", o que não vem ocorrendo. Atender a essa instrumentalidade qualitativa pressupõe respeitar as garantias fundamentais do contraditório, do juiz natural, da fundamentação das decisões e do duplo grau de jurisdição, onde este seja imprescindível. Pressupõe, ainda, compreender o juiz de primeiro grau, não como mero "caminho de passagem" para o segundo, mas como o principal órgão decisor no processo de "reconhecimento" (aplicação) do direito. O direito fundamental de acesso à justiça não pode ser ferido por uma "política utilitarista",[823] pois compreende o respeito aos princípios constitucionais do processo.

Quanto ao duplo grau de jurisdição, retomando um breve questionamento acerca de sua (des)necessidade, ao contrário do que tem proposto parte da doutrina,[824] entende-se aqui que ele não é um óbice ao acesso à justiça no sentido da efetividade. Não há, portanto, problema algum em assegurá-lo. Isso não significa que a sentença não possa ser executada (cumprida) imediatamente. Como propõe Luiz Guilherme Marinoni, pode ser instituído um mecanismo processual, isto é, um motivo de "suspensão da eficácia executiva da sentença", no todo ou em parte, quando houver graves motivos,[825] o que já ocorre, por exemplo, em sede de impugnação ao cumprimento da sentença, prevista nos artigos 475-L e 475-M, ou em sede recursal. Se ocorrer mudança da decisão no segundo grau (que aí deverá julgar mais rápido), a execução poderá ser suspensa ou redimensionada. Se já consumada, a parte prejudicada poderá buscar o ressarcimento pelas vias adequadas. O que não dá para pensar, e nisso se concorda com Marinoni, é que o esgotamento da jurisdição em primeiro e segundo graus sempre seja condição para executar definitivamente a decisão, como pensa a doutrina tradicional e como ainda dispõe, no geral, a legislação processual. Nesse sentido, assiste razão ao jurista quando afirma que o duplo

---

[823] Termo utilizado por OLIVEIRA JÚNIOR, José Alcebíades de. *Teoria jurídica e novos direitos*. Rio de Janeiro: Lumen Juris, 2000, p. 147. 205 p.

[824] Já referidos os seguintes juristas: MARINONI, Luiz Guilherme. Garantia da tempestividade da tutela jurisdicional e duplo grau de jurisdição. In: TUCCI, José Rogério Cruz e (coord). *Garantias constitucionais do processo civil*: homenagem aos 10 anos da Constituição Federal de 1988. 1ª ed., 2. tir. São Paulo: Revista dos Tribunais, 1999. 262 p.; LASPRO, Oreste Nestor de Souza. Garantia do duplo grau de jurisdição. In: TUCCI, José Rogério Cruz e (coord). *Garantias constitucionais do processo civil*: homenagem aos 10 anos da Constituição Federal de 1988. 1ª ed., 2. tir. São Paulo: Revista dos Tribunais, 1999. 262 p.

[825] MARINONI, Luiz Guilherme. Tutela antecipatória e julgamento antecipado: parte incontroversa da demanda. 5ª ed. rev., atual e ampl. da obra Tutela antecipatória, julgamento antecipado e execução imediata da sentença. São Paulo: Revista dos Tribunais, 2002, p. 181. 254 p.

Fundamentos para uma compreensão hermenêutica do Processo Civil

grau não altera o "conhecimento" do juiz, mas permite apenas um juízo diferenciado, pois a cognição da sentença do processo de conhecimento, diz ele, abrindo oportunidade para a execução provisória, é a mesma que a da sentença executada definitivamente.[826] De outra banda, ao contrário do que diz o mesmo jurista, que não considera o duplo grau de jurisdição como garantia assegurada constitucionalmente e princípio fundamental da justiça, não se pode pensar que a existência desse mesmo duplo grau seja a razão para o processo ser considerado inefetivo, pois atende ao compromisso de segurança, que também é importante para a efetividade processual. Se a decisão, como dito, executada definitivamente, mesmo pendente recurso, vier a ser confirmada melhor. Se mudar, que se corrija ou se extinga a execução.

A execução imediata da sentença, o cumprimento imediato e em definitivo, permitindo, inclusive, atos de alienação e, por exemplo, levantamento de depósitos em dinheiro, é imprescindível para a realização do direito/garantia constitucional à tempestividade da tutela jurisdicional. A regra do cumprimento imediato da sentença, equilibrada pela possibilidade de suspensão da execução, seja pela via da impugnação, seja em sede de recurso, quando houver graves motivos ou a possibilidade de reversibilidade da decisão, encontra fundamento na necessidade de conciliar a segurança, derivada do direito ao recurso, com a tempestividade da tutela jurisdicional, necessária para a realização plena do direito de ação previsto constitucionalmente. O duplo grau não deve impedir o cumprimento imediato e em definitivo, que deve ser a regra. Mas pode conciliar segurança e efetividade. É possível, pois, agora ao contrário do que afirma Marinoni, que propõe a quase extinção do segundo grau de jurisdição,[827] assegurar o reexame, fazendo, porém, com que a decisão que receba o recurso, via de regra, não o faça com o efeito suspensivo, possibilitando, como já ocorre, suspensão pela impugnação, excepcionalmente.

---

[826] MARINONI, Luiz Guilherme. Tutela antecipatória e julgamento antecipado: parte incontroversa da demanda. 5ª ed. rev., atual e ampl. da obra Tutela antecipatória, julgamento antecipado e execução imediata da sentença. São Paulo: Revista dos Tribunais, 2002, p. 184. Claro que aqui se está utilizando um critério analítico quando se afirma que a cognição seria a mesma, pois, na verdade, dizer isso – que a cognição é a mesma – só tem sentido como "ficção", pois os "atores jurídicos", no segundo grau, são distintos daqueles que operam no primeiro grau e distintos entre eles. Claro! Ninguém é igual a ninguém. E isso é óbvio. Daí por que a compreensão, o conhecimento, a interpretação, enfim, a aplicação serão sempre diferentes. Como no caso do Direito é preciso que se "objetive" o conhecimento, a "cognição", diz-se, então, que "a cognição do segundo grau é a mesma que a do primeiro". Mas, como referido, isso é tão-somente uma ficção, sem a qual, por exemplo, não se poderia ter como possível a reforma pelo tribunal da decisão de primeira instância.

[827] Idem, p. 177-221.

Conclusão

Após análise da situação vivenciada no Brasil na área do Direito Processual Civil, notadamente quanto à jurisdição e aos principais institutos jurídico-processuais, é possível afirmar que o Judiciário se encontra refém de uma crise hermenêutica que ainda não foi desvelada. Compreendido isso, desvelada essa crise hermenêutica, cujos efeitos se refletem no processo, "condição de possibilidade" para o exercício da jurisdição, é possível concluir[828] o seguinte:

I - Com a constitucionalização dos direitos e garantias fundamentais, individuais e sociais, coletivos e difusos, o acesso à justiça não mais se resume à proteção do que já se tem, mas ao que se deve ter. O Judiciário, assim, passou a ter também um papel promovedor no sentido de atuar positivamente para a afirmação da cidadania pela realização dos direitos e garantias fundamentais. Entretanto, apesar dessa revolução paradigmática ocorrida com a Constituição da República de 1988, que estabeleceu o Estado Democrático de Direito como *plus* normativo (Streck) em relação ao Estado Liberal e ao Estado Social, o Poder Judiciário sofreu (tem sofrido) de uma espécie de "perda de legitimidade", uma vez que não tem dado conta de modo eficaz das demandas que lhe são endereçadas. Essa perda de legitimidade é reflexo e também passa a se refletir numa fragilização da Constituição e dos direitos e garantias fundamentais que ela assegura, desembocando numa crise do Judiciário[829] que, ao "aplicar" o direito,

---

[828] A conclusão, assim como a atividade interpretativa, que não é "fatiada" em compreensão, interpretação e aplicação, já faz parte desde-já-sempre do texto principal (de sua compreensão), não estando dele desvinculada, ao mesmo tempo em que, modo analítico, pode estar. Assim, é possível dizer que algumas destas conclusões, que serão explicitadas adiante, em parte, "sintetizam" o texto, isto é, confundem-se com ele, já chegando, assim como se dá com o "processo de compreensão", antecipadamente na compreensão de quem o produz(iu) e/ou lê(eu). Por outro lado, como deve ocorrer, uma vez que se deve objetivar aquilo que se disse e se pretende concluir, há também (agora e aqui) uma originalidade "conclusiva" que, a par do que foi dito, se expressa (deve expressar-se) "como" conclusão. E isso é o que aqui se tentará (re)produzir.

[829] A crise do Judiciário não é independente da crise do Estado. Como o Estado apresenta uma crise institucional (Bolzan), caracterizada pela fragilização da Constituição, surge a necessidade de buscar saber se esta deve ser entendida como mera garantia de procedimentos pelos quais os cidadãos possam perseguir as condições de uma vida justa, ou se deve ser entendida como um instrumento vinculante e pragmático que possa resguardar e construir um Estado aberto para o futuro, cujos valores

o faz de modo inautêntico para o paradigma do Estado Democrático de Direito, pois, em suas "práticas interpretativas", típicas do Estado Liberal, continua inserido numa situação hermenêutica de "baixa constitucionalidade" (Streck), desconhecedora do sentido da Constituição como *topos* conformador de toda norma jurídica. O Poder Judiciário, assim, apegado a um procedimentalismo metodológico alheio ao "universo hermenêutico", tem buscado, pelo processo, "verdades absolutas" e "seguranças infinitas", que não passam de mitos construídos no âmbito da filosofia da modernidade (Descartes), que é a filosofia da consciência. A interpretação do Direito, assim, tem sido "corrompida" no interior do "discurso metafísico" de uma hermenêutica pautada em "métodos de interpretação", que acaba por ocultar a singularidade dos casos, pelo desconhecimento das possibilidades de ser-no-mundo.

II - Preso ao paradigma do Estado Liberal-individual-normativista, o processo civil, instrumento para exercício da jurisdição, não tem sido efetivo, pois o seu compromisso com a instrumentalidade – esta como condição de possibilidade para a efetividade do processo – não tem sido honrado, haja vista que, na condição de direito/garantia fundamental, não tem conseguido conciliar celeridade e segurança, pilares da efetividade processual preconizada por (quase) toda a doutrina contemporânea. Isso faz com que o Judiciário não consiga realizar os direitos fundamentais, individuais e sociais, convertendo-se em uma instância deslegitimada para "dizer" o direito, afastado que está da compreensão de sua função e da finalidade do processo no Estado Democrático de Direito.

III - A modernidade está calcada em dois pressupostos: o método e o contrato. Aquele representa o ideal da busca da verdade, por meio de critérios técnicos, engendrados pela razão do homem, que só pode ser alcançada se este obedecer aos procedimentos metodológicos. O contrato representa a autonomia da vontade e a individualidade, ambas características do Estado Liberal. Método e contrato têm um compromisso com a certeza, com a segurança jurídica, pois, pela adoção do método adequado, haverá "certeza" de que a "verdade" foi descoberta, alcançada; realizado o contrato, haverá a segurança de que nada poderá ser mudado, consolidando-se o passado, mesmo que, no futuro, a situação seja outra.[830] Assim,

---

condicionantes tendem à realização dos direitos e garantias fundamentais. A primeira é a postura procedimentalista. A segunda é a substancialista. No caso do Brasil, considerado um país da "periferia", a segunda merece maior atenção, já que o texto da Constituição tem as condições de possibilidade para transformar socialmente. Nesse quadro, os juízes não podem mais continuar sendo considerados a "boca da lei" (Montesquieu), pois têm um compromisso com a transformação social.

[830] A modernidade está ligada ao Estado Liberal, cuja filosofia visa sobretudo à segurança, à autonomia nos negócios e à liberdade para contratar. O contratualismo e o individualismo são duas marcas da Idade Moderna, correspondendo o primeiro à filosofia política da modernidade. Tudo isso associa-se à idéia de um método que, no caso do direito, é o processo e suas normas de interpretação, a fim de garantir que os fins do Estado Liberal possam ser alcançados. Descartes inaugurou a modernidade na perspectiva do seu método, que fazia a crítica política da tradição, instaurando o paradigma da sub-

os institutos jurídicos que nasceram com a modernidade (ato jurídico perfeito, coisa julgada e direito adquirido, para citar alguns), ou que ao menos nela "fincaram" raízes praticamente definitivas (procedimento ordinário), representam o ideal liberal da segurança jurídica e o paradigma do individualismo. O Direito Processual Civil contemporâneo, aspirando à segurança jurídica, desenvolveu-se na tradição do método e do contrato. O processo é um método; a interpretação de suas normas obedece a um método (basta verificar toda a doutrina que se formou na processualística acerca da cientificização do Direito e da interpretação das normas processuais, *v.g.*, Chiovenda, Rocco, Carnelutti, Allorio, Aragoneses Alonso, Benedito Hespanha, Carlos Maximiliano e tantos outros); sua preocupação é com a descoberta da "verdade", objetivando uma segurança que se volta para o passado, ao consolidar, pela coisa julgada, aquilo que a decisão judicial – cujo "contrato" da pessoa com o Estado estabelece que deve ser respeitada – definiu. O Direito Processual Civil está inserido, pois, na tradição cartesiana do método e, no caso do Brasil, apesar do novo paradigma do Estado Democrático de Direito, capaz de proporcionar a transformação de todo o "processo de compreensão" do Direito Processual, continua sendo compreendido/interpretado como se estivesse inserido na tradição do Estado Liberal.

IV - Portanto, é possível concluir que há dois modelos de processo: o processo civil do Estado Liberal e o processo civil do Estado Democrático de Direito. O primeiro tem uma preocupação com a segurança jurídica. Volta-se para o passado. Visa assegurar relações jurídicas individuais, protegendo o indivíduo apenas contra a interferência do Estado em sua vida. Assim, não se preocupa com a efetivação de direitos sociais, coletivos ou difusos. A celeridade do processo, nessa visão, não é condição de possibilidade para sua efetividade. O segundo, o processo civil do Estado Democrático de Direito, tem uma preocupação com a segurança jurídica e com a celeridade, cuja equação "celeridade mais segurança" é igual a efetividade. Sua segurança jurídica volta-se tanto para o passado como para o presente e, principalmente, para o futuro. Nesse sentido, o Direito Processual Civil do Estado Democrático de Direito não desconhece a historicidade do Direito. Não protege apenas os direitos individuais, mas todos os direitos e garantias fundamentais, incluindo-se aí os direitos sociais, coletivos e difusos. Enquanto o Direito Processual Civil do Estado Liberal é um direito baseado em postulados da metafísica (jurisdição como "atuação

---

jetividade. A partir de Descartes todo o conhecimento começa pela razão. Desenvolve-se a partir daí todo o jusnaturalismo moderno (Locke, Leibniz, Kant, Hegel). Nessa linha, o caminho para conhecer o direito passa pelo método e pela cientificização e matematização do direito (Leibniz). Hans-Georg Gadamer combateu a idéia de método ao afirmar que as ciências do espírito exigem outro tipo de conhecimento que não o científico. Assim, a verdade das ciências do espírito, dentre elas o direito, não pode ser alcançada pelo método. Aliás, verdade e método, nesse sentido, podem até ser excludentes (Stein), uma vez que interessa ao jurista a compreensão do caso em sua singularidade, e não o método. A verdade, portanto, está dentro das "possibilidades de mundo", isto é, no modo-de-ser do jurista.

Fundamentos para uma compreensão hermenêutica do Processo Civil

da vontade concreta da lei", "coisa julgada" ou "atividade de resolução de lides", distinção entre "condições da ação" e "mérito", "tutela antecipada" e "sentença", "fumaça do bom direito", "verossimilhança" e "verdade", "verdade formal" e "verdade material", "questão de fato" e "questão de direito" etc.), o Direito Processual Civil do Estado Democrático de Direito desconhece os dualismos metafísicos. Neste paradigma, não tem sentido falar em condições da ação e mérito, questão de fato ou questão de direito, graus de verdade, e tantas outras criações que a doutrina tradicional acabou por impor na "prática" dos tribunais e no ensino do Direito, como coisas distintas. No Estado Democrático de Direito, também não se pode acreditar numa metodologia ou numa hermenêutica como método para interpretação das leis processuais, pois hermenêutica passa aqui, a partir do que a virada lingüística possibilitou (giro ontológico-lingüístico), a ser vista como modo-de-ser-no-mundo. A perspectiva interpretativa do direito, portanto, pressupõe um "replanejamento" da responsabilidade política e moral do juiz, inserido em sua historicidade, isto é, na tradição. A concepção hermenêutica é a única que capta a complexidade do fenômeno jurídico. A legitimidade do Direito depende de sua interpretação (Arango). O problema da interpretação, ou compreensão, não é de "método" ou de se optar em seguir ou não o que a doutrina, a jurisprudência ou a lei dizem: é existencial. A revolução copernicana provocada pela viragem lingüístico-hermenêutica desloca o *locus* da problemática relacionada à "fundamentação" do processo compreensivo-interpretativo do "procedimento" para o "modo de ser" (Streck). Com a hermenêutica da faticidade de Gadamer, caudatário da antimetafísica heideggeriana, a hermenêutica dá um "salto qualitativo" porque ataca o cerne da problemática que deixava a hermenêutica refém da metodologia. Não é mais possível acreditar em uma regra que estabeleça o uso dessas regras. Não há uma norma fundamental. O problema da interpretação é, pois, fenomenológico (Streck, a partir de Heidegger e Gadamer).

V - No Estado Liberal, o processo é uma "estrutura de poder", cujo escopo é a atuação da ordem e a conservação do poder dos grupos dominantes;[831] privilégio esse que é outorgado pelo ordenamento jurídico (Denti). No Estado Democrático de Direito, o processo deve ser visto como instru-

---

[831] No Processo Civil o homem passa a ser tido tão-somente como "parte", e não como um cidadão, devendo sujeitar-se ao que os legisladores, comprometidos ideologicamente, traçam como regra para a "realização do direito material". O processo, assim, desumaniza o homem, transformando-o em um mero "portador de direitos subjetivos" (claro que o processo não destrói o direito subjetivo, mas acolhe o homem como portador desses direitos), em uma "parte", consagrando a burocratização da ordem judiciária e disciplinando o processo como um "garantia formal" (Denti) de que a administração da justiça vai atender a um "programa político" racionalizador dentro de uma burocracia organizada, cujo exercício é regulado no "âmbito de suas competências" (Weber). O Direito Processual Civil tem-se resumido à condição de "direito requintado", cujos estereótipos normativos (Warat) não têm um compromisso com a realidade e com a democracia. Seu compromisso é com a "verdade" (liberal) e com a segurança.

mento democrático, num sentido de meio apto a promover os direitos e garantias fundamentais. Sua função não é a de conservação da ordem, mas de promoção. O Direito aqui não pode ser considerado apenas uma instância simbólica ou imaginária. Ele é esse espaço simbólico das relações de poder, mas não é "só" isso. O Direito deve ser entendido "também" como o lugar privilegiado do "processo hermenêutico" na perspectiva de modo-de-ser-no-mundo, com condições para transformar a realidade. Assim é que os juristas devem assumir uma responsabilidade, questionando a tradição (Gadamer) em que estão inseridos e devolvendo ao Direito e à jurisdição a necessária politicização e socialização (Cappelletti). O Direito não pode continuar a ser entendido como um *locus* separado da política em que a Constituição é uma mera "folha de papel" (Lassale), sem condições para transformar a realidade, e o processo um simples método para conservação da ordem que está posta. Os direitos e garantias fundamentais estão necessariamente ligados ao Estado Democrático de Direito. São o ponto de partida do Estado Democrático de Direito. A força do Judiciário e, portanto, sua legitimidade, está em poder promover os direitos e garantias fundamentais. A realização dos direitos e garantias fundamentais, que correspondem à democracia substancial (Bobbio), no âmbito do Judiciário, dá-se por meio do processo (democracia formal), que é, ao mesmo tempo, direito e garantia fundamental.

VI - O Direito Processual é ideológico e, nessa condição, tem ocultado o seu sentido de proteção/efetivação dos direitos e garantias fundamentais. Seu compromisso tem sido um compromisso com a tradição liberal-individualista. Assim, o processo, atendendo a mitos, como a neutralidade do juiz e a busca da "verdade", vem simplificando o que não pode ser simplificado, pois desconhece que a verdade está dentro da historicidade, isto é, dentro das condições de mundo. Tenta organizar um discurso de neutralidade, iludindo os "consumidores da justiça" com um discurso de "pacificação social" que oculta as relações de poder inscritas na lei processual, escamoteadas em nome da verdade, da segurança jurídica e da justiça (Warat). O processo converte-se, assim, em um mito. Para que possa, no entanto, efetivar os direitos e garantias fundamentais, sua compreensão precisa ser "subvertida" (Warat), ancorando-se na Constituição e na (re)descoberta da sua efetividade, garantia fundamental do Estado Democrático de Direito, que alia segurança e celeridade. Nesse sentido, não é possível afirmar que o processo civil alguma vez tenha sido efetivo. Talvez no Estado Liberal, em outra temporalidade, ele possa ter atendido à finalidade de segurança jurídica. No entanto, a celeridade parece não ter sido uma de suas características, nem no Estado Liberal, e muito menos no Estado Democrático de Direito. A demora do processo, assim, passou a fazer parte da "rede de sentido" dos juristas que, aprisionados pelo senso comum teórico, têm como existencial a idéia de que o processo demo-

Fundamentos para uma compreensão hermenêutica do Processo Civil

ra (deve demorar). Isso porque os operadores do Direito, mesmo os que defendem a necessidade de um processo célere, "acham normal" que o processo demore, continuando a achar também que a segurança jurídica é "tudo na vida do direito". O desde-já-sempre do jurista, pois, é um desde-já-sempre-moroso. Assim é que os processualistas não conseguem responder ao cidadão questões como: por que seu direito, embora reconhecido, ainda não pode ser realizado? Por que, apesar de o juiz ter condenado o réu, seu devedor, a lhe pagar, ainda não pode satisfazer o seu direito? Por que a "coisa julgada" impede que ele possa intentar ação de investigação de paternidade contra seu verdadeiro pai? Por que o seu recurso não será analisado pela Câmara do Tribunal, mas por apenas "um" juiz? O que é a tal de "jurisprudência dominante"? etc. O Direito Processual Civil, modelando a produção de sentido com os seus "significantes", cria um mundo irreal, assegurando pela sentença e pela coisa julgada relações sociais artificiais (o que, por outro lado, também é necessário, sem o que tudo passaria a ser discutível de novo), sem que a "pacificação social" (outro mito preconizado pela doutrina, pois não há como consegui-la, a não ser raramente), pregada pelos juristas como o escopo da jurisdição e do processo, seja obtida. Nesse sentido, o pensar do jurista tem sido um "pensar sem o encontro com a coisa", sem um questionamento da tradição. É o pensar do típico sujeito moderno que idealiza tranqüilamente o mundo, dissolvendo-o em esquemas de decisionalidade racionais, sepultando a reflexão sobre o sentido e a finalidade do processo que, no Estado Democrático de Direito, dizem respeito à efetivação dos direitos e garantias fundamentais.

VII - Uma das causas dessa "não-interpelação" da tradição decorre das práticas do ensino jurídico, ainda comprometidas com o paradigma liberal-individualista e normativista anterior à Constituição de 1988. Situação que se faz notar quando se verifica que, no Processo Civil, os dogmas da verdade, segurança jurídica e do culto à figura do indivíduo, e não a do social, não têm sido, nem de longe, questionados pelos juristas, enredados que estão no senso comum teórico. O desde-já-sempre dos juristas, assim, está condicionado por esse senso comum teórico, fazendo com que sua compreensão do que sejam o Estado Democrático de Direito e as finalidades do Direito Processual Civil esteja calcada em pré-juízos que ocultam o desvelar do sentido da Constituição, da jurisdição e dos institutos do processo civil, esquecendo-se a "índole" de transformação da Lei Fundamental – que pode transformar pela *applicatio* –, a idéia de jurisdição como uma atividade estatal garantidora dos direitos fundamentais, e o sentido do processo como seu instrumento para efetivação desses direitos e garantias fundamentais, aliando segurança e rapidez. Como não ocorreu, ainda, essa "angústia do estranhamento" (Streck), a Constituição, a jurisdição e o processo, método da segunda para efetivação dos direitos e garantias fundamentais prometidos pela primeira, ainda são inefetivos.

As velhas práticas do Estado Liberal de Direito ainda impedem o "desvelar do novo", fazendo com que os juristas se desinteressem pelo "mundo da vida" (para se utilizar da expressão de Habermas). Assim é que o ensino jurídico ainda trabalha com hipóteses e teorias desvinculadas do real, cujos saberes são teorizados de forma alienante, sem que a ensinança do direito possa ser pensada no sentido de um comprometimento com as mudanças sociais, com o quotidiano humano, enfim, com a faticidade. Nesse aspecto é que o Direito privado ainda tem merecido mais atenção do que toda a principiologia constitucional; os manuais ditam o que é e para que serve o Direito e a *imitatio* vela o sentido do novo. A partir desse contexto, não se estranha que o operador do Direito, após ter passado pelos bancos universitários, não consiga fazer a leitura (constitucional) dos Códigos de Processo (Penal e Civil) e das leis de direito material. Afinal de contas, na sua historicidade, no seu modo-de-ser-no-mundo, a idéia privatista, formal, liberal e metódica, é o seu existencial.

VIII - Apesar das reformas legislativas no sistema processual brasileiro, os institutos processuais ainda não têm sido compreendidos de modo autêntico para o paradigma do Estado Democrático de Direito. Apesar de a antecipação de tutela ter sido introduzida no ordenamento jurídico pátrio – e isso já ocorreu há bem mais de dez anos –, os processualistas ainda continuam a falar em "cautelar satisfativa" (Bermudes, para citar um exemplo); a tutela preventiva não consegue encontrar acolhida, pois o sistema processual não consegue absorvê-la, uma vez que a segurança continua sendo o maior "valor processual" a ser buscado. O processo cautelar também tem sido visto como processo sem autonomia alguma, desconhecendo (ainda) a doutrina a existência de um direito material de cautela. A sumarização de demandas e, por conseguinte, de defesas, também tem sido repelida sob a alegação de que o processo deve ter a mais ampla defesa possível (por todos, neste sentido, Adroaldo Furtado Fabrício). O processo, assim, não é estruturado em vista do interesse do autor, beneficiando unicamente o réu que não tem razão (Ovídio e Marinoni, acertadamente). Outro problema grave diz respeito ao juiz de primeiro grau que é apenas um "caminho de passagem" para a segunda instância, pois os legisladores não o valorizam como órgão decisor. Os recursos, assim, continuam a ter como característica a suspensividade, fazendo com que as decisões não tenham eficácia imediata. Somada a tudo isso está a exclusão social proporcionada pelo próprio Poder Judiciário ao interpretar dogmaticamente a Constituição e o Código de Processo Civil, descuidando de que deve ter "consciência dos efeitos da história" (Gadamer). Assim é que, por exemplo, os juízes têm negado a legitimidade do Ministério Público para pedir medicamentos para a camada pobre da população, quando se sabe que, em comarcas onde não há defensor público, essa possibilidade (de pedir o remédio) fica reduzidíssima, principalmente pela falta de recursos fi-

Fundamentos para uma compreensão hermenêutica do Processo Civil

nanceiros e de educação para a lide (Dinamarco) por parte da população. Significa dizer que não tem havido a necessária fusão de horizontes em que o compreender é compreender os efeitos da história sobre o significado das coisas. O horizonte dos juízes, assim, não tem sido recuperado no próprio horizonte compreensivo do presente (Gadamer). Inseridos na objetividade do "mundo jurídico", passaram a esquecer do mundo concreto, "esvaziando o real", mas "pacificando suas consciências" (Warat) sem que, nem de longe, consigam tocar no problema social. Essa ausência de horizontes faz, também, com que o jurista pense que com o método tudo poderá ser resolvido. Assim é que, por exemplo, a técnica (ou método) dos Juizados Especiais Cíveis tem sido considerada uma das "maravilhas" do "mundo do processo", sem que sequer seja questionado o seu caráter de "seletividade" da clientela do Judiciário. Assim é que se pode dizer que, nos Juizados Especiais, tem havido um "rebaixamento axiológico" do Direito, em que os legisladores estabelecem que o direito das camadas pobres da sociedade é "menos direito" que o das camadas ricas. Nesse aspecto, o cidadão "pobre", para resolver seu litígio, tem ao seu dispor um "juiz leigo", ao passo que o "rico" tem um Juiz de Direito. Fala-se, ainda, em ampliar a competência dos Juizados Especiais, tornando-o obrigatório para causas de até sessenta salários mínimos. Não se tem notado, porém, que isso fatalmente causará o "inchaço" dos Juizados, represando ainda mais o já enorme volume de feitos em andamento e tornando ainda mais lenta essa via que deveria ser a mais rápida.

IX - A Constituição e o processo civil podem ser compreendidos autenticamente dentro da tradição do Estado Democrático de Direito.[832] A hermenêutica filosófica, como modo-de-ser-no-mundo, é a condição para que se possa "ontologizar" (Heidegger) o Direito Processual Civil, que agora passa a ser um Direito Processual Civil Constitucional(izado). Assim, a lei processual e os institutos processuais, que são entes em seu ser, não mais podem ser vistos "apartados" do sentido da Constituição (Streck), e nem esta pode ser entendida como uma "hipótese", isto é, um "ser sem o ente". Não é essa, entretanto, a tradição em que se inserem os processualistas. Sua tradição, como se disse, é a dos "métodos de interpretação", que servem para tentar impor a vontade dos titulares do poder a fim de garantir a interpretação da lei conforme a "sua" vontade. Em razão dessa tradição oriunda da filosofia da consciência e do Estado Liberal é que a hermenêutica ainda tem sido vista como um interpretar de textos em que o intérprete, pelos métodos lógico, gramatical, histórico etc., busca a "vontade da lei". Praticamente toda a doutrina do Direito Processual

---

[832] A Constituição de 1988, como ordem substantiva de valores, não procurou consolidar o *status quo*. Procurou projetar uma "situação ideal a ser atingida". Não quis consagrar o passado, repleto de distorções; preferiu "preparar um futuro mais digno de viver" (Ruschel). Também o Direito Processual Civil, entendido nesse paradigma, volta-se para o futuro.

Civil (Wach, Carnelutti, Chiovenda etc.) entoa "odes" ao método. Para os doutrinadores tradicionais, o Direito Processual deve ser objeto de um tratamento metódico (Chiovenda), de uma construção sistemática (Carnelutti), em que a hermenêutica tem por fim "determinar o conteúdo da lei" (Wach). Mesmo nessa tradição, porém, há quem diga que não há como escolher um método para interpretação (Palacio) ou que pode haver vários métodos (Ehrlich). A partir dessa posição, que se pode nomear de intermediária, o problema hermenêutico passa a ganhar uma compreensão diferenciada.

X - Com Konrad Hesse, apoiado em Gadamer, a interpretação (constitucional) passa a ser a "concretização dos conteúdos constitucionais" (Hesse trabalha a questão da compreensão no campo do Direito Constitucional). Assim, não há interpretação independente de problemas concretos. O intérprete, por sua vez, não se solta da "pré-compreensão" que a tradição lhe incute e determina (Gadamer). A Nova Crítica do Direito (Streck), fundada na matriz teórica oriunda da hermenêutica filosófica (Gadamer e Heidegger), é impulsionada pela hermenêutica não mais na condição de técnica de interpretação, mas na de modo-de-ser-no-mundo do jurista. Após a invasão do Direito pela linguagem (*linguistic-ontological-turn*), a Nova Crítica do Direito, de forma original apresentada por Lenio Luiz Streck, passa a ter na ontologia da faticidade (Heidegger) as condições de possibilidade para a compreensão do sentido do Direito e para a transformação social que é o escopo constitutivo do Estado Democrático de Direito como *plus* normativo em relação ao Estado Liberal e ao Estado Social de Direito (Streck). O intérprete deixa aqui de ver a Constituição como um objeto, de existência própria, passando a guardar com ela uma relação de compreensão em que o sentido do texto só pode ser desvelado na aplicação. Para compreender o sentido da Constituição e, no caso do Direito Processual Civil, dos institutos processuais, o jurista não pode "nadificar" o Direito, repetindo-o por meio dos "pré-conceitos". Como não é um "ator desinteressado", ele não pode descuidar do que está a tratar. Por isso deve ser "autêntico" no sentido de evitar a *imitatio* e ter o cuidado, que é o ser do *Dasein* (Heidegger), interrogando, examinando, discutindo. O jurista, assim, não pode alienar-se do mundo. O que conserva sua abertura para o mundo é a angústia. A angústia abre-lhe o mundo "como" mundo, de uma maneira originária, direta (Heidegger). A angústia e o cuidado impedem que o jurista decaia e perca a autenticidade. O jurista não pode conformar-se com o acabado. Isso significaria velar o ser do ente, pois estaria encobrindo a coisa, escondendo as possibilidades de ser.[833] No

---

[833] Os juristas não têm "deixado a coisa ser". Estão presos à tradição inautêntica do método e nada discutem. Assim, não conseguem desvelar o ser dos entes, pois não conseguem manter-se no círculo hermenêutico "situando-se hermeneuticamente" de modo a permitir uma interpretação dentro do sentido da temporalidade em que se busca o sentido do *Dasein*, que é a preocupação. A aplicação, porém, não decorre de um "método". Também não é aplicação ulterior de algo comum dado, compreen-

Fundamentos para uma compreensão hermenêutica do Processo Civil

Direito Processual, o acesso ao ser dos entes se dá na realização do texto (Código de Processo Civil e demais leis processuais, e Constituição), pois como ente ele – o texto – é inacessível. O texto, sem aplicação, nada produz. Por isso ele deve "ganhar" a realidade. A "verdade" da Constituição é sempre um desvelamento do seu ser (Streck); a "verdade" do Direito Processual Civil também é sempre um desvelamento do seu ser, ou seja, do seu sentido, que é o de conferir efetividade, pela segurança e celeridade, aos direitos e garantias fundamentais.

XI - O direito ao processo é um direito fundamental (Alvaro de Oliveira). O processo cerca-se de garantias processuais, que se encontram sintetizadas na Constituição e constituem o devido processo no Estado Democrático de Direito. Uma dessas garantias deve estar no sentido de que formalidade não pode ser um óbice ao acesso à jurisdição. A instrumentalidade do processo é a condição de possibilidade para a realização dos direitos previstos nos textos jurídicos, *v.g.*, no Código Civil, no Código de Processo Civil e na Constituição (Streck). As disposições processuais, assim, devem ser interpretadas vinculadas ao sentido de Constituição, isto é, no sentido mais favorável para a efetividade do direito à tutela judicial, que leva em consideração a celeridade, sem esquecer, porém, da qualidade das decisões. O tempo é fator que influencia na realização do direito. A realização do direito necessita de efetividade. Tornar efetivo o processo deve ser um dos escopos da atuação legislativa no campo do Direito Processual Civil, notadamente por meio da implementação de técnicas de preservação do direito (processo cautelar) ou de antecipação de tutela, incluindo-se aqui as tutelas inibitórias e coletivas em sentido lato. O direito a um processo sem dilações indevidas refere-se não somente à possibilidade de acesso à jurisdição ou à obtenção prática de uma resposta jurídica às pretensões formuladas, mas a uma razoável duração temporal do procedimento necessário para resolver e executar o resultado. O direito a um processo sem dilações indevidas, assim, está ordenado no sentido de que a garantia do processo judicial, em seu desenvolvimento, possa se ajustar a "pautas temporais adequadas".

XII - Os conceitos de jurisdição, estudados nas universidades e reproduzidos pelos juristas em suas obras, são os mesmos da tradição liberal. Praticamente todos os conceitos, institutos jurídicos e categorias foram cunhados no final do século XIX e na primeira metade do século XX, portanto antes da Segunda Guerra Mundial. Isso se pode constatar facilmente em Chiovenda (atuação da lei), Carnelutti (resolução de lides) e Allorio (coisa julgada), sem falar no (completo) desconhecimento da Constituição como pauta de compreensão do Direito por parte de alguns doutrinadores

---

dido primeiro em si mesmo, a um caso concreto. O juiz colabora na sentença para o desenvolvimento do direito, determinando produtivamente o saber acerca do direito. O direito aperfeiçoa-se por força da produtividade em cada caso (Gadamer).

famosos, dentre eles Goldschmidt, Wach e Podetti, todos amplamente comentados e citados até hoje. Nessa perspectiva, a compreensão do Direito Processual Civil perdeu a historicidade, pois os operadores do Direito lidam com categorias que sofrem(ram) de uma "destemporalização". Ou seja, o ser do ente do processo civil foi velado, tornando-se um ser "anônimo", pois perde(u) o tempo, que é o nome do ser (Heidegger).

XIII - A doutrina tradicional, portanto, quanto ao que seja a jurisdição, está presa à filosofia da consciência e à tradição do Estado Liberal (se aqui a idéia de jurisdição nem chega à idéia de jurisdição do Estado Social, o que se dirá da do Estado Democrático de Direito?). Nesse sentido, como dito, podem ser citados os pensamentos de três dos mais conhecidos processualistas modernos e que inspiraram grande parte dos juristas: Chiovenda, Allorio e Carnelutti. Para Chiovenda há uma "vontade da lei" que é o fim da atividade substitutiva e secundária representada pela jurisdição. Segundo Allorio, a coisa julgada é o que define a jurisdição. O que não produz coisa julgada não é, pois, ato jurisdicional. Em Carnelutti, cuja idéia de jurisdição reside na resolução da lide, nem mesmo a execução é considerada jurisdicional. Carnelutti, influenciado pelo racionalismo kantiano e pela matematização do Direito (Leibniz), reduziu o processo a um sistema, propondo, inclusive, a unificação de dois ramos absolutamente distintos, quais sejam, o processo penal e o processo civil. Ora, todas essas noções encontram-se ultrapassadas, pois são de uma época em que, como dito, nem mesmo havia uma idéia de Constituição como texto conformador de toda a atividade de compreensão do jurista, sendo que o processo apenas se limitava a "substanciar negócios contenciosos" (Goldschmidt), não se preocupando com a realização dos direitos e garantias fundamentais, escopo do Estado Democrático de Direito, e não do Estado Liberal de Direito vigente à época daqueles processualistas supra citados. Os juristas, assim, ainda falam em jurisdição ordinária e jurisdição constitucional como se fossem coisas distintas.

XIV - Os juízes, nessa mesma linha de raciocínio, são classificados em juízes "ordinários" e juízes "constitucionais". O mesmo acontece com o Ministério Público que, metafisicamente, é um quando age e outro quando fiscaliza (com razão a crítica feita por Streck). Desconhecedores da diferença ontológica, que diferencia o ser do ente, os juristas têm separado também a legalidade da constitucionalidade. No Direito Processual isso pode ser visto nas mais diversas manifestações da doutrina e da jurisprudência. Assim é que também se fala ainda em "cognição" como "relação sujeito-objeto" (Marinoni, Celso Neves, Pontes de Miranda, Kazuo Watanabe), "verdade" como "adequação entre coisa e intelecto" (Moacyr A. Santos, Araújo Cintra, Mirabete), "questão de fato" e "questão de direito" (praticamente toda a doutrina processual, à exceção de Ovídio Baptista da Silva, no Direito brasileiro, e Castanheira Neves e Antunes Varela, no

Fundamentos para uma compreensão hermenêutica do Processo Civil **291**

Direito português), "condições da ação" e "mérito" como coisas distintas (Ada Grinover, Moacyr Santos, Kazuo, Dinamarco, Araújo Cintra, Oreste Laspro, Calmon de Passos, enfim, quase todos os doutrinadores, sem falar nos juristas de outros países, já referidos no texto) etc. Nessa linha "metafísica", pois, tem sido possível "unificar" coisas distintas, como processo penal e processo civil numa Teoria Geral do Processo, e separar coisas incindíveis, como jurisdição constitucional e jurisdição ordinária, questão de fato e questão de direito, legalidade e constitucionalidade.

XV - Atualmente, a jurisdição deve ser vista como jurisdição constitucional(izada), ou seja, "jurisdição de Estado Democrático de Direito", o que implica em uma nova compreensão do fenômeno jurisdicional, pois, no Estado Democrático de Direito, há um vínculo indissociável entre Constituição e justiça constitucional (Streck). Assim também não há diferença entre legalidade e constitucionalidade ou mesmo entre jurisdição ordinária e jurisdição constitucional. Toda jurisdição, seja ela a do juiz de primeiro grau, seja ela a dos tribunais superiores, está comprometida com a idéia de jurisdição constitucional e, portanto, com a idéia de que todo o processo hermenêutico leva em consideração a faticidade do intérprete, que desde-já-sempre está no mundo, e a de que a Constituição, além de um texto, é um existencial que desde-já-sempre está (deve estar) com ele. O juiz sempre faz jurisdição constitucional. Nesse sentido, dizer que o juiz aplica a lei ou a "vontade concreta" da lei (Chiovenda) significa dizer que a lei a ser "aplicada" só pode ser uma lei coerente com o conteúdo material da Constituição. Só assim se pode dizer que a noção de Chiovenda acerca da jurisdição, bem como de todos os demais que o secundam, é válida. Noutro sentido, inautêntico, ficará descartada. A concepção de Allorio retira do âmbito jurisdicional a satisfação e realização do direito, que pode ser concedida pela tutela antecipada (art. 273 do CPC), pelas liminares previstas nos artigos 461 e 461-A, ambos do CPC, ou pelo processo de execução, onde não há coisa julgada.[834] Também é, pois, uma idéia inadequada aos propósitos do processo civil constitucional(izado) do Estado Democrático de Direito. A idéia de Carnelutti também não se

---

[834] A decisão do juiz, transitada em julgado, é, num primeiro plano, vinculante e definitiva, mas, em casos excepcionais, comporta modificação pelo próprio Poder, como nas hipóteses (excepcionalíssimas) em que a coisa julgada se relativiza. A coisa julgada, assim, não pode mais ser considerada a "pedra de toque" do ato jurisdicional, embora, por vezes, o integre. A jurisdição voluntária também por isso pode ser considerada verdadeira jurisdição, já que o juiz, apesar de cuidar aqui de interesses particulares administrando-os, também estará "fazendo justiça no caso concreto" (para se utilizar de uma figura de metalinguagem). Além disso, a execução e a idéia de "satisfação" também integram a jurisdição. A imparcialidade é um dos princípios básicos do processo. O caráter de "terceiro imparcial" é um dos elementos que toda a doutrina reconhece como fundamental para a caracterização da jurisdição. Assim, não há como prescindir da imparcialidade do juiz. Porém, o juiz deve ser imparcial no sentido de não ter "interesse pessoal" na solução do litígio, o que não implica sua neutralidade, pois, afinal de contas, o ser-no-mundo não é um sujeito puro ou desinteressado. Essa imparcialidade, pois, funciona como uma espécie de ficção útil (Luhmann) para legitimar o procedimento judicial, sem a qual seria inconcebível.

salva, pois no âmbito do controle concentrado de constitucionalidade não há lide. Tampouco haverá lide na jurisdição voluntária, que nem por isso deixa de ser jurisdicional.

XVI - Como toda a jurisdição sempre é constitucional, já que não há como separar o ser do ente, a legalidade e ordinariedade não mais podem ser vistas apartadas da constitucionalidade. Também não há por que se falar em "tribunais constitucionais", pois todo tribunal é constitucional. A doutrina tem feito referência a um Direito Processual Constitucional e a um Direito Constitucional Processual: o Direito Constitucional Processual significaria o conjunto das normas do Direito Processual que se encontra na Constituição. O Direito Processual Constitucional seria a reunião dos princípios para o fim de regular a jurisdição constitucional (Nery Júnior). Entretanto, a não ser num sentido didático-analítico, não há por que se falar na dicotomia "Direito Processual Constitucional" e "Direito Constitucional Processual". Isso tem servido apenas para colocar o processo fora da Constituição, rebaixando-o à condição de mero sistema procedimental, contido nos códigos e leis extravagantes, de livre manejo instrumental da jurisdição. Na atualidade só existe processo como uma instituição consti-tucionalizada, como um Direito Processual Civil Constitucional(izado).

XVII - O Direito Processual não deve ser exitoso por ser fiel a prin-cípios dogmáticos, mas por brindar resultados justos e úteis (Sagües). Esses resultados justos e úteis estão consagrados na Constituição. São va-lores positivados pelo constituinte na forma de preceitos, notadamente quanto à efetivação dos direitos e garantias fundamentais que, no Estado Democrático de Direito, polarizam toda a atividade jurisdicional. Os di-reitos e garantias fundamentais, assim, "chamam" e determinam o "ser" da jurisdição a agir. A jurisdição acontece "como" jurisdição na medida em que deixa o "ser" dos direitos e garantias fundamentais vir ao desvela-mento. O juiz é o pastor do sentido da Constituição, isto é, do ser do ente dos direitos e garantias fundamentais. Ele deve cuidar do ser do ente dos direitos e garantias fundamentais. Esse dever de cuidado faz parte da sua condição-de-ser-no-mundo como agente político e o preserva como tal, ou seja, lhe dá legitimidade. É nesse sentido que o processo judicial deve ser concebido como um instrumento político e uma atividade de concretiza-ção das finalidades da Constituição e das leis em conformidade com esta.

XVIII - Quanto aos institutos processuais, agora constitucionalizados, conclui-se, primeiramente, que, no que diz respeito às condições da ação, estas são uma espécie de criação "metafísica" dos juristas, corresponden-te à ideologia liberal da época, retratada, dentre tantos, por Chiovenda e Wach, que passaram, a partir de Liebman, a informar o processo civil brasileiro. Liebman "reduziu" a atividade desenvolvida pelo juiz ao dizer não serem jurisdicionais as decisões que não apreciassem o mérito da cau-sa (Ovídio). Comprometida, pois, com a idéia liberal, a tese de Liebman, idealista e representante de uma "refinada" teorização da autonomia do processo sintetizada na abstração da ação (Vittorio Denti), passou a reforçar o positivismo e o legalismo do sistema processual civil pátrio. Diante de uma nova compreensão do processo, no entanto, essa tese não mais pode encontrar guarida. Primeiro, porque tem vínculos ideológicos autoritários (e inclusive fascistas, como ressalta Denti) com a ideologia de esvaziamento dos poderes do juiz; segundo, porque já ficou provado de há muito (Galeno, Ovídio, Fabrício) que as condições da ação são mérito, e como tal devem ser tratadas. Compreender, pois, que as condições da ação integram o mérito permite, primeiro, que o jurisdicionado possa saber que, transitada em julgado a decisão, houve produção de coisa julgada material; segundo, que ele possa deduzir pretensão recursal apta à reforma ou cassação do *decisum*; e, terceiro, verificado o caráter permanente da decisão, possa manejar demanda adequada à rescisão do julgado (Ovídio e Gomes). Compreender isso, pois, é de importância para efetivar o direito fundamental à segurança jurídica.

XIX - No Direito Processual Civil, a "ampla defesa" também não tem sido (bem) compreendida. No processo civil, não há por que não fazer uma "limitação" da ampla defesa em determinados casos, o que não compromete(rá), de modo algum, a "justiça" das decisões. Os juristas não têm se dado conta de que a ampla defesa do processo penal difere da ampla defesa do processo civil. A cláusula do Devido Processo Legal, nesse sentido, não tem tanta amplitude como se poderia esperar que tivesse. Apesar de os legisladores constituintes terem inserido na Constituição dispositivo garantindo a ampla defesa, não impossibilitaram ao intérprete sua compreensão a partir de cada situação, ou seja, a partir de cada área do Direito onde ele estiver inserido: cível, penal ou administrativa. As técnicas de sumarização têm por finalidade conceder ao autor o "bem da vida" imediatamente. Seu objetivo é a efetividade do processo, privilegiando o autor em detrimento do réu que não tem razão (Marinoni). A cláusula *solve et repete*, implícita nas demandas sumárias, não é inconstitucional. Primeiro, porque não fere a igualdade das partes. Ao contrário, assegura essa igualdade, invertendo o ônus do tempo do processo. O contraditório manifesta-se na estrutura dialética do processo e só se realiza se as posições dos "sujeitos interessados" forem "simetricamente iguais" (Fazzalari). Segundo porque, mesmo que não haja referência expressa à celeridade do processo ou à limitação da defesa, tanto uma como a outra são presumidas, pois o processo não pode ter uma duração que venha a comprometer o direito da parte. A garantia do devido processo legal, pois, é respeitada quando se possibilita sumarizar defesas e propiciar o *solve et repete*.

XX - Não é técnico admitir a ampla defesa em processos cuja natureza da demanda (pretensão de direito material) recomenda seja parcializada a discussão. A diferenciação de rito e sua adequação ao direito material a ser tutelado atendem a uma exigência insuprimível de um ordenamento jurídico que se inspire no princípio da igualdade (Trocker), característica típica do Estado Democrático de Direito. O direito fundamental a um processo rápido e efetivo pode ser resguardado pela adequada compreensão da ampla defesa no processo civil, importando, para isso, sejam sumarizadas as demandas e defesas, sem prejuízo de eventuais ações regressivas em que as defesas sonegadas na primeira demanda possam vir a ser esgrimidas na segunda. Há, pois, uma necessidade de tutelas adequadas à característica do direito substancial, sem que se retorne às formas de tutela que caracterizavam o ordenamento jurídico processual da época da Revolução Francesa (Denti). A tutela do processo, portanto, deve ser coerente com a natureza do direito material a ser tutelado.

XXI - Os juristas acreditam em uma verdade processual[835] (Devis Echandia, Moacyr Santos etc.), que é aquela que surge(iria) do processo, ou seja, a que consta dos elementos probatórios e de convicção alegados nos autos, que pode ser diferente de uma "verdade real", que, nessa concepção, também é concebida. Nessa linha, têm encontrado abrigo no pensamento dos juristas as conhecidas "verdade real" e "verdade formal". Assim, no processo penal, dizem alguns, busca-se a verdade real, ao passo que, no processo civil, satisfaz-se com a verdade formal. Também se fala muito em fumaça do bom direito (requisito para concessão de liminar em processo cautelar), verossimilhança (requisito para concessão de antecipação de tutela) e verdade (ao que se chega, segundo o senso comum teórico dos juristas/processualistas, na concessão da tutela definitiva).

XXII - O juiz, porém, só concede a tutela, liminar ou a final, porque houve, naquele determinado caso, um (des)velamento. Aquela é a "verda-

---

[835] No Direito Processual Civil não tem havido a necessária "interpelação" da tradição. A atitude autêntica do jurista deve ser a de interpelar a cultura da tradição. A idéia de método tem apagado a singularidade dos casos, notadamente quanto à questão da verdade que, para a doutrina tradicional, ainda é considerada como a adequação da coisa ao intelecto (Moacyr Amaral Santos, Araújo Cintra, Gildo dos Santos, Mirabete, Arruda Alvim, e tantos outros). A desocultação, assim, não tem alcançado o sentido ontológico de que fala Gadamer. A "pergunta" pela verdade é uma pergunta sem resposta. O texto pode não ter relação direta com a realidade, sendo que a verdade jurídica nada mais é do que uma "pretensão de verdade" (Gadamer). É uma verdade hermenêutica. A interpretação, por vezes, não está unida ao texto. O texto não é um "dado fixo". Ele requer seja contínua e constantemente relido, ainda que já tenha sido compreendido anteriormente. Os juristas, porém, têm sido muito mais historiadores do direito, procurando determinar o sentido da lei ao colocarem "construtivamente" a totalidade do âmbito de sua aplicação diante dos seus olhos (Gadamer), do que juristas preocupados em tomar o sentido da lei a partir de e em virtude de um determinado caso. Ora, o juiz não deve procurar reconhecer o significado histórico da promulgação da lei ou certos casos em que foi aplicada. Não! O juiz intermedeia a lei com o presente, fazendo uma "mediação jurídica" em que se ocupa da sua própria história, que é seu próprio presente (Gadamer). Como os juristas, alheios à historicidade do direito, sofrem do mal da *imitatio*, a interpretação tem sido (pré)dada pela doutrina e jurisprudência, fazendo dos textos dados fixos, que não mais são (re)lidos, pois as verdades já foram (teriam sido) desveladas. Isso faz com o que o intérprete pense que tem a palavra à sua disposição, quando, na verdade, é ela que o possui (Gadamer). A palavra, pois, não lhe pertence.

Fundamentos para uma compreensão hermenêutica do Processo Civil

de" que exsurgiu na ocasião, naquela temporalidade e com aquelas condições de compreensão. Dito de outro modo, não há uma verdade formal ou uma verdade material (real). Também não há como distinguir a fumaça do bom direito da verossimilhança ou da verdade. Isso porque a verdade do direito e do processo é uma "verdade hermenêutica" (Streck); não é formal, nem material. Tampouco comporta graus. É o que se desvela a partir da compreensão em cada caso. Daí o seu caráter de "indefinibilidade". A verdade do Direito preocupa-se com a "abertura do ser". É uma verdade estabelecida dentro das condições humanas, dentro da linguagem. A verdade possibilita pressuposições (Heidegger). Como há essa possibilidade, é possível afirmar que a verdade é a verdade daquele momento em que o juiz decide. O juiz só concede a liminar porque tem "certeza" de que deve concedê-la naquele momento. Essa é a verdade, ou seja, uma verdade sujeita a determinadas condições de temporalidade e compreensão. Contudo, se, posteriormente, houver uma alteração da "abertura", ou seja, da "disposição", da compreensão, o "cuidado" dirá ao *Dasein* que a verdade é outra. No campo do Direito Processual isso significa que, se, na resposta do réu ou na instrução do processo, houver uma mudança substancial que confronte com aquilo que foi afirmado pelo autor, é óbvio que a medida concedida poderá e deverá ser revista, pois a verdade, por ser contingente, estará determinando o ser do magistrado a decidir diferente.

XXIII - A prova, no domínio do Direito Processual, ao invés do que ocorre com a demonstração matemática ou com a experimentação científica, não visa à certeza lógica ou absoluta, mas apenas à convicção (probabilidade) essencial às relações sociais. Pressupor a "verdade" significa, pois, compreendê-la como alguma coisa em função da qual o *Dasein* é (Heidegger). Como se disse, não é possível definir a verdade. Também não há que se falar da possibilidade de uma distinção entre verdade formal e verdade real, uma vez que a verdade não é formal ou real. Verdade é uma noção ontológica, cujo sentido se busca pela compreensão.[836] Não há, assim, verdades empíricas nem verdades absolutas, mas a verdade hermenêutica estabelecida dentro das condições do mundo (Streck). A razão instrumental do mundo moderno não é a única ferramenta, universal e absoluta, para a obtenção da verdade. A verdade pede a "razão hermenêutica" (Angel Russo). A verdade tem coloridos pragmáticos (Streck).

---

[836] Quem sustenta ter alcançado o estado de certeza a respeito de algo considera ter a firme convicção de haver obtido a verdade, de possuí-la. Os conceitos formais, assim, apenas são "aparências de verdade", esquemas dispostos para afirmar uma realidade acerca do que não é real, ou vice-versa. É o que se pode chamar de "verdade suficiente" (Clariá Olmedo). Não há uma verdade formal ou fictícia oposta a uma verdade material ou histórica. Não existe mais que uma verdade: a única perseguida em todo processo judicial, cuja busca estará limitada em maior ou menor grau segundo o que se permita ou não dispor acerca do conteúdo da questão a resolver. A verdade é o desvelamento, o descobrimento. Verdade é desocultação. Deve ser sempre arrancada primeiramente dos entes. O ente é retirado do velamento, que ocorre na clareira do ser. O desvelamento como verdade sobre o ser é a verdade ontológica (Streck).

No Direito, a decisão deve estar fundada em algum parâmetro, em alguma argumentação, em alguma "situação" que possa tornar "confortável" para o juiz o decidir. Não há, assim, como negar que o juiz se sente mais confortável para julgar quando consegue obter a confissão do réu no processo penal ou de qualquer uma das partes no processo civil, mesmo que essa confissão, que servirá de fundamento para o julgado (e alívio para o juiz), não tenha a mínima relação com a "verdade".

XXIV - Todo o juiz, assim, "procura a verdade" e a desvela a partir de uma situação que possa lhe dar uma certa "tranqüilidade" para decidir. Quando o juiz concede a liminar, ele tem certeza de que deve concedê-la. Quando o juiz sentencia, ele tem certeza de que está julgando conforme a verdade estabelecida pela situação, isto é, ele supõe que desvelou, que descobriu o ser do ente. Não há como formular "graus de verdade" ou de "aproximação de verdade". É a situação que estabelece a verdade. A palavra "probabilidade" é preferível seja quanto ao uso das expressões verdade material ou formal, seja quanto ao uso da verossimilhança ou da fumaça do bom direito, pois é com a probabilidade, ou a verdade pressuposta, que o jurista trabalha. O julgador não (pode) transforma(r) a verdade no fim do processo. É imprescindível que se diligencie a fim de atingir um "grau de probabilidade", o que não significa "grau de verdade". Nesse aspecto, a prova do processo pode determinar a alteração da situação hermenêutica, do horizonte de sentido, mas não o grau da verdade, pois cada situação, seja a do início do processo, seja a do fim, tem a sua "verdade".

XXV - O que a doutrina chama de "aprofundamento da cognição" nada mais é do que a alteração da situação de compreensão, do horizonte de visão e de sentido daquele que julga e que, temporalmente, vai velando e desvelando, (des)ocultando, abrindo a clareira (Heidegger) para desvelar o ser do ente. Não existem "graus de verdade". Tampouco "duas verdades", isto é, uma verdade que se pretenda formal e uma que se pretenda material (repita-se!). Aparência do direito (leiam-se fumaça do bom direito ou verossimilhança) e verdade processual são probabilidades, "verdades pressupostas" ou simplesmente "verdades". Graus de verdade ou verdades material e formal são "mitos". Obedecem a critérios ideológicos. Também não há um método para conduzir à verdade. A verdade e o método podem guardar a seguinte correlação: verdade "e" método, verdade "ou" método, ou verdade "contra" método (Stein). Sempre poderá haver divergências na interpretação. Havendo essa possibilidade, haverá a possibilidade de se utilizar vários métodos para mostrar a verdade.[837]

---

[837] Não é a história que nos pertence: nós é que pertencemos a ela. Por isso a história é marcada sempre por uma característica ineliminável: o ser histórico nunca pode simplesmente transformar-se em transparência plena. A historicidade não é simplesmente a determinação do limite da razão e de sua pretensão de atingir uma verdade absoluta. É mais: a condição positiva para o conhecimento da verdade. Exigir um critério para uma verdade absoluta significa cultuar a metafísica (Manfredo A. de Oliveira).

XXVI - Na seara dos direitos e garantias fundamentais, compreender o problema da verdade significa: a) quebrar o mito da neutralidade do juiz e da "busca da verdade", o que significa preparar o caminho para que o juiz possa antecipar o direito da parte, conferindo efetividade ao processo (caso da tutela antecipada, como se verá a seguir); b) impedir que se deixe de dar o direito à parte, sob a alegação de que só ao final do processo é que se terá a "certeza" acerca de quem tem o direito.

XXVII - O procedimento ordinário, espécie singular do processo comum, atendeu às exigências de uma "sociedade atomística", cuja tendência era libertar a pessoa dos vínculos orgânicos com o passado, sendo estruturado para a proteção de um direito subjetivo que era produto principal de uma codificação fundada na concepção individual do liberalismo econômico clássico (Chiarloni). Nesse sentido, o processo (procedimento) ordinário é um processo conservador e possui um desequilíbrio estrutural congênito. É um processo conservador (ideológico) porque conserva o *status quo*: o juiz "faz de conta" que não está convencido (como se o juiz, desde o momento em que a causa lhe fosse atribuída, já não tivesse um "julgamento formado", como seguidamente acontece) e o seu "fazer de conta" dura seis, sete, oito anos ou mais, restando ao demandante "agonizar" por uma decisão, enquanto que o demandado trabalha a "custo zero". Assim, o processo não tem preocupação com a rapidez, pois comprometido ideologicamente com a busca da mais absoluta certeza e segurança. Sua inadequação representa a disciplina processual dos postulados da ideologia liberal e de uma sociedade baseada na livre concorrência (Chiarloni), beneficiando, no mais das vezes, apenas o réu que quase nunca tem razão (Marinoni). A idéia de neutralidade, que caracteriza o procedimento ordinário, derivada da indiferença da lei pelo que se passa no plano da realidade social, impede a concepção de um procedimento capaz de distribuir racionalmente o tempo do litígio e a idéia de que o Direito nada pode tirar de alguém, no caso o réu.

XXVIII - Não se pode, contudo, caso se quiser pensar na efetividade do processo, querer imaginar o Devido Processo Legal numa "concepção romântica", no sentido de que as garantias nada retirem de alguém. Isso significa desprezar o "lado oculto e feio do processo" (Marinoni), o lado que não quer ser visto pelo processualista que tem olhos apenas para o fictício, para a abstração. Nesse sentido é que deve ter lugar a antecipação da tutela, igualizando a situação processual das partes pela distribuição desigual do tempo do processo. As novas exigências de tutela jurisdicional transformaram o princípio da *nulla executio sine titulo* em um mito (Marinoni). Em que pese inegável a existência de conflito entre o direito à tempestividade da tutela e o direito à "cognição definitiva", há que se admitir a tutela antecipada em todas as suas modalidades. Ainda há, no entanto, uma certa dificuldade ou temor em se aceitar o fato de que esse mito – de não poder haver execução sem título – está desmascarado. Ainda está bem presente, em decorrência do sentido comum teórico dos juristas, a ideologia liberal da certeza e da segurança jurídica, que são (seriam) proporcionadas pelo título executivo. Os juristas, assim, ainda não se deram conta de que a tutela jurisdicional hoje é muito mais execução que declaração e coisa julgada material (Marinoni). Separando o que não pode ser separado (decidir ou julgar, e aplicar), a doutrina tradicional e a lei passam(aram) a, "metafisicamente", distinguir o provimento que concede a tutela antecipada do provimento de mérito. Daí por que a distinção que tradicionalmente se faz entre decisão interlocutória e sentença, sendo a primeira apenas uma decisão acerca de aspectos processuais, e não materiais. Em decorrência do paradigma da filosofia da consciência, em que cabe ao julgador apenas declarar a "vontade da lei", como a lei só poderá ter uma "única vontade", todos os juízos baseados em probabilidade são excluídos como formas de verdadeiro julgamento, enquanto proclamação da vontade (única) da lei (Ovídio). O Direito da modernidade, assim, segue o princípio da dúvida cartesiana de não aceitar nada sobre o que exista alguma dúvida. A concepção do método faz *jus* a essa exigência (Gadamer).

XXIX - Para a doutrina tradicional (metafísica e inautêntica), se houver uma mínima "dúvida" sobre a questão posta em juízo, o juiz nada poderá "declarar", devendo observar, portanto, todo o trâmite do procedimento para ao final poder "dizer o direito". A doutrina, assim, desconhece que o processo trabalha com expectativas (Goldschmidt), sendo a incerteza do seu resultado inevitável.[838] Ora, compreender as decisões que antecipam a tutela como decisões interlocutórias significa: a) submetê-las à disciplina recursal própria dos provimentos de natureza apenas processual (agravo); b) repudiar o fato de que o ser de ambas as decisões (decisão que concede a tutela antecipada e sentença) é o mesmo; c) negar a existência de "discricionariedade"[839] (Ovídio) nas decisões antecipatórias, permitindo que a

---

[838] A compreensão do direito é hermenêutica, e não matemática, como pretendeu Leibniz. Desde sempre estamos inseridos dentro de uma tradição (Gadamer); desde sempre temos as nossas pré-compreensões. Por isso é que o jurista tem de se despir da ideologia da certeza, pois a história não é ciência. É possível conhecê-la, mas jamais voltar ao momento em que as coisas aconteceram. Sempre o tempo será outro e – parafraseando Heidegger – o ser será outro, pois o tempo é o nome do ser. A lide é um "pedaço" da história humana. E cada lide, portanto, tem suas características, tem o seu tempo. Assim, o que interessa ao jurista é o caso em si, e não a regra, pois a norma, repita-se, só é na aplicação (Streck). A historicidade é um existencial do *Dasein*. A história é um existencial que desde-já-sempre está com o jurista em sua faticidade. Assim é que deve ser entendida a abertura do direito (desvelamento do seu sentido e projeção sobre o real) e a reivindicação de uma nova hermenêutica, que agora passa à condição de modo-de-ser-no-mundo, e não mais a de técnica ou "fonte" de compreensão do direito.

[839] A interpretação do direito é a "formulação de juízos de legalidade" (e de constitucionalidade). A "discricionariedade judicial" é o "poder de criação da norma jurídica que o intérprete autêntico exercita formulando juízos de legalidade (não de oportunidade). A distinção entre ambos esses juízos encontra-se no fato de que o juízo de oportunidade comporta uma opção entre "indiferentes jurídicos", procedida subjetivamente pelo agente; já o juízo de legalidade é atuação que o intérprete autêntico empreende atado, retido, pelo texto normativo e, naturalmente, pelos fatos. A discricionariedade é

instância recursal reexamine, fora de tempo e inoportunamente, uma decisão sobre a lide. Para preservar, no entanto, a natureza discricionária das antecipações de tutela deve-se: a) dar ao juiz uma margem considerável de autonomia decisória, dentro da qual não será admitido o reexame por meio de recurso, salvo hipóteses de erro manifesto, excesso ou abuso de poder, ocorrência de risco de dano grave ao direito da parte que suporta a medida – pressuposto este já previsto no art. 522 do CPC –, ou análogo risco de dano ao interesse público ou coletivo (Ovídio). A medida antecipatória, mesmo sendo, por natureza, provisória, e, como tal, destinada a ser depois revogada, ou confirmada (substituída) pela decisão definitiva, diz respeito a uma "questão da lide", interferindo, muitas vezes, de forma irremediável, no direito material litigioso. O ser da sentença e do provimento que concede a antecipação, que são entes em seu ser, é o mesmo. O provimento que concede a antecipação é uma decisão relativa ao mérito. É uma "sentença liminar" (Ovídio).[840]

XXX - O sistema recursal que protege a antecipação de tutela deve ser modificado com a redução do limite do poder de revisão atribuído ao tribunal. Nesse aspecto, concorda-se com Ovídio Baptista da Silva no sentido de que pode ser concebido algum tipo de recurso com "fundamentação vinculada", a exemplo do que se dá com os recursos extraordinários, para os quais não basta a circunstância de ter havido sucumbência se o recorrente, além disso, não demonstrar algum outro pressuposto que, no caso do provimento antecipatório, haveria de ser: a) a existência de ofensa a princípio cogente; b) a possibilidade de colocar em risco de dano iminente e grave a situação jurídica atingida pela medida; c) a alegação de ter havido alguma forma de abuso do direito ou desvio de finalidade. Optar, pois, pelo tratamento da decisão concessiva dos provimentos antecipatórios como sentença liminar de mérito significa: a) atribuir ao juiz de primeiro grau maior força para decidir, maior valorização; b) tornar efetivo o processo pela realização antecipada, célere, do direito da parte, direito fundamental que o processo, como direito e também garantia fundamental, deve proporcionar.

XXXI - Quanto às eficácias sentenciais, os legisladores do processo, no que foram seguidos pelos juristas, limitaram-se a reconhecer a existência de três eficácias: declaratória, constitutiva e condenatória. As eficácias

---

uma "técnica da legalidade" (Eros Roberto Grau). O provimento que concede a antecipação de tutela, nesse sentido, contém discricionariedade.

[840] A doutrina estrangeira reconhece a existência de sentenças parciais de mérito, seja quando o juiz decide questões de rito (formais) ou questões de mérito. No processo civil brasileiro, apesar da definição legal de sentença como ato que extingue o processo, a própria lei processual traz hipóteses de sentenças parciais, como, por exemplo, a sentença que encerra a primeira fase da ação de prestação de contas. Não há por que não acatar a idéia da presença de verdadeiras sentenças no ordenamento processual brasileiro que, substancialmente não deixam de ser sentença, uma vez que definem o litígio. Sentença é aquilo que define o litígio, a controvérsia. Mormente agora com a nova redação do art. 162 do CPC.

mandamentais e executivas *lato sensu*, assim, não encontraram guarida junto à doutrina processual, vindo somente agora, após mais de cem anos de sua descoberta, ser objeto de crítica dos juristas. Apesar de toda a discricionariedade de que dispõem os legisladores no sentido da criação dos textos legais, sua ingerência em termos processuais no sentido de, ao seu alvedrio, retirarem ou suprimirem as eficácias da ação em sentido material, atribuindo-lhes outras eficácias no plano do Direito Processual que não as correspondentes ao plano do direito material, é reduzidíssima. Pensar o contrário autorizaria a supressão do direito à efetividade do processo.[841]

XXXII - O modelo do Estado liberal clássico está bem refletido na sentença declaratória, enquanto ato que regula apenas formalmente uma relação jurídica já determinada em seu conteúdo pela autonomia privada. Essa sentença não pode interferir na esfera jurídica do particular ou coagir alguém a não cometer um ilícito, pois isso implicaria em uma interferência indevida sobre a liberdade do indivíduo (Marinoni), coisa que a lei kantiana (liberal) abomina. Pensar assim, no entanto, é compreender inautenticamente a problemática das eficácias sentenciais, perdendo-se o sentido do que deve realizar a sentença. Operando tão-somente no "mundo normativo" (no sentido que a metafísica lhe atribui, ou seja, sem o sentido "fenomenológico" de alteração fática, deslocamento, executividade), já que elas, para a doutrina tradicional, são apenas declaratórias, constitutivas ou condenatórias, deixam de proporcionar a realização concreta do direito, pois dependem sempre de uma atividade posterior, *v.g.*, o ajuizamento de uma ação de execução. Esse modo de compreensão demonstra o apego da doutrina à ideologia liberal que vê o juiz apenas como órgão que declara o direito, mas não o realiza, nos moldes da visão de Montesquieu. Como o juiz não pode atuar no "mundo dos fatos" ("metafisicamente falando", embora possam as sentenças "normativas" influir no econômico, político e social, o que aqui não se nega), perde-se o sentido da jurisdição como concretizadora do direito declarado na sentença.

XXXIII - No Estado Democrático de Direito, ao contrário do que ocorria no Estado Liberal, os legisladores do processo não podem, como dito, criar eficácias que não existem ou mesmo suprimi-las ou alterá-las. Isso porque há uma dever de conformação dos legisladores à natureza (conteúdo) do direito que se pretende ver tutelado, não havendo, pois, uma

---

[841] Nesse sentido, a classificação trinária das sentenças tem íntima relação com um Estado que é marcado pelo valor "liberdade individual" em relação aos poderes de intervenção estatal. O processo civil liberal, abstraindo os sujeitos e a equivalência dos valores, optando pela não-coercibilidade das obrigações, não estava preocupado em assegurar ao credor o que lhe era devido, mas tão-somente em garantir o natural funcionamento da economia de mercado, bastando para isso a sentença condenatória, isto é, o pagamento em dinheiro (Marinoni, Chiarloni, Denti). O direito liberal, fruto de uma sociedade nesses moldes, não se preocupava com a diferença entre as pessoas e os bens que deveriam ser tutelados pela jurisdição. Não tinha, pois, uma preocupação com a tutela das posições sociais economicamente fracas ou com determinados bens que hoje merecem uma tutela diferenciada, preocupando-se apenas com o "restabelecimento do valor econômico da lesão" (Marinoni).

Fundamentos para uma compreensão hermenêutica do Processo Civil

"liberdade absoluta de conformação legislativa". Não há como os legisladores do processo estabelecerem "formas" que não tenham a ver com a natureza do direito a ser tutelado, pois, assim agindo, estarão suprimindo o direito/garantia fundamental de acesso à justiça, que só se perfectibiliza no momento em que o processo é efetivo, sendo condição de possibilidade para essa efetividade o tratamento adequado das eficácias sentenciais. Forma e conteúdo não se separam nunca (Kaufmann). A efetividade do processo, pois, está diretamente ligada ao correto tratamento que é dado às eficácias das ações e/ou pretensões em sentido material. Daí o porquê de as sentenças de procedência, salvo aquelas da tutela inibitória, não poderem possuir eficácia diversa à das pretensões de direito material que se pretendam ver tuteladas. Há uma dependência entre processo e direito material. Garantir o direito à efetividade do processo é garantir a correta adequação da sentença de procedência à ação material, garantindo, pois, que as sentenças executivas *lato sensu* e mandamentais não serão, por obra dos legisladores e juristas, transformadas em condenatórias.

XXXIV - No que tange à relativização da coisa julgada, confrontam-se na doutrina processual duas correntes. Uma, mais tradicional, mas nem por isso menos crítica e autêntica, não admite a relativização, uma vez que tem a segurança jurídica como imprescindível ao Estado Democrático de Direito. Nesse sentido, alguns doutrinadores têm entendido que a relativização da coisa julgada é uma tese autoritária (Nelson Nery Júnior e Ovídio Baptista da Silva). Outros a admitem em várias hipóteses a fim de se evitar injustiças (Cândido Dinamarco, Teresa Wambier e Garcia Medina). Tanto uma como a outra são respeitabilíssimas, mas, pensa-se aqui, podem ser discutidas hermeneuticamente. Isso implica dizer que, nessa discussão, não se pode absolutizar os pontos de vista, ou seja, como se diz no jargão popular, "nem tanto ao céu, nem tanto à terra". A regra tem de continuar sendo a da imutabilidade da coisa julgada. Apenas nos casos em que estiverem em jogo direitos indisponíveis, como é, por exemplo, o caso da investigação de paternidade, em que a evolução científica possa desvelar a verdade que o Direito em sua compreensão não permitiu desvelar, isto é, uma verdade dentro das condições dadas pela ciência contra a qual o Direito não pode "ofertar contestação", ou quando houver um confronto entre, de um lado, direitos sociais, difusos e coletivos, e, de outro, direitos individuais, é que se poderá relativizar a coisa julgada, mesmo sem a ação rescisória.

XXXV - A coisa julgada (imutabilidade) é a garantia fundamental de que o cidadão terá segurança jurídica, isto é, de que às suas relações jurídicas será emprestado um caráter de segurança jurídica definitiva. A segurança jurídica é um direito fundamental. Mas ela deve ser percebida no contexto (Jorge Miranda) do Estado Democrático de Direito, que tem na Constituição uma carta principiológica. Assim, no confronto de valores ordenados e garantidos constitucionalmente (segurança jurídica e dignidade humana; segurança jurídica e coletividade), o respeito à coisa julgada não pode ser radicalizado. A coisa julgada é uma "parada" no círculo hermenêutico. É uma espécie de "congelamento" de um determinado momento que tem as suas peculiaridades. Quando, porém, as condições de compreensão e temporalidade se transformam, o sentido daquela coisa julgada que se formou naquelas condições de tempo e compreensão também se transforma. O jurista deve manter-se "atento à coisa mesma". O "estar atento à coisa mesma" implica reconhecer a singularidade dos casos. Esta singularidade está em conexão com o espaço e o tempo, tornando inconfundível que cada coisa deve ser "aquela" ou "esta" coisa, e não outra (Heidegger). Significa dizer, por exemplo, que a ação investigatória de paternidade e a coisa julgada antes do advento do DNA ou da Constituição de 1988 são "uma" coisa, ao passo que, posteriormente, a investigatória e a coisa julgada são "outra" coisa.

XXXVI - O jurista, mesmo diante da "coisa julgada" – que é imprescindível, não se nega –, não pode perder o vínculo com a realidade. "Justiça" e "segurança" são coisas distintas, mas a primeira é uma espécie de "antídoto ontológico do ôntico" indicado formalmente pela segunda. Coisa julgada, é verdade, nunca foi sinônimo de justiça. O processo também não é sinônimo de justiça, mas nem por isso se pode dizer que a justiça não deva ser o seu escopo. E justiça essa que está associada à dignidade da pessoa humana ou ao valor do social no Estado Democrático de Direito. O Direito, nesse aspecto, não pode ignorar a ciência ou mesmo a mudança de paradigma do Estado Liberal para o Estado Democrático de Direito, que privilegia o social. A ciência evoluiu e o Direito não pode ficar à parte dessa evolução. O jurista é ser-no-mundo. O Direito deve atender às condições de ser-no-mundo do jurista. O Direito e o jurista estão no mundo na faticidade deste último. Não há um Direito desvinculado da realidade. No caso da investigatória de paternidade que transitou em julgado é a ciência, e não apenas o Direito, que elabora a situação hermenêutica nova que possibilita a relativização da coisa julgada para atender ao "real". No caso do conflito entre coletividade e indivíduo, o paradigma do Estado Democrático de Direito "força" a relativização da coisa julgada a fim de não privilegiar o segundo em detrimento da primeira.

XXXVII - Não é possível estabelecer uma "pauta exaustiva" das hipóteses em que possa ocorrer a relativização da coisa julgada. Decidir relativizar a coisa julgada significa compreender que, em determinadas hipóteses (excepcionalíssimas), mormente nos casos de direitos indisponíveis ou de conflito entre o social e o individual, é inevitável a aplicação de um antídoto (revisão do julgado) contra sua imutabilidade. Essas hipóteses, porém, não são fechadas. Não há como prevê-las. No Direito brasileiro, a rescisória deve continuar sendo a regra para a relativização,

Fundamentos para uma compreensão hermenêutica do Processo Civil **303** isto é, o caminho para a revisão da coisa julgada. Porém, nos casos de investigação de paternidade, em que a ciência "destemporaliza" o direito e este direito é indisponível, ou nos casos em que o indivíduo, diante de um grave equívoco ou fraude, vem a ser privilegiado em detrimento do social, do transindividual, pode-se permitir outra solução, como, por exemplo, a declaratória autônoma sem prazo especial. Observe-se bem: no caso da investigatória de paternidade, esta é imprescritível. O direito é indisponível. A ciência evoluiu e aponta para outra "verdade" que não aquela desvelada anteriormente. O princípio da dignidade, como indício formal, indica que o investigante tem o direito de saber quem é o seu pai (direito indisponível). Esse direito, contudo, pode resumir-se a tão-somente o de conhecer seu verdadeiro pai. Significa dizer que eventuais direitos patrimoniais (petição de herança), disponíveis, poderão não vir a ser assegurados pela relativização. Também no caso em que houver um direito social em conflito com o individual, cujo exemplo notório é o das desapropriações indiretas em que o Estado é chamado a pagar indenizações milionárias sem que o desapropriado a isso tenha direito, a coisa julgada pode ser relativizada, independentemente do prazo para ajuizamento da rescisória ter-se esgotado. Vale aí, pois, o princípio de que a coletividade não pode ser prejudicada em favor do indivíduo, pois o Estado não é mais o Liberal-individualista, mas o Democrático de Direito.

XXXVIII - "Injustiça da decisão", "abusividade da sentença", "razoabilidade", "proporcionalidade", "julgados absurdamente lesivos" etc., argumentos utilizados pela doutrina para a relativização do julgado, são critérios a serem adotados apenas nessas hipóteses, pois, caso contrário, não há como sobreviver a idéia de coisa julgada que, no regime democrático, é importante, pois serve para colocar um "ponto final" na discussão. É necessário, portanto, um "limite". A tese da relativização da coisa julgada nas mais diversas hipótese parece negar esse limite. É respeitável do ponto de vista jurídico. Entende-se que tem por finalidade uma decisão a mais justa possível, mas, convenha-se, pode não ser "saudável" para o Estado Democrático de Direito.

XIX - Nesse mesmo sentido, embora respeitável, não se pode concordar, também, com a tese de que o Supremo Tribunal Federal deve fixar os "limites" da atuação do julgador, mudando aquilo que decidiu. Essa última idéia parece visível na tese da Professora Wambier e de José Garcia Medina, quando afirmam, por exemplo, que é possível relativizar decisões transitadas em julgado proferidas com base em lei inconstitucional, quando ação declaratória de constitucionalidade posterior der pela constitucionalidade da referida lei, quando ação direta de inconstitucionalidade, posterior ao trânsito em julgado da sentença, declarar inconstitucional a lei em que a decisão se baseou, e também quando a decisão transitada em julgado tenha consagrado interpretação hoje considerada "pacificamente incorreta" pelo Judiciário (Supremo Tribunal Federal). Ora, como a coisa julgada se agrega à decisão judicial (que é norma), sua consolidação "como" coisa julgada não pode ficar à mercê do que o STF entende ou vier entender que é constitucional ou não. Isso significaria negar que o juiz, que cria a norma na *applicatio*, não pode controlar difusamente a constitucionalidade das leis. Se sua decisão transitada em julgado ficar sempre no aguardo do que o Supremo Tribunal Federal irá dizer (e pode ser que nunca o diga), a segurança jurídica restará liquidada. Pensar assim, pois, faria com que todas as sentenças transitadas em julgado, e que produzissem coisa julgada, ficassem na dependência do que o Supremo Tribunal Federal viesse decidir. Ou seja, o controle difuso perderia o seu valor, já que a coisa julgada produzida em sede de controle difuso de constitucionalidade nada valeria, sendo apenas uma "expectativa de coisa julgada" à espera de uma confirmação, ou não, em eventual ação de (in)constitucionalidade junto ao STF, que detém o controle abstrato da constitucionalidade.

XL - Isso significa o desconhecimento de que a norma criada pela sentença, que "consome" a lei, tem a aptidão de adquirir a imutabilidade que é inerente à coisa julgada. Não reconhecendo a imutabilidade do julgado que se deu em sede de controle difuso, no caso concreto, apenas o controle abstrato, concentrado, é que poderá dizer o que é ou não inconstitucional, e o que transita ou não em julgado, podendo ou não ser relativizado. Isso é, como dito, a negação da possibilidade de o juiz poder controlar difusamente a constitucionalidade das leis. Aliás, se a decisão do caso concreto, pela via incidental, chegou até o STF e este, naquele caso, disse que era, ou não, constitucional a "norma" criada pelo juiz, não pode esse mesmo Tribunal, passado algum tempo, relativizar aquilo que, anteriormente, pensava ser a decisão correta ou incorreta.

XLI - A "não-compreensão" (Gadamer) de uma interpretação passada é até natural. A compreensão sempre se dá de modo diverso de época para época e de indivíduo para indivíduo. Por isso é que é normal que uma interpretação posterior (jurisprudência que se forma após a decisão transitada em julgado) seja diferente de outra. O direito, porém, no caso da coisa julgada, necessita da segurança jurídica que precisa ser resguardada. O "sentido" da lei e do texto, naquelas condições de tempo, foi (ou deveria ter sido) resguardado pelo julgador que se colocou na construção de uma "totalidade" (decisão) diante da singularidade do caso que apreciou. A coisa julgada é uma opção "pragmática" que a sociedade, por meio da Constituição, resolveu eleger como o ponto final da discussão. E isso não há como negar. O juiz, em seu trato com o processo, deve ter o cuidado, a preocupação, fazendo da sua angústia a "porta de abertura do mundo". Se ele, naquela temporalidade em que sentenciou e em que essa sentença transitou em julgado, cuidou, angustiou-se, decidiu autenticamente, conforme à Constituição, sua decisão foi "responsável" e, esgotados os recursos possíveis e a via rescisória, não haverá mais como relativizar a coisa julgada.

XLII - No caso, porém, de uma coisa julgada que, noutra temporalidade, venha a contrariar a "concretude humana", como no caso da evolução científica, ou conflituar com o social, por óbvio que a conformação dada pela coisa julgada haverá de ser contrariada, pois a "coisa" estará sendo encoberta (Heidegger). É preciso reter o contato com as coisas (Heidegger), pois o seu sentido não permanece desvinculado do real. A coisa julgada é um ente em seu ser, cujo sentido o Direito mesmo define em razão de uma opção política da sociedade: a segurança jurídica. É uma idealização social para colocar fim às discussões judiciais, em que pese paralisar o círculo da compreensão. A não ser que se mude a Constituição isso não tem como ser diferente. A Constituição e as leis processuais não impedem (não devem impedir) a compreensão (ao contrário, são produto dela, da *applicatio*), mas essa mesma compreensão, atingida a preclusão máxima e, portanto, esgotados todos os meios que o Direito coloca à disposição da comunidade jurídica para que possa discutir eventuais (in)constitucionalidades, deve ter, por opção política, um limite.

XLIII - O novo "dar-se" do ser do ente da "coisa julgada", isto é, a relativização, só pode ocorrer em situações que estejam fundadas nos casos acima; situações essas em que o Direito foi insuficiente para desvelar, por exemplo, o sentido da paternidade, ou promover a justiça social, dando preferência aos direitos sociais, coletivos ou difusos, que, no Estado Democrático de Direito, prevalecem sobre o indivíduo. Mesmo a doutrina que defende a não-relativização reconhece que o sistema de proteção dos julgados deve ser revisado.[842]

XLIV - Por outro lado, admitida a tese que relativiza a coisa julgada, não se pode deixar de dizer que, se possível, as hipóteses de relativização devem ser contempladas em lei a fim de evitar o autoritarismo (totalitarismo). E aqui assiste razão também a Nery Júnior e Ovídio Baptista da Silva, pois, no Brasil, tudo o que vira exceção, como é o caso da relativização da coisa julgada, passa a ser regra. Daí o risco em se relativizar o julgado, o que não se nega. A coisa julgada "seqüestra" o tempo, a exemplo das leis e das súmulas. Não se pode negar, porém, que ainda é o que assegura uma certa estabilidade às relações do homem. Estabilidade essa que é muito importante para a vida em sociedade.

XLV - A segurança jurídica é princípio a ser preservado. Isso não há como deixar de reconhecer. Por outro lado, não há, também, como não reconhecer que ela não pode ter valor absoluto (Jorge Miranda). Mas, de igual forma, não há como nomear alguém que será o "detentor" do poder

---

[842] Nesse sentido, o professor Ovídio, para quem o fim da modernidade apresenta a necessidade de uma revisão dos limites daquilo que fica abrigado pelo "manto" da coisa julgada.

de dizer qual a coisa julgada que vale e que, portanto, não pode ser rescindida. A única saída que se vislumbra para a coisa julgada é a do aumento das hipóteses legais de cabimento da ação rescisória, notadamente quanto aos casos em que o direito (lei) esteja "defasado" em razão da evolução científica ou quando houver conflito entre o direito transindividual e o individual. Somado a isso, ou alternativamente, o aumento do prazo para ajuizamento da rescisória e o resgate na prática judiciária da *querella nullitatis*. Não se pode perder de vista, contudo, que, mesmo aumentando o prazo para ajuizamento da rescisória, haverá a lei de contemplar hipóteses, como as das ações de estado, *v.g.*, investigação de paternidade, em que seja possível relativizar a coisa julgada, sem a utilização da rescisória. Independentemente de quais os mecanismos processuais que podem vir a ser instituídos pelos legisladores a fim de se proceder à revisão/relativização do julgado (idêntica ação visando desconsiderar a primeira coisa julgada, ação declaratória de nulidade absoluta ou insanável da sentença, embargos à execução, alegação *incidenter tantum* em algum processo, inclusive em peça defensiva, e até mesmo mandado de segurança), ou quanto a quem poderá fazer isso e quantas vezes poderá ser feito, é importante salientar que o Judiciário não terá como escapar de situações em que, mesmo diante da inexistência de lei ou esgotado o prazo para a rescisória, possa haver necessidade de se desconsiderar a coisa julgada. Para os fins deste livro, as situações são as que foram referidas acima: demandas envolvendo direitos indisponíveis, cujo exemplo palmar é o da investigatória de paternidade, e demandas em que o interesse social (transindividual) estiver em conflito com o interesse individual.

XLVI - No que diz respeito ao sistema recursal, observa-se que as reformas processuais, visando dar efetividade ao processo, têm descuidado da qualidade hermenêutica da jurisdição, isto é, têm dado preferência a uma instrumentalidade quantitativa, privilegiando a celeridade (o que não se nega deve ser privilegiado), em detrimento de uma instrumentalidade qualitativa. Isso fica evidente nas (já nem tão) recentes alterações legislativas empreendidas nos artigos 515, § 3º, e 557, *caput*, ambos do Código de Processo Civil.

XLVII - Diante da necessidade de imprimir maior celeridade processual, com a introdução do § 3º junto ao artigo 515, os legisladores deixaram de se importar com o rigor que deve nortear a exigência do duplo grau, ao suprimirem do juiz natural do demandante o julgamento sobre o mérito da causa. Argumentando que o princípio do duplo grau de jurisdição não é constitucional, os doutrinadores que defendem as alterações dizem que a nova lei altera a regra inerente a esse princípio, autorizando que, nas hipóteses de sentença terminativa, o tribunal possa julgar o mérito, desde que se trate de questão exclusivamente de direito e que não demande ulterior instrução probatória (Marinoni). Os legisladores, assim,

Fundamentos para uma compreensão hermenêutica do Processo Civil

deram (têm dado) ênfase à instrumentalidade quantitativa, em detrimento da boa técnica processual (constitucional), ampliando substancialmente a extensão do efeito devolutivo da apelação, permitindo que o juízo recursal ultrapasse em sua decisão o âmbito do dispositivo da sentença de primeiro grau e, por via de conseqüência, o objeto da impugnação (Cruz e Tucci). Isso faz com que o tribunal, a quem foi endereçada a apelação, deixe de ser uma instância de revisão, passando a ser concebido como uma instância que proferirá um novo julgamento, pois lhe passa a ser lícito o mais amplo reexame da causa, em todos os seus aspectos. Assim, independentemente de a sentença ter, ou não, apreciado o mérito, o segundo grau está habilitado a julgá-lo, bastando que a questão seja "exclusivamente de direito" e que esteja em condições de imediato julgamento.

XLVIII - Ao se filiar à doutrina "antimetafísica" que vê as condições da ação como integrando o mérito – e, portanto, podendo a decisão que decidiu acerca da inexistência das condições da ação fazer coisa julgada material –, é possível afirmar que o § 3º do art. 515 do CPC poderia/deveria ter sido redigido de outra forma, ou seja, ressalvando que apenas nos casos de extinção do processo sem resolução do mérito por ausência de condições da ação é que o tribunal poderia julgar desde logo a lide se esta estivesse em condições de imediato julgamento. Isso porque o juiz, nesse caso, teria enfrentado o mérito. Nos demais casos previstos no art. 267 do Código de Processo Civil isso não acontece, uma vez que ali não há análise do mérito. Não havendo, então, enfrentamento do mérito, a fim de que a prestação jurisdicional não se torne incompleta, a solução mais adequada é a de que o tribunal, vislumbrando o *error in procedendo*, casse a decisão e remeta o processo à origem para que seja proferida nova sentença, agora com análise do mérito, se for o caso.

XLIX - A modificação legislativa, nesse sentido, veio confirmar a tendência dos legisladores de fazerem do juiz de primeiro grau apenas um "caminho de passagem" para o segundo grau, já que pouco importará tenha ele adentrado ou não na análise da questão de fundo. A alteração legislativa, além de violar o princípio do duplo grau, desprestigia o juiz de primeiro grau, engendrando uma "violência simbólica", podendo gerar no julgador um sentimento de "descompromisso" com o julgamento da lide, decorrência de seu desprestígio como órgão jurisdicional, pois tolhe sua capacidade de criação do direito e, ainda que inconscientemente, o desmotiva à (re)discussão e (re)interpretação das questões do processo ao dispor que a "questão exclusivamente de direito" poderá ser julgada de imediato pelo Tribunal sem necessidade de retorno ao juízo *a quo*. Essa violência simbólica produz a neutralização da ação do juiz, sem que ele mesmo note, uma vez que, impondo significações como legítimas, dissimula as relações de força que estão no fundamento da própria força (Ferraz Júnior). Pelo poder de violência simbólica o emissor (legislador) não coage (no sentido de coação e de agir). Quem age é o receptor, no caso o juiz. A lei, assim, para que haja "controle", faz com que o juiz conserve as suas possibilidades de ação e decisão, mas aja conforme o sentido, isto é, o esquema de ação do emissor (legislador). Ao controlar, os legisladores não eliminam as alternativas de ação do juiz/receptor, mas as neutralizam, fazendo com que, embora conservadas como possíveis, certas alternativas (reinterpretação, criação do direito etc.) não sejam levadas em consideração. No momento em que o juiz se sentir descompromissado com o julgamento da lide, pode-se dizer que a lei já terá produzido sua violência simbólica, pois ele se sentirá desmotivado para analisar a questão de fundo, uma vez que, sabendo que o tribunal poderá julgar desde logo a lide, e conhecendo o posicionamento do juízo *ad quem* acerca da matéria objeto do processo, que poderá ser divergente do seu, sentir-se-á desprestigiado para desenvolver uma nova interpretação da "questão exclusivamente de direito", pois, se o tribunal é quem tem a última palavra, de nada valerá, portanto, a decisão de primeiro grau.

L - Há, também, o problema da "questão de direito", possibilitadora do julgamento antecipado da lide e do julgamento do mérito pelo tribunal, ainda que não enfrentado este pelo juiz da primeira instância. Para o positivismo normativista, que é uma "perda de mundo" (Stein), o fato e o direito são duas entidades objetivas, independentes e separadas. Ontologicamente (no sentido da ontologia da facticidade), porém, não há como distinguir o fato do direito. A distinção absoluta, ou logicamente pura, entre o direito e o fato não é realizável, uma vez que, se, por um lado, os fatos relevantes são já em si selecionados e determinados em função da norma aplicável, em função de uma perspectiva jurídica, a norma aplicável (o direito), por outro lado, não pode deixar de ser selecionada e determinada em função da estrutura concreta do caso a decidir. Ao se considerar a questão de fato está implicitamente presente e relevante a questão de direito; ao se considerar questão de direito não se pode prescindir da solidária influência da questão de fato. Não há, pois, como estabelecer uma distinção entre questão de fato e questão de direito.

LI - A hermenêutica não é analítica, permitindo separar o que não é separável. Não há uma "questão de fato" e uma "questão de direito", pois, para o direito, nenhum fato é considerado puramente em si, como uma faticidade absoluta, mas unicamente naquela referência ao direito que vai pressuposta na sua relevância jurídica (Castanheira Neves). O fato e o direito, assim, existem enquanto "coexistem". Há uma necessidade constante de compreender a questão de direito/fato. Os fatos, como as normas, não aparecem no momento de sua aplicação como fenômenos puros. Os fatos já são, enquanto "transcendência jurídica", concebidos em sua significação jurídica. O direito não pode prescindir do fato e o fato não pode

Fundamentos para uma compreensão hermenêutica do Processo Civil

prescindir do direito: uma *quaestio juris* é sempre a *quaestio juris* de uma certa *quaestio facti* (Castanheira Neves).

LII - O intérprete não se depara com o texto legal separado da realidade social. Mesmo quando o tribunal realiza o controle abstrato de constitucionalidade, terá em vista o campo de aplicação daquela norma. Por isso, repita-se, uma questão de direito é sempre uma questão de fato, e uma questão de fato, será sempre uma questão de direito (Streck). A distinção entre o direito em si, ou o puramente jurídico, que se localizaria no predicado, e o fato em si, ou o puramente factual, que se identificaria com o "sujeito-objeto" da tradição metafísica, é logicamente impossível. A regra jurídica tomada apenas em si não é mais do que uma proposição verbal cujo sentido e validade jurídicos só lhe advêm por referências à realidade social (Gadamer) em que se funda e de que resultou. Quanto à sua aplicação concreta, a aparente distância que a separa dos fatos apaga-se, uma vez que essa aplicação só é possível porque a distância entre a regra e estes fatos se dilui na norma de decisão concreta em que se vêm a refletir tanto a regra jurídica como os fatos de que seria também expressão. O direito é uma "intenção normativa a realizar-se historicamente e em ato"; é uma "possibilidade a determinar concretamente, realizando-se" (Castanheira Neves).

LIII - Como não há uma questão exclusivamente de direito ou uma questão de fato, a regra do art. 515, § 3º, do CPC fica prejudicada também por este prisma. E mesmo que assim não fosse, haveria outras dificuldades (constitucionais) para a aplicação do artigo. Veja-se, por exemplo, que a decisão de primeiro grau que extinguir um feito sem a resolução de mérito por ausência de pressuposto processual, não terá, por óbvio, fundamentação quanto ao mérito. Não tendo, pois, fundamentação quanto à questão de fundo, mesmo que ela seja de direito (num sentido metafísico), podendo o tribunal julgar desde logo a lide, eventual apelação de uma das partes poderá não ter o que atacar ou como atacar. Além disso, como o juiz poderia, se tivesse enfrentado o mérito, utilizar-se de um ou outro fundamento, há a possibilidade de ficar prejudicado até mesmo um eventual acordo entre os litigantes face à circunstância de um deles, ou de ambos, concordar com a motivação sentencial, o que, ao menos em tese, é possível. Se a parte viesse a se conformar com a motivação sentencial, tal conformação poderia até levá-la a fazer um acordo, pois ela poderia chegar à conclusão de que não valeria a pena recorrer, protelando ainda mais o feito. É que, ao proferir uma decisão, justificando-a, o juiz passa a exercer uma "função persuasiva", para tentar convencer seus interlocutores de que a causa foi bem apreciada. Essa função persuasiva, no caso do dispositivo comentado, pode vir a ficar prejudicada juntamente com as "funções endoprocessuais" da fundamentação (Nojiri), quais sejam: a) a de possibilitar à parte o direito de impugnação, com o conhecimento dos motivos da decisão; b) a de permitir que os juízes de instância superior possam melhor avaliar as decisões que lhes são submetidas.

LIV - A pior hipótese é a do caso em que a parte consegue do juiz a extinção do processo a seu favor, entendendo o julgador que se trata de ausência de um dos pressupostos processuais, e, em virtude de apelação da outra parte, o tribunal vem a dizer que o pressuposto processual está presente e julga o mérito – agora em sentido contrário à parte favorecida anteriormente –, sem que tenha sido possibilitado – e isto seria possível se tivesse o juiz julgado a questão de fundo – à parte que foi beneficiada pela extinção do processo poder opor-se ao julgado e ao seu fundamento, que não existiu.

LV - Essa última hipótese (acima referida) tem íntima ligação com os princípios da fundamentação das decisões e do contraditório, pois ambos, no caso, também são violados. Aqui reside o ponto mais preocupante da aplicação do § 3° do art. 515 do CPC. Primeiro, no caso de sentença terminativa, pelo sistema do Código de Processo Civil, não se permite ao órgão *ad quem* passar, de imediato, ao exame do mérito. O contrário significaria infringir o duplo grau, uma vez que, não tendo o juiz se pronunciado acerca do mérito, não chegou a cumprir e acabar o ofício jurisdicional (Barbosa Moreira). O provimento da apelação, assim, pelo sistema anterior (corretamente), acarreta a restituição dos autos ao órgão inferior, para que dê prosseguimento ao processo. O tribunal, assim, que vai julgar a apelação, não está autorizado a proferir acórdão com resolução do mérito da causa para substituir a sentença terminativa, sem incorrer em violação do duplo grau de jurisdição (Cintra). Segundo, admitindo o que a lei atual prevê, há afronta ao princípio do contraditório, pois as partes jamais podem ser surpreendidas por uma decisão alicerçada em um fundamento ainda não debatido durante a tramitação do processo. Para evitar qualquer espécie de "emboscada" aos litigantes, impõe-se ao juiz, portanto, o dever de comunicar às partes as vertentes que ele reputa relevantes para a formação de sua própria convicção (Tucci). A paridade do tratamento dispensado às partes pode ser violada em variadas circunstâncias (Tarzia), inclusive naquelas em que a decisão decorre de debate ou, pelo menos, da possibilidade de debate entre as partes. O contraditório não compreende apenas o mecanismo pelo qual se desenvolve a atividade dialeticamente contraposta entre os litigantes. O contraditório, num sentido constitucional, abrange um "complexo jogo de interações", incluindo o juiz. O núcleo essencial do contraditório não se exprime na exigência de uma paridade formal das partes no processo e tampouco postula a neutralidade do juiz. Na verdade, os interessados devem-se colocar em condições de influir ativamente no juízo (Trocker). As manifestações do contraditório convertem-se em poder-dever do juiz, que é responsável não apenas por fazer observar, mas de observar ele próprio esse princípio fundamental, devendo provocar de ofício o debate preventivo das partes sobre qualquer questão, cuja solução irrompe fundamental na decisão da controvérsia. O tribunal, ao se habilitar a proferir decisão de mérito sobre tema que não foi objeto de debate no procedimento recursal, atendendo, portanto, ao que dispõe o § 3º do artigo 515, afronta direito das partes, sobretudo do litigante que vier a experimentar derrota (Tucci).[843]

LVI - Mesmo que não se tenha a garantia do duplo grau de jurisdição como constitucional, ou mesmo que essa garantia, para aqueles que entendem que existe, não seja absoluta, assiste ao jurisdicionado o direito à tutela jurisdicional adequada, que requer lhe seja possibilitado poder atacar uma decisão da melhor maneira possível. Requer, ainda, seja a causa – e quando se refere à "causa" quer-se referir a "mérito" – julgada pelo juízo originário, o juiz natural, pois deste é que poderá vir a surgir uma nova interpretação das questões postas, que, por sua vez, poderá vir a influenciar numa mudança de posicionamento do Tribunal que lhe é hierarquicamente superior. Não havendo essa possibilidade, a capacidade criativa do juiz, de certa forma, é "tolhida", face, também, ao efeito psicológico referido anteriormente. A questão, portanto, pode ser enfocada, ainda, pela violação do princípio do juiz natural – que ninguém poderá dizer que não é constitucional –, que também será violado se o Tribunal decidir, desde logo, a "questão exclusivamente de direito", sem devolver o processo ao juízo originário.

LVII - Na pior das hipóteses, o § 3º do art. 515 do CPC viola, de maneira indireta, os princípios da fundamentação das decisões e do contraditório, implicando, por conseguinte, cerceamento da possibilidade de argumentação pela parte, prejudicada ou não, contra a sentença, e impossibilidade de debate entre os litigantes; e, de maneira direta, o princípio do juiz natural, já que quem julga não é o juiz natural, mas, sim, o tribunal; e o princípio do duplo grau de jurisdição, que deve significar "duplo juízo do mérito". Viola, também o direito a uma adequada tutela jurisdicional,

---

[843] O direito a utilizar os recursos compreende o direito a que o órgão jurisdicional que revise o processo se pronuncie após ouvir as partes em contraditório, uma vez que não se justifica uma decisão judicial *"inaudita altera parte"* (Picó i Junoy). A figura da reforma "pejorativa" (*reformatio in peius*) consiste na situação que se produz quando a posição jurídica da parte que interpôs o recurso resulta piorada exclusivamente como conseqüência do seu recurso, isto é, sem que tenha havido impugnação direta da parte contrária. Tome-se o seguinte exemplo: o juiz, de ofício, extingue o processo sem resolução de mérito, entendendo que está ausente um pressuposto processual. A parte autora, que tem interesse na procedência da demanda, recorre para que a decisão seja cassada pelo Tribunal a fim de que o juiz possa dar nova sentença com decisão do mérito. Como a questão é "exclusivamente de direito", o tribunal, de ofício, enfrenta o mérito e julga improcedente o pedido. Na verdade, está-se criando aqui uma espécie de *"reformatio in peius"*, já que o Tribunal, entendendo, de ofício, que pode adentrar no mérito, em prejuízo do recorrente, sem contraditório, penaliza aquele que exerceu o direito de recorrer. O art. 515, § 3º, do CPC, provoca, assim, uma dissuasão do direito de recorrer, pois, para não correr o risco de que o Tribunal enfrente o mérito – havendo uma ínfima possibilidade de que este lhe seja desfavorável –, deverá, então, o recorrente, ao invés de recorrer, ajuizar novamente demanda idêntica, que poderá ter o mesmo fim que o dado à primeira. E assim por diante até o momento em que ocorrer a perempção.

uma vez que a prestação jurisdicional passa a ser uma prestação "parcial".[844] Na melhor das hipóteses, numa tentativa de "salvar" o dispositivo acrescido ao Código de Processo Civil – cuja pragmaticidade não se nega, uma vez que confere maior celeridade ao processo –, não se terá como fugir da violação dos princípios do juiz natural e do contraditório, o que já basta para dizer que o parágrafo comentado é inconstitucional.

LVIII - Concorda-se com Lenio Luiz Streck quanto à inconstitucionalidade do art. 557 do CPC. O sistema jurídico brasileiro, como refere Lenio, não permite, nem por despacho monocrático e nem por decisão de turma, que uma "jurisprudência dominante" passe a ter força de lei e caráter vinculante. Permite, agora, com a Reforma Constitucional – Emenda Constitucional nº 45/2004 –, apenas que a súmula tenha essa natureza. O art. 105, III, *a*, da Constituição Federal, diz que cabe recurso especial quando a decisão recorrida contrariar lei federal. O art. 102, III, estabelece o cabimento de recurso extraordinário quando existir violação da Constituição, e não de jurisprudência dominante do STF. Nos termos da Lei nº 9.756, o relator (ou a Turma, depois do agravo) negará, de plano, seguimento a recurso de decisão que for contrária a uma "jurisprudência (dominante)". Como jurisprudência não é lei, o art. 557 do CPC está em desacordo com a Constituição. O mesmo também vale para a letra c do art. 105, III, da CF, pois, se, em tese, deve ser admitido até mesmo recurso especial com pedido flagrantemente contra *legem*, bastando que haja um acórdão paradigma em sentido contrário à decisão recorrida, não é possível admitir que a ofensa à "jurisprudência dominante" do tribunal possa impedir o conhecimento do mérito do recurso (Streck).

LIX - O art. 557 do CPC monocratiza as decisões de segundo grau, impedindo o acesso aos tribunais superiores (TST, STJ e STF), violando, pois, o "acesso à justiça". Privilegia a instrumentalidade quantitativa ao abreviar o tempo para o julgamento do órgão competente para apreciar o recurso (o que não deixa de ter o seu lado positivo). Contudo, embora pragmático, é anti-hermenêutico, pois esconde o "encontrar-se com a singularidade do caso". Com a redação do art. 557 do CPC, todos os recursos contrários à "jurisprudência dominante" estarão "condenados" ao arquivamento, fazendo com que a jurisprudência do Superior Tribunal de Justiça, dos outros tribunais superiores e, em especial, do próprio Supremo Tribunal Federal, destinatário do recurso extraordinário-constitucional,

---

[844] O direito ao duplo grau de jurisdição, apesar do que dispõe parte da doutrina no sentido de não ser constitucional (Marinoni, Laspro, Picó i Junoy etc.), guarda vinculação constitucional, pois está implícito na Constituição, podendo ser limitado pelo legislador (Nery Júnior). O direito ao recurso, uma vez legislado, passa a fazer parte do conteúdo da tutela judicial efetiva. Assim, embora possa ser considerado um "direito relativo", este direito tem em sua essência a impossibilidade do retrocesso, ou seja, não se pode, por simples manejo legislativo, suprimi-lo onde sempre se fez presente. Ou, mesmo que assim não se entenda, não se pode suprimir o direito ao recurso se forem afrontados outros direitos e garantias constitucionais. A discricionariedade dos legisladores, assim, não fica inteiramente livre quando confrontado o duplo grau de jurisdição com outros princípios.

Fundamentos para uma compreensão hermenêutica do Processo Civil

313

bem como dos demais tribunais, seja "congelada", provocando a "parada do círculo hermenêutico", a partir do fato de que também eles – os tribunais – podem negar seguimento a recursos que contrariem suas próprias "jurisprudências dominantes" (Streck).

LX - A inconstitucionalidade do art. 557 do Código de Processo Civil também está presente no fato de que a competência, que seria do órgão (Câmara ou Turma), passa a ser de um dos integrantes do colegiado, deslocando, portanto, o juiz natural da causa. Como o tribunal encontra fundamento na possibilidade que tem de rever e reformar decisões monocráticas, e se isso é feito em colegiado na expectativa de que vários julgadores pensem melhor do que um, acatar o disposto no art. 557 é contrariar a essência que funda os juízos colegiados. No regime democrático isso tem importância, haja vista que, no tribunal, via de regra, podem confrontar-se teses e opiniões divergentes, permitindo que se possa chegar a uma decisão pelo voto da maioria.

LXI - O sistema recursal está a merecer ampla reforma. Essa reforma, porém, deverá preocupar-se também com a "instrumentalidade qualitativa", o que não vem ocorrendo. Atender a essa instrumentalidade qualitativa pressupõe respeitar as garantias fundamentais do contraditório, do juiz natural, da fundamentação das decisões e do duplo grau de jurisdição onde este seja imprescindível. Pressupõe, ainda, compreender o juiz de primeiro grau, não como mero "caminho de passagem" para o segundo, mas como o principal órgão decisor no processo de aplicação do direito. O direito fundamental de acesso à justiça não pode ser ferido por uma "política utilitarista" (Oliveira Júnior), que tenha em vista tão-somente a instrumentalidade quantitativa, pois compreende o respeito aos princípios constitucionais do processo.

Referências bibliográficas

ABITIA ARZAPALO, Jose Alfonso. *De la cosa juzgada en materia civil.* México: Leon Sanchez, 1959. 421 p.

ADOMEIT, Klaus. *Filosofia do direito e do Estado:* filósofos da idade moderna. v. II. Tradução de Elisete Antoniuk. Porto Alegre: Fabris, 2001. 239 p.

ALEXY, Robert. *Teoria da argumentação jurídica:* a teoria do discurso racional como teoria da justificação jurídica. Tradução de Zilda Hutchinson Schild Silva. São Paulo: Landy, 2001. 355 p.

——. *Teoría de los derechos fundamentales.* Versión castellana: Ernesto Garzón Valdés. Madrid: Centro de Estúdios Políticos y constitucionales, 2001. 607 p.

ALLORIO, Enrico. *Problemas de derecho procesal.* Tomo I. Traducción de Santiago Sentis Melendo. Buenos Aires: Ediciones Jurídicas Europa-America, 1963. 437 p.

——. *Problemas de derecho procesal.* Tomo II. Traducción de Santiago Sentis Melendo. Buenos Aires: Ediciones Jurídicas Europa-América, 1963. 463 p.

ALVIM, José Manoel Arruda. Dogmática jurídica e o novo Código de Processo Civil. In: *Revista de Processo,* n. 1. São Paulo: Revista dos Tribunais, jan./mar. 1976. 269 p.

ANGEL RUSSO, Eduardo. *Teoría general del derecho en la modernidad y en la posmodernidad.* Buenos Aires: Abeledo-Perrot, 1996. 373 p.

ANGELIS, Barrios de. *El proceso civil:* codigo general del proceso. Montevideo: IDEA, 1989. 284 p.

ARAGÃO, Egas Dirceu Moniz de. *Comentários ao Código de processo civil.* V. II: Arts. 154-269. 9ª ed. rev. e atual. Rio de Janeiro: Forense, 1998. 480 p.

ARAGONESES ALONSO, Pedro. *Proceso y derecho procesal:* introducción. Madrid: Aguilar, 1960. 834 p.

ARANGO, Rodolfo. *?Hay respuestas correctas em el derecho?* Santafé de Bogotá: Siglo del Hombre Editores, 1999. 177 p.

ARNAUD, André-Jean. *O direito traído pela filosofia.* Tradução de Wanda de Lemos Capeller e Luciano Oliveira. Porto Alegre: Fabris, 1991. 253 p.

ARRUDA JÚNIOR, Edmundo Lima de. *Direito, marxismo e liberalismo.* Florianópolis: CESUSC, 2001. 174 p.

——. Operadores jurídicos e mudança social: sensos comuns, novo senso e outros consensos (Gramsci e o Direito Alternativo). In: *Revista Crítica Jurídica; Revista Latinoamericana de política, filosofia y derecho.* Fundación iberoamericana de derechos humanos. Curitiba, n. 20, jan-jul/2002. 282 p.

ASSIS, Araken de. Sobre o método em processo civil. In: ASSIS, Araken de. *Doutrina e prática do processo civil contemporâneo.* São Paulo: Revista dos Tribunais, 2001. 487 p.

ATIENZA, Manuel. *As razões do direito:* teorias da argumentação jurídica. Tradução de Maria Cristina Guimarães Cupertino. São Paulo: Landy, 2000. 352 p.

AZEVEDO, Plauto Faraco de. Direito, epistemologia e neoliberalismo. In: *Revista crítica jurídica; Revista Latinoamericana de política, filosofia y derecho.* Fundación iberoamericana de derechos humanos. Curitiba, n. 19, jul-dez/2001. 338 p.

——. *Método e hermenêutica material no direito.* Porto Alegre: Livraria do Advogado, 1999. 149 p.

——. *Aplicação do direito e contexto social.* 2ª ed. São Paulo: Revista dos Tribunais, 2000. 174 p.

BACRE, Aldo. *Teoria general del proceso.* Tomo III. Buenos Aires: Abeledo-Perrot, 1992. 639 p.

BARACHO, José Alfredo de Oliveira. *Processo constitucional.* Rio de Janeiro: Forense, 1984. 408 p.

BARBI, Celso Agrícola. *Do mandado de segurança.* 8ª ed. rev. e aumentada. Rio de Janeiro: Forense, 1998. 352 p.

BARROSO, Luís Roberto. *Interpretação e aplicação da constituição:* fundamentos de uma dogmática constitucional transformadora. 5ª ed. rev., atual. e ampl. São Paulo: Saraiva, 2003. 379 p.

Fundamentos para uma compreensão hermenêutica do Processo Civil

BARZOTTO, Luís Fernando. *A democracia na Constituição*. São Leopoldo: Unisinos, 2003. 214 p.

————. *O positivismo jurídico contemporâneo*: uma introdução a Kelsen, Ross e Hart. São Leopoldo: Unisinos, 2000. 152 p.

BAZARIAN, Jacob. *O problema da verdade*: teoria do conhecimento. 4ª ed. São Paulo: Alfa-Omega, 1994. 224 p.

BERCOVICI, Gilberto. Constituição e superação das desigualdades regionais. In: *Direito constitucional. Estudos em homenagem a Paulo Bonavides*. São Paulo: Malheiros, 2001.

————. Dilemas da concretização da Constituição de 1988. In: *Revista do Instituto de Hermenêutica Jurídica*. v. 1, n. 2. Porto Alegre: Instituto de Hermenêutica Jurídica, 2004.

BERMUDES, Sergio. *Introdução ao processo civil*. 3ª ed. rev. e atual. Rio de Janeiro: Forense, 2002. 233 p.

BERTOLINO, Pedro J. *La verdad jurídica objetiva*. Buenos Aires: Depalma, 1990. 130 p.

BERZOSA FRANCOS, M. Victoria. *Demanda, "causa petendi" y objeto del proceso*. Cordoba: Ediciones El Almendro, 1984. 239 p.

BISCARETTI, Paolo. *Derecho constitucional*. Traducción de Pablo Lucas Verdu. Madrid: Tecnos, 1965. 742 p.

BITTAR, Eduardo C. B. Hans-Georg Gadamer: a experiência hermenêutica e a experiência jurídica. In: BOUCAULT, Carlos E. de Abreu, RODRIGUEZ, José Rodrigo (Org.). *Hermenêutica plural*: possibilidades jusfilosóficas em contextos imperfeitos. São Paulo: Martins Fontes, 2002. 481 p.

BLANC, Mafalda Faria. *O fundamento em Heidegger*. Lisboa: Piaget, [s.d.]. 271 p.

BOBBIO, Norberto *et al. Dicionário de política*. Tradução de Carmen C. Varriale et al. 5ª ed. v. 1. São Paulo: Imprensa Oficial do Estado, 2000. 666 p.

————. *A era dos direitos*. 11ª ed. Tradução de Carlos Nelson Coutinho. Rio de Janeiro: Campos, 1992. 217 p.

————. *Estado e direito no pensamento de Emanuel Kant*. Tradução de Alfredo Fait. 4ª ed. Brasília: Universidade de Brasília, 1997. 168 p.

————. *Estado, governo, sociedade*: para uma teoria geral da política. 8ª ed. Tradução Marco Aurélio Nogueira. São Paulo: Paz e Terra, 2000. 173 p.

————. *O futuro da democracia*. Tradução de Marco Aurélio Nogueira. São Paulo: Paz e Terra, 2000. 207 p.

————. *Os intelectuais e o poder*: dúvidas e opções dos homens de cultura na sociedade contemporânea. Tradução de Marco Aurélio Nogueira. São Paulo: Unesp, 1997. 187 p.

BONAVIDES, Paulo. *A constituição aberta*. 2ª ed. São Paulo: Malheiros, 1996. 506 p.

————. *Ciência política*. 10ª ed. São Paulo: Malheiros, 1999. 498 p.

BORGES, Marcos Afonso. Alterações no Código de Processo Civil oriundas das Leis nºs 10.352, de 26.12.01 e 10.358, de 27.12.01. In: *Revista Jurídica*. Ano 50, nº 295, maio de 2002.

BORGES FILHO, Nilson (org.). *Direito, Estado, política e sociedade em transformação*. Porto Alegre: Fabris, 1995. 185 p.

BOUCAULT, Carlos E. de Abreu, RODRIGUEZ, José Rodrigo (Org.). *Hermenêutica plural*: possibilidades jusfilosóficas em contextos imperfeitos. São Paulo: Martins Fontes, 2002. 481 p.

CAENEGEN, R. C. van. *Una introdução histórica ao direito privado*. Tradução Carlos Eduardo Lima Machado. São Paulo: Martins Fontes, 2000. 288 p.

CALAMANDREI, Piero. *Direito processual civil*. v. III. Tradução de Luiz Abezia e Sandra Drina Fernandez Barbiery. Campinas: Bookseller, 1999. 480 p.

————. *Introducción al estudio sistemático de las providencias cautelares*. Traducción de Marino Ayerra Merín. Buenos Aires: Librería El Foro, 1996.

CAMBI, Eduardo. *Direito constitucional à prova no processo civil*. São Paulo: Revista dos Tribunais, 2001. 229 p.

CANOTILHO, J. J. Gomes de. *Direito constitucional*. 2ª ed. rev. e ampl. Coimbra: Almedina, 1980. 602 p.

————. *Direito constitucional e teoria da constituição*. 2ª ed. Coimbra: Almedina, 1998. 1352 p.

————. *Direito constitucional e teoria da Constituição*. 4ª ed. Coimbra: Almedina, 2001.

————. *Direito constitucional*. 6ª ed. Coimbra: Almedina, 1993.

————. O Estado adjetivado e a teoria da Constituição. In: *Revista da Procuradoria-Geral do Estado*. v. 25, n. 56, 2002, p. 25-40.

————. Rever ou romper com a Constituição Dirigente? Defesa de um constitucionalismo moralmente reflexivo. In: Cadernos de Direito Constitucional e Ciência Política. São Paulo: Revista dos Tribunais/Instituto Brasileiro de Direito Constitucional, n. 15, abr. jun. 1996.

CAPELLA, Juan Ramón. *Fruto proibido*: uma aproximação histórico-teórica ao estudo do direito e do Estado. Porto Alegre: Livraria do Advogado, 2002. 288 p.

CAPPELLETTI, Mauro, GARTH, Bryant. *Acesso à justiça*. Tradução de Ellen Gracie Northfleet. Porto Alegre: Fabris, 1988. 168 p.

———. *Juízes irresponsáveis*. Tradução Carlos Alberto Álvaro de Oliveira. Porto Alegre: Fabris, 1989. 96 p.

———. *Juízes legisladores?* Tradução de Carlos Alberto Alvaro de Oliveira. Porto Alegre: Fabris, 1993, reimpressão 1999. 134 p.

———. *O controle judicial de constitucionalidade das leis no direito comparado*. Tradução de Aroldo Plínio Gonçalves. 2ª ed. Porto Alegre: Fabris, 1992. 142 p.

———. *Proceso, ideologias, sociedad*. Traduccion de Santiago Sentís Melendo y Tomás A. Banzhaf. Buenos Aires: Ediciones Jurídicas Europa-America, s/d.

CARDOZO, Benjamin N. *A natureza do processo e a evolução do direito*. 3ª ed. Coleção Ajuris/9. Tradução e notas de Lêda Boechat Rodrigues. Porto Alegre: Ajuris, 1978. 253 p.

CARNELUTTI, Francesco. *Instituições do processo civil*. v. I. tradução de Adrián Sotero de Witt Batista. São Paulo: Classic Book, 2000. 613 p.

———. *Sistema de direito processual civil*. v. I . Traduzido por Hiltomar Martins Oliveira. São Paulo: Classic Book, 2000. 787 p.

———. *Sistema de direito processual civil*. v. II. Traduzido por Hiltomar Martins Oliveira. São Paulo: Classic Book, 2000. 884 p.

———. *Sistema de direito processual civil*. v. III. Traduzido por Hiltomar Martins Oliveira. São Paulo: Classic Book, 2000. 948 p.

———. *Sistema de direito processual civil*. v. IV. Traduzido por Hiltomar Martins Oliveira. São Paulo: Classicbook, 2000. 839 p.

CARRIÓ, Genaro R. *Notas sobre derecho y lenguaje*. Cuarta edition corrigida y aumentada. Buenos Aires: Abeledo-Perrot, 1998. 416 p.

CARVALHO, Amilton Bueno de. Direito alternativo e processo. In: RODRIGUES, Horácio Wanderlei. *Lições alternativas de direito processual*. São Paulo: Acadêmica, 1995. 227 p.

———. Papel dos juízes na democracia. In: *Revista Ajuris*. Porto Alegre: Associação dos Juízes do Rio Grande do Sul, n. 70, ano XXIV, jul. 1997. 429 p.

CARVALHO NETO, Menelick de. A hermenêutica constitucional sob o paradigma do Estado Democrático de Direito. In: OLIVEIRA, Marcelo Andrade Cattoni de. *Jurisdição e hermenêutica constitucional no Estado Democrático de Direito*. Belo Horizonte: Mandamentos, 2004. 592 p.

CASTRO JÚNIOR, Osvaldo Agripino de. *A democratização do Poder Judiciário*. Porto Alegre: Sergio Antonio Fabris Editor, 1998. 189 p.

———. *Introdução à história do direito*: Estados Unidos x Brasil. Florianópolis: IBRADD e CESUSC, 2001. 285 p.

CAYGILL, Howard. *Dicionário Kant*. Tradução de Álvaro Cabral. Rio de Janeiro: Jorge Zahar, 2000. 353 p.

CHIARLONI, Sergio. *Introduzione allo studio del diritto processuale civile*. Torino: G. Giappichelli, 1975. 120 p.

CHIOVENDA, Giuseppe. *Instituições de direito processual civil*. Tradução de J. Guimarães Menegale. v. II. São Paulo: Forense, 1995. 398 p.

———. *Instituições de direito processual civil*: a relação processual ordinária de cognição. As relações processuais. v. II. Tradução de J. Guimarães Menegale. São Paulo: Saraiva, 1965. 397 p.

———. *Instituições de direito processual civil*: os conceitos fundamentais – a doutrina das ações. v. 1. Tradução J. Guimarães Menegale. 2ª ed. São Paulo: Saraiva, 1965. 429 p.

CINTRA, Antônio Carlos de Araújo, GRINOVER, Ada Pellegrini, DINAMARCO, Cândido Rangel. *Teoria geral do processo*. 16ª ed. rev. e atual. São Paulo: Malheiros, 2000. 358 p.

———. *Comentários ao Código de Processo Civil*, v. IV: arts. 332 a 475. Rio de Janeiro: Forense, 2000. 338 p.

CITTADINO, Gisele. *Pluralismo, direito e justiça distributiva*: elementos da filosofia constitucional contemporânea. 3ª ed. Rio de Janeiro: Lumen júris, 2004. 246 p.

CLARIÁ OLMEDO, Jorge A. *Derecho procesal*: conceptos fundamentales. I. Buenos Aires: Depalma, 1982. 453 p.

COELHO, Luís Fernando. *Saudade do futuro*. Florianópolis: Boiteux, 2001. 175 p.

COING, Helmut. *Elementos fundamentais da filosofia do direito*. Porto Alegre: Fabris, 2002. 398 p.

COLUCCI, Maria da Glória. *Fundamentos de teoria geral do direito e do processo*. 2ª ed. rev. e ampl. Curitiba: JM, 2001. 343 p.

CORREIA, Marcus Orione Gonçalves. *Teoria geral do processo*. São Paulo: Saraiva, 1999. 220 p.

COUTURE, Eduardo J. *Fundamentos del derecho procesal civil*. Tercera edición. Buenos Aires: Depalma, 1997. 525 p.

CRAMPE-CASNABET, Michèle. *Kant*: uma revolução filosófica. Tradução de Lucy Magalhães. Rio de Janeiro: Jorge Zahar, 1994. 161 p.

CRUZ, Luis M. *La Constitución como orden de valores*: problemas jurídicos y políticos. Granada: Comares, 2005. 147 p.

CUNHA, José Ricardo. *Direito e estética*: fundamentos para um direito humanístico. Porto Alegre. Fabris, 1998. 183 p.

Fundamentos para uma compreensão hermenêutica do Processo Civil

D'HONDT, Jacques. *Hegel*. Lisboa: Edições 70, 1999. 118 p.

DAVID, René. *Os grandes sistemas do direito contemporâneo*. Tradução de Hermínio A. Carvalho. São Paulo: Martins Fontes, 1998. 556 p.

DELEUZE, Gilles. *A filosofia crítica de Kant*. Lisboa: Edições 70, 1994. 82 p.

DENTI, Vittorio. *Processo civile e giustizia sociale*. Milano: Edizione di comunità, 1971. 167 p.

——. *Un progetto per la giustizia civile*. Bologna: Il Mulino, 1982. 348 p.

DESCARTES, René. *Discurso sobre o método*. Tradução Marcio Pugliesi e Norberto de Paula Lima. 9ª ed. Curitiba: Hemus, 2000. 136 p.

DEVIS ECHANDIA, Hernando. *Teoria general del proceso*. Tomo II. Buenos Aires: Editorial Universidad, 1985. 702 p.

——. *Teoria general del proceso*: aplicable a toda clase de procesos. Tomo I. Buenos Aires: Editorial Universidad, 1984. 327 p.

DINAMARCO, Cândido Rangel. *A instrumentalidade do processo*. 8ª ed. rev. e atual. São Paulo: Malheiros, 2000. 341 p.

——. Relativizar a coisa julgada material. In: *Revista Ajuris*. Porto Alegre: Associação dos Juízes do Rio Grande do Sul, n. 83. Tomo I. Ano XXVII, set. 2001. 383 p.

DINIZ, Maria Helena. *Curso de direito civil brasileiro*. v. 1. Teoria geral do direito civil. 9ª ed. São Paulo: Saraiva, 1993. 300 p.

EHRLICH, Eugen. *Fundamentos da sociologia do direito*. Tradução de René Ernani Gertz. Brasília: Universidade de Brasília, 1976. 390 p.

ELY, John Hart. *Democracia y desconfianza*: una teoría del control constitucional. Traducción Magdalena Holguín. Santafé de Bogotá: Siglo del Hombre, Universidad de los Andes. Faculdad de Derecho, 1997. 292 p.

ESTEVEZ, José Lois. *Grandes problemas del derecho procesal*. Santiago de Compostela: Porto y Cía, s/d. 238 p.

FABRÍCIO, Adroaldo Furtado. "Extinção do processo" e mérito da causa. In: OLIVEIRA, Carlos Alberto Álvaro de (org.). *Saneamento do processo*: estudos em homenagem ao Prof. Galeno Lacerda. Porto Alegre: Fabris, 1989. 290 p.

——. Breves notas sobre provimentos antecipatórios, cautelares e liminares. In: GIORGIS, José Carlos Teixeira (Org.). *Inovações do Código de Processo Civil*. Porto Alegre: Livraria do Advogado, 1996. 254 p.

——. *Comentários ao Código de Processo Civil*, Lei nº 5.869, de 11 de janeiro de 1973, v. VIII, tomo II: arts. 890 a 945. Rio de Janeiro: Forense, 2001. 658 p.

FARIA, José Eduardo (org.). *A crise do direito numa sociedade em mudança*. Brasília: Universidade de Brasília, 1988. 121 p.

—— (org.). *Direitos humanos, direitos sociais e justiça*. 1ª ed. 2. tir. São Paulo: Malheiros, 1998. 155 p.

——. Paradigma jurídico e senso comum: para uma crítica da dogmática jurídica. In: LYRA, Doreodô Araújo. *Desordem e processo*: estudos sobre o direito em homenagem a Roberto Lyra Filho na ocasião do seu 60º aniversário com um posfácio explicativo do homenageado. Porto Alegre: Fabris, 1986. 333 p.

——, CAMPILONGO, Celso Fernandes. *A sociologia jurídica no Brasil*. Porto Alegre: Fabris, 1991. 61 p.

FAZZALARI, Elio. *Istituzioni di diritto processuale*. 5ª ed. Padova: Cedam, 1989.

——. *Istituzioni di diritto processuale*. Padova: Cedam, 1975. 344 p.

FERNANDES, Florestan. *A Constituição inacabada*: vias históricas e significado político. São Paulo: Estação Liberdade, 1989. 381 p.

FERNANDEZ, Atahualpa. *Direito, evolução, racionalidade e discurso jurídico*: a "realização do direito" sob a perspectiva das dinâmicas evolucionárias. Porto Alegre: Fabris, 2002. 335 p.

FERRAJOLI, Luigi. *Direito e razão*: teoria do garantismo penal. Tradução de Ana Paula Zomer e outros. São Paulo: Revista dos Tribunais, 2002. 766 p.

FERRATER MORA, José. *Dicionário de filosofia*. Tomo I (A-D). São Paulo: Loyola, 2000. 786 p.

FERRAZ JÚNIOR, Tércio Sampaio. *Função social da dogmática jurídica*. São Paulo: Max Limonad, 1998. 205 p.

——. *Teoria da norma jurídica*. 3ª ed. Rio de Janeiro: Forense, 1999. 181 p.

FREUD, Sigmund. *Pequena coleção das obras de Freud*: extraída da edição standard brasileira das obras psicológicas completas de Sigmund Freud. Livro 7. Tradução de José Octávio de Aguiar Abreu. Rio de Janeiro: Imago, 1974. 85 p.

FUKUYAMA, Francis. *O fim da história e o último homem*. Tradução Maria Góes. Lisboa: Gradiva, 1999. 382 p.

GADAMER, Hans-Georg. *Arte y verdad de la palabra*. Tradução José Francisco Zúñiga García e Faustino Oncina. Barcelona: Paidós, 1998. 157 p.

——. *El giro hermenéutico*. Traducción de Arturo Parada. Madrid: Catedra, 1998. 238 p.

——. *El problema de la conciencia historica*. Traducción e introducción de Agustín Domingo Moratalla. 2ª ed. Madrid: Tecnos, 2000. 116 p.

——. *Elogio da teoria*. Tradução João Tiago Proença. Lisboa: Edições 70, 2001. 141 p.

———. *Hermenéutica de la modernidad*: conversaciones com Silvio Vietta. Traducción de Luciano Elizaincín-Arrarás. Madrid: Trotta, 2004. 110 p.

———. *Verdade e método I*: traços fundamentais de uma hermenêutica filosófica. Tradução Flávio Paulo Meurer. 3ª ed. Petrópolis: Vozes, 1999. 731 p.

———. *Verdade e método II*: complementos e índice. Tradução de Ênio Paulo Giachini. Petrópolis: Vozes, 2002. 621 p.

GALUPPO, Marcelo Campos. *Igualdade e diferença*: Estado democrático de direito a partir do pensamento de Habermas. Belo Horizonte: Mandamentos, 2002. 232 p.

GARAPON, Antoine. *O juiz e a democracia*: o guardião das promessas. Tradução Maria Luiza de Carvalho. Rio de Janeiro: Revan, 1999, 2ª ed. Maio de 2001. 272 p.

GARGANI, Aldo G. La fricción del pensamiento. In: VATTIMO, Gianni. *La secularización de la filosofía*: hermenéutica y posmodernidad. Barcelona: Gedisa, 2001. 296 p.

GENRO, Tarso. Reflexão preliminar sobre a influência do neoliberalismo no direito. In: *Revista Ajuris*. Porto Alegre: Associação dos Juízes do Rio Grande do Sul, n. 70, ano XXIV, jul. 1997. 429 p.

GIANNOZZI, Giancarlo. *Appunti per un corso di diritto processuale civile*. Milano: Dott A. Giuffrè, 1980. 242 p.

GILISSEN, John. *Introdução histórica ao direito*. 3ª ed. Tradução de A. M. Hespanha e L. M. Macaísta Malheiros. Lisboa: Fundação Calouste Gulbenkian, 2001. 813 p.

GIORGIS, José Carlos Teixeira (Org.). *Inovações do Código de Processo Civil*. Porto Alegre: Livraria do Advogado, 1996. 254 p.

———. *A lide como categoria comum do processo*. Porto Alegre: LeJur, 1991. 123 p.

GOLDSCHMIDT, James. *Direito processual civil*. T. I. Trad. De Lisa Pary Scarpa. Campinas: Bookseller, 2003.

———. *Princípios generales del proceso*. v. I. teoria geral del proceso. Buenos Aires: Ediciones jurídicas Europa-America, 1961.

———. *Teoría general del proceso*. Barcelona: Labor, 1936. 195 p.

GOMES, Fábio. *Carência de ação*. São Paulo: Revista dos Tribunais, 1999. 115 p.

———; SILVA, Ovídio A. Baptista da. *Teoria geral do processo civil*. São Paulo: Revista dos Tribunais,1997. 346 p.

GONÇALVES, Aroldo Plínio. *Técnica processual e teoria do processo*. Rio de Janeiro: Aide, 1992.

GONZÁLES CALDERÓN, Juan A. *Curso de derecho constitucional*. 6ª ed. rev. y actual. Buenos Aires: Depalma, 1975. 570 p.

GRAU, Eros Roberto. *Ensaio e discurso sobre a interpretação/aplicação do direito*. 2ª ed. São Paulo: Malheiros, 2003. 240 p.

GRECO, Leonardo. *Jurisdição voluntária moderna*. São Paulo: Dialética, 2003. 159 p.

GRONDIN, Jean. *Introdução à hermenêutica filosófica*. Tradução de Benno Dischinger. São Leopoldo: Unisinos, 1999. 335 p.

GUERRA FILHO, Willis Santiago. *O direito como sistema autopoiético*. Porto Alegre: Livraria do Advogado, 1998.

HAAR, Michel. *Heidegger e a essência do homem*. Lisboa: Piaget, [s.d.]. 241 p.

HABERMAS, Jürgen. *Direito e democracia*: entre a facticidade e a validade. v. 1. Tradução Flávio Beno Siebeneichler. Rio de Janeiro: Tempo Brasileiro, 1997. 354 p.

———. *Direito e democracia*: entre a facticidade e a validade. v. 2. Tradução Flávio Beno Siebeneichler. Rio de Janeiro: Tempo Brasileiro, 1997. 352 p.

———. *Direito e moral*. Tradução Sandra Lippert. Lisboa: Piaget, 1992. 123 p.

———. *O discurso filosófico da modernidade*. São Paulo: Martins Fontes, 2000. 540 p.

———. *Pensamento pós-metafísico*: estudos filosóficos. Rio de Janeiro: Tempo Brasileiro, 1990. 271 p.

———. *Técnica e ciência como ideologia*. Lisboa: Edições 70, 2001. 149 p.

HART, Herbert L. A. *O conceito de direito*. Tradução de Armindo Ribeiro Mendes. 3ª ed. Lisboa: Calouste Gulbenkian, [s/d]. 348 p.

HEGEL, Georg Wilhelm Friedrich. Introdução à história da filosofia. In: *Hegel* (Os pensadores). Tradução de Orlando Vitorino. São Paulo: Nova Cultural, 2000. 464 p.

———. *Princípios da filosofia do direito*. Tradução de Orlando Vitorino. São Paulo: Martins Fontes, 1997. 329 p.

HEIDEGGER, Martin. *Conferências e escritos filosóficos*. Tradução e notas de Ernildo Stein. São Paulo: Abril Cultural, 1979 (Os pensadores).

———. *O conceito de tempo*. Prólogo, tradução e notas de Irene Borges-Duarte. Lisboa: Fim de Século, 2003. 94 p.

———. *Ontología*: hermenéutica de la facticidad. Versión de Jaime Aspiunza. Madrid: Alianza Editorial, 1998. 154 p.

———. *Que é uma coisa?*. Tradução de Carlos Morujão. Lisboa: Edições 70, 2002. 237 p.

———. *Ser e tempo*. Parte I. Tradução de Márcia de Sá Cavalcante. 9ª ed. Petrópolis: Vozes, 2000. 325 p.

———. *Sobre a essência da verdade*. Tradução de Carlos Morujão. Porto: Porto, 1995. 76 p.

Fundamentos para uma compreensão hermenêutica do Processo Civil

HEINEMANN, Fritz. *A filosofia no século XX*. Tradução e prefácio de Alexandre F. Morujão. 5ª ed. Lisboa: Calouste Gulbenkian, 2004. 576 p.

———. A missão de uma enciclopédia do século XX. In: HEINEMANN, Fritz. *A filosofia no século XX*. Tradução e prefácio de Alexandre F. Morujão. 5ª ed. Lisboa: Calouste Gulbenkian, 2004. 576 p.

———. Metafísica. In: HEINEMANN, Fritz. *A filosofia no século XX*. Tradução e prefácio de Alexandre F. Morujão. 5ª ed. Lisboa: Calouste Gulbenkian, 2004. 576 p.

———. Teoria do conhecimento. In: HEINEMANN, Fritz. *A filosofia no século XX*. Tradução e prefácio de Alexandre F. Morujão. 5ª ed. Lisboa: Calouste Gulbenkian, 2004. 576 p.

HELLER, Hermann. *Teoria do Estado*. São Paulo: Mestre Jou, 1988.

HESPANHA, Benedito. *Tratado de teoria do processo*. v. II. Rio de Janeiro: Forense, 1986. 1576 p.

HESSE, Konrad. *A força normativa da Constituição*. Tradução de Gilmar Ferreira Mendes. Porto Alegre: Fabris, 1991. 34 p.

———. *Elementos de direito constitucional da República Federal da Alemanha*. Tradução de Luís Afonso Heck. Porto Alegre: Fabris, 1998. 576 p.

———. *Escritos de derecho constitucional*. Madrid: Centro de Estudios Constitucionales, 1983. 112 p.

HESSEN, Johannes. *Filosofia dos valores*. Tradução de L. Cabral de Moncada. 3ª ed. Coimbra: Armênio Amado, 1967. 347 p.

INWOOD, Michael. *Dicionário Heidegger*. Tradução de Luísa Buarque de Holanda; revisão técnica de Márcia Sá Cavalcante Schuback. Rio de Janeiro: Jorge Zahar, 2002. 239 p.

JAMESON, Fredric. *Una modernidad singular*: ensayo sobre la ontologia del presente. Traducción de Horacio Pons. Barcelona: Gedisa, 2004. 204 p.

KANT, Emmanuel. *Doutrina do direito*. 2ª ed. Tradução Edson Bini. São Paulo: Ícone, 1993. 224 p.

KAUFMANN, Arthur. *Filosofia do direito*. Prefácio e tradução António Ulisses Cortês. Lisboa: Calouste Gulbenkian, 2004. 536 p.

KELSEN, Hans. *O problema da justiça*. Tradução de João Baptista Machado. 3ª ed. São Paulo: Martins Fontes, 1998. 149 p.

———. *Teoria pura do direito*. Tradução de João Baptista Machado. 6ª ed. São Paulo: Martins Fontes, 1998. 427 p.

KEMPSKI, Jürgen von. Filosofia da política. In: HEINEMANN, Fritz. *A filosofia no século XX*. Tradução e prefácio de Alexandre F. Morujão. 5ª ed. Lisboa: Calouste Gulbenkian, 2004. 576 p.

KIRKHAM, Richard L. *Teorias da verdade*: uma introdução crítica. Tradução de Alessandro Zir. São Leopoldo: Unisinos, 2003. 500 p.

KRELL, Andreas J. *Direitos sociais e controle judiciário no Brasil e na Alemanha*: os (des)caminhos de um direito constitucional "comparado". Porto Alegre: Fabris, 2002. 120 p.

KUHN, Thomas S. *A estrutura das revoluções científicas*. São Paulo: Perspectivas, 1998. 257 p.

KUSCH, Martin. *Linguagem como cálculo versus linguagem como meio universal*. Tradução de Dankwart Bernsmüller. São Leopoldo: Unisinos, 2001. 359 p.

LACERDA, Galeno. *Despacho saneador*. 3ª ed. Porto Alegre: Fabris, 1990. 201 p.

LACLAU, Martín. *La historicidad del derecho*. Buenos Aires: Abeledo-Perrot, 1994. 215 p.

———. Las bases filosóficas de la ciencia jurídica. In: *Anuario de filosofía jurídica y social*. Asociacion Argentina de Derecho Comparado. Sección teoría general. 13. Buenos Aires: Abeledo-Perrot, 1993. 287 p.

LAGES, Cíntia Garabini. Processo e jurisdição no marco do modelo constitucional do processo e o caráter jurisdicional democrático do processo de controle concentrado de constitucionalidade no Estado Democrático de Direito. In: OLIVEIRA, Marcelo Andrade Cattoni de. *Jurisdição e hermenêutica constitucional no Estado Democrático de Direito*. Belo Horizonte: Mandamentos, 2004. 592 p.

LASPRO, Oreste Nestor de Souza. A ação e suas condições no processo civil de cognição. In: TUCCI, José Rogério Cruz e. *Processo Civil*: estudo em comemoração aos 20 anos de vigência do Código de processo civil. São Paulo: Saraiva, 1995. 272 p.

———. Garantia do duplo grau de jurisdição. In: TUCCI, José Rogério Cruz e (coord). *Garantias constitucionais do processo civil*: homenagem aos 10 anos da Constituição Federal de 1988. São Paulo: Revista dos tribunais, 1999. 262 p.

LEAL, António da Silva et al. *Estudos sobre a Constituição*. v. 2. Lisboa: Petrony, 1978. 494 p.

LEAL, Rogério Gesta. *Hermenêutica e direito*: considerações sobre a teoria do direito e os operadores jurídicos. 3ª ed. Santa Cruz do Sul: Edunisc, 202. 232 p.

———. *Teoria do Estado*: cidadania e poder político na modernidade. 2ª ed. rev. e ampl. Porto Alegre: Livraria do Advogado, 2001. 247 p.

LEAL, Rosemiro Pereira. *Teoria processual da decisão jurídica*. São Paulo: Landy, 2002. 206 p.

LEÃO, Emmanuel Carneiro. Hegel, Heidegger e o absoluto. In: *A crise do pensamento moderno 3*. n. 25. Rio de Janeiro: Tempo brasileiro, 1970. 129 p.

LEIBLE, Stefan. *Proceso civil alemán*. Medellín: Diké, 1999. 544 p.

LEIBNIZ, Gottfried Wilhelm. *Novos ensaios sobre o entendimento humano*. Tradução de Luiz João Baraúna. In: *Os pensadores*. São Paulo: Nova Cultural, 2000. 543 p.

LENT, Friedrich. *Diritto processuale civile tedesco*. Parte prima. Il procedimento di cognizione. Traduzione di Edoardo F. Ricci. Napoli: Morano, 1962. 389 p.

LIEBMAN, Enrico Tullio. *Eficácia e autoridade da sentença e outros escritos sobre a coisa julgada (com aditamentos relativos ao direito brasileiro)*. Tradução de Alfredo Buzaid e Benvindo Aires; tradução dos textos posteriores à 1945 e notas relativas ao direito brasileiro vigente, de Ada Pellegrini Grinover. 3ª ed. Rio de Janeiro: Forense, 1984. 332 p.

——. *Manual de direito processual civil*. v. I. Tradução e notas de Cândido Rangel Dinamarco. Rio de Janeiro: Forense, 1984.

LLOYD, Dennis. *A idéia de lei*. Tradução de Álvaro Cabral. São Paulo: Martins Fontes, 1998. 440 p.

LOPES, José Reinaldo de Lima. Crise da norma jurídica e a reforma do judiciário. In: FARIA, José Eduardo (org.). *Direitos humanos, direitos sociais e justiça*. 1ª ed. 2. tir. São Paulo: Malheiros, 1998. 155 p.

——. *O direito na história*: lições introdutórias. 2ª ed. rev. São Paulo: Max Limonad, 2002. 487 p.

——. Uma introdução à história social e política do processo. In: WOLKMER, Antonio Carlos (Org.). *Fundamentos de história do direito*. Belo Horizonte: Del Rey, 1996, reimpressão 2000. 278 p.

LUCAS, Doglas César, SPAREMBERGER, Raquel (org.). *Olhares hermenêuticos sobre o direito*: em busca de sentido para os caminhos do jurista. Ijuí: Unijuí, 2006. 400 p.

——. Hermenêutica filosófica e os limites do acontecer do direito numa cultura jurídica aprisionada pelo "procedimentalismo metodológico". In: LUCAS, Doglas Cesar; SPAREMBERGER, Raquel (org.). *Olhares hermenêuticos sobre o direito*: em busca de sentido para os caminhos do jurista. Ijuí: Unijuí, 2006. 400 p.

LUCAS VERDÚ, Pablo. *La Constitución abierta y sus "enemigos"*. Madrid: Beramar S.A., 1993. 93 p.

——. Problemática actual de la justicia constitucional y del examen de constitucionalidade de las leyes. In: *Boletin Informativo del Seminario de Derecho Político*, Universidade de Salamanca, mayo-octubre 1957.

——. *Teoría general de las relaciones constitucionales*. Madrid: Dykinson, 2000. 169 p.

LUHMANN, Niklas. *Legitimação pelo procedimento*. Tradução de Maria da Conceição Corte-Real. Brasília: Universidade de Brasília, 1980. 202 p.

——. *Sociologia do direito*. v. I. Tradução de Gustavo Bayer. Rio de Janeiro: Tempo Brasileiro, 1983. 252 p.

——. *Sociologia do direito*. v. II. Tradução de Gustavo Bayer. Rio de Janeiro: Tempo Brasileiro, 1985. 212 p.

——; DE GEORGI, Raffaele. *Teoria de la sociedad*. Guadalajara: Instituto Tecnologico y de Estudios Superiores de Occidente, 1993. 444 p.

LYRA, Doreodó Araújo (Org.). *Desordem e processo*: estudos sobre o direito em homenagem a Roberto Lyra Filho na ocasião do seu 60º aniversário com um posfácio explicativo do homenageado. Porto Alegre: Fabris, 1986. 333 p.

MANCUSO, Rodolfo de Camargo. *Recurso extraordinário e recurso especial*. 4ª ed. rev., atual. e ampl. São Paulo: Revista dos Tribunais, 1996. 215 p.

MARINONI, Luiz Guilherme. *Tutela antecipatória e julgamento antecipado*: parte incontroversa da demanda. 5ª ed. rev., atual. e ampl. da obra tutela antecipatória, julgamento antecipado e execução imediata da sentença. São Paulo: Revista dos tribunais, 2002. 254 p.

——. *Curso de processo civil*. v. 1: Teoria geral do processo. São Paulo: Revista dos Tribunais, 2006. 512 p.

——. Garantia da tempestividade da tutela jurisdicional e duplo grau de jurisdição. In: TUCCI, José Rogério Cruz e (coord). *Garantias constitucionais do processo civil*: homenagem aos 10 anos da Constituição Federal de 1988. São Paulo: Revista dos tribunais, 1999. 262 p.

——.. *Tutela cautelar e tutela antecipatória*. 1ª ed. 2. t. São Paulo: Revista dos Tribunais, 1994. 153 p.

——.. *Tutela inibitória*: individual e coletiva. São Paulo: Revista dos Tribunais, 1998. p. 475

——; ARENHART, Sérgio Cruz. *Comentários ao código de processo civil*. v. 5: do processo de conhecimento, arts. 332 a 363, tomo I. [coordenação de Ovídio A. Baptista da Silva]. São Paulo: Revista dos Tribunais, 2000. 488 p.

——, ——. *Manual do processo de conhecimento*: a tutela jurisdicional através do processo de conhecimento. São Paulo: Revista dos Tribunais, 2001. 736 p.

MARMOR, Andrei. *Direito e interpretação*: ensaios de filosofia do direito. Tradução de Luís Carlos Borges. São Paulo: Martins Fontes, 2000. 694 p.

MARQUES, José Frederico. *Ensaio sôbre a jurisdição voluntária*. 2ª ed. São Paulo: Saraiva, 1959. 321 p.

MAXIMILIANO, Carlos. *Hermenêutica e aplicação do direito*. 18ª ed. Rio de Janeiro: Forense, 1998. 426 p.

MELLO, Celso Antônio Bandeira de. *Ato administrativo e direito dos administrados*. São Paulo: Revista dos Tribunais, 1981.

MELO, Osvaldo Ferreira de. *Fundamentos da política jurídica*. Porto Alegre: Fabris, 1994. 136 p.

MENDES, Gilmar Ferreira. *Jurisdição constitucional*: o controle abstrato de normas no Brasil e na Alemanha. 4ª ed. São Paulo: Saraiva, 2004. 395 p.

MERRYMAN, John H. Lo "stile italiano": l'interpretazione. In: *Rivista trimestrale di diritto e procedura civile*. Ano XXII. Milano: Dott A. Giuffrè, mar. 1968.

———. Lo "stile italiano": la dottrina. In: *Rivista trimestrale di diritto e procedura civile*. Ano XX. Milano: Dott A. Giuffrè, 1966.

MICHELI, Gian Antonio. *Curso de derecho procesal civil*. v. I. Traducción de Santiago Sentís Melendo. Buenos Aires: Ediciones Jurídicas Europa-América, 1970.

MIRABETE, Julio Fabbrini. *Código de processo penal interpretado*: referências doutrinárias, indicações legais, resenha jurisprudencial: atualizado até julho de 1994. 2ª ed. São Paulo: Atlas, 1994. 864 p.

MIRANDA, Francisco Cavalcanti Pontes de. *O problema fundamental do conhecimento*. Campinas: Bookseller, 1999. 329 p.

MIRANDA, Jorge. *Direitos fundamentais*: Introdução geral. Apontamentos das aulas. Lisboa: [s/n], 1999. 196 p.

———. *Manual de direito constitucional*. Constituição e constitucionalidade. Tomo II. 3ª ed. Coimbra: Coimbra, 1996. 546 p.

———. *Manual de direito constitucional*. Tomo I. Preliminares: o Estado e os sistemas constitucionais. 6ª ed. rev. e actual. Coimbra: Coimbra, 1997. 435 p.

———. *Manual de direito constitucional*. Tomo V. Actividade constitucional do Estado. 2ª ed. Coimbra: Coimbra, 2000. 428 p.

———. O artigo 1º e o artigo 2º da Constituição. In: LEAL, António da Silva et al. *Estudos sobre a Constituição*. v. 2. Lisboa: Petrony, 1978. 494 p.

———. Os princípios fundamentais. In: PEREIRA, André Gonçalves et al. *Estudos sobre a Constituição*. v. 1. Lisboa: Petrony, 1977. 399 p.

MITIDIERO, Daniel Francisco. *Elementos para uma teoria contemporânea do processo civil brasileiro*. Porto Alegre: Livraria do Advogado, 2005. 165 p.

MONTERO AROCA, Juan. *Introduccion al derecho procesal*: jurisdicción, acción y proceso. Madrid: Tecnos, 1976. 309 p.

MONTESQUIEU, Charles de Secondat, Baron de. *O espírito das leis*: as formas de governo, a federação, a divisão dos poderes, presidencialismo *versus* parlamentarismo. Tradução de Pedro Vieira Mota. 5ª ed. São Paulo: Saraiva, 1998. 235 p.

MORAIS, José Luís Bolzan de. *Do direito social aos interesses transindividuais*: o Estado e o direito na ordem contemporânea. Porto Alegre: Livraria do Advogado, 1996. 247 p.

———. *Mediação e arbitragem*: alternativas à jurisdição. Porto Alegre: Livraria do Advogado, 1999. 287 p.

MOREIRA, José Carlos Barbosa. *Temas de direito processual*. 5 série. São Paulo: Saraiva, 1994. 255 p.

———. *Temas de direito processual*. São Paulo: Saraiva, 1977. 255 p.

MÜLLER, Friedrich. *Direito, linguagem e violência*: elementos de uma teoria constitucional I. Tradução Peter Naumann. Porto Alegre: Fabris, 1995. 48 p.

NERY JUNIOR, Nelson. *Princípios do processo civil na Constituição Federal*. 2ª ed. rev., e aum. São Paulo: Revista dos Tribunais, 1995. 221 p.

———. *Teoria geral dos recursos*. 6ª ed. atual., ampl. e reform. da 5ª edição do livro Princípios fundamentais – teoria geral dos recursos. São Paulo: Revista dos tribunais, 2004. 698 p.

NEVES, António Castanheira. *Curso de introdução ao estudo do direito*. Coimbra: Coimbra, 1976 (compilação).

———. *Digesta*: escritos acerca do direito, do pensamento jurídico, da sua metodologia e outros. 1. v. Coimbra: Coimbra, 1995. 600 p.

———. *Digesta*: escritos acerca do direito, do pensamento jurídico, da sua metodologia e outros. 2. v. Coimbra: Coimbra, 1995. 471 p.

———. *O actual problema metodológico da interpretação jurídica – I*. Coimbra: Coimbra, 2003. 447 p.

———. *Questão-de-facto – Questão-de-direito ou o problema metodológico da juridicidade*. Coimbra: Livraria Almedina, 1967. 921 p.

NEVES, Celso. *Comentários ao Código de Processo Civil*. v. VII: arts. 646 a 795. 7ª ed. Rio de Janeiro: Forense, 1999. 341 p.

NOJIRI, Sérgio. *O dever de fundamentar as decisões judiciais*. São Paulo: Revista dos Tribunais, 1998. 121 p.

NOVAIS, Jorge Reis. *Os princípios constitucionais estruturantes da República Portuguesa*. Coimbra: Coimbra, 2004. 344 p.

NOVOA MONREAL, Eduardo. *O direito como obstáculo à transformação social*. Tradução de Gérson Pereira dos Santos. Porto Alegre: Fabris, 1988. 221 p.

OHLWEILER, Leonel. *Direito administrativo em perspectiva*: os termos indeterminados à luz da hermenêutica. Porto Alegre: Livraria do Advogado, 2000. 162 p.

OLIVEIRA, Carlos Alberto Alvaro de (org.). *Saneamento do processo*: estudos em homenagem ao Prof. Galeno Lacerda. Porto Alegre: Fabris, 1989. 290 p.

———. *Do formalismo no processo civil*. São Paulo: Saraiva, 1997. 260 p.

———. O processo civil na perspectiva dos direitos fundamentais. In: *Revista Ajuris*. Porto Alegre: Associação dos Juízes do Rio Grande do Sul, n. 87, ano XXIX, tomo I, set. 2002. 392 p.

OLIVEIRA, Eugênio Pacelli de. *Processo e hermenêutica na tutela penal dos direitos fundamentais*. Belo Horizonte: Del Rey, 2004. 248 p.

OLIVEIRA, Manfredo Araújo de. *Reviravolta lingüístico-pragmática na filosofia contemporânea*. São Paulo: Loyola, 1996. 427 p.

OLIVEIRA, Marcelo Andrade Cattoni de. Devido processo legislativo e Estado Democrático de Direito: uma justificação democrática do controle jurisdicional de constitucionalidade das leis e do processo legislativo. In: OLIVEIRA, Marcelo Andrade Cattoni de. *Jurisdição e hermenêutica constitucional no Estado Democrático de Direito*. Belo Horizonte: Mandamentos, 2004. 592 p.

———. Devido processo legislativo e controle jurisdicional de constitucionalidade no Brasil. In: OLIVEIRA, Marcelo Andrade Cattoni de. *Jurisdição e hermenêutica constitucional no Estado Democrático de Direito*. Belo Horizonte: Mandamentos, 2004. 592 p.

———. Jurisdição e hermenêutica constitucional no Estado Democrático de Direito: um ensaio de teoria da interpretação enquanto teoria discursiva da argumentação jurídica de aplicação. In: OLIVEIRA, Marcelo Andrade Cattoni de. *Jurisdição e hermenêutica constitucional no Estado Democrático de Direito*. Belo Horizonte: Mandamentos, 2004. 592 p.

———. *Jurisdição e hermenêutica constitucional no Estado Democrático de Direito*. Belo Horizonte: Mandamentos, 2004. 592 p.

OLIVEIRA JÚNIOR, José Alcebíades de. Observações ao estruturalismo dos juristas. In: BORGES FILHO, Nilson (org.). *Direito, Estado, política e sociedade em transformação*. Porto Alegre: Fabris, 1995. 185 p.

———. *Teoria jurídica e novos direitos*. Rio de Janeiro: Lumen juris, 2000. 205 p.

PALACIO, Lino Enrique. *Derecho procesal civil*: Nociones generales. tomo I. Buenos Aires: Abeledo-Perrot, 1967. 493 p.

PASQUA, Hervé. *Introdução à leitura do Ser e tempo de Martin Heidegger*. Lisboa: Piaget, 1993. 200 p.

PAULA, Jônatas Luiz Moreira de. *A jurisdição como elemento de inclusão social*: revitalizando as regras do jogo democrático. São Paulo: Manole, 2002. 214 p.

PEREIRA, André Gonçalves et al. *Estudos sobre a Constituição*. v. 1. Lisboa: Petrony, 1977. 399 p.

PEYRANO, Jorge W. *El proceso civil*: princípios y fundamentos. Buenos Aires: Astrea, 1978. 358 p.

PICÓ I JUNOY, Joan. *Las garantías constitucionales del proceso*. Barcelona: Bosch, 1997. 177 p.

PINTO, Céli Regina Jardim. Democracia como significante vazio: a propósito das teses de Ernesto Laclau e Chantal Mouffe. In: *Sociologias*. Porto Alegre: IFHC/UFRGS, ano 1, n. 2, jul./dez. 1999.

PINTO, F. Cabral. *Leituras de Habermas*: modernidade e emancipação. Coimbra: Fora do texto, 1992. 291 p.

PIRES, Eginardo. Sobre Heidegger. In: *A crise do pensamento moderno 2*: Marx, Husserl, Heidegger, Marcuse, Althusser, Mc luhan. n. 23/24. Rio de Janeiro: Tempo brasileiro, 1970. 182 p.

PODETTI, J Ramiro. *Teoria y técnica del proceso civil y trilogia estructural de la ciencia del proceso civil*. Buenos Aires: Ediar, [s/d].

PRIETO SANCHÍS, Luis. Ley, principios, derechos. Madrid: Dykinson, 1998. 128 p.

PROVINCIALI, Renzo. *Norme di diritto processuale nella costituzione*. Milano: Dott A. Giuffrè, 1959. 200 p.

QUEIROZ, Cristina M. M. *Direitos fundamentais*: teoria geral. Coimbra: Coimbra, 2002. 349 p.

RADBRUCH, Gustav. *Filosofia do direito*. Tradução e prefácios de L. Cabral de Moncada. 6ª ed. Coimbra: Arménio Amado, 1997. 430 p.

———. *Introdução à ciência do direito*. Tradução de Vera Barkow. São Paulo: Martins Fontes, 1999. 232 p.

REALE, Miguel. Visão geral do projeto de código civil. In: *Revista Cidadania e Justiça*. Rio de Janeiro: Associação dos Magistrados Brasileiros, n. 10, ano 5, 1. sem. 2001. 251 p.

REIS, Róbson Ramos dos, ROCHA, Ronai Pires da. *Filosofia hermenêutica*. Santa Maria: UFSM, 2000. 175 p.

RENAUT, Alain. *História da filosofia política/2*: nascimentos da modernidade. Lisboa: Piaget, 1999. 367 p.

———. O contratualismo como filosofia política. In: RENAUT, Alain. *História da filosofia política/2*: nascimentos da modernidade. Lisboa: Piaget, 1999. 367 p.

———. Representação moderna do mundo e humanismo. In: RENAUT, Alain. *História da filosofia política/2*: nascimentos da modernidade. Lisboa: Piaget, 1999. 367 p.

Fundamentos para uma compreensão hermenêutica do Processo Civil

ROA, Armando. *Modernidad y posmodernidad:* coincidencias y diferencias fundamentales. Santiago de Chile: Andres Bello, 1995. 80 p.

ROCCO, Ugo. *Derecho procesal civil*. Traducción de Felipe de J. Tena. Segunda Edición. Mexico: Porrua Hnos. y Cia., 1944. 417 p.

ROCHA, Leonel Severo, STRECK, Lenio Luiz et al (org.). *Constituição, sistemas sociais e hermenêutica:* programa de pós-graduação em Direito da UNISINOS: mestrado e doutorado. Porto Alegre: Livraria do Advogado, 2005. 309 p.

———. *Espistemologia jurídica e democracia*. São Leopoldo: Unisinos, 2001. 164 p.

RODRIGUES, Horácio Wanderlei. *Lições alternativas de direito processual*. São Paulo: Acadêmica, 1995. 227 p.

RODRÍGUES-ARMAS, Magdalena Lorenzo. *Análisis del contenido esencial de los derechos fundamentales:* enunciados en el art. 53.1. de la Constitución española. Granada: Comares, 1996. 252 p.

ROMANO, Bruno. *Filosofia del diritto*. Roma: Laterza, 2002. 220 p.

ROMANO, Santi. *Princípios de direito constitucional geral*. Tradução de Maria Helena Diniz. São Paulo: Revista dos Tribunais, 1977.

RORTY, Richard. *A filosofia e o espelho da natureza*. 2ª ed. Tradução de Jorge Pires. Lisboa: Dom Quixote, 2004. 357 p.

ROSA, Alexandre Morais da. *Direito infracional:* garantismo, psicanálise e movimento antiterror. Florianópolis: Habitus, 2005. 240 p.

———. Fragmento da melancolia: aproximações sobre a glosa de "verdade, dúvida e certeza" de Carnelutti. In: *Informativo Incijur*. Joinville, n. 50, p. 10-11, set./2004.

ROSAS, Roberto. *Direito processual constitucional:* princípios constitucionais do processo civil. 2ª ed. rev., ampl., e atual., de acordo com a Constituição Federal de 1988. São Paulo: Revista dos Tribunais, 1997. 205 p.

ROSENBERG, Leo. *Tratado de derecho procesal civil*. Tomo I. Traducción de Ângela Romera Vera. Buenos Aires: Ediciones Jurídicas Europa-America, 1955.

———. *Tratado de derecho procesal civil*. Tomo III. Traducción de Ângela Romera Vera. Buenos Aires: Ediciones Jurídicas Europa-America, 1955.

RUSCHEL, Ruy Ruben. *Direito constitucional em tempos de crise*. Porto Alegre: Sagra Luzzatto, 1997. 179 p.

SÁ, Djanira Maria Radamés de. *Teoria geral do direito processual civil:* a lide e sua resolução. 2ª ed. rev., ampl. e atual. São Paulo: Saraiva, 1998. 248 p.

SAGÜES, Néstor Pedro. *La interpretación judicial de la Constitución*. Buenos Aires: Depalma, 1998. 239 p.

SALDANHA, Nelson. *Formação da teoria constitucional*. Rio de Janeiro: Forense, 1982. 203 p.

SÁNCHEZ FERNÁNDEZ, Luis Manuel. El problema de la producción del derecho. In: *Revista crítica jurídica*, n. 19, jul-dez/2001.

SANTOS, Boaventura de Sousa. Para uma sociologia da distinção Estado/Sociedade civil. In: LYRA, Doreodó Araújo (Org.). *Desordem e processo:* estudos sobre o direito em homenagem a Roberto Lyra Filho na ocasião do seu 60º aniversário com um posfácio explicativo do homenageado. Porto Alegre: Fabris, 1986. 333 p.

SANTOS, Gildo dos. *A prova no processo civil*. São Paulo: Saraiva, 1975. 103 p.

SANTOS, Moacyr Amaral. *Primeiras linhas de direito processual civil*. v. 1. 14ª ed. atual. nos termos da Constituição Federal de 1988. São Paulo: Saraiva, 1989-1990. 377 p.

———. *Primeiras linhas de direito processual civil*. 2. v. 14ª ed. São Paulo: Saraiva, 1989-1991. 509 p.

———. *Primeiras linhas de direito processual civil*. 3. v. 12ª ed. São Paulo: Saraiva, 1989-1992. 484 p.

SARLET, Ingo Wolfgang (Org.). *A constituição concretizada:* construindo pontes com o público e o privado. Porto Alegre: Livraria do Advogado, 2000. 319 p.

——— (Org.). *Constituição, direitos fundamentais e direito privado*. Porto Alegre: Livraria do Advogado, 2003. 357 p.

——— (Org.). *O novo código civil e a constituição*. Porto Alegre: Livraria do Advogado, 2003. 271 p.

———. *A eficácia dos direitos fundamentais*. Porto Alegre: Livraria do Advogado, 1998. 386 p.

———. *Dignidade da pessoa humana e direitos fundamentais na Constituição Federal de 1988*. Porto Alegre: Livraria do Advogado. 152 p.

———. Direitos fundamentais sociais e proibição de retrocesso: algumas notas sobre o desafio da sobrevivência dos direitos sociais num contexto de crise. In: *Revista do Instituto de Hermenêutica Jurídica*. v. 1. n. 2. Porto Alegre: Instituto de Hermenêutica Jurídica, 2004. 351 p.

SATTA, Salvatore. *Direito processual civil*. 7ª ed. Tradução e notas de Luiz Autuori. Rio de Janeiro: Borsoi, 1973. 421 p.

SCHELER, Max. *Da reviravolta dos valores*. Tradução de Marco Antônio dos Santos Casa Nova. Petrópolis: Vozes, 1994. 183 p.

SCHÖNKE, Adolfo. *Derecho procesal civil*. Barcelona: Bosch, 1950. 418 p.

SENTÍS MELENDO, Santiago. *Estudios de derecho procesal*. v. I. Buenos Aires: Ediciones Jurídicas Europa-America, 1967. 648 p.

———.. *Estudios de derecho procesal*. v. II. Buenos Aires: Ediciones juridicas Europa-America, 1967. 672 p.

SEOANE, José Antonio. Un código ideal y procedimental de la razón práctica. La teoría de la argumentación jurídica de Robert Alexy. In: SERNA, Pedro (dir.). *De la argumentación jurídica a la hermenéutica*: revisión crítica de algunas teorias contemporáneas. Segunda edición aumentada. Granada: Comares, 2005. 316 p.

SERNA, Pedro (dir.). *De la argumentación jurídica a la hermenéutica*: revisión crítica de algunas teorias contemporáneas. Segunda edición aumentada. Granada: Comares, 2005. 316 p.

———. Hermenêutica y relativismo. Una aproximación desde el pensamiento de Arthur Kaufmann. In: SERNA, Pedro (dir.). *De la argumentación jurídica a la hermenéutica*: revisión crítica de algunas teorias contemporáneas. Segunda edición aumentada. Granada: Comares, 2005. 316 p.

SEVERINO, Antônio Joaquim. *A filosofia contemporânea no Brasil*: conhecimento, política e educação. 2ª ed. Petrópolis: Vozes, 1999. 255 p.

SILVA, Jaqueline Mielke. *O direito processual civil como instrumento de realização de direitos*. Porto Alegre: Verbo Jurídico, 2005. 424 p.

SILVA, José Afonso da. *Curso de direito constitucional positivo*. 6ª ed. São Paulo: Revista dos Tribunais, 1990.

SILVA, Moacyr Motta da. *Direito, justiça, virtude moral & razão*. Curitiba: Juruá, 2003. 199 p.

SILVA, Ovídio A. Baptista da. A função dos tribunais superiores. In: SILVA, Ovídio A. Baptista da. *Sentença e coisa julgada*: ensaios e pareceres. 4ª ed. rev. e ampliada. Rio de Janeiro: Forense, 2003. 385 p.

———. A plenitude de defesa no processo civil. In: SILVA, Ovídio A. Baptista da. *Da sentença liminar à nulidade da sentença*. Rio de Janeiro: Forense, 2001. 394 p.

———. *Ação de imissão de posse*. 2ª ed. São Paulo: Revista dos Tribunais, 1997. 231 p.

———. Antecipação da tutela: duas perspectivas de análise. In: *Revista Ajuris*. Porto Alegre: Associação dos Juízes do Rio Grande do Sul, n. 70, ano XXIV, jul. 1997. 429 p.

———. Antecipação de tutela: duas perspectivas de análise. In: SILVA, Ovídio A. Baptista da. *Sentença e coisa julgada*: ensaios e pareceres. 4ª ed. rev. e ampliada. Rio de Janeiro: Forense, 2003. 385 p.

———. *As ações cautelares e o novo processo civil*. Rio de Janeiro: Forense, 1976. 191 p.

———. Coisa julgada relativa? In: *Revista jurídica*: órgão nacional de doutrina, jurisprudência, legislação e crítica judiciária. Ano 52, n. 316, fev. /2004. 174 p.

———. *Curso de processo civil*: processo de conhecimento. v. I. 4ª ed. rev. e atual. São Paulo: Revista dos Tribunais, 1998. 543 p.

———. *Da sentença liminar à nulidade da sentença*. Rio de Janeiro: Forense, 2001. 394 p.

———. *Do processo cautelar*. 2ª ed. Rio de Janeiro: Forense, 1998. 583 p.

———. *Jurisdição e execução na tradição romano-canônica*. 2ª ed. rev. São Paulo: Revista dos Tribunais, 1997. 230 p.

———. Processo de conhecimento e procedimentos especiais. In: SILVA, Ovídio A. Baptista da. *Da sentença liminar à nulidade da sentença*. Rio de Janeiro: Forense, 2001. 394 p.

———. *Processo e ideologia*: o paradigma racionalista. Rio de Janeiro: Forense, 2004. 342 p.

———. Racionalismo e tutela preventiva em processo civil. In: SILVA, Ovídio A. Baptista da. *Sentença e coisa julgada*. 4ª ed. rev. e ampliada. Rio de Janeiro: Forense, 2003. 385 p.

———. *Sentença e coisa julgada*. 4ª ed. rev. e ampliada. Rio de Janeiro: Forense, 2003. 385 p.

———. Verdade e significado. In: ROCHA, Leonel Severo, STRECK, Lenio Luiz et al (org.). *Constituição, sistemas sociais e hermenêutica*: programa de pós-graduação em Direito da UNISINOS: mestrado e doutorado. Porto Alegre: Livraria do Advogado, 2005. 309 p.

———. A ação condenatória como categoria processual. In: SILVA, Ovídio A. Baptista da. *Da sentença liminar à nulidade da sentença*. Rio de Janeiro: Forense, 2001. 394 p.

SOARES, Maria Luísa Couto. *O que é o conhecimento?* Introdução à epistemologia. Porto: Campo das Letras, 2004. 239 p.

STEIN, Ernildo. *A questão do método na filosofia*: um estudo do modelo heideggeriano. 3ª ed. Porto Alegre: Movimento, 1983. 155 p.

———. *Aproximações sobre hermenêutica*. Porto Alegre: Edipucrs, 1996. 112 p.

———. *Compreensão e finitude*: estrutura e movimento da interrogação heideggeriana. Ijuí: Unijuí, 2001. 416 p.

———. *Diferença e metafísica*: ensaio sobre a desconstrução. Porto Alegre: Edipucrs, 2000. 293 p.

———. *História e ideologia*. 3ª ed. Porto Alegre: Movimento, 1972. 70 p.

Fundamentos para uma compreensão hermenêutica do Processo Civil

———. Interpretacionismo: a tradição hermenêutica diante de duas novas propostas. In: REIS, Róbson Ramos dos, ROCHA, Ronai Pires da. *Filosofia hermenêutica*. Santa Maria: UFSM, 2000. 175 p.

———. Introdução ao método fenomenológico Heideggeriano. In: HEIDEGGER, Martin. *Conferências e escritos filosóficos*. Tradução e notas de Ernildo Stein. São Paulo: Abril Cultural, 1979 (Os pensadores).

———. *Nas proximidades da antropologia*: ensaios e conferências filosóficas. Ijuí: Unijuí, 2003. 296 p.

———. *Uma breve introdução à filosofia*. Ijuí: Unijuí, 2002. 224 p.

STEINER, George. *As idéias de Heidegger*. São Paulo: Cultrix, [s.d.].

STONE, Martin. Focalizando o direito: o que a interpretação jurídica não é. In: MARMOR, Andrei. *Direito e interpretação*: ensaios de filosofia do direito. Tradução de Luís Carlos Borges. São Paulo: Martins Fontes, 2000. 694 p.

STRECK, Lenio Luiz; MORAIS, José Luis Bolzan de.| *Ciência política e teoria geral do estado*. Porto Alegre: Livraria do Advogado, 2000. 183 p.

———; ———. *Ciência política e teoria geral do estado*. 2ª ed. rev. e atual. Porto Alegre: Livraria do Advogado, 2001.

———. A hermenêutica filosófica e as possibilidades de superação do positivismo pelo (neo)constitucionalismo. In: ROCHA, Leonel Severo, STRECK, Lenio Luiz et al (org.). *Constituição, sistemas sociais e hermenêutica*: programa de pós-graduação em Direito da UNISINOS: mestrado e doutorado. Porto Alegre: Livraria do Advogado, 2005, p. 157. 309 p.

———. Constitucionalismo, jurisdição constitucional e estado democrático de direito. In: *Anuário do programa de pós-graduação em direito*. Mestrado e doutorado 2001. Centro de ciências jurídicas. São Leopoldo: Unisinos, 2001. 344 p.

———. Da proibição de excesso (Übermassverbot) à proibição de proibição deficiente (Untermassverbot): de como não há blindagem contra normas penais inconstitucionais. In: *Revista do Insituto de hermenêutica jurídica*. v. I, n. 2. Porto Alegre: Instituto de hermenêutica jurídica, 2004. 351 p.

———. *Hermenêutica jurídica e(m) crise*: uma exploração hermenêutica da construcão do direito. 3ª ed. rev. Porto Alegre: Livraria do Advogado, 2001. 319 p.

———. *Jurisdição constitucional e hermenêutica*: uma nova crítica do direito. Porto Alegre: Livraria do Advogado, 2002. 710 p.

———. Os meios de acesso do cidadão à jurisdição constitucional, a argüição de descumprimento de preceito fundamental e a crise da eficácia da constituição. In: *Revista Ajuris*. Porto Alegre: Associação dos Juízes do Rio Grande do Sul, n. 81, XXVI, tomo I, março. 2001. 369 p.

———. Quinze anos de Constituição – análise crítica da jurisdição constitucional e das possibilidades hermenêuticas de concretização dos direitos fundamentais-sociais. In: *Revista Ajuris*. Porto Alegre: Associação dos Juízes do Rio Grande do Sul, n. 92, ano XXX, dez. 2003. 336 p.

———. *Verdade e consenso*: Constituição, hermenêutica e teorias discursivas. Rio de Janeiro: Lumen Juris, 2006. 297 p.

SURGIK, Aloísio. O Judiciário e o povo. In: LYRA, Doreodô Araújo. *Desordem e processo*: estudos sobre o direito em homenagem a Roberto Lyra Filho na ocasião do seu 60º aniversário com um posfácio explicativo do homenageado. Porto Alegre: Fabris, 1986. 333 p.

TERRA, Ricardo R. Notas sobre sistema e modernidade – Kant e Habermas. In: *Filosofia política*: nova série, 4. Porto Alegre: L&PM, 1999.

———. *Kant & o direito*. Rio de Janeiro: Jorge Zahar, 2004. 65 p.

TESHEINER, José Maria Rosa. *Elementos para uma teoria geral do processo*. São Paulo: Saraiva, 1993. 198 p.

THEODORO JÚNIOR, Humberto. *Curso de direito processual civil*. v. II. 29ª ed. Rio de Janeiro: Forense, 2000. 623 p.

TORRÉ, Abelardo. *Introducción al derecho*. Duodécima edición actualizada. Buenos Aires: Abeledo-Perrot, 1999. 1039 p.

TRIBE, Laurence, DORF, Michael. *Hermenêutica constitucional*. Tradução de Amarílis de Souza Birchal; coordenação e supervisão de Luiz Moreira. Belo Horizonte: Del Rey, 2007. 206 p.

TROCKER, Nicolò. *Processo civile e costituzione*: problemi di diritto tedesco e italiano. Presentazione di Gian Antonio Micheli. Milano: Dott A Giuffrè Editore, 1974. 768 p.

TUCCI, José Rogério Cruz e (coord). *Garantias constitucionais do processo civil*: homenagem aos 10 anos da Constituição Federal de 1988. São Paulo: Revista dos Tribunais, 1999. 262 p.

———, AZEVEDO, Luiz Carlos de. *Lições de processo civil canônico*: (história e direito vigente). São Paulo: Revista dos Tribunais, 2001. 241 p.

———. *Lineamentos da nova reforma do CPC*: Lei 10.352, de 26.12.2001; Lei 10.358, de 27.12.2001; Lei 10.444, de 07.05.2002. 2ª ed. rev., atual. e ampl. São Paulo: Revista dos Tribunais, 2002.

———. *Processo Civil*: estudo em comemoração aos 20 anos de vigência do Código de processo civil. São Paulo: Saraiva, 1995. 272 p.

VARELA, Antunes; BEZERRA, J. Miguel, NORA, Sampaio e. *Manual de processo civil*. 2ª ed. rev., e actual. de acordo com o dec-lei 242/85. Coimbra: Coimbra, 1985. 778 p.

VATTIMO, Gianni. *Introdução a Heidegger.* 10ª ed. Lisboa: Piaget, 1996. 210 p.

———. *La secularización de la filosofía*: hermenéutica y posmodernidad. Barcelona: Gedisa, 2001. 296 p.

VÉSCOVI, Enrique. *Elementos para una teoría general del proceso civil latinoamericano.* México: UNAM, 1978. 105 p.

———. *Teoría general del proceso.* Bogotá: Temis, 1984. 352 p.

VIANNA, Luiz Werneck et al. *A judicialização da política e das relações sociais no Brasil.* Rio de Janeiro: Revan, 1999. 272 p.

VILANOVA, José. *El concepto de derecho*: estudios iuspositivistas. Buenos Aires: Abeledo-Perrot, 1993. 197 p.

———. *Elementos de filosofia del derecho.* 2 ed. actual. Buenos Aires: Abeledo-Perrot. 1984. 436 p.

WACH, Adolf. *Manual de derecho procesal civil.* v. I. Traducción de Tomás A. Banzhaf. Buenos Aires: Ediciones Juridicas Europa-America, 1977. 585 p.

WALDRON, Jeremy. As intenções dos legisladores e a legislação não-intencional. In: MARMOR, Andrei. *Direito e interpretação*: ensaios de filosofia do direito. Tradução de Luís Carlos Borges. São Paulo: Martins Fontes, 2000. 694 p.

WALTON, Roberto J. El lenguaje como desvelamiento del mundo: el decir como mostrar, escuchar y acontecer segun Heidegger. In: *Anuario de filosofía jurídica y social 14.* Buenos Aires: Abeledo-Perrot, 1994. 245 p.

WAMBIER, Luiz Rodrigues; WAMBIER, Teresa Arruda Alvim. *Breves comentários à 2ª fase da reforma do Código de Processo Civil*: Lei 10.352, de 26.12.2001; Lei 10.358, de 27.12.2001. São Paulo: Revista dos Tribunais, 2002. 213 p.

WAMBIER, Teresa Arruda Alvim; MEDINA, José Miguel Garcia. *O dogma da coisa julgada*: hipóteses de relativização. São Paulo: Revista dos Tribunais, 2003. 275 p.

———. Distinção entre questão de fato e questão de direito para fins de cabimento de recurso especial. In: *Revista de processo.* São Paulo: Revista dos Tribunais, 1998, nº 92.

WARAT, Luís Alberto; ROCHA, Leonel Severo. *O direito e sua linguagem*: 2ª versão. 2ª ed. aum. Porto Alegre: Fabris, 1995. 120 p.

———. *Introdução geral ao direito*. Interpretação da lei: temas para uma reformulação. I. Porto Alegre: Fabris, 1994. 232 p.

———. *Introdução geral ao direito*: A epistemologia jurídica da modernidade. II. Porto Alegre: Fabris, 1995. 392 p.

———. *Introdução geral ao direito*: o direito não estudado pela teoria jurídica moderna. III. Porto Alegre: Fabris, 1997. 238 p.

———. *O ofício do mediador.* Florianópolis: Habitus, 2001. 279 p.

———. O sentido comum teórico dos juristas. In: FARIA, José Eduardo (org.). *A crise do direito numa sociedade em mudança.* Brasília: Universidade de Brasília, 1988. 121 p.

———. *Por quem cantam as sereias*: informe sobre ecocidadania, gênero e direito. Tradução de Julieta Rodrigues Sabóia Cordeiro. Porto Alegre: Síntese, 2000. 200 p.

WATANABE, Kazuo. *Da cognição no processo civil.* 2ª ed. atual. São Paulo: Central de Publicações Jurídicas: Centro Brasileiro de Estudos e Pesquisas Judiciais, 1999. 190 p.

———. *Da cognição no processo civil.* São Paulo: Revista dos Tribunais, 1987. 136 p.

WIEACKER, Franz. *História do direito privado moderno.* 2ª ed. Tradução de A. M. Botelho Hespanha. Lisboa: Calouste Gulbenkian, 1993. 768 p.

WOLKMER, Antonio Carlos (Org.). *Fundamentos de história do direito.* Belo Horizonte: Del Rey, 1996, reimpressão 2000. 278 p.

———. *Elementos para uma crítica do Estado.* Porto Alegre: Fabris, 1990. 64 p.

———. *História do direito no Brasil.* 2ª ed. Rio de Janeiro: Forense, 1999. 170 p.

———. *Introdução ao pensamento jurídico crítico.* São Paulo: Acadêmica, 1995. 188 p.

———. *Pluralismo jurídico*: fundamentos de uma nova cultura no direito. 2ª ed. São Paulo: Alfa Omega, 1997. 349 p.

———. Sociedade liberal e a tradição do bacharelismo jurídico. In: BORGES FILHO, Nilson (org.). *Direito, Estado, política e sociedade em transformação.* Porto Alegre: Fabris, 1995. 185 p.

Impressão:
Evangraf
Rua Waldomiro Schapke, 77 - P. Alegre, RS
Fone: (51) 3336.2466 - Fax: (51) 3336.0422
E-mail: evangraf.adm@terra.com.br